Groh/Schröer | **Sicher zur Kauffrau zum Kaufmann im Groß- und Außenhandel**

Groh
Schröer

Sicher zur Kauffrau zum Kaufmann im Groß- und Außenhandel

Buchkapitel	AkA-Prüfungsfach
Allgemeine Wirtschaftslehre	Wirtschafts- und Sozialkunde
Handelsbetriebslehre	Großhandelsgeschäfte (Teil I und Teil II)
Datenverarbeitung	Kaufmännische Steuerung und Kontrolle, Organisation
Wirtschaftsrechnen und Statistik	Alle Prüfungsfächer
Buchführung	Kaufmännische Steuerung und Kontrolle, Organisation
Kosten- und Leistungsrechnung und Controlling	Kaufmännische Steuerung und Kontrolle, Organisation
Handlungsorientierte Aufgaben	Alle Prüfungsfächer

Merkur
Verlag Rinteln

Wirtschaftswissenschaftliche Bücherei für Schule und Praxis
Begründet von Handelsschul-Direktor Dipl.-Hdl. Friedrich Hutkap †

Verfasser:

Dipl.-Kfm. Gisbert Groh, Oberstudiendirektor

Dipl.-Kfm. Volker Schröer, Oberstudienrat

E-Mail: groh-schroeer@t-online.de

Fast alle in diesem Buch erwähnten Hard- und Softwarebezeichnungen sind eingetragene Warenzeichen.

Das Werk und seine Teile sind urheberrechtlich geschützt. Jede Nutzung in anderen als den gesetzlich zugelassenen Fällen bedarf der vorherigen schriftlichen Einwilligung des Verlages. Hinweis zu § 52a UrhG: Weder das Werk noch seine Teile dürfen ohne eine solche Einwilligung eingescannt und in ein Netzwerk eingestellt werden. Dies gilt auch für Intranets von Schulen und sonstigen Bildungseinrichtungen.

23. Auflage 2007

© 1985 by MERKUR VERLAG RINTELN

Gesamtherstellung:

MERKUR-VERLAG RINTELN Hutkap GmbH & Co. KG, 31735 Rinteln

E-Mail: info@merkur-verlag.de
Internet: www.merkur-verlag.de

ISBN 978-3-8120-**0422-0**

Vorwort

Dieses Buch dient den Schülern der Fachklassen des Groß- und Außenhandels zur Vorbereitung auf die Kaufmannsgehilfenprüfung. Darüber hinaus kann es zur Vorbereitung auf Klassenarbeiten benutzt werden. Das Buch soll keine Lehrbücher ersetzen, sondern die gezielte Wiederholung einzelner Lerngebiete bzw. des gesamten Prüfungsstoffes erleichtern.

Auf eine Wissensvermittlung in Form programmierter Fragen und Aufgaben wurde zugunsten der gewählten Darstellung verzichtet. Diese erlaubt es, die Vielzahl der möglichen Prüfungsfragen aufgrund eines umfassenden Wissens zu beantworten. Die „Hinweise zur programmierten Prüfung" erklären das Wesen der Abschlussprüfung in programmierter Form.

Die Auswahl und Aufbereitung der Lerninhalte erfolgte unter Berücksichtigung des „Rahmenlehrplanes für den Ausbildungsberuf Kaufmann im Groß- und Außenhandel", des „Stoffkataloges für die Abschlussprüfungen im Ausbildungsberuf Groß- und Außenhandel der Aufgabenstelle für kaufmännische Abschluss- und Zwischenprüfungen (AkA)" und der entsprechenden Lehrpläne der einzelnen Bundesländer.

Eine optimale Prüfungsvorbereitung wird vor allem gewährleistet durch
- lerngerechte Aufbereitung der Stoffgebiete,
- einprägsame Strukturierung des Lernstoffes,
- Beschränkung auf das Wesentliche,
- Hervorhebung wichtiger Begriffe,
- zahlreiche Textverweise,
- umfangreiches Register.

Eine gezielte Vorbereitung ist unerlässlich für ein gutes Prüfungsergebnis. Dieses Buch verhilft dazu.

St. Ingbert und Homburg, Herbst 1984

Die Verfasser

Vorwort zur 14. Auflage

Alle Kapitel des Buches wurden vollständig überarbeitet und dem neuen Rahmenlehrplan Kaufmann/Kauffrau im Groß- und Außenhandel vom 9. Juni 1995 sowie dem Stoffkatalog für die IHK-Abschlussprüfungen von 1997 angepasst.

Das Kapitel Handlungsorientierte Aufgaben wurde neu aufgenommen.

In dem Buch wurden die Programme ACCESS, EXCEL und WORD der Firma Microsoft, das Programm KHK-Fibu aus dem System KHK-Classic Line sowie das Programm EH_FAKT der Firma EDV-Service, Homburg (Saar) benutzt.

Das Kapitel Außenhandelsgeschäft (in der Handelsbetriebslehre) richtet sich an Auszubildende der Fachrichtung Großhandel und an Klassen, in denen die Fachrichtung Großhandel und die Fachrichtung Außenhandel gemeinsam unterrichtet werden.

Das Handelsrechtsreformgesetz, das Euro-Einführungsgesetz sowie die Geldpolitik der Euopäischen Zentralbank wurden berücksichtigt.

St. Ingbert und Bruchmühlbach-Miesau, Winter 1998/99

Die Verfasser

Vorwort zur 18. Auflage

Neue gesetzliche Regelungen wurden berücksichtigt, insbesondere das Schuldrechtmodernisierungsgesetz. Die Umstellung auf den Euro wurde vorgenommen.

St. Ingbert und Bruchmühlbach-Miesau, Winter 2001/2002

Die Verfasser

Inhaltsverzeichnis

Hinweise zur programmierten Prüfung 15

I. Allgemeine Wirtschaftslehre (Wirtschafts- und Sozialkunde)

1 Rechtliche und soziale Rahmenbedingungen menschlicher Arbeit im Betrieb 17

1.1 Mitarbeiter im Betrieb 17

1.2 Berufsausbildungsvertrag. 19

1.3 Arbeitsvertrag 21

    1.3.1 Einzelarbeitsvertrag. 22

    1.3.2 Betriebsvereinbarung. 22

    1.3.3 Tarifvertrag 23

1.4 Arbeitsschutzbestimmungen 26

1.5 Soziale Sicherung der Arbeitnehmer 32

1.6 Mitbestimmung 36

    1.6.1 Betriebsverfassungsgesetz 36

    1.6.2 Mitbestimmung im Aufsichtsrat und im Vorstand 41

1.7 Einkommen des Arbeitnehmers 43

2 Rechtliche Grundlagen des Wirtschaftens 48

2.1 Rechtsquellen. 48

2.2 Rechtssubjekte 49

2.3 Rechtsobjekte 50

2.4 Rechtsgeschäfte. 51

2.5 Kaufvertrag 54

    2.5.1 Zustandekommen des Kaufvertrages 54

    2.5.2 Inhalt des Kaufvertrages 57

    2.5.3 Eigentumsvorbehalt 60

    2.5.4 Besondere Arten des Kaufvertrages 60

2.6 Kaufvertragsstörungen (Leistungsstörungen) 63

    2.6.1 Lieferung von mangelhaften Sachen 63

    2.6.2 Lieferungsverzug (Verzug des Lieferers als Warenschuldner) 65

    2.6.3 Annahmeverzug (Verzug des Käufers als Warengläubiger). 66

    2.6.4 Zahlungsverzug (Verzug des Käufers als Geldschuldner) 67

2.7 Sonstige Verträge des Wirtschaftslebens 68

2.8 Institutionen 69

2.9 Verbraucherschutz. 71

2.10 Überwachung der Außenstände 72

    2.10.1 Mahnwesen 72

    2.10.2 Klageverfahren. 74

    2.10.3 Zwangsvollstreckung 75

    2.10.4 Verjährung. 77

2.11 Zahlungsverkehr. 78

    2.11.1 Arten und Funktionen des Geldes 78

    2.11.2 Barzahlung 79

    2.11.3 Halbbare Zahlung 79

    2.11.4 Bargeldlose Zahlung und moderne Zahlungssysteme 80

    2.11.5 Scheck 86

    2.11.6 Wechsel. 90

3	**Ziele und Rahmenbedingungen für unternehmerisches Handeln**	97
3.1	Ziele der Unternehmung	97
3.2	Wirtschaftliche Grundtatbestände	98
	3.2.1 Bedürfnisse und Güter	98
	3.2.2 Produktionsfaktoren	99
	3.2.3 Arbeitsteilung	102
	3.2.4 Betrieblicher Leistungsprozess	103
3.3	Handelsrechtliche Rahmenbedingungen	105
	3.3.1 Kaufleute	105
	3.3.2 Firma und Handelsregister	106
3.4	Rechtsformen der Unternehmung	108
	3.4.1 Einzelunternehmung	111
	3.4.2 Offene Handelsgesellschaft (OHG)	111
	3.4.3 Kommanditgesellschaft (KG)	113
	3.4.4 Gesellschaft mit beschränkter Haftung (GmbH)	113
	3.4.5 Aktiengesellschaft (AG)	115
	3.4.6 Genossenschaft	117
3.5	Rechtsstellung der Mitarbeiter	117
	3.5.1 Handlungsvollmacht	117
	3.5.2 Prokura	119

4	**Wirtschaftsordnung, Preisbildung und Wettbewerb**	121
4.1	Modelle der Wirtschaftsordnung	121
4.2	Marktarten und Marktformen	123
4.3	Preisbildung auf vollkommenen und unvollkommenen Märkten	123
4.4	Kooperation und Konzentration in der Wirtschaft	128
4.5	Staatliche Wettbewerbspolitik	130

5	**Volkswirtschaftliche Gesamtrechnung**	135
5.1	Wirtschaftskreislauf	135
5.2	Volkseinkommen	136
5.3	Zahlungsbilanz	138

6	**Grundzüge der Wirtschaftspolitik**	140
6.1	Hauptziele der Wirtschaftspolitik	140
6.2	Wirtschaftsschwankungen	141
6.3	Konjunkturpolitik	146
	6.3.1 Geldpolitik der Europäischen Zentralbank	147
	6.3.2 Fiskalpolitik des Staates	151
6.4	Strukturpolitik	153
6.5	Wachstum und Wachstumspolitik	155
6.6	Außenwirtschaft und Außenwirtschaftspolitik	156

7	**Steuern**	163
7.1	Notwendigkeit der Besteuerung	163
7.2	Einteilung der Steuern	164
7.3	Steuern des Betriebes	165

II. Handelsbetriebslehre

1 Aufgaben und Organisation des Großhandels 167

1.1 Aufgaben des Handelsbetriebes 167

1.2 Arten des Handels 168

1.3 Standort des Großhandelsbetriebes 169

1.4 Organisation des Großhandelsbetriebes 170
    1.4.1 Grundlagen 170
    1.4.2 Aufbauorganisation. 171
    1.4.3 Ablauforganisation 176
    1.4.4 Qualitätsmanagement-System. 177
    1.4.5 Umweltschutz 178

1.5 Warenwirtschaftssystem 182
    1.5.1 Grundlagen des Warenwirtschaftssystems. 182
    1.5.2 Warenwirtschaftssystem im Großhandelsbetrieb 184
    1.5.3 Voraussetzungen für das Warenwirtschaftssystem. 185

2 Güterlagerung und Gütertransport 191

2.1 Lagerorganisation 191

2.2 Lagerverwaltung 195

2.3 Wirtschaftlichkeit der Lagerhaltung 196
    2.3.1 Kosten der Lagerung 196
    2.3.2 Lagerkennzahlen. 197
    2.3.3 Eigenlagerung oder Fremdlagerung. 202

2.4 Lagerhalter 203

2.5 Gütertransport. 205
    2.5.1 Werkverkehr. 206
    2.5.2 Frachtführer 207
    2.5.3 Spediteur 214

2.6 Versicherungen von Lager- und Transportrisiken. 215
    2.6.1 Versicherungsvertrag. 215
    2.6.2 Arten der Versicherung 216

2.7 Just-in-time-Belieferung 217

2.8 Rechtsschutz der Erzeugnisse 218

2.9 Warenwirtschaftssystem bei der Güterlagerung und beim Gütertransport 220

3 Arbeitsabläufe im Absatz- und Beschaffungsbereich 223

3.1 Arbeitsabläufe im Absatzbereich 223

3.2 Arbeitsabläufe im Beschaffungsbereich. 226
    3.2.1 Bedarfsermittlung 227
    3.2.2 Beschaffungsplanung. 227
    3.2.3 Vorbereitung des Kaufvertrages 233
    3.2.4 Abschluss des Kaufvertrages. 233
    3.2.5 Abwicklung des Kaufvertrages 234
    3.2.6 Entwicklung eines Beschaffungskonzeptes 235

3.3 Warenwirtschaftssystem im Absatz- und Beschaffungsbereich. 236

4 Marketing 238

4.1 Marktorientierung des Großhandels 238

4.2 Marktforschung 240

4.3	Sortimentspolitik	242
4.4	Kundendienstpolitik	244
4.5	Preispolitik	245
4.6	Konditionenpolitik	247
4.7	Distributionspolitik	248
	4.7.1 Organisation des Absatzes	249
	4.7.2 Unternehmenseigene Absatzorgane	250
	4.7.3 Unternehmensfremde Absatzorgane	251
	4.7.4 Absatzmethode	254
	4.7.5 Marktveranstaltungen	255
4.8	Kundenselektion	255
4.9	Kommunikationspolitik	256
4.10	Marketing-Mix	262
4.11	Warenwirtschaftssystem im Marketing	262

5	**Finanzierung**	264
5.1	Finanzierungsanlässe und Finanzierungsmöglichkeiten	264
	5.1.1 Investition	264
	5.1.2 Finanzierung	265
5.2	Kreditarten	271
5.3	Kreditsicherungsmöglichkeiten	274
	5.3.1 Personalkredit	274
	5.3.2 Realkredit	277

6	**Kooperation im Handel**	281
6.1	Horizontale Kooperation auf der Großhandelsstufe	282
6.2	Vertikale Kooperation	282

7	**Personalwesen**	285
7.1	Aufgaben und Ziele des Personalwesens	285
7.2	Personalführung	285
7.3	Arbeitszeitmodelle	288
7.4	Einstellen und Ausscheiden von Arbeitnehmern	290
7.5	Personalverwaltung	293
7.6	Entlohnungssysteme	295
7.7	Lohn- und Gehaltsabrechnung	296

8	**Außenhandel und Außenhandelsgeschäft**	298
8.1	Aufgaben und Formen des Außenhandels	298
	8.1.1 Aufgaben des Außenhandels	298
	8.1.2 Formen des Außenhandels	298
	8.1.3 Bedeutung des Außenhandels	301
8.2	Besonderheiten und Risiken des Außenhandelsgeschäftes	303
	8.2.1 Besonderheiten des Außenhandelsgeschäftes	303
	8.2.2 Risiken und Risikoabsicherung im Außenhandel	305
8.3	Vertragsvereinbarungen im Außenhandel	309
	8.3.1 Qualitäts- und Mengenbestimmung im Außenhandelsgeschäft	309
	8.3.2 Incoterms	310
	8.3.3 Zahlungsbedingungen im Außenhandelsgeschäft	313
8.4	Ein- und Ausfuhrverfahren	314
	8.4.1 Einfuhr von Waren	317
	8.4.2 Ausfuhr von Waren	317
	8.4.3 Zollwesen	319

8.5	Dokumente im Außenhandel	321
	8.5.1 Transportdokumente	321
	8.5.2 Versicherungsdokumente	324
	8.5.3 Zolldokumente	324
9	**Kosten des Großhandelsbetriebes**	327
10	**Büroarbeiten im Großhandelsbetrieb**	332
10.1	Postbearbeitung	332
10.2	Registraturarbeiten und Terminkontrolle	334
10.3	Organisationsmittel	337

III. Datenverarbeitung

1	**Aufbau und Funktion eines Datenverarbeitungssystems**	339
1.1	Aufbau einer Datenverarbeitungsanlage (Hardware)	339
1.2	Interne Informationsdarstellung	344
1.3	Speichermedien	345
1.4	Software	349
2	**Betriebssystem**	351
3	**Anwendersoftware**	354
3.1	Datenbank	354
	3.1.1 Grundlagen der Datenbank	354
	3.1.2 Arbeiten mit einer Datenbank (dargestellt anhand von Access)	356
3.2	Tabellenkalkulation	358
	3.2.1 Grundlagen der Tabellenkalkulation	358
	3.2.2 Arbeiten mit der Tabellenkalkulation (dargestellt anhand von Excel)	359
3.3	Geschäftsgrafik	361
	3.3.1 Grundlagen der Geschäftsgrafik	361
	3.3.2 Arbeiten mit der Geschäftsgrafik (dargestellt anhand von Excel)	362
3.4	Warenwirtschaftssystem	362
	3.4.1 Grundlagen des Warenwirtschaftssystems	362
	3.4.2 Arbeiten mit dem Warenwirtschaftssystem (dargestellt anhand von EH_FAKT)	363
3.5	Finanzbuchhaltung	364
	3.5.1 Grundlagen der Finanzbuchhaltung	364
	3.5.2 Arbeiten mit der Finanzbuchhaltung (dargestellt anhand von KHK-Fibu)	365
3.6	Textverarbeitung	367
	3.6.1 Grundlagen der Textverarbeitung	367
	3.6.2 Arbeiten mit der Textverarbeitung (dargestellt anhand von Word)	370
4	**Datenmanagement**	372
4.1	Formen der Datenerfassung und Datenverarbeitung	372
4.2	Datenaustausch	374
4.3	Datensicherung	374
4.4	Kommunikation und Kommunikationsnetze	376
	4.4.1 Kommunikation	376
	4.4.2 Kommunikationsnetze	376
	4.4.3 Anwendungen der Kommunikation	379
5	**Einsatz der Datenverarbeitung im Betrieb**	381

6	**Rahmenbedingungen und Auswirkungen der Datenverarbeitung**	383
6.1	Datenschutz	383
6.2	Auswirkungen der Datenverarbeitung	384
7	**Aufgaben**	386

IV. Wirtschaftsrechnen und Statistik

1	**Dreisatz**	393
2	**Währungsrechnen**	394
2.1	Umrechnung von Euro in Fremdwährung	394
2.2	Umrechnung von Fremdwährung in Euro	395
2.3	Kursvergleichsrechnung	397
3	**Durchschnittsrechnen**	398
4	**Verteilungsrechnen**	399
4.1	Einfaches Verteilungsrechnen	399
4.2	Verteilung von Gewichts- und Wertspesen	399
4.3	Gewinnverteilung	400
5	**Prozentrechnen**	401
5.1	Prozentrechnen vom Hundert	401
5.2	Prozentrechnen auf Hundert und im Hundert	403
6	**Zinsrechnen**	404
6.1	Berechnen von Jahres-, Monats- und Tageszinsen	404
6.2	Summarisches Zinsrechnen	405
6.3	Berechnen von Zinssatz, Kapital und Zeit	405
6.4	Zinsrechnen auf Hundert und im Hundert	406
6.5	Effektive Verzinsung bei Gewährung von Skonto	407
6.6	Effektive Verzinsung bei Darlehen	408
7	**Diskontrechnen**	410
8	**Statistik**	411
8.1	Tabellen und Diagramme	411
8.2	Kennzahlen	415
	8.2.1 Verhältniszahlen	415
	8.2.2 Mittelwerte (Durchschnittszahlen)	416
9	**Aufgaben**	417

V. Buchführung

1	**Grundlagen der Buchführung**	428
1.1	Grundbegriffe	428
1.2	Inventar und Bilanz	431
1.3	Erfolgsermittlung durch Kapitalvergleich	433
1.4	Bestands- und Erfolgskonten	434
1.5	Mehrwertsteuer	439
1.6	Privatkonto	441

2	**Warenkonten**	443
3	**Buchungen im Beschaffungsbereich**	445
3.1	Wareneingänge	445
	3.1.1 Innergemeinschaftlicher Erwerb	445
	3.1.2 Einfuhr von Waren aus Drittländern (Warenimport)	445
3.2	Warenbezugskosten	447
3.3	Rücksendungen an Lieferanten	448
3.4	Nachlässe von Lieferanten	449
3.5	Lieferantenboni	449
3.6	Lieferantenskonti	450
3.7	Anzahlungen an Lieferanten	450
4	**Buchungen im Absatzbereich**	452
4.1	Warenverkäufe	452
	4.1.1 Innergemeinschaftliche Lieferung	452
	4.1.2 Ausfuhr von Waren in Drittländer (Warenexport)	453
4.2	Warenvertriebskosten	453
4.3	Rücksendungen von Kunden	455
4.4	Nachlässe an Kunden	456
4.5	Kundenboni	456
4.6	Kundenskonti	457
4.7	Anzahlungen von Kunden (erhaltene Anzahlungen)	458
4.8	Provisionen	458
5	**Buchungen im Personalbereich**	459
5.1	Löhne und Gehälter	459
5.2	Vermögenswirksame Leistungen	460
5.3	Sonstige Bezüge	462
6	**Buchungen im Finanzbereich**	463
6.1	Kasse	463
6.2	Kreditoren und Debitoren (Kontokorrentbuchhaltung)	464
6.3	Darlehen	466
7	**Buchungen im Anlagebereich**	467
7.1	Kauf von Anlagegütern	467
7.2	Methoden der Abschreibung	467
7.3	Direkte Abschreibungen von Anlagegütern	470
7.4	Verkauf von gebrauchten Anlagegütern	470
7.5	Geringwertige Wirtschaftsgüter	472
8	**Buchungen von Steuern**	473
9	**Buchungen auf sachlichen Abgrenzungskonten**	474
10	**Zeitliche Abgrenzung**	476
10.1	Sonstige Forderungen und sonstige Verbindlichkeiten (antizipative Posten)	476
10.2	Aktive und passive Rechnungsabgrenzungsposten (transitorische Posten)	477
10.3	Rückstellungen	478

11	**Bewertung in der Bilanz**	479
11.1	Bewertung des Vermögens (Grundsätze)	479
11.2	Bewertung von Forderungen	482
	11.2.1 Zweifelhafte Forderungen	482
	11.2.2 Uneinbringliche Forderungen	482
	11.2.3 Einzelwertberichtigungen zu Forderungen	483
	11.2.4 Pauschalwertberichtigungen zu Forderungen	485
	11.2.5 Gemischte Bewertung von Forderungen	486
11.3	Bewertung der Verbindlichkeiten	487

12	**Jahresabschluss (nach dem Handelsrecht)**	488
12.1	Grundsätze ordnungsgemäßer Bilanzierung	488
12.2	Jahresabschluss der Einzelkaufleute und Personengesellschaften	489
12.3	Jahresabschluss der Kapitalgesellschaften	490
	12.3.1 Bestandteile des Jahresabschlusses	490
	12.3.2 Rücklagen	492
12.4	Auswertung des Jahresabschlusses	493
	12.4.1 Auswertung der Bilanz	493
	12.4.2 Auswertung der Gewinn- und Verlustrechnung	496

13	**Aufgaben**	497
13.1	Buchung nach Geschäftsfällen	497
13.2	Buchung nach Belegen	506

VI. Kosten- und Leistungsrechnung und Controlling

1	**Grundlagen der Kosten- und Leistungsrechnung**	525

2	**Abgrenzungsrechnung (Ergebnistabelle)**	526

3	**Kalkulatorische Kosten**	530

4	**Kostenartenrechnung**	531

5	**Einfacher Handlungskostenzuschlagssatz**	532

6	**Kostenstellenrechnung (differenzierte Handlungskostenzuschlagssätze)**	533
6.1	Warenorientierte Kostenstellenrechnung	533
	6.1.1 Einstufiger Betriebsabrechnungsbogen	533
	6.1.2 Mehrstufiger Betriebsabrechnungsbogen	535
6.2	Funktionsorientierte Kostenstellenrechnung	537

7	**Kostenträgerstückrechnung (Kalkulation)**	540
7.1	Bezugskalkulation	540
7.2	Angebotsvergleich	541
7.3	Kalkulation des Verkaufspreises (Vorwärtskalkulation)	542
7.4	Kalkulation des aufwendbaren Einkaufspreises (Rückwärtskalkulation)	543
7.5	Kalkulation des Gewinns (Differenzkalkulation)	544
7.6	Vereinfachte Kalkulation	545

8	**Deckungsbeitragsrechnung**	547
8.1	Grundlagen der Deckungsbeitragsrechnung	547
8.2	Anwendung der Deckungsbeitragsrechnung	548
	8.2.1 Sortimentsgestaltung	548

8.2.2	Preisuntergrenze		551
8.2.3	Gewinnschwelle		551
8.2.4	Zusatzaufträge		552

9 Controlling 553

9.1 Grundlagen des Controllings. 553
9.2 Anwendung des Controllings. 555

9.2.1	Budgetierung		555
9.2.2	Soll-Ist-Vergleich		556
9.2.3	Kennzahlensysteme		557
9.2.4	Berichtswesen		558

10 Aufgaben 559

VII. Handlungsorientierte Aufgaben

Aufgabe 1 bis Aufgabe 10 565

Lösungen Datenverarbeitung 578

Lösungen Wirtschaftsrechnen und Statistik 590

Lösungen Buchführung 597

Lösungen Kosten- und Leistungsrechnung und Controlling 611

Lösungen handlungsorientierte Aufgaben 616

Sachwortregister 625

Bilanzgliederung 639

Gliederung der Gewinn- und Verlustrechnung 641

Kontenrahmen für Groß- und Außenhandel 643

Hinweise zur programmierten Prüfung

Die Industrie- und Handelskammern unterscheiden für ihre kaufmännischen Abschluss- und Zwischenprüfungen in programmierter Form vor allem folgende Aufgabenarten:*

- **Mehrfachwahlaufgaben**

  Von mehreren vorgegebenen Antworten ist die richtige Antwort auszuwählen; die Lösungsziffer der richtigen Antwort muss in das Lösungskästchen eingetragen werden.

  Beispiel:

Wo wird das Handelsregister geführt?		
① beim zuständigen Gewerbeaufsichtsamt		
② bei der Ortspolizeibehörde		
③ beim Handelsregisteramt	▶	4
④ beim zuständigen Amtsgericht		
⑤ bei der zuständigen Industrie- und Handelskammer		

- **Zuordnungsaufgaben**

  Sachlich zusammengehörende Begriffe, Vorgänge, Sachverhalte oder Regeln sind einander zuzuordnen.

  Beispiel:

Ordnen Sie die eingerahmten Kennziffern von 3 der insgesamt 6 Aufwendungen den 3 Aufwandsarten zu; die entsprechenden Lösungsziffern sind in die Kästchen einzutragen!		
Aufwendungen	**Aufwandsarten**	
① Fertigungslöhne		
② Gewerbesteuernachzahlung	betriebsfremder Aufwand ▶	4
③ Abschreibungen		
④ Spende an das Rote Kreuz	außerordentlicher Aufwand ▶	5
⑤ Brandschaden		
⑥ Bürokosten	periodenfremder Aufwand ▶	2

- **Reihenfolgeaufgaben**

  Elemente eines Sachverhaltes bzw. Vorganges, die ungeordnet vorgegeben sind, müssen in die richtige Reihenfolge gebracht werden; die Ziffern werden der Reihenfolge entsprechend in die Kästchen eingetragen.

  Beispiel:

Bringen Sie die folgenden Stufen des Organisationskreislaufes in die richtige Reihenfolge, indem Sie die Ziffern 1 bis 5 in die Kästchen eintragen!		
Planung des Sollzustandes	▶	3
Kritik des Istzustandes	▶	2
Ermittlung des Istzustandes	▶	1
Kontrolle	▶	5
Realisation des Sollplans	▶	4

---

*   Vgl. Merkblatt für die Teilnehmer an der Prüfung der Industrie- und Handelskammer, hrsg. von der Industrie- und Handelskammer Nürnberg.

● **Offen-Antwort-Aufgaben**

Die auszurechnende Größe muss in das vorgesehene Lösungsfeld eingetragen werden.

Beispiel:

Nach einer Preiserhöhung von 12% beträgt der Preis einer Ware 143,36 EUR. Wie viel EUR beträgt die Preiserhöhung?	▶	Komma EUR Cent 1 5 , 3 6

● **Kontierungsaufgaben**

Zu vorgegebenen Geschäftsfällen bzw. Belegen muss der Buchungssatz gebildet werden, indem die Kennziffern für die anzurufenden Konten in die Lösungskästchen eingetragen werden.

Beispiel:

Barkauf von Büromaterial		Soll	Haben
1	Umsatzsteuer	3	5
2	Vorsteuer	2	☐
3	Büromaterial		
4	Bank		
5	Kasse		
6	Forderungen		

I. Allgemeine Wirtschaftslehre (Wirtschafts- und Sozialkunde)

1 Rechtliche und soziale Rahmenbedingungen menschlicher Arbeit im Betrieb

1.1 Mitarbeiter im Betrieb

1 Welche Anforderungen werden an die Mitarbeiter im Betrieb gestellt?

Die Anforderungen, welche an die Mitarbeiter gestellt werden, bezeichnet man auch als **Schlüsselqualifikationen;** darunter versteht man grundsätzliche Kenntnisse und Fähigkeiten eines Arbeitnehmers, die ihn befähigen, Aufgabenstellungen und Problemfälle zu lösen.

Man unterscheidet z.B. folgende Kategorien von Schlüsselqualifikationen:

1. **Sozialkompetenz,** z.B.
   - Kontakt- und Kommunikationsfähigkeit,
   - Kooperationsbereitschaft und Teamgeist,
   - Integrationsfähigkeit,
   - Verantwortungsbewusstsein und Zuverlässigkeit,
   - Überzeugungskraft;
2. **Methodenkompetenz,** z.B.
   - abstraktes und analytisches Denken sowie Denken in Zusammenhängen (integratives Denken),
   - Konzentrationsvermögen und Ausdauer,
   - Kreativität und Flexibilität;
3. **Handlungskompetenz,** z.B.
   - Entscheidungsfreudigkeit,
   - Motivation,
   - Durchsetzungsvermögen,
   - Eigeninitiative, Selbstständigkeit und Selbstbewusstsein,
   - zeitorientiertes und prozessorientiertes Handeln,
   - Präsentationsfähigkeit und Formulierungsvermögen;
4. **Fachkompetenz,** z.B.
   - berufliches Fachwissen (z.B. Kosten- und Leistungsbewusstsein sowie Kunden- und Wettbewerbsorientierung),
   - berufliche Fertigkeiten.

2 Unterscheiden Sie leitende und ausführende Tätigkeit!

Merkmale **leitender Tätigkeit** (dispositive Tätigkeit) sind Planung, Organisation, Entscheidung und Kontrolle; Beispiele sind Geschäftsführer(in), Werkleiter(in), Filialleiter(in), Abteilungsleiter(in).

Wichtigstes Merkmal **ausführender Tätigkeit** ist die eigenverantwortliche Ausführung von angeordneten Aufgaben (Anweisungen); Beispiele sind: Facharbeiter(in), Sachbearbeiter(in).

3   Unterscheiden Sie Angestellte und Arbeiter!

Angestellte

- verrichten überwiegend geistige Arbeit (in der Verwaltung),
- beziehen Gehalt (Bezahlung nach Zeit),
- sind versicherungspflichtig in der Angestelltenrentenversicherung.

Arbeiter

- verrichten vorwiegend körperliche Arbeit (in der Produktion),
- beziehen Lohn (Zeit- oder Leistungslohn),
- sind versicherungspflichtig in der Arbeiterrentenversicherung.

4   Wer ist leitender Angestellter nach dem Betriebsverfassungsgesetz?

Leitender Angestellter nach dem Betriebsverfassungsgesetz ist, wer

- selbstständig Beschäftigte einstellen und entlassen darf,
- Generalvollmacht oder Prokura hat,
- im Wesentlichen eigenverantwortlich unternehmerische Aufgaben erfüllt.

Für die leitenden Angestellten gelten die Vorschriften des Betriebsverfassungsgesetzes nicht, z. B. dürfen sie bei der Betriebsratswahl nicht wählen und nicht gewählt werden.

5   Wer ist Handlungsgehilfe?

Handlungsgehilfe (kaufmännischer Angestellter) ist, wer in einem Handelsgewerbe zur Leistung kaufmännischer Dienste gegen Entgelt angestellt ist, z. B. Buchhalter, Kassierer, Einkäufer.

6   Welche Rechte hat der kaufmännische Angestellte?

Der **kaufmännische Angestellte** hat das Recht auf

- Vergütung der geleisteten Dienste,
- Fürsorge durch den Arbeitgeber,
- Gewährung von Urlaub,
- Beschäftigung im Rahmen des Arbeitsvertrages,
- Ausstellung eines Zeugnisses (auf Wunsch des Arbeitnehmers mit Angaben über Führung und Leistung = qualifiziertes Zeugnis).

7   Welche Pflichten hat der kaufmännische Angestellte?

Der kaufmännische Angestellte hat folgende Pflichten:

- Dienstleistungspflicht (die vereinbarte Arbeit ist persönlich zu erbringen),
- Treuepflicht (voller Einsatz für das Unternehmen),
- Verbot der Annahme von Schmiergeldern,
- Pflicht zur Wahrung der Betriebsgeheimnisse,
- Wettbewerbsverbot.

Kommt der Arbeitnehmer seinen Pflichten nicht nach, kann der Arbeitgeber eine **Abmahnung** aussprechen; dies ist oft Voraussetzung für die Kündigung (siehe Seite 27 f.).

8   Was ist Wettbewerbsverbot?

Das HGB unterscheidet:

- **gesetzliches Wettbewerbsverbot** (Konkurrenzverbot):
  Der kaufmännische Angestellte darf ohne Einwilligung des

Arbeitgebers kein Handelsgewerbe betreiben und im Geschäftszweig des Arbeitgebers nicht für eigene oder fremde Rechnung Geschäfte machen.

Bei Verletzung des gesetzlichen Wettbewerbsverbots hat der Arbeitgeber das Recht zur fristlosen Entlassung und das Recht auf Schadensersatz.

(Das gesetzliche Wettbewerbsverbot gilt sinngemäß für die Gesellschafter der OHG.)

● **vertragliches Wettbewerbsverbot** (Konkurrenzklausel):
Durch eine vertragliche Vereinbarung wird sichergestellt, dass der Angestellte nach Beendigung des Dienstverhältnisses seine Kenntnisse nicht zum Nachteil des ehemaligen Arbeitgebers einsetzt (z. B. Bierbrauer).

Der Arbeitgeber muss dem Arbeitnehmer für dieses auf höchstens zwei Jahre befristete Wettbewerbsverbot eine Entschädigung zahlen.

1.2 Berufsausbildungsvertrag

9 | Welche Aufgabe hat das Berufsbildungsgesetz?

Das **Berufsbildungsgesetz** regelt die Berufsausbildung einschließlich des Prüfungswesens. (Daneben gelten die Bestimmungen für den Arbeitsvertrag und insbesondere das Jugendarbeitsschutzgesetz.)

10 | Welchen Inhalt hat der Berufsausbildungsvertrag?

Der Ausbildende hat unverzüglich nach Abschluss des **Berufsausbildungsvertrages** den wesentlichen Inhalt des Vertrages schriftlich niederzulegen.

Der Vertrag muss Angaben enthalten über:
● Ausbildungsberuf,
● Beginn und Dauer der Berufsausbildung,
● tägliche Arbeitszeit,
● Dauer der Probezeit,
● Ausbildungsvergütung,
● Urlaubsdauer,
● Kündigungsvoraussetzungen,
● Pflichten des Auszubildenden.

Der Vertrag ist von dem Ausbildenden, dem Auszubildenden und dessen gesetzlichem Vertreter zu unterzeichnen.

11 | Nennen Sie Pflichten des Ausbildenden!

Zu den Pflichten des **Ausbildenden** zählen:
● Ausbildung entsprechend dem Vertrag (untersagt sind z. B. Beschäftigungen, die nicht dem Ausbildungszweck dienen),
● Freistellung für den Berufsschulunterricht und Überwachung des Schulbesuchs,
● angemessene Vergütung,
● Ausstellung eines Zeugnisses nach Beendigung der Ausbildung.

12 Nennen Sie Pflichten des Auszubildenden!

Zu den Pflichten des **Auszubildenden** zählen:
- sorgfältige Ausführung übertragener Arbeiten,
- Befolgung von Anordnungen weisungsberechtigter Personen,
- Wahrung von Betriebsgeheimnissen,
- regelmäßiger Besuch der Berufsschule.

13 Wie ist die Probezeit geregelt?

Die **Probezeit** muss mindestens einen Monat und darf höchstens vier Monate betragen. Das Ausbildungsverhältnis kann in dieser Zeit von beiden Seiten jederzeit und ohne Angabe von Gründen gekündigt werden.

14 Wie ist die Vergütung geregelt?

Für die **Vergütung** des Auszubildenden gilt:
- Die Vergütung ist so zu bemessen, dass sie mit fortschreitender Berufsausbildung, mindestens jährlich, ansteigt;
- Überstunden sind besonders zu vergüten;
- die Vergütung ist auch zu zahlen z. B. für die Zeit der Freistellung (Berufsschulunterricht, Prüfungen), bei Krankheit des Auszubildenden (bis zur Dauer von sechs Wochen).

15 Wie ist die Kündigung geregelt?

Die **Kündigung** des Ausbildungsverhältnisses kann nach der Probezeit nur (schriftlich) vorgenommen werden
- aus einem wichtigen Grund (z. B. Arbeitsverweigerung) ohne Einhaltung einer Kündigungsfrist,
- vom Auszubildenden mit einer Kündigungsfrist von vier Wochen bei Aufgabe der Berufsausbildung bzw. beim Wechsel in eine andere Berufsausbildung.

Wird das Berufsausbildungsverhältnis nach der Probezeit vorzeitig gelöst, so kann der Ausbildende oder der Auszubildende Ersatz des Schadens verlangen, wenn der andere den Grund für die Auflösung zu vertreten hat.

16 Nennen Sie wichtige Vorschriften für die Ausstellung eines Zeugnisses!

Der Ausbildende hat dem Auszubildenden bei Beendigung des Berufsausbildungsverhältnisses ein **Zeugnis** auszustellen. Es muss Angaben enthalten über
- Art, Dauer und Ziel der Berufsausbildung;
- die erworbenen Fertigkeiten und Kenntnisse des Auszubildenden.

Auf Wunsch des Auszubildenden sind aufzunehmen Angaben über
- Führung und Leistung,
- besondere fachliche Fähigkeiten.

17 Wann endet das Berufsausbildungsverhältnis?

Die **Beendigung des Ausbildungsverhältnisses** erfolgt
- mit dem Ablauf der Ausbildungszeit;
- mit Bestehen der Abschlussprüfung, wenn der Auszubildende vor Ablauf der Ausbildungszeit die Abschlussprüfung besteht;

● bei nicht bestandener Abschlussprüfung nach der nächst-
möglichen Wiederholungsprüfung, wenn der Auszubildende dies verlangt (die Ausbildungszeit wird höchstens um
ein Jahr verlängert).

18 Welche Bedeutung hat
die Berufsausbildungs-
verordnung?

Die **Berufsausbildungsverordnung** enthält Vorschriften, die
sich auf eine ganz bestimmte Berufsausbildung beziehen (z.B.
die Verordnung über die Berufsausbildung zum Industriekauf-
mann/zur Industriekauffrau). Im Gegensatz zu dieser Rechtsverordnung beinhaltet das Berufsbildungsgesetz Regelungen,
die allgemein für die Berufsausbildung gelten.

Unter **Ausbildung** versteht man die berufliche Erstausbildung;
diese erfolgt i.d.R. nach dem Schulabschluss. Da die Ausbildung sowohl in der Berufsschule als auch im Betrieb erfolgt,
spricht man vom **dualen Ausbildungssystem.**

Die Verordnung über die Berufsausbildung zum Kaufmann/zur
Kauffrau im Groß- und Außenhandel enthält z.B. folgende Vorschriften:

● staatliche Anerkennung des Ausbildungsberufs;

● Ausbildungsdauer (drei Jahre);

● Ausbildungsberufsbild, festgelegt sind zu vermittelnde Fertigkeiten und Kenntnisse;

● Ausbildungsrahmenplan, umfasst Anleitungen zur sachlichen und zeitlichen Gliederung der Berufsausbildung;

● Ausbildungsplan, wird vom Ausbildenden erstellt;

● Berichtsheft, ist vom Auszubildenden zu führen (ist während
der Ausbildungszeit möglich);

● Zwischenprüfung, soll in der Mitte des zweiten Ausbildungs-
jahres durchgeführt werden;

● Abschlussprüfung, festgelegt sind Prüfungsfächer, Prü-
fungsdauer und Bestehen der Prüfung.

1.3 Arbeitsvertrag

19 Welche Quellen des
Arbeitsrechts gibt es?

Das **Arbeitsrecht** hat folgende Quellen:

1. Gesetze,
   ● allgemeine Gesetze, z.B. BGB, HGB, Gewerbeordnung;
   ● spezielle arbeitsrechtliche Gesetze, z.B. Betriebsverfassungsgesetz, Tarifvertragsgesetz, Arbeitszeitgesetz,
   Mitbestimmungsgesetze, Bundesausbildungsförderungsgesetz;

2. Verträge,
   ● Einzelarbeitsverträge (Individualarbeitsrecht),
   ● Betriebsvereinbarungen (Kollektivarbeitsrecht),
   ● Tarifverträge (Kollektivarbeitsrecht).

20 Welche Gerichte sind für das Arbeitsrecht zuständig?

Für Rechtsstreitigkeiten aus einem Arbeitsverhältnis sind in erster Instanz die **Arbeitsgerichte** zuständig. Berufungsinstanz für deren Urteile ist das Landesarbeitsgericht, Revisionsinstanz ist das Bundesarbeitsgericht (in Erfurt).

1.3.1 Einzelarbeitsvertrag

21 Was ist ein Einzelarbeitsvertrag?

Der **Einzelarbeitsvertrag** (individueller Arbeitsvertrag), der i. d. R. ein Dienstvertrag ist, wird zwischen dem einzelnen Arbeitnehmer und dem einzelnen Arbeitgeber geschlossen. Er regelt nur das Arbeitsverhältnis zwischen diesen Personen. Er enthält u. a. Abmachungen über Art der Beschäftigung, Lohnhöhe, Arbeitszeit.

Gesetzliche Bestimmungen, Bedingungen der Tarifverträge und der Betriebsvereinbarungen dürfen in Einzelarbeitsverträgen nur zugunsten des Arbeitnehmers abgeändert werden (**Begünstigungsprinzip,** Günstigkeitsprinzip).

Wird die Dauer des Arbeitsverhältnisses bei Vertragsabschluss vereinbart, spricht man von einem **befristeten Arbeitsvertrag.** Dieser Vertrag endet durch Zeitablauf; eine Kündigung ist nicht notwendig.

1.3.2 Betriebsvereinbarung

22 Was ist eine Betriebsvereinbarung?

Die **Betriebsvereinbarung** (kollektiver Arbeitsvertrag, Gruppenarbeitsvertrag) wird zwischen dem Arbeitgeber und dem Betriebsrat eines bestimmten Betriebes getroffen. Sie muss schriftlich niedergelegt und an geeigneter Stelle im Betrieb ausgelegt werden. Die Betriebsvereinbarung regelt die Ordnung und auch einzelne Angelegenheiten des betreffenden Betriebes, z. B. Beginn und Ende der täglichen Arbeitszeit (z. B. auch die gleitende Arbeitszeit) und der Pausen, Aufstellung eines Urlaubsplanes, Maßnahmen zur Verhütung von Arbeitsunfällen, das Verhalten der Arbeitnehmer im Betrieb.

Die Betriebsvereinbarung ergänzt die Bestimmungen des Tarifvertrages, die als Mindestbestimmungen beachtet werden müssen.

23 Was ist ein Sozialplan?

Der **Sozialplan** ist eine Vereinbarung zwischen Arbeitgeber und Betriebsrat (Sonderform der Betriebsvereinbarung), die getroffen wird, um die wirtschaftlichen Nachteile der Arbeitnehmer bei geplanten Betriebsveränderungen (z. B. Rationalisierung, Betriebsstilllegung) zu mildern. Der Sozialplan enthält insbesondere Regelungen über Abfindungen bei vorzeitiger Entlassung und über Zuschüsse bei vorzeitiger Pensionierung.

1.3.3 Tarifvertrag

24 Wer sind die Tarifpartner?

Tarifpartner (Sozialpartner) sind vor allem

● die Gewerkschaften als Vereinigungen der Arbeitnehmer, der Deutsche Gewerkschaftsbund (DGB) umfasst als Dachverband mehrere selbstständige Einzelgewerkschaften, wie z.B. Industriegewerkschaft Metall, Industriegewerkschaft Bauen – Agrar – Umwelt, Gewerkschaft Nahrung – Genuss – Gaststätten, Vereinigte Dienstleistungsgewerkschaft;

● einzelne Arbeitgeber oder Zusammenschlüsse der Arbeitgeber (Arbeitgeberverbände); die Arbeitgeberverbände sind zusammengefasst in der Bundesvereinigung der Deutschen Arbeitgeberverbände (BDA).

25 Welche Aufgaben haben die Gewerkschaften?

Die **Gewerkschaften** haben die Aufgabe, die sozialen und wirtschaftlichen Lebensbedingungen der Arbeitnehmer zu verbessern und deren Interessen den Arbeitgebern gegenüber wahrzunehmen. Folgende Einzelaufgaben ergeben sich daraus:
● Verbesserung der Arbeitsbedingungen,
● Lohnsteigerungen (Arbeitnehmer sollen mit ihrem Einkommen am Wirtschaftswachstum beteiligt werden),
● Ausbau der staatlichen Sozialversicherung,
● Förderung der Vermögensbildung der Arbeitnehmer,
● Führen von Tarifverhandlungen mit den Arbeitgebern,
● Vertretung der Arbeitnehmer vor Arbeitsgerichten,
● Bekämpfung der Arbeitslosigkeit,
● Sicherung der Arbeitsplätze.

26 Welche Aufgaben haben die Arbeitgeberverbände?

Die **Arbeitgeberverbände** haben die Aufgabe, die arbeitsrechtlichen und sozialpolitischen Interessen ihrer Mitglieder wahrzunehmen. Im Einzelnen sind es folgende Aufgaben:
● Führen von Tarifverhandlungen mit den Gewerkschaften,
● arbeitsrechtliche Beratung,
● Beobachtung und Lenkung des Arbeitsmarktes,
● soziale Betriebsgestaltung,
● internationale Sozialpolitik.

27 Was sind Tarifverhandlungen?

Tarifverhandlungen sind Verhandlungen tariffähiger Parteien (Tarifvertragsparteien), d.h. der Arbeitgeber oder Arbeitgeberverbände einerseits und der Gewerkschaften andererseits, mit dem Ziel, Tarifverträge entsprechend dem Tarifvertragsgesetz (TVG) abzuschließen.

Tarifverhandlungen enden i.d.R. mit einem Kompromiss zwischen den Forderungen der Gewerkschaften und den Vorstellungen der Arbeitgeber.

28 | Was ist ein Tarif-vertrag?

Der **Tarifvertrag** ist ein kollektiver Arbeitsvertrag und er wird zwischen den Tarifpartnern abgeschlossen. Er regelt die Arbeitsverhältnisse und Arbeitsbedingungen für alle unter seinen Geltungsbereich fallende Personen (Tarifgebiet).

Man unterscheidet

1. nach dem Inhalt des Tarifvertrages,
   - Mantel-Tarifvertrag (Rahmen-Tarifvertrag),
   - Lohn- und Gehalts-Tarifvertrag;
2. nach den beteiligten Tarifpartnern,
   - Haus-Tarifvertrag (Firmen-Tarifvertrag),
   - Verbands-Tarifvertrag;
3. nach dem Tarifgebiet,
   - Werks-Tarifvertrag,
   - Bezirks-Tarifvertrag.

29 | Unterscheiden Sie Mantel-Tarifvertrag und Lohn-Tarifvertrag!

Der **Mantel-Tarifvertrag** (Rahmen-Tarifvertrag) regelt bestimmte Arbeitsbedingungen für eine längere Zeit (i.d.R. 3 bis 5 Jahre), z.B. Bestimmungen über Arbeitszeit, Mehrarbeit, Sonn- und Feiertagsarbeit, Urlaubsdauer, Kündigungsfristen (die über die gesetzlichen Regelungen hinausgehen).

Der **Lohn- und Gehalts-Tarifvertrag** legt die Löhne und Gehälter der Arbeiter und Angestellten (sowie die Ausbildungsvergütung) fest und staffelt sie nach der Vorbildung der Arbeitnehmer und nach dem Schwierigkeitsgrad ihrer Arbeit in bestimmte Lohn- und Gehaltsgruppen. Lohn- und Gehalts-Tarifverträge haben eine kürzere Laufzeit als der Mantel-Tarifvertrag, i.d.R. ein Jahr.

30 | Was versteht man unter Ecklohn?

In den Lohntarifen wird häufig der so genannte **Ecklohn** festgelegt; er ist der Normallohn für einen 21-jährigen Facharbeiter der untersten Facharbeitertarifgruppe (Mindeststundenlohn für die Gruppe der Facharbeiter). Er bildet die Grundlage für die Berechnung der Grundlöhne für die anderen Lohngruppen.

31 | Unterscheiden Sie Haus- und Verbands-Tarifvertrag!

Beim **Haus-Tarifvertrag** (Firmen-Tarifvertrag) sind ein Unternehmen und die betroffene Gewerkschaft die Tarifpartner; dieser Tarifvertrag gilt nur für das eine Unternehmen (z.B. schließt das Volkswagenwerk einen Tarifvertrag mit der IG Metall).

Beim **Verbands-Tarifvertrag** (auch Flächen-Tarifvertrag genannt) sind ein Arbeitgeberverband und die betroffene Gewerkschaft die Tarifpartner; dieser Tarifvertrag gilt für alle Unternehmen in einer Region, die dem Verband angehören (z.B. schließt der Arbeitgeberverband der Bauwirtschaft des Saarlandes einen Tarifvertrag mit der Gewerkschaft Bauen – Agrar – Umwelt).

32	Unterscheiden Sie Werks- und Bezirks-Tarifvertrag!

Der **Werks-Tarifvertrag** gilt nur für ein Unternehmen; er entspricht damit dem Haus-Tarifvertrag.

Der **Bezirks-Tarifvertrag** (auch Flächen-Tarifvertrag genannt) gilt für Unternehmen eines Wirtschaftszweigs (Branche) innerhalb eines bestimmten Tarifbezirks.

33	Für welchen Personenkreis gelten Tarifverträge?

Tarifverträge gelten zunächst nur für die Mitglieder der Tarifvertragsparteien. Auf Antrag einer der am Tarifvertrag beteiligten Parteien kann ein Tarifvertrag jedoch auch durch den Bundesminister für Arbeit und Sozialordnung für allgemein verbindlich erklärt werden, wenn

● die Allgemeinverbindlichkeit im öffentlichen Interesse liegt,

● die tarifgebundenen Arbeitgeber mindestens 50 % der unter den Geltungsbereich des Vertrages fallenden Arbeitnehmer beschäftigen.

Durch die **Allgemeinverbindlichkeitserklärung** gilt der Tarifvertrag für alle Arbeitgeber und Arbeitnehmer einer bestimmten Berufssparte, gleichgültig, ob sie einem Arbeitgeberverband bzw. einer Gewerkschaft angehören oder nicht.

34	Was versteht man unter Tarifbindung?

Tarifbindung bedeutet, dass die Mitglieder der Tarifvertragsparteien (betroffene Unternehmen und Gewerkschaften) an die Vereinbarungen des Tarifvertrages gebunden sind. Die Bestimmungen des Tarifvertrages stellen Mindestbedingungen (z.B. Mindestlöhne, Mindesturlaubstage) dar; sie dürfen nur zugunsten der Arbeitnehmer abgeändert werden **(Begünstigungsprinzip, Günstigkeitsprinzip).**

35	Was versteht man unter Tarifautonomie?

Tarifautonomie bedeutet, dass der Tarifvertrag durch freie Vereinbarung der (unabhängigen) Tarifvertragsparteien ohne Mitwirkung einer staatlichen Stelle zustande kommt. Ein wichtiger Bestandteil der Tarifautonomie ist das Streikrecht (festgelegt im Grundgesetz).

Ein Verstoß gegen die Tarifautonomie stellt z.B. das Eingreifen der Regierung in laufende Tarifverhandlungen dar.

36	Was ist Schlichtung?

Schlichtung ist ein Verfahren zur Beilegung von Streitigkeiten zwischen Gewerkschaften und Arbeitgebern (bzw. Arbeitgeberverbänden) bei Tarifverhandlungen.

Zum Arbeitskampf wird i.d.R. erst dann aufgerufen, wenn die Vermittlungsbemühungen des unparteiischen Schlichters (häufig Personen des öffentlichen Lebens, z.B. Landesarbeitsminister) gescheitert sind.

37	Was ist Urabstimmung?

Urabstimmung ist die Meinungsbefragung der (gewerkschaftlich organisierten) Arbeitnehmer durch die Gewerkschaften vor der Durchführung eines Streiks (mindestens 75 % der befragten Gewerkschaftsmitglieder müssen dem Streikvorhaben zustimmen).

38 Unterscheiden Sie Streik und Aussperrung!

Streik und Aussperrung sind rechtlich zulässige Mittel des Arbeitskampfes zur Durchsetzung bestimmter Forderungen.

Streik ist die gemeinsame, gleichzeitige und planmäßige Arbeitsniederlegung mehrerer Arbeitnehmer eines Betriebes oder eines Wirtschaftszweiges. Unterschieden werden:

● organisierter (von den Gewerkschaften geleiteter) Streik,
● nicht organisierter (wilder) Streik,
● Teilstreik (umfasst nur einen Teil der Betriebe),
● Generalstreik (umfasst alle Betriebe),
● Warnstreik,
● Sympathiestreik (für andere streikende Arbeitnehmer).

Aussperrung ist die planmäßige Ausschließung der Arbeitnehmer von der Arbeit. Durch die Aussperrung werden die Arbeitsverträge durch den Arbeitgeber vorübergehend aufgehoben, d. h., die Rechte und Pflichten aus dem Arbeitsverhältnis gelten nicht mehr.

Man unterscheidet:

● Angriffsaussperrung (selten),
● Abwehraussperrung (Reaktion auf ausgebrochenen Streik).

39 Was ist Friedenspflicht?

Friedenspflicht bedeutet, dass die Tarifparteien während der Gültigkeit des Tarifvertrages den Arbeitsfrieden wahren müssen, d. h. keine Kampfmaßnahmen gegen die Vereinbarungen ergreifen dürfen.

1.4 Arbeitsschutzbestimmungen

40 Was versteht man unter Arbeitsschutz?

Arbeitsschutz ist der den Arbeitnehmern durch rechtliche Vorschriften (Arbeitsschutzvorschriften) gewährte Schutz vor negativen Folgen, die sich aus der Arbeit ergeben.

Die Überwachung der Arbeitsschutzvorschriften erfolgt durch die Gewerbeaufsichtsämter und die Berufsgenossenschaften.

41 Nennen Sie wichtige Arbeitsschutz-vorschriften (Überblick)!

Wichtige **Arbeitsschutzvorschriften** sind:

● Kündigungsschutzgesetz,
● Jugendarbeitsschutzgesetz,
● Mutterschutzgesetz,
● Bundeserziehungsgeldgesetz,
● Bundesurlaubsgesetz,
● Arbeitszeitgesetz,
● Entgeltfortzahlungsgesetz,
● Arbeitsförderungsrecht,
● Bundesausbildungsförderungsgesetz,
● Schwerbehindertenrecht,
● Arbeitssicherheitsgesetz,
● Arbeitsstättenverordnung.

42 Welche Arten der Kündigung gibt es (Überblick)?

Man unterscheidet folgende Arten der Kündigung:
1. ordentliche Kündigung,
   - gesetzliche Kündigung,
   - vertragliche Kündigung,
2. außerordentliche Kündigung.

43 Was ist gesetzliche Kündigung?

Das Arbeitsverhältnis eines Arbeitnehmers kann mit einer Frist von 4 Wochen zum Fünfzehnten oder zum Ende eines Kalendermonats gekündigt werden (**gesetzliche Kündigungsfrist** lt. BGB); Schriftform ist erforderlich.

Während einer vereinbarten **Probezeit,** längstens für die Dauer von 6 Monaten, kann das Arbeitsverhältnis mit einer Frist von 2 Wochen gekündigt werden (lt. BGB).

44 Was ist vertragliche Kündigung?

Abweichend von der gesetzlichen Regelung kann die Kündigung im Arbeitsvertrag (einzelvertraglich) lt. BGB gesondert festgelegt sein.

Die **vertragliche Kündigung** besagt, dass die Kündigungsfrist
- unter 4 Wochen liegen kann, wenn ein Arbeitnehmer zur vorübergehenden Aushilfe eingestellt ist,
- für den Arbeitnehmer nicht länger sein darf als für den Arbeitgeber,
- länger sein kann als die gesetzliche Kündigungsfrist.

45 Was ist fristlose Kündigung?

Die **fristlose Kündigung** kann im Gegensatz zur ordentlichen Kündigung nur bei einem wichtigen Grund ausgesprochen werden. Beispiele sind: Ehrverletzungen oder Tätlichkeiten des Arbeitgebers oder Arbeitnehmers, Pflichtverletzungen wie Arbeitsverweigerung oder fehlende Entlohnung.

46 Was bedeutet der allgemeine Kündigungsschutz?

Die wichtigste Bestimmung des **Kündigungsschutzes** (geregelt im Kündigungsschutzgesetz) besagt, dass Arbeitnehmern nur dann gekündigt werden darf, wenn die Kündigung sozial gerechtfertigt ist. Das bedeutet, eine Kündigung ist unwirksam, wenn sie nicht
- durch die Person oder das Verhalten des Arbeitnehmers oder
- durch dringende wirtschaftliche Erfordernisse bedingt ist.

Hält der Arbeitnehmer eine Kündigung für sozial ungerechtfertigt, so muss er innerhalb von 3 Wochen nach Zugang der Kündigung Klage beim Arbeitsgericht erheben (**Kündigungsschutzklage).**

47 Wer genießt besonderen Kündigungsschutz?

Besonderen Kündigungsschutz genießen
- Betriebsratsmitglieder und Jugendvertreter: Ihnen kann während ihrer Amtszeit nicht gekündigt werden, es sei denn, es liegt ein wichtiger Grund vor (Kündigungsschutzgesetz);

- werdende Mütter: Ihnen darf während der Schwangerschaft und vier Monate nach der Geburt nicht gekündigt werden (Mutterschutzgesetz);
- Schwerbehinderte: dürfen nur mit Zustimmung des Integrationsamtes entlassen werden (Sozialgesetzbuch IX);
- langjährig beschäftigte Angestellte und Arbeiter: Die Kündigungsfrist ist nach der Beschäftigungsdauer gestaffelt (BGB).

48 Welche Kündigungsfristen gibt es für langjährig beschäftigte Arbeiter und Angestellte?

Für eine Kündigung durch den Arbeitgeber beträgt die Kündigungsfrist, und zwar jeweils zum Monatsende, für folgende Beschäftigungsdauer im Unternehmen:

- 2 Jahre: 1 Monat,
- 5 Jahre: 2 Monate,
- 8 Jahre: 3 Monate,
- 10 Jahre: 4 Monate,
- 12 Jahre: 5 Monate,
- 15 Jahre: 6 Monate,
- 20 Jahre: 7 Monate.

Bei der Berechnung der Beschäftigungsdauer werden Zeiten, die vor Vollendung des 25. Lebensjahres des Arbeitnehmers liegen, nicht berücksichtigt.

49 Nennen Sie wichtige Bestimmungen des Jugendarbeitsschutzgesetzes!

Das **Jugendarbeitsschutzgesetz,** das für alle Beschäftigten unter 18 Jahren gilt, beinhaltet z.B.

- das Verbot der Beschäftigung von Kindern (Personen unter 15 Jahren),
- das Beschäftigungsverbot für die Zeit zwischen 20:00 Uhr und 06:00 Uhr (Ausnahmeregelung für Jugendliche über 16 Jahre in Gastwirtschaften, Bäckereien usw.),
- das grundsätzliche Verbot der Samstags-, Sonn- und Feiertagsarbeit (Ausnahmen: Einzelhandel, Gaststätten usw.),
- die Fünf-Tage-Woche,
- die Arbeitszeit (i.d.R. nicht mehr als 8 Stunden täglich und 40 Stunden wöchentlich),
- die Urlaubsregelung (z.B. mindestens 30 Werktage, wenn der Jugendliche zu Beginn des Kalenderjahres noch nicht 16 Jahre alt ist; mindestens 27 Werktage, wenn er noch nicht 17 Jahre alt ist; mindestens 25 Werktage, wenn er noch nicht 18 Jahre alt ist),
- die Pausenregelung (im Voraus feststehende Ruhepausen von angemessener Dauer müssen gewährt werden), die Ruhepausen müssen mindestens betragen 30 Minuten bei einer Arbeitszeit von mehr als viereinhalb sowie 60 Minuten bei einer Arbeitszeit von mehr als 6 Stunden,
- die Teilnahme am Berufsschulunterricht; der Arbeitgeber hat den Jugendlichen für die Teilnahme am Berufsschulunterricht freizustellen,

- die Beschäftigung an Berufsschultagen; der Arbeitgeber darf den Jugendlichen nicht beschäftigen an einem Berufsschultag mit mehr als fünf Unterrichtsstunden von mindestens 45 Minuten, und zwar einmal in der Woche (diese Regelung gilt nicht für Auszubildende über 18 Jahre, auch wenn sie berufsschulpflichtig sind),
- das Verbot der Akkord- und Fließbandarbeit.

50 | Nennen Sie wichtige Bestimmungen des Mutterschutzgesetzes!

Das **Mutterschutzgesetz** regelt z.B.
- das Beschäftigungsverbot für die Zeit von 6 Wochen vor bis 8 Wochen nach der Niederkunft (Schutzfrist);
- den Kündigungsschutz, der für die Zeit während der Schwangerschaft und für 4 Monate danach gilt;
- das Verbot schwerer körperlicher Arbeiten, der Akkord- und Fließbandarbeit für werdende Mütter;
- das Verbot der Mehrarbeit, der Nachtarbeit und der Sonn- und Feiertagsarbeit für werdende und stillende Mütter.

51 | Nennen Sie wesentliche Bestimmungen des Gesetzes zum Elterngeld und zur Elternzeit!

Das **Gesetz zum Elterngeld und zur Elternzeit** (Bundeselterngeld- und Elternzeitgesetz) regelt z.B.:
- **Berechtigte:** Anspruch auf Elterngeld haben alle Eltern, deren Kind nach dem 31.12.2006 geboren wurde;[1] das Kind muss selbst betreut und erzogen werden und es darf keine oder keine volle Erwerbstätigkeit ausgeübt werden; der Anspruch beginnt mit dem Tag der Geburt;
- **Dauer des Anspruchs:** Beide Elternteile haben grundsätzlich insgesamt Anspruch auf 12 Monatsbeträge Elterngeld; sie haben Anspruch auf zwei weitere Monate, wenn ein Elternteil für mindestens zwei Monate seiner Erwerbstätigkeit reduziert und das Kind betreut;
- **Höhe des Anspruchs:** Elterngeld wird grundsätzlich in Höhe von 67 Prozent des monatlichen Durchschnittseinkommens bis zu einem Höchstbetrag von 1 800 Euro monatlich gezahlt; das Mindestelterngeld beträgt 300 Euro monatlich;
- **Träger:** Der Bund trägt die Ausgaben für das Elterngeld.

52 | Nennen Sie wichtige Bestimmungen des Bundesurlaubsgesetzes!

Das **Bundesurlaubsgesetz** regelt z.B.
- den Urlaubsanspruch: Jeder Arbeitnehmer hat in jedem Kalenderjahr Anspruch auf bezahlten Erholungsurlaub;
- die Urlaubsdauer: Der Urlaub beträgt jährlich mindestens 24 Werktage (Werktage sind alle Kalendertage, die nicht Sonntage oder gesetzliche Feiertage sind);
- die Wartezeit: Der volle Urlaubsanspruch wird erstmalig nach sechsmonatigem Bestehen des Arbeitsverhältnisses erworben.

---

1 Für vor dem 01.01.2007 geborene Kinder gibt es weiterhin das Erziehungsgeld.

53 Nennen Sie wichtige Bestimmungen des Arbeitszeitgesetzes!

Das **Arbeitszeitgesetz** (Teil des Arbeitszeitrechtsgesetzes) regelt z. B.
- die regelmäßige Arbeitszeit: Sie beträgt werktäglich höchstens 8 Stunden;
- die verlängerte Arbeitszeit: Sie beträgt unter bestimmten Voraussetzungen höchstens 10 Stunden werktäglich. Das Gewerbeaufsichtsamt kann in dringenden Fällen darüber hinaus eine befristete Regelung der Arbeitszeit zulassen;
- Mehrarbeitsvergütung (Zuschläge für Überstunden).

54 Nennen Sie wichtige Bestimmungen des Entgeltfortzahlungsgesetzes!

Das **Entgeltfortzahlungsgesetz** regelt z. B.
- die Entgeltfortzahlung **(Lohnfortzahlung):** Der Arbeitgeber muss einem infolge Krankheit arbeitsunfähigen Arbeitnehmer bis zu 6 Wochen das Arbeitsentgelt weiterzahlen (danach tritt die gesetzliche Sozialversicherung ein); die Höhe der Entgeltfortzahlung beträgt 100 % des Arbeitsentgelts (zugrunde gelegt wird die regelmäßige Arbeitszeit);
- die Anzeige- und Nachweispflicht: Der Arbeitnehmer ist verpflichtet, dem Arbeitgeber die Arbeitsunfähigkeit und deren voraussichtliche Dauer unverzüglich anzuzeigen. Nach Ablauf des dritten Kalendertages ab Beginn der Arbeitsunfähigkeit muss der Arbeitnehmer eine ärztliche Bescheinigung vorlegen;
- das Leistungsverweigerungsrecht: Der Arbeitgeber kann die Lohnfortzahlung verweigern, solange der Arbeitnehmer die ärztliche Bescheinigung nicht vorlegt.

55 Nennen Sie wichtige Bestimmungen des Arbeitsförderungsrechts!

Das **Arbeitsförderungsrecht** (Buch III des Sozialgesetzbuches) regelt z. B.
- Aufgaben der Arbeitsförderung: Beratung der Ausbildung und Arbeit Suchenden, Besetzung offener Stellen, Maßnahmen zur Vermeidung bzw. Verkürzung der Arbeitslosigkeit wie z. B. berufliche Weiterbildung, berufliche Eingliederung von Behinderten, Gewährung von Mobilitätshilfen;
- Träger der Arbeitsförderung: Bundesanstalt für Arbeit;
- Voraussetzungen, Dauer und Höhe des Anspruchs auf Arbeitslosengeld, Kurzarbeitergeld, Wintergeld, Insolvenzgeld;
- Übernahme der Beiträge zur Renten-, Kranken- und Pflegeversicherung für Arbeitslose.

56 Nennen Sie wichtige Bestimmungen des Bundesausbildungsförderungsgesetzes!

Wichtige Bestimmungen des **Bundesausbildungsförderungsgesetzes (BAföG)** sind:
- Ein Anspruch auf Ausbildungsförderung besteht, wenn dem Auszubildenden die erforderlichen Mittel für seinen Lebensunterhalt und seine Ausbildung fehlen;

- gefördert wird z.B. der Besuch von weiterführenden allgemein bildenden Schulen, Abendschulen, Berufsfachschulen, Fachschulen und Hochschulen;
- Schüler erhalten den Förderungsbetrag als Zuschuss (wird nicht zurückgezahlt), Studierende erhalten den Betrag zu 50% als Zuschuss und den Rest als zinsloses Darlehen;
- die Förderungsausgaben tragen der Bund und die Länder gemeinsam.

---

57 Nennen Sie wichtige Bestimmungen des Schwerbehindertenrechts!

Das **Schwerbehindertenrecht** ist Teil des Sozialgesetzbuches IX (Rehabilitation und Teilhabe behinderter Menschen). Wichtige Bestimmungen sind z.B.:
- Private und öffentliche Arbeitgeber mit mindestens 20 Arbeitsplätzen haben i.d.R. auf wenigstens 5% der Arbeitsplätze Schwerbehinderte zu beschäftigen;
- solange Arbeitgeber die vorgeschriebene Zahl Schwerbehinderter nicht beschäftigen, haben sie für jeden unbesetzten Pflichtplatz jährlich eine Ausgleichsabgabe zu entrichten;
- die Kündigung des Arbeitsverhältnisses eines Schwerbehinderten durch den Arbeitgeber bedarf der vorherigen Zustimmung des Integrationsamtes.

---

58 Nennen Sie wichtige Bestimmungen des Arbeitssicherheitsgesetzes!

Nach dem Gesetz über Betriebsärzte, Sicherheitsingenieure und andere Fachkräfte für Arbeitssicherheit (**Arbeitssicherheitsgesetz**) hat der Arbeitgeber Betriebsärzte und Fachkräfte für Arbeitssicherheit zu bestellen, die ihn beim Arbeitsschutz und bei der Unfallverhütung unterstützen sollen.

Damit soll erreicht werden, dass
- die dem Arbeitsschutz dienenden Vorschriften (z.B. Betriebsverfassungsgesetz, Gewerbeordnung, Jugendarbeitsschutzgesetz, Mutterschutzgesetz, Arbeitsstättenverordnung, Arbeitszeitgesetz) und
- die der Unfallverhütung dienenden Vorschriften (Unfallverhütungsvorschriften der Berufsgenossenschaften) den besonderen Betriebsverhältnissen entsprechend angewandt werden.

---

59 Was sind Sicherheitsbeauftragte?

Nach dem **Sozialgesetzbuch (SGB VII)** hat ein Unternehmen einen oder mehrere **Sicherheitsbeauftragte** zu bestellen, die den Unternehmer in Zusammenarbeit mit den sonstigen für den Arbeitsschutz verantwortlichen Personen (nach dem Arbeitssicherheitsgesetz) bezüglich der Verhütung von Arbeitsunfällen und Berufskrankheiten unterstützen.

60 Nennen Sie wesentliche Bestimmungen der Arbeitsstättenverordnung!

Die **Arbeitsstättenverordnung** ist für Arbeitgeber, Betriebsräte und Sicherheitsfachkräfte eine wichtige Grundlage für die Einrichtung und den Betrieb von Arbeitsstätten; sie dient damit dem Schutz der Arbeitnehmer.

Für die Arbeitsstätten (z.B. Arbeitsräume, Pausenräume, Umkleideräume, Waschräume, Verkaufsstände im Freien) sind z.B. geregelt:
- Lüftung;
- Raumtemperaturen;
- Beleuchtung;
- Schutz gegen Brände, Gase, Lärm;
- Reinhaltung der Arbeitsstätten;
- Flucht- und Rettungsplan.

1.5 Soziale Sicherung der Arbeitnehmer

61 Nennen Sie Ziele des Sozialrechts!

Das **Sozialrecht** (die zahlreichen gesetzlichen Bestimmungen sind in dem Sozialgesetzbuch zusammengefasst) strebt folgende Ziele an:
- Schutz vor den wirtschaftlichen Folgen von Krankheit, Arbeitsunfähigkeit, Arbeitsunfällen und Arbeitslosigkeit;
- Bildungs- und Arbeitsförderung;
- Unterstützung von sozial Schwachen (z.B. Wohngeld und Sozialhilfe).

62 Zählen Sie die Zweige der Sozialversicherung auf (Überblick)!

Zur gesetzlichen **Sozialversicherung** zählen:
- Krankenversicherung (Entstehung 1883),
- allgemeine Rentenversicherung (ursprünglich für Arbeiter 1889 und für Angestellte 1911);
- Unfallversicherung (1884);
- Arbeitslosenversicherung (1927);
- Pflegeversicherung (1995).

63 Wer ist sozialversicherungspflichtig?

Sozialversicherungspflichtig sind in der
- **gesetzlichen Rentenversicherung:** Arbeiter, Auszubildende sowie Angestellte ohne Rücksicht auf die Einkommenshöhe (die Beitragsbemessungsgrenze beträgt 2007 monatlich 5 250,00 EUR).[1] Jeder Versicherte erhält einen Sozialversicherungsausweis, und zwar von den Trägern der gesetzlichen Rentenversicherung. Entsprechend dem **Generationenvertrag** finanzieren die jeweils aktiven Arbeitnehmer mit ihren Beiträgen die Renten der Rentenempfänger;
- **gesetzlichen Krankenversicherung:** Auszubildende und Rentenempfänger sowie Arbeiter und Angestellte bis zu

---

1 Die Beitragsbemessungsgrenze in den neuen Bundesländern beträgt 4 550,00 EUR.

einem Einkommen in Höhe der Versicherungspflichtgrenze (die Versicherungspflichtgrenze entspricht der Jahresarbeitsentgeltgrenze, die 47 700,00 EUR im Jahr 2007 beträgt); die Beitragsbemessungsgrenze beträgt 2007 monatlich 3 562,50 EUR; die Mitgliedschaft beginnt mit der Aufnahme der Beschäftigung;

- **gesetzlichen Pflegeversicherung:** Alle Versicherten der gesetzlichen Krankenversicherung (die Beitragsbemessungsgrenze für 2007 beträgt monatlich 3 562,50 EUR);

- **gesetzlichen Unfallversicherung:** Alle Arbeitnehmer und Auszubildende ohne Rücksicht auf Einkommen oder Beschäftigungsdauer (ausgenommen Beamte und Selbstständige);

- **Arbeitslosenversicherung:** Alle Arbeitnehmer (bis zur Vollendung des 65. Lebensjahres) und Auszubildende (ausgenommen Beamte und Selbstständige).

---

64 | Was versteht man unter der Beitragsbemessungsgrenze?

Die Beiträge für die Renten-, Kranken-, Pflege- und Arbeitslosenversicherung werden bei den Pflichtversicherten als Prozentsatz vom Bruttoverdienst berechnet.

Ab einer bestimmten Höhe des Arbeitsverdienstes steigt der Beitrag nicht weiter an; diese Einkommensgrenze bezeichnet man als **Beitragsbemessungsgrenze.** Die Beitragsbemessungsgrenze in der Rentenversicherung wird i. d. R. jährlich der allgemeinen Einkommensentwicklung angepasst.

---

65 | Nennen Sie die Träger der Sozialversicherungen!

Die **Sozialversicherungsträger** sind für die

- Krankenversicherung vor allem die Allgemeinen Ortskrankenkassen (AOK), die Ersatz-, Betriebs- und Knappschaftskrankenkassen;

- Pflegeversicherung die Pflegekassen, ihre Aufgaben werden von den gesetzlichen Krankenkassen übernommen;

- Rentenversicherung die Bundesträger Deutsche Rentenversicherung Bund bzw. Deutsche Rentenversicherung Knappschaft-Bahn-See und deren Regionalträger;

- Unfallversicherung die Berufsgenossenschaften;

- Arbeitslosenversicherung die Bundesagentur für Arbeit in Nürnberg.

---

66 | Welche Leistungen umfasst die Krankenversicherung?

Leistungen der **Krankenversicherung** sind:

- Krankenhilfe (ambulante und stationäre ärztliche Behandlung, Arznei- und Heilmittel, Krankenhausaufenthalt),

- Krankengeld (zeitlich begrenzt),

- Gesundheitsfürsorge (Vorsorgeuntersuchungen),

- Mutterschaftshilfe,

- Familienhilfe (für erkrankte Familienangehörige des Versicherten).

---

3 Groh/Schröer – ISBN 978-3-8120-0422-0

67 Welche Leistungen umfasst die Pflegeversicherung?

Durch die **Pflegeversicherung** werden Pflegebedürftige und deren pflegende Angehörige sozial abgesichert; dabei unterscheidet man häusliche und stationäre Pflege.

Leistungen der Pflegeversicherung sind:
- Pflegesachleistung (Kostenerstattung für häusliche Pflege),
- Pflegehilfsmittel (z. B. Pflegebett, Rollstuhl),
- soziale Sicherung der Pflegepersonen (die Beiträge zur Renten- und Unfallversicherung werden unter bestimmten Voraussetzungen übernommen),
- Pflegekurse (Kostenerstattung für den Besuch eines Pflegekurses durch Angehörige),
- stationäre Pflege (Übernahme der pflegebedingten Aufwendungen; die Kosten für Unterkunft und Verpflegung muss der Versicherte selbst tragen).

Für alle Leistungen der Pflegeversicherung gelten Höchstbeträge, die abhängig sind von der Pflegestufe. Man unterscheidet folgende Stufen:
- Pflegestufe I (erheblich Pflegebedürftige),
- Pflegestufe II (schwer Pflegebedürftige),
- Pflegestufe III (schwerst Pflegebedürftige, sie benötigen täglich rund um die Uhr Hilfe).

68 Welche Leistungen umfasst die Rentenversicherung?

Leistungen der **Rentenversicherung** sind:
- Altersruhegeld (abhängig vom Lebensalter, der Wartezeit und von persönlichen Verhältnissen),
- Rente wegen Erwerbsminderung,
- Hinterbliebenenrente (als Witwen- oder Waisenrente),
- Heilbehandlung zur Verbesserung der Erwerbsfähigkeit,
- Berufsförderung (insbesondere Umschulung),
- soziale Betreuung.

69 Was besagt die dynamische Rente?

Die **dynamische Rente** besagt, dass die laufenden Renten regelmäßig durch Zuschläge an die gesamtwirtschaftliche Entwicklung (entsprechend der allgemeinen Nettoeinkommensentwicklung) angepasst werden.

70 Welche Leistungen umfasst die Unfallversicherung?

Leistungen der **Unfallversicherung** sind:
- Krankenhilfe bei Arbeitsunfällen, Arbeitswegeunfällen und Berufskrankheiten (Leistungen wie bei der Krankenversicherung),
- Verletztengeld,
- Unfall- bzw. Verletztenrente (als Voll- oder Teilrente),
- Berufshilfe (insbesondere Umschulung),
- Sterbegeld,
- Hinterbliebenenrente (als Witwen- oder Waisenrente),
- Aufwendungen zur Unfallverhütung.

71 Welche Leistungen umfasst die Arbeitslosenversicherung?

Leistungen der **Arbeitslosenversicherung** sind:
- Arbeitslosengeld I, Arbeitslose mit Kindern erhalten 67%, Arbeitslose ohne Kinder erhalten 60% des bisherigen Nettolohns, und zwar maximal 12 Monate (für über 55-Jährige maximal 18 Monate),[1]
- Kurzarbeitergeld und Winterausfallgeld,
- Beiträge zur Krankenversicherung,
- Arbeitsvermittlung und Berufsberatung,
- berufliche Fortbildung und Umschulung.

72 Nennen Sie die Beitragshöhen der Sozialversicherungszweige!

Die an die Versicherungsträger zu zahlenden Beiträge betragen 2007 für die
- Rentenversicherung 19,9% vom Bruttoverdienst (jedoch höchstens von der Beitragsbemessungsgrenze der Rentenversicherung),
- Krankenversicherung zwischen 13% und 16% vom Bruttoverdienst (jedoch höchstens von der Beitragsbemessungsgrenze der Krankenversicherung),
- Pflegeversicherung 1,7% für Versicherte mit Kindern bzw. 1,95% für kinderlose Versicherte (über 23 Jahre) bis zur Beitragsbemessungsgrenze in der Krankenversicherung,
- Arbeitslosenversicherung 4,2% des Bruttoverdienstes (jedoch höchstens von der Beitragsbemessungsgrenze der Rentenversicherung).

Die Beiträge für die Unfallversicherung sind abhängig von der Gefahrenklasse und der Lohnsumme des Betriebes.

73 Wer zahlt die Beiträge zur Sozialversicherung?

Die Beiträge zur Kranken-,[2] Pflege-,[3] Renten- und Arbeitslosenversicherung tragen Arbeitnehmer und Arbeitgeber grundsätzlich je zur Hälfte (bis zu einem Monatsentgelt von 325,00 EUR muss der Arbeitgeber die Sozialversicherungsbeiträge alleine tragen, z.B. für Auszubildende). Die Beiträge zur Unfallversicherung trägt der Arbeitgeber allein.

74 An welche Institutionen sind die Beiträge zur Sozialversicherung zu zahlen?

Die **Beiträge zur Sozialversicherung** für sozialversicherungspflichtige Arbeitnehmer werden vom Arbeitgeber an folgende Institutionen gezahlt:
- Krankenkasse (in deren Bezirk der Geschäftssitz des Unternehmens liegt): Beiträge zur Kranken-, Pflege-, Renten- und Arbeitslosenversicherung;
- Berufsgenossenschaft: Beiträge zur Unfallversicherung.

Die Beiträge zur Renten- und Arbeitslosenversicherung (sowie die Kirchensteuer) werden an die entsprechenden Institutionen weitergeleitet. (Lohn- und Kirchensteuer sind an das Finanzamt zu zahlen, in dessen Bezirk der Geschäftssitz des Unternehmens liegt.)

---

1 Im Anschluss an das Arbeitslosengeld I erhalten Arbeitslose das Arbeitslosengeld II, welches auf dem Niveau der Sozialhilfe liegt.

2 Die Arbeitnehmer zahlen 0,9% mehr als die Arbeitgeber, und zwar für Zahnersatz und Krankengeld.

3 Für kinderlose Versicherte (über 23 Jahre) beträgt der Arbeitnehmeranteil 1,1% und der Arbeitgeberanteil 0,85%. In Sachsen beträgt der Arbeitnehmeranteil für Versicherte mit Kindern 1,35% und der Arbeitgeberanteil 0,35% bzw. für kinderlose Versicherte (über 23 Jahre) 1,6% und 0,35%.

| 75 | Welche Gerichte sind für das Sozialrecht zuständig? | Ansprüche aus der Sozialversicherung werden zunächst bei den Sozialversicherungsträgern erhoben. Nach einem ablehnenden Bescheid ist das **Sozialgericht** für die Klage zuständig. Berufungsinstanz für dessen Urteil ist das Landessozialgericht, Revisionsinstanz ist das Bundessozialgericht (in Kassel). |

1.6 Mitbestimmung

| 76 | Unterscheiden Sie Mitbestimmung und Mitwirkung! | **Mitbestimmung** bedeutet, dass betriebliche Entscheidungen nicht mehr ausschließlich von den Kapitaleignern, sondern gemeinsam mit Vertretern der Arbeitnehmerschaft getroffen werden. |
| | | Von **Mitwirkung** dagegen spricht man, wenn Unternehmensleitung und Arbeitnehmervertretung bei betrieblichen Entscheidungen zusammenarbeiten, die Unternehmensführung jedoch auch gegen den Willen der Arbeitnehmervertreter handeln kann. Die Arbeitnehmerseite hat also bei der Mitwirkung kein Stimmrecht wie bei der Mitbestimmung, sondern das Recht der Beratung, das Recht, Vorschläge zu unterbreiten und das Recht auf Information. |

| 77 | In welchen Gesetzen ist die Mitbestimmung geregelt? | Das Mitbestimmungsrecht ist vor allem geregelt in |

- dem Betriebsverfassungsgesetz (BetrVG) von 1972,
- dem Montan-Mitbestimmungsgesetz von 1951 (Gesetz über die Mitbestimmung der Arbeitnehmer in den Aufsichtsräten und Vorständen der Unternehmen des Bergbaus und der Eisen und Stahl erzeugenden Industrie),
- dem Ergänzungsgesetz zum Montan-Mitbestimmungsgesetz von 1956,
- dem Mitbestimmungsgesetz von 1976.

1.6.1 Betriebsverfassungsgesetz

| 78 | Welche Aufgabe hat das Betriebsverfassungsgesetz? | Das **Betriebsverfassungsgesetz** regelt die Beziehungen zwischen Arbeitgeber und Belegschaft. Es enthält im Einzelnen Bestimmungen über den Betriebsrat, die Betriebsversammlung, die Jugend- und Auszubildendenvertretung und die Mitwirkung und Mitbestimmung der Arbeitnehmer. |
| | | Arbeitgeber und Betriebsrat arbeiten unter Beachtung der geltenden Tarifverträge vertrauensvoll und im Zusammenwirken mit den im Betrieb vertretenen Gewerkschaften und Arbeitgebervereinigungen zum Wohl der Arbeitnehmer und des Betriebs zusammen. |

| 79 | Was versteht man unter dem Betriebsrat? | Der **Betriebsrat** ist die gewählte Vertretung der Arbeitnehmer eines Betriebes. Nach dem Betriebsverfassungsgesetz gelten z. B. folgende Vorschriften: |

- **Einrichtung:** In Betrieben mit mindestens fünf ständigen wahlberechtigten Arbeitnehmern (Arbeitnehmer über 18 Jahre), von denen drei wählbar sind (Arbeitnehmer über 18 Jahre, die dem Betrieb mindestens sechs Monate angehören), werden Betriebsräte gewählt, und zwar geheim und unmittelbar;
- **Zahl der Betriebsratsmitglieder:** Sie ist abhängig von der Zahl der wahlberechtigten Arbeitnehmer;
- **Amtszeit:** Sie beträgt vier Jahre;
- **Zusammensetzung:** Jedes Geschlecht muss mindestens entsprechend seinem zahlenmäßigen Verhältnis vertreten sein;
- **Freistellungen:** Ab 200 Arbeitnehmern sind Betriebsratsmitglieder von ihrer beruflichen Tätigkeit freizustellen (z. B. ein Betriebsratsmitglied bei 200 bis 500 Arbeitnehmern).

---

80 | Wie sind die Mitwirkung und Mitbestimmung im Betriebsverfassungsgesetz geregelt (Überblick)?

Das **Betriebsverfassungsgesetz** enthält vor allem folgende Bestimmungen für die Mitwirkung und Mitbestimmung der Arbeitnehmer:

- allgemeine Regelungen,
- Mitwirkungs- und Beschwerderecht des Arbeitnehmers,
- Gestaltung von Arbeitsplatz und Arbeitsablauf,
- soziale, personelle, wirtschaftliche Angelegenheiten.

---

81 | Welche Grundsätze gibt es für die Zusammenarbeit von Arbeitgeber und Betriebsrat?

Für die Zusammenarbeit von Arbeitgeber und Betriebsrat gibt es z. B. folgende Grundsätze:

- Arbeitgeber und Betriebsrat sollen mindestens einmal im Monat zu einer Besprechung zusammentreten;
- Maßnahmen des Arbeitskampfes zwischen Arbeitgeber und Betriebsrat sind unzulässig;
- Arbeitgeber und Betriebsrat haben jede parteipolitische Betätigung im Betrieb zu unterlassen.

---

82 | Was ist die Einigungsstelle?

Die **Einigungsstelle**

- wird gebildet zur Beilegung von Meinungsverschiedenheiten zwischen Arbeitgeber und Betriebsrat (z. B. bei der Mitbestimmung in sozialen und personellen Angelegenheiten);
- besteht aus einer gleichen Anzahl von Beisitzern, die vom Arbeitgeber und Betriebsrat bestellt werden und einem unparteiischen Vorsitzenden, auf dessen Person sich beide Seiten einigen müssen.

Können sich Arbeitgeber und Betriebsrat in einer Angelegenheit nicht einigen, kann eine der beiden Seiten die Einigungsstelle einschalten. Die Entscheidung der Einigungsstelle ersetzt die Einigung zwischen Arbeitgeber und Betriebsrat.

83 Welche allgemeinen Aufgaben hat der Betriebsrat?

Der **Betriebsrat** hat vor allem folgende allgemeine Aufgaben:

- Überwachung der Einhaltung der zugunsten der Arbeitnehmer geltenden Gesetze, Verordnungen, Unfallverhütungsvorschriften, Tarifverträge und Betriebsvereinbarungen;
- Beantragungen von Maßnahmen beim Arbeitgeber, die dem Betrieb und der Belegschaft dienen;
- Durchsetzung der Gleichstellung von Männern und Frauen;
- Förderung der Eingliederung Schwerbehinderter;
- Förderung der Beschäftigung älterer Arbeitnehmer;
- Förderung der Eingliederung ausländischer Arbeitnehmer.

84 Welche Mitwirkungs- und Beschwerderechte hat der Arbeitnehmer?

Der **Arbeitnehmer** hat folgende **Mitwirkungs- und Beschwerderechte:**

- Recht auf Unterrichtung, der Arbeitgeber hat den Arbeitnehmer über dessen Aufgabe und Verantwortung sowie über die Art seiner Tätigkeit und ihre Einordnung in den Arbeitsablauf des Betriebes zu unterrichten;
- Anhörungsrecht, der Arbeitnehmer hat das Recht, in betrieblichen Angelegenheiten, die seine Person betreffen, von seinem Vorgesetzten gehört zu werden;
- Recht auf Einsicht in die über ihn geführten Personalakten;
- Recht auf Beschwerde bei der zuständigen Stelle bei Benachteiligung oder bei ungerechter Behandlung;
- Recht auf Behandlung von Beschwerden durch den Betriebsrat.

85 Welche Rechte hat der Betriebsrat in sozialen Angelegenheiten?

Die Rechte des **Betriebsrates** in **sozialen Angelegenheiten** erstrecken sich z.B. auf:

1. Mitbestimmung,
   - Fragen der Ordnung des Betriebes und des Verhaltens der Arbeitnehmer im Betrieb;
   - Beginn und Ende der täglichen Arbeitszeit einschließlich der Pausen sowie Verteilung der Arbeitszeit auf die einzelnen Wochentage;
   - vorübergehende Verkürzung oder Verlängerung der betriebsüblichen Arbeitszeit;
   - Zeit, Ort und Art der Auszahlung der Arbeitsentgelte;
   - Aufstellung allgemeiner Urlaubsgrundsätze und des Urlaubsplans;
   - Einführung und Anwendung von technischen Einrichtungen zur Überwachung der Arbeitnehmer;
   - Regelungen über die Verhütung von Arbeitsunfällen sowie über den Gesundheitsschutz;
   - Fragen der betrieblichen Lohngestaltung, insbesondere die Aufstellung von Entlohnungsgrundsätzen und die Einführung von neuen Entlohnungsmethoden sowie deren Änderung;

- Festsetzung der Akkord- und Prämiensätze einschließlich der Geldfaktoren;
- Grundsätze über das betriebliche Vorschlagswesen;
2. freiwillige Betriebsvereinbarungen,
   - Errichtung von Sozialeinrichtungen,
   - Förderung der Vermögensbildung der Arbeitnehmer;
3. Arbeitsschutz,
   - Anregung, Beratung und Auskunft bezüglich der Bekämpfung von Unfall- und Gesundheitsgefahren gegenüber der für den Arbeitsschutz zuständigen Behörden, gegenüber den Trägern der gesetzlichen Unfallversicherung und gegenüber sonstigen in Betracht kommenden Stellen (siehe auch Seite 26 ff.).

86 Welche Rechte hat der Betriebsrat bei der Gestaltung des Arbeitsplatzes?

Der **Betriebsrat** hat bei der Gestaltung von **Arbeitsplatz** und Arbeitsablauf z. B. folgende Rechte:
1. Unterrichtungs- und Beratungsrechte in Bezug auf die Planung
   - von Neu-, Um- und Erweiterungsbauten,
   - von technischen Anlagen,
   - von Arbeitsverfahren und Arbeitsabläufen,
   - der Arbeitsplätze;
2. Mitbestimmungsrecht in Bezug auf
   - Änderungen der Arbeitsplätze und des Arbeitsablaufs, die gesicherten arbeitswissenschaftlichen Erkenntnissen über die menschengerechte Gestaltung der Arbeit offensichtlich widersprechen.

87 Welche Rechte hat der Betriebsrat in personellen Angelegenheiten?

Der **Betriebsrat** hat in **personellen Angelegenheiten** z. B. folgende Rechte in Bezug auf:
1. **Personalplanung,**
   - er muss vom Arbeitgeber über die Personalplanung und über den Personalbedarf sowie über die sich daraus ergebenden personellen Maßnahmen unterrichtet werden;
   - er hat mit dem Arbeitgeber über Art und Umfang der Maßnahmen zu beraten;
2. **Ausschreibung** von Arbeitsplätzen,
   - er kann bei Stellenbesetzungen innerbetriebliche Stellenausschreibungen verlangen (siehe auch Seite 575 f.);
3. **Personalfragebogen** und Beurteilungsgrundsätze,
   - Personalfragebogen bedürfen seiner Zustimmung;
   - die Aufstellung allgemeiner Beurteilungsgrundsätze bedürfen seiner Zustimmung;
4. **Auswahlrichtlinien,**
   - Richtlinien über die personelle Auswahl bei Einstellungen, Versetzungen, Umgruppierungen und Kündigungen bedürfen seiner Zustimmung;

39

5. **Berufsbildung,**

- er hat in Zusammenarbeit mit dem Arbeitgeber und den für die Berufsbildung zuständigen Stellen die Berufsbildung der Arbeitnehmer zu fördern;
- er hat mit dem Arbeitgeber über betriebliche Berufsbildungseinrichtungen zu beraten;
- er hat bei der Durchführung von Maßnahmen der betrieblichen Berufsbildung mitzubestimmen;

6. **personelle Einzelmaßnahmen,**

- er muss vom Arbeitgeber vor jeder Einstellung, Eingruppierung, Umgruppierung und Versetzung unterrichtet werden und er muss der geplanten Maßnahme zustimmen;
- er kann die Zustimmung unter bestimmten Voraussetzungen verweigern, z.B. wenn der Verdacht besteht, dass infolge einer personellen Maßnahme einem Arbeitnehmer gekündigt werden soll;

7. **Kündigungen,**

- er muss vor jeder Kündigung gehört werden und der Arbeitgeber hat ihm die Gründe für die Kündigung mitzuteilen; eine ohne Anhörung des Betriebsrats ausgesprochene Kündigung ist unwirksam;
- er muss der außerordentlichen Kündigung von Mitgliedern des Betriebsrates sowie der Jugend- und Auszubildendenvertretung zustimmen; verweigert der Betriebsrat seine Zustimmung, kann das Arbeitsgericht die Zustimmung auf Antrag des Arbeitgebers ersetzen, wenn die außerordentliche Kündigung gerechtfertigt ist.

---

88 Welche Rechte hat der Betriebsrat in wirtschaftlichen Angelegenheiten?

Der **Betriebsrat** hat in wirtschaftlichen **Angelegenheiten** z.B. folgende Rechte in Bezug auf

1. **Wirtschaftsausschuss,**

- dieser ist in allen Unternehmen mit i.d.R. mehr als 100 ständig beschäftigten Arbeitnehmern zu bilden;
- er hat die Aufgabe, wirtschaftliche Angelegenheiten mit dem Unternehmer zu beraten und den Betriebsrat zu unterrichten (Beispiele sind Rationalisierungsvorhaben, Einschränkung oder Stilllegung von Betrieben oder Betriebsteilen);

2. **Betriebsänderungen,**

- der Unternehmer hat in Betrieben mit i.d.R. mehr als 20 wahlberechtigten Arbeitnehmern den Betriebsrat über geplante Betriebsänderungen, die wesentliche Nachteile für die Belegschaft haben können, zu informieren und er hat die geplanten Betriebsänderungen mit dem Betriebsrat zu beraten.

89 Was ist die Betriebsversammlung?

Die **Betriebsversammlung** besteht aus den Arbeitnehmern des Betriebes.

Der Betriebsrat beruft einmal in jedem Kalendervierteljahr die Betriebsversammlung ein und erstattet ihr einen Tätigkeitsbericht.

Der Arbeitgeber ist zur Betriebsversammlung einzuladen; er ist berechtigt, in der Versammlung zu sprechen.

90 Was ist die Jugend-
und Auszubildenden-
vertretung?

In Betrieben mit in der Regel mindestens fünf Arbeitnehmern, die das 18. Lebensjahr noch nicht vollendet haben (jugendliche Arbeitnehmer) oder die zu ihrer Berufsausbildung beschäftigt sind und das 25. Lebensjahr noch nicht vollendet haben, werden **Jugend- und Auszubildendenvertretungen** gewählt. Wählbar sind alle Arbeitnehmer, die das 25. Lebensjahr noch nicht vollendet haben. Die Amtszeit der Jugendvertretung beträgt zwei Jahre. Mitglieder des Betriebsrats können nicht zu Jugendvertretern gewählt werden.

Die Jugend- und Auszubildendenvertretung hat vor allem folgende Aufgaben:
● Beantragung von Maßnahmen beim Betriebsrat, die den jugendlichen Arbeitnehmern dienen, z.B. Fragen der Berufsbildung;
● Überwachung und Einhaltung von Gesetzen, die zugunsten der jugendlichen Arbeitnehmer gelten.

1.6.2 Mitbestimmung im Aufsichtsrat und im Vorstand

91 Wie ist die Mit-
bestimmung im Aufsichts-
rat geregelt?

Bei der Mitbestimmung im Aufsichtsrat und im Vorstand von Unternehmen sind drei Fälle zu unterscheiden:
● Mitbestimmung in Betrieben der Montanindustrie (Kohle, Eisen und Stahl) mit mehr als 1 000 Arbeitnehmern **(Montan-Mitbestimmungsgesetz),**
● Mitbestimmung in Kapitalgesellschaften mit mehr als 2 000 Beschäftigten **(Mitbestimmungsgesetz von 1976),**
● Mitbestimmung in Form der Drittelparität **(Gesetz über die Drittelbeteiligung der Arbeitnehmer im Aufsichtsrat).**

92 Welche Mitbestimmungs-
vorschriften gelten für die
Montanindustrie?

Der Aufsichtsrat in Betrieben der **Montanindustrie** mit der Rechtsform einer AG oder einer GmbH setzt sich aus der gleichen Anzahl von Anteilseignern und Arbeitnehmern und einem weiteren (neutralen) Mitglied zusammen **(paritätische Mitbestimmung).**

Die Zahl der Aufsichtsratsmitglieder beträgt im Normalfall 11, kann aber je nach Höhe des Grundkapitals bei 15 oder 21 liegen.

Die Vertreter der Anteilseigner (Kapitalvertreter) werden von der Hauptversammlung gewählt. Der Betriebsrat und die Gewerkschaften bestimmen die Arbeitnehmervertreter. Das neutrale Mitglied wird auf Vorschlag der übrigen Aufsichtsratsmitglieder benannt.

Dem Vorstand muss für soziale und personelle Belange ein **Arbeitsdirektor** als Vertreter der Arbeitnehmer ständig angehören.

93 Welche Mitbestimmungsvorschriften gelten für Kapitalgesellschaften mit mehr als 2 000 Beschäftigten?	Dem Aufsichtsrat von **Kapitalgesellschaften** mit mehr als 2 000 Beschäftigten (ausgenommen sind Unternehmen der Montanindustrie) gehören je nach Arbeitnehmerzahl 12, 16 oder 20 Mitglieder an. Anteilseigner und Arbeitnehmer haben die gleiche Zahl von Sitzen.

Die Vertreter der Anteilseigner werden von der Hauptversammlung gewählt. Die Belegschaft (oder Delegierte) wählt die Arbeitnehmervertreter; diesen müssen eine bestimmte Anzahl von Arbeitnehmern des Unternehmens, eine bestimmte Anzahl von Gewerkschaftsvertretern und ein leitender Angestellter angehören.

Der Vorsitzende und sein Stellvertreter werden vom Aufsichtsrat mit Zweidrittelmehrheit gewählt. Kommt diese Mehrheit nicht zustande, wählen die Anteilseigner den Vorsitzenden und die Arbeitnehmer den Stellvertreter.

Ergibt eine Abstimmung im Aufsichtsrat Stimmengleichheit, so hat bei einer erneuten Abstimmung, wenn auch sie Stimmengleichheit ergibt, der Aufsichtsratsvorsitzende zwei Stimmen.

Als gleichberechtigtes Mitglied des zur gesetzlichen Vertretung des Unternehmens befugten Organs (z. B. Vorstand einer AG, Geschäftsführung einer GmbH) wird ein Arbeitsdirektor bestellt.

94 Erklären Sie die Mitbestimmung nach dem Drittelbeteiligungsgesetz!	Nach dem **Drittelbeteiligungsgesetz** gibt es ein Mitbestimmungsrecht der Arbeitnehmer im Aufsichtsrat von Unternehmen mit mehr als 500 Arbeitnehmern,[1] und zwar insbesondere für

● Aktiengesellschaften,

● Kommanditgesellschaften auf Aktien,

● Gesellschaften mit beschränkter Haftung.

Der Aufsichtsrat dieser Unternehmen muss zu einem Drittel aus Arbeitnehmervertretern bestehen (Drittelparität).

Die Aufsichtsratsmitglieder der Arbeitnehmer werden von den Arbeitnehmern, die das 18. Lebensjahr vollendet haben, gewählt (die Vertreter der Anteilseigner werden von der Hauptversammlung gewählt).

---

1 Für Unternehmen mit mehr als 2 000 Arbeitnehmern gilt das Mitbestimmungsgesetz von 1976.

1.7 Einkommen des Arbeitnehmers

95 Wer ist einkommensteuerpflichtig?

Unbeschränkt **einkommensteuerpflichtig** nach dem Einkommensteuergesetz sind

● natürliche Personen, die im Inland einen Wohnsitz oder ihren gewöhnlichen Aufenthalt haben;

● deutsche Staatsangehörige, die nicht im Inland wohnen und im Ausland nur in beschränktem Umfang einkommensteuerpflichtig sind.

96 Was sind steuerfreie Einnahmen?

Steuerfreie Einnahmen sind z.B.

● Leistungen aus einer Krankenversicherung, aus der gesetzlichen Unfallversicherung und der Rentenversicherung;

● das Arbeitslosengeld, das Kurzarbeitergeld, das Winterausfallgeld, die Arbeitslosenhilfe sowie die übrigen Leistungen nach dem Arbeitsförderungsgesetz, z.B. Förderung der Fortbildung.

97 Welche Bedeutung hat der Steuertarif?

Die Steuerpflichtigen (Einkommensteuer) werden nicht in gleicher Höhe besteuert. Berücksichtigt werden:

● Familienstand, z.B. günstigere Besteuerung (Splitting-Tabelle) für Ehegatten;

● Alter, z.B. Steuerfreibeträge ab einem bestimmten Lebensalter;

● Höhe des Einkommens, d.h., bestimmte Teile des Einkommens sind steuerfrei (Grundfreibetrag, Freizone). Übersteigt das Einkommen den Grundfreibetrag, wird zunächst der so genannte Eingangssteuersatz zugrunde gelegt. Der Steuersatz steigt dann (in Abhängigkeit vom Einkommen) bis zum so genannten Spitzensteuersatz; höhere Einkommen werden somit prozentual stärker belastet als niedrigere. Der Spitzensteuersatz wird nicht überschritten.

98 Welche Einkunftsarten unterliegen der Einkommensteuer?

Der **Einkommensteuer** unterliegen:

● Einkünfte aus Land- und Forstwirtschaft, z.B. Wein- und Gemüseanbau;

● Einkünfte aus Gewerbebetrieb, z.B. Handwerk, Handel, Industrie;

● Einkünfte aus selbstständiger Arbeit, z.B. freiberufliche Tätigkeit (Ärzte, Rechtsanwälte, Architekten);

● Einkünfte aus nichtselbstständiger Arbeit, z.B. Löhne, Gehälter, Gratifikationen;

● Einkünfte aus Kapitalvermögen, z.B. Zinserträge, Dividenden;

● Einkünfte aus Vermietung und Verpachtung, z.B. Miete, Pacht, Erbpachtrecht;

● sonstige Einkünfte, z.B. aus Unterhaltsleistungen.

99 Unterscheiden Sie Veranlagungs- und Abzugsverfahren!

Nach der Art des Steuereinzugs unterscheidet man das

- **Veranlagungsverfahren,** bei dem die Einkommensteuer aufgrund der abgegebenen Einkommensteuer-Erklärung ermittelt wird;
- **Abzugsverfahren,** bei dem die Lohnsteuer (Sonderform der Einkommensteuer) vom Arbeitslohn einbehalten und direkt vom Arbeitgeber an das Finanzamt abgeführt wird.

100 Unterscheiden Sie Lohnsteuerkarte und Lohnsteuerbescheinigung!

Die **Lohnsteuerkarte** wird von der zuständigen Gemeinde unentgeltlich ausgestellt. Sie enthält vor allem folgende Angaben:

- Gemeinde und zuständiges Finanzamt;
- Meldedaten der beantragenden Person;
- Steuerklasse, Zahl der Kinderfreibeträge.[1]

Die **elektronische Lohnsteuerbescheinigung** wird für das abgelaufene Kalenderjahr vom Arbeitgeber an die Finanzverwaltung mittels Datenfernübertragung übermittelt (der Arbeitnehmer erhält davon einen Ausdruck). Sie enthält vor allem zusätzlich folgende Angaben:

- Dauer des Dienstverhältnisses;
- Art und Höhe des gezahlten Arbeitslohns;
- Lohn- und Kirchensteuer, Solidaritätszuschlag;
- Arbeitnehmeranteil zur Sozialversicherung.

101 Welche Lohnsteuerklassen gibt es?

Für die Durchführung des Lohnsteuerabzugs werden die einkommensteuerpflichtigen Arbeitnehmer grundsätzlich in sechs **Steuerklassen** eingeteilt:

- **Steuerklasse I:** Ledige, Geschiedene, Verwitwete und dauernd getrennt lebende Ehegatten;
- **Steuerklasse II:** die in Steuerklasse I genannten Arbeitnehmer, wenn ihnen der Entlastungsbetrag für Alleinerziehende zusteht;
- **Steuerklasse III:** Verheiratete, wenn nur ein Ehegatte in einem Arbeitsverhältnis steht sowie Verheiratete, wenn der andere Ehegatte ebenfalls in einem Arbeitsverhältnis steht und Steuerklasse V wählt;
- **Steuerklasse IV:** Verheiratete, wenn beide Ehegatten in einem Arbeitsverhältnis stehen;
- **Steuerklasse V:** Verheiratete, wenn die Ehegatten in einem Arbeitsverhältnis stehen und ein Ehegatte auf Antrag in die Steuerklasse III eingestuft wird;
- **Steuerklasse VI:** Arbeitnehmer, die nebeneinander mehrere Arbeitsverhältnisse haben, und zwar für das zweite und jedes weitere Arbeitsverhältnis.

Versäumt es der Arbeitnehmer, seine Lohnsteuerkarte abzugeben, wird er vom Arbeitgeber in Steuerklasse VI eingestuft.

---

1 Der Staat gewährt Kindergeld: für das erste, zweite und dritte Kind jeweils 154,00 EUR und für jedes weitere Kind jeweils 179,00 EUR monatlich. Die Auszahlung des Kindergeldes erfolgt durch die Familienkassen bei den Agenturen für Arbeit. Wenn der Kinderfreibetrag günstiger ist als das Kindergeld, wird dieser berücksichtigt.

102	Wie wird das zu versteuernde Einkommen ermittelt?	Das zu versteuernde **Einkommen** eines Arbeitnehmers wird (vereinfacht) wie folgt ermittelt:

Bruttoarbeitslohn
− Werbungskosten bzw. Arbeitnehmer-Pauschbetrag
= Einkünfte aus nicht selbstständiger Arbeit
+ Einkünfte aus anderen Einkunftsarten
= Summe der Einkünfte
− Altersentlastungsbetrag
= Gesamtbetrag der Einkünfte
− Sonderausgaben bzw. Pauschbeträge
− außergewöhnliche Belastungen
= Einkommen
− Freibeträge (z. B. Kinderfreibetrag,)
= zu versteuerndes Einkommen

---

103 Was sind Werbungskosten?

Werbungskosten sind Aufwendungen zur Erwerbung, Sicherung und Erhaltung der Einkünfte. Beispiele für Werbungskosten bei Einkünften aus nichtselbstständiger Arbeit sind:

- Aufwendungen für Fahrten zwischen Wohnung und Arbeitsstätte (ab einer bestimmten Anzahl Kilometer),
- Beiträge zu Berufsverbänden (z. B. Gewerkschaftsbeiträge),
- Aufwendungen für Arbeitsmittel (z. B. typische Berufskleidung, Fachliteratur),
- Aufwendungen für die eigene berufliche Fortbildung,
- Mehraufwendungen für Verpflegung (z. B. bei Dienstreisen),
- Mehraufwendungen für eine doppelte Haushaltsführung (muss beruflich bedingt sein),
- Aufwendungen für eine Stellensuche (z. B. Reisekosten, Kosten für die Stellensuchanzeige).

---

104 Was sind Sonderausgaben?

Sonderausgaben sind bestimmte Aufwendungen, die keine Werbungskosten darstellen. Sie sind entweder unbeschränkt (in voller Höhe) oder beschränkt (bis zu einem bestimmten Höchstbetrag) abzugsfähig:

- **Unbeschränkt abzugsfähig** ist z. B. Kirchensteuer;
- **beschränkt abzugsfähig** sind z. B. Vorsorgeaufwendungen (Sozialversicherungsbeiträge des Arbeitnehmers, Beiträge zur Lebensversicherung, Beiträge zur Haftpflichtversicherung), Ausgaben für Berufsausbildung, Spenden an gemeinnützige Institutionen und Parteien.

---

105 Was sind außergewöhnliche Belastungen?

Außergewöhnliche Belastungen sind Aufwendungen von einem besonders außergewöhnlichen Charakter, die zur Gewährung steuerfreier Beträge auf die Einkünfte führen, wobei der Steuerpflichtige in bestimmten Fällen eine zumutbare Eigenbelastung tragen muss; Beispiele sind:

- Aufwendungen für den Unterhalt des zur Ausbildung auswärts untergebrachten Kindes,
- Aufwendungen für Körperbehinderte,
- Unterstützung bedürftiger Personen.

106 Was sind Freibeträge?

Aus Gründen der Steuervereinfachung oder aus sozialen Gründen werden bestimmte Teile des Einkommens bei der Ermittlung der Lohnsteuer von der Besteuerung ausgenommen, man spricht von **Freibeträgen.**

Wichtige Freibeträge bei der Einkommensteuer sind:
- Grundfreibetrag, bis zu einer bestimmten Höhe bleibt das Einkommen unversteuert (die Grenze bildet das so genannte Existenzminimum);
- Arbeitnehmer-Pauschbetrag für Einkünfte aus nichtselbstständiger Arbeit;
- Altersentlastungsbetrag, ab vollendetem 64. Lebensjahr;
- Pauschbetrag für Sonderausgaben;
- Vorsorgepauschale;
- Kinderfreibetrag;
- Entlastungsbetrag für Alleinerziehende, wird gewährt, wenn zum Haushalt des allein stehenden Steuerpflichtigen mindestens ein Kind gehört, für das er Kindergeld oder einen Kinderfreibetrag erhält.

Unter bestimmten Voraussetzungen kann sich der Steuerpflichtige vom Finanzamt auf seiner Lohnsteuerkarte einen Freibetrag eintragen lassen (ein Freibetrag kann z. B. für erhöhte Werbungskosten dann eingetragen werden, wenn diese die Arbeitnehmer-Pauschale übersteigen). Der Arbeitgeber zieht den Freibetrag vom Bruttoarbeitsentgelt ab; damit ergibt sich für den Arbeitnehmer ein geringerer monatlicher Lohnsteuerabzug.

107 Was sind Pauschbeträge?

Pauschbeträge sind Freibeträge, welche dem Steuerpflichtigen automatisch in der festgesetzten Höhe gewährt werden; kann der Steuerpflichtige höhere Aufwendungen nachweisen, kann er diese (beschränkt bzw. unbeschränkt) geltend machen.

108 Was versteht man unter dem Antrag auf Arbeitnehmerveranlagung?

Der Arbeitnehmer kann für das abgelaufene Kalenderjahr einen **Antrag auf Arbeitnehmerveranlagung** stellen, um zu viel gezahlte Steuern zurückzuerhalten. Dies ist der Fall, wenn die während des Jahres an das Finanzamt gezahlte Lohnsteuer höher ist als die tatsächlich zu leistende Jahreslohnsteuer.

Der Antrag ist vor allem angebracht bei
- Änderungen im Familienstand (z. B. Heirat),
- starken monatlichen Schwankungen des Arbeitsentgelts,
- höheren abzugsfähigen Beträgen im Vergleich zu den im Steuertarif eingebauten Pauschalbeträgen (z. B. Arbeitnehmer-Pauschbetrag, Vorsorgepauschale).

109 | **Was versteht man unter der Einkommensteuererklärung?**

In vielen Fällen erfüllen die Arbeitnehmer ihre Pflicht zur Zahlung der Einkommensteuer, indem der Arbeitgeber die Lohnsteuer vom Arbeitsentgelt einbehält und an das Finanzamt weiterleitet.

Arbeitnehmer werden allerdings zur Einkommensteuer veranlagt und müssen eine entsprechende **Einkommensteuererklärung** beim zuständigen Finanzamt abgeben, wenn z. B.

● von mehreren Arbeitgebern Arbeitslohn bezogen wurde,

● beide Ehegatten Arbeitslohn bezogen haben und einer von ihnen nach Lohnsteuerklasse V oder VI besteuert wurde,

● zusätzliche Einkünfte erzielt wurden, die einen vorgegebenen Betrag überschritten haben (z. B. Einkünfte aus Kapitalvermögen, Einkünfte aus Vermietung und Verpachtung).

Die Einkommensteuer umfasst die Lohnsteuer, wobei die Lohnsteuer sich nur auf die Einkünfte aus unselbstständiger Arbeit bezieht.

2 Rechtliche Grundlagen des Wirtschaftens

2.1 Rechtsquellen

110 Was versteht man unter der Rechtsordnung eines Staates?

Die **Rechtsordnung** eines Staates umfasst alle in dem Staat geltenden Rechtsnormen, z.B. Gesetze, Verordnungen, Verwaltungsakte, Entscheidungen der obersten Gerichte. Sie schafft die notwendige Voraussetzung für ein geordnetes Zusammenleben in der menschlichen Gesellschaft.

111 Unterscheiden Sie Gesetz, Verordnung, Satzung und Gewohnheitsrecht!

Gesetze sind Rechtsvorschriften, die in einem förmlichen Gesetzgebungsverfahren durch ein Parlament erlassen werden (sie dürfen den Regelungen des Grundgesetzes nicht entgegenstehen).

Verordnung (Rechtsverordnung) ist eine von Regierungs- oder Verwaltungsorganen erlassene Vorschrift (Voraussetzung ist eine durch Gesetz geregelte Ermächtigung), d.h., sie kommt im Gegensatz zum Gesetz nicht durch ein förmliches Gesetzgebungsverfahren zustande.

Satzung (Statut) ist

● im öffentlichen Recht eine Zusammenfassung der von einer Körperschaft des öffentlichen Rechts aufgrund ihrer Autonomie erlassenen Rechtsvorschriften (z.B. Satzung einer Universität),

● im privaten Recht der Gesellschaftsvertrag in Vereinen und Kapitalgesellschaften.

Gewohnheitsrecht umfasst alle ungeschriebenen Regeln, die sich nach langer praktischer Übung als „Recht" herausgestellt haben.

112 Was ist öffentliches Recht?

Das **öffentliche Recht** regelt die Beziehungen des Einzelnen zum Staat und den Körperschaften des öffentlichen Rechts (Über-/ Untergeordnetenverhältnis) und die Beziehungen dieser Institutionen zueinander.

Beispiele sind:
● Verfassungsrecht (Grundgesetz),
● Verwaltungsrecht (Verwaltungsgesetze),
● Strafrecht (Strafgesetzbuch),
● Steuerrecht (Steuergesetze),
● Straf- und Zivilprozessordnung,
● Teile des Arbeitsrechts (z.B. Arbeitsgerichtsgesetz, Arbeitsförderungsgesetz).

113 Was ist privates Recht?

Das **private Recht** regelt die rechtlichen Beziehungen der einzelnen Bürger zueinander nach dem Prinzip der Gleichordnung.

Beispiele sind:

- Bürgerliches Recht (Bürgerliches Gesetzbuch),
- Handelsrecht (Handelsgesetzbuch),
- Gesellschaftsrecht (z.B. Aktiengesetz),
- Wechsel- und Scheckrecht,
- Teile des Arbeitsrechts (z.B. Kündigungsschutzgesetz, Arbeitszeitgesetz).

2.2 Rechtssubjekte

114 Unterscheiden Sie natürliche und juristische Personen!

Natürliche Personen sind alle Menschen.

Juristische Personen sind Personenvereinigungen (Körperschaften, Vereine) oder Vermögensmassen (Anstalten, Stiftungen) mit eigener Rechtspersönlichkeit.

Man unterscheidet:
- juristische Personen des privaten Rechts, z.B. Kapitalgesellschaften, eingetragene Vereine;
- juristische Personen des öffentlichen Rechts, z.B. Körperschaften des öffentlichen Rechts (Gemeinde), Anstalten des öffentlichen Rechts (Schule, Krankenhaus).

115 Was bedeutet Rechtsfähigkeit?

Rechtsfähigkeit ist die Fähigkeit, Träger von Rechten und Pflichten zu sein.

Die Rechtsfähigkeit des Menschen beginnt mit der Vollendung der Geburt.

Juristische Personen erwerben die Rechtsfähigkeit (und Geschäftsfähigkeit) durch die Eintragung in ein Register bzw. durch gesetzliche Regelung (z.B. erhalten AG und GmbH die Rechtsfähigkeit mit der Eintragung ins Handelsregister).

Die Rechtsfähigkeit juristischer Personen des privaten Rechts endet mit der Löschung im entsprechenden Register.

116 Was ist Geschäftsfähigkeit?

Geschäftsfähigkeit ist die Fähigkeit, Willenserklärungen rechtswirksam abzugeben bzw. entgegenzunehmen.

117 Wer ist geschäftsfähig?

Voll geschäftsfähig sind Personen, die das 18. Lebensjahr vollendet haben (Volljährigkeit).

118 Wer ist beschränkt geschäftsfähig?

Beschränkt geschäftsfähig sind Minderjährige (Personen vom vollendeten 7. bis zum 18. Lebensjahr).

Rechtsgeschäfte beschränkt Geschäftsfähiger bedürfen grundsätzlich der Zustimmung des gesetzlichen Vertreters. Bis zur möglichen nachträglichen Zustimmung (Genehmigung) ist das Rechtsgeschäft schwebend unwirksam.

119	Welche Rechtsgeschäfte darf ein beschränkt Geschäftsfähiger abschließen?

Ein **beschränkt Geschäftsfähiger** darf ohne Zustimmung des gesetzlichen Vertreters nur solche Rechtsgeschäfte abschließen,

● die ihm einen rechtlichen Vorteil bringen (z. B. Annahme einer Schenkung),

● die er mit seinem Taschengeld bestreitet,

● die er im Rahmen eines vom gesetzlichen Vertreter erlaubten Arbeitsverhältnisses abschließt wie z. B. die Kündigung des **Arbeitsverhältnisses** (der Abschluss und die Kündigung des **Ausbildungsvertrages** bedürfen allerdings der Zustimmung des gesetzlichen Vertreters),

● die ein Geschäftsbetrieb mit sich bringt, zu dessen selbstständigem Betrieb der Minderjährige ermächtigt ist.

120	Wer ist geschäftsunfähig?

Geschäftsunfähig sind

● Kinder (Personen bis zur Vollendung des 7. Lebensjahres),

● dauernd Geisteskranke.

Die Willenserklärung eines Geschäftsunfähigen ist nichtig.

2.3 Rechtsobjekte

121	Unterscheiden Sie Sachen und Rechte!

Sachen sind körperliche Gegenstände (materielle Güter), z. B. Waren, Gebäude, Grundstücke.

Rechte sind nicht körperliche Dinge (immaterielle Güter), z. B. Mieten, Lohnforderungen, Patente, Lizenzen, Rechtsberatung.

122	Unterscheiden Sie bewegliche und unbewegliche Sachen!

Bewegliche Sachen (Mobilien) sind alle Sachen, die nicht Grundstücke oder Bestandteile von Grundstücken sind.

Unbewegliche Sachen (Immobilien) sind Grundstücke und mit diesen fest verbundene Gegenstände wie Gebäude.

123	Unterscheiden Sie vertretbare und nicht vertretbare Sachen!

Vertretbare Sachen (Gattungsware) sind bewegliche Sachen, die nach Zahl, Maß oder Gewicht bestimmt werden können, z. B. Geld, Waren.

Nicht vertretbare Sachen (Spezieswaren) gibt es nur einmal (z. B. die „Mona Lisa" von Leonardo da Vinci).

124	Was ist Eigentum?

Eigentum ist die rechtliche Herrschaft über eine Sache. Der Eigentümer einer Sache kann, soweit nicht das Gesetz oder Rechte Dritter entgegenstehen, beliebig mit der Sache verfahren.

125 Was ist Besitz?

Besitz ist die tatsächliche Herrschaft über eine Sache.

Eigentümer und Besitzer einer Sache können

● ein und dieselbe Person sein (z.B. Wohnen im eigenen Haus),

● verschiedene Personen sein (z.B. Wohnen in einer Mietwohnung).

126 Wie wird Eigentum übertragen?

Eigentum an beweglichen Sachen wird übertragen durch

● Einigung beider Parteien, dass das Eigentum übergeht;

● Übergabe der Sache an den Erwerber.

Eigentum an unbeweglichen Sachen wird übertragen durch

● Einigung beider Parteien vor dem Notar, dass das Eigentum übergehen soll (Auflassung);

● Eintragung ins Grundbuch.

2.4 Rechtsgeschäfte

127 Was sind Rechtsgeschäfte?

Rechtsgeschäfte sind Willenserklärungen, die ein Rechtsverhältnis begründen (z.B. Kauf) oder aufheben (z.B. Kündigung).

Willenserklärungen können mündlich, schriftlich und durch bloßes Handeln (z.B. Kopfnicken) abgegeben werden.

128 Welche Rechtsgeschäfte werden unterschieden?

Die **Rechtsgeschäfte** werden unterteilt in

1. einseitige Rechtsgeschäfte (nur eine Willenserklärung ist erforderlich),

● nicht empfangsbedürftig, d.h., die Willenserklärung wird bereits mit ihrer Abgabe rechtswirksam (z.B. Testament);

● empfangsbedürftig, d.h., der Betroffene muss darüber in Kenntnis gesetzt werden (z.B. Kündigung, Mahnung);

2. mehrseitige Rechtsgeschäfte bzw. Verträge (mindestens zwei Willenserklärungen sind erforderlich),

● schuldrechtlich (Kauf, Miete),

● sachenrechtlich (Eigentumsübertragung),

● familienrechtlich (Ehe),

● erbrechtlich (Erbvertrag).

129 Unterscheiden Sie einseitig und zweiseitig verpflichtende Rechtsgeschäfte!

Beim **einseitig verpflichtenden Vertrag** werden nur einem Vertragspartner Pflichten auferlegt, z.B. Bürgschaft (siehe Seite 275), Schenkung (unentgeltliche Übereignung einer Sache).

Beim **mehrseitig verpflichtenden Vertrag** haben beide Vertragspartner Pflichten, z.B. Kauf, Miete.

130 | Unterscheiden Sie Nichtigkeit und Anfechtbarkeit!

Abgeschlossene Rechtsgeschäfte sind nicht immer gültig; sie können sein

● **nichtig,** d.h., sie sind von vornherein ungültig;

● **anfechtbar,** d.h., sie haben so lange Gültigkeit, bis sie angefochten werden. Mit der Anfechtung werden die Rechtsgeschäfte nichtig.

131 | Welche Rechtsgeschäfte sind nichtig?

Nichtig (von vornherein ungültig) sind:

● Geschäfte von geschäftsunfähigen Personen;

● Geschäfte von beschränkt geschäftsfähigen Personen ohne Zustimmung des gesetzlichen Vertreters;

● Willenserklärungen, die im Zustand der Bewusstlosigkeit oder vorübergehender Störung der Geistestätigkeit abgegeben werden;

● Willenserklärungen, die nur zum Schein abgegeben werden (Scheingeschäfte);

● Willenserklärungen, die offensichtlich nicht ernst gemeint sind (Scherzgeschäfte);

● Geschäfte, die gegen zwingende gesetzliche Bestimmungen verstoßen (z.B. Verstöße gegen das Strafgesetz);

● Geschäfte, die gegen gesetzliche Formvorschriften verstoßen (z.B. nicht notariell beurkundeter Grundstückskauf);

● Geschäfte, die gegen die guten Sitten verstoßen (z.B. Wucher).

132 | Welche Rechtsgeschäfte sind anfechtbar?

Anfechtbar (gültig bis zur Anfechtung) sind:

1. Irrtum (unbewusstes Abweichen von Wille und Erklärung),
   ● Irrtum in der Erklärung (z.B. Versprechen, Verschreiben),
   ● Irrtum in der Übermittlung (z.B. Fehler durch Post oder Boten),
   ● Irrtum über wesentliche Eigenschaften der Person oder Sache (z.B. Verwechslung);

2. arglistige Täuschung (z.B. Fehler einer Ware wird bewusst verschwiegen);

3. widerrechtliche Drohung (z.B. wird die Unterschrift mit Gewalt erzwungen) oder Nötigung.

133 | Was ist ein Vertrag?

Der **Vertrag** ist der Abschluss eines Rechtsgeschäftes. Er kommt zustande, indem sich der Wille von zwei oder mehreren Personen zu einem Willen, dem Vertragswillen vereinigt.

134 Was besagt der Grundsatz der Vertragsfreiheit?

Vertragsfreiheit bedeutet, dass die Vertragspartner ihre Verträge grundsätzlich nach ihrem Willen gestalten können.

Die Vertragsfreiheit beinhaltet:

● Abschlussfreiheit, d. h., jeder kann frei entscheiden, ob, wann und mit wem er einen Vertrag abschließt;

● Inhaltsfreiheit, d. h., der Vertragsinhalt kann frei vereinbart werden.

Dieser Grundsatz erfährt jedoch erhebliche Einschränkungen durch Gesetze, wie z. B. BGB, Mieterschutzgesetz, Jugendschutzgesetz und Arbeitsschutzgesetze.

135 Welche Bedeutung haben Allgemeine Geschäftsbedingungen?

Allgemeine Geschäftsbedingungen (AGB) sind (lt. BGB) alle für eine Vielzahl von Verträgen vorformulierte Vertragsbedingungen, die eine Vertragspartei (Verwender) der anderen Vertragspartei bei Abschluss eines Vertrages stellt. Allgemeine Geschäftsbedingungen liegen dann nicht vor, wenn die Vertragsbedingungen zwischen den Vertragsparteien im Einzelnen ausgehandelt sind.

Im Zusammenhang mit den Allgemeinen Geschäftsbedingungen ist z. B. Folgendes geregelt:

1. Einbeziehung der AGB in den Vertrag,
   ● sie werden nur dann Bestandteil eines Vertrages, wenn der Verwender ausdrücklich auf sie hinweist (auch möglich durch deutlich sichtbaren Aushang am Ort des Vertragsabschlusses);
   ● Individualabreden haben Vorrang vor den Allgemeinen Geschäftsbedingungen;
   ● Bestimmungen, die so überraschend und mehrdeutig sind, dass der Vertragspartner nicht mit ihnen zu rechnen braucht, werden nicht Bestandteil des Vertrages (z. B. Kleingedrucktes);

2. **Unwirksamkeit der AGB,**
   ● Bestimmungen sind unwirksam, wenn sie den Vertragspartner entgegen dem Grundsatz von Treu und Glauben unangemessen benachteiligen (unklare und missverständliche Formulierungen);
   ● sind Bestimmungen nicht Bestandteil des Vertrages geworden oder unwirksam, so bleibt der Vertrag im Übrigen wirksam;

3. **Klauselverbote,** unwirksam sind z. B.:
   ● unangemessen lange Nachfrist für die zu erbringende Leistung (z. B. Nachlieferung, Nachbesserung);
   ● kurzfristige Preiserhöhung für Waren oder Leistungen, die innerhalb von vier Monaten geliefert oder erbracht werden sollen;

- Ausschluss des Anspruchs wegen eines Sachmangels;
- Beschränkung des Rechts auf Nacherfüllung.

2.5 Kaufvertrag

136 | Was ist ein Kaufvertrag?

Bei jedem Kauf eines Gutes wird ein **Kaufvertrag** abgeschlossen. Er ist normalerweise formlos, eine Ausnahme bildet der Grundstückskauf, der notariell beurkundet werden muss.

2.5.1 Zustandekommen des Kaufvertrages

137 | Wie kommt ein Kaufvertrag zustande?

Ein Kaufvertrag kommt durch zwei (oder mehrere) übereinstimmende Willenserklärungen zustande. Die zeitlich erste Willenserklärung heißt **Antrag** und die zweite **Annahme.**

Man unterscheidet zwei Fälle:
- Die erste Willenserklärung (Antrag bzw. Angebot) geht vom Verkäufer aus, die Annahme erfolgt durch den Käufer (Bestellung);
- die erste Willenserklärung (Antrag bzw. Bestellung ohne vorausgegangenes Angebot) geht vom Käufer aus, die Annahme erfolgt durch den Verkäufer (Bestellungsannahme).

Der gültig zustande gekommene Kaufvertrag beinhaltet das Verpflichtungs- und das Erfüllungsgeschäft.

138 | Welchen Inhalt hat das Verpflichtungsgeschäft?

Beim Abschluss eines Kaufvertrages werden beiden Parteien Pflichten auferlegt **(Verpflichtungsgeschäft),** die erfüllt werden müssen **(Erfüllungsgeschäft).**

1. Der Verkäufer ist verpflichtet,
   - dem Käufer den Kaufgegenstand ordnungsgemäß (zur rechten Zeit, am rechten Ort, mängelfrei) zu übergeben und das Eigentum daran zu verschaffen,
   - das Geld anzunehmen.
2. Der Käufer ist verpflichtet,
   - die Waren anzunehmen,
   - den vereinbarten Preis zu bezahlen.

139 | Welche Störungen bei der Erfüllung von Kaufverträgen werden unterschieden?

Werden die Verpflichtungen aus dem Kaufvertrag von den Vertragspartnern nicht oder nicht vollständig erfüllt, kommt es zu **Kaufvertragsstörungen** (Erfüllungsstörungen, Leistungsstörungen). Man unterscheidet:

- mangelhafte Lieferung,
- Lieferungsverzug,
- Annahmeverzug,
- Zahlungsverzug.

140 Was versteht man unter einem Angebot?

Mit dem **Angebot** (Antrag) richtet sich der Anbieter an eine bestimmte Person und erklärt, unter welchen Voraussetzungen er bereit ist, Waren zu liefern oder eine Leistung zu erfüllen. Der Anbieter ist rechtlich an sein Angebot gebunden.

Angebote können z. B. erfolgen: schriftlich, mündlich, telefonisch, per Telefax; eine gesetzlich vorgeschriebene Form gibt es nicht.

141 Wann erlischt die Bindung an ein Angebot?

Die Bindung an ein Angebot erlischt bei
- rechtzeitigem Widerruf (spätestens mit Eintreffen des Angebots beim Kunden),
- abgeänderter Bestellung (Abweichung vom Angebot),
- zu später Bestellung.

Die abgeänderte Bestellung und die zu späte Bestellung stellen neue Anträge dar, die der Verkäufer annehmen kann oder nicht.

142 Was sind Freizeichnungsklauseln?

Die Bindung an das Angebot wird aufgehoben oder eingeschränkt durch **Freizeichnungsklauseln** wie
- unverbindlich, ohne Gewähr, ohne Obligo, freibleibend;
- Lieferung vorbehalten;
- Preis vorbehalten, Preis freibleibend;
- solange der Vorrat reicht.

143 Wann muss die Annahme erfolgen?

Damit ein gültiger Vertrag zustande kommt, muss die **Annahme** des vorangegangenen Antrages erfolgen:
- unter Anwesenden (z. B. auch beim Telefongespräch und beim Fernschreiben) sofort,
- unter Abwesenden, bis unter normalen Umständen (übliche Bearbeitungszeit und Beförderungsdauer) Antwort erteilt sein kann.

144 Beschreiben Sie die Anpreisung!

Schaufensterauslagen, Werbemaßnahmen in Funk und Fernsehen, Anzeigen in Zeitungen und Zeitschriften u. a. sind **Anpreisungen.** Sie stellen eine Aufforderung an die Allgemeinheit zum Kauf dar; sie sind keine Angebote und sind rechtlich unverbindlich.

Bestellungen aufgrund von Anpreisungen sind Anträge, die für das Zustandekommen eines Kaufvertrages noch angenommen werden müssen.

145 Beschreiben Sie die Anfrage!

Durch die **Anfrage** erkundigt sich der Kunde, zu welchen Preisen, Lieferungs- und Zahlungsbedingungen ein Lieferant Waren liefert. Die Anfrage ist formfrei und rechtlich unverbindlich.

146 Welche Bedeutung hat eine Bestellung?

Durch die **Bestellung** erklärt der Käufer, dass er von einem Lieferer eine bestimmte Ware zu den angegebenen Bedingungen kaufen will. Die Bestellung ist demnach die unveränderte Annahme eines Angebotes und bewirkt das Zustandekommen eines Kaufvertrages (ohne vorangegangenes Angebot ist die Bestellung ein Antrag).

Die Bestellung ist nicht an eine bestimmte Form gebunden (sie kann z. B. schriftlich, mündlich oder telefonisch erfolgen), sollte aber zur Vermeidung von Irrtümern schriftlich erfolgen.

Die Bestellung ist rechtlich bindend und die Bindung erlischt nur bei rechtzeitigem Widerruf (siehe Seite 55).

147 Wann erfolgt eine Auftragsbestätigung?

Für die **Auftragsbestätigung** (Bestellungsannahme, Annahme des Antrages) gilt:

1. Sie muss erfolgen bei
   - abgeänderter Bestellung,
   - zu später Bestellung,
   - Bestellung ohne vorangegangenes Angebot,
   - freibleibendem Angebot.

2. Sie wird üblicherweise erteilt bei:
   - telefonischer Bestellung zur Vermeidung von Missverständnissen,
   - erstmaliger Bestellung als Dank an den Kunden.

148 Wie ist die Lieferung unbestellter Sachen geregelt?

Bei der **Lieferung unbestellter Sachen** unterscheidet man:

1. Unternehmer sendet an **Unternehmer,**
   - die Lieferung der unbestellten Sachen stellt ein Angebot dar; wenn der Empfänger das Angebot annimmt, kommt der Kaufvertrag zustande;
   - das Stillschweigen des Empfängers nach dem Erhalt der unbestellten Sachen stellt eine Ablehnung des Angebots dar; der Empfänger muss die Ware aufbewahren, aber nicht zurücksenden.

2. Unternehmer sendet an **Verbraucher,**
   - der Unternehmer hat keinen Anspruch gegen den Verbraucher, d. h., der Unternehmer kann weder den Kaufpreis fordern noch die Sache zurückverlangen.

2.5.2 Inhalt des Kaufvertrages

149 | Welchen Inhalt hat das Angebot (Überblick)?

Das **Angebot** enthält üblicherweise Angaben über

- Art, Güte und Beschaffenheit der Ware;
- Preis und Menge der Ware;
- Verpackungsart und Verpackungskosten;
- Lieferungsbedingungen (Beförderungskosten);
- Lieferzeit (ist der Liefertermin vertraglich nicht vereinbart, ist die Lieferung sofort fällig);
- Zahlungsbedingungen;
- Erfüllungsort.

150 | Welche Regeln gibt es für Art, Güte und Beschaffenheit von Waren?

Die **Art** der Ware wird durch die genaue Bezeichnung der Ware festgelegt.

Die **Güte** und **Beschaffenheit** einer Ware werden z. B. festgelegt durch

- Güteklassen (z. B. Handelsklassen, Standards),
- Marken und Gütezeichen (siehe Seite 219 f.).
- Muster, Proben, Abbildungen.

Fehlt eine besondere Vereinbarung, so ist mittlere Art und Güte zu liefern.

151 | Welche Regelungen bestehen für die Verpackungskosten?

Grundsätzlich hat der Käufer die Kosten der **Versandverpackung** zu tragen, denn der Preis bezieht sich auf das Rein- oder Nettogewicht.

Es kann aber vertraglich vereinbart werden:

- Verpackung frei bzw. Verpackung unberechnet;
- Verpackung leihweise;
- brutto für netto, d. h., die Verpackung wird wie Ware berechnet.

152 | Welche Regelungen gibt es für die Beförderungskosten?

Nach dem Grundsatz „Warenschulden sind Holschulden" muss der Käufer die **Transportkosten** (Fracht, Verladekosten, Rollgeld, Transportversicherungen) übernehmen, wenn er die Ware nicht selbst beim Lieferer abholt.

Für die Berechnung der Transportkosten wird normalerweise das Bruttogewicht der Sendung zugrunde gelegt.

Durch Vertrag können folgende **Lieferungsbedingungen** vereinbart werden:

- **ab Werk** (ab Lager, ab Fabrik), d. h., der Käufer trägt ohne Ausnahme alle Kosten der Beförderung;
- **unfrei** (ab hier, ab Bahnhof, ab Bahnhof hier), d. h., der Verkäufer trägt die Versandkosten bis zum Versandbahnhof, alle weiteren Kosten trägt der Käufer (gesetzliche Regelung);

- **frei Waggon** (Schiff), d.h., der Verkäufer übernimmt das Rollgeld und die Verladekosten; die restlichen Beförderungskosten trägt der Käufer;
- **frachtfrei** (frei dort, frei Bahnhof, frei Bahnhof dort), d.h., der Verkäufer trägt die Kosten bis zum Bestimmungsbahnhof;
- **frei Haus** (frei Keller, frei Lager), d.h., der Verkäufer übernimmt alle Beförderungskosten.

Die Lieferungsbedingungen regeln nur die Übernahme der Transportkosten; auf den Erfüllungsort und damit auf den Gefahrenübergang haben sie keinen Einfluss (siehe Seite 59).

---

153 Unterscheiden Sie Fracht und Rollgeld!

Fracht ist das für die gewerbliche Beförderung von Gütern zu entrichtende Entgelt (z.B. Beförderung mit Bahn, Lkw).

Unter **Rollgeld** (Hausfracht) versteht man die Beförderungskosten vom Lieferer bis zum Versandbahnhof sowie die Beförderungskosten vom Bestimmungsbahnhof bis zum Käufer.

---

154 Unterscheiden Sie Frachtbasis und Frachtparität!

Die **Frachtbasis** ist ein vertraglich festgelegter Ort, ab dem der Käufer die Frachtkosten für eine Ware übernehmen muss. In der Bundesrepublik sind für bestimmte Massengüter einheitliche Frachtbasen festgelegt, z.B. Essen für die Lieferung von Kohle. Für die Berechnung ist es ohne Bedeutung, von welchem Ort aus die Ware tatsächlich angeliefert wird.

Die **Frachtparität** ist ein vertraglich festgelegter Ort, bis zu dem der Verkäufer die Frachtkosten übernehmen muss. Wird die Ware an einen anderen Ort geliefert, muss der Verkäufer die Frachtkosten höchstens für die Entfernungskilometer von seinem Geschäftssitz bis zur vereinbarten Frachtparität tragen.

---

155 Welche Zahlungsbedingungen unterscheidet man?

Nach dem Grundsatz „Geldschulden" sind „Schickschulden" muss der Käufer die Kosten und das Risiko der Zahlung tragen; wenn nichts vereinbart wurde, ist die Zahlung mit Lieferung der Ware fällig.

Es können folgende **Zahlungsbedingungen** vereinbart werden:
- Vorauszahlung (zum Schutz vor zahlungsschwachen und unsicheren Kunden),
- Anzahlung (zur Finanzierung größerer Aufträge),
- Zahlung Zug um Zug (sofort, netto Kasse = gesetzliche Regelung),
- Ratenzahlung,
- Zahlung mit Wertstellung (Zahlungsziel wird fest vereinbart durch den Vermerk „Valuta . . .").

---

156 Was ist der Erfüllungsort?

Der **Erfüllungsort** ist der Ort, an dem der Schuldner seine Leistung zu erbringen hat (der Lieferer schuldet die Ware, der Käufer das Geld).

Man unterscheidet den

- **gesetzlichen Erfüllungsort:** Wenn nichts anderes vereinbart ist, gilt der Wohnsitz (Geschäftssitz) des Schuldners als Erfüllungsort (d.h., es gibt zwei Erfüllungsorte, für die Ware = Firmensitz des Lieferers; für die Bezahlung = Firmensitz des Käufers);
- **vertraglichen Erfüllungsort:** Der Ort wird durch Vereinbarung festgelegt (z.B. „Erfüllungsort für beide Teile ist München").

157	Welche Bedeutung hat der Erfüllungsort?

Der **Erfüllungsort** hat folgende Bedeutung:

- Am Erfüllungsort geht die Gefahr (Haftung für die Ware) vom Verkäufer auf den Käufer über, auch bei zufälliger Beschädigung, Verschlechterung oder Vernichtung der Ware (der Gefahrenübergang erfolgt z.B. beim Versendungskauf mit der Auslieferung der Ware an den Spediteur oder Frachtführer);
- der Erfüllungsort bestimmt bei Auseinandersetzungen zwischen Verkäufer und Käufer den Gerichtsstand; nach der gesetzlichen Regelung wird der Gerichtsstand durch den Wohnsitz des Schuldners bestimmt (allgemeiner Gerichtsstand), davon abweichend können Kaufleute vertraglich einen besonderen Gerichtsstand vereinbaren;
- der Erfüllungsort bestimmt, wer die Kosten der Versendung nach einem anderen Ort als dem Erfüllungsort zu tragen hat (sofern nichts anderes vereinbart ist).

Beispiel:

Ein Großhändler mit Geschäftssitz in Saarbrücken schließt mit einem Einzelhändler in Homburg einen Kaufvertrag über die Lieferung von Waren ab; als Lieferungsbedingung wird „frei Haus" vereinbart. Über den Erfüllungsort ist vertraglich nichts vereinbart.

Die Sendung trifft beim Einzelhändler nicht ein und der Großhändler kann nachweisen, dass er die Ware zum Versand an einen Frachtführer übergeben hat.

Der Einzelhändler muss dem Großhändler die Waren bezahlen, da beim Versendungskauf die Gefahr für die Ware mit der Auslieferung an den Frachtführer auf den Einzelhändler übergegangen ist. Der Einzelhändler kann selbstverständlich Ansprüche gegen den Frachtführer geltend machen.

2.5.3 Eigentumsvorbehalt

158 Erklären Sie den Eigentumsvorbehalt!

Eigentumsvorbehalt liegt vor, wenn sich der Verkäufer das Eigentum an der verkauften Sache bis zur Zahlung des Kaufpreises vorbehält (einfacher Eigentumsvorbehalt). Der Eigentumsvorbehalt muss ausdrücklich im Kaufvertrag vereinbart werden.

Wenn der Käufer mit der Zahlung in Verzug kommt, hat der Verkäufer folgende Rechte:

● Rücktritt vom Kaufvertrag und Zurücknahme der Ware;

● Aussonderungsrecht bei Insolvenz des Käufers;

● Drittwiderspruchsklage bei Pfändung, die Ware muss herausgegeben werden.

Der Käufer ist zunächst nur Besitzer und wird erst mit Zahlung des Kaufpreises (bzw. der letzten Rate beim Abzahlungsgeschäft) Eigentümer der gekauften Sache.

159 Wann erlischt der Eigentumsvorbehalt?

Der Eigentumsvorbehalt erlischt, wenn die verkaufte Sache

● vollständig bezahlt ist;

● an einen gutgläubigen Dritten weiterverkauft wird (der Dritte weiß nicht, dass der Verkäufer nicht Eigentümer war);

● zu einer neuen Sache verarbeitet wird;

● mit einem Grundstück so verbunden wird, dass sie einen wesentlichen Bestandteil des Grundstücks bildet;

● verbraucht oder vernichtet wird.

160 Unterscheiden Sie verlängerten und erweiterten Eigentumsvorbehalt!

Beim **verlängerten Eigentumsvorbehalt**

● werden die Forderungen, die bei einem Weiterverkauf entstehen, an den (ursprünglichen) Verkäufer abgetreten;

● wird der Verkäufer anteilsmäßiger Eigentümer, wenn die verkaufte Sache weiterverarbeitet wurde.

Beim **erweiterten Eigentumsvorbehalt** behält sich der Verkäufer das Eigentum an allen von ihm an denselben Käufer gelieferten Sachen vor.

2.5.4 Besondere Arten des Kaufvertrages

161 Unterscheiden Sie bürgerlichen Kauf und Handelskauf!

Nach der rechtlichen Stellung der Vertragspartner unterscheidet man:

● **bürgerlichen Kauf:** Die Parteien sind Nichtkaufleute oder der Kauf ist für die Parteien kein Handelsgeschäft, z. B. Kauf unter Privatleuten;

● **einseitigen Handelskauf:** Ein Vertragspartner ist Kaufmann, wobei der Kauf für ihn ein Handelsgeschäft sein muss, z. B. Privatperson kauft in einem Handelsbetrieb;

● **zweiseitigen Handelskauf:** Kauf unter Kaufleuten, wobei der Kauf für beide Parteien ein Handelsgeschäft sein muss, z.B. Großhändler verkauft Waren an einen Einzelhändler.

Für den bürgerlichen Kauf gelten die Vorschriften des BGB. Für den Handelskauf werden diese Bestimmungen ergänzt durch die Regelungen des HGB.

---

162 Was ist ein Kauf auf Probe?

Bei einem **Kauf auf Probe** steht die Billigung des gekauften Gegenstandes im Belieben des Käufers, d.h., der Käufer hat ein Rückgaberecht innerhalb einer vereinbarten Frist.

War die Sache dem Käufer zum Zweck der Probe übergeben, so gilt sein Schweigen als Billigung (das Rückgaberecht entfällt).

---

163 Was ist ein Bestimmungskauf?

Beim **Bestimmungskauf (Spezifikationskauf)** behält sich der Käufer einer beweglichen Sache die nähere Bestimmung über Form, Maß oder ähnliche Verhältnisse (z.B. Farbe) vor; der Käufer ist verpflichtet die vorbehaltene Bestimmung zu treffen.

---

164 Was ist ein Kommissionskauf?

Beim **Kommissionskauf** ist der Käufer erst dann verpflichtet die Ware zu bezahlen, wenn er sie selbst weiterverkauft hat (siehe Seite 252 f.).

---

165 Was ist ein Kauf auf Abruf?

Beim **Kauf auf Abruf** wird der Zeitpunkt der Lieferung vom Käufer bestimmt. Er muss die Ware jedoch innerhalb einer festgelegten Frist ganz oder teilweise abrufen.

Der Käufer kann die mit dem Einkauf größerer Mengen verbundenen Rabatte ausnutzen und dabei gleichzeitig seine Lagerkosten verringern.

---

166 Was ist ein Typenkauf?

Beim **Typenkauf** handelt es sich um den Kauf einer Ware nach einer so genannten Type (Durchschnittsqualität entsprechend einer Güteklasse).

---

167 Unterscheiden Sie Stückkauf und Gattungskauf!

Beim **Stückkauf** handelt es sich um den Kauf einer nicht vertretbaren (einmaligen) Sache (z.B. Originalgemälde).

Beim **Gattungskauf** handelt es sich um den Kauf vertretbarer (mehrfach vorhandener) Sachen (z.B. Konsumgüter).

---

168 Unterscheiden Sie Barkauf und Kreditkauf!

Beim **Barkauf** zahlt der Käufer den Kaufpreis unmittelbar nach Erhalt der Ware (Zahlung „Zug um Zug").

Ein **Kreditkauf** liegt vor, wenn der Kaufpreis mit Einverständnis des Lieferers später zu zahlen ist. Man unterscheidet:

- **Zielkauf,** d. h., der Kaufpreis wird in einer Summe zum vereinbarten Termin gezahlt (z. B. Inanspruchnahme des Zahlungsziels bei „Zahlung innerhalb von 10 Tagen unter Abzug von 2 % Skonto oder innerhalb von 60 Tagen rein netto");

- **Ratenkauf,** d. h., der Kaufpreis ist in gleich hohen Teilbeträgen und in regelmäßigen Zeitabständen zu zahlen.

---

169 Unterscheiden Sie Terminkauf und Fixkauf!

Beim **Terminkauf** (Zeitkauf) muss die Lieferung zu einem vereinbarten Termin oder innerhalb einer festgelegten Frist erfolgen, z. B. „Lieferung am 30. November", „Lieferung innerhalb eines Monats".

Beim **Fixkauf** muss die Lieferung an oder bis zu einem genau festgelegten Zeitpunkt erfolgen. Die Vereinbarung über den Liefertermin enthält z. B. den Zusatz „fix", „genau am", „fest" (Fixklausel). Die vereinbarte Erfüllungszeit muss ein so wesentlicher Bestandteil des Vertrages sein, dass eine nachträgliche Leistung nicht mehr als Erfüllung angesehen werden kann.

---

170 Unterscheiden Sie Handkauf und Platzkauf!

Wenn die gekaufte Ware im Geschäft des Verkäufers dem Käufer gegen Zahlung des Kaufpreises übergeben wird, liegt ein **Handkauf** vor (Verpflichtungs- und Erfüllungsgeschäft fallen zeitlich zusammen). Die Gefahr geht mit der Übergabe der Ware auf den Käufer über.

Befinden sich die Geschäftssitze von Verkäufer und Käufer am gleichen Ort und wird die Ware zum Käufer gesendet, liegt ein **Platzkauf** vor. Für den Platzkauf gelten die gleichen gesetzlichen Regelungen wie für den Versendungskauf.

---

171 Unterscheiden Sie Versendungskauf und Fernkauf!

Beim **Versendungskauf** (auch Distanzkauf genannt)
- liegen die Geschäftssitze von Verkäufer und Käufer an verschiedenen Orten,
- ist der Ort des Verkäufers der Erfüllungsort,
- wird die Ware auf Wunsch des Käufers an einen anderen Ort gesendet,
- geht (nach der gesetzlichen Regelung) die Gefahr mit der Übergabe der Ware an den Frachtführer oder Spediteur auf den Käufer über (diese Regelung gilt nicht für den Verbrauchsgüterkauf, siehe Seite 64),
- trägt der Käufer die Beförderungskosten (sofern vertraglich nichts anderes vereinbart wurde).

Beim **Fernkauf**
- liegen die Geschäftssitze von Verkäufer und Käufer an verschiedenen Orten,
- ist der Ort des Verkäufers nicht der Erfüllungsort,

- wird die Ware an einen vertraglich vereinbarten Erfüllungsort geschickt,
- geht die Gefahr mit der Übergabe der Ware an den Käufer auf diesen über und trägt der Verkäufer die Beförderungskosten.

172 Was ist ein Streckengeschäft?

Beim **Streckengeschäft** liefert der Verkäufer nicht an seinen Vertragspartner (Käufer), sondern unmittelbar an dessen Kunden. Entsprechend dem Erfüllungsort liegt ein Versendungs- oder Fernkauf vor.

Vorteile des Streckengeschäftes sind z.B. Einsparungen an Lager- und Transportkosten, Verkürzung der Lieferfristen.

2.6 Kaufvertragsstörungen (Leistungsstörungen)[1]

2.6.1 Lieferung von mangelhaften Sachen

173 Was ist ein Sachmangel?

Ein **Sachmangel** liegt (lt. BGB) vor, wenn die Kaufsache bei Gefahrübergang (z.B. Übergabe der Sache) nicht die vereinbarte Beschaffenheit hat.

Ein Sachmangel liegt auch vor, wenn der Verkäufer

- eine andere Sache liefert (Falschlieferung);
- eine zu geringe Menge liefert (Mankolieferung);
- in der Werbung bestimmte Eigenschaften der Sache verspricht und dies nicht einhält;
- eine mangelhafte Montageanleitung beiliegt.

174 Wie ist die Verjährung der Mängelansprüche geregelt?

Ansprüche wegen Mängeln der Kaufsache **(Mängelanspruch)** verjähren zwei Jahre nach Ablieferung der Sache.

Wenn der Verkäufer den Mangel arglistig verschwiegen hat, verjähren die Ansprüche in drei Jahren.

175 Unterscheiden Sie Pflichtverletzung und Unmöglichkeit bei der Lieferung von mangelhaften Sachen (Überblick)!

Bei der mangelhaften Lieferung wird unterschieden:

- **Pflichtverletzung,** der Verkäufer liefert eine Sache, die einen Mangel aufweist, der behebbar ist;
- **Unmöglichkeit,** der Verkäufer liefert eine Sache, die einen Mangel aufweist, der nicht behoben werden kann.

176 Wie ist die Sachmängelgewährleistung bei der Pflichtverletzung geregelt?

Bei der Pflichtverletzung hat der Käufer **vorrangig** nur das Recht auf **Nacherfüllung,** und zwar wahlweise als

- Beseitigung des Mangels **(Nachbesserung),**
- Lieferung einer mangelfreien Sache **(Nachlieferung).**

---

1 In diesem Kapitel sind nur die grundlegenden gesetzlichen Vorschriften berücksichtigt; auf eine ausführliche Darstellung aller mit den Leistungsstörungen verbundenen rechtlichen Fragen wurde verzichtet.

Der Verkäufer muss im Rahmen der Nacherfüllung alle erforderlichen Aufwendungen tragen (z. B. Transportkosten).

Der Verkäufer kann die vom Käufer gewählte Art der Nacherfüllung verweigern, wenn sie nur mit unverhältnismäßigen Kosten möglich ist. Der Anspruch des Käufers beschränkt sich dann auf die andere Art der Nacherfüllung.

Der Käufer hat **wahlweise** folgende Rechte entweder **mit** (erfolglos abgelaufener) **Nachfrist** oder **ohne Nachfrist** (der Verkäufer verweigert beide Arten der Nacherfüllung bzw. die Nacherfüllung ist fehlgeschlagen):

- **Rücktritt vom Vertrag** (bei einem unerheblichen Mangel nicht möglich); dieses Recht schließt den Anspruch auf Schadensersatz nicht aus;
- **Minderung des Kaufpreises** (bei einem unerheblichen Mangel möglich), d. h., der Kaufpreis wird um die Wertminderung wegen des Mangels herabgesetzt;
- **Schadensersatz statt Leistung** (bei einem unerheblichen Mangel nicht möglich); statt dessen kann der Käufer auch den Ersatz vergeblicher Aufwendungen verlangen.

---

177 Wie ist die Sachmängelgewährleistung bei der Unmöglichkeit geregelt?

Bei der **Unmöglichkeit** hat der Käufer **ohne Nachfristsetzung** folgende Rechte:

- **Rücktritt vom Vertrag;**
- **Minderung des Kaufpreises;**
- **Schadensersatz statt Leistung.**

---

178 Wie ist die Haftung bei der Übernahme einer Garantie geregelt?

Sichert der Verkäufer im Kaufvertrag die **Übernahme einer Garantie** für eine bestimmte Eigenschaft der Kaufsache zu (so genannte zugesicherte Eigenschaft), haftet der Verkäufer auch ohne eigenes Verschulden.

---

179 Welche Regelungen gelten für den Verbrauchsgüterkauf?

Kauft ein Verbraucher von einem Unternehmer eine bewegliche Sache, liegt ein **Verbrauchsgüterkauf** vor. Für den Verbrauchsgüterkauf gilt ergänzend:

- Bei der Versendung der Kaufsache geht die Gefahr erst mit der Übergabe der Sache auf den Verbraucher über;
- die Verjährungsfrist für Sachmängel (zwei Jahre) kann bei gebrauchten Sachen auf ein Jahr reduziert werden;
- zeigt sich innerhalb von sechs Monaten seit Gefahrübergang ein Sachmangel, muss der Käufer nicht beweisen, dass die Sache einen Mangel hatte (Beweislastumkehr);
- die Garantieerklärung muss einfach und verständlich sein.

---

180 Welche Regelungen für die Lieferung mangelhafter Ware gibt es beim zweiseitigen Handelskauf?

Ist der Kauf für beide Teile ein Handelsgeschäft **(zweiseitiger Handelskauf)**, gelten ergänzend zum allgemeinen Kaufrecht folgende Regelungen (lt. HGB):

- Der Käufer hat die Ware unverzüglich nach der Ablieferung durch den Verkäufer zu untersuchen **(Prüfungspflicht)** und, wenn sich ein Mangel zeigt, dem Verkäufer unverzüglich Anzeige zu machen **(Rügepflicht);**

● unterbleibt die Anzeige, so gilt die Ware als genehmigt, es sei denn, es liegt ein Mangel vor, der bei der Untersuchung nicht erkennbar war (versteckter Mangel);

● ein versteckter Mangel muss unverzüglich nach der Entdeckung geltend gemacht werden, und zwar innerhalb von zwei Jahren;

● der Käufer muss die beanstandete Ware einstweilig aufbewahren **(Aufbewahrungspflicht);**

● bei verderblicher Ware kann der Käufer ohne vorherige Androhung diese z.B. öffentlich versteigern lassen.

2.6.2 Lieferungsverzug (Verzug des Lieferers als Warenschuldner)

181 | Wann gerät ein Lieferer in Verzug?

Leistet der Lieferer (Schuldner) auf eine Mahnung des Käufers (Gläubiger) nicht, die nach dem Eintritt der Fälligkeit erfolgt, so kommt er durch die Mahnung (mit Nachfristsetzung) in Verzug **(Lieferungsverzug).**

182 | Wann entfällt die Pflicht zur Mahnung beim Lieferungsverzug?

Der **Mahnung** (mit Fristsetzung) bedarf es nicht, wenn
● für die Leistung eine Zeit nach dem Kalender bestimmt ist (Fix- und Terminkauf),
● der Schuldner die Leistung verweigert.

183 | Welche Rechte hat der Käufer beim Lieferungsverzug?

Der Käufer hat beim Lieferungsverzug wahlweise folgende Rechte (lt. BGB):
● Recht auf **Lieferung;**
● Recht auf **Schadensersatz statt Leistung** (z.B. Schadensersatz für seinen entgangenen Gewinn);
● Recht auf **Rücktritt vom Vertrag** (nach ergebnislosem Ablauf der Frist besteht weiter Anspruch auf Erfüllung).

184 | Wie ist die Haftung beim Lieferungsverzug geregelt?

Der Lieferer hat während des Verzugs jede Fahrlässigkeit zu vertreten. Er haftet wegen der Leistung auch für Zufall, es sei denn, dass der Schaden auch bei rechtzeitiger Lieferung eingetreten sein würde.

185 | Welche Regelungen für den Lieferungsverzug gibt es beim Handelskauf?

Beim **Handelskauf** (siehe Seite 60 f.) gelten für den Lieferungsverzug ergänzend folgende Regelungen (lt. HGB):
● Beim Fix- bzw. Terminkauf (siehe Seite 62) kann der Käufer vom Vertrag zurücktreten oder statt der Erfüllung Schadensersatz wegen Nichterfüllung verlangen;
● Erfüllung kann der Käufer nur beanspruchen, wenn er sofort nach Zeitablauf auf Erfüllung besteht;
● hat die Ware einen Börsen- oder Marktpreis, kann der Käufer als Schadensersatz den Unterschiedsbetrag zwischen Kaufpreis und Börsen- oder Marktpreis fordern;

● erwirbt der Käufer die Sache anderweitig, hat er nur dann einen Ersatzanspruch, wenn der Kauf sofort nach Ablauf der vereinbarten Zeit erfolgt.

2.6.3 Annahmeverzug (Verzug des Käufers als Warengläubiger)

186 Wann gerät ein Käufer in Annahmeverzug?

Der Käufer (Gläubiger) kommt in Verzug, wenn er die ihm vereinbarungsgemäß angebotene Kaufsache nicht annimmt **(Annahmeverzug).**

187 Welches Recht hat der Lieferer beim Annahmeverzug?

Der Lieferer (Schuldner) kann beim Annahmeverzug (lt. BGB) **Ersatz der Mehraufwendungen** verlangen, die er für das erfolglose Angebot (z. B. Anlieferung der Ware) sowie für die Aufbewahrung und Pflege der Kaufsache machen musste.

188 Wie ist die Haftung beim Annahmeverzug geregelt?

Für die **Haftung** beim Annahmeverzug gilt:
● Der Lieferer hat während des Verzugs des Käufers nur Vorsatz und grobe Fahrlässigkeit zu vertreten;
● beim Gattungskauf (siehe Seite 61) geht die Gefahr mit dem Eintreten des Verzugs auf den Käufer über.

189 Welche Regelungen für den Annahmeverzug gibt es beim Handelskauf?

Beim **Handelskauf** (siehe Seite 60 f.) gelten für den Annahmeverzug ergänzend folgende Regelungen (lt. HGB):

1. Der Verkäufer kann die Ware auf Gefahr und Kosten des Käufers lagern (z. B. in einem Lagerhaus);

2. der Verkäufer kann selbst für den Verkauf der Ware sorgen **(Selbsthilfeverkauf),** dabei gilt:

 ● der Verkäufer kann nach vorheriger Androhung die Ware öffentlich versteigern lassen; der Verkäufer muss den Käufer über Zeit und Ort der Versteigerung vorher benachrichtigen;

 ● der Verkäufer kann nach vorheriger Androhung, wenn die Ware einen Börsen- oder Marktpreis hat, den Verkauf aus freier Hand bewirken (z. B. durch einen öffentlich ermächtigten Handelsmakler);

 ● ist die Ware dem Verderb ausgesetzt, entfällt die Pflicht zur Androhung **(Notverkauf);**

 ● der Verkäufer muss den Käufer über das Ergebnis des Verkaufs unverzüglich benachrichtigen;

 ● der Selbsthilfeverkauf erfolgt für Rechnung des säumigen Käufers.

2.6.4 Zahlungsverzug (Verzug des Käufers als Geldschuldner)

190 Wann gerät ein Käufer in Zahlungsverzug?

Zahlt der Käufer (Schuldner) auf eine Mahnung (mit Fristsetzung) des Lieferers (Gläubiger) nicht, die nach dem Eintritt der Fälligkeit erfolgt, so kommt er durch die Mahnung (mit Fristsetzung) in **Zahlungsverzug.** Der Mahnung steht die Erhebung der Klage auf Zahlung sowie die Zustellung des Mahnbescheids im Mahnverfahren gleich. Der Käufer kommt **spätestens** (auch ohne Mahnung) in Zahlungsverzug, wenn er nicht innerhalb von 30 Tagen nach Fälligkeit und Zugang einer Rechnung (oder Zahlungsaufstellung) zahlt.

191 Wann entfällt die Pflicht zur Mahnung beim Zahlungsverzug?

Der **Mahnung** (mit Fristsetzung) bedarf es nicht, wenn

● für die Zahlung eine Zeit nach dem Kalender bestimmt ist,
● der Käufer die Zahlung verweigert.

192 Welche Rechte hat der Verkäufer beim Zahlungsverzug?

Der Verkäufer hat beim Zahlungsverzug wahlweise folgende Rechte (lt. BGB):

● Recht auf **Zahlung** (u. U. mit Hilfe von Mahnbescheid);
● Recht auf **Schadensersatz statt Leistung,** der Verkäufer kann z. B. an Stelle der Zahlung seine gesamten Aufwendungen fordern;
● Recht auf **Rücktritt vom Vertrag,** der Verkäufer kann auch nach ergebnislosem Ablauf der Frist weiterhin Zahlung verlangen.

193 Welche Regelungen gibt es für die Verzugszinsen?

Eine Geldschuld ist während des Verzugs zu verzinsen **(Verzugszinsen).** Es gelten (lt. BGB) folgende Regelungen:

● Der Zinssatz liegt 5 Prozentpunkte über dem Basiszinssatz;
● beim zweiseitigen Handelskauf liegt der Zinssatz 8 Prozentpunkte über dem Basiszinssatz;
● der Verkäufer kann höhere Verzugszinsen verlangen (z. B. für einen aufgenommenen Kredit);
● Bezugsgröße für den Basiszinssatz ist der Zinssatz für die jüngste Hauptrefinanzierungsoperation (siehe Seite 149) der Europäischen Zentralbank.

194 Welche Regelungen für den Zahlungsverzug gibt es beim Handelskauf?

Liegt beim **Handelskauf** (siehe Seite 60 f.) ein Fix- bzw. Terminkauf (siehe Seite 62) vor, kann der Lieferer, wenn die Zahlung nicht vereinbarungsgemäß erfolgt, vom Vertrag zurücktreten oder, falls der Käufer in Verzug ist, statt der Erfüllung Schadensersatz wegen Nichterfüllung verlangen.

2.7 Sonstige Verträge des Wirtschaftslebens

195 | Was ist ein Dienstvertrag?

Durch den **Dienstvertrag** (meist in Form eines Arbeitsvertrages abgeschlossen) verpflichtet sich der Arbeitnehmer zur Leistung der versprochenen Dienste. Der Arbeitgeber ist zur Vergütung der Dienste verpflichtet.

196 | Was ist ein Werkvertrag?

Durch den **Werkvertrag** wird der Unternehmer zur Herstellung des versprochenen Werkes verpflichtet (z. B. Reparatur eines Pkw); der Besteller ist zur Zahlung der vereinbarten Vergütung verpflichtet.

Der Unternehmer hat das Werk frei von Mängeln (insbesondere Sachmängel) zu erstellen. Ist das Werk mangelhaft, kann der Besteller die gleichen Rechte wie aus dem Kaufrecht geltend machen (siehe Seite 63 ff.).

197 | Was ist ein Darlehensvertrag?

Durch den **Darlehensvertrag** wird der Darlehensgeber verpflichtet, dem Darlehensnehmer einen Geldbetrag in der vereinbarten Höhe zur Verfügung zu stellen. Der Darlehensnehmer ist verpflichtet, einen geschuldeten Zins zu zahlen und bei Fälligkeit den Darlehensbetrag zurück zu erstatten.

198 | Unterscheiden Sie Miet- und Pachtvertrag!

Der **Mietvertrag** beinhaltet die Überlassung von Sachen (auf Zeit) zum Gebrauch gegen Entgelt; die gemietete Sache muss nach Beendigung des Mietverhältnisses zurückgegeben werden.

Der **Pachtvertrag** beinhaltet die Überlassung von Sachen und Rechten zum Gebrauch und „Fruchtgenuss" (z. B. Obst, das auf dem gepachteten Grundstück reift) gegen Entgelt; der Pächter muss den gepachteten Gegenstand nach Beendigung der Pacht zurückgeben.

199 | Was ist ein Gesellschaftsvertrag?

Der **Gesellschaftsvertrag** regelt in Unternehmen Fragen der Gesellschaft (z. B. Firma und Sitz der Gesellschaft, Gegenstand des Unternehmens) und die Rechtsverhältnisse der Gesellschafter untereinander (z. B. Kapitalaufbringung, Geschäftsführungs- und Vertretungsbefugnis, Gewinn- und Verlustbeteiligung).

Der Gesellschaftsvertrag
- ist Voraussetzung für das Entstehen der Gesellschaft,
- kann bei den Personengesellschaften formlos abgeschlossen werden,
- bedarf bei den Kapitalgesellschaften der notariellen Beurkundung,
- wird bei der AG und KGaA als Satzung (Statut) bezeichnet.

2.8 Institutionen

200 | Welche Aufgaben hat die IHK?

Industrie- und Handelskammern (IHK) sind Körperschaften des öffentlichen Rechts, denen alle im Kammerbezirk tätigen Gewerbetreibenden als Pflichtmitglieder angehören.

Aufgaben sind:
- Wahrnehmung der Interessen der Mitglieder,
- Förderung der Wirtschaft (z.B. durch Gutachten, Lehrgänge),
- Förderung der kaufmännischen und gewerblichen Berufsausbildung.

201 | Welche Aufgaben hat das Gewerbeaufsichtsamt?

Das **Gewerbeaufsichtsamt** hat folgende Aufgaben:
- Überwachung der Einhaltung von arbeitsrechtlichen Vorschriften und von Arbeitsschutzbestimmungen (z.B. Gewerbeordnung, Jugendarbeitsschutzgesetz, Preisangabenverordnung),
- Überwachung der Umweltschutzbestimmungen (z.B. Bundes-Immissionsschutzgesetz).

202 | Welche Aufgaben haben die Berufsgenossenschaften?

Die **Berufsgenossenschaften** sind Körperschaften des öffentlichen Rechts, in denen alle Unternehmer der versicherungspflichtigen Betriebe (nach Wirtschaftszweigen gegliedert) zusammengefasst sind:

Aufgaben sind:
- Träger der gesetzlichen Unfallversicherung,
- Aufstellung von Vorschriften zur Verhütung von Berufsunfällen (Unfallverhütungsvorschriften) und Berufskrankheiten und deren Überwachung.

203 | Welche Aufgaben haben die Agenturen für Arbeit?

Die **Agenturen für Arbeit** sind die untersten (örtlichen) Verwaltungsstellen der Bundesagentur für Arbeit. Sie haben vor allem folgende Aufgaben:
- Arbeitsvermittlung,
- Berufsberatung,
- Abwicklung der Arbeitslosenversicherung,
- Umschulung.

204 | Welche Aufgaben hat das Finanzamt?

Das **Finanzamt** ist die unterste (örtliche) Verwaltungsstelle der Finanzbehörde. Es ist insbesondere zuständig für die Festsetzung der Steuern (Steuerveranlagung), wie z.B. Einkommensteuer, Körperschaftsteuer, Mehrwertsteuer, Grundsteuer, Gewerbesteuer.

205 | Welche Aufgaben hat die Kommunalverwaltung?

Unter **Kommunalverwaltung** versteht man die Gemeinde- bzw. Stadtverwaltung, die alle nicht dem Staat vorbehaltenen örtlichen Angelegenheiten regelt (kommunale Selbstverwaltung).

Zu ihren Hauptaufgaben zählen:

- kommunales Finanzwesen (z.B. Verwaltung der kommunalen Einnahmen und Ausgaben),
- kommunales Wirtschaftswesen (z.B. Industrieansiedlung, Straßenbau),
- kommunales Bildungswesen (z.B. Sachausstattung für Grund- und Hauptschulen),
- kommunales Sozialwesen (z.B. Fürsorge).

206 Welche Aufgaben haben Wirtschaftsverbände?

Wirtschaftsverbände sind Vereinigungen von Unternehmen des gleichen Wirtschaftszweiges; Beispiele für Spitzenverbände sind Bundesverband der Deutschen Industrie e.V., Bundesverband des Deutschen Groß- und Außenhandels e.V., Hauptgemeinschaft des Deutschen Einzelhandels e.V., Bundesvereinigung der Deutschen Arbeitgeberverbände e.V., Deutscher Industrie- und Handelskammertag.

Die Wirtschaftsverbände fördern die wirtschaftlichen Interessen ihrer Mitglieder und vertreten diese gegenüber der Öffentlichkeit und gegenüber den staatlichen Institutionen.

207 Welche Gerichte unterscheidet man?

Man unterscheidet folgende Gerichte:

1. **Ordentliche Gerichtsbarkeit** für Zivil- und Strafsachen,
   - Amtsgericht,
   - Landgericht (auch Berufungsinstanz für Urteile des Amtsgerichts),
   - Oberlandesgericht (Berufungsinstanz für Urteile des Landgerichts),
   - Bundesgerichtshof in Karlsruhe (in Zivilsachen Revisionsinstanz für Urteile des Oberlandesgerichts);

2. **Arbeitsgerichte,** zuständig für Rechtsstreitigkeiten aus einem Arbeitsverhältnis und zwischen Tarifvertragsparteien,
   - Arbeitsgericht,
   - Landesarbeitsgericht (Berufungsinstanz),
   - Bundesarbeitsgericht in Erfurt (Revisionsinstanz);

3. **Verwaltungsgerichte,** zuständig für Klagen gegen die öffentliche Verwaltung,
   - Verwaltungsgericht,
   - Oberverwaltungsgericht bzw. Verwaltungsgerichtshof (Berufungsinstanz),
   - Bundesverwaltungsgericht in Leipzig (Revisionsinstanz);

4. **Sozialgerichte,** zuständig für Klagen gegen die Sozialversicherungsträger,
   - Sozialgericht,

- Landessozialgericht (Berufungsinstanz),
- Bundessozialgericht in Kassel (Revisionsinstanz);

5. **Finanzgerichte,** zuständig für Klagen gegen die Finanzverwaltung,
   - Finanzgericht,
   - Bundesfinanzhof in München (Revisionsinstanz);

6. **Bundesverfassungsgericht** in Karlsruhe, zuständig für Fragen, welche die Verfassungswidrigkeit von Gesetzen betreffen, für Verfassungsbeschwerden von Bürgern u. a.

---

208 Welchen Institutionen ist die Betriebsgründung mitzuteilen?

Die **Betriebsgründung** ist folgenden Institutionen mitzuteilen:
- Ortspolizeibehörde (Gewerbeaufsichtsamt),
- Finanzamt,
- Amtsgericht (Handelsregister),
- Industrie- und Handelskammer,
- Sozialversicherungsträger.

Zu den erforderlichen Angaben gehören vor allem Firma, Sitz der Firma, Name(n) des bzw. der Inhaber(s), Gründungstag und Branche.

2.9 Verbraucherschutz

209 Was versteht man unter Verbraucherschutz?

Unter **Verbraucherschutz** versteht man den Erlass und die entsprechende Durchsetzung von Rechtsnormen, mit denen der Verbraucher vor den Praktiken der Anbieter, die seine Interessen beeinträchtigen, geschützt werden soll.

Wichtige Regelungen zum Schutz des Verbrauchers (siehe Seite 130 ff.) sind z. B.
- Kartellgesetz,
- Gesetz gegen den unlauteren Wettbewerb,
- Preisangabenverordnung,
- Produkthaftungsgesetz,
- Bestimmungen für Verbraucherdarlehen lt. BGB,
- Bestimmungen für Fernabsatzverträge lt. BGB,
- Bestimmungen für Haustürgeschäfte lt. BGB,
- Bestimmungen für Allgemeine Geschäftsbedingungen lt. BGB (siehe Seite 53).

Ergänzend zum gesetzlich geregelten Verbraucherschutz gibt es auch private Organisationen, die sich mit Fragen des Verbraucherschutzes befassen (z. B. Verbraucherverbände).

210 Nennen Sie Möglichkeiten der Verbraucherinformation!

Zur Sicherung eines funktionierenden Wettbewerbs ist eine objektive Information der Verbraucher über Qualität und Preise der angebotenen Güter erforderlich.

Aus der Vielzahl der Organisationen, die sich mit dem **Verbraucherschutz** befassen, sind vor allem zu nennen:

● **Verbraucherzentralen und -beratungsstellen,** sie sind in jedem Bundesland anzutreffen und werden staatlich finanziert;

● **Stiftung Warentest,** sie führt vergleichende Warentests durch, deren Ergebnisse monatlich in der Zeitschrift „test" veröffentlicht werden;

● **Arbeitsgemeinschaft der Verbraucherverbände (AGV),** sie gibt Informationsschriften für Verbraucher heraus.

2.10 Überwachung der Außenstände

211 Was versteht man unter Debitorenkontrolle?

Die **Debitorenkontrolle** (Überwachung der offenen Posten)

● dient der Überwachung der Zahlung der Kunden (Debitoren),

● dient der Erhaltung und Sicherung der Liquidität,

● vermeidet die Verjährung von Forderungen,

● erfolgt mit Hilfe von Terminkalendern, -karteien, -mappen und Datenverarbeitungsanlagen,

● wird von der Buchhaltung oder der Mahnabteilung durchgeführt,

● bewirkt bei Überschreiten des Zahlungsziels die Einleitung des Mahnverfahrens.

2.10.1 Mahnwesen

212 Unterscheiden Sie privates und gerichtliches Mahnverfahren!

Wenn ein Käufer seine Zahlungsverpflichtungen nicht erfüllt, erinnert der Kaufmann zunächst durch höfliche und dann durch (zwei oder drei) im Ton bestimmte oder drohende Mahnungen den Schuldner an die bestehende Forderung **(privates Mahnverfahren).**

Zahlt der Schuldner auch nicht nach den Maßnahmen des privaten Mahnverfahrens, kann der Gläubiger zum **gerichtlichen Mahnverfahren** greifen, das den Mahnbescheid (siehe auch Seite 570 f.) und den Vollstreckungsbescheid umfasst.

Die Zustellung des Mahnbescheides an den Schuldner leitet das gerichtliche Mahnverfahren ein.

Mahnbescheide werden verstärkt am Jahresende beantragt (siehe Seite 77 f.).

213	Was ist der Mahnbescheid?	Wenn ein Schuldner trotz der Mahnschreiben des Gläubigers nicht zahlt, kann der Gläubiger zum **Mahnbescheid** (gerichtliche Zahlungsaufforderung) greifen. Der Gläubiger (Antragsteller) füllt einen Vordruck (erhältlich im Schreibwarengeschäft) aus und reicht ihn beim zuständigen Amtsgericht ein (zunehmend wird das Mahnverfahren in elektronischer Form durchgeführt). Der Antrag beinhaltet die beteiligten Parteien, das zuständige Gericht, die geltend gemachte Forderung und die Unterschrift.

Das Amtsgericht erlässt dann den Mahnbescheid, ohne zu prüfen, ob der Anspruch wirklich besteht und stellt den Bescheid dem Schuldner (Antragsgegner) zu. Eine Prüfung des Bescheids entfällt deshalb, weil der Schuldner sehr einfach Widerspruch einlegen kann.

214	Welches Gericht ist für den Mahnbescheid zuständig?	Für das gerichtliche Mahnverfahren ist das **Amtsgericht** (unabhängig von der Höhe des Streitwertes) zuständig, in dessen Bezirk der Gläubiger seinen Wohn- bzw. Firmensitz hat. Die Landesregierungen können ein zentrales, landesweit zuständiges Mahngericht festlegen.

Wird rechtzeitig Widerspruch erhoben und beantragt eine Partei die Durchführung des streitigen Verfahrens, so gibt das Gericht, das den Mahnbescheid erlassen hat, den Rechtsstreit von Amts wegen an das zuständige Prozessgericht ab.

215	Wie kann der Schuldner auf den Mahnbescheid reagieren?	Nach Zustellung des **Mahnbescheides** kann der Schuldner

1. zahlen (Verfahren ist beendet);
2. schriftlich binnen zwei Wochen Widerspruch einlegen, dann
   - informiert das Amtsgericht den Antragsteller über den Widerspruch,
   - kann der Antragsteller (aber auch der Antragsgegner) seinen Anspruch begründen und eine mündliche Verhandlung beantragen,
   - kommt es zur Gerichtsverhandlung (Klage);
3. nichts unternehmen, dann
   - kann der Antragsteller binnen sechs Monaten beim Gericht Antrag auf Erlass eines Vollstreckungsbescheides stellen,
   - stellt das Gericht den Vollstreckungsbescheid zu; die Zwangsvollstreckung erfolgt nach Ablauf der Einspruchsfrist (zwei Wochen nach Zustellung).

216	Wie kann der Schuldner auf den Vollstreckungsbescheid reagieren?	Nach Zustellung des **Vollstreckungsbescheides** kann der Schuldner

1. zahlen (Verfahren ist beendet);
2. schriftlich Einspruch einlegen (binnen 2 Wochen), dann
   - informiert das Amtsgericht den Antragsteller über den Einspruch,

- kann der Antragsteller binnen zwei Wochen eine Gerichtsverhandlung beantragen, danach
- kommt es zur Verhandlung (Klage);

3. nichts unternehmen, dann kommt es zur Zwangsvollstreckung.

2.10.2   Klageverfahren

217   Was versteht man unter dem Klageverfahren?

Rechtsstreitigkeiten, die nicht durch das gerichtliche Mahnverfahren abgewickelt werden, entscheidet das Gericht durch eine mündliche Gerichtsverhandlung (Klageverfahren, Zivilprozess, streitiges Verfahren).

Zur **Klage** kommt es, wenn

- der Schuldner Widerspruch gegen einen Mahnbescheid einlegt und der Gläubiger die Verhandlung beantragt,
- der Schuldner Einspruch gegen einen Vollstreckungsbescheid einlegt und der Gläubiger die Verhandlung beantragt,
- der Gläubiger mit einem Widerspruch des Schuldners gegen einen Mahnbescheid rechnet und sofort die Gerichtsverhandlung beantragt.

218   Welches Gericht ist für die Klage zuständig?

Die Zuständigkeit der Gerichte für das Klageverfahren unterteilt man in

1. **örtliche Zuständigkeit,**
   - zuständig ist das Gericht, in dessen Bezirk der Schuldner seinen Wohn- bzw. Firmensitz hat (allgemeiner Gerichtsstand),
   - Kaufleute können vertraglich einen Gerichtsstand vereinbaren (Gericht am vertraglichen Erfüllungsort);

2. **sachliche Zuständigkeit,**
   - bei einem Streitwert bis 5 000,00 EUR ist das Amtsgericht zuständig,
   - bei einem Streitwert über 5 000,00 EUR ist das Landgericht zuständig (es besteht Anwaltszwang).

219   Welchen Inhalt hat die Klageschrift?

In der **Klageschrift** begründet der Gläubiger (Kläger) seinen Anspruch gegen den Schuldner (Beklagter). Inhalt der Klageschrift sind: Parteien, Klagegrund, Streitwert, Klageantrag (mit Unterschrift) und Bezeichnung des zuständigen Gerichts.

220   Wie kann ein Klageverfahren beendet werden?

Das **Klageverfahren** kann beendet werden durch

- Endurteil (die Parteien einigen sich nicht),
- Versäumnisurteil (wenn der Kläger nicht erscheint, wird die Klage abgewiesen; wenn der Beklagte nicht erscheint, wird gemäß dem Klageantrag entschieden),

● Vergleich (Einigung beider Parteien),

● Zurücknahme der Klage durch den Kläger.

221 Was sind Berufung und Revision?

Wird gegen das Urteil eines Amtsgerichts (als erste Instanz) **Berufung** eingelegt, ist das Landgericht als Berufungsinstanz zuständig.

Gegen Urteile des Landgerichts als erste Instanz wird Berufung beim Oberlandesgericht eingelegt. Widersprüche gegen dessen Urteile heißen **Revision,** zuständig ist der Bundesgerichtshof. Für die Revision gelten bestimmte Voraussetzungen; sie findet z. B. statt, wenn das Berufungsgericht sie in seinem Urteil zugelassen hat.

2.10.3 Zwangsvollstreckung

222 Was ist Zwangsvollstreckung?

Zwangsvollstreckung ist die Anwendung staatlicher Gewalt zur Durchsetzung eines gerichtlich festgestellten Anspruches des Gläubigers (Zwangszugriff in das Vermögen des Schuldners).

Die Zwangsvollstreckung wird nur auf Antrag des Gläubigers durchgeführt.

223 Nennen Sie die Voraussetzungen der Zwangsvollstreckung!

Bevor die Zwangsvollstreckung durchgeführt werden kann, muss

● ein vollstreckbarer Titel vorliegen, d.h., das Gericht muss einen Mahnbescheid oder ein Urteil für vollstreckbar erklärt haben;

● der vollstreckbare Titel dem Schuldner zugestellt worden sein.

224 Welche Arten der Zwangsvollstreckung gibt es (Überblick)?

Man unterscheidet folgende **Arten der Zwangsvollstreckung:**

1. Zwangsvollstreckung in das bewegliche Vermögen,

● Pfändung und anschließende öffentliche Versteigerung beweglicher Sachen,

● Pfändung von Forderungen und anderen Rechten;

2. Zwangsvollstreckung in das unbewegliche Vermögen (Grundstücke).

225 Beschreiben Sie die Pfändung beweglicher Sachen!

Der Gerichtsvollzieher

● nimmt kleinere, leicht transportierbare Sachen an sich, z.B. Schmuck, Wertpapiere (Faustpfand);

● kennzeichnet schwer transportierbare Gegenstände durch das Aufkleben von Pfandsiegelmarken als gepfändet, z.B. Möbel, Maschinen;

75

● tauscht wertvolle gegen weniger wertvolle Gegenstände, die dem gleichen Zweck dienen, z.B. Stereoanlage gegen einfaches Radio (Austauschpfändung).

Nicht pfändbar sind Gegenstände, die zur Lebensführung (z.B. Haus- und Küchengeräte) und zur Berufsausübung (z.B. Pkw eines Vertreters) notwendig sind.

Die Versteigerung darf frühestens eine Woche nach dem Tag der Pfändung erfolgen.

---

226 Beschreiben Sie die Pfändung von Forderungen!

Die Pfändung von Forderungen erfolgt durch einen Pfändungs- und Überweisungsbeschluss des Vollstreckungsgerichts.

Der Drittschuldner (z.B. der Arbeitgeber bei der **Lohnpfändung)** wird angewiesen, bestimmte Beträge vom Einkommen des Schuldners (Arbeitnehmer) einzubehalten und an den Gläubiger abzuführen.

Bestimmte Beträge des Nettoeinkommens sind unpfändbar (Existenzminimum).

---

227 Beschreiben Sie die Zwangsvollstreckung in das unbewegliche Vermögen!

Die Zwangsvollstreckung in das unbewegliche Vermögen kann erfolgen durch

● Eintragung einer **Zwangshypothek** (dient nur der Sicherung der Forderung);

● **Zwangsversteigerung** des Grundstücks, wobei der Gläubiger aus dem Erlös befriedigt wird (ein Mehrerlös nach Abzug der Gerichtskosten gehört dem Schuldner);

● **Zwangsverwaltung** des Grundstücks, d.h., dem Schuldner wird zwar das Verfügungsrecht, nicht aber das Eigentum an dem Grundstück entzogen; der Gläubiger wird aus den Grundstückserträgen befriedigt (z.B. Mieten, Pachten).

Die Vollstreckung muss ins Grundbuch eingetragen werden.

---

228 Was ist die eidesstattliche Versicherung?

Wird der Gläubiger durch die Zwangsvollstreckung nicht oder nicht vollständig befriedigt (fruchtlose Pfändung), kann er beim zuständigen Amtsgericht eine **eidesstattliche Versicherung** des Schuldners über dessen Vermögensverhältnisse beantragen. Mit der eidesstattlichen Versicherung bestätigt der Schuldner die Richtigkeit und Vollständigkeit des von ihm aufgestellten Vermögensverzeichnisses. Dadurch soll verhindert werden, dass der Schuldner Vermögenswerte der Zwangsvollstreckung entzieht. Das beim Amtsgericht aufliegende Schuldnerverzeichnis, in welches die eidesstattliche Versicherung eingetragen wird, kann jeder einsehen.

Verweigert der Schuldner die eidesstattliche Versicherung, kann er auf Antrag und Kosten des Gläubigers bis zu einem halben Jahr in Haft genommen werden.

2.10.4 Verjährung

229 Was bedeutet Verjährung?

Verjährung bedeutet, dass eine Forderung nach einer im Gesetz festgelegten Frist nicht mehr gerichtlich eingeklagt werden kann. Der Schuldner hat die Einrede der Verjährung (das Leistungsverweigerungsrecht), d.h., er muss nicht mehr zahlen, obwohl der Anspruch des Gläubigers weiterbesteht.

230 Nennen Sie die wichtigsten Verjährungsfristen!

Wichtige **Verjährungsfristen** (nach dem BGB) sind:

1. **dreijährige (regelmäßige) Verjährungsfrist,** sie beginnt mit dem Schluss des Jahres, in dem der Anspruch entstanden ist (und der Gläubiger von den den Anspruch begründenden Umständen Kenntnis erlangt oder ohne grobe Fahrlässigkeit hätte erlangen müssen); z.B.
   - Forderungen aus Kauf-, Werk- und Mietverträgen,
   - Lohn- und Gehaltsforderungen;
2. **dreißigjährige Verjährungsfrist,** die mit der Entstehung des Anspruches beginnt, z.B.:
   - Herausgabeansprüche aus Eigentum (z.B. bei Unterschlagung),
3. **dreißigjährige Verjährungsfrist,** die mit der entsprechenden rechtlichen Feststellung des Anspruches beginnt, z.B.:
   - rechtskräftig festgestellte Ansprüche (z.B. aufgrund eines Gerichtsurteils),
   - Ansprüche aus vollstreckbaren Urkunden (z.B. aufgrund eines Vollstreckungsbescheides),
   - Ansprüche, die aufgrund eines Insolvenzverfahrens vollstreckbar geworden sind;
4. **zehnjährige Verjährungsfrist,** sie beginnt i.d.R. mit der Entstehung des Anspruchs, z.B.
   - Ansprüche bei Rechten aus einem Grundstück (z.B. Ansprüche auf Übertragung des Eigentums an einem Grundstück),
   - als Höchstfrist für die regelmäßige Verjährung ohne Rücksicht auf die Kenntnis oder grob fahrlässige Unkenntnis seitens des Gläubigers;
5. **zweijährige Verjährungsfrist (Gewährleistungsfrist),** sie gilt für Ansprüche wegen Mängeln in Kauf- und Werkverträgen und beginnt mit der Ablieferung der Sache. Hat der Verkäufer den Sachmangel arglistig verschwiegen, gilt die regelmäßige Verjährungsfrist.

231 Was bedeutet Hemmung der Verjährung?

Bei der **Hemmung der Verjährung** wird der Zeitraum, während dessen die Verjährung gehemmt ist, nicht in die Verjährungsfrist eingerechnet, d.h., die Verjährungsfrist wird um den Zeitraum der Hemmung verlängert, z.B.
   - Erhebung der Klage (z.B. auf Leistung, auf Erlass des Vollstreckungsurteils),

● Zustellung des Mahnbescheids im Mahnverfahren,

● Anmeldung des Anspruchs im Insolvenzverfahren.

Die Hemmung endet in diesen Fällen sechs Monate nach der rechtskräftigen Entscheidung oder anderweitigen Beendigung des eingeleiteten Verfahrens.

232 Was bedeutet Neubeginn der Verjährung?

Die Verjährung beginnt erneut **(Neubeginn),** wenn

● der Schuldner dem Gläubiger gegenüber den Anspruch anerkennt (z.B. durch Abschlagszahlung, Zinszahlung, Sicherheitsleistung in Form eines Pfandes),

● eine gerichtliche Vollstreckungshandlung vorgenommen oder beantragt wird.

2.11   Zahlungsverkehr

2.11.1   Arten und Funktionen des Geldes

233 Welche Geldarten werden unterschieden?

Man unterscheidet folgende **Geldarten:**

1. Metallgeld (Münzen),
   ● Kurantmünzen, d.h. vollwertig geprägte Münzen (Nennwert gleich Materialwert),
   ● Scheidemünzen, d.h. unterwertig geprägte Münzen (Nennwert größer als Materialwert);

2. Papiergeld (Banknoten);

3. Buchgeld (Giralgeld), d.h. Einlagen auf Giro- und Kontokorrentkonten.

234 Welche Aufgaben hat das Geld?

Das **Geld** hat folgende Aufgaben (Funktionen), es ist:

● Tausch- und Zahlungsmittel, d.h. Tausch von Gütern gegen Geld;

● Wertmesser, d.h., Güter werden durch ihren Preis bewertet und damit vergleichbar;

● Recheneinheit, d.h., ungleiche Güter können mit Hilfe ihrer Preise „addiert" werden, z.B. in einer Bilanz;

● Wertaufbewahrungsmittel, d.h. Sparen von Geld;

● Wertübertragungsmittel, d.h. Übertragung von Geld, z.B. bei einer Schenkung.

235 Unterscheiden Sie gesetzliche Zahlungsmittel und Zahlungsersatzmittel!

Gesetzliches Zahlungsmittel ist nur das Tauschmittel, das der Staat zu Geld erklärt hat (gesamtes Bargeld: Münzen und Papiergeld). Dieses Geld muss als Zahlungsmittel angenommen werden.

Zahlungsersatzmittel (Geldersatzmittel) erfüllen die Funktion des Geldes, eine Annahmepflicht besteht nicht (Buchgeld, Scheck, Wechsel).

2.11.2 Barzahlung

236 Was versteht man unter Barzahlung?

Bei der **Barzahlung** (zweiseitiges Bargeldgeschäft) erscheint beim Zahlenden (Käufer) und beim Zahlungsempfänger (Verkäufer) bares Geld. Keiner der Geschäftspartner hat ein Konto, das berührt wird.

Die Barzahlung spielt heute nur noch bei Alltagsgeschäften eine Rolle, da sie bei größeren Geldbeträgen zeitraubend, unbequem und vor allem risikoreich ist.

237 Welche Formen der Barzahlung unterscheidet man?

Die Barzahlung wird unterschieden in:
- **direkte Zahlung,** d. h., der Zahlende übergibt dem Zahlungsempfänger unmittelbar den zu zahlenden Betrag;
- **Minuten-Service Geldtransfer,** Bargeld wird von einem Ort zum anderen übermittelt (einen Höchstbetrag gibt es nicht); der Empfänger kann innerhalb Deutschlands den Betrag in Minutenschnelle in jeder größeren Filiale der Deutschen Post, außerhalb Deutschlands bei Agenturen des Vertragspartners Western Union entgegennehmen (beim Telefon-Banking kann der zu übermittelnde Betrag vom Postbankkonto abgebucht werden).

238 Welche Angaben enthält eine Quittung?

Bei der direkten Barzahlung wird die Zahlung oft durch eine **Quittung** bestätigt (beweiskräftige Urkunde). Die Quittung enthält üblicherweise folgende Angaben:
- Name des Zahlers,
- Grund der Zahlung,
- Betrag,
- Empfangsbestätigung,
- Ort und Datum,
- Unterschrift.

2.11.3 Halbbare Zahlung

239 Was ist halbbare Zahlung?

Von der **halbbaren Zahlung** (einseitiges Bargeldgeschäft) spricht man, wenn nur einer der beiden Geschäftspartner mit Bargeld in Berührung kommt; entweder hat der Zahler (Käufer) oder der Zahlungsempfänger (Verkäufer) ein Konto.

240 Welche Formen der halbbaren Zahlung unterscheidet man (Überblick)?

Die **halbbare Zahlung** wird unterschieden in:
- Nachnahme,
- Zahlschein bei Banken und bei der Deutschen Postbank AG,
- Barscheck bei Banken und bei der Deutschen Postbank AG.

241 Beschreiben Sie die Nachnahme!

Die **Nachnahme** ist beim Briefdienst (Deutsche Post AG) und bei Paketdiensten (z. B. DHL, Hermes) möglich. Die Sendung (z. B. Brief, Paket) wird nur dann an den Empfänger ausgeliefert, wenn dieser sofort den Rechnungsbetrag und das Nachnahmeentgelt bezahlt. Der Rechnungsbetrag wird dem Zahlungs-

79

empfänger (Lieferant) anschließend überwiesen. Der Höchstbetrag für Nachnahmebriefe liegt bei 1 600,00 EUR und für Nachnahmepakete von DHL bei 3 500,00 EUR.

Die Versendung von Waren per Nachnahme wird insbesondere vom Versandhandel genutzt, um sicherzustellen, dass die ausgelieferte Ware bezahlt wird.

---

242 Beschreiben Sie den Zahlschein!

Der Zahlende zahlt mit dem **Zahlschein** den zu begleichenden Betrag bar bei der Bank bzw. bei der Postbank (z. B. am Postschalter) ein, der anschließend dem Konto des Zahlungsempfängers gutgeschrieben wird.

---

243 Erklären Sie die Barauszahlung!

Wenn ein Bankkunde Bargeld benötigt, gibt es zwei Möglichkeiten der **Barauszahlung:**
- Barauszahlung am Schalter der eigenen Bank mit einem eigenen Bankscheck, mit der Bankkarte oder nur mit einem Auszahlungsbeleg der Bank;
- Barauszahlung an einem Geldautomaten, Inhaber eines Bankkontos können rund um die Uhr an Geldausgabeautomaten der betreffenden Bankenorganisation (z. B. Sparkassen) unter Benutzung der Bankkarte sowie der persönlichen Geheimzahl Bargeld bis zu einer bestimmten Höhe abheben (diese Form der Barabhebung ist auch mit Kreditkarte möglich).

2.11.4 Bargeldlose Zahlung und moderne Zahlungssysteme

244 Was ist bargeldlose Zahlung?

Bei der **bargeldlosen Zahlung** besitzen Zahler und Empfänger ein Konto. Keiner der Betroffenen kommt mit Bargeld in Berührung. Die Zahlung wird buchungsmäßig über die Konten abgewickelt (Buchgeld, Giralgeld).

Die unbare Zahlung ist bequem, billig, schnell und sicher.

---

245 Welche Formen der bargeldlosen Zahlung unterscheidet man (Überblick)?

Die **bargeldlose Zahlung** kann z. B. erfolgen durch
- Überweisung (Banküberweisung bzw. Postbank Überweisung),
- Verrechnungsscheck,
- Wechsel.

---

246 Beschreiben Sie die Überweisung!

Bei der **Überweisung** müssen sowohl der Zahlende als auch der Zahlungsempfänger über ein Konto verfügen. Auf dem Konto des Schuldners erfolgt eine Lastschrift, auf dem Konto des Gläubigers eine Gutschrift. Der Zahler erhält in der Regel über jeden Zahlungsvorgang einen Kontoauszug und die Lastschriftanzeige; der Zahlungsempfänger erhält ebenfalls einen Kontoauszug und die Gutschriftanzeige.

Die Überweisung kann über die Bank (Banküberweisung) oder über die Postbank (Postbank Überweisung) vorgenommen werden.

247 Unterscheiden Sie Banküberweisung und Postbank Überweisung!

Voraussetzung für die **Banküberweisung** ist ein so genanntes laufendes Konto (Girokonto) der Geschäftspartner bei der gleichen Bank oder bei verschiedenen Banken.

Voraussetzung für die **Postbank Überweisung** ist ein Postbank Girokonto des Zahlenden bei einer der Postbank Niederlassungen der Bundesrepublik Deutschland.

248 Beschreiben Sie die Sonderformen der Banküberweisung!

Um den differenzierten Wünschen ihrer Kunden gerecht zu werden, bietet die Bank (ebenso wie die Postbank) folgende Möglichkeiten der **Überweisung** an:

1. **Dauerauftrag:** Für Zahlungen, die
   - regelmäßig wiederkehren,
   - in der Höhe stets gleich sind,
   - den gleichen Adressaten haben,

   gibt der Zahlungspflichtige seiner Bank einen einmaligen Überweisungsauftrag, der bis auf Widerruf regelmäßig ausgeführt wird (Beispiele: Miete, Beiträge an Verbände);

2. **Lastschriftverfahren** (Einzugsverfahren): Für Zahlungen, die
   - regelmäßig wiederkehren,
   - in der Höhe schwanken,
   - den gleichen Adressaten haben,

   erlaubt der Zahlungspflichtige (Schuldner) dem Zahlungsempfänger (Gläubiger), den Betrag entweder ohne vorherige Benachrichtigung von seinem Konto abzubuchen **(Einzugsermächtigungsverfahren)** oder er beauftragt seine Bank, die vom Zahlungsempfänger vorgelegten Lastschriften von seinem Konto abzubuchen **(Abbuchungsauftrag)** (Beispiele: Rechnungen für Strom, Gas, Wasser, Fernmelderechnung); irrtümlich eingezogene Beträge kann der Schuldner selbstverständlich vom Zahlungsempfänger zurückfordern;

3. **Eilüberweisung:** Die Bank des Zahlers sendet in dringenden Fällen die Gutschriftanzeige direkt an die Bank des Zahlungsempfängers;

4. **Blitzgiro:** In besonders dringenden Fällen erhält ein Kunde Bargeld von einer beliebigen Bank, wenn seine kontoführende Bank per Telefax die Zahlung anweist;

5. Mit der **Sammelüberweisung** kann der Zahlungspflichtige Überweisungen an mehrere Zahlungsempfänger zusammenfassen. Die Sammelüberweisung ist schneller zu erstellen als die entsprechenden Einzelüberweisungen, außerdem sind die Bankgebühren günstiger.

249 Welche Angaben enthält der Kontoauszug?

Durch den **Kontoauszug** informiert das kontoführende Institut (Bank oder Postbank) den Kontoinhaber über:

- Kontonummer,
- Datum des Kontoauszuges,
- Buchungstext (z. B. Lastschrift lt. Anlage),
- Wert (Wertdaten sind Grundlage für die Zinsberechnung),
- Tagesumsätze (Gutschrift = Haben; Lastschrift = Soll),
- verbuchte Umsätze (Summe der Lastschriften und Summe der Gutschriften),
- alter Kontostand (Soll oder Haben),
- neuer Kontostand (Soll oder Haben).

250 Was versteht man unter dem Gironetz?

Zur Abwicklung des Zahlungsverkehrs (insbesondere des bargeldlosen Zahlungsverkehrs) haben sich gleichartige Banken zu **Gironetzen** zusammengeschlossen. Man unterscheidet den

- Giroverkehr der Sparkassen,
- Giroverkehr der Kreditbanken,
- Giroverkehr der Kreditgenossenschaften,
- Postbankzahlungsverkehr,
- Giroverkehr der Landeszentralbanken.

Der **Giroverkehr** wird innerhalb und auch zwischen den einzelnen Gironetzen abgewickelt. Die gegenseitige Verrechnung der Gutschriften und Lastschriften erfolgt über die Girozentralen bzw. die Landeszentralbanken.

251 Nennen Sie Zahlungssysteme für die Abwicklung des Zahlungsverkehrs!

Für die Abwicklung des Zahlungsverkehrs werden in zunehmendem Maße sowohl bei den Banken als auch bei den Bankkunden Computer eingesetzt, wobei verstärkt Datennetze (z. B. Telefonnetz) genutzt werden.

Dabei werden folgende **Zahlungssysteme** unterschieden:

1. Telefon-Banking;
2. Electronic Banking;
   - Onlinebanking (Homebanking, Telebanking),
   - Datenträgeraustausch (Clearing);
3. Electronic cash (Point-of-Sale-Banking, POS-Banking),
   - Kreditkarte,
   - Bankkarte,
   - hauseigene Kundenkarte;
   4. Point-of-Sale-System ohne Zahlungsgarantie (POZ);
5. Online-Lastschriftverfahren (OLV);
6. Geldkarte-Chip (ist i. d. R. Bestandteil der Bankkarte).

252 Was ist
Telefon-Banking?

Beim **Telefon-Banking** bieten die Banken ihren Kunden die Möglichkeit, mit Hilfe ihres Telefons über den Sprachcomputer der Bank Bankgeschäfte 24 Stunden täglich abzuwickeln (z. B. Auskünfte über den aktuellen Kontostand, Ausführung von Überweisungen). Der Kunde erspart sich den Weg zur Bank.

Den Zugriff zum Telefon-Banking ermöglichen die Nummer des Girokontos sowie die persönliche Geheimzahl.

253 Was ist
Onlinebanking?

Onlinebanking (Homebanking) ist die Abwicklung von Bankgeschäften (z. B. Abfragen des Kontostandes, Ausführen von Überweisungen) mit Hilfe des PC vom Unternehmen bzw. von zu Hause aus, und zwar zu jeder Zeit. Zusätzlich zur Hardware ist eine entsprechende Software erforderlich (z. B. Onlinebanking von T-Online, Money von Microsoft). Beim Homebanking ist die Datensicherheit von sehr großer Bedeutung; in Abhängigkeit von ihrer Realisierung unterscheidet man vor allem folgende zwei Verfahren:

● **PIN/TAN-Verfahren:** Für den Zugang in den Bankrechner (z. B. Abfrage des Kontostandes) ist die PIN (persönliche Identifikationsnummer) und für die Durchführung von Transaktionen (z. B. Überweisung) ist zusätzlich die TAN (Transaktionsnummer, elektronische Einmal-Unterschrift) erforderlich;

● **HBCI** (Home Banking Computer Interface): Für den Zugang in den Bankrechner sind generell die Sicherheitsmedien Chipkarte und Chipkartenleser sowie die PIN der Chipkarte erforderlich; Datensicherheit und Benutzerfreundlichkeit sind wesentlich besser als beim PIN/TAN-Verfahren.

254 Was ist
Datenträgeraustausch?

Beim **Datenträgeraustausch** erstellt der Kunde seine Überweisungen oder Lastschriften an seinem Personalcomputer und gibt die Daten auf einem Datenträger (z. B. Disketten-Clearing, Magnetband-Clearing) aus. Der Datenträger wird der Bank zugestellt und dort in den Bankrechner eingelesen, der den Zahlungsverkehr abwickelt. Für den Kunden entfällt das aufwendige Ausfüllen der Formulare.

255 Was ist
Electronic cash?

Electronic cash bedeutet, dass ein Kunde eine Ware oder eine Dienstleistung bargeldlos (an einer automatisierten Kasse) bezahlt, und zwar mit Hilfe der

● Kreditkarte,
● Bankkarte,
● hauseigenen Kundenkarte.

Dieses Verfahren setzt voraus, dass der Kunde eine Karte mit elektronisch lesbarem Magnetstreifen besitzt und der Zahlungsempfänger ein Kassensystem mit Magnetkartenleser besitzt, der online (über das Telefonnetz) mit dem Rechner der Bank oder der Kartenorganisation verbunden ist. Die Karten der Kartenorganisationen bzw. der Banken besitzen jeweils ein eigenes Logo (Sinnbild); diese Logos kennzeichnen die Unternehmen, bei denen der Karteninhaber bargeldlos zahlen kann.

Ein elektronisches Kassensystem dieser Art bezeichnet man auch als **Point-of-Sale-System (POS).**

Vorteile des Electronic cash sind:

● bequeme und einfache Zahlung für den Kunden und den Zahlungsempfänger,

● sichere Zahlung für den Kunden (ohne Bargeld),

● Zahlung bis zum vereinbarten (relativ hohen) Kreditlimit möglich;

● System mit Zahlungsgarantie für den Zahlungsempfänger (das Karten ausgebende Kreditinstitut verpflichtet sich zur Zahlung).

256 Wie erfolgt die Zahlung mit Bankkarte?

Bei der Zahlung mit Bankkarte muss der Kunde üblicherweise seine Bankkarte in ein Lesegerät (Terminal) einschieben und seine persönliche Identifikations-Nummer (PIN) über die Tastatur eintippen. Das Terminal stellt selbstständig eine Verbindung zur Hausbank des Kunden her; dort wird geprüft, ob die Karte nicht gesperrt und ein ausreichendes Guthaben vorhanden ist, damit die Zahlung freigegeben werden kann. Der Kunde erhält eine Kassenquittung; seine Unterschrift ist nicht erforderlich.

257 Wie erfolgt die Zahlung mit Kreditkarte?

Mit der **Kreditkarte** kann der Karteninhaber weltweit bei jedem Vertragspartner eines bestimmten Kreditkartensystems Rechnungen ohne Bargeld begleichen (z. B. AMERICAN EXPRESS, EUROCARD, MASTERCARD, VISA). Die Kartenorganisationen ziehen ihren Vertragspartnern (z. B. Einzelhandelsbetriebe, Tankstellen, Hotels) von jeder Zahlung die vereinbarte Provision ab.

Die Kreditkarte erhalten nur kreditwürdige Personen gegen Entrichtung einer bestimmten Jahresgebühr. Der Karteninhaber erhält eine Abrechnung mit allen Zahlungen im Abrechnungszeitraum (i. d. R. ein Monat); der zu leistende Gesamtbetrag wird automatisch vom Girokonto bei der Hausbank des Karteninhabers abgebucht. Der Kauf mit Kreditkarte stellt einen Kauf auf Kredit dar, da dem Verkäufer der Geldbetrag erst später gutgeschrieben wird.

Bei der Zahlung mit Kreditkarte gibt es folgende Möglichkeiten:

● Der Kunde schiebt seine Karte in ein Lesegerät (Terminal) und tippt seine persönliche Identifikations-Nummer (PIN) über die Tastatur ein. Das Terminal stellt selbstständig eine

Verbindung zum Rechner der Kartenorganisation her; dort wird geprüft, ob die Karte nicht gesperrt ist und das Kreditlimit nicht überschritten wird, damit die Zahlung freigegeben werden kann. Der Kunde erhält eine Kassenquittung; seine Unterschrift ist nicht erforderlich.

● Der Kunde bzw. der Verkäufer gibt die Karte in das Lesegerät ein (und zwar ohne PIN). Die Prüfung im Rechner der Kartenorganisation kann sich u. U. darauf beschränken, ob die Karte gesperrt ist oder nicht. Der Kunde erhält einen Beleg, den er unterschreiben muss.

In Ausnahmefällen wird ein mechanisches Lesegerät eingesetzt, welches nur den Beleg erstellt, den der Kunde unterschreiben muss. Eine Onlineüberprüfung der Gültigkeit und Deckung der Karte kann nicht erfolgen.

Der Karteninhaber kann sich mit der Kreditkarte auch Bargeld besorgen, und zwar bei bestimmten Banken (als zusätzliche Legitimation wird z. B. der Personalausweis verlangt) sowie an Geldautomaten (die PIN ist einzugeben). Die Bargeldbesorgung ist aufgrund der hohen Gebühren nicht billig.

Beim Verlust der Kreditkarte braucht der Karteninhaber i. d. R. Schäden nur bis maximal 50,00 EUR zu tragen; sobald er den Verlust gemeldet hat, entfällt für ihn jegliche Haftung.

---

258 | Erklären Sie die Bankkarte!

Die **Bankkarte** wird von bestimmten Bankenorganisationen ausgegeben (z. B. SparkassenCard der Sparkassenorganisation).

Der Karteninhaber kann in Verbindung mit seiner PIN bargeldlos bei den Unternehmen bezahlen, die dem Electronic cash-System dieser Bankenorganisation angeschlossen sind.

Der Karteninhaber kann auch Geldbeträge an in- und ausländischen Geldautomaten abheben, die mit dem entsprechenden Logo gekennzeichnet sind.

---

259 | Was ist eine hauseigene Kundenkarte?

Unternehmen (insbesondere größere Handelsbetriebe) können (ähnlich wie Bankenorganisationen) **hauseigene Kundenkarten** ausgeben, damit ihre Kunden bargeldlos zahlen können.

---

260 | Was versteht man unter EMV?

EMV bedeutet ein Kartenzahlungssystem, welches auf der Zahlungskarte anstelle des Magnetstreifens eine Mikrochip verwendet. Erforderliche Chipkartengeräte sind z. B. **POS**-Terminals und Geldautomaten. Der Begriff EMV wird abgeleitet aus den Zahlungskarten-Organisationen **E**uropay, **M**asterCard und **V**ISA.

Vorteile von EMV sind vor allem:

● Im Gegensatz zum Magnetstreifen können Mikrochips relativ sicher gegen Manipulationen geschützt werden;

- die Karte kann nur in Verbindung mit der PIN verwendet werden (Diebe können ohne Kenntnis der PIN die Karte nicht einsetzen);
- die Prüfung der Echtheit der Karte kann erfolgen, ohne dass eine Online-Verbindung bestehen muss;
- die Karte ermöglicht ergänzend zur Zahlungsfunktion EMV die Einrichtung von Zusatzfunktionen (z. B. elektronische Geldbörse, Legitimation für den Zugang zu Firmenräumen und Parkplätzen).

261 Was versteht man unter dem Online-Lastschriftverfahren?

Beim **Online-Lastschriftverfahren (OLV)**
- zahlt der Kunde an der Kasse mit seiner Bankkarte (auf die Eingabe der Geheimnummer wird verzichtet);
- wird der Lastschriftbeleg erstellt, den der Kunde unterschreiben muss;
- wird die Lastschrift über die Hausbank des Unternehmens abgerechnet;
- liegt das Risiko des Zahlungseingangs ganz beim Unternehmen.

262 Beschreiben Sie den Geldkarte-Chip!

Der **Geldkarte-Chip,** welcher i. d. R. auf der Bankkarte (z. B. SparkassenCard) integriert ist, macht die Bankkarte zusätzlich zu einer **Geldkarte** („elektronische Geldbörse"), und zwar für alle Zahlungen des täglichen Bedarfs. Das mit dem Chip geschaffene Geld bezeichnet man auch als digitales bzw. elektronisches Geld.

Der Geldkarte-Chip bietet folgende Möglichkeiten:
- Er wird an einem Geldkarte-Ladeterminal (Geldautomat) aufgeladen, wobei der Betrag vom Girokonto direkt auf den Geldkarte-Chip gebucht wird;
- kleinere Beträge können überall dort bargeldlos bezahlt werden, wo das Geldkarte-Symbol angebracht ist (z. B. an Parkhaus- und Fahrscheinautomaten), wobei auf Geheimnummer oder Unterschrift verzichtet wird.

2.11.5 Scheck

263 Wie lautet die Definition des Schecks?

Der **Scheck** ist ein Wertpapier (Urkunde), in dem der Aussteller eine Bank bzw. eine Postbank Niederlassung anweist, aus seinem Guthaben eine bestimmte Geldsumme zu zahlen.

264 Nennen Sie die gesetzlichen Bestandteile des Schecks!

Der Scheck **muss** enthalten:
- die Bezeichnung Scheck im Text der Urkunde;
- die unbedingte Anweisung, eine bestimmte Geldsumme zu zahlen (weichen der Betrag in Buchstaben und der Betrag in Ziffern voneinander ab, gilt der Betrag in Buchstaben);

- den Namen des Kreditinstituts, bei dem das Konto des Ausstellers geführt wird (Bezogener);
- die Angabe des Zahlungsortes;
- die Angabe des Tages und des Ortes der Ausstellung;
- die Unterschrift des Ausstellers.

265 Welche Bedeutung haben die gesetzlichen und kaufmännischen Bestandteile des Schecks?

Das Scheckgesetz schreibt für den Scheckinhalt sechs Bestandteile zwingend vor **(gesetzliche Bestandteile).** Eine Urkunde, in der einer dieser Bestandteile fehlt, gilt grundsätzlich nicht als Scheck.

Daneben gibt es Bestandteile, die vom Gesetzgeber nicht vorgeschrieben sind, die jedoch den Scheckverkehr erleichtern **(kaufmännische Bestandteile),** z. B. Schecknummer, Kontonummer des Ausstellers, Bankleitzahl, Scheckempfänger, Überbringerklausel.

266 Wie kann ein Scheck verwendet werden?

Einen als Zahlungsmittel erhaltenen Scheck kann man
- der Bank des Schuldners zur Auszahlung vorlegen,
- der eigenen Bank mit Hilfe eines Einziehungsauftrages zur Gutschrift einreichen,
- als Zahlungsmittel an einen Dritten weitergeben.

267 Welche Arten des Schecks gibt es (Überblick)?

Man unterscheidet:
1. nach dem Scheckbezogenen,
   - Bankscheck,
   - Postbank Scheck;
2. nach der Art der Einlösung,
   - Barscheck,
   - Verrechnungsscheck;
3. nach dem Scheckempfänger,
   - Inhaberscheck (Überbringerscheck),
   - Namensscheck (Orderscheck),
   - Rektascheck;
4. nach dem fehlenden Bestandteil,
   - Blankoscheck (z. B. fehlender Betrag).

268 Was ist ein Barscheck?

Beim **Barscheck** darf nur das bezogene Kreditinstitut dem Überbringer des Schecks den Scheckbetrag auf Wunsch bar auszahlen.

269 Was ist ein
Verrechnungsscheck?

Beim **Verrechnungsscheck** muss der Scheckbetrag dem Konto des Einreichers gutgeschrieben werden, d.h., er wird nicht bar ausgezahlt.

Der Verrechnungsscheck entsteht durch den Vermerk „nur zur Verrechnung" auf der Vorderseite des Schecks. Eine Streichung dieses Vermerks gilt als nicht erfolgt, d.h., trotz der Streichung bleibt der Scheck ein Verrechnungsscheck. Jeder Barscheck kann zu einem Verrechnungsscheck gemacht werden.

270 Was ist ein
Inhaberscheck?

Der Scheck, der laut Gesetz ein Orderpapier ist – Orderpapiere müssen den Namen (Order) des Empfängers enthalten –, wird durch den Zusatz „oder Überbringer" (Überbringerklausel) zum **Inhaberscheck** (Überbringerscheck). Durch diese Klausel wird der Name des Scheckempfängers bedeutungslos.

Jeder Scheckinhaber kann die Barauszahlung bzw. Gutschrift des Scheckbetrages verlangen. Eine Streichung der Überbringerklausel betrachten die Banken als nicht erfolgt.

271 Welche Bedeutung hat
die Überbringerklausel?

Die von den Banken ausgegebenen Schecks enthalten alle die **Überbringerklausel** und sind somit Inhaberschecks. Für die Banken entfällt dadurch die Verpflichtung, die Personalien des Scheckvorlegers zu überprüfen. Sie übernehmen dementsprechend auch keine Haftung, wenn der Scheckbetrag an einen Unberechtigten ausgezahlt wird.

272 Was ist ein
Namensscheck?

Der **Namensscheck** (Orderscheck) enthält den Namen des Scheckempfängers (Order). Der Zusatz „oder Überbringer" fehlt. Deshalb kann dieser Scheck nur durch Indossament weitergegeben werden.

Vor allem beim Zahlungsverkehr der Banken untereinander und bei hohen Scheckbeträgen wird der Namensscheck verwendet.

273 Was ist ein
Rektascheck?

Durch den Zusatz „nicht an Order" (negative Orderklausel) entsteht der **Rektascheck.** Die Weitergabe des Schecks soll dadurch verhindert werden.

274 Was ist beim
Postversand von Schecks
zu beachten?

Wenn Schecks per Post versendet werden (Postversand), ist Folgendes zu beachten:

● **Barschecks** sollten nicht versendet werden, da jeder, der in den Besitz des Schecks gelangt, sich den Scheckbetrag auszahlen lassen kann; eine Kontrolle durch die Bank findet nicht statt;

- **Verrechnungsschecks** sind sicherer als Barschecks, da der Scheckbetrag dem Konto des Einreichers gutgeschrieben wird;
- **Orderschecks** sind sicherer als Verrechnungsschecks, da der Scheckbetrag nur an den ausdrücklich auf dem Scheck genannten Empfänger ausgezahlt werden darf; die Bank ist zur Kontrolle verpflichtet; die Sicherheit von Orderschecks ist auch bei der Übertragung durch **Indossamente** gewährleistet.

---

275 Wie wird der Scheck weitergegeben?

Der Inhaberscheck wird an einen Dritten formlos durch Einigung und Übergabe übertragen. Erfolgt die Weitergabe mit einem Übertragungsvermerk auf der Rückseite des Schecks (Indossament, Giro), so haftet neben dem Aussteller auch der Weitergebende für die Scheckeinlösung.

Der Namensscheck kann nur durch Indossament und Übergabe übertragen werden.

---

276 Wann ist der Scheck zahlbar?

Jeder Scheck ist bei Sicht (am Tage der Vorlegung) zahlbar, auch der vordatierte Scheck.

Beim vordatierten Scheck wird als Ausstellungsdatum ein späteres Datum eingesetzt. Die dadurch entstehende Zahlungsfrist erkennen die Banken nicht an.

---

277 Welche Vorlegungsfristen gibt es?

Die gesetzlichen **Vorlegungsfristen** betragen
- 8 Tage nach Ausstellung für in der Bundesrepublik ausgestellte Schecks;
- 20 Tage nach Ausstellung für Schecks, bei denen Zahlungsort und Ausstellungsort sich in demselben Erdteil befinden (Mittelmeerländer zählen im Scheckverkehr zu Europa);
- 70 Tage nach Ausstellung für Schecks, bei denen sich Zahlungsort und Ausstellungsort in verschiedenen Erdteilen befinden.

Wird die Vorlegungsfrist überschritten, hat die Bank (Postbank) die Möglichkeit, die Einlösung zu verweigern.

---

278 Was bedeutet „Rückgriff mangels Zahlung"?

Wird der rechtzeitig vorgelegte Scheck nicht eingelöst, weil keine Deckung vorhanden ist (ungedeckter Scheck), kann der Inhaber gegen den Aussteller und u. U. gegen die Indossanten **Rückgriff** (Regress) nehmen. Die Nichteinlösung des Schecks wird durch die Bank mit dem Vermerk „vorgelegt und nicht eingelöst" bestätigt.

Im Rahmen seines Rückgriffsrechts kann der Scheckinhaber von dem Scheckverpflichteten Schecksumme, Zinsen, entstandene Kosten und eine gesetzlich begrenzte Provision verlangen.

Verweigert der Scheckverpflichtete die Zahlung, kann der Scheckinhaber seine Forderung gerichtlich eintreiben (Scheckklage).

279 Was ist beim Verlust eines Schecks bzw. einer Bankkarte zu beachten?

Beim Verlust eines Schecks bzw. einer Bankkarte ist die bezogene Bank unverzüglich zu benachrichtigen; bei einem Diebstahl muss zusätzlich die Polizei informiert werden.

Außerdem gilt:

● Beim Verlust eines Schecks sperrt die bezogene Bank den Scheck, d.h., der Scheck wird bei Vorlage nicht eingelöst.
● Beim Verlust einer Bankkarte (z.B. SparkassenCard) sperrt die bezogene Bank die Bankkarte, d.h., die Bank kontrolliert ab dem Zeitpunkt der Verlustmeldung alle mit der Bankkarte verbundenen Auszahlungen. Derjenige, der die Bankkarte verloren hat, trägt kein Risiko, es sei denn, er hat bei der Verwahrung der PIN grob fahrlässig gehandelt (z.B. wurde die PIN auf der Bankkarte vermerkt).

280 Welche Verwendungsmöglichkeiten bietet der Postbank Scheck?

Der **Postbank Scheck** bietet folgende Verwendungsmöglichkeiten:

● Ohne Angabe des Zahlungsempfängers kann die Barauszahlung des Scheckbetrages an jeden Vorleger unmittelbar durch eine Postbank Niederlassung bzw. eine Postfiliale erfolgen (Barscheck),
● der Postbank Scheck kann als Verrechnungsscheck benutzt werden,
● der Postbank Scheck kann als Zahlungsmittel weitergegeben werden.

2.11.6 Wechsel

281 Wie lautet die Definition des Wechsels?

Der **Wechsel** ist eine Urkunde, in der ein Gläubiger einen Schuldner auffordert, zu einem angegebenen Zeitpunkt eine bestimmte Summe an seine oder eine andere Person zu zahlen (gezogener Wechsel, Tratte).

282 Beschreiben Sie das Wesen des Wechsels!

Der Erläuterung des **Wechsels** soll folgender Fall dienen: Der Einzelhändler E kauft von seinem Lieferanten L Waren und kann bei Fälligkeit des Rechnungsbetrages nicht zahlen (d.h., E hat eine Verbindlichkeit bei L). Andererseits hat der Einzelhändler aus Warenverkäufen eine Forderung an seinen Kunden K. E kann nun K auffordern, nicht an ihn selbst, sondern an den L zu zahlen. E stellt einen Wechsel aus.

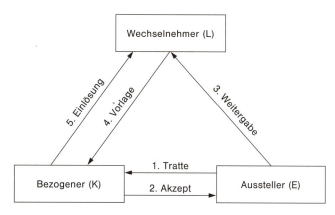

Der Aussteller (E) zieht einen Wechsel (Tratte) auf den Bezogenen (K). Der Bezogene kann den Wechsel annehmen (akzeptieren) und schickt den von ihm unterschriebenen Wechsel (Akzept) an den Aussteller zurück. Der Aussteller gibt den Wechsel weiter an den Wechselnehmer (L). Am Fälligkeitstag legt der Wechselnehmer den Wechsel dem Bezogenen vor und der Bezogene löst den Wechsel ein, indem er an den Wechselnehmer zahlt.

| 283 | Wie heißen die Wechselbeteiligten? |

Für die Wechselbeteiligten gibt es folgende Begriffe:
- Wechselaussteller = Trassant,
- Bezogener = Trassat = Akzeptant,
- Wechselnehmer = Wechselempfänger = Remittent.

| 284 | Unterscheiden Sie den eigenen Wechsel und den Wechsel an eigene Order! |

Der **eigene Wechsel** (Solawechsel) liegt vor, wenn der Aussteller verspricht, den Wechselbetrag zu einem angegebenen Zeitpunkt selbst zu bezahlen. Es handelt sich um ein Zahlungsversprechen (Aussteller = Bezogener).

Der **Wechsel an eigene Order** liegt vor, wenn der Aussteller den Bezogenen auffordert an ihn selbst zu zahlen (Aussteller = Wechselnehmer).

| 285 | Welche Bedeutung haben die gesetzlichen und kaufmännischen Bestandteile des Wechsels? |

Das Wechselgesetz schreibt für den Wechselinhalt acht Bestandteile zwingend vor **(gesetzliche Bestandteile).** Eine Urkunde, in der einer dieser Bestandteile fehlt, gilt grundsätzlich nicht als Wechsel.

Daneben gibt es Bestandteile, die vom Gesetzgeber nicht vorgeschrieben sind, jedoch den Wechselverkehr erleichtern **(kaufmännische Bestandteile),** z.B. Wechselnummer, Bankleitzahl, Wiederholung von Daten in Ziffern u.a.

| 286 | Nennen Sie die gesetzlichen Bestandteile des Wechsels! |

Der **Wechsel** muss enthalten:
- die Bezeichnung als Wechsel im Text der Urkunde;
- die unbedingte Anweisung eine bestimmte Geldsumme zu zahlen;

- den Namen dessen, der zahlen soll (Bezogener);
- die Angabe der Verfallzeit;
- die Angabe des Zahlungsortes;
- den Namen dessen, an den oder an dessen Order gezahlt werden soll;
- die Angabe des Tages und des Ortes der Ausstellung;
- die Unterschrift des Ausstellers.

---

287 Unterscheiden Sie Besitz- und Schuldwechsel!

Für den Aussteller (bzw. den Wechselempfänger) ist der akzeptierte Wechsel ein **Besitzwechsel.**

Für den Bezogenen ist der akzeptierte Wechsel ein **Schuldwechsel.**

---

288 Unterscheiden Sie Waren- und Finanzwechsel!

Von einem **Warenwechsel** (Handelswechsel) spricht man, wenn der Wechselziehung ein Warengeschäft zugrunde liegt.

Von einem **Finanzwechsel** spricht man, wenn die Wechselziehung der Geldbeschaffung dient.

---

289 Was ist eine Rimesse?

Eine **Rimesse** ist ein als Zahlungsmittel weitergegebener Wechsel.

---

290 Wie kann ein Wechsel verwendet werden?

Der Wechselinhaber kann den Wechsel
- vor dem Verfalltag an eine Bank verkaufen (diskontieren),
- an einen Gläubiger weitergeben (indossieren),
- am Verfalltag dem Bezogenen vorlegen (präsentieren),
- am Verfalltag einer Bank zum Einzug geben (Inkasso).

---

291 Welche Bedeutung hat der Wechsel?

Der **Wechsel** ist
- Kreditmittel, d.h., der Lieferer räumt seinem Kunden ein Zahlungsziel ein oder der Wechsel wird (vor Fälligkeit) diskontiert;
- Zahlungsmittel, d.h., der Wechsel kann durch Weitergabe als Zahlungsmittel verwendet werden;
- Sicherungsmittel, d.h., durch die sog. **Wechselstrenge** (strenge Vorschriften hinsichtlich Haftung, Form, Fristen und Klageverfahren) gewährleistet der Wechsel mit hoher Wahrscheinlichkeit die Einlösung des Wechselbetrages.

Annahme und Weitergabe des Wechsels

292 Was ist ein Akzept?

Unter **Akzept** versteht man

● den akzeptierten Wechsel oder

● die Annahmeerklärung selbst (Unterschrift).

Mit der (quer geschriebenen) Annahmeerklärung verpflichtet sich der Wechselbezogene unbedingt und unwiderruflich, am Verfalltag die Wechselsumme zu zahlen.

293 Welche Akzeptarten gibt es?

Beim Wechsel unterscheidet man folgende Akzeptarten:

● **Vollakzept:** Es beinhaltet neben der Unterschrift des Bezogenen den Wechselbetrag, den Verfalltag sowie Ort und Datum;

● **Kurzakzept:** Es besteht nur aus der Unterschrift des Bezogenen;

● **Teilakzept:** Der Bezogene akzeptiert den angegebenen Betrag nicht in voller Höhe (z. B. wird aufgrund einer Mängelrüge ein Preisnachlass gefordert);

● **Blankoakzept:** Der Bezogene unterschreibt einen Wechsel, bei dem der Betrag oder der Verfalltag nicht angegeben ist und erst später eingesetzt wird (Vertrauenssache);

● **Avalakzept** (= Bürgschaftsakzept): Ein Bürge unterschreibt unter dem Akzept des Bezogenen mit dem Text „als Bürge angenommen" oder „per Aval" (findet Anwendung, wenn der Aussteller aus Sicherheitsgründen einen Bürgen wünscht).

294 Welche Bedeutung hat das Avalakzept?

Beim Avalakzept haftet der Bürge dem Wechselinhaber (z. B. Aussteller, Wechselnehmer) wie der Bezogene selbst. Es handelt sich beim Bürgschaftsakzept stets um eine selbstschuldnerische Bürgschaft (siehe Seite 275).

295 Wie wird ein Wechsel weitergegeben?

Zur Weitergabe des Wechsels an einen Dritten ist die schriftliche Übertragungserklärung **(Indossament)** des Weitergebenden (Indossant bzw. Girant) an den Empfänger (Indossatar bzw. Girat) auf der Rückseite des Wechsels erforderlich. Diesen Vorgang nennt man indossieren bzw. girieren.

296 Welche Funktionen erfüllt das Indossament?

Das **Indossament** hat folgende Aufgaben:

● Transportfunktion, d. h., durch das Indossament gehen das Eigentum und alle Rechte aus dem Wechsel an den Wechselnehmer über;

● Garantiefunktion, d. h., der Indossant garantiert (haftet) mit seiner Unterschrift dem Wechselnehmer für die Annahme und Einlösung des Wechsels;

● Legitimationsfunktion, d. h., das Indossament weist den Wechselinhaber als rechtmäßigen Wechseleigentümer aus.

297 | Welche Arten des Indossaments gibt es?

Man unterscheidet folgende Arten des Indossaments:

- **Vollindossament:** Es beinhaltet den Namen des Empfängers und die Unterschrift des Weitergebenden (Wechselinhaber kann sich damit als Wechselberechtigter ausweisen);
- **Kurzindossament** (Blankoindossament): Es besteht nur aus der Unterschrift des Weitergebenden und wird verwendet, wenn noch nicht sicher ist, ob der Empfänger den Wechsel als Zahlungsmittel annimmt;
- **Rektaindossament:** Durch den Zusatz „nicht an Order" verbietet der Indossant die Weitergabe des Wechsels. Er haftet nicht, wenn der Wechsel trotzdem weitergegeben wird;
- **Inkassoindossament:** In Form des Vollmachts-, Prokura- oder Einziehungsindossaments berechtigt der Indossant den Indossatar zur Einziehung des Wechselbetrages (Zusatz z.B. „zum Inkasso").

Diskontierung und Einlösung des Wechsels

298 | Wie erfolgt die Diskontierung?

Wird ein Wechsel vor dem Verfalltag an eine Bank verkauft, spricht man von **Diskontierung.** Die Bank gewährt dem Wechselinhaber einen kurzfristigen Kredit, da sie selbst den Wechselbetrag erst am Verfalltag erhält. Sie berechnet deshalb Zinsen für diese vorzeitige Zahlung (Diskont) und zieht diese von der Wechselsumme (Nennwert) ab. Den Auszahlungsbetrag bezeichnet man als Barwert.

299 | Welche Bedeutung haben diskontierte Wechsel?

Wenn Kreditinstitute Handelswechsel diskontiert haben, können sie diese Wechsel als Sicherheit (Pfand) für die Aufnahme eines Kredits bei der Deutschen Bundesbank benutzen (siehe Seite 149).

300 | Unter welchen Bedingungen können Wechsel als notenbankfähiges Pfand verwendet werden?

Ein Wechsel kann unter folgenden Bedingungen bei der Deutschen Bundesbank als Sicherheit verwendet werden **(notenbankfähiges Pfand),** er muss:

- ein Handelswechsel sein,
- die Unterschriften von zwei als zahlungsfähig bekannten Personen oder Firmen enthalten,
- eine Restlaufzeit bis zu 180 Tagen aufweisen,
- als Auslandswechsel drei Unterschriften aufweisen und auf Euro lauten.

301 | Wie erfolgt die Einlösung des Wechsels?

Der Wechselinhaber bzw. das beauftragte Kreditinstitut muss den Wechsel am Verfalltag oder an einem der beiden folgenden Werktage dem Bezogenen oder der Zahlstelle (Bank) vorlegen. Der Bezogene prüft

- die Wechselberechtigung des Vorlegers,

- die Indossamentenkette auf Vollständigkeit,
- die formale Ordnungsmäßigkeit des Wechsels.

Der Bezogene kann vom Inhaber gegen Zahlung die Aushändigung des quittierten Wechsels verlangen. Der Vorleger muss auch Teilzahlungen entgegennehmen.

302 Welche Folgen hat eine verspätete Wechsel-vorlage?

Wird die Vorlegefrist versäumt, verliert der Wechselinhaber seine Rechte gegen die Indossanten, den Aussteller und alle anderen Wechselverpflichteten mit Ausnahme des Bezogenen. Dessen Zahlungsverpflichtung verjährt in drei Jahren vom Verfalltag an gerechnet.

Nichteinlösung des Wechsels

303 Was ist ein Not leidender Wechsel?

Ein Wechsel wird zum **Not leidenden Wechsel,** wenn

- ihn der Bezogene nicht akzeptiert (dies führt zum Protest mangels Annahme),
- ihn der Bezogene nicht oder nur teilweise einlöst (dies führt zum Protest mangels Zahlung),
- die Finanzlage des Bezogenen unsicher wird (dies führt zum Protest mangels Sicherheit).

Der Wechselinhaber kann in diesen Fällen Rückgriff nehmen oder Klage erheben (Wechselklage).

304 Was ist der Wechsel-protest?

Der **Wechselprotest** ist die öffentliche Beurkundung, dass der Bezogene den zur rechten Zeit und am rechten Ort vorgelegten Wechsel nicht angenommen bzw. nicht oder nur teilweise bezahlt hat (Not leidender Wechsel).

Jeder Protest muss durch einen Notar oder einen Gerichtsbeamten aufgenommen werden.

Protestversäumnis (Protestfrist: 2 Werktage) führt zum Verlust des Rückgriffsrechts auf Aussteller und Indossanten (kein Rückgriff ohne Protest!).

305 Was ist Notifikation?

Notifikation bedeutet Benachrichtigung über eine Protesterhebung.

- Der Wechselinhaber muss seinen unmittelbaren Vormann und den Aussteller innerhalb von vier Werktagen benachrichtigen.
- Jeder Indossant muss innerhalb von zwei Werktagen nach Empfang der Notifikation seinen unmittelbaren Vormann benachrichtigen.

Mit der Notifikation wird ein möglicher Rückgriff angekündigt.

306 Wie erfolgt der Rückgriff?

Dem Wechselinhaber haften alle Wechselverpflichteten (Aussteller, Indossanten, Bürgen). Der Wechselinhaber kann deshalb zur Befriedigung seines Anspruches jeden einzelnen oder mehrere oder alle Wechselverpflichteten in Anspruch nehmen (**Rückgriff,** Regress) unter der Voraussetzung, dass ordnungsgemäß Protest erhoben wurde.

307 Was beinhaltet die Rückrechnung?

Der Rückgriffsberechtigte verlangt von dem in Anspruch genommenen Wechselverpflichteten seine Rückgriffsforderung als **Rückrechnung,** die sich zusammensetzt aus:

- Wechselbetrag,
- Protestkosten,
- Verzugszinsen ab Verfalltag,
- $\frac{1}{3}$ % Provision von der Wechselsumme,
- Auslagen.

308 Unterscheiden Sie Reihen- und Sprungregress!

Von **Reihenregress** (Reihenrückgriff) spricht man, wenn in der umgekehrten Reihenfolge der Indossamente ein Vormann nach dem anderen regresspflichtig gemacht wird.

Nimmt der Wechselinhaber auf einen beliebigen Wechselverpflichteten Rückgriff, ohne auf die Reihenfolge zu achten, so handelt es sich um einen **Sprungregress** (Sprungrückgriff).

309 Was ist Prolongation?

Unter **Prolongation** versteht man die Verlängerung der Laufzeit eines Wechsels. Wechselprotest und Wechselklage werden dadurch vermieden. Der fällige Wechsel wird auf Wunsch des Bezogenen durch einen neuen mit einem späteren Verfalltag ersetzt.

310 Wie verläuft die Wechselklage?

Gegen jeden Wechselverpflichteten kann wegen Nichteinlösung des Wechsels Klage erhoben werden (**Wechselklage,** Wechselprozess). Kläger ist oft der Aussteller, der nicht mehr zurückgreifen kann; Beklagter ist in diesem Fall der Bezogene.

Der Wechselprozess ist gekennzeichnet durch eine schnelle Abwicklung des Verfahrens infolge

- kurzer Einlassungsfristen,
- beschränkter Beweismittel,
- sofortiger Vollstreckbarkeit des rechtskräftigen Urteils.

3 Ziele und Rahmenbedingungen für unternehmerisches Handeln

3.1 Ziele der Unternehmung

311 Nennen Sie Ziele für unternehmerisches Handeln!

Das **Zielsystem** einer Unternehmung ist abhängig von der Zielsetzung des Unternehmens selbst, von der Verantwortung gegenüber der Gesellschaft bzw. bestimmten sozialen Gruppen (z.B. Belegschaft) sowie von der Verantwortung für die Umwelt (gerade dieses Ziel steht oft im Zielkonflikt mit den wirtschaftlichen Zielen).

Folgende Ziele werden unterschieden:
- Wirtschaftliche Ziele, z.B. Gewinnmaximierung (erwerbswirtschaftliches Prinzip), Kostenminimierung; zu beachten ist stets das ökonomische Prinzip;
- ökologische Ziele, z.B. umweltverträgliche Produktion, Schutz der Ressourcen, Recycling, Abfallminimierung;
- soziale Ziele, z.B. Sicherung und Erhaltung von Arbeitsplätzen, Schaffung von sozialen Einrichtungen (z.B. betriebliche Altersversorgung).

312 Erläutern Sie das ökonomische Prinzip!

Bei jedem wirtschaftlichen Handeln – bedingt durch die Knappheit der Güter – muss das **ökonomische Prinzip** (wirtschaftliches Prinzip, Rationalprinzip) beachtet werden.

Es gibt drei Formulierungen dieses Prinzips:
- Mit einem bestimmten Aufwand an Mitteln soll ein möglichst großer Erfolg erzielt werden (Maximumprinzip),
- ein bestimmter Erfolg soll mit möglichst geringen Mitteln erreicht werden (Minimumprinzip, Sparprinzip),
- das Verhältnis zwischen Aufwand und Ertrag soll möglichst günstig sein (Extremumprinzip).

Alle Wirtschaftssubjekte (Unternehmen, öffentliche und private Haushalte) sollten nach diesem Prinzip handeln.

313 Erläutern Sie das erwerbswirtschaftliche Prinzip!

Das **erwerbswirtschaftliche Prinzip** besagt, dass die Unternehmer (in der Marktwirtschaft) einen maximalen (möglichst großen) oder zumindest einen angemessenen Gewinn erzielen wollen. Das erwerbswirtschaftliche Prinzip kann kurz- bzw. langfristig angestrebt werden.

314 Was besagt das gemeinwirtschaftliche Prinzip?

Das **gemeinwirtschaftliche Prinzip** ist ein Leitsatz wirtschaftlichen Handelns, bei dem nicht die Gewinnerzielung im Vordergrund steht, sondern die Versorgung der Allgemeinheit mit wichtigen Gütern und Dienstleistungen.

Die öffentlichen Betriebe (z.B. Stadtwerke, Abwasserverbände, kommunale Verkehrsbetriebe) und sozialen Einrichtungen

(z. B. Krankenhäuser, staatliche Altenheime, Kindergärten), die nach diesem Grundsatz handeln, müssen jedoch versuchen, ihre Kosten durch ihre Erlöse zu decken **(Prinzip der Kostendeckung).**

3.2 Wirtschaftliche Grundtatbestände

3.2.1 Bedürfnisse und Güter

315 | Was sind Bedürfnisse?

Die menschlichen **Bedürfnisse** bilden die Grundlage des Wirtschaftens. Sie sind Mangelerscheinungen, die das Bestreben auslösen den Mangel zu beseitigen.

Bedürfnisse sind unbegrenzt; sie sind abhängig von der Umwelt und der Gesellschaft, der Kulturstufe und dem Lebensstandard sowie der technischen Entwicklung. Bedürfnisse wandeln sich demzufolge im Laufe der Zeit.

316 | Unterscheiden Sie Bedarf und Nachfrage!

Wenn Bedürfnisse mit Kaufkraft befriedigt werden können, spricht man von **Bedarf.**

Wird Bedarf am Markt wirksam, liegt **Nachfrage** vor.

317 | Unterscheiden Sie Existenz-, Kultur- und Luxusbedürfnisse!

Existenzbedürfnisse gehören zu den elementaren Lebensbedürfnissen; sie müssen auf jeden Fall befriedigt werden. Beispiele sind Nahrung, Kleidung, Wohnung.

Kulturbedürfnisse entspringen dem geistigen Wesen des Menschen; ihre Befriedigung ist nicht lebensnotwendig, aber oft unentbehrlich. Beispiele sind Schulbildung, Unterhaltung, Kunstgenuss.

Luxusbedürfnisse entwickeln sich oft aus gesellschaftlichen Zwängen und Geltungsdrang. Beispiele sind Schmuck, Segeljacht, Swimmingpool.

318 | Erklären Sie Individual- und Sozialbedürfnisse!

Individualbedürfnisse werden vom Einzelnen (Individuum) empfunden und letztlich von ihm persönlich befriedigt. Beispiel: Nahrung.

Sozialbedürfnisse (Kollektivbedürfnisse) werden ebenfalls vom Einzelnen empfunden, können aber nur von der Gesellschaft befriedigt werden. Beispiele: Krankenversorgung, Umweltschutz.

319 | Was sind wirtschaftliche und freie Güter?

Güter dienen der Befriedigung menschlicher Bedürfnisse.

Wirtschaftliche Güter (z. B. Lebensmittel, Maschinen)
- sind nur in begrenzter Menge vorhanden (sind knapp),
- haben einen Preis,
- sind Gegenstand wirtschaftlicher Überlegungen.

Freie Güter (z.B. Luft, Sonnenlicht, Meerwasser)

● sind nahezu unbegrenzt vorhanden,

● kosten nichts,

● sind nicht Gegenstand wirtschaftlicher Überlegungen.

---

320 Wie kann man die wirtschaftlichen Güter einteilen?

Die Einteilung kann folgendermaßen vorgenommen werden:

1. **Konsumgüter,** diese dienen der unmittelbaren Befriedigung menschlicher Bedürfnisse.

   Dabei unterscheidet man:
   ● **Verbrauchsgüter** (z.B. Nahrungs- und Genussmittel),
   ● dauerhafte **Gebrauchsgüter** (z.B. Kleidung, Haushaltsgeräte);

2. **Produktionsgüter,** diese dienen der Herstellung anderer Güter.

   Man unterscheidet:
   ● **Verbrauchsgüter** (z.B. Rohstoffe, Hilfsstoffe, Betriebsstoffe),
   ● **Gebrauchsgüter** (Maschinen, Werkzeuge u.ä.);

3. **Dienstleistungen,** sie werden unterschieden nach:
   ● persönlicher Art (z.B. Krankenpflege, Unterricht, Rechtsberatung),
   ● sachlicher Art (z.B. Kreditgewährung, Vermietung und Verpachtung von Gegenständen);

4. **Rechte,** z.B. Patente, Lizenzen, Lohnforderungen.

---

321 Unterscheiden Sie Substitutions- und Komplementärgüter!

Können Güter durch andere Güter ersetzt (substituiert) werden, ohne dass die Bedürfnisbefriedigung wesentlich eingeschränkt wird, spricht man von **Substitutionsgütern** (Butter – Margarine; Blech – Kunststoff; Automarke A – Automarke B).

Können Güter nur gemeinsam mit anderen Gütern genutzt werden, spricht man von **Komplementärgütern**; die Nachfrage nach einem bestimmten Gut beeinflusst direkt die Nachfrage nach dem Komplementärgut (Auto – Benzin; Videorecorder – Videokassetten).

---

322 Unterscheiden Sie materielle und immaterielle Güter!

Materielle Güter (Sachgüter) sind körperliche Gegenstände wie Konsum- und Produktionsgüter.

Immaterielle Güter sind nicht körperliche (stofflose) Dinge wie Dienstleistungen und Rechte (z.B. Lizenzen, Patente, Mieten).

3.2.2 Produktionsfaktoren

323 Was sind Produktionsfaktoren?

Produktionsfaktoren sind elementare Güter, die bei der Güterproduktion eingesetzt werden und einen Mehrwert schaffen.

324 Unterscheiden Sie die gesamtwirtschaftlichen Produktionsfaktoren!

Gesamtwirtschaftliche (volkswirtschaftliche) **Produktionsfaktoren** sind:

1. **Boden,** er dient als
   - Standort für Betriebe, Wohn- und Verkehrsfläche,
   - Rohstoff- und Energielieferant,
   - Anbaufläche für die Land- und Forstwirtschaft;
2. **Arbeit,**
   - körperliche und geistige Arbeit,
   - ausführende und leitende (dispositive) Arbeit;
3. **Kapital**
   - Realkapital, es umfasst alle produzierten Produktionsmittel,
   - Geldkapital, es sind finanzielle Mittel für Investitionen.

325 Unterscheiden Sie ursprüngliche und abgeleitete Produktionsfaktoren!

Ursprüngliche (originäre) **Produktionsfaktoren** sind Boden und Arbeit; sie sind ursprünglich vorhandene, naturgegebene Faktoren, die nicht aus anderen Faktoren abgeleitet sind.

Der **abgeleitete** (derivative) **Produktionsfaktor** Kapital entsteht durch das Zusammenwirken der ursprünglichen Produktionsfaktoren.

326 Nennen Sie Bestimmungsgründe für Qualität und Ergiebigkeit der Arbeit!

Qualität und Ergiebigkeit des Faktors **Arbeit** sind abhängig von
- der Bevölkerungszahl und der Altersstruktur der Bevölkerung,
- dem Bildungs- und Ausbildungsstand der Bevölkerung,
- dem Arbeitswillen,
- der technischen Entwicklung und Ausstattung,
- den klimatischen Gegebenheiten.

327 Beschreiben Sie den Kapitalbildungsprozess!

Die **Kapitalbildung** in einer Volkswirtschaft erfolgt durch
- Konsumverzicht, d.h. Sparen,
- Kreditvergabe an Unternehmen,
- betriebliche Investitionen, d.h. Umwandlung von Geldkapital in Sachkapital.

328 Unterscheiden Sie die einzelwirtschaftlichen Produktionsfaktoren!

Einzelwirtschaftliche (betriebliche) **Produktionsfaktoren** sind:

1. die Elementarfaktoren
   - ausführende Arbeit,
   - Betriebsmittel,
   - Werkstoffe;
2. der dispositive Faktor
   - Unternehmensleitung.

329 Was ist ausführende Arbeit?

Ausführende Arbeit ist die Tätigkeit eines Arbeitnehmers nach vorgegebenen Anweisungen.

330 Was sind Betriebsmittel?

Unter dem Begriff **Betriebsmittel** werden zusammengefasst:
- Werkzeuge, sie dienen der Unterstützung der menschlichen Arbeitskraft;
- Maschinen, sie können die menschliche Arbeitskraft unterstützen, aber auch teilweise oder ganz ersetzen (z. B. halb- oder vollautomatische Maschinen);
- Fuhrpark, Betriebs- und Geschäftsausstattung sowie Gebäude und Grundstücke.

331 Was sind Werkstoffe?

Unter **Werkstoffen** versteht man alle Roh-, Hilfs- und Betriebsstoffe, die als Ausgangs- und Grundstoffe für die Erstellung neuer Produkte dienen.

332 Unterscheiden Sie Roh-, Hilfs- und Betriebsstoffe!

Rohstoffe sind Hauptbestandteile der Fertigerzeugnisse, z. B. Holz oder Kunststoff bei der Möbelproduktion.

Hilfsstoffe sind Nebenbestandteile der Fertigerzeugnisse. Eine Erfassung pro Stück ist nicht erforderlich, da sie wert- und mengenmäßig unbedeutend sind, z. B. Leim in der Möbelproduktion.

Betriebsstoffe gehen nicht in das Produkt ein, sie werden bei der Produktion verbraucht, z. B. Energie.

333 Welche Aufgaben hat der dispositive Faktor?

Hauptaufgabe des **dispositiven Faktors** ist die Kombination der Elementarfaktoren nach dem ökonomischen Prinzip.

Im Einzelnen zählen dazu:
- Festlegung der Betriebspolitik als oberstes Ziel;
- Treffen von Entscheidungen;
- Planung von Beschaffung, Produktion, Absatz, Investition und Finanzierung;
- Aufbau und Organisation des Betriebes;
- Kontrolle des betrieblichen Geschehens.

334 Was ist Substitution der Produktionsfaktoren?

Können Produktionsfaktoren durch andere Produktionsfaktoren ersetzt werden, spricht man von **Substitution.** Bei der betrieblichen Leistungserstellung werden ständig Produktionsfaktoren durch preisgünstigere Faktoren ersetzt (Beispiele: Arbeiter – Maschine; Wachpersonal – Alarmsystem).

3.2.3 Arbeitsteilung

335 Was ist Arbeitsteilung?

Arbeitsteilung ist die Aufspaltung einer bestimmten Arbeitsleistung in bestimmte Teilverrichtungen (oft verbunden mit vermehrtem Einsatz von Maschinen), welche von verschiedenen Wirtschaftseinheiten ausgeführt werden.

Man unterscheidet:

1. berufliche Arbeitsteilung,
   - Berufsbildung,
   - Berufsspaltung;
2. gesellschaftlich-technische Arbeitsteilung,
   - Produktionsteilung,
   - Arbeitszerlegung;
3. nationale und internationale Arbeitsteilung.

336 Unterscheiden Sie Berufsbildung und Berufsspaltung!

Berufsbildung bedeutet die Entstehung der Berufe, d.h., die Spezialisierung auf einen bestimmten Arbeitsbereich (Berufszweig) im Laufe der gesellschaftlichen Entwicklung.

Berufsspaltung ist die weitergehende Spezialisierung innerhalb eines Berufszweiges. (Der Berufszweig Kaufmann spaltet sich z.B. in die zusätzlichen Berufe Industrie-, Großhandels-, Einzelhandels- und Bürokaufmann.)

337 Unterscheiden Sie Produktionsteilung und Arbeitszerlegung!

Unter **Produktionsteilung (überbetriebliche Arbeitsteilung)** versteht man die Spezialisierung eines Betriebes auf einen Teilbereich innerhalb des gesamten Produktionsprozesses (von der Urerzeugung bis zum Endprodukt).

Unter **Arbeitszerlegung** versteht man die Auflösung des betrieblichen Produktionsprozesses in einzelne Teilverrichtungen **(innerbetriebliche Arbeitsteilung).**

338 Nennen Sie Vor- und Nachteile der Arbeitsteilung!

Vorteile der **Arbeitsteilung** sind:
- Steigerung der volks- und betriebswirtschaftlichen Leistungsfähigkeit durch die Erhöhung der Arbeitsproduktivität,
- Erhöhung des Wohlstandes durch steigende Einkommen,
- Verkürzung der Arbeitszeit,
- verstärkte Einsatzmöglichkeit von angelernten und ungelernten Arbeitskräften,
- vermehrter Einsatz von Maschinen.

Nachteile sind:
- Zunahme der gegenseitigen Abhängigkeit (unter Ländern, Betrieben und am Arbeitsplatz),
- Monotonie der Arbeit, verbunden mit körperlichen und seelischen Schäden.

339 Unterscheiden Sie vertikale und horizontale Arbeitsteilung!

Entsprechend der **vertikalen Arbeitsteilung** wird die Wirtschaft gegliedert in folgende Wirtschaftsstufen:
- Gewinnungsbetriebe (Urerzeugung),
- Erzeugungsbetriebe (Weiterverarbeitung),
- Verteilungsbetriebe (Handel).

Horizontale Arbeitsteilung bedeutet, dass auf jeder Wirtschaftsstufe eine Vielzahl von Betrieben tätig ist.

340 Unterscheiden Sie nationale und internationale Arbeitsteilung!

Nationale Arbeitsteilung ist die Arbeitsteilung innerhalb einer Volkswirtschaft zwischen einzelnen Wirtschaftsbereichen und einzelnen Unternehmen.

Internationale Arbeitsteilung ist die Arbeitsteilung zwischen einzelnen Volkswirtschaften mit der Folge eines wachsenden Wohlstandes der beteiligten Länder. Die internationale Arbeitsteilung ist insbesondere zurückzuführen auf
- Fehlen von Gütern im Inland (z.B. Rohstoffe, Südfrüchte),
- kostengünstigere Produktion im Ausland (z.B. aufgrund eines niedrigeren Lohnniveaus),
- höhere Qualität der ausländischen Erzeugnisse.

3.2.4 Betrieblicher Leistungsprozess

341 Was sind Sachleistungsbetriebe?

In **Sachleistungsbetrieben** werden Sachgüter (z.B. Produktions- und Konsumgüter) hergestellt.

Man unterscheidet:
- **Gewinnungsbetriebe** (Betriebe der Urerzeugung, **primärer Wirtschaftsbereich**), z.B. Bergwerksbetriebe, landwirtschaftliche Betriebe, Fischereibetriebe, Kraftwerksbetriebe;
- **Erzeugungsbetriebe** (Betriebe der Weiterverarbeitung, **sekundärer Wirtschaftsbereich**), z.B. Industriebetriebe (Grundstoffindustrie, Produktionsgüterindustrie, Konsumgüterindustrie) und Handwerksbetriebe.

342 Was sind Dienstleistungsbetriebe?

In **Dienstleistungsbetrieben (tertiärer Wirtschaftsbereich)** werden Dienstleistungen (Güter immaterieller Art) erbracht.

Man unterscheidet:
- Verkehrsbetriebe (z.B. Deutsche Bahn AG, Deutsche Post AG, Speditionen, Reedereien),
- Bankbetriebe (z.B. Banken, Sparkassen),
- Versicherungsbetriebe (z.B. Sachversicherungen, Personenversicherungen),
- Handelsbetriebe (Einzelhandelsbetriebe, Großhandelsbetriebe, Außenhandelsbetriebe),
- sonstige Dienstleistungsbetriebe (z.B. Steuerberater, Architekten).

343 | Welche Aufgaben hat der Industriebetrieb?

Aufgaben des **Industriebetriebes** sind:
- Gewinnung von Rohstoffen,
- Herstellung von Produktions- und Konsumgütern.

Die betrieblichen (einzelwirtschaftlichen) **Grundfunktionen** des Industriebetriebes sind Beschaffung, Produktion, Lagerung, Finanzierung und Absatz.

344 | Welche Aufgaben hat der Handel?

Die Aufgabe des **Handels** besteht grundsätzlich darin, einen Ausgleich zu schaffen zwischen dem Angebot der Hersteller und den Wünschen der Verbraucher. Im Einzelnen unterscheidet man folgende Aufgaben (Funktionen):
- **Sortimentsbildung,** d. h., der Handel stellt aus vielen, meist engen Produktionsprogrammen mehrerer Hersteller kundengerechte Sortimente zusammen (Funktion des qualitativen Ausgleichs);
- **Mengenumgruppierung,** d. h., der Handel kauft üblicherweise große Mengen ein und verkauft sie in kleinen Mengen; in manchen Fällen werden kleine Mengen aufgekauft und in großen Mengen weiterverkauft (Funktion des quantitativen Ausgleichs);
- **Raumüberbrückung,** d. h., der Handel bringt die Waren vom Hersteller zum Verwender (Funktion des räumlichen Ausgleichs, Transportfunktion);
- **Zeitüberbrückung,** d. h., der Handel überbrückt die Zeit zwischen Produktion und Verwendung durch bedarfsorientierte Vorratshaltung (Funktion des zeitlichen Ausgleichs, Lagerfunktion);
- **Markterschließung,** d. h., der Handel eröffnet neue Märkte, indem er durch eigene absatzpolitische Maßnahmen mithilft, ein Produkt am Markt einzuführen;
- **Beratung,** d. h., der Handel informiert den Abnehmer z. B. über technische Merkmale, Anwendungsmöglichkeiten, Bedienung und Wartung der Produkte (Anwendungs- und Bedienungsberatung), der Handel informiert auch den Hersteller über Kundenwünsche, -anregungen und -beschwerden (Produzentenberatung);
- **Finanzierung,** d. h., der Handel ermöglicht den Kauf einer Ware auf Ziel (Kreditfunktion);
- **absatzpolitische Maßnahmen,** wie z. B. Verkaufsförderung, Ladengestaltung, Reparatur- und Kundendienst.

345 | Welche Aufgaben haben Bankbetriebe?

Bankgeschäfte können eingeteilt werden in:
- Aktivgeschäfte, z. B. die Gewährung von Gelddarlehen und Akzeptkrediten (Kreditgeschäfte);
- Passivgeschäfte, z. B. die Annahme fremder Gelder als Einlagen, deren Verwaltung und Verzinsung (Einlagengeschäfte);

● Dienstleistungsgeschäfte, z.B. die Durchführung des bargeldlosen Zahlungsverkehrs, des Sorten- und Devisenverkehrs (Zahlungsgeschäfte); Kauf, Verkauf, Verwahrung und Verwaltung von Wertpapieren (Wertpapiergeschäfte); Beratung in Finanzfragen und in Fragen der Geldanlage.

346 Welche Aufgaben haben Versicherungsbetriebe?

Versicherungen übernehmen dem Versicherten gegenüber gegen Zahlung eines Entgeltes (Prämie) ein bestimmtes Risiko, d.h., sie erbringen in Schadensfällen Geldleistungen.

3.3 Handelsrechtliche Rahmenbedingungen

3.3.1 Kaufleute

347 Welche Kaufleute werden nach dem HGB unterschieden (Überblick)?

Das Handelsgesetzbuch (HGB) unterscheidet:
● Kaufmann (Istkaufmann),
● Kannkaufmann,
● Formkaufmann.

348 Wer ist Kaufmann?

Kaufmann (nach § 1 HGB) ist, wer ein Handelsgewerbe betreibt.

Handelsgewerbe ist jeder Gewerbebetrieb, es sei denn, dass das Unternehmen nach Art oder Umfang einen in kaufmännischer Weise eingerichteten Geschäftsbetrieb nicht erfordert. (Merkmale für die Abgrenzung sind z.B. Höhe des Umsatzes, des Gewinns, des Vermögens, Anzahl der Mitarbeiter, Anzahl der Geschäftsräume.)

Merkmale eines **Gewerbebetriebes** sind:
● es liegt eine dauernde (nachhaltige) Tätigkeit vor,
● es handelt sich um eine selbstständige Tätigkeit,
● die Tätigkeit ist i.d.R. auf die Erzielung von Gewinn gerichtet,
● es liegt eine planmäßige Beteiligung am wirtschaftlichen Verkehr vor.

Auch Handelsgesellschaften (z.B. OHG, KG) zählen (nach § 6 HGB) zu den Kaufleuten.

349 Wer ist Kannkaufmann?

Ein gewerbliches Unternehmen, welches nicht bereits nach § 1 HGB ein Handelsgewerbe ist, wird zum Handelsgewerbe, wenn die Firma des Unternehmens in das Handelsregister eingetragen ist **(Kannkaufmann).** Der Unternehmer ist berechtigt, aber nicht verpflichtet, die Eintragung herbeizuführen (Wahlrecht).

Diese Regelung gilt z.B. für Kleingewerbetreibende (Beispiel: Getränkekiosk).

105

350 Welche Vorschriften gibt es für land- und forstwirtschaftliche Unternehmen?

Land- und forstwirtschaftliche Unternehmen sind keine Kaufleute im Sinne des § 1 HGB.

Nur wenn die land- und forstwirtschaftlichen Unternehmen einen in kaufmännischer Weise eingerichteten Geschäftsbetrieb erfordern, können sie sich ins Handelsregister eintragen lassen (Kannkaufleute).

351 Wer ist Formkaufmann?

Unternehmen, welche die Rechtsform einer Kapitalgesellschaft (z. B. GmbH, AG) gewählt haben, werden mit dem Zeitpunkt der Eintragung ins Handelsregister Kaufleute (**Formkaufmann, Kaufmann kraft Rechtsform**).

352 Welche Regelungen gibt es für Kleingewerbetreibende?

Kleingewerbetreibende sind grundsätzlich keine Kaufleute im Sinne des HGB; für sie gelten die Vorschriften des BGB.

Kleingewerbetreibende
- können sich jedoch als Kannkaufmann in das Handelsregister eintragen lassen,
- können die Rechtsform einer Handelsgesellschaft (z. B. OHG, KG) wählen und sind damit Kaufleute.

3.3.2 Firma und Handelsregister

353 Was versteht man unter Firma?

Die **Firma** eines Kaufmanns **(Handelsfirma)** ist der Name, unter dem er seine Geschäfte betreibt und die Unterschrift abgibt. Ein Kaufmann kann unter seiner Firma klagen und verklagt werden.

354 Beschreiben Sie die Firmengrundsätze!

Es gelten folgende **Firmengrundsätze:**
- **Firmenöffentlichkeit:** Jeder Kaufmann ist verpflichtet, seine Firma und seinen Geschäftssitz zur Eintragung in das Handelsregister anzumelden;
- **Firmenklarheit:** Die Firma muss zur Kennzeichnung des Kaufmanns geeignet sein;
- **Firmenausschließlichkeit:** Die Firma muss Unterscheidungskraft besitzen (sie muss sich eindeutig von allen am gleichen Ort bereits bestehenden Firmen unterscheiden);
- **Firmenwahrheit:** Die Firma darf keine Angaben enthalten, die geeignet sind, über wesentliche geschäftliche Verhältnisse irre zu führen;
- **Firmenbeständigkeit** bei Erwerb: Wer ein bestehendes Handelsgeschäft erwirbt, darf für das Geschäft die bisherige Firma, auch wenn sie den Namen des bisherigen Geschäftsinhabers enthält, mit oder ohne Beifügung eines das Nachfolgeverhältnis andeutenden Zusatzes fortführen, wenn der bisherige Geschäftsinhaber oder dessen Erben in die Fortführung der Firma ausdrücklich einwilligen;
- **Firmenbeständigkeit** bei Änderungen im Gesellschafterbestand: Wird ein Gesellschafter aufgenommen oder scheidet ein Gesellschafter aus, so kann die bisherige Firma fortge-

führt werden (z. B. auch, wenn der Name des ausscheidenden Gesellschafters in der Firma enthalten ist);

● **Veräußerungsverbot:** Die Firma kann nicht ohne das Handelsgeschäft, für welches sie geführt wird, veräußert werden.

---

355 Unterscheiden Sie Personen-, Sach- und Fantasiefirma!

Enthält die Firma den Namen des Inhabers bzw. die Namen der Inhaber, spricht man von einer **Personenfirma.**

Enthält die Firma die Art des Unternehmens (z. B. Textilhandlung), spricht man von einer **Sachfirma.**

Enthält die Firma weder den Namen des Inhabers noch die Art des Unternehmens, spricht man von **Fantasiefirma** (z. B. Mirol 2000).

---

356 Was ist das Handelsregister?

Das **Handelsregister** ist ein regionales Register, in dem alle Kaufleute erfasst werden. Das Handelsregister wird von den Gerichten elektronisch geführt. Alle Unterlagen sind elektronisch beim Registergericht einzureichen; eine Beglaubigung durch einen Notar ist erforderlich.

Die Einsichtnahme in das Handelsregister und in die dort eingereichten Dokumente ist jedem zu Informationszwecken gestattet.

Eingetragen werden z. B.:

● Firma und Name des Inhabers bzw. Namen der Gesellschafter sowie die Rechtsform,
● Geschäftssitz (Ort der Niederlassung),
● Art des Geschäftes (Gegenstand des Unternehmens),
● Höhe des gezeichneten Kapitals (Stammkapital, Grundkapital),
● Mitglieder der Geschäftsführung bzw. Vorstandsmitglieder,
● Erteilung und Erlöschen einer Prokura,
● Eröffnung des Insolvenzverfahrens, Liquidation.

Das Handelsregister besteht aus den Abteilungen A (Einzelunternehmungen und Personengesellschaften) und B (Kapitalgesellschaften); die Abkürzungen für die beiden Abteilungen sind HRA und HRB.

---

357 Welche rechtlichen Wirkungen haben Handelsregistereintragungen?

Die Wirkung der **Handelsregistereintragung** kann sein:

● rechtsbekundend (deklaratorisch), d. h., es werden Tatsachen eingetragen, die auch vorher schon rechtsgültig waren (z. B. Prokura, Kaufleute nach §1 HGB);
● rechtserzeugend (konstitutiv), d. h., in einigen Fällen entsteht eine Rechtswirkung erst durch die Eintragung (z. B. Form- und Kannkaufleute).

107

358 | Welche Bedeutung hat das Unternehmensregister?

Neben dem Handelsregister gibt es das zentrale **Unternehmensregister,** welches in elektronischer Form geführt wird und jedem über das Internet zugänglich ist.

Dieses Register bündelt vor allem Informationen aus den Handels-, Genossenschafts- und Partnerschaftsregistern sowie aus Daten des elektronischen Bundesanzeigers.

3.4 Rechtsformen der Unternehmung

359 | Welche Rechtsformen unterscheidet man (Überblick)?

Man unterscheidet folgende **Rechtsformen:**

1. Einzelunternehmen;
2. Gesellschaftsunternehmen,
    a) Personengesellschaften,
        ● Offene Handelsgesellschaft (OHG),
        ● Kommanditgesellschaft (KG);
    b) Kapitalgesellschaften,
        ● Aktiengesellschaft (AG),
        ● Gesellschaft mit beschränkter Haftung (GmbH),
        ● Kommanditgesellschaft auf Aktien (KGaA);
3. Genossenschaften.

360 | Nennen Sie die Merkmale der Personengesellschaften!

Bei den **Personengesellschaften** teilen sich mehrere Teilhaber Rechte und Pflichten (geregelt im HGB bzw. im Gesellschaftsvertrag).

Kennzeichen sind:
● Das Kapital wird von mehreren Personen aufgebracht,
● die Haftung und das Risiko werden verteilt,
● die Kreditwürdigkeit steigt durch Vergrößerung der Kapitalbasis,
● die Verantwortung tragen mehrere,
● im Vordergrund steht neben der Haftung die persönliche Mitarbeit der Inhaber.

361 | Welche Gründe führen zur Auflösung von Personengesellschaften?

Auflösungsgründe für Personengesellschaften sind:
● Ablauf der Zeit, für welche sie eingegangen ist;
● Beschluss der Gesellschafter;
● Eröffnung des Insolvenzverfahrens über das Vermögen der Gesellschaft;
● gerichtliche Entscheidung (bei einem wichtigen Grund).

Falls vertraglich nichts geregelt ist, scheidet ein Gesellschafter aus z. B. bei Kündigung und Eröffnung des Insolvenzverfahrens über sein Vermögen.

362 Nennen Sie die Merkmale der Kapitalgesellschaften!

Merkmale der **Kapitalgesellschaften** sind:
- Sie sind **juristische Personen,** d.h. Gesellschaften mit eigener Rechtspersönlichkeit (sie besitzen Rechts- und Geschäftsfähigkeit);
- das aufgebrachte Kapital steht im Vordergrund;
- der Bestand der Kapitalgesellschaft wird durch die Übertragung der Gesellschaftsanteile nicht beeinflusst;
- für Schulden der Gesellschaft haftet nicht das persönliche Vermögen der Gesellschafter (Ausnahme: Komplementär der KGaA), sondern die Gesellschafter haften nur bis zur Höhe ihrer Einlage;
- sie werden vertreten durch ihre Organe (z.B. Vorstand, Aufsichtsrat);
- sie entstehen durch die Eintragung ins Handelsregister (HRB).

363 Wie ist die Offenlegung für Kapitalgesellschaften geregelt?

Die Kapitalgesellschaften haben den Jahresabschluss dem **elektronischen Bundesanzeiger** (zentrales Veröffentlichungsorgan für wirtschaftsrechtliche Bekanntmachungen) auf elektronischem Wege einzureichen und unverzüglich (im Internet) bekannt machen zu lassen.

Die **Offenlegung** für Kapitalgesellschaften ist im HGB wie folgt geregelt:
- **Große Kapitalgesellschaften** müssen den Jahresabschluss (bestehend aus Jahresbilanz, GuV-Rechnung, Anhang) sowie den Lagebericht einreichen;
- **mittelgroße Kapitalgesellschaften** müssen ebenfalls den Jahresabschluss sowie den Lagebericht einreichen, wobei die Bilanz nur in der für kleine Kapitalgesellschaften vorgeschriebenen Form vorzulegen ist;
- **kleine Kapitalgesellschaften** müssen nur die Bilanz und den Anhang einreichen.

364 Unterscheiden Sie kleine, mittelgroße und große Kapitalgesellschaften!

Das HGB unterscheidet für den Einzelabschluss[1] von Kapitalgesellschaften drei **Größenklassen** entsprechend der Merkmale Bilanzsumme, Umsatzerlöse und Anzahl der Arbeitnehmer.
- **Kleine Kapitalgesellschaften** sind solche, die mindestens zwei der drei nachstehenden Merkmale nicht überschreiten: 4,015 Mio. EUR Bilanzsumme, 8,03 Mio. EUR Umsatz, 50 Arbeitnehmer.
- **Mittelgroße Kapitalgesellschaften** sind solche, die mindestens zwei der drei Merkmale der kleinen Kapitalgesellschaften überschreiten und jeweils mindestens zwei der drei nachstehenden Merkmale nicht überschreiten: 16,06 Mio. EUR Bilanzsumme, 32,12 Mio. EUR Umsatz, 250 Arbeitnehmer.

---

1 Für den Konzernabschluss gelten andere Werte.

● **Große Kapitalgesellschaften** sind solche, die mindestens zwei der drei Merkmale der mittelgroßen Kapitalgesellschaften überschreiten bzw. deren Aktien an der Börse (in einem Mitgliedstaat der Europäischen Union) gehandelt werden.

365 Unterscheiden Sie Anhang und Lagebericht!

Der **Anhang** (Bestandteil des Jahresabschlusses bei Kapitalgesellschaften) erläutert die Bilanz und die Gewinn- und Verlustrechnung; angegeben werden u. a. die angewandten Bilanzierungs- und Bewertungsmethoden (siehe Seite 479 ff.).

Der **Lagebericht** (kein Bestandteil des Jahresabschlusses) stellt den Geschäftsverlauf und die Lage der Kapitalgesellschaft dar; besonders berücksichtigt werden sollen Vorgänge von besonderer Bedeutung (z. B. Auslandsinvestitionen) sowie die voraussichtliche Entwicklung der Gesellschaft.

366 Wie ist die Pflicht zur Prüfung von Kapitalgesellschaften geregelt?

Nach dem HGB sind der Jahresabschluss und der Lagebericht von Kapitalgesellschaften (ausgenommen sind kleine Kapitalgesellschaften) durch einen Abschlussprüfer zu prüfen **(Pflicht zur Prüfung).**

367 Welche Gründe führen zur Auflösung von Kapitalgesellschaften?

Eine Kapitalgesellschaft wird aufgelöst
● durch Ablauf der in der Satzung bestimmten Zeit,
● durch Gesellschafterbeschluss mit qualifizierter Mehrheit (bei der AG sind mindestens drei Viertel des vertretenen Grundkapitals erforderlich; bei der GmbH ist eine Mehrheit von drei Vierteln der abgegebenen Stimmen erforderlich),
● durch die Eröffnung des Insolvenzverfahrens (die Gesellschaft kann fortgeführt werden, wenn das Verfahren aufgrund eines entsprechenden Insolvenzplans aufgehoben wird),
● durch gerichtliches Urteil oder durch Entscheidung der Verwaltungsbehörde, wenn die Gesellschaft das Allgemeinwohl gefährdet.

368 Welche Vorschriften gibt es für die Firma bei den einzelnen Unternehmungsformen?

Die **Firma** muss enthalten:
1. nach dem Handelsgesetzbuch,
   ● bei **Einzelkaufleuten** die Bezeichnung „eingetragener Kaufmann", „eingetragene Kauffrau" oder eine allgemein verständliche Abkürzung dieser Bezeichnung, insbesondere „e. K.", „e. Kfm." oder „e. Kfr.";
   ● bei einer **OHG** die Bezeichnung „offene Handelsgesellschaft" oder eine allgemein verständliche Abkürzung dieser Bezeichnung;
   ● bei einer **KG** die Bezeichnung „Kommanditgesellschaft" oder eine allgemein verständliche Abkürzung dieser Bezeichnung;
2. nach dem Aktiengesetz,
   ● bei einer **AG** die Bezeichnung „Aktiengesellschaft" oder eine allgemein verständliche Abkürzung dieser Bezeichnung;

3. nach dem GmbH-Gesetz,

- bei einer **GmbH** die Bezeichnung „Gesellschaft mit beschränkter Haftung" oder eine allgemein verständliche Abkürzung dieser Bezeichnung.

Grundsätzlich kann jedes Unternehmen, unabhängig von der gewählten Rechtsform, als Firma die Personen-, Sach- oder Fantasiefirma wählen.

3.4.1 Einzelunternehmung

369 Nennen Sie die Merkmale der Einzelunternehmung!

In der **Einzelunternehmung** hat der Alleininhaber alle Rechte und trägt alle Pflichten der Unternehmung.

Vorteile sind:

- alleinige, freie und schnelle Entscheidungsmöglichkeit,
- alleiniger Gewinnanspruch.

Nachteile sind:

- unbeschränkte Haftung mit dem gesamten geschäftlichen **und** privaten Vermögen,
- geringe Kreditbasis,
- begrenzte Unternehmensvergrößerung.

Die Rechtsform der Einzelunternehmung ist besonders für kleinere und mittlere Unternehmen geeignet. Sie ist die häufigste Rechtsform in der Bundesrepublik Deutschland.

3.4.2 Offene Handelsgesellschaft (OHG)

370 Was ist eine OHG?

Eine **OHG** ist eine Gesellschaft, deren Zweck auf den Betrieb eines Handelsgewerbes unter gemeinschaftlicher Firma gerichtet ist, wenn bei keinem der Gesellschafter die Haftung gegenüber den Gesellschaftsgläubigern beschränkt ist.

Alle Gesellschafter haben gleiche Rechte und Pflichten.

371 Wie ist die Haftung bei der OHG geregelt?

Alle Gesellschafter **haften** allen Gesellschaftsgläubigern ohne Rücksicht auf besondere vertragliche Vereinbarungen (diese gelten nur im Innenverhältnis):

- **unbeschränkt,** d.h. Haftung mit dem gesamten Geschäfts- **und** Privatvermögen;
- **unmittelbar,** d.h., die Gläubiger müssen sich nicht zuerst an die OHG, sondern können sich unmittelbar an die Gesellschafter wenden;

111

- **solidarisch** (gesamtschuldnerisch), d. h., die Gläubiger können sich einen beliebigen Gesellschafter aussuchen, der dann für die gesamte Verbindlichkeit der Firma, und zwar in unbegrenzter Höhe, einstehen muss (dieser Gesellschafter kann von den übrigen Gesellschaftern deren Anteile an der Verbindlichkeit fordern).

---

372 Welche Rechte haben die Gesellschafter der OHG?

Die Gesellschafter einer OHG haben:
- Recht zur Geschäftsführung (bei gewöhnlichen Geschäften Einzelentscheidung und bei außergewöhnlichen Geschäften Gesamtbeschluss),
- Recht auf Gewinnanteil (nach dem HGB 4% vom Kapitalanteil und Rest nach Köpfen, andere Vereinbarungen sind möglich),
- Informations- und Kontrollrecht,
- Recht auf Privatentnahmen (bis 4% vom Kapitalanteil),
- Recht zur Vertretung der Gesellschaft nach außen, d.h. Dritten gegenüber (Außenverhältnis); bei allen Rechtsgeschäften Einzelvertretungsrecht, Gesamtvertretung nur durch Gesellschaftsvertrag und Handelsregistereintragung;
- Widerspruchsrecht gegen Maßnahmen anderer Gesellschafter,
- Kündigungsrecht (6 Monate auf Geschäftsjahresende),
- Anspruch auf Liquidationserlös.

---

373 Welche Pflichten haben die Gesellschafter der OHG?

Die Pflichten der Gesellschafter sind:
- Einlagepflicht (keine Mindesthöhe vorgeschrieben),
- Pflicht zur Mitarbeit,
- Verlustbeteiligung (lt. HGB nach Köpfen),
- Wettbewerbsverbot (siehe Seite 18 f.),
- die Ansprüche gegen einen Gesellschafter aus Verbindlichkeiten der Gesellschaft verjähren in fünf Jahren nach der Auflösung der Gesellschaft oder nach dem Ausscheiden des Gesellschafters, sofern keine kürzeren Verjährungsfristen gelten.

---

374 Welche Gründe sprechen für die Rechtsform der OHG?

Für die OHG als Rechtsform sprechen:
- keine Vorschriften über Mindesteinlagen und Mindestkapital (Gründung mit relativ niedrigem Anfangskapital ist möglich),
- Mitarbeit der Gesellschafter steht im Vordergrund,
- hohe Kreditwürdigkeit durch die unbeschränkte Haftung.

3.4.3 Kommanditgesellschaft (KG)

375 Was ist eine KG?

Die **KG** ist eine Personengesellschaft, deren Zweck auf den Betrieb eines Handelsgewerbes unter gemeinschaftlicher Firma gerichtet ist. Sie besteht aus zwei Arten von Gesellschaftern: mindestens ein Vollhafter (Komplementär) und mindestens ein Teilhafter (Kommanditist).

376 Wie ist die Haftung bei der KG geregelt?

Die **Komplementäre** haften für Gesellschaftsschulden wie die Gesellschafter der OHG, d.h. unbeschränkt, solidarisch und unmittelbar.

Die **Kommanditisten** haften nur bis zur Höhe ihrer Kapitaleinlage (beschränkte Haftung).

377 Nennen Sie Rechte und Pflichten der Komplementäre!

Die Komplementäre haben die gleichen Rechte und Pflichten wie die Gesellschafter der OHG.

378 Nennen Sie Rechte und Pflichten der Kommanditisten!

Zu den Rechten der **Kommanditisten** zählen:
● Kontrollrecht,
● Recht zur Einsicht in Bücher und Bilanzen,
● Widerspruchsrecht bei außergewöhnlichen Geschäften,
● Recht auf Gewinnanteil (4 % auf Kapitalanteil, Rest in angemessenem Verhältnis = gesetzliche Regelung nach dem HGB für alle Gesellschafter der KG; abweichende vertragliche Vereinbarungen sind möglich),
● Recht auf Kündigung (6 Monate auf Geschäftsjahresende).

Zu den Pflichten der Kommanditisten zählen:
● Pflicht zur Kapitaleinlage (keine Mindesthöhe),
● Pflicht zur Verlustbeteiligung (in angemessenem Verhältnis),
● Haftpflicht (nur bis zur Höhe ihrer Kapitaleinlage).

379 Welche Gründe sprechen für die Rechtsform der KG?

Für die KG als Rechtsform sprechen:
● Eignung für Familiengesellschaften (z. B. Vater wird Komplementär und Kinder werden Kommanditisten),
● Erhöhung des Geschäftskapitals durch die Aufnahme von Kommanditisten (Geschäftsführungsbefugnis des Komplementärs wird dadurch nicht berührt).

3.4.4 Gesellschaft mit beschränkter Haftung (GmbH)

380 Was ist eine GmbH?

Die **GmbH** ist eine Kapitalgesellschaft (juristische Person), deren Gesellschafter nur mit ihrer Einlage haften. Sie kann zu jedem gesetzlich zulässigen Zweck durch eine Person (Ein-Mann-GmbH) oder mehrere Personen errichtet werden.

8 Groh/Schröer – ISBN 978-3-8120-0422-0

381 Welche Gründungs-voraussetzungen gibt es für die GmbH?

Nach dem GmbH-Gesetz sind folgende **Gründungsvoraus-setzungen** zu erfüllen:
- das Stammkapital muss mindestens 25 000,00 EUR betragen,
- die Stammeinlage muss mindestens 100,00 EUR betragen,
- der Gesellschaftsvertrag ist notariell zu beurkunden,
- die Gründung muss ins Handelsregister (Abteilung B) eingetragen werden (die Eintragung kann erst dann erfolgen, wenn auf das Stammkapital mindestens die Hälfte eingezahlt ist, entweder als Geld- oder Sacheinlage).

382 Welche Rechte und Pflichten haben die Gesellschafter der GmbH?

Zu den Rechten der Gesellschafter zählen:
- Recht auf Anteil am Gewinn (nach der gesetzlichen Regelung lt. GmbH-Gesetz Verteilung im Verhältnis der Geschäftsanteile, falls in der Satzung nichts anderes vereinbart ist),
- Stimmrecht in der Gesellschafterversammlung (Abstimmung nach Geschäftsanteilen),
- Recht auf Liquidationserlös.

Zu den Pflichten der Gesellschafter zählen:
- Einlagepflicht,
- beschränkte Haftpflicht,
- Nachschusspflicht, falls die Satzung dies vorsieht.

383 Nennen Sie die Organe der GmbH und deren Aufgaben!

Organe der GmbH sind Geschäftsführer, Aufsichtsrat und Gesellschafterversammlung.

Aufgaben der/des **Geschäftsführer(s)** sind:
- Geschäftsführung (nach innen),
- Vertretung (nach außen).

Aufgaben des **Aufsichtsrats** sind:
- Überwachung der Geschäftsführung,
- Prüfung des Jahresabschlusses und des Lageberichts,
- Bericht darüber an die Gesellschafterversammlung.

Ein Aufsichtsrat ist nur für Gesellschaften mit mehr als 500 Arbeitnehmern gesetzlich vorgeschrieben (geregelt im Betriebsverfassungsgesetz).

Aufgaben der **Gesellschafterversammlung** sind:
- Feststellung des Jahresabschlusses und Verwendung des Ergebnisses,
- Bestellung und Abberufung von Geschäftsführern,
- Überwachung der Geschäftsführung,
- Bestellung von Prokuristen und Generalhandlungsbevollmächtigten.

| 384 | Welche Gründe sprechen für die GmbH? | Die GmbH bietet folgende Vorteile:
● die elastische Unternehmensführung einer Personengesellschaft,
● die Beschränkung der Haftung auf das Gesellschaftsvermögen,
● das geringe Stammkapital. |

3.4.5 Aktiengesellschaft (AG)

| 385 | Was ist eine AG? | Eine **AG** ist eine Kapitalgesellschaft (juristische Person), die ein in Aktien (siehe Seite 269) zerlegtes Grundkapital besitzt. Die Teilhaber (Aktionäre) haften nur mit ihrer Einlage (d. h., die Haftung des Unternehmens beschränkt sich auf das Gesellschaftsvermögen) und haben weder Geschäftsführungs- noch Vertretungsbefugnis. |

| 386 | Welche Gründungsvoraussetzungen bestehen für die AG? | Folgende Voraussetzungen sind nach dem AktG zu erfüllen:
● Zur Gründung einer AG ist eine oder sind mehrere Personen erforderlich;
● das Grundkapital muss mindestens 50 000,00 EUR betragen (Bar- oder Sachgründung);
● die Ausgabe von Aktien kann erfolgen in Form von Nennbetragsaktien bzw. Stückaktien (siehe Seite 269);
● die Satzung bedarf der notariellen Beurkundung;
● Eintragung ins Handelsregister Abteilung B. |

| 387 | Welche Rechte und Pflichten haben die Aktionäre? | **Rechte** der Aktionäre sind:
● Stimmrecht (nach Aktienanteilen) und Auskunftsrecht in der Hauptversammlung,
● Recht auf Anteil am Gesellschaftsvermögen bei einer Auflösung der AG (nach Befriedigung aller Gläubiger),
● Recht auf Anteil am Gewinn (Dividende), der angegebene Prozentsatz bezieht sich auf den Aktiennennbetrag,
● Bezugsrecht bei Ausgabe neuer Aktien.

Pflichten der Aktionäre sind:
● Pflicht zur Kapitaleinlage,
● beschränkte Haftpflicht (in Höhe der Einlage). |

| 388 | Nennen Sie die Organe der AG! | Die AG besitzt drei gesetzmäßige Organe:

Der **Vorstand** (leitendes Organ) wird vom Aufsichtsrat für höchstens fünf Jahre gegen festes Gehalt und Gewinnanteile (Tantiemen) bestellt und besteht aus einem oder mehreren Mitgliedern. Eine wiederholte Bestellung oder Verlängerung der Amtszeit, jeweils für fünf Jahre, ist zulässig. |

Der **Aufsichtsrat** (überwachendes Organ) besteht je nach Höhe des Grundkapitals aus mindestens drei und höchstens einundzwanzig Mitgliedern, die für höchstens vier Jahre gewählt werden (nach AktG). Sie erhalten eine Aufwandsentschädigung und oftmals Tantieme.

Die **Hauptversammlung** (beschließendes Organ) besteht aus den Aktionären und deren Vertretern (z.B. Banken, die das Depotstimmrecht ausüben). Es wird nach Aktiennennbeträgen abgestimmt. Beschlüsse der HV bedürfen der notariellen Beurkundung.

---

389 Welche Aufgaben hat der Vorstand der AG?

Zu den **Aufgaben des Vorstandes** gehören:
- Geschäftsführung und Vertretung,
- Sorgfalts- und Haftpflicht,
- Beachtung des Wettbewerbsverbots (siehe Seite 18 f.).

---

390 Welche Aufgaben hat der Aufsichtsrat der AG?

Aufgaben des Aufsichtsrats sind:
- Wahl des Vorstandes,
- Überwachung des Vorstandes und dessen Geschäftsführung,
- Prüfung des Jahresabschlusses, des Lageberichts und des Vorschlages des Vorstandes für die Verwendung des Bilanzgewinnes;
- Bericht über Jahresabschluss und Lagebericht an die Hauptversammlung.

---

391 Welche Aufgaben hat die Hauptversammlung der AG?

Zu den **Aufgaben der Hauptversammlung** zählen:
- Die Bestellung der von den Anteilseignern zu wählenden Aufsichtsratsmitglieder,
- die Entscheidung über die Verwendung des Bilanzgewinns,
- die Entlastung des Vorstandes und des Aufsichtsrates,
- die Bestellung der Abschlussprüfer,
- Beschlüsse über Satzungsänderungen, z.B. Kapitalerhöhung (Dreiviertelmehrheit ist erforderlich).

---

392 Welche wirtschaftliche Bedeutung hat die AG?

Die Bedeutung der AG ist vor allem in Folgendem zu sehen:
- Das oft hohe Grundkapital wird meist von einer größeren Zahl von Kapitalgebern aufgebracht, dadurch können große wirtschaftliche Aufgaben verwirklicht werden;
- die AG ist die typische Form der Großunternehmung, vor allem in der Industrie, bei Versicherungen und Banken;
- durch relativ kleine Kapitalanteile wird eine breite Streuung des Eigentums am Produktionsvermögen erzielt;
- die Aktie ist ein beliebtes Anlagemittel, da sie leicht wieder veräußert werden kann.

3.4.6 Genossenschaft

393 Was ist eine Genossenschaft?

Genossenschaften sind Gesellschaften mit nicht geschlossener Mitgliederzahl, welche den Erwerb oder die Wirtschaft ihrer Mitglieder (Genossen) mittels eines gemeinschaftlichen Geschäftsbetriebes fördern wollen.

Die Genossen sind mit **Geschäftsanteilen,** deren Höhe in der Satzung festgelegt ist, an der Gesellschaft beteiligt (ein Mindestkapital ist nicht vorgeschrieben).

Grundsätzlich haftet den Gläubigern für die Verbindlichkeiten der Genossenschaft nur das Vermögen der Genossenschaft. Die Genossenschaft firmiert mit dem Zusatz „eingetragene Genossenschaft" oder der Abkürzung „eG".

394 Welche Gründungsvoraussetzungen bestehen für die Genossenschaft?

Gründungsvoraussetzungen für eine Genossenschaft sind:
- mindestens drei Mitglieder (keine Begrenzung nach oben),
- schriftlicher Gesellschaftsvertrag (Satzung),
- Eintragung ins Genossenschaftsregister (konstitutive Wirkung: Formkaufmann).

395 Nennen Sie die Organe der Genossenschaft und deren Aufgaben!

Die **Organe** der Genossenschaft und deren **Aufgaben** sind:

Der **Vorstand:** Er setzt sich aus mindestens zwei von der Generalversammlung gewählten Genossen zusammen; ihm obliegt die Geschäftsführungs- und die Vertretungsbefugnis.

Der **Aufsichtsrat:** Er besteht aus mindestens drei Genossen; seine Rechte entsprechen im Wesentlichen denen der Aufsichtsratsmitglieder der AG.

Die **Generalversammlung:** Sie ist das oberste Entscheidungsorgan und beschließt insbesondere über die Führung der Geschäfte und die Gewinnverteilung; ihre Rechte entsprechen im Wesentlichen denen der Hauptversammlung der AG.

3.5 Rechtsstellung der Mitarbeiter

396 Was versteht man unter Vollmacht?

Vollmacht ist das Recht, in fremdem Namen gültige Geschäfte abzuschließen. Man unterscheidet zwei Formen der Vollmacht (Vertretungsbefugnis):
- Handlungsvollmacht,
- Prokura.

3.5.1 Handlungsvollmacht

397 Was ist Handlungsvollmacht?

Handlungsvollmacht ist jede von einem Kaufmann im Rahmen seines Geschäftsbetriebes erteilte Vollmacht, die nicht Prokura ist.

398 Welche Arten der Handlungsvollmacht gibt es?

Die **Generalhandlungsvollmacht** (allgemeine Handlungsvollmacht, Gesamtvollmacht) ermächtigt (nach dem HGB) zu allen Rechtshandlungen, soweit sie im Rahmen des betreffenden Handelsgewerbes üblich sind. Ohne ausdrückliche Zustimmung darf der Bevollmächtigte z.B. keine Grundstücke verkaufen oder Darlehen aufnehmen.

Die **Artvollmacht** (Teilvollmacht) erstreckt sich auf bestimmte, regelmäßig anfallende Geschäfte (gilt z.B. für Abteilungsleiter, Kassierer durch die Inkassovollmacht, Verkäufer).

Die **Spezialvollmacht** (Einzel- oder Sondervollmacht) ermächtigt nur zur Vornahme einzelner Rechtsgeschäfte, nach deren Erledigung sie erlischt (z.B. Einlösen eines Schecks).

399 Welche Rechte sind mit der allgemeinen Handlungsvollmacht verbunden?

Der Inhaber der **allgemeinen Handlungsvollmacht** darf nach dem HGB z.B. folgende Rechtsgeschäfte ausführen:
- Zahlungsgeschäfte erledigen,
- Ein- und Verkäufe tätigen,
- Mitarbeiter einstellen und entlassen.

Folgende Rechtsgeschäfte darf der Handlungsbevollmächtigte nur mit einer besonderen Befugnis (Sondervollmacht) vornehmen:
- Veräußerung und Belastung von Grundstücken,
- Eingehen von Wechselverbindlichkeiten,
- Aufnahme von Darlehen,
- Führen eines Prozesses.

Rechtsgeschäfte, die ein Prokurist nach dem HGB nicht vornehmen darf, sind auch dem Handlungsbevollmächtigten verboten.

400 Was ist Generalvollmacht?

Die **Generalvollmacht** ist nicht gesetzlich geregelt, sie ermächtigt zur Vertretung des Geschäftsinhabers in allen auch außergewöhnlichen Geschäften. Sie kann in ihrem Umfang die Prokura übertreffen.

401 Wie wird Handlungsvollmacht erteilt?

Die **allgemeine Handlungsvollmacht** kann von Kaufleuten und Prokuristen erteilt werden. Die anderen Formen der Vollmacht kann jeder Bevollmächtigte als Untervollmacht erteilen.

Die Erteilung der Vollmacht ist an keine Form gebunden. Die Übertragung kann ausdrücklich erfolgen oder durch die stillschweigende Duldung von Geschäften (z.B. Kassieren).

Die Eintragung in das Handelsregister ist nicht erlaubt.

402 Wie erlischt die Handlungsvollmacht?

Die Handlungsvollmacht erlischt durch
- Widerruf des Vollmachtgebers,
- Auflösung des Dienstverhältnisses,

● Auflösung des Geschäftes.

Die Einzelvollmacht erlischt nach Durchführung des betreffenden Auftrages.

3.5.2 Prokura

403 Was ist Prokura?

Prokura ist die umfassendste Art der Vollmacht. Sie ermächtigt zu allen Arten von gerichtlichen und außergerichtlichen Geschäften und Rechtshandlungen, die der Betrieb eines Handelsgewerbes mit sich bringt (z. B. Einstellen und Entlassen von Mitarbeitern, Erteilung von Vollmacht, Aufnahme eines Darlehens, Kauf eines Betriebsgrundstücks).

404 Welche Beschränkungen gibt es bei der Prokura?

Einem **Prokuristen** ist es gesetzlich verboten,
● Bilanzen und Steuererklärungen zu unterschreiben,
● die Firma aufzulösen, die Firma zu verändern oder zu verkaufen,
● das Insolvenzverfahren zu beantragen,
● neue Gesellschafter aufzunehmen,
● Prokura zu erteilen.

Grundstücke belasten und verkaufen darf der Prokurist nur mit besonderer Erlaubnis.

405 Wie ist die vertragliche Beschränkung der Prokura geregelt?

Eine Beschränkung der Prokura ist im Innenverhältnis möglich; Dritten gegenüber (Außenverhältnis) ist die Beschränkung unwirksam. (Beispiel: Einem Prokuristen wird vom Unternehmer untersagt Wechsel zu akzeptieren; wenn er trotzdem eine Wechselverpflichtung eingeht, ist das Akzept voll gültig. Der Prokurist kann aber wegen Verletzung der Dienstpflicht zur Rechenschaft gezogen werden.)

406 Welche Arten der Prokura gibt es?

Bei der **Einzelprokura** ist eine Person berechtigt, die Vollmacht allein in vollem Umfang wahrzunehmen.

Wenn zwei (oder mehrere) Personen nur gemeinsam die Vollmacht ausüben dürfen, liegt **Gesamtprokura** vor.

Die **Filialprokura** beschränkt die Vollmacht des Prokuristen auf den Geschäftsbereich einer Filiale (Zweigniederlassung).

407 Wie wird die Prokura erteilt?

Die Erteilung der Prokura
● darf nur vom Geschäftsinhaber persönlich vorgenommen werden,
● muss ausdrücklich erklärt werden (kein Formzwang),
● muss in das Handelsregister eingetragen werden (Prokura wird dadurch bekannt gemacht, aber nicht begründet).

408 | Wie erlischt die Prokura?

Die Prokura erlischt durch

● Widerruf,

● Auflösung des Dienstvertrages,

● Auflösung oder Verkauf des Geschäftes.

Die Prokura erlischt nicht beim Tod des Geschäftsinhabers. Nach außen hin bleibt die Prokura bis zur Streichung im Handelsregister gültig.

409 | Wie unterzeichnen Handlungsbevollmächtigte und Prokuristen?

Handlungsbevollmächtigte unterzeichnen i. d. R. bei der

● Einzelvollmacht mit dem Zusatz i. A. (im Auftrag),

● Art- und Gesamtvollmacht mit dem Zusatz i. V. (in Vollmacht).

Prokuristen unterzeichnen mit dem Zusatz per procura, pp. oder ppa.

4 Wirtschaftsordnung, Preisbildung und Wettbewerb

4.1 Modelle der Wirtschaftsordnung

410 Unterscheiden Sie Ideal- und Realtypen!

Idealtypen der Wirtschaftsordnung sind theoretische Modelle für die Gestaltung einer Volkswirtschaft. Sie kommen in der wirtschaftlichen Wirklichkeit in ihrer reinen Form, der

- freien Marktwirtschaft oder
- Planwirtschaft,

nie vor.

Realtypen sind Wirtschaftsordnungen der Wirklichkeit. Je nach Gesellschaftsordnung erfolgt eine Orientierung an einem der beiden Idealtypen.

411 Was ist freie Marktwirtschaft?

Die **freie Marktwirtschaft** stellt das Individuum in den Mittelpunkt **(individualistische Wirtschaftsordnung)**; sie ist gekennzeichnet durch

- freien Wettbewerb, Angebot und Nachfrage bestimmen den Preis (Marktmechanismus);
- offene Märkte (freier Marktzugang für jeden Marktteilnehmer);
- Individualplanung und individuelles Risiko;
- Vertragsfreiheit;
- Gewerbefreiheit, jeder kann auf dem Markt beliebige Güter anbieten (Markt als oberste Lenkungsinstanz);
- Streben nach maximalem Gewinn (erwerbswirtschaftliches Prinzip);
- Konsumfreiheit, jeder kann auf dem Markt beliebige Güter nachfragen;
- Investitionsfreiheit, der Unternehmer kann frei über die Verwendung seiner finanziellen Mittel entscheiden;
- Privateigentum;
- freie Berufswahl und freie Wahl des Arbeitsplatzes;
- untergeordnete Rolle des Staates;
- Zwang zur demokratischen Gesellschaftsordnung;
- freie Austauschbarkeit der Währungen.

412 Was ist Planwirtschaft?

Die **Planwirtschaft** (Zentralverwaltungswirtschaft) stellt den Staat in den Vordergrund **(kollektivistische Wirtschaftsordnung)**; sie ist gekennzeichnet durch

- gesellschaftliches Eigentum an Produktionsmitteln (Staatseigentum, Kollektiveigentum),
- totale Regelung der gesamten Produktion durch Jahrespläne (Prinzip der Planerfüllung; Kollektivplanung),

- Regelung des Marktgeschehens durch den Staat (vorgeschriebene Preise und Mengen; zentral gelenkter Verbrauch und zentral gelenkte Investitionen),
- staatliche Regelung der Berufswahl und der Wahl des Arbeitsplatzes,
- Staat legt Bedarf fest (Bedarfsdeckungsprinzip),
- untergeordnete Bedeutung der Freiheit des Individuums,
- Zwang zur totalitären Gesellschaftsordnung.

---

413 Was ist soziale Marktwirtschaft?

Soziale Marktwirtschaft ist ein Wirtschaftssystem, dessen Ziel es ist, die Initiative des Einzelnen mit sozialem Fortschritt und sozialer Sicherheit zu verbinden.

Leitlinien der sozialen Marktwirtschaft sind:
- marktwirtschaftlicher Wettbewerb unter Beachtung staatlich festgesetzter Wettbewerbsregeln (z.B. Kartellgesetz);
- erwerbswirtschaftliches Prinzip;
- Privateigentum (verankert im Grundgesetz), wobei das Verfügungsrecht beim Eigentum an Produktionsmitteln durch die Mitbestimmung eingeschränkt ist;
- Sozialbindung des Eigentums, d.h., der Gebrauch des Eigentums soll zugleich dem Wohle der Allgemeinheit dienen (lt. Grundgesetz);
- wirtschaftspolitische Aufgaben des Staates (Stabilität, Vollbeschäftigung, Wachstum, außenwirtschaftliches Gleichgewicht);
- soziale Aufgaben des Staates (Sozialgesetzgebung);
- Tarifautonomie der Sozialpartner;
- Abwägen der Interessen des Einzelnen und der Gesellschaft.

---

414 Nennen Sie die Vorteile der sozialen Marktwirtschaft!

Die soziale Marktwirtschaft beinhaltet Elemente der freien Marktwirtschaft (Freiheit des Individuums) und der Planwirtschaft (Vorrang des Staates).

Vorteile dieses Systems sind:
- staatliche Regelungen zum Ausgleich der sozialen Härten der (totalen) freien Marktwirtschaft, in welcher das Leistungsprinzip allein entscheidend ist (z.B. sind Kranke, Jugendliche, Schwerbehinderte, alte Menschen durch Gesetze sozial abgesichert);
- möglichst großer Freiheitsraum des Einzelnen, d.h. weitgehende Autonomie der Unternehmen und Haushalte.

4.2 Marktarten und Marktformen

415 Was ist ein Markt?

Jedes Zusammentreffen von Angebot und Nachfrage nennt man **Markt,** gleichgültig an welchem Ort, zu welcher Zeit und unter welchen Umständen das geschieht.

416 Welche Marktarten gibt es?

Es gibt folgende Marktarten:

1. **Faktormärkte** (Märkte für die Produktionsfaktoren),
   - Arbeitsmarkt,
   - Kapitalmarkt (Geld- und Realkapital),
   - Immobilienmarkt;
2. **Gütermärkte,**
   - Konsumgütermarkt,
   - Investitionsgütermarkt.

417 Welche Marktformen werden unterschieden?

Entsprechend der Anzahl der Marktteilnehmer unterscheidet man:

1. **Monopol** (griechisch: Verkauf durch einen),
   - Angebotsmonopol: ein Anbieter und viele Nachfrager (wird oft vereinfacht als Monopol bezeichnet),
   - Nachfragemonopol: ein Nachfrager und viele Anbieter,
   - zweiseitiges Monopol: ein Anbieter und ein Nachfrager;
2. **Oligopol** (Verkauf durch wenige),
   - Angebotsoligopol: wenige Anbieter und viele Nachfrager,
   - Nachfrageoligopol: wenige Nachfrager und viele Anbieter,
   - zweiseitiges Oligopol: wenige Anbieter und wenige Nachfrager;
3. **Polypol** (Verkauf durch viele): viele Nachfrager und viele Anbieter.

4.3 Preisbildung auf vollkommenen und unvollkommenen Märkten

418 Unterscheiden Sie vollkommene und unvollkommene Märkte!

Der **vollkommene Markt** ist gekennzeichnet durch folgende Marktbedingungen:
- Gleichartigkeit (Homogenität) der Güter;
- **Markttransparenz,** d. h., alle Marktteilnehmer kennen sämtliche Marktbedingungen;
- Fehlen von **Präferenzen,** d. h., kein Konsument bevorzugt einen Händler, weil er diesen kennt (persönliche Präferenz) oder weil er in der Nähe des Anbieters wohnt (räumliche Präferenz);
- sofortige Reaktion auf Marktveränderungen.

Fehlt eine dieser Bedingungen, liegt ein **unvollkommener Markt** vor. In der Realität sind alle Märkte unvollkommene Märkte (Ausnahme: Börse und Devisenmarkt).

419 Nennen Sie die Bestimmungsgründe der Nachfrage!

Bestimmend für die **Nachfrage** (am Markt wirksamer Bedarf) sind:

- Zielsetzungen der Nachfrager (z.B. Nutzenmaximierung, Prestigegewinn),
- Preis des angebotenen Gutes,
- Preise der übrigen Güter (insbesondere ähnlicher Güter),
- verfügbares Einkommen der Haushalte,
- Bedarfsstruktur der Haushalte (abhängig z.B. von der Ausstattung mit Gütern, der Altersstruktur, dem Prestigedenken u.ä.),
- Erwartungen über die zukünftige wirtschaftliche Entwicklung.

420 Nennen Sie die Bestimmungsgründe des Angebots!

Entscheidend für das **Angebot** sind:

- Zielsetzungen der Anbieter (z.B. Gewinnmaximierung, Erweiterung des Marktanteils),
- Preis des Gutes,
- Preise der übrigen Güter,
- Faktorkosten (Kosten der Produktionsfaktoren),
- Gewinnerwartung,
- Wettbewerbssituation,
- Stand der Technik.

421 Welche Formen der Preisbildung gibt es (Überblick)?

In Abhängigkeit von der Marktform und den Marktbedingungen unterscheidet man die **Preisbildung** z.B. beim

1. Polypol bei
   - vollkommener Konkurrenz,
   - unvollkommener Konkurrenz;
2. Angebotsoligopol bei
   - vollkommener Konkurrenz,
   - unvollkommener Konkurrenz;
3. Angebotsmonopol bei
   - vollkommener Konkurrenz,
   - unvollkommener Konkurrenz.

422 Was ist vollständiger Wettbewerb?

Vollständiger Wettbewerb liegt vor, wenn sich auf einem vollkommenen Markt viele Anbieter und viele Nachfrager gegenüberstehen (**Polypol, vollkommene Konkurrenz**).

124

423 Wie bildet sich der Wettbewerbspreis bei vollständiger Konkurrenz?

Bei der Bestimmung des **Wettbewerbspreises** geht man von folgenden (wirklichkeitsnahen) Annahmen aus:
- Die nachgefragte Menge eines Gutes ist umso höher, je geringer der Preis dieses Gutes ist (Nachfragefunktion);
- die angebotene Menge eines Gutes ist umso höher, je höher der Preis dieses Gutes ist (Angebotsfunktion).

Beispiel:

Preis (EUR)	Nachfrage (Stück)	Angebot (Stück)
10,00	250	50
20,00	200	100
30,00	150	150
40,00	100	200
50,00	50	250

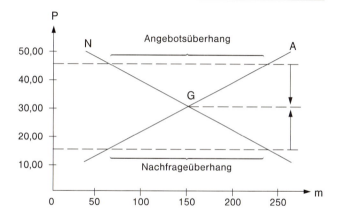

Bei einem Preis über 30,00 EUR ist das Angebot größer als die Nachfrage (Angebotsüberhang). Die Anbieter konkurrieren miteinander, dies bewirkt eine Preissenkung.

Bei einem Preis unter 30,00 EUR ist die Nachfrage größer als das Angebot (Nachfrageüberhang). Die Nachfrager konkurrieren miteinander, dies bewirkt eine Preiserhöhung.

Nur im Schnittpunkt G zwischen Angebotskurve und Nachfragekurve befinden sich Angebot und Nachfrage im Gleichgewicht (angebotene Menge = nachgefragte Menge). Der Preis, der dieser Menge entspricht, ist der **Gleichgewichtspreis** (30,00 EUR). Die Menge bezeichnet man als Gleichgewichtsmenge (150 Stück).

424 Welche Auswirkungen auf den Gleichgewichtspreis haben Änderungen von Nachfrage und Angebot?

Ändern sich bei vollständiger Konkurrenz die Bestimmungsgründe der Nachfrage oder die Bestimmungsgründe des Angebots, verschieben sich die Nachfrage- bzw. Angebotskurven nach rechts oder links; es ergibt sich ein neuer Gleichgewichtspreis.

Der **Gleichgewichtspreis** erhöht sich, wenn sich

- die Nachfragefunktion nach rechts (oben) verschiebt, d.h., bei gleichem Preis wird mehr nachgefragt (Gründe sind z.B.: Das nachgefragte Gut kommt in Mode, verstärkte Werbung für das Gut, Preise für Komplementärgüter sinken, Preise für Substitutionsgüter steigen);
- die Angebotskurve nach links (oben) verschiebt, d.h., bei gleichem Preis wird weniger angeboten (Gründe sind z.B.: Die Gewinnsituation verschlechtert sich, die Kosten der Produktionsfaktoren steigen).

Beispiel:

Verschiebung der Nachfragekurve nach rechts

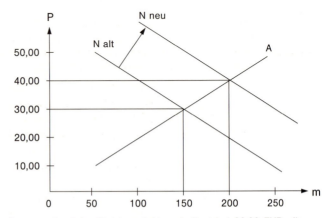

Der ursprüngliche Gleichgewichtspreis liegt bei 30,00 EUR, die ursprüngliche Gleichgewichtsmenge beträgt 150 Stück.

Der neue Gleichgewichtspreis, welcher sich nach der Verschiebung der Nachfragefunktion ergibt, liegt bei 40,00 EUR, die neue Gleichgewichtsmenge beträgt 200 Stück.

425 Wie bildet sich der Marktpreis bei unvollkommener polypolistischer Konkurrenz?

Wenn eine der Marktbedingungen des vollkommenen Marktes im **Polypol** fehlt, liegt unvollkommene polypolistische Konkurrenz vor; z.B. fehlt den Anbietern und Nachfragern die Marktübersicht oder das Gut wird in verschiedenen Qualitäten angeboten.

In diesem Fall gibt es keinen einheitlichen Marktpreis, d.h., für dasselbe Gut gibt es unterschiedliche Preise.

Der Polypolist auf unvollkommenem Markt kann in begrenztem Umfang seinen Preis selbst festsetzen, indem er durch den Einsatz seiner absatzpolitischen Instrumente (siehe Seite 239 ff.) persönliche und sachliche Präferenzen schafft.

426 Wie bildet sich der Marktpreis beim Angebotsoligopol?

In der Realität gibt es fast ausschließlich **Oligopole** auf unvollkommenen Märkten.

Der **Oligopolist** ist von der Preisgestaltung seiner Konkurrenten je nach seiner eigenen Marktstellung mehr oder weniger abhängig (der Marktschwache passt sich z. B. in der Preisgestaltung dem Preisführer an, der aufgrund seiner starken Marktstellung in begrenztem Umfang Preispolitik betreiben kann). Ziele seines Preisverhaltens können sein:

- Marktverdrängung, d. h., Vergrößerung des Marktanteils durch Ausschalten der Konkurrenten als Folge eines ruinösen Preiswettbewerbs;
- Sicherung der Marktmacht, d. h., oftmals werden stillschweigende oder vertragliche Preisabsprachen getroffen (trotz der Vorschriften des Kartellgesetzes).

An die Stelle des Preiswettbewerbs tritt der Qualitätswettbewerb.

---

427 Wie bildet sich der Marktpreis beim Angebotsmonopol?

Der **Angebotsmonopolist** hat keine Konkurrenten und er ist deshalb in seinen preis- bzw. mengenpolitischen Entscheidungen völlig unabhängig, d. h., er kann aktive Preis- bzw. Mengenpolitik betreiben.

Der Monopolist

- auf vollkommenen Märkten wählt den Preis, der ihm langfristig den größten Gewinn verspricht;
- auf unvollkommenen Märkten kann Preisdifferenzierung betreiben (siehe Seite 246).

Unangemessen hohe Preisforderungen des Monopolisten können zur Folge haben, dass aufgrund der hohen Gewinnerwartung neue Konkurrenten in den Markt eindringen bzw. Nachfrager auf ähnliche Güter (Substitutionsgüter) ausweichen.

---

428 Welche Funktionen hat der Marktpreis?

Der **Marktpreis** hat vor allem folgende Funktionen:

- **Lenkungsfunktion** (Allokationsfunktion): Die Produktionsfaktoren wechseln aus Wirtschaftsbereichen mit geringer Gewinnerwartung in Wirtschaftsbereiche mit hoher Gewinnerwartung. Sie gelangen also stets in die Bereiche einer Volkswirtschaft, in denen sie gebraucht werden.
- **Ausschaltungsfunktion:** Der Marktpreis schaltet den Teil der Nachfrager aus, der nicht bereit ist den Marktpreis zu zahlen. Außerdem werden diejenigen Anbieter, die wegen überhöhter Kosten zu hohe Preise verlangen, aus dem Markt verdrängt.
- **Signalfunktion:** Der Marktpreis spiegelt die Knappheitsverhältnisse der Güter wider, da weniger nachgefragte Güter niedrigere Preise aufweisen als stärker nachgefragte Güter.
- **Ausgleichsfunktion:** Der Markt wird beim Marktpreis geräumt. Alle Nachfrager, die bereit sind, den Gleichgewichtspreis zu bezahlen und alle Anbieter, die bereit sind, zum Gleichgewichtspreis zu verkaufen, kommen zum Zuge; d. h., beim Gleichgewichtspreis wird der größtmögliche Umsatz erzielt.

4.4 Kooperation und Konzentration in der Wirtschaft

429 Aus welchen Gründen schließen sich Unternehmen zusammen?

Ziele von **Unternehmenszusammenschlüssen** sind:
- Verbesserung der Marktposition,
- Erringen wirtschaftlicher Macht (durch Ausschalten der Konkurrenz und des Wettbewerbs),
- Vergrößerung der Kapitalbasis,
- Verbesserung der Produktionsverhältnisse (Normung, Nutzung von Patenten, Entwicklung neuer Verfahren, Rationalisierung, Kostensenkung),
- Risikoverteilung,
- Ausnutzung steuerlicher Vorteile.

430 Welche Vor- und Nachteile können Unternehmenszusammenschlüsse haben?

Vorteile von **Unternehmenszusammenschlüssen** können sein:
- Nutzung des technischen Fortschritts in der Produktion (größere Produktionsanlagen, Senkung der Stückkosten durch Massenproduktion, mehr Forschungsarbeit),
- Verbesserung der Finanzierung.

Nachteile können sein:
- Ausschaltung des Wettbewerbs,
- willkürliche Festlegung von (überhöhten) Preisen,
- Missbrauch der wirtschaftlichen Macht (z.B. Beeinflussung der Wirtschaftspolitik eines Landes).

431 Welche Arten von Unternehmenszusammenschlüssen gibt es?

Entsprechend dem Grad der wirtschaftlichen und rechtlichen Verflechtung der zusammengeschlossenen Unternehmen unterscheidet man:
- Kartell,
- Konzern,
- Trust.

Dabei können die Zusammenschlüsse sein:
- **horizontal,** d.h. Unternehmen einer Branche schließen sich zusammen;
- **vertikal,** d.h. Unternehmen verschiedener Produktionsstufen schließen sich zusammen;
- **anorganisch,** d.h. Unternehmen verschiedener Branchen schließen sich zusammen.

432 Was ist ein Kartell?

Unter einem **Kartell** versteht man eine Vereinbarung zwischen rechtlich selbstständigen Unternehmen, die den Wettbewerb verhindern, einschränken oder verfälschen sollen (Beispiele für Kartellvereinbarungen sind Preis- und Gebietsabsprachen).

433 | Was besagt der Verbotsgrundsatz?

Vereinbarungen zwischen Unternehmen, die eine Verhinderung, Einschränkung oder Verfälschung des Wettbewerbs bezwecken oder bewirken, sind verboten. Dieser **Verbotsgrundsatz** (§ 1 GWB) gilt für horizontale und vertikale Vereinbarungen (Kartelle).

Vom Verbotsgrundsatz ausgenommen sind Vereinbarungen zwischen Unternehmen, die unter angemessener Beteiligung der Verbraucher an dem entstehenden Gewinn zur Verbesserung der Warenerzeugung oder -verteilung oder zur Förderung des technischen oder wirtschaftlichen Fortschritts beitragen **(freigestellte Vereinbarungen),** z.B. Vereinbarungen über die Anwendung von technischen Normen.

434 | Was ist ein Mittelstandskartell?

Vereinbarungen zwischen miteinander im Wettbewerb stehenden Unternehmen, welche die Rationalisierung wirtschaftlicher Vorgänge durch zwischenbetriebliche Zusammenarbeit zum Gegenstand haben, sind dann erlaubt, wenn

- dadurch der Wettbewerb auf dem Markt nicht wesentlich beeinträchtigt wird,
- die Vereinbarung dazu dient, die Wettbewerbsfähigkeit kleiner oder mittlerer Unternehmen zu verbessern.

Diese Vereinbarung bezeichnet man als **Mittelstandskartell.**

435 | Was ist ein Konzern?

Ein **Konzern** liegt nach dem Aktiengesetz unter folgenden Bedingungen vor:

- Ein herrschendes und ein abhängiges oder mehrere abhängige Unternehmen sind unter der einheitlichen Leitung des herrschenden Unternehmens zusammengefasst; die einzelnen Unternehmen sind Konzernunternehmen.
- Rechtlich selbstständige und voneinander unabhängige Unternehmen sind unter einheitlicher Leitung zusammengefasst; die einzelnen Unternehmen sind Konzernunternehmen.

Die Konzernunternehmen bleiben rechtlich selbstständige Unternehmen, die wirtschaftliche Selbstständigkeit wird völlig aufgegeben.

436 | Was ist ein Trust?

Im **Trust** geben die angeschlossenen Betriebe neben der wirtschaftlichen (kapitalmäßigen) auch die rechtliche Selbstständigkeit auf. Durch Fusion (Verschmelzung) entsteht eine einzige Unternehmung, und zwar entweder durch Aufnahme anderer Unternehmen oder durch Gründung einer neuen Gesellschaft.

9 Groh/Schröer – ISBN 978-3-8120-0422-0

437 Was versteht man unter Jointventure?

Unter **Jointventure** versteht man eine Form von Unternehmenszusammenschlüssen, bei welcher mehrere Unternehmen kooperieren (oft unter Beteiligung von ausländischen Unternehmen), indem sie ein eigenes Unternehmen gründen, an dem alle beteiligt sind.

Beim Jointventure stellt z. B. ein Unternehmen das Know-how, ein anderes Unternehmen die finanziellen Mittel und ein drittes Unternehmen den Standort und das Personal zur Verfügung. Jointventure wird auch angewandt bei gemeinsamer Forschung und beim gemeinsamen Einkauf.

4.5 Staatliche Wettbewerbspolitik

438 Nennen Sie Ziele und Bestimmungen staatlicher Wettbewerbspolitik!

Ziele der **staatlichen Wettbewerbspolitik** sind:

● Sicherung des Wettbewerbs in der sozialen Marktwirtschaft,
● Schutz der Verbraucher **(Verbraucherschutz),**
● Schutz der Anbieter (z. B. durch Subventionen und Mindestpreise).

Wesentliche wettbewerbsrechtliche Bestimmungen sind:

● Gesetz gegen Wettbewerbsbeschränkungen (GWB),
● Gesetz gegen den unlauteren Wettbewerb (UWG),
● Preisangabenverordnung,
● Produkthaftungsgesetz,
● Bestimmungen für Verbraucherdarlehen lt. BGB,
● Bestimmungen für Fernabsatzverträge lt. BGB,
● Bestimmungen für Haustürgeschäfte lt. BGB,
● Bestimmungen für Allgemeine Geschäftsbedingungen lt. BGB (siehe Seite 53).

439 Nennen Sie wesentliche Bestimmungen des Gesetzes gegen Wettbewerbsbeschränkungen!

Das **Gesetz gegen Wettbewerbsbeschränkungen** (GWB), das einen funktionsfähigen Wettbewerb sicherstellen soll, enthält z. B. Vorschriften über

● Verbot wettbewerbsbeschränkender Vereinbarungen (siehe Seite 129);
● freigestellte Vereinbarungen (siehe Seite 129);
● Mittelstandskartelle (siehe Seite 129);
● Missbrauch einer marktbeherrschenden Stellung, d. h., die missbräuchliche Ausnutzung einer marktbeherrschenden Stellung ist verboten;

● Zusammenschlusskontrolle, d.h., das Bundeskartellamt muss einen Zusammenschluss von Unternehmen untersagen, wenn zu erwarten ist, dass dadurch eine marktbeherrschende Stellung begründet oder verstärkt wird.

Über die Einhaltung der Vorschriften des GWB wachen die Kartellbehörden (Bundeskartellamt, Bundesministerium für Wirtschaft, zuständige oberste Landesbehörden).

---

440 Nennen Sie wesentliche Bestimmungen des Gesetzes gegen den unlauteren Wettbewerb!

Das **Gesetz gegen den unlauteren Wettbewerb** (UWG) dient dem Schutz der Mitbewerber, der Verbraucher sowie der sonstigen Marktteilnehmer vor unlauterem Wettbewerb. Unlautere Wettbewerbshandlungen beeinträchtigen die Marktteilnehmer in nicht unerheblichem Maße; sie sind unzulässig.

Beispiele für unlauteren Wettbewerb sind:
● Wettbewerbshandlungen, welche die geschäftliche Unerfahrenheit von Verbrauchern ausnutzen;
● Wettbewerbshandlungen, welche die Waren, Dienstleistungen bzw. persönlichen oder geschäftlichen Verhältnisse eines Mitbewerbers herabsetzen oder verunglimpfen;
● gezielte Behinderungen von Mitbewerbern;
● irreführende Werbung, z.B. falsche Angaben über Beschaffenheit, geografische Herkunft und Preis der Ware;
● vergleichende Werbung, wenn sie z.B. nicht objektiv ist oder die Waren oder die persönlichen oder geschäftlichen Verhältnisse eines Mitbewerbers herabsetzt oder verunglimpft.

Wer dem Gesetz zuwiderhandelt, kann auf Beseitigung bzw. auf Unterlassung in Anspruch genommen werden.

---

441 Was ist eine wettbewerbsrechtliche Abmahnung?!

Mit einer **wettbewerbsrechtlichen Abmahnung** wird ein Unterlassungsanspruch außergerichtlich geltend gemacht, wenn ein wettbewerbsrechtlicher Verstoß vorliegt.

Ein wettbewerbsrechtlicher Verstoß liegt z.B. vor, wenn ein Unternehmen seinen Konkurrenten in seiner Werbemaßnahme verunglimpft.

---

442 Nennen Sie wesentliche Bestimmungen der Preisangabenverordnung!

Die **Preisangabenverordnung** schreibt z.B. vor, dass
● die Preise für die Letztverbraucher einschließlich der Umsatzsteuer anzugeben sind (Endpreise, Bruttopreise),
● mit den Preisen die übliche Verkaufseinheit und die Gütebezeichnung angegeben werden,
● zum Verkauf bestimmte Waren (z.B. Waren im Schaufenster bzw. innerhalb oder außerhalb des Verkaufsraumes) durch

Preisschilder auszuzeichnen sind (Ausnahmen sind z.B. Kunstgegenstände und Antiquitäten),

● Banken die Jahreszinssätze für Kredite angeben müssen.

443 Nennen Sie wesentliche Bestimmungen für Verbraucherdarlehen, Teilzahlungsgeschäft und Ratenlieferung!

Wesentliche Bestimmungen für Kreditgeschäfte zwischen Verbrauchern und Unternehmen gibt es (lt. BGB) für:

1. **Verbraucherdarlehensvertrag,**
   ● Inhalt (z.B. Nettodarlehensbetrag, Art und Weise der Rückzahlung, Zinssatz und sonstige Kosten, effektiver Jahreszins,
   ● Verzugszinssatz (i.d.R. 5 Prozentpunkte über dem Basiszinssatz);

2. **Teilzahlungsgeschäft** (als Finanzierungshilfe), hat die Lieferung einer bestimmten Sache oder die Erbringung einer bestimmten Leistung gegen Teilzahlungen zum Gegenstand,
   ● Inhalt (z.B. Barzahlungspreis, Teilzahlungspreis, Betrag sowie Zahl und Fälligkeit der einzelnen Teilzahlungen),
   ● Verzugszinssatz (5 Prozentpunkte über dem Basiszinssatz);

3. **Ratenlieferungsvertrag,** hat die Lieferung von Sachen in Teilleistungen zum Gegenstand.

Für diese Verträge ist i.d.R. Schriftform vorgeschrieben.

444 Welche Bedeutung hat der Fernabsatzvertrag?

Der **Fernabsatzvertrag** wird zwischen einem Unternehmer und einem Verbraucher unter ausschließlicher Verwendung von Fernkommunikationsmitteln abgeschlossen; lt. BGB ist z.B. geregelt:

● Widerrufsrecht, der Käufer kann innerhalb von 2 Wochen vom Vertrag zurücktreten;

● Rückgaberecht, der Käufer kann die Ware i.d.R. kostenlos zurücksenden.

445 Was sind Haustürgeschäfte?

Ein **Haustürgeschäft** ist (lt. BGB) ein Vertrag zwischen einem Unternehmer und einem Verbraucher, der zustande kommt

● durch mündliche Verhandlungen am Arbeitsplatz oder in einer Privatwohnung,

● bei einer vom Unternehmer durchgeführten Freizeitveranstaltung (z.B. Verkaufsfahrt),

● durch überraschendes Ansprechen in Verkehrsmitteln oder auf öffentlichen Verkehrsflächen (z.B. auf der Straße).

Der Verbraucher hat ein **Widerrufsrecht,** d.h., er kann den Vertrag innerhalb von zwei Wochen widerrufen.

Das Widerrufsrecht besteht nicht z.B. bei Versicherungsverträgen, wenn der Verbraucher den Vertragspartner bestellt hat oder wenn die Leistung sofort erbracht wird und das Entgelt 40 Euro nicht übersteigt.

446 Nennen Sie wesentliche Bestimmungen des Produkthaftungsgesetzes!

Das **Produkthaftungsgesetz** (Gesetz über die Haftung fehlerhafter Produkte; gilt in allen EU-Ländern) regelt z. B.

- die Haftung des Herstellers für Personen- und Sachschäden aus der Benutzung seines fehlerhaften Produkts;
- den Produktbegriff, Produkt ist jede bewegliche Sache;
- den Fehlerbegriff, ein Fehler liegt vor, wenn ein Produkt nicht die erwartete Sicherheit bietet (dieser Fehler ist von dem Mangelbegriff in der gesetzlichen Gewährleistung zu unterscheiden, siehe Seite 63);
- die Verjährung, der Anspruch verjährt in drei Jahren von dem Zeitpunkt an, in dem der Geschädigte von dem Schaden bzw. dem Fehler Kenntnis erlangt hat oder hätte erlangen müssen;
- das Erlöschen von Ansprüchen, der Anspruch erlischt zehn Jahre nach dem Zeitpunkt, in dem der Hersteller das fehlerhafte Produkt in Verkehr gebracht hat;
- die Unabdingbarkeit, der Hersteller darf seine Ersatzpflicht weder ausschließen noch beschränken.

Für Arzneimittel gilt nicht das Produkthaftungsgesetz, sondern das Arzneimittelgesetz.

447 Welche Auswirkungen haben Mindestpreise?

Der **Mindestpreis** ist ein Preis, der nicht unterschritten werden darf. Staatliche Mindestpreise haben die Aufgabe, bei schlechter Absatzlage einen ruinösen Wettbewerb bzw. einen zu starken Preisverfall zu verhindern. Dadurch sollen bestimmte Wirtschaftsbereiche (z. B. der EU-Agrarmarkt) geschützt werden.

Mindestpreise, die über dem Gleichgewichtspreis liegen, führen aufgrund der gestiegenen Gewinnerwartungen zu einer Ausdehnung der Produktion des betreffenden Gutes. Diesem vergrößerten Angebot steht aber keine entsprechende Nachfrage gegenüber, da die Preise durch das Ausschalten des Preismechanismus „künstlich" in Höhe des Mindestpreises gehalten werden (z. B. „Butterberg"). Der Staat muss durch geeignete Maßnahmen den Angebotsüberhang abbauen (z. B. durch die Ausgabe von Sozialbutter, durch Verkäufe ans Ausland).

448 Welche Auswirkungen haben Höchstpreise?

Der **Höchstpreis** ist eine Preisgrenze, die nicht überschritten werden darf. Mit Hilfe staatlich festgesetzter Höchstpreise sollen Preissteigerungen, die vor allem zu Lasten sozial Schwacher gehen, vermieden werden. Höchstpreise werden auch angewendet, wenn die Versorgung der Bevölkerung infolge des zu knappen Güterangebots gefährdet ist (z. B. in Kriegs- und Nachkriegszeiten).

Liegt der staatlich festgelegte Höchstpreis unter dem Gleichgewichtspreis, sind einige Anbieter wegen der geringen Gewinnerwartung nicht bereit, weiter zu produzieren bzw. ihre

Leistungen zur Verfügung zu stellen. Es entsteht ein Nachfrageüberhang, dem der Staat entgegenwirken muss (z.B. durch Lebensmittelmarken, Bezugsscheine, Wohnraumbewirtschaftung).

Da bestimmte Waren auf dem normalen Markt nicht mehr oder nur in begrenzter Menge zu erhalten sind, bilden sich als Folge der Höchstpreispolitik sehr häufig Schwarzmärkte.

449 Unterscheiden Sie marktkonforme und nicht marktkonforme Maßnahmen des Staates!

Staatliche Eingriffe in den Wettbewerb können sein

● **marktkonform,** d.h., Preis- und Marktmechanismus werden erhalten bzw. gesichert, Beispiele sind Subventionen, Steuererleichterungen, Exportprämien, verbilligte staatliche Kredite, Gesetze, die den Wettbewerb sichern (z.B. Kartellgesetz, Gesetz gegen den unlauteren Wettbewerb);

● **nicht marktkonform,** d.h., Preis- und Marktmechanismus werden gestört, Beispiele sind Höchst- und Mindestpreise, Einfuhrkontingente, Einfuhrverbote.

Die staatlichen Eingriffe können auch eingeteilt werden in

● ordnungspolitische Maßnahmen (z.B. Kartellgesetz, Gesetz gegen den unlauteren Wettbewerb),

● strukturpolitische Maßnahmen (z.B. Subventionen, Steuererleichterungen).

5 Volkswirtschaftliche Gesamtrechnung

5.1 Wirtschaftskreislauf

450 Erläutern Sie den einfachen Wirtschaftskreislauf!

Zwischen den einzelnen Wirtschaftseinheiten kommt es zu einer Vielzahl von wirtschaftlichen Transaktionen (z.B. Käufe und Verkäufe von Gütern). Nahezu jede dieser Transaktionen setzt sich aus einer Güterbewegung und einer entgegengesetzten Geldbewegung zusammen. Gleichgerichtete Geld- und Güterbewegungen zwischen zusammengefassten gleichartigen Wirtschaftseinheiten bezeichnet man als **Geld- und Güterströme** (monetäre und reale Ströme).

451 Erläutern Sie den erweiterten Wirtschaftskreislauf!

Der erweiterte **Wirtschaftskreislauf** beinhaltet die wirtschaftlichen Transaktionen zwischen gleichartigen Wirtschaftseinheiten (Sektoren des Wirtschaftskreislaufs). Vereinfachend kann man den Wirtschaftskreislauf wie folgt darstellen:

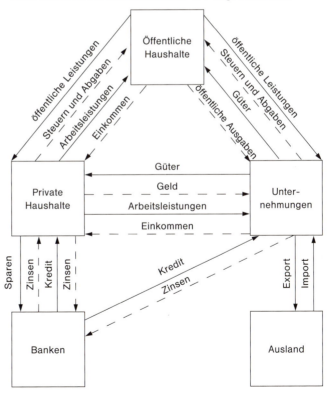

5.2 Volkseinkommen

452 Was versteht man unter der volkswirtschaftlichen Gesamtrechnung?

Die **volkswirtschaftliche Gesamtrechnung** (VGR) stellt das wirtschaftliche Geschehen einer Volkswirtschaft in einer abgelaufenen Periode (z. B. Jahr, Vierteljahr) dar.

Für die Mitgliedstaaten der Europäischen Union ist verbindlich das Europäische System Volkswirtschaftlicher Gesamtrechnungen (ESVG) vorgeschrieben.

453 Was versteht man unter Bruttowertschöpfung?

Der **Produktionswert** einer Volkswirtschaft entspricht dem Produkt von produzierten Gütermengen und jeweiligen Herstellungspreisen in einem Jahr.

Die **Bruttowertschöpfung** ist die Differenz von Produktionswert und Vorleistungen (Produktionswert der vorherigen Stufen). Die Vorleistungen werden subtrahiert, um Doppelzählungen zu vermeiden.

454 Wie wird das Volkseinkommen (ausgehend von der Bruttowertschöpfung) berechnet?

Ausgehend von der Bruttowertschöpfung wird das Volkseinkommen wie folgt berechnet:

Bruttowertschöpfung
+ Gütersteuern (z. B. Mineralöl-, Tabaksteuer)
− Gütersubventionen (z. B. für öffentliche Personenbeförderung)

= **Bruttoinlandsprodukt**
+ Saldo der Primäreinkommen aus der übrigen Welt

= **Bruttonationaleinkommen**
− Abschreibungen

= **Nettonationaleinkommen** (Primäreinkommen)
− Produktions- und Importabgaben (z. B. indirekte Steuern, Zölle)
+ Subventionen

= **Volkseinkommen**

455 Unterscheiden Sie Inlands- und Inländerkonzept!

Bei der volkswirtschaftlichen Gesamtrechnung unterscheidet man:

● **Inlandskonzept,** die Produktionsseite steht im Vordergrund (ermittelt wird die Leistung im Inland);
● **Inländerkonzept,** die Einkommensseite steht im Vordergrund (ermittelt wird das Einkommen aller Inländer).

Bruttoinlandsprodukt (Inlandskonzept)
+ von Inländern im Ausland bezogene Einkommen
− von Ausländern im Inland bezogene Einkommen

= **Bruttonationaleinkommen** (Inländerkonzept)

456 Unterscheiden Sie Entstehungs-, Verwendungs- und Verteilungsrechnung!

Im Rahmen der volkswirtschaftlichen Gesamtrechnung unterscheidet man:

- **Entstehungsrechnung,** d.h., ermittelt wird die Bruttowertschöpfung als Summe der Beiträge aller Wirtschaftsbereiche (Land- und Forstwirtschaft sowie Fischerei; produzierendes Gewerbe ohne Baugewerbe; Baugewerbe; Handel, Gastgewerbe und Verkehr; Finanzierung, Vermietung und Unternehmensdienstleistungen; öffentliche und private Dienstleister);
- **Verwendungsrechnung,** d.h., ermittelt wird das Bruttoinlandsprodukt als Summe von Konsumausgaben (z.B. private Haushalte, private Organisationen, Staat), Bruttoanlageinvestitionen (z.B. Bauten) und Außenbeitrag;
- **Verteilungsrechnung,** d.h., ermittelt wird das Volkseinkommen als Summe aus Arbeitnehmerentgelt (z.B. Bruttolöhne und -gehälter) und Unternehmens- und Vermögenseinkommen (z.B. Betriebsüberschüsse, Selbstständigeneinkommen).

457 Was versteht man unter dem Außenbeitrag einer Volkswirtschaft?

Unter dem **Außenbeitrag** einer Volkswirtschaft versteht man die Differenz von Exporterlösen und Importausgaben (Export minus Import).

458 Welche Bedeutung haben nominale und reale Bewertung in der volkswirtschaftlichen Gesamtrechnung?

Bei der volkswirtschaftlichen Gesamtrechnung unterscheidet man für die Ermittlung der einzelnen Größen (z.B. Volkseinkommen, Bruttoinlandsprodukt):

- **nominale Bewertung,** bewertet wird mit den Preisen des jeweiligen Jahres;
- **reale Bewertung,** bewertet wird mit den Preisen des jeweiligen Vorjahres; dargestellt für das reale Bruttoinlandsprodukt werden nur die Veränderungsraten, jedoch nicht die absoluten Zahlen.

459 Welche Bedeutung hat die volkswirtschaftliche Gesamtrechnung?

Die **volkswirtschaftliche Gesamtrechnung**

- liefert umfangreiches Zahlenmaterial über die Leistungsfähigkeit einer Volkswirtschaft,
- gibt durch die Zusammensetzung der Bruttowertschöpfung Auskunft über die Wirtschaftsstruktur eines Landes,
- ermöglicht Vergleiche der ökonomischen Aktivitäten einer Volkswirtschaft während verschiedener Perioden und gibt somit Auskunft über das Wirtschaftswachstum,
- ermöglicht Vergleiche der wirtschaftlichen Leistungsfähigkeit verschiedener Länder mit Hilfe von Kennziffern (z.B. Pro-Kopf-Einkommen) und lässt damit Rückschlüsse auf den Lebensstandard in den einzelnen Volkswirtschaften zu.

5.3 Zahlungsbilanz

460 | Was ist die Zahlungsbilanz?

Die **Zahlungsbilanz** ist die systematische Aufstellung aller wirtschaftlichen Transaktionen zwischen dem Inland und dem Ausland innerhalb eines Jahres. Sie gibt Auskunft über die internationalen Verflechtungen einer Volkswirtschaft und liefert den Wirtschaftspolitikern Zahlenwerte für die Konjunkturpolitik.

Die Zahlungsbilanz wird sowohl monatlich als auch jährlich von der Deutschen Bundesbank erstellt und veröffentlicht (analog zur nationalen Zahlungsbilanz erstellt die Europäische Zentralbank eine Zahlungsbilanz für den Euro-Währungsraum).

Die Zahlungsbilanz umfasst

1. **Leistungsbilanz,**
   - Außenhandel,
   - Dienstleistungen,
   - Erwerbs- und Vermögenseinkommen,
   - laufende Übertragungen;
2. **Vermögensübertragungen;**
3. **Kapitalbilanz,**
   - Direktinvestitionen,
   - Wertpapiere,
   - Kreditverkehr,
   - sonstige Kapitalanlagen;
4. **Restposten;**
5. **Veränderung der Nettoauslandsaktiva der Bundesbank.**

461 | Beschreiben Sie den Aufbau der Leistungsbilanz!

Die **Leistungsbilanz** erfasst folgende Kategorien:

- **Außenhandel** (Warenhandel), Gegenüberstellung von Ausfuhr (Export) und Einfuhr (Import) von Waren;

- **Dienstleistungen,** Gegenüberstellung von Einnahmen (Dienstleistungsexport) und Ausgaben (Dienstleistungsimport); Beispiele sind: Transport- und Telekommunikationsleistungen sowie Auslandsreiseverkehr;

- **Erwerbs- und Vermögenseinkommen** (Faktoreinkommen), Gegenüberstellung von Export und Import der Kapitalerträge und der Einkommen aus unselbstständiger Arbeit;

- **laufende Übertragungen,** Gegenüberstellung von fremden Leistungen und eigenen Leistungen; Beispiele sind: Zahlungen an internationale Organisationen (z. B. UNO, Europäische Union), Heimatüberweisungen der Gastarbeiter, private Renten- und Unterstützungszahlungen.

Die Zusammenfassung des Außenhandels, der Dienstleistungen sowie der Erwerbs- und Vermögenseinkommen ergibt als Saldo den Außenbeitrag zum Bruttonationaleinkommen (siehe Seite 136).

462 Was versteht man unter Vermögensübertragungen?

Bei den **Vermögensübertragungen** werden fremde Leistungen und eigene Leistungen gegenübergestellt (es handelt sich dabei um Bestandsänderungen); Beispiele sind: Schuldenerlasse an Entwicklungsländer, Erbschaften und Schenkungen sowie Vermögenstransfers von Aus- und Einwanderern.

463 Beschreiben Sie den Aufbau der Kapitalbilanz!

Die **Kapitalbilanz** erfasst folgende Kategorien:

● **Direktinvestitionen,** Gegenüberstellung von deutschen Anlagen im Ausland und ausländischen Anlagen im Inland; Beispiele sind: Unternehmensbeteiligungen (in Form von Aktien und anderen Kapitalanteilen), Finanzbeziehungen verbundener Unternehmen, grenzüberschreitender Erwerb und Veräußerung von Immobilien;

● **Wertpapiere,** Gegenüberstellung von deutschen Anlagen im Ausland und ausländischen Anlagen im Inland; Beispiele sind: Wertpapieranlagen wie Renten- und Aktienfonds sowie Geldmarktpapiere;

● **Kreditverkehr,** Gegenüberstellung von Forderungen an das Ausland und Verbindlichkeiten gegenüber dem Ausland; Beispiele sind kurz- und langfristige Kreditbeziehungen.

464 Was versteht man unter Restposten?

Restposten sind statistisch nicht aufgliederbare Transaktionen; sie sind beispielsweise zurückzuführen auf statistische Ermittlungsfehler und statistisch nicht erfassbare Außenhandelsgeschäfte.

465 Was versteht man unter Veränderung der Nettoauslandsaktiva der Bundesbank?

Die Veränderung der **Nettoauslandsaktiva der Bundesbank** erfasst alle Devisenbewegungen, die über die Deutsche Bundesbank abgewickelt werden; d.h., dargestellt wird die Zu- oder Abnahme der Währungsreserven (Gold- und Devisenbestände) der Bundesbank.

Die Veränderung der Nettoauslandsaktiva der Bundesbank ergibt sich als Summe der Salden von Leistungsbilanz, Vermögensübertragungen, Kapitalbilanz sowie Restposten.

466 Welche Informationen können aus der Zahlungsbilanz hergeleitet werden?

Formal ist die **Zahlungsbilanz** immer ausgeglichen, weil jede Transaktion sowohl auf der Aktivseite als auch auf der Passivseite der Zahlungsbilanz gebucht wird (der Saldo ist null).

Innerhalb der Positionen der Zahlungsbilanz unterscheidet man dennoch aktive oder passive Teilbilanzen bzw. Kategorien:

● Eine **aktive Leistungsbilanz** liegt z.B. vor, wenn der Saldo der Leistungsbilanz positiv ist (z.B. aufgrund hoher Warenexporte);

● eine **passive Leistungsbilanz** liegt z.B. vor, wenn der Saldo der Leistungsbilanz negativ ist (z.B. aufgrund hoher Dienstleistungsimporte).

139

6 Grundzüge der Wirtschaftspolitik

6.1 Hauptziele der Wirtschaftspolitik

467 Welche Ziele verfolgt die staatliche Wirtschaftspolitik?

Nach dem **Stabilitätsgesetz** (Gesetz zur Förderung der Stabilität und des Wachstums der Wirtschaft) haben Bund und Länder bei ihrer **Wirtschaftspolitik** (wirtschafts- und finanzpolitische Maßnahmen) die Erfordernisse des gesamtwirtschaftlichen Gleichgewichts zu beachten.[1] Gesamtwirtschaftliches Gleichgewicht bedeutet, dass auf allen Märkten (z.B. Güter-, Arbeits-, Kapitalmarkt) Marktgleichgewicht herrscht (Angebot = Nachfrage).

Ziele der staatlichen Wirtschaftspolitik sind:

● Stabilität des Preisniveaus,

● hoher Beschäftigungsgrad (Vollbeschäftigung wird angestrebt),

● außenwirtschaftliches Gleichgewicht (Import = Export),

● stetiges und angemessenes Wirtschaftswachstum.

Bei diesen quantitativen Zielen spricht man auch vom **magischen Viereck.** Magisch deshalb, weil nicht alle Ziele gleichzeitig erreicht werden können.

Sonstige (qualitative) Ziele der Wirtschaftspolitik sind:

● gerechtere Einkommens- und Vermögensverteilung (soziales Ziel), Indikatoren für die Einkommens- und Vermögensverteilung sind z.B. Lohnquote, Vermögensstruktur; Maßnahmen zur Umverteilung sind z.B. Transferzahlungen, Subventionen;

● Erhaltung einer lebenswerten Umwelt durch Umweltschutz (ökologisches Ziel).

Maßnahmen, die eingesetzt werden, um die quantitativen Ziele zu erreichen, bezeichnet man als **Konjunkturpolitik.** Werden quantitative und qualitative Ziele zusammengefasst, spricht man auch vom magischen Sechseck.

468 Was sind Zielkonflikte der Wirtschaftspolitik?

Wenn der Staat seine wirtschaftspolitischen Ziele verfolgt, können sich die Ziele ergänzen (z.B. fördert ein hoher Beschäftigungsstand das Wirtschaftswachstum) oder sich gegenseitig beeinträchtigen; in diesem Fall liegen **Zielkonflikte** vor.

Beispiele für Zielkonflikte können sein:

● Vollbeschäftigung verhindert Preisniveaustabilität (Vollbeschäftigung geht oft mit steigenden Preisen einher),

● Wirtschaftswachstum verhindert Preisniveaustabilität (Wirtschaftswachstum ist oft mit Preissteigerungen verbunden),

● Wirtschaftswachstum führt oft zur Beeinträchtigung der Umwelt.

---

1 Zu berücksichtigen ist nach dem Stabilitäts- und Wachstumspakt der Wirtschafts- und Währungsunion, dass der nationale Haushalt solide (nahezu ausgeglichen) ist.

6.2 Wirtschaftsschwankungen

469 Nennen Sie Gründe für Wirtschafts-schwankungen!

Die volkswirtschaftlichen Güter- und Geldströme verlaufen nicht harmonisch, sondern sind ständig Veränderungen unterworfen; diese werden als Wirtschaftsschwankungen bezeichnet.

Hauptgründe für **Wirtschaftsschwankungen** sind:

- Veränderungen der Nachfrage,
- Veränderungen des Angebots,
- Maßnahmen des Staates (Fiskalpolitik),
- Veränderungen des Außenhandels.

470 Was sind saisonale Schwankungen?

Saisonale Schwankungen

- sind jahreszeitlich bedingte Nachfrageveränderungen (z. B. Speiseeis im Sommer, Skier im Winter),
- betreffen nur wenige Wirtschaftszweige,
- sind vorhersehbar und die Unternehmer können sich darauf einstellen.

471 Was sind strukturelle Schwankungen?

Strukturelle Schwankungen

- sind bedingt durch tief greifende Nachfrageänderungen (z. B. Kohlekrise, Stahlkrise);
- sind nicht vorübergehend, sondern von Dauer;
- betreffen nur wenige Wirtschaftszweige;
- erfordern langwierige Anpassungsprozesse;
- führen möglicherweise zu schweren Strukturkrisen (Auflösung zahlreicher Betriebe der betroffenen Branche).

472 Was sind konjunkturelle Schwankungen?

Konjunkturelle Schwankungen

- sind periodische (wiederkehrende) Schwankungen,
- können mehrere Jahre umfassen,
- sind nicht so regelmäßig wie die saisonalen Schwankungen,
- sind nicht vorhersehbar,
- betreffen die gesamte Wirtschaft,
- können zu schweren volkswirtschaftlichen Krisen führen,
- können vor allem mit Hilfe des Indikators Auftragseingänge erkannt werden **(Konjunkturindikator).**

473 Was ist der Konjunktur-zyklus?

Die **Konjunkturschwankungen** lassen sich in Teilabschnitte, die so genannten Konjunkturphasen, zerlegen, die (theoretisch) in gleicher Reihenfolge auftreten:

- Hochkonjunktur (I),
- Rezession (II),

- Depression (III),
- Aufschwung (IV).

Die Konjunkturschwankungen verlaufen als zyklische Wirtschaftsschwankungen um den **Trend,** d.h. um die langfristige wirtschaftliche Entwicklung.

Die vier Phasen bezeichnet man als **Konjunkturzyklus.**

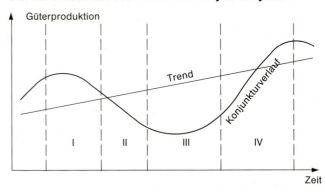

474 Wodurch ist die Hochkonjunktur gekennzeichnet?

Die Phase der **Hochkonjunktur (Boom)** ist gekennzeichnet durch
- hohe Nachfrage nach Gütern,
- steigende Güterpreise,
- steigende Löhne (Lohn-Preis-Spirale),
- hohes Zinsniveau,
- volle Auslastung der Produktionskapazitäten,
- hohe Nachfrage nach Arbeitskräften, Maschinen und Rohstoffen.

475 Wodurch ist die Rezession gekennzeichnet?

Die Phase der **Rezession (Abschwung)** ist gekennzeichnet durch
- Abschwächung der Hochkonjunktur,
- pessimistische Beurteilung der Wirtschaftslage,
- Rückgang der Nachfrage,
- überfüllte Lager,
- Abbau von Überstunden und beginnende Kurzarbeit,
- fehlende Investitionen,
- teilweise Stilllegung von Produktionsanlagen,
- stagnierende bzw. sinkende Preise, Löhne und Zinsen.

476 Wodurch ist die Depression gekennzeichnet?

Die Rezession führt zur **Depression (Tiefstand);** diese ist gekennzeichnet durch
- anhaltenden Rückgang der Nachfrage,
- geringe Gewinnerwartung der Unternehmer und sinkende Investitionsneigung,

- geringe Produktion,
- vermehrte Auflösung von Betrieben,
- Arbeitslosigkeit,
- niedriges Preis- und Lohnniveau,
- weit verbreiteten Pessimismus.

477 Wodurch ist der Aufschwung gekennzeichnet?

An die Depression schließt sich die Phase des **Aufschwungs (Expansion)** an; diese ist bestimmt durch
- optimistische Erwartungen der Nachfrager und Anbieter,
- Steigerung der Nachfrage (verstärkte Auftragseingänge in den Unternehmen),
- erhöhte Produktion,
- Rückgang der Arbeitslosigkeit,
- wachsende Investitionsbereitschaft der Unternehmer (steigende Nachfrage nach Investitionsgütern),
- steigende Preise, Löhne und Zinsen.

478 Unterscheiden Sie Inflation und Deflation!

Befinden sich (nachfragewirksame) Geldmenge und (angebotene) Gütermenge im Gleichgewicht, liegt Geldwertstabilität vor.

Bei einer Störung des Gleichgewichts spricht man von
- **Inflation** (Geldaufblähung): Eine Überversorgung der Wirtschaft mit Geld, d.h., die gesamtwirtschaftliche Nachfrage nach Gütern übersteigt das gesamtwirtschaftliche Angebot;
- **Deflation** (Geldschrumpfung): Eine Unterversorgung der Wirtschaft mit Geld, d.h., das gesamtwirtschaftliche Angebot von Gütern übersteigt die gesamtwirtschaftliche Nachfrage.

479 Welche Faktoren verursachen eine Inflation?

Ursachen einer Inflation können sein:
- überhöhte private, staatliche oder ausländische Nachfrage nach Gütern;
- übermäßige Geldschöpfung durch die Europäische Zentralbank;
- überhöhte Kreditgewährung der Banken an die private Wirtschaft;
- überzogene Lohnpolitik der Gewerkschaften bzw. überhöhte Preisforderungen der Unternehmer (Lohn-Preis-Spirale);
- allgemeine Kostensteigerungen (z.B. Rohstoffkosten);
- anhaltend hohe Zahlungsbilanzüberschüsse (d.h., die durch den Export erzielten Devisen werden im Inland bzw. im Euro-Währungsraum umgetauscht und erhöhen die inländische Geldmenge).

480 Welche Folgen hat eine Inflation?

Folgen einer Inflation sind:
- Preissteigerungen, d.h. Geldentwertung bzw. Kaufkraftschwund (Lohn- und Gehaltsempfänger müssen einen

143

Kaufkraftverlust hinnehmen, wenn die Inflationsrate über der tariflichen Erhöhung der Gehälter liegt);

- erhöhte Produktion wegen der hohen Scheingewinne und der starken Nachfrage;
- steigende Umlaufgeschwindigkeit des Geldes (weitere Preissteigerungen);
- das Vertrauen in das Geld schwindet;
- Flucht in Sachwerte (Rückkehr zum Naturaltausch);
- Sparguthaben werden abgehoben, rückläufige Kapitalbildung;
- Nachteile für Gläubiger, Vorteile für Schuldner (der Schuldner zahlt nominal den vereinbarten Betrag zurück, aber der Realwert des zurückgezahlten Geldbetrages ist niedriger).

---

481 Unterscheiden Sie schleichende und galoppierende Inflation!

Bei einer **schleichenden Inflation** (inflatorische Tendenz) steigen die Preise langsam, fast unmerklich.

Bei einer **galoppierenden Inflation** steigen die Preise äußerst schnell und ins Unermessliche; die Geldmenge erhöht sich rasend. In diesem Fall bleibt dem Staat nur die Möglichkeit, das überflüssige Geld (den Kaufkraftüberhang) durch eine Währungsreform zu beseitigen. Das alte Geld wird ungültig und durch neues ersetzt, dessen Menge dem Güterangebot entspricht.

---

482 Was bedeutet importierte Inflation?

Preissteigerungen im Inland, welche durch außenwirtschaftliche Einflüsse (z.B. Ansteigen der Nachfrage im Inland aufgrund einer Inflation im Ausland, Kostensteigerungen im Inland aufgrund gestiegener Rohstoffpreise im Ausland) verursacht werden, bezeichnet man als **importierte Inflation.**

---

483 Was ist Stagflation?

Stagflation ist Stillstand des realen Wirtschaftswachstums (Stagnation) bei gleichzeitiger Geldentwertung (Inflation).

Die Stagflation ist schwer zu bekämpfen, weil

- Maßnahmen zur Überwindung der Stagnation die Inflation verstärken,
- Maßnahmen zur Überwindung der Inflation die Stagnation verschärfen.

---

484 Welche Ursachen hat die Deflation?

Ursachen einer Deflation können sein:

- Rückgang der Nachfrage,
- Horten von Geld,
- übermäßige Besteuerung,
- Kreditscheu der Unternehmer,
- zu teure Kredite,
- Rückgang der Auslandsnachfrage.

485 | Welche Folgen hat eine Deflation?

Folgen einer Deflation sind:

- Sinken der Preise (Geldwertsteigerung),
- Verminderung der Gewinne,
- Produktionseinschränkungen,
- Rückgang der Investitionen,
- Rückgang der Beschäftigung (zunehmende Arbeitslosigkeit),
- zunehmende Insolvenzen,
- Vorteile für Gläubiger, Nachteile für Schuldner.

486 | Unterscheiden Sie die Beschäftigungslagen auf dem Arbeitsmarkt!

Entsprechend dem Verhältnis der Zahl der Erwerbsfähigen und Erwerbswilligen in einer Volkswirtschaft zur Zahl der tatsächlich Beschäftigten unterscheidet man:

- **Vollbeschäftigung,** d.h., nur wenige arbeitsfähige und arbeitswillige Erwerbspersonen sind arbeitslos;
- **Unterbeschäftigung** (Arbeitslosigkeit), d.h., arbeitsfähige und arbeitswillige Personen finden keinen Arbeitsplatz;
- **Überbeschäftigung,** d.h., die Zahl der Arbeitslosen sinkt auf ein Minimum und freie Arbeitsplätze können nicht besetzt werden.

487 | Welche Arten der Arbeitslosigkeit gibt es?

Die Arbeitslosigkeit wird unterschieden in

- **saisonale Arbeitslosigkeit:** Sie ist jahreszeitlich bedingt (z.B. im Baugewerbe);
- **friktionelle Arbeitslosigkeit:** Sie liegt vor, wenn Arbeitnehmer einen Arbeitsplatz aufgeben mussten (z.B. bei Betriebsauflösung) und kurzfristig noch kein weiteres Arbeitsverhältnis eingegangen sind;
- **strukturelle Arbeitslosigkeit:** Sie umfasst bestimmte Bereiche und es bedarf enormer Anstrengungen zu ihrer Überwindung (z.B. Krisen im Bergbau);
- **konjunkturelle Arbeitslosigkeit:** Sie geht einher mit dem konjunkturellen Abschwung und kann in der Depressionsphase zur Massenarbeitslosigkeit führen;
- **technologische Arbeitslosigkeit:** Sie wird verursacht durch Automation und Rationalisierung.

488 | Was besagt die Arbeitslosenquote?

Die **Arbeitslosenquote** ist ein Maßstab für die Beschäftigungslage auf dem Arbeitsmarkt und berechnet sich wie folgt:

$$\text{Arbeitslosenquote} = \frac{\text{Zahl der Arbeitslosen} \cdot 100}{\text{Zahl der abhängigen Erwerbspersonen}}$$

Ein weiterer Maßstab ist die (absolute) Zahl der offenen Stellen in einer Volkswirtschaft oder in einem Teilbereich.

Zu den abhängigen Erwerbspersonen zählt man Beamte, Angestellte und Arbeiter sowie Arbeitslose.

Die Arbeitslosenquote erfasst nur die in der amtlichen Statistik aufgeführten Personen, welche Arbeit suchen. Nicht berücksichtigt werden z.B. „arbeitslose" Personen, die an einer Umschulungsmaßnahme der Bundesanstalt für Arbeit teilnehmen oder die Arbeitssuche aufgegeben haben **(verdeckte Arbeitslosigkeit).**

6.3 Konjunkturpolitik

489 Nennen Sie Maßgrößen der Konjunkturpolitik!

Maßgrößen für die **Gestaltung der Konjunkturpolitik** sowohl in der Gemeinschaft als auch in den einzelnen nationalen Volkswirtschaften sind vor allem

● Entwicklung der Kaufkraft (Lebenshaltungskostenindex);

● Lohnquote, Sparquote;

● Arbeitslosenquote (siehe Seite 145);

● Zahlungsbilanz (siehe Seite 138 f.);

● Veränderung des realen Volkseinkommens (siehe Seite 136 f.).

Zuständig für die Konjunkturpolitik sind in erster Linie die einzelnen Staaten der Gemeinschaft; die Europäische Zentralbank kann die konjunkturpolitischen Maßnahmen durch ihre Geldpolitik ergänzen, sofern dadurch die Geldwertstabilität nicht gefährdet wird.

490 Was versteht man unter dem Geldwert?

Der **Geldwert** entspricht der **Kaufkraft** des Geldes. Diese wird gemessen durch die Gütermenge, die man mit einer bestimmten Geldmenge kaufen kann.

Der Wert des Geldes ist abhängig vom allgemeinen Preisniveau (Durchschnitt aller Preise) einer Volkswirtschaft:

● Je höher das Preisniveau, desto niedriger ist der Geldwert;

● je niedriger das Preisniveau, desto höher ist der Geldwert.

Man unterscheidet den

● inneren Geldwert (Binnenwert des Geldes) = Kaufkraft des Geldes im Inland,

● äußeren Geldwert (Außenwert des Geldes) = Kaufkraft des inländischen Geldes im Ausland. Der äußere Geldwert wird durch den Wechselkurs des Geldes ausgedrückt.

491 Wie kann der Geldwert gemessen werden?

Die absolute Höhe des Geldwertes bzw. der Kaufkraft kann nicht bestimmt werden. Man ermittelt deshalb die Veränderungen der Kaufkraft im Zeitablauf mit Hilfe so genannter Preisindizes.

Der **Lebenshaltungskostenindex** misst die Veränderung des Geldwertes anhand der Preise der für die Lebenshaltung wichtigen Güter und Dienstleistungen. Ausgangspunkt ist der so genannte Warenkorb, der eine große Anzahl von Gütern und Dienstleistungen des typischen Verbrauchs enthält.

Ausgehend von einem Basisjahr, dessen Preise gleich 100 % gesetzt werden, ermittelt man die prozentuale Veränderung der Preise (und damit auch die Veränderung der Kaufkraft) im Vergleich mit dem Basisjahr für einzelne Warengruppen (z. B. Nahrungs- und Genussmittel, Kleidung, Miete) und für die Lebenshaltung insgesamt. Preisveränderungen werden oft auch im Vergleich zum Vorjahr ermittelt.

492 Unterscheiden Sie Lohn- und Sparquote!

Unter der **Lohnquote** versteht man den prozentualen Anteil der Einkommen aus unselbstständiger Arbeit am Volkseinkommen.

Unter der **Sparquote** versteht man den prozentualen Anteil des gesamten Sparens der privaten Haushalte am Volkseinkommen.

6.3.1 Geldpolitik der Europäischen Zentralbank

493 Beschreiben Sie das Europäische System der Zentralbanken!

Das **Europäische System der Zentralbanken (ESZB)** soll vor allem die Preisstabilität des Euro innerhalb der Gemeinschaft gewährleisten (Stabilhaltung der Währung). Darüber hinaus soll es die Wirtschaftspolitik in der Gemeinschaft unterstützen, allerdings nur dann, wenn dies die Preisstabilität nicht gefährdet.

Das ESZB ist zweistufig aufgebaut und setzt sich zusammen aus

● Europäischer Zentralbank (EZB),
● nationalen Zentralbanken (Notenbanken).

Die Aufgabenverteilung im ESZB ist wie folgt geregelt:

● Die Europäische Zentralbank fasst die geldpolitischen Beschlüsse und erlässt die geldpolitischen Leitlinien (EZB-Rat) und sorgt für deren Umsetzung (Direktorium);
● die nationalen Zentralbanken übernehmen die technische Durchführung der Beschlüsse.

494 Welche Aufgaben hat die Europäische Zentralbank?

Die **Europäische Zentralbank (EZB)** (bzw. das Europäische Zentralbanksystem) hat folgende grundlegende Aufgaben:

● Festlegung und Ausführung der Geldpolitik der Gemeinschaft,
● Durchführung von Devisengeschäften (Devisenpolitik),
● Verwalten der offiziellen Währungsreserven,
● Förderung eines reibungslosen Funktionierens der Zahlungssysteme.

147

495 Wie ist die Ausgabe der Banknoten und Münzen geregelt?

Die Ausgabe der **Euro-Banknoten** und der **Euro-Münzen** ist wie folgt geregelt:

● Die Europäische Zentralbank hat das ausschließliche Recht die Ausgabe von Banknoten innerhalb der Gemeinschaft zu genehmigen.

Die EZB und die nationalen Zentralbanken sind zur Ausgabe von Banknoten berechtigt. Nur diese Banknoten gelten in der Gemeinschaft als gesetzliches Zahlungsmittel.

● Die Mitgliedstaaten haben das Recht zur Ausgabe von Münzen, wobei der Umfang dieser Ausgabe der Genehmigung der EZB bedarf.

---

496 Nennen und beschreiben Sie die Organe der Europäischen Zentralbank!

Die Europäische Zentralbank hat zwei Organe:

● **Direktorium,** besteht aus Präsident und Vizepräsident (der EZB) sowie vier weiteren Mitgliedern (diese werden von den Staats- und Regierungschefs der Teilnehmerstaaten der Gemeinschaft ausgewählt); es führt die laufenden Geschäfte der EZB;

● **EZB-Rat,** besteht aus dem Präsidenten der EZB, allen Direktoriumsmitgliedern sowie den Präsidenten der nationalen Zentralbanken; er ist das zentrale Entscheidungsgremium im Rahmen des Europäischen Systems der Zentralbanken (ESZB).

Wesentliches Merkmal der EZB ist ihre Unabhängigkeit von Weisungen politischer Instanzen, und zwar sowohl auf nationaler wie auf EU-Ebene.

---

497 Nennen Sie die geldpolitischen Instrumente der Europäischen Zentralbank!

Zur Sicherung der Preisstabilität – als oberstes Ziel – und zur Unterstützung der Wirtschaftspolitik in der Gemeinschaft kann die Europäische Zentralbank folgende **geldpolitische Instrumente** einsetzen:

● Offenmarktgeschäfte,

● Ständige Fazilitäten,

● Mindestreserven.

Alle geldpolitischen Maßnahmen verfolgen das Ziel die Geldmenge zu steuern:

● Verringerung der Geldmenge, d. h. Einengung der Liquidität und damit des Kreditspielraums der Kreditinstitute (z. B. wenn die Preisstabilität durch eine Konjunkturüberhitzung gefährdet wird);

● Ausweitung der Geldmenge, d. h. Vergrößerung der Liquidität und damit des Kreditspielraums der Kreditinstitute (z. B. bei Konjunkturrückgängen).

498	Was sind Offenmarkt-geschäfte?

Offenmarktgeschäfte sind das wichtigste Instrument der Geld-mengensteuerung, d. h., die EZB steuert die Zinssätze und die Liquidität auf dem Kapitalmarkt und setzt Signale bezüglich ihres geldpolitischen Kurses.

Offenmarktgeschäfte können sein

● **Hauptrefinanzierungsoperationen** (dienen der Liquiditäts-bereitstellung), den Kreditinstituten wird wöchentlich, und zwar jeweils für die begrenzte Laufzeit von zwei Wochen zu einem bestimmten Zinssatz, Liquidität zur Verfügung gestellt; die Sicherheit des Kredits wird durch ein Pfand gewährleistet (Pfandkredit); Hauptrefinanzierungsoperatio-nen sind das wichtigste Instrument im Rahmen der Offen-marktgeschäfte; durch die möglichen kurzfristigen Ände-rungen des Zinssatzes werden deutliche geldpolitische Zinssignale gesetzt;

● **längerfristige Refinanzierungsgeschäfte** (dienen der Liqui-ditätsbereitstellung), den Kreditinstituten wird monatlich, und zwar jeweils für die begrenzte Laufzeit von drei Monaten Liquidität zur Verfügung gestellt (Pfandkredit); die Kreditin-stitute geben an, zu welchem Zinssatz sie eine bestimmte Kreditsumme aufnehmen wollen; ist der angebotene Zins-satz zu niedrig, wird der Kredit von der EZB nicht gewährt;

● **Feinsteuerungsoperationen** (dienen der Liquiditätsbereit-stellung und der Liquiditätsabschöpfung), sie umfassen z. B. Käufe und Verkäufe von Wertpapieren bzw. Devisen, Herein-nahme von Termineinlagen; der Einsatz erfolgt nicht regel-mäßig.

499	Was sind Ständige Fazilitäten?

Ständige Fazilitäten sind ein weiteres Instrument für die lau-fende Geldmarktsteuerung im Europäischen System der Zen-tralbanken. Die Kreditinstitute können auf die beiden folgenden Ständigen Fazilitäten in eigener Initiative zurückgreifen, und zwar nur „über Nacht" (d. h. für einen Geschäftstag):

● **Spitzenrefinanzierungsfazilität** (dient der Liquiditätsbereit-stellung), die Kreditinstitute nehmen den entsprechenden Kredit aufgrund des hohen Zinssatzes nur in Anspruch, wenn ein außergewöhnlicher Liquiditätsbedarf besteht; die Kredithöhe wird begrenzt durch die zur Verfügung gestell-ten Sicherheiten (der Kredit entspricht damit dem Lombard-kredit, siehe Seite 277);

● **Einlagefazilität** (dient der Liquiditätsabschöpfung), die Kreditinstitute können ihre überschüssigen Guthaben in unbegrenzter Höhe anlegen, und zwar zu einem niedrigen Zinssatz.

500	Was sind Mindest-reserven?

Die Europäische Zentralbank verlangt von den Kreditinstituten, dass diese in Höhe eines bestimmten prozentualen Satzes (Reservesatz) ihrer Reservebasis (dazu zählen vor allem die Verbindlichkeiten gegenüber Kunden) die so genannte

149

Mindestreserve bei ihr unterhalten. Diese Mindestreserve-guthaben werden durch die EZB verzinst. Die EZB legt die Reservesätze und damit die Höhe der Mindestreserven fest.

Das Mindestreservesystem hat folgende Aufgaben:

● Stabilisierung der Geldmarktzinsen,

● Steuerung der Liquidität der Kreditinstitute,

● Steuerung der Geldmenge in der Gemeinschaft.

---

501 Wie wird das geldpolitische Instrumentarium eingesetzt?

Die Europäische Zentralbank kann das **geldpolitische Instrumentarium** folgendermaßen einsetzen:

1. bei einer Gefährdung der Preisstabilität,

   ● Offenmarktgeschäfte, z.B. Verkauf von Wertpapieren und Devisen an Kreditinstitute;

   ● Einlagefazilitäten;

   ● Erhöhung der Reservesätze (für die Mindestreserven);

2. bei einer Rezession und Depression (siehe Seite 142f.),

   ● Offenmarktgeschäfte, z.B. Hauptrefinanzierungsoperationen, Kauf von Wertpapieren und Devisen von Kreditinstituten;

   ● Spitzenrefinanzierungsfazilitäten;

   ● Herabsetzung der Reservesätze (für die Mindestreserven).

---

502 Welche Auswirkungen hat eine Verringerung der Geldmenge?

Eine Verringerung der Geldmenge in der Gemeinschaft durch den Einsatz des geldpolitischen Instrumentariums (Politik des knappen Geldes) bewirkt z.B.

● Verminderung der Liquidität der Kreditinstitute,

● Ansteigen des gesamten Zinsniveaus,

● Rückgang der Kreditaufnahme durch Unternehmen sowie öffentliche und private Haushalte,

● Verteuerung der Investitionen (Investitionsrückgang),

● Nachfragerückgang,

● Dämpfung der Konjunktur,

● Stabilisierung des Preisniveaus (Geldwertstabilisierung).

---

503 Welche Auswirkungen hat eine Ausweitung der Geldmenge?

Eine Ausweitung der Geldmenge (Politik des billigen Geldes) bewirkt z.B.

● Erhöhung der Liquidität der Kreditinstitute,

● Sinken des gesamten Zinsniveaus,

● verstärkte Kreditaufnahme durch Unternehmen sowie öffentliche und private Haushalte,

● verstärkte Investitionstätigkeit,

● Nachfragesteigerung,

● Ankurbelung der Konjunktur,

● u.U. Gefährdung der Preisstabilität.

504 | Nennen Sie die Aufgaben der nationalen Zentralbanken!

Die **nationalen Zentralbanken** (z.B. Deutsche Bundesbank, Banque de France) sind Bestandteil des Europäischen Systems der Zentralbanken. Sie haben z.B. folgende Aufgaben:

● technische Durchführung der geldpolitischen Beschlüsse des Europäischen Zentralbank-Rates (ausführendes Organ der EZB),

● Abwicklung des Zahlungsverkehrs,

● Verwaltung der nationalen Devisenreserven,

● Erstellung der nationalen Zahlungsbilanz (siehe Seite 138 f.).

505 | Beschreiben Sie die Grenzen der Geldpolitik!

Dem erfolgreichen Einsatz der geldpolitischen Maßnahmen der Europäischen Zentralbank stehen folgende Überlegungen gegenüber:

● Die Einschätzung der wirtschaftlichen Entwicklung in der Gemeinschaft ist äußerst schwierig,

● die einzelnen Länder der Gemeinschaft können unterschiedliche wirtschaftspolitische Interessen verfolgen,

● die Auswirkungen der Geldpolitik sind nicht genau vorhersehbar,

● der Einsatz der Instrumente kann zu spät erfolgen,

● die Maßnahmen in der Gemeinschaft können durch das Ausland zunichte gemacht werden (z.B. bei einem großen Zinsgefälle zu den USA).

6.3.2 Fiskalpolitik des Staates

506 | Was ist Fiskalpolitik?

Die **Fiskalpolitik** (Finanzpolitik) umfasst alle Maßnahmen, die der **Staat** ergreifen kann, um mit Hilfe von Veränderungen der Staatseinnahmen **(Einnahmenpolitik)** oder Staatsausgaben **(Ausgabenpolitik)** bestimmte wirtschaftspolitische Ziele zu erreichen. Bei der **antizyklischen** Fiskalpolitik vermindert der Staat in der Hochkonjunktur die Staatsausgaben und erhöht sie in der Rezession.

Zu den wichtigsten Maßnahmen gehören:

● Steuerpolitik (insbesondere Veränderungen der Einkommen- und Körperschaftsteuer),

● öffentliche Verschuldung (zur Finanzierung öffentlicher Aufträge),

● Subventionen (staatliche Zuschüsse an Unternehmen ohne Gegenleistung),

● Beeinflussung des privaten Konsums (Konsumanreize oder Konsumbesteuerung),

● Beeinflussung des Sparens (Sparprämien),

● Beeinflussung der Investitionsbereitschaft (Investitionssteuern bzw. -zuschüsse, Änderung der Abschreibungssätze),

● Konjunkturausgleichsrücklage.

Die Wirtschafts- und Finanzpolitik in der Europäischen Union bleibt zunächst Angelegenheit der einzelnen Mitgliedstaaten; sie wird aber als „Angelegenheit von gemeinsamem Interesse" betrachtet. Das bedeutet, dass die Teilnehmerstaaten verpflichtet sind „übermäßige" Haushaltsdefizite zu vermeiden und eine stabilitätsorientierte Haushaltspolitik zu betreiben (siehe zu den Stabilitätskriterien Seite 162).

507 Was ist Deficit-spending?

Deficit-spending ist staatliche Verschuldung zum Zweck der Konjunkturbelebung, d.h., Bund, Länder und Gemeinden nehmen verstärkt Kredite zur Finanzierung öffentlicher Investitionen auf (z.B. Umweltschutzmaßnahmen, Stadtsanierungen). Mit diesen Maßnahmen soll die Arbeitslosigkeit vermindert werden; gleichzeitig besteht jedoch die Gefahr von Preissteigerungen.

Dem Umfang der staatlichen Verschuldung sind durch die Stabilitätskriterien Grenzen gesetzt (siehe Seite 162).

508 Was versteht man unter Konjunkturausgleichsrücklage?

Nach dem Stabilitätsgesetz sind zur Abschwächung der Hochkonjunktur und der damit verbundenen inflationären Entwicklung **Konjunkturausgleichsrücklagen** bei der Deutschen Bundesbank zu bilden.

Zur Überwindung einer Rezession sind die Konjunkturausgleichsrücklagen aufzulösen.

509 Nennen Sie die Grenzen der Fiskalpolitik!

Dem erfolgreichen Einsatz der **Fiskalpolitik** stehen folgende Überlegungen gegenüber:

● Ein Großteil der Staatsausgaben ist langfristig festgelegt und kann nicht verändert werden,

● das Steuersystem ist nur in begrenztem Umfang veränderbar,

● Kürzungen der Staatsausgaben und Steuererhöhungen stoßen oft auf den Widerstand von Interessenverbänden und -gruppen,

● fiskalpolitische Maßnahmen wirken mit einer zeitlichen Verzögerung,

● die Wirkung von Maßnahmen zur Beeinflussung von Investitionen, Konsum und Sparen hängt letztlich vom Verhalten der Betroffenen ab,

● innerhalb der Gemeinschaft müssen die fiskalpolitischen Maßnahmen aller Mitgliedstaaten aufeinander abgestimmt werden (aufgrund von möglichen unterschiedlichen Interessen ist dies i.d.R. mit Schwierigkeiten verbunden),

● die Wirkung der Fiskalpolitik eines Landes ist von der Wirtschaftspolitik der Nicht-Mitgliedstaaten (z.B. USA) abhängig.

510	Wie kann eine Hochkonjunktur abgeschwächt werden?

Eine **Hochkonjunktur** (oft verbunden mit einer inflationären Tendenz) wird abgeschwächt durch

1. monetäre Maßnahmen,
   - Offenmarktgeschäfte, z.B. Verkauf von Wertpapieren und Devisen an Kreditinstitute,
   - Einlagefazilitäten,
   - Erhöhung der Reservesätze (für Mindestreserven);
2. fiskalpolitische Maßnahmen,
   - Steuererhöhungen,
   - Bildung von Konjunkturrücklagen,
   - Verringerung der Staatsausgaben,
   - Konsum- und Investitionsbesteuerung,
   - Sparanreize (für private Haushalte),
   - Exportdrosselung.

511	Wie kann eine Rezession überwunden werden?

Zur Überwindung einer **Rezession** werden die monetären und fiskalpolitischen Maßnahmen in umgekehrter Richtung wie zur Abschwächung der Hochkonjunktur eingesetzt.

6.4 Strukturpolitik

512	Was versteht man unter Strukturpolitik?

Mit Hilfe der **Strukturpolitik** will der Staat gezielt die Wirtschaftsstruktur der Volkswirtschaft beeinflussen. Man unterscheidet

- regionale Strukturpolitik, wirtschaftlich schwache Regionen werden gefördert;
- sektorale Strukturpolitik, krisengeschädigte bzw. krisengefährdete Branchen werden gefördert (z.B. Schiffsbau, Stahlindustrie).

Maßnahmen der Strukturpolitik sind z.B.

- Infrastrukturpolitik,
- Umweltschutzpolitik,
- Entwicklungspolitik.

513	Was ist Infrastrukturpolitik?

Mit Hilfe der **Infrastrukturpolitik** soll die Infrastruktur eines Landes oder einer Region des Landes verbessert werden. Infrastrukturpolitische Maßnahmen sind z.B. Verbesserung bzw. Ausbau der

- Verkehrswege und Verkehrseinrichtungen (z.B. Straßennetz, Flughäfen),
- Kommunikationseinrichtungen (z.B. ISDN, digitale Netze),
- Energieversorgung (z.B. Fernwärme),

- Bildungseinrichtungen (z. B. Schulen, Universitäten),
- öffentliche Einrichtungen (z. B. Krankenhäuser, Theater),
- Einrichtungen der Wirtschaft (z. B. Kammern und Verbände).

514 Was ist Umwelt-schutzpolitik?

Nach dem Grundgesetz „schützt der Staat auch in Verantwortung für die künftigen Generationen die natürlichen Lebensgrundlagen", d. h., der Staat muss **Umweltschutzpolitik** betreiben (siehe Seite 97 und 178 ff.).

Umweltschutzpolitische Ziele sind z. B.

- Gesundheitspolitik (Sicherung der Gesundheit der Menschen),
- Ressourcenschutz (Schutz von Boden, Luft, Wasser, Pflanzen, Tierwelt),
- Umweltsanierung (Beseitigung von Umweltschäden).

515 Nennen Sie wichtige umweltrechtliche Vorschriften und Regelungen!

Wichtige **Rechtsvorschriften zum Schutz der Umwelt** sind z. B.:

1. Abfallgesetz, z. B.
   - Gesetz zur Vermeidung, Verwertung und Beseitigung von Abfällen (Kreislaufwirtschafts- und Abfallgesetz),
   - Altölverordnung,
   - Verpackungsverordnung;
2. Bundes-Immissionsschutzgesetz, z. B.
   - Verordnung über genehmigungsbedürftige Anlagen,
   - Störfallverordnung,
   - Schutz vor Immissionen;
3. Pflanzenschutzgesetz;
4. Gesetz über die Beförderung gefährlicher Güter, z. B.
   - Gefahrgutverordnung Straße;
5. Wasserhaushaltsgesetz, z. B.
   - Verwaltungsvorschriften zum Einleiten von Abwasser in Gewässer;
6. Bundesnaturschutzgesetz;
7. Chemikaliengesetz, z. B.
   - Gefahrstoffverordnung,
   - Chemikalien-Verbotsverordnung;
8. Atomgesetz, z. B.
   - Strahlenschutzverordnung;
9. Gesetz über Ordnungswidrigkeiten, z. B.
   - unzulässiger Lärm;
10. Umweltstrafrecht, z. B.
    - Verunreinigung eines Gewässers,
    - Luftverunreinigung,
    - umweltgefährdende Abfallbeseitigung.

516	Unterscheiden Sie Immissionen und Emissionen!	Das Bundes-Immissionsschutzgesetz unterscheidet ● **Immissionen,** sie sind z. B. Luftverunreinigungen, Geräusche, Erschütterungen, Licht, Wärme und Strahlen, welche auf Menschen sowie Tiere und Pflanzen einwirken; ● **Emissionen,** sie sind die von einer Anlage ausgehenden Immissionen.
517	Was ist Entwicklungspolitik?	Unter **Entwicklungspolitik** versteht man alle Maßnahmen, welche der Überwindung der Unterentwicklung bzw. der Förderung der ökonomischen Entwicklung eines Landes, einer Region oder einer Branche dienen. Entwicklungspolitische Maßnahmen sind z. B. ● Förderung des technischen Fortschritts (z. B. Förderung von Maßnahmen zur Nutzung der Sonnenenergie), ● Förderung von Investitionen durch Subventionen (z. B. im Bereich der Umwelttechnologie, Mikroelektronik).

6.5 Wachstum und Wachstumspolitik

518	Unterscheiden Sie nominales und reales Wirtschaftswachstum!	Wirtschaftswachstum wird gemessen durch den Vergleich der Bruttoinlandsprodukte aufeinander folgender Jahre. Wird das Bruttoinlandsprodukt mit den Preisen des jeweiligen Jahres bewertet, spricht man vom **nominalen Wirtschaftswachstum,** d. h., in der Wachstumsrate sind Preissteigerungen enthalten. Bewertet man zu Preisen eines bestimmten Basisjahres, ermittelt man das **reale Wirtschaftswachstum.** Da in diesem Fall Preisbewegungen ausgeschaltet sind, ist eine Zunahme des Bruttoinlandsprodukts nur auf eine Vermehrung der erstellten Güter und Dienstleistungen zurückzuführen. Steigt in einem bestimmten Jahr das Bruttoinlandsprodukt stärker als die Preissteigerungsrate, liegt ebenfalls reales Wirtschaftswachstum vor.
519	Begründen Sie die Notwendigkeit des Wirtschaftswachstums!	**Wirtschaftswachstum** dient ● der Steigerung des Lebensstandards, ● dem Abbau sozialer Spannungen durch eine gleichmäßigere Einkommens- und Vermögensverteilung, ● der Erfüllung zahlreicher Aufgaben durch den Staat, ● der Erhaltung und Förderung der sozialen Sicherheit, ● der Sicherung von Arbeitsplätzen.

520 Nennen Sie Bedingungen des Wirtschaftswachstums!

Wirtschaftswachstum wird ermöglicht durch
- Arbeitsangebot (ist abhängig von der Zahl der Erwerbstätigen und deren Ausbildung),
- Neuinvestitionen (möglich durch Kapitalbildung),
- technischen Fortschritt,
- Erschließung von Rohstoffvorkommen (Ressourcen),
- Ausbau der Infrastruktur.

521 Nennen Sie Probleme des Wirtschaftswachstums!

Das **quantitative** (rein mengenmäßige) **Wachstum** beinhaltet folgende Gefahren:
- Ausbeutung vorhandener Rohstoff- und Energiequellen,
- steigende Umweltbelastung durch Unternehmen und Haushalte (Beispiele: giftige Abgase und Abwässer),
- Umweltzerstörung (Beispiel: Waldrodung).

Aufgrund dieser Gefahren wird das quantitative durch das **qualitative** Wachstum ersetzt, welches zu mehr Lebensqualität führen soll, und zwar durch
- Rohstoff und Energie sparende Technologien,
- Verminderung der Umweltbelastung und Erhaltung der Umwelt.

6.6 Außenwirtschaft und Außenwirtschaftspolitik

522 Was versteht man unter Außenwirtschaft?

Die **Außenwirtschaft** eines Landes umfasst die Gesamtheit aller ökonomischen Beziehungen zum Ausland (Austausch von Sachgütern und Dienstleistungen, Kapitalbewegungen, Entwicklungshilfe, Tourismus u. a.).

523 Nennen Sie Vor - und Nachteile des internationalen Güteraustausches!

Vorteile des **internationalen Güteraustausches** sind:
- Einfuhr von im Inland nicht vorhandenen Gütern,
- steigender Lebensstandard durch internationale Arbeitsteilung,
- wissenschaftlicher Erfahrungsaustausch,
- niedrigere Preise durch internationalen Wettbewerb,
- Ausnutzung von Standortfaktoren wie Rohstoffvorkommen, Klimaverhältnisse.

Nachteile sind:
- Verlust der nationalen Unabhängigkeit,
- mögliche Absatzkrisen durch starke Spezialisierung,
- Gefahr von internationalen wirtschaftlichen Krisen durch die gegenseitigen Abhängigkeiten.

524 Welche Bedeutung hat der Außenhandel für die Bundesrepublik Deutschland?

Der **Außenhandel** hat für die **Bundesrepublik Deutschland** folgende Bedeutung, und zwar für den

1. **Export**[1]
   - Ausfuhr von Konsumgütern (z.B. Automobile) und vor allem Investitionsgütern (z.B. Maschinen und maschinelle Anlagen);
   - Belebung der Inlandskonjunktur (Sicherung von Arbeitsplätzen);
   - Exportabhängigkeit (rund ein Drittel der im Inland produzierten Güter wird exportiert);
   - fast ständig Überschüsse im Außenhandel (siehe Seite 138);

2. **Import**[1]
   - Einfuhr von Rohstoffen (z.B. Erdöl, Erze), Konsumgütern (z.B. Südfrüchte, optische Geräte) und Dienstleistungen (z.B. Urlaub im Ausland);
   - Importabhängigkeit (z.B. von den Erdöl produzierenden und Rohstoff fördernden Ländern).

525 Was versteht man unter Globalisierung der Wirtschaft?

Unter **Globalisierung der Wirtschaft** versteht man die Zunahme internationaler Wirtschaftsverflechtungen und das Zusammenwachsen von Märkten für Güter und Dienstleistungen über die Grenzen einzelner Staaten hinaus.

Ursachen und Auswirkungen der zunehmenden Globalisierung sind:
- Zunahme des Welthandels,
- Freiheit des Welthandels (z.B. durch internationale Abkommen),
- problemlose Verkehrsverbindungen in alle Länder der Welt,
- weltweite Computervernetzungen,
- internationale Arbeitsteilung,
- Bildung multinationaler Unternehmen,
- Auslandsinvestitionen der Unternehmen,
- Zulieferbeziehungen über Staatsgrenzen hinaus,
- internationale Standortkonkurrenz.

526 Was ist Währung?

Unter **Währung** versteht man die gesetzliche Ordnung des Geldwesens eines Staates (z.B. Dollar in den USA) oder einer Staaten-Gemeinschaft (z.B. Euro in der Europäischen Währungsunion).

Jede Währung hat einen
- **Außenwert,** der durch den Wechselkurs bestimmt wird (z.B. Wert des Euro in den USA),
- **Innenwert,** der als Kaufkraft bezeichnet wird (siehe Seite 146f.).

---

1 Zu den Begriffen Einfuhr und Ausfuhr nach EU-Recht siehe Seite 316.

527 Was versteht man unter Wechselkurs?

Der **Wechselkurs** ist das Austauschverhältnis einer Währung in eine andere Währung (z.B. 0,9452 USD/1 EUR).

Man unterscheidet

- **freie** (flexible) **Wechselkurse,** sie sind das Ergebnis von Angebot und Nachfrage auf den Devisenmärkten;

- **feste Wechselkurse,** der Wechselkurs wird vom Staat festgelegt; dieses Wechselkurssystem widerspricht dem Grundgedanken der Marktwirtschaft und ist im internationalen Handel nur selten anzutreffen.

528 Welche Bedeutung haben freie Wechselkurse?

In einem System freier Wechselkurse ergeben sich ständig neue Wechselkurse, d.h., die Wechselkurse können sowohl nach oben als auch nach unten schwanken. Man unterscheidet

- **Erhöhung des Außenwertes** der inländischen Währung (z.B. Euro) gegenüber einer ausländischen Währung (z.B. US-Dollar), der Wechselkurs für die inländische Währung steigt (Aufwertung);

- **Senkung des Außenwertes** der inländischen Währung (z.B. Euro) gegenüber einer ausländischen Währung (z.B. US-Dollar), der Wechselkurs für die inländische Währung sinkt (Abwertung).

529 Welche Folgen hat eine Erhöhung des Außenwertes einer Währung?

Eine **Erhöhung des Außenwertes** der inländischen Währung hat folgende Auswirkungen:

- Man erhält im Inland für eine Einheit der inländischen Währung mehr Einheiten der ausländischen Währung (z.B. erhält man für einen Euro mehr US-Dollar);

- der Import aus dem betreffenden Land erhöht sich, da die ausländische Ware billiger wird;

- finanzielle Vorteile für Inländer im Ausland (z.B. bei Urlaubsreisen);

- man bezahlt im Ausland für einen Euro mehr als vorher (z.B. muss man für einen Euro mehr US-Dollar bezahlen);

- der Export in das betreffende Land geht zurück, da die einheimische Ware dort teurer wird (Schwächung der Wettbewerbsfähigkeit);

- finanzielle Nachteile für Ausländer im Inland (z.B. bei Urlaubsreisen).

530 Welche Folgen hat eine Senkung des Außenwertes einer Währung?

Eine **Senkung des Außenwertes** der inländischen Währung hat folgende Auswirkungen:

- Man erhält im Inland für eine Einheit der inländischen Währung weniger Einheiten der ausländischen Währung (z.B. erhält man für einen Euro weniger US-Dollar);

- der Import aus dem betreffenden Land verringert sich, da die ausländische Ware teurer wird;
- finanzielle Nachteile für Inländer im Ausland (z.B. bei Urlaubsreisen);
- man bezahlt im Ausland für einen Euro weniger als vorher (z.B. muss man für einen Euro weniger US-Dollar bezahlen);
- der Export in das betreffende Land steigt, da die einheimische Ware dort billiger wird (Stärkung der Wettbewerbsfähigkeit);
- finanzielle Vorteile für Ausländer im Inland (z.B. bei Urlaubsreisen).

531 Was ist Außenhandelspolitik?

Außenhandelspolitik umfasst die Gesamtheit aller staatlichen Maßnahmen, welche den Außenwirtschaftsverkehr beeinflussen sollen (z.B. Erreichen des außenwirtschaftlichen Gleichgewichtes). Man unterscheidet folgende außenhandelspolitische Maßnahmen:
- Einführung, Abschaffung oder Veränderung von Zöllen,
- Gewährung von Subventionen (z.B. Förderung des Exports durch Exportsubventionen für inländische Unternehmen),
- Einführung von Ein- bzw. Ausfuhrverboten (siehe Seite 317 f.),
- Einführung von Ein- bzw. Ausfuhrkontingenten (der Umfang des Imports bzw. Exports wird staatlich reguliert).

532 Was sind Zölle?

Zölle sind Zwangsabgaben, die der Staat beim grenzüberschreitenden Güterverkehr erhebt.

533 Welche Zollarten werden unterschieden?

Man unterscheidet die Zölle nach
1. der Art des Außenhandels,
   - **Einfuhrzölle (Importzölle),** werden beim Verbringen von Waren in das Zollgebiet erhoben;
   - **Ausfuhrzölle (Exportzölle),** werden bei der Ausfuhr von Waren erhoben (sind sehr selten, i.d.R. werden sie durch Ausfuhrbeschränkungen ersetzt);
   - **Transitzölle,** werden bei der Durchfuhr von Waren erhoben;
2. dem Zweck der Erhebung,
   - **Finanzzölle,** sind zusätzliche Einnahmequellen des Staates;
   - **Schutzzölle,** bestimmte Wirtschaftszweige werden vor der ausländischen Konkurrenz geschützt (sind diese Zölle so hoch, dass die Einfuhr der betreffenden Produkte unterbunden wird, spricht man von **Prohibitivzöllen);**

159

3. der Bemessungsgrundlage,

- **spezifische Zölle,** werden nach Gewicht, Stückzahl, Länge oder Volumen berechnet;
- **Wertzölle,** werden in Prozenten vom Warenwert berechnet;
- **Mischzölle,** werden für Güter mit starken Preisschwankungen berechnet, wobei bei niedrigen Preisen an die Stelle des Wertzolles ein spezifischer Zoll als Mindestzoll tritt.

---

534 Welche Bedeutung hat der Einfuhrzoll?

Wirkungen des **Einfuhrzolls** (als wichtigste Zollart) sind:
- Verteuerung ausländischer Waren im Inland und Verminderung des Imports (durch Zollerhöhung),
- Schutz der inländischen Produzenten,
- Verbilligung ausländischer Waren im Inland und Erhöhung des Imports (durch Zollsenkung),
- Beeinträchtigung des Wettbewerbs im internationalen Handel.

---

535 Was versteht man unter Einfuhrumsatzsteuer?

Der **Einfuhrumsatzsteuer** unterliegt die Einfuhr von Gegenständen aus einem Drittland in das EU-Gemeinschaftsgebiet (in Höhe der inländischen Umsatzsteuersätze). Da keine ausländische Umsatzsteuer berechnet wird, werden die importierten Waren in gleicher Höhe besteuert wie die inländischen Waren.

---

536 Was ist Zolltara?

Bei der **Zolltara** handelt es sich um ein nach den Zollvorschriften festgelegtes Verpackungsgewicht.

---

537 Was versteht man unter WTO?

WTO (World Trade Organization) ist ein weltumspannendes Handels- und Wirtschaftsabkommen, das im Bereich des Außenhandels eine Intensivierung des internationalen Güteraustauschs anstrebt.

Diese Zielsetzung soll erreicht werden durch
- Abbau von Zöllen, wobei die Mitgliedstaaten untereinander die Modalitäten festlegen;
- Abbau von sonstigen Handelsbeschränkungen, wie z.B. Einfuhrkontingente, Devisenbewirtschaftung, Einfuhrsteuern.

---

538 Was versteht man unter der Europäischen Union?

Die **Europäische Union (EU)** ist ein Zusammenschluss von 27 europäischen Staaten;[1] durch diesen Zusammenschluss soll ein Europäischer Bundesstaat geschaffen werden.

---

1 Stand 1. Januar 2007 (Deutschland, Frankreich, Italien, Spanien, Niederlande, Belgien, Österreich, Finnland, Portugal, Luxemburg, Großbritannien, Irland, Schweden, Dänemark, Griechenland, Tschechische Republik, Estland, Zypern, Lettland, Litauen, Ungarn, Malta, Polen, Slowenien, Slowakei, Bulgarien, Rumänien).

Ziele der Europäischen Union sind

● Schaffung eines Europäischen Binnenmarktes;

● Angleichung (Harmonisierung) des Steuer-, Gesellschafts-, Arbeits- und Sozialrechts (dadurch soll auch ein einheitlicher Wettbewerb im Binnenmarkt sichergestellt werden);

● gemeinsame Agrarpolitik;

● gemeinsame Energie- und Umweltpolitik;

● gemeinsame Außen- und Sicherheitspolitik;

● Aufbau und Ausgestaltung einer Europäischen Wirtschafts- und Währungsunion.

---

539 Erklären Sie den Europäischen Binnenmarkt!

Durch den **Europäischen Binnenmarkt** werden alle Grenzhindernisse zwischen den Mitgliedstaaten beseitigt. Angestrebt bzw. bereits erreicht sind:

● freier Warenverkehr, d.h. Abschaffung der Zölle und der mengenmäßigen Beschränkungen bei der Ein- und Ausfuhr von Waren zwischen den Mitgliedstaaten sowie Harmonisierung der Mehrwert- und Verbrauchsteuern;

● freier Personenverkehr, d.h. vor allem Abschaffung der Grenzkontrollen, Aufenthaltsfreiheit, Niederlassungsfreiheit für Gewerbetreibende, freie Wahl des Arbeitsplatzes, gegenseitige Anerkennung von Bildungs- und Berufsabschlüssen;

● freier Dienstleistungsverkehr, d.h. Schaffung freier Märkte, z.B. für Banken und Versicherungen, Gütertransport, Kommunikationswesen;

● freier Kapitalverkehr, d.h. Abschaffung der Beschränkungen im Kapital- und Devisenverkehr.

---

540 Beschreiben Sie die Europäische Wirtschafts- und Währungsunion!

Im Jahre 1992 unterzeichneten die damaligen 12 EG-Mitgliedstaaten in Maastricht den Vertrag über die Europäische Union und schufen damit die entsprechende vertragliche Grundlage der EU. Der Vertrag enthält auch grundlegende Entscheidungen zur **Europäischen Wirtschafts- und Währungsunion (WWU, EWWU)** wie auch zur politischen Union der Europäischen Gemeinschaft. Schwerpunkt der WWU war die Einführung einer gemeinsamen europäischen Währung, d.h., die nationalen Währungen (z.B. DM, Franc, Gulden) sollten durch den Euro ersetzt werden.

Der **Zeitplan** für den Übergang von den nationalen Währungen zum Euro sieht folgendermaßen aus:

● Entscheidung des Europäischen Rates über den Teilnehmerkreis der Europäischen Währungsunion **(EWU)** im Mai 1998[1],

---

1 Mitglieder Stand 1. Januar 2007 (Belgien, Deutschland, Griechenland, Spanien, Frankreich, Irland, Italien, Luxemburg, Niederlande, Österreich, Portugal, Finnland, Slowenien).

● Beginn der EWU am 1. Januar 1999 (die Europäische Zentralbank übernimmt die alleinige Zuständigkeit für die Geldpolitik der Währungsunion; der Euro wird als Buchgeld eingeführt),

● Einführung der Euro-Banknoten und Euro-Münzen als gesetzliches Zahlungsmittel ab 1. Januar 2002,

● Ende des DM-Bargeldumlaufs am 28. Februar 2002.

Die Europäische Wirtschafts- und Währungsunion ist gekennzeichnet durch

● eine einheitliche europäische Währung (Euro);

● das Europäische System der Zentralbanken, in dessen Mittelpunkt die Europäische Zentralbank steht (siehe Seite 147);

● einheitliche Geldpolitik mit dem vorrangigen Ziel der Preisstabilität (siehe Seite 148 ff.).

---

541 Beschreiben Sie die Stabilitätskriterien!

Voraussetzung für die Aufnahme der einzelnen Mitgliedstaaten der EU in die Europäische Währungsunion (im Jahre 1998) war die Erfüllung der so genannten **Stabilitätskriterien (Konvergenzkriterien).** Auch nach Beginn der EWU sind die Teilnehmerländer verpflichtet die Stabilitätskriterien einzuhalten. Damit soll eine Wirtschaftspolitik in der Gemeinschaft gewährleistet werden, die dauerhaftes Wachstum, Beschäftigung und Erhaltung der Kaufkraft fördert.

Stabilitätskriterien sind vor allem:

● Preisstabilität, der Anstieg der Verbraucherpreise darf nicht mehr als 1,5% über der Inflationsrate der drei preisstabilsten Länder liegen;

● Haushaltsdisziplin, das Haushaltsdefizit des Staates darf nicht mehr als 3% des Bruttoinlandsproduktes betragen und die gesamte Staatsverschuldung darf 60% des Bruttoinlandsproduktes nicht übersteigen;

● Zinshöhe, der Zinssatz für langfristige Kredite darf nicht mehr als 2% über dem Zinssatz der drei preisstabilsten Länder liegen.

---

542 Welche Bedeutung haben Referenzzinssätze für den Geldmarkt der Währungsunion?

Für den Geldmarkt der Währungsunion sind folgende Referenzzinssätze (Leitzinssätze) von Bedeutung:

● **EURIBOR** (Euro Interbank Offered Rate), ist ein europäischer Zinssatz für die Geldbeschaffung (Ein- bis Zwölfmonatsgelder). Der Zinssatz wird täglich aus den Angaben einer bestimmten Anzahl bedeutender Banken (Banken-Panel) ermittelt;

● **EONIA** (Euro Overnight Indexed Average), ist ein europäischer Zinssatz für Tagesgeld. Der Zinssatz wird täglich aus den Angaben des Banken-Panels ermittelt, und zwar durch die Europäische Zentralbank.

7 Steuern

7.1 Notwendigkeit der Besteuerung

543 Welche Aufgaben haben die öffentlichen Haushalte?

Die **öffentlichen Haushalte** (Bund, Länder, Gemeinden) müssen Leistungen erbringen, die von Betrieben und privaten Haushalten nicht oder nur unzureichend erstellt werden können oder die für das Gemeinwohl von hervorragender Bedeutung sind.

Man unterscheidet

- Bundesaufgaben, z.B. Verteidigung,
- Länderaufgaben, z.B. Universitäten,
- Gemeindeaufgaben, z.B. Strom- und Wasserversorgung.

544 Nennen Sie die öffentlichen Einnahmen!

Um ihre Aufgaben erfüllen zu können, brauchen die öffentlichen Haushalte finanzielle Mittel.

Es gibt folgende **öffentliche Einnahmen:**

- Steuern und Zölle,
- Gebühren und Beiträge (Entgelte für bestimmte öffentliche Leistungen),
- Aufnahme und Einziehung von Krediten,
- Erwerbseinkünfte (Gewinne aus öffentlichen Betrieben),
- Auflösung von Rücklagen,
- Zuweisungen von anderen Gemeinwesen,
- sonstige Einnahmen wie Strafgelder, Schenkungen, Vermächtnisse.

545 Was ist der Haushaltsplan des Bundes?

Im **Haushaltsplan des Bundes** (Bundeshaushalt) werden den Einnahmen des Bundes die Ausgaben des Bundes (zur Erfüllung der Bundesaufgaben) gegenübergestellt. Wichtige Ausgabenbereiche sind Arbeit und Sozialordnung; Verteidigung; Verkehr; Jugend, Familie, Frauen und Gesundheit; Bildung und Wissenschaft.

Auch Länder und Gemeinden sind zur Aufstellung von Haushaltsplänen verpflichtet; die aufgestellten Haushaltspläne müssen ausgeglichen sein.

546 Was sind Steuern?

Steuern sind einmalige oder laufende Geldleistungen, die von öffentlichen Gemeinwesen (Bund, Länder, Gemeinden) ohne unmittelbare Gegenleistung zwangsweise erhoben werden. Sie dienen zur Finanzierung der Aufgaben der öffentlichen Haushalte.

547 Was versteht man unter der Steuerquote?

Unter der **Steuerquote** (Steuerlastquote) versteht man das prozentuale Verhältnis der Steuereinnahmen von Bund, Ländern und Gemeinden zum Bruttoinlandsprodukt (zu jeweiligen Preisen).

548 | Nennen Sie Grundsätze der Steuerpolitik!

Wichtige Grundsätze der Steuerpolitik sind

- **Steuergerechtigkeit,** d.h., jeder soll ohne Ansehen der Person und nach dem Verhältnis seiner Leistungsfähigkeit besteuert werden (unter Berücksichtigung sozialer Gesichtspunkte);
- angemessene Steuerbelastung, denn überhöhte Steuern vermindern die Leistungsbereitschaft der Arbeitnehmer und die Investitionsbereitschaft der Unternehmer.

7.2 Einteilung der Steuern

549 | Welche Steuerarten unterscheidet man?

In der Bundesrepublik Deutschland gibt es ungefähr 50 verschiedene **Steuerarten.** Sie können eingeteilt werden

1. nach dem Steuergegenstand,
   - Besitzsteuern, z.B. Einkommensteuer (siehe Seite 43 ff.), Lohnsteuer, Körperschaftsteuer, Grundsteuer, Erbschaft- und Schenkungsteuer, Gewerbesteuer;
   - Verkehrsteuern, z.B. Umsatzsteuer, Grunderwerbsteuer;
   - Verbrauchsteuern und Zölle, z.B. Mineralölsteuer, Biersteuer, Tabaksteuer, Kaffeesteuer;

2. nach der Finanzhoheit (Steuerempfänger),
   - Bundessteuern, z.B. Mineralölsteuer, Einfuhrumsatzsteuer;
   - Landessteuern, z.B. Kraftfahrzeugsteuer;
   - Gemeindesteuern, z.B. Gewerbesteuer, Grundsteuer, Hundesteuer, Vergnügungsteuer;
   - Gemeinschaftsteuern (stehen Bund und Ländern gemeinsam zu), z.B. Umsatzsteuer, Einkommen- und Lohnsteuer, Körperschaftsteuer;
   - Kirchensteuer;

3. nach der Erhebungsart,
   - direkte Steuern,
   - indirekte Steuern.

550 | Unterscheiden Sie direkte und indirekte Steuern!

Direkte Steuern sind nicht abwälzbare Steuern, d.h., Steuerschuldner und Steuerträger sind identisch, z.B. Einkommen- und Lohnsteuer.

Indirekte Steuern sind abwälzbare Steuern, d.h., Steuerschuldner und Steuerträger sind nicht identisch, z.B. Umsatzsteuer, alle Verbrauchsteuern (diese Steuern stellen für den Steuerträger durchlaufende Posten dar).

7.3 Steuern des Betriebes

551 Welche Steuern gibt es im Betrieb?

Folgende Steuern werden unterschieden:

1. Besitzsteuern (betreffen Ertrag, Einkommen und Vermögen),
   - Körperschaftsteuer (bzw. Einkommensteuer),
   - Gewerbesteuer,
   - Grundsteuer;

2. Verkehrsteuern (betreffen rechtliche und wirtschaftliche Vorgänge),
   - Umsatzsteuer (Mehrwertsteuer),
   - Grunderwerbsteuer,
   - Kraftfahrzeugsteuer;

3. Verbrauchsteuern (betreffen bestimmte Konsumgüter),
   - Mineralöl-, Tabak-, Branntwein-, Biersteuer u.a.

552 Was ist Körperschaftsteuer?

Bei der **Körperschaftsteuer**
- werden juristische Personen wie Kapitalgesellschaften (z.B. GmbH, AG), Genossenschaften, Versicherungsvereine auf Gegenseitigkeit, Anstalten des öffentlichen Rechts besteuert (die Körperschaftsteuer ist die Einkommensteuer der juristischen Personen);
- ist die Besteuerungsgrundlage der nach dem Körperschaftsteuergesetz ermittelte Gewinn;
- beträgt der Steuersatz für einbehaltene Gewinne und für ausgeschüttete Gewinne einheitlich 25%.

553 Was ist Gewerbesteuer?

Bei der **Gewerbesteuer**
- werden Gewerbebetriebe besteuert,
- ist die Bemessungsgrundlage der Gewerbeertrag,
- legen die Gemeinden den Steuersatz durch den sog. Hebesatz fest (Gemeindesteuer).

554 Was ist Grundsteuer?

Bei der **Grundsteuer**
- wird der Grundbesitz besteuert, d.h. das Grundvermögen (insbesondere Wohngrundstücke mit Gebäuden und Betriebsgrundstücke);
- ist der **Einheitswert** des Grundbesitzes Grundlage der Berechnung (die Steuerbehörden ermitteln für Besteuerungszwecke den Wert des Vermögens);
- wird der Steuersatz als Hebesatz von den Gemeinden festgelegt (Gemeindesteuer).

555 | Was ist Umsatzsteuer?

Nach dem Umsatzsteuergesetz unterliegen der **Umsatzsteuer** (Mehrwertsteuer) Lieferungen und Leistungen, die ein Unternehmen gegen Entgelt im Rahmen seines Unternehmens ausführt, die Einfuhr von Gegenständen aus Drittländern in das Inland (Einfuhrumsatzsteuer) sowie der innergemeinschaftliche Erwerb im Inland gegen Entgelt. Diese Umsätze werden als **steuerbare Umsätze** bezeichnet. Zur Besteuerung von Entnahmen durch einen Unternehmer aus seinem Unternehmen für private Zwecke siehe Seite 441 f.

Für die Besteuerung gilt:

● **Steuerbefreiungen** gibt es z. B. für Ausfuhrlieferungen, die Gewährung von Krediten, Umsätze im Zahlungs- und Überweisungsverkehr, Umsätze von Wertpapieren, die Vermietung und Verpachtung von Grundstücken und die Umsätze von Ärzten, Zahnärzten, Heilpraktikern und ähnlichen Berufen;

● der **Steuersatz** beträgt i. d. R. 19 % der Bemessungsgrundlage;

● der Steuersatz ermäßigt sich auf 7 % z. B. für Lebensmittel, Waren des Buchhandels und Kunstgegenstände;

● für den Verbraucher erhöht sich bei einer Preissteigerung der von ihm zu zahlende Steuerbetrag.

Vgl. zur Umsatzsteuer auch Seite 439 ff.

556 | Was ist Grunderwerbsteuer?

Bei der **Grunderwerbsteuer**

● wird der Erwerb (i. d. R. Kauf) von Grundstücken besteuert,

● beträgt der Steuersatz i. d. R. 3,5 % vom Kaufpreis.

557 | Nennen Sie wichtige Steuertermine!

Wichtige **Steuertermine** sind für die

● Einkommensteuer und Körperschaftsteuer: 10. März, 10. Juni, 10. September und 10. Dezember;

● Gewerbesteuer und Grundsteuer: 15. Februar, 15. Mai, 15. August und 15. November (bei diesen Gemeindesteuern sind abweichende Termine möglich);

● Umsatzsteuer und einbehaltene Lohn- und Kirchensteuer: monatlich am 10. (gilt für Monatszahler).

II. Handelsbetriebslehre

1 Aufgaben und Organisation des Großhandels

1.1 Aufgaben des Handelsbetriebes

1 Welche Bedeutung hat der Handel?

Der **Handelsbetrieb** ist das Bindeglied zwischen Herstellern auf der einen Seite und Verwendern auf der anderen Seite (Vermittlung zwischen Erzeugung und Verbrauch). Die beschafften und abgesetzten Güter werden i.d.R. weder verarbeitet noch bearbeitet. In erster Linie übernimmt der Handelsbetrieb die Verteilung von Gütern **(Distribution);** daneben erfüllt er zahlreiche weitere Aufgaben (Handelsfunktionen). Die Wahrnehmung der Handelsfunktionen stellt die Wertschöpfung des Handels dar.

2 Welche Aufgaben hat der Handel?

Der Handel übernimmt folgende Aufgaben **(Handelsfunktionen):**

- **Sortimentsbildung,** d.h., der Handel stellt aus vielen, meist engen Produktionsprogrammen mehrerer Hersteller kundengerechte Sortimente zusammen (Funktion des qualitativen Ausgleichs);
- **Mengengruppierung,** d.h., der Handel kauft üblicherweise große Mengen ein und verkauft sie in kleinen Mengen; in manchen Fällen werden kleine Mengen aufgekauft und in großen Mengen weiterverkauft (Funktion des quantitativen Ausgleichs);
- **Raumüberbrückung,** d.h., der Handel bringt die Waren vom Hersteller zum Verwender (Funktion des räumlichen Ausgleichs, Transportfunktion);
- **Zeitüberbrückung,** d.h., der Handel überbrückt die Zeit zwischen Produktion und Verwendung durch bedarfsorientierte Vorratshaltung (Funktion des zeitlichen Ausgleichs, Lagerfunktion);
- **Markterschließung,** d.h., der Handel eröffnet neue Märkte, indem er durch eigene absatzpolitische Maßnahmen mithilft ein Produkt am Markt einzuführen;
- **Beratung,** d.h., der Handel informiert den Abnehmer z.B. über technische Merkmale, Anwendungsmöglichkeiten, Bedienung und Wartung der Produkte (Anwendungs- und Bedienungsberatung); der Handel informiert auch den Hersteller über Kundenwünsche, -anregungen und -beschwerden (Produzentenberatung);
- **Finanzierung,** d.h., der Handel ermöglicht den Kauf einer Ware auf Ziel (Kreditfunktion);
- **absatzpolitische Maßnahmen,** wie z.B. Verkaufsförderung, Ladengestaltung, Reparatur- und Kundendienst (Servicefunktion);
- **Güteraufbereitung,** d.h., der Handel macht bestimmte Güter verkaufsreif (z.B. Rösten von Kaffee, Reifen von Südfrüchten); diese Leistung (Veredelungsfunktion) muss für den Handelsbetrieb eine Nebenleistung darstellen.

1.2 Arten des Handels

3 Welche Arten des Handels werden unterschieden?

Man unterscheidet folgende **Arten des Handels:**

1. Binnenhandel,
   - Einzelhandel,
   - Großhandel (Aufkaufgroßhandel, Produktionsverbindungsgroßhandel, Absatzgroßhandel);
2. Außenhandel,
   - Importhandel,
   - Transithandel,
   - Exporthandel.

4 Unterscheiden Sie Einzelhandel und Großhandel!

Der **Einzelhandel** verkauft die Waren, die er in größeren Mengen entweder von Großhändlern oder Erzeugern bezieht, in kleinen Mengen an den Endverbraucher.

Der **Großhändler** verkauft seine Waren an Wiederverkäufer (z. B. Einzelhandelsbetriebe), an Erzeuger (z. B. Industrie- und Handwerksbetriebe) und an Großverbraucher (z. B. Behörden, Krankenanstalten).

5 Unterscheiden Sie Aufkauf-, Produktionsverbindungs- und Absatzgroßhandel!

Der **Aufkaufgroßhandel** (Sammelgroßhandel) kauft Güter (meist in kleineren Mengen) auf, sortiert sie und verkauft sie (meist in größeren Mengen) an Wiederverkäufer bzw. Hersteller. Beispiele sind: Aufkauf von Getreide, Hopfen, Altpapier.

Der **Produktionsverbindungsgroßhandel** kauft Güter (Produktionsgüter in Form von Fertig- und Halbfabrikaten) von Produzenten und verkauft sie weiter an Produzenten der nachfolgenden Produktionsstufe. Beispiele sind: Aufkauf und Verkauf von Furnierholz, Gummi, Stahl.

Der **Absatzgroßhandel** (Verteilungsgroßhandel) kauft Güter in großen Mengen von Produzenten und verkauft sie an Wiederverkäufer (vor allem Einzelhandelsbetriebe). Beispiele sind Kauf und Verkauf von Lebensmitteln, Textilien, Möbeln.

6 Unterscheiden Sie Import-, Transit- und Exporthandel!

Der grenzüberschreitende Warenaustausch (Außenhandel, siehe Seite 298 ff.) kann erfolgen als

- **Importhandel** (Einfuhrhandel): Einfuhr von Gütern vom Ausland in das Inland;
- **Transithandel** (siehe Seite 299);
- **Exporthandel** (Ausfuhrhandel): Ausfuhr von Waren aus dem Inland in das Ausland.

7 Unterscheiden Sie die Betriebsformen des Großhandels!

Beim Großhandel unterscheidet man folgende **Betriebsformen:**

- **Spezialgroßhandel,** bietet nur eine Warenart an; das Sortiment ist eng und in der Regel tief;
- **Sortimentsgroßhandel,** bietet mehrere Warenarten an; das Sortiment ist breit und kann tief oder flach sein;

- **Zustellgroßhandel,** gekaufte Waren werden den Kunden mit eigenen Fahrzeugen oder durch Frachtführer geliefert;
- **Abholgroßhandel,** Waren werden vom Kunden beim Großhändler abgeholt;
- **Cash-and-carry-Großhandel** (Selbstbedienungsgroßhandel), der Kunde sucht sich die gewünschten Waren selbst aus (Selbstbedienung), bezahlt den Kaufpreis bar (cash) und nimmt sie selbst mit (carry); die gebräuchlichste Abkürzung für diese Verkaufsform ist C & C;
- **Regalgroßhandel** (Rack Jobber, siehe Seite 284).

1.3 Standort des Großhandelsbetriebes

8 | Welche Bedeutung hat der Standort für den Großhandelsbetrieb?

Unter dem **Standort** versteht man den Platz der gewerblichen Niederlassung eines Betriebes. Die Entscheidung für einen bestimmten Standort ist abhängig von den Standortfaktoren, welche die Kosten für die Produktionsfaktoren und die Erträge für die betrieblichen Leistungen bestimmen.

Der **optimale betriebliche Standort** liegt dort, wo mit einer gegebenen Ausstattung mit Betriebsmitteln ein maximaler Gewinn erzielt wird.

9 | Welche Standortfaktoren gibt es?

Die **Standortfaktoren** sind:
- **Absatz,** der Standort wird in die Nähe der Abnehmer gelegt um schnell und kostengünstig liefern zu können;
- **Beschaffung,** der Standort orientiert sich an der räumlichen Nähe zu den Lieferern (gilt insbesondere für den Aufkaufgroßhandel);
- **Verkehrslage,** der Standort wird in verkehrstechnisch gut erschlossene Gebiete (gut ausgebautes Straßennetz) gelegt;
- **Arbeitskräfte,** der Standort richtet sich nach Lohnniveau und vorhandenen Arbeitskräften;
- **Bodenpreise,** der Standort ist abhängig von den Grundstückspreisen (bzw. der Höhe der Mieten für Betriebsräume);
- **Steuern und öffentliche Abgaben,** bei sonst gleichen Standortfaktoren sind Orte mit niedrigeren Steuern und Abgaben für die Standortwahl ausschlaggebend (gilt insbesondere für Städte und Gemeinden mit niedriger Grund- und Gewerbesteuer);
- **Subventionen,** die Standortwahl orientiert sich auch an direkten und indirekten Zuschüssen, die für eine Betriebsansiedlung gewährt werden.

10 | Welche Bedeutung haben die wirtschaftlichen Standortfaktoren?

Der Großhandelsbetrieb ist normalerweise nicht an einen bestimmten Standort gebunden; er kann seinen Standort frei wählen, wobei neben den politischen Standortfaktoren (z.B. Steuern, Subventionen) vor allem die wirtschaftlichen Standortfaktoren zu beachten sind:

- **Absatzorientierung** (Kundenorientierung), insbesondere Sortimentsgroßhändler, welche z.B. Lebensmittel oder Getränke anbieten, siedeln sich in der Nähe der Einzelhandelsbetriebe an;
- **Beschaffungsorientierung** (Liefererorientierung), insbesondere Aufkaufgroßhändler, welche z.B. landwirtschaftliche Erzeugnisse (z.B. Getreide, Kartoffeln, Obst) anbieten, wählen ihren Standort in der Nähe ihrer Lieferanten;
- **Verkehrsorientierung,** insbesondere Großhändler, welche Massengüter (z.B. Kohle, Eisen, Baustoffe) oder Importgüter (z.B. Südfrüchte, Kaffee) anbieten, wählen ihren Standort an großen Umschlagplätzen (z.B. Seehafen, Binnenhafen, Bahnhof), die an gute Verkehrsnetze angebunden sind (z.B. Autobahnen, Schienenwege, Wasserwege).

1.4 Organisation des Großhandelsbetriebes

1.4.1 Grundlagen

11 Was ist Betriebsorganisation?

Betriebsorganisation ist ein System von Regelungen (z.B. Organigramme, Arbeitsanweisungen, Arbeitsablaufpläne), die Menschen und Betriebsmittel einander so zuordnen, dass die Betriebsziele (z.B. Gewinn, Umsatzsteigerung, Liquidität, Umweltschutz) bestmöglich erreicht werden.

12 Unterscheiden Sie generelle und fallweise Regelungen!

Für Vorgänge, die sich häufig in gleicher (oder ähnlicher) Weise wiederholen, werden generelle (dauerhafte) Regelungen erstellt.

Vorhersehbare Vorgänge, die sich jedoch wegen wechselnder Bedingungen häufig ändern, werden fallweise geregelt **(Disposition).** Disposition gewährt dem Aufgabenträger einen gewissen Handlungsspielraum (z.B. die Befugnis eines Verkäufers, in berechtigten Fällen Preisnachlässe bis zu 5% zu geben).

Unvorhersehbare, unerwartete bzw. neuartige Vorgänge bedürfen einer vorübergehenden, provisorischen Entscheidung **(Improvisation).**

13 Nennen Sie die Stufen der Organisationsarbeit!

Die Organisationsarbeit vollzieht sich i.d.R. in folgenden Stufen **(Organisationskreislauf):**
- Ermittlung des Istzustandes (Ist-Aufnahme),
- Analyse (Kritik) des Istzustandes,
- Planung des Sollzustandes (Soll-Vorschlag),
- Realisation des Soll-Vorschlages,
- Kontrolle (Soll-Ist-Vergleich).

14 Nennen Sie Organisationsgrundsätze!

Zu den **Organisationsgrundsätzen** zählen:
- Grundsatz der **Zweckmäßigkeit,** d.h., die Regelung ist zu wählen, welche die Aufgabenerfüllung am besten sicherstellt;

- Grundsatz des **organisatorischen Gleichgewichts,** d. h., ein Betrieb darf weder überorganisiert (zu viele Regelungen) noch unterorganisiert (zu wenig Regelungen) sein;
- Grundsatz der **Koodination,** d. h., organisatorische Regelungen sind aufeinander und in Bezug auf die Betriebsaufgabe abzustimmen;
- Grundsatz der **Wirtschaftlichkeit,** d. h., ein optimales Verhältnis zwischen Mittelaufwand und zu erreichendem Zweck muss hergestellt werden.

1.4.2 Aufbauorganisation

15 Was bedeutet Aufbauorganisation?

Unter **Aufbauorganisation** versteht man die Gliederung (strukturelle Ordnung) des Unternehmens in aufgabenteilige Einheiten (z. B. Stellen, Abteilungen) und deren Zuordnung zueinander durch betriebliche Verkehrswege (Transport- und Kommunikationswege). Die Aufbauorganisation hat langfristigen Charakter.

Der betriebliche Aufbau wird mit Hilfe eines **Organisationsplanes** (Organigramm) dargestellt.

Beispiel für das **Organigramm** eines Großhandelsbetriebes:

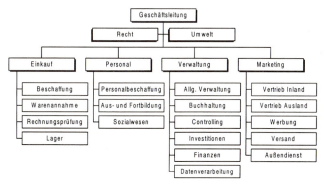

16 Unterscheiden Sie horizontale und vertikale Aufbauorganisation!

Die **horizontale Aufbauorganisation** verteilt die einzelnen Aufgaben auf die Aufgabenträger (Mitarbeiter).

Die **vertikale Aufbauorganisation** legt den Instanzenaufbau, d. h. die Betriebshierarchie fest.

17 Erklären Sie den Instanzenaufbau einer Unternehmung!

Der Instanzenaufbau eines Unternehmens weist folgende Ebenen auf:
- **Topmanagement** (oberste Leitung), z. B. die Geschäftsführung einer GmbH; Aufgaben: Festlegung der Betriebsziele und der Betriebspolitik;
- **Middle management** (mittlere Leitung), z. B. Hauptabteilungsleiter und Abteilungsleiter; Aufgaben: selbstständige Leitung ihres Aufgabenbereiches nach den Vorstellungen des Topmanagements;

- **Lower management** (untere Leitung); z.B. Meister, Gruppenführer; Aufgaben: Entscheidungs- und Anordnungsbefugnisse in ihrem Bereich, überwiegend ausführende Tätigkeit;
- **ausführende Stellen,** z.B. Sachbearbeiter, Arbeiter; Aufgaben: eigenverantwortliches Ausführen von Anweisungen.

18 Nennen Sie Bestimmungselemente einer Aufgabe!

Jede **Aufgabe** (Zielvorschrift für menschliches Handeln) ist durch folgende **Bestimmungselemente** gekennzeichnet:
- Verrichtung, d.h., wie wird die Aufgabe ausgeführt;
- Aufgabenträger, d.h., wer hat die Aufgabe zu erfüllen;
- Objekt, d.h., woran ist die Aufgabe zu vollziehen;
- Hilfsmittel, d.h., womit ist die Aufgabe zu bewältigen;
- Raum, d.h., wo ist die Aufgabe auszuführen;
- Zeit, d.h., wann ist die Aufgabe zu erfüllen.

19 Was bedeutet Aufgabenanalyse?

Unter **Aufgabenanalyse** versteht man die Zerlegung der betrieblichen Gesamtaufgabe (z.B. Distribution von Waren) in
- Hauptaufgaben (z.B. Beschaffung, Lagerung, Absatz),
- Teilaufgaben (z.B. Lagerplanung, Lagerkontrolle),
- Einzelaufgaben (z.B. Führen der Lagerdatei).

Die Aufgabenanalyse ist Grundlage für die Stellen- und Abteilungsbildung und somit auch für den organisatorischen Aufbau eines Betriebes.

20 Wie erfolgt die Aufgabenanalyse?

Die Aufgabenanalyse kann nach folgenden Gesichtspunkten erfolgen:
- Gliederung nach der **Verrichtung** (Funktion), d.h. nach der Tätigkeit (z.B. Einkauf, Lager, Verkauf);
- Gliederung nach dem **Objekt,** d.h. nach dem Arbeitsgegenstand (z.B. Einkauf Food, Einkauf Nonfood);
- Gliederung nach dem **Rang,** d.h. Zerlegung in entscheidende und ausführende Arbeit (z.B. Abteilungsleiter, Sachbearbeiter);
- Gliederung nach der **Phase,** d.h. Zerlegung der Aufgabe in Planung, Durchführung und Kontrolle (z.B. Werbeplanung, -durchführung, -kontrolle).

21 Was ist eine Stelle?

Eine **Stelle** entsteht durch die Zusammenfassung von Einzelaufgaben zum Aufgabenbereich einer Person (Stellenaufgabe). Die Stelle
- ist die kleinste organisatorische Einheit eines Betriebes,
- berücksichtigt in Bezug auf die Stellenaufgabe das Leistungsvermögen einer Person,
- besteht bei Personenwechsel weiter,
- grenzt den Kompetenzbereich des Stelleninhabers ab.

22 Nach welchen Gesichtspunkten kann die Stellenbildung erfolgen?

Man unterscheidet
- personenbezogene Stellenbildung, d.h. Orientierung an persönlichen Fähigkeiten (z.B. Auslandsberater);
- sachbezogene Stellenbildung, d.h. Orientierung an betrieblichen Tätigkeiten (Funktionen) oder Objekten (z.B. Lagerverwalter, Einkäufer für Food);
- Stellenbildung nach Arbeitsmitteln (z.B. Staplerfahrer), nach Raum (z.B. Filialleiter), nach Zeit (z.B. Nachtwächter).

23 Was ist eine Instanz?

Eine **Instanz** ist eine Stelle mit Leitungsbefugnis (vor allem Entscheidungs- und Anordnungsbefugnis).

24 Was ist eine Abteilung?

Eine **Abteilung** ist die Zusammenfassung mehrerer Stellen zu einem Verantwortungsbereich unter einheitlicher Leitung (Abteilungsleiter).

25 Was versteht man unter einer Stellenbeschreibung?

Eine **Stellenbeschreibung** enthält alle wesentlichen Angaben über eine Stelle:
- Stellenbezeichnung;
- Aufgaben der Stelle (Arbeitsbild) mit der Festlegung des Kompetenzbereiches für den Stelleninhaber;
- Stellenanforderungen (Besetzungsbild) hinsichtlich Vorbildung, Ausbildung und Kenntnissen des Stelleninhabers;
- Stelleneingliederung (Instanzenbild) hinsichtlich der Position der Stelle in der Betriebshierarchie, d.h. der Unter-, Gleich- und Überordnungsverhältnisse.

26 Nennen Sie Aufgaben der Stellenbeschreibung!

Die Stellenbeschreibung
- informiert Stelleninhaber, Mitarbeiter und Vorgesetzte über Merkmale der Stelle,
- erleichtert die Stellenausschreibung und die Auswahl unter verschiedenen Stellenbewerbern,
- ermöglicht eine schnellere und genauere Einarbeitung neuer Mitarbeiter,
- gibt Anhaltspunkte für die Beurteilung des Stelleninhabers,
- hilft bei der tariflichen Eingruppierung des Stelleninhabers.

27 Welche Weisungssysteme werden unterschieden?

Der organisatorische Aufbau eines Unternehmens kann in folgenden Grundformen **(Weisungssysteme)** erfolgen:
- Liniensystem (Einliniensystem),
- Funktionssystem (Funktional-, Mehrliniensystem),
- Stabliniensystem.

28 Beschreiben Sie das Liniensystem und nennen Sie Vor- und Nachteile!

Beim **Liniensystem** sind sämtliche Stellen und Abteilungen in einen einheitlichen Instanzenweg (Dienstweg) eingegliedert, von dem nicht abgewichen werden darf. Jeder Untergebene erhält nur von einem Vorgesetzten Weisungen (Anwendung: kleine und mittlere Betriebe, Behörden).

173

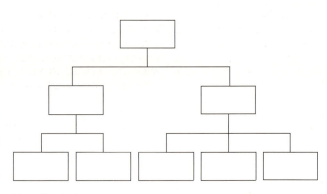

Vorteile sind:
- klare Befehlswege,
- eindeutige Kompetenzabgrenzung.

Nachteile sind:
- langer, schwerfälliger Instanzenweg,
- Überlastung der Unternehmensführung.

| 29 | Beschreiben Sie das Funktionssystem und nennen Sie Vor- und Nachteile! |

Beim **Funktionssystem** erhält jede ausführende Stelle von mehreren spezialisierten Vorgesetzten Anweisungen (kaum praktische Bedeutung).

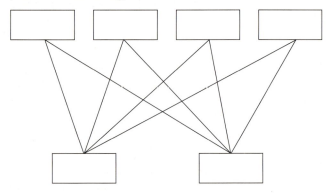

Vorteile sind:
- bessere Entscheidungen durch Spezialisierung der Vorgesetzten,
- schnelle Entscheidungen durch kurze Befehlswege.

Nachteile sind:
- Kompetenzüberschneidungen,
- Verunsicherung der Untergebenen.

174

30 Beschreiben Sie das Stabliniensystem und nennen Sie Vor- und Nachteile!

Das **Stabliniensystem** ist eine Erweiterung des Liniensystems; den Instanzen werden zu ihrer Entlastung Stäbe zugeordnet (Anwendung: Großbetriebe). Die Stäbe haben keine Weisungsbefugnis, sondern vor allem eine beratende Funktion (Beispiele sind: Sekretariat, Recht, Organisation, Revision, Statistik, Öffentlichkeitsarbeit, Steuern).

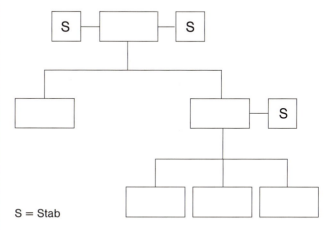

S = Stab

Vorteile sind
- Entlastung der Instanzen,
- übersichtliche Befehlsverhältnisse,
- klare Kompetenzabgrenzungen.

Nachteile sind
- schwerfällige Organisation,
- Verstärkung des autoritären Führungsverhaltens, da Vorgesetzte auf Beratung der Untergebenen nicht mehr angewiesen sind.

31 In welchen Schritten vollzieht sich der organisatorische Aufbau eines Unternehmens?

Die Aufbauorganisation eines Unternehmens vollzieht sich in folgenden Schritten:
- **Aufgabenanalyse**, d. h. Aufgabengliederung;
- **Stellenbildung**, d. h. Zusammenfassung von Einzelaufgaben zur Stellenaufgabe (Aufgabensynthese);
- **Stellenbesetzung**, d. h. Bestimmung der Aufgabenträger;
- Errichtung eines **Weisungssystems**, d. h. Eingliederung der Stellen, Instanzen, Abteilungen, Hauptabteilungen in die Betriebshierarchie und Festlegung des Instanzenweges.

1.4.3 Ablauforganisation

32 | Was bedeutet Ablauf-organisation?

Ablauforganisation regelt Arbeitsabläufe.

Arbeitsablauf ist das zeitliche und örtliche Hinter- und Nebeneinander der zur Erreichung eines bestimmten Arbeitsergebnisses auszuführenden Arbeiten.

Während die Aufbauorganisation die betriebliche Struktur festlegt, stellt die Ablauforganisation das betriebliche Geschehen dar.

Die Ablauforganisation eines Unternehmens umfasst alle zur Erfüllung der Betriebsaufgabe erforderlichen Arbeitsabläufe.

33 | Nennen Sie Ziele der Ablauforganisation!

Die Ablauforganisation regelt immer wiederkehrende Arbeitsabläufe, wobei folgende Ziele beachtet werden müssen:
- möglichst kurze Durchlaufzeiten und Transportwege für die Arbeitsobjekte,
- optimale Auslastung von Arbeitsträgern und Arbeitsmitteln,
- optimale zeitliche und räumliche Koordination der Arbeitsabläufe.

34 | Wie werden Arbeitsabläufe dargestellt?

Man unterscheidet folgende Darstellungsmöglichkeiten:
1. verbale Darstellung (Beschreibung),
2. grafische Darstellung,
    - Arbeitsablaufkarte (lineare Darstellung),
    - Balkendiagramm,
    - Netzplantechnik.

Arbeitsablaufpläne sollen einen vollständigen, schnellen und (dem Fachmann) verständlichen Überblick geben. Diese Anforderungen erfüllen nur die grafischen Darstellungen.

35 | Beschreiben Sie die Arbeitsablaufkarte!

Die **Arbeitsablaufkarte** (Arbeitsablaufbogen, Ablaufdiagramm) enthält
- die Stufen des Arbeitsablaufes, mit Hilfe von Symbolen gegliedert in Bearbeitung, Transport, Überprüfung, Verzögerung, Lagerung;
- die Anzahl der einzelnen Stufen;
- Wege und Zeiten,
- Verbesserungsvorschläge (Soll-Vorschläge);
- eine Zusammenfassung in Form einer Gegenüberstellung von Ist-Zustand und Soll-Vorschlag und deren Unterschiede.

36 | Was ist eine Arbeits-anweisung?

Die **Arbeitsanweisung** regelt ständig wiederkehrende Arbeitsabläufe. Sie enthält in knapper und übersichtlicher Form alle Angaben über die Bestimmungselemente einer Aufgabe.

Arbeitsanweisungen gewährleisten einen reibungslosen Arbeitsablauf.

37 Was ist eine Arbeitsplatzbeschreibung?

Die **Arbeitsplatzbeschreibung** fasst alle Arbeitsanweisungen eines Arbeitsplatzes zusammen.

Die Arbeitsplatzbeschreibung ordnet dem Arbeitnehmer ganz bestimmte Tätigkeiten zu und dient damit auch der Festlegung des Arbeitsentgelts und der Leistungskontrolle des Arbeitnehmers.

38 Was versteht man unter dem Organisationshandbuch?

Das **Organisationshandbuch** (Dokumentation) informiert über alle Organisationsarbeiten. Es enthält z.B.
- Organisationspläne (Organigramme),
- Stellenbeschreibungen,
- Arbeitsabläufe,
- Arbeitsanweisungen.

1.4.4 Qualitätsmanagement-System

39 Was versteht man unter Qualitätsmanagement?

Beim **Qualitätsmanagement (Total Quality Management)** wird die Verantwortung für die Qualität der betrieblichen Leistungen sowohl den Führungskräften als auch allen Mitarbeitern übertragen, d.h., jeder Einzelne ist für die Qualität seiner Arbeit selbst verantwortlich.

Die Kunden des Großhandelsbetriebes wünschen, dass alle Leistungen 100%ig ihren Qualitätsanforderungen entsprechen; in allen betrieblichen Bereichen sind deshalb ständige Qualitätskontrollen erforderlich **(Qualitätssicherung).**

Qualitätsmanagement ist eine umfassende Qualitätspolitik (Management-Konzept), welche die Qualität als generelle Unternehmenspolitik versteht, die sich auf alle Unternehmensbereiche bezieht und von allen Mitarbeitern zu tragen ist. So werden Initiative, Selbstständigkeit, Teamarbeit und gemeinsame Entscheidungen gefördert.

Die Qualitätskonzeption beinhaltet vor allem
- Kundenorientierung,
- Lieferantenorientierung,
- Einbeziehung aller Mitarbeiter,
- kontinuierliche Verbesserung der Arbeitsprozesse,
- Fehlervermeidung.

40 Welche Gründe sprechen für die Einführung eines Qualitätsmanagement-Systems?

Für die Einführung eines **Qualitätsmanagement-Systems (QMS)** sprechen:
- Steigerung der Kundenzufriedenheit,
- Schaffung von Vertrauen in die Qualitätsfähigkeit des Unternehmens (Verbesserung des Images),
- Verringerung bzw. Vermeidung fehlerhafter Lieferungen,
- Erhöhung der Mitarbeitermotivation.

41 Nennen Sie Qualitäts-elemente eines Qualitäts-management-Systems!

Das Qualitätsmanagement-System kann nach den Regeln von DIN ISO 9000 ff. aufgebaut werden (DIN = Deutsches Institut für Normung e.V., ISO = International Organization for Standardization).

Qualitätselemente können sein:
- Verantwortung der Leitung;
- Beschaffung;
- Prüfungen;
- Handhabung, Lagerung, Verpackung und Versand;
- interne Audits;
- Schulungen.

Für das Qualitätselement Verpackung gilt z.B. Einsparen von Verpackungsmaterial, versandgerechte Verpackung (z.B. stapelbar, bruchsicher).

42 Unterscheiden Sie Audit und Zertifizierung!

Unter einem **Audit** versteht man die Überprüfung des QMS durch einen Soll-Ist-Vergleich; wird die Überprüfung durch eigene Mitarbeiter durchgeführt, spricht man von einem internen Audit.

Bei der **Zertifizierung** erfolgt die Überprüfung des QMS nach DIN ISO 9000 ff. durch eine unabhängige neutrale Organisation, welche das QMS bewertet und anschließend ein Zertifikat als Nachweis der Qualitätsfähigkeit des Unternehmens ausstellen kann.

Das ISO-Zertifikat wird vielfach als Publicrelation-Maßnahme eingesetzt.

1.4.5   Umweltschutz

43 Beschreiben Sie das Spannungsverhältnis zwischen Ökonomie und Ökologie!

Ökonomie ist die Lehre von der Wirtschaft, die als Grundprinzip das ökonomische Prinzip (siehe Seite 97) verfolgt.

Ökologie ist die Lehre des Lebensraumes (von Pflanze, Tier und Mensch).

Die Verfolgung ökonomischer Ziele steht oft im Widerspruch zur Erhaltung des Lebensraumes: Z.B. wird aus Gründen der Gewinnmaximierung auf umweltschützende Maßnahmen verzichtet.

44 Welche Bedeutung hat der Umweltschutz für den Großhandelsbetrieb?

Im Großhandelsbetrieb gewinnt der **Umweltschutz** als Unternehmensziel zunehmend an Bedeutung.

Maßnahmen des Umweltschutzes erstrecken sich z.B. auf die Bereiche
1. Einkauf,
   - Beschaffung von umweltfreundlichem Material,
   - Verminderung des anfallenden Verpackungsmaterials,
   - sichere Lagerung der umweltgefährdenden Waren;

2. Verwaltung,
- Verwendung energiesparender Technologien,
- Verwendung von Umweltpapier,
- Verwendung recycelfähiger Betriebsmittel;

3. Marketing,
- Verzicht auf aufwendige und umweltbelastende Verpackung,
- Versand der Produkte mittels umweltfreundlicher Transportmittel.

45 Welche Prinzipien gibt es für den Umweltschutz?

Wichtige **Prinzipien des Umweltschutzes** sind:

- **Vorsorgeprinzip,** durch eine vorausschauende Planung sollen Umweltbeeinträchtigungen von vornherein vermieden werden (z. B. ist die Abfallvermeidung besser als die Abfallbeseitigung);
- **Zukunftsprinzip,** Umweltschutz bedeutet auch Verantwortung gegenüber kommenden Generationen;
- **Verursacherprinzip,** derjenige sollte die Kosten für die Beseitigung von Umweltbelastungen tragen, der die Schäden verursacht hat;
- **Gemeinlastprinzip,** nur wenn das Verursacherprinzip nicht realisiert werden kann, übernimmt der Staat (die Gemeinschaft) die Kosten für die Beseitigung der Umweltbelastung (z. B. kann der Verursacher für eine Wasserverunreinigung nicht ermittelt werden).

Zum Umweltschutz siehe auch Seite 154.

46 Was ist Recycling?

Ziel des **Recycling** ist es, Güter (Material, Energie) aufzubereiten und anschließend im Produktionsprozess zu verwenden bzw. zu verwerten, wobei diese Güter entweder beim Produzenten bzw. Händler als Abfallstoffe bzw. als Abfallenergie entstanden oder beim Konsumenten als Abfall bzw. Müll angefallen sind.

Beim Recycling unterscheidet man:
- Wiederverwendung, Produkte werden für den gleichen Verwendungszweck wiederholt genutzt, wobei unter Umständen eine Vorbehandlung erforderlich ist (Beispiele sind Pfandflaschen für Mineralwasser, runderneuerte Autoreifen);
- Wiederverwertung: Abfallprodukte werden in ihre Bestandteile getrennt, aufbereitet und wieder im ursprünglichen Rohstoffkreislauf eingesetzt (z. B. wird Schrott zur Stahlerzeugung oder Altpapier zur Papiererzeugung verwendet);
- Weiterverwendung bzw. Weiterverwertung, Abfallstoffe werden nicht mehr im ursprünglichen, sondern in einem anderen Rohstoffkreislauf eingesetzt (z. B. wird Kunststoffabfall verbrannt und in Energie umgewandelt).

47 | Was ist das Öko-Audit-System?

Um den betrieblichen Umweltschutz kontinuierlich zu verbessern, und zwar über die bestehenden Umweltschutzvorschriften hinaus, wurde das europäische Öko-Audit-System auf der Grundlage der EU-Öko-Audit-Verordnung entwickelt. Die Unternehmen können freiwillig daran teilnehmen.

Das **Öko-Audit-System** umfasst

● das Umwelt-Management-System, welches die Umweltpolitik des Unternehmens umsetzt;

● die Umwelt-Betriebsprüfung; durch externe, zugelassene Umweltgutachter wird die Einhaltung der Bestimmungen des Öko-Audit-Systems überprüft.

Bei einer erfolgreichen Teilnahme am Öko-Audit-System wird dem Unternehmen ein EU-Zertifikat ausgestellt, das über den Umweltschutz hinaus eine imagefördernde Wirkung hat.

48 | Was ist eine Ökobilanz?

Die **Ökobilanz** wird im Rahmen eines Umwelt-Management-Systems eines Unternehmens erstellt: Sie erfasst, im Gegensatz zur traditionellen Finanzbuchhaltung und zur Jahresbilanz, die ökologischen Umweltwirkungen des Betriebsgeschehens, und zwar gegliedert nach Input und Output.

Unter dem **Input** versteht man den Verbrauch der eingesetzten Stoffe und Energiearten (Verbrauch von Ressourcen); Beispiele sind: Verbrauch von Betriebsstoffen, Verpackungsmaterialien sowie Energieverbrauch.

Unter dem **Output** versteht man das Ergebnis der wirtschaftlichen Tätigkeit (angegeben in Erzeugniseinheiten) und die Folgen dieser Tätigkeit für die Umwelt; Beispiele sind verwertbare und nicht verwertbare Abfälle, Abwasser und Emissionen (Abluft).

Die Auswertung der Ökobilanz lässt beispielsweise ökologische Schwachstellen im Beschaffungs- und Absatzbereich (z. B. hoher Anteil an Verpackungsmaterial) erkennen.

49 | Was sind Umweltkennzahlen?

Wichtiges Hilfsmittel für die Auswertung der Ökobilanz sind **Umweltkennzahlen;** sie ermöglichen innerbetriebliche und zwischenbetriebliche Vergleiche und stellen darüber hinaus Planungs-, Steuerungs- und Kontrollgrößen für ein umweltbewusstes Management dar.

Eine Umweltkennzahl im Beschaffungsbereich ist z. B. das Verhältnis von Verpackungsmaterial zur Anzahl der Waren. Eine Umweltkennzahl im Absatzbereich ist z. B. das Verhältnis von Anzahl der gefahrenen Kilometer zur Anzahl der beförderten Waren.

50 | Welche Bedeutung hat die Ökobilanz für den Großhandel?

Ökobilanzen werden vor allem in Industriebetrieben aufgestellt und ausgewertet. Auch Großhandelsbetriebe können Ökobilanzen erstellen; i.d.R. werden sie allerdings auf die Ökobilanzen von Industriebetrieben zurückgreifen, wenn sie umweltgerechte Entscheidungen im Beschaffungsbereich treffen wollen.

51 Nennen Sie wesentliche Bestimmungen der Verpackungsverordnung!

Wichtige Bestimmungen der Verordnung über die Vermeidung von Verpackungsabfall **(Verpackungsverordnung)** sind:

- Den Vorschriften unterliegt, wer gewerbemäßig Verpackungen herstellt oder Waren in Verpackungen in Verkehr bringt (Vertreiber);
- Verpackungen sind aus umweltverträglichen Materialien herzustellen;
- Abfälle aus Verpackungen sind dadurch zu vermeiden, dass Verpackungen auf das notwendige Maß beschränkt werden;
- Verpackungen müssen so beschaffen sein, dass sie wieder befüllt werden können, soweit dies möglich ist (z. B. Mehrwegflaschen);
- Verpackungen sind stofflich zu verwerten, soweit die Voraussetzungen für eine Wiederbefüllung nicht vorliegen (Recycling);
- Verpackungen sind Verkaufsverpackungen, Umverpackungen, Transportverpackungen, Getränkeverpackungen (siehe Seite 224 f.);
- Hersteller und Vertreiber sind verpflichtet, Transportverpackungen nach Gebrauch zurückzunehmen und einer erneuten Verwendung oder einer stofflichen Verwertung zuzuführen;
- Vertreiber, die Waren in Umverpackungen anbieten, sind verpflichtet, bei der Abgabe der Waren an Endverbraucher die Umverpackungen zu entfernen oder dem Endverbraucher Gelegenheit zum Entfernen und zur kostenlosen Rückgabe der Umverpackung zu geben;
- soweit der Vertreiber die Umverpackung nicht selbst entfernt, muss er an der Kasse durch deutlich erkennbare und lesbare Schrifttafeln darauf hinweisen, dass der Endverbraucher die Möglichkeit hat die Umverpackungen von der erworbenen Ware zu entfernen und zurückzulassen;
- der Vertreiber ist verpflichtet, in der Verkaufsstelle oder auf dem zur Verkaufsstelle gehörenden Gelände geeignete Sammelgefäße zur Aufnahme der Umverpackungen für den Endverbraucher bereitzuhalten;
- der Vertreiber ist verpflichtet, vom Endverbraucher gebrauchte Verkaufsverpackungen kostenlos zurückzunehmen.

52 Welche Bedeutung hat das Duale System für den Umweltschutz?

Unter dem **Dualen System** versteht man kein System im eigentlichen Sinne, sondern die Duale System Deutschland Gesellschaft für Abfallvermeidung und Sekundärrohstoffgewinnung AG. Dieses Unternehmen strebt keinen Gewinn an, es baut neben der öffentlichen Abfallentsorgung ein zweites (duales) privatwirtschaftliches Entsorgungssystem für gebrauchte Verkaufsverpackungen auf.

Das Duale System ist durch folgende Merkmale gekennzeichnet:
- **Grüner Punkt,** er zeigt an, dass sich Hersteller an dem Sammel- und Sortiersystem der Duale System Deutschland AG beteiligen; er zeigt weiterhin an, dass für die Verpackungen ein Lizenzentgelt bezahlt wurde, mit dem das System finanziert wird;
- Abfallvermeidung, die Hersteller verzichten zunehmend auf überflüssiges Verpackungsmaterial, da die Höhe des Lizenzentgelts von dem Material, dem Gewicht und der Stückzahl der in Umlauf gebrachten Verpackungen abhängt;
- hohe Akzeptanz, ein Großteil der Bevölkerung hält den Grünen Punkt für eine gute Sache.

1.5 Warenwirtschaftssystem

1.5.1 Grundlagen des Warenwirtschaftssystems

53 Was versteht man unter Warenwirtschaft?

Unter **Warenwirtschaft** versteht man den Warenfluss im Handelsbetrieb und den damit verbundenen Datenfluss (Informationsfluss), der die Grundlage der betrieblichen Entscheidungen bildet.

Waren- und Datenfluss in der Warenwirtschaft eines Großhandelsbetriebes:

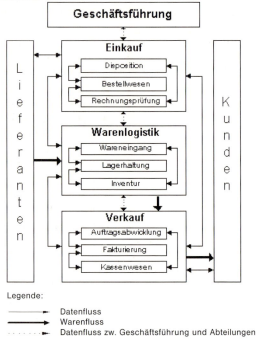

Legende:
— Datenfluss
➤ Warenfluss
····▶ Datenfluss zw. Geschäftsführung und Abteilungen

54 Was ist ein Warenwirtschaftssystem?

Wird die Warenwirtschaft eines Handelsbetriebes durch den Einsatz eines Datenverarbeitungssystems unterstützt, spricht man von einem DV-gestützten **Warenwirtschaftssystem (WWS).**

Das Warenwirtschaftssystem dient der Planung, Steuerung und Kontrolle der Warenwirtschaft im Handelsbetrieb.

Elemente (Module) eines Warenwirtschaftssystems sind z.B.

● Einkauf (siehe Seite 184),

● Warenlogistik (Lagerlogistik, siehe Seite 184 f.),

● Verkauf (siehe Seite 185).

Im Mittelpunkt des Warenwirtschaftssystems steht ein Datenbanksystem, welches alle erforderlichen betrieblichen Informationen enthält, d.h., alle Module greifen auf die Daten des gemeinsamen Datenbanksystems zu. Das Datenbanksystem enthält sowohl Stammdaten (z.B. Lieferanten, Artikel, Kunden) als auch Bewegungsdaten (z.B. Wareneingänge, Warenverkäufe).

Ein Warenwirtschaftssystem kann durch weitere Elemente ergänzt werden wie z.B. Personal, Finanzbuchhaltung.

55 Unterscheiden Sie geschlossene und offene Warenwirtschaftssysteme!

Im **geschlossenen Warenwirtschaftssystem** wird der gesamte Waren- und Datenfluss vom Wareneingang bis zum Warenausgang mit Hilfe der Datenverarbeitung erfasst und verarbeitet.

Beim **offenen Warenwirtschaftssystem** beschränkt sich dagegen der Einsatz der Datenverarbeitung auf einzelne Bereiche (z.B. Wareneingang und Warenausgang).

56 Nennen Sie Aufgaben eines Warenwirtschaftssystems!

Aufgaben eines Warenwirtschaftssystems sind z.B.:

● Schaffung eines umfassenden und stets aktuellen Informationssystems für das gesamte Unternehmen;

● Schaffung von Entscheidungsgrundlagen für alle Betriebsbereiche und Betriebsebenen;

● Optimierung der Arbeitsprozesse in der Warenwirtschaft wie z.B. Optimierung des Bestellwesens, der Lagerhaltung, des Warensortiments; Optimierung der Tourenplanung (siehe Seite 206 f.);

● Durchführung der Preiskalkulation;

● Durchführung der kurzfristigen Erfolgsrechnung (z.B. für einen Monat);

● Verwirklichung der Unternehmensziele (z.B. Gewinnmaximierung, Umsatzmaximierung).

57 Nennen Sie Vorteile eines Warenwirtschaftssystems!

Zu den Vorteilen eines Warenwirtschaftssystems zählen:

● Daten werden nur einmal erfasst, und zwar am Ort ihrer Entstehung;

● Fehler bei der Eingabe gleicher Daten an verschiedenen Stellen gibt es nicht;

● Daten werden rationell erfasst (z. B. mit Scanner, Lesestift);
● Daten sind stets aktuell (neue Daten stehen allen Nutzern über die gemeinsame Datenbank zur Verfügung);
● Daten sind jederzeit und schnell verfügbar (z. B. über Bildschirm und Drucker);
● Auswirkungen eines betrieblichen Vorgangs auf andere Bereiche werden automatisch und sofort berücksichtigt, und zwar aufgrund der Verknüpfung aller Module des Warenwirtschaftssystems über das gemeinsame Datenbanksystem (z. B. führt ein Warenverkauf zur Verminderung des Lagerbestandes und zu einem Bestellvorschlag, wenn der Meldebestand erreicht ist);
● selbst umfangreiche Datenbestände werden in kürzester Zeit statistisch in Form von Tabellen und Diagrammen aufbereitet (z. B. Tagesumsatzstatistik für ausgewählte Artikel);
● problemloses Erstellen so genannter Renner- und Pennerlisten (Aufschlüsselung des Sortiments in gut und schlecht verkäufliche Artikel).

1.5.2   Warenwirtschaftssystem im Großhandelsbetrieb

58 Welche Aufgaben übernimmt der Einkauf im Rahmen eines Warenwirtschaftssystems?

Der **Einkauf** im Rahmen eines **Warenwirtschaftssystems** übernimmt z. B. folgende Aufgaben:

1. Disposition,
   ● Überwachung der Warenbestände (siehe Seite 194),
   ● Bedarfsermittlung (siehe Seite 227),
   ● Ermittlung der optimalen Bestellmenge (siehe Seite 229 f.),
   ● Ermittlung des optimalen Bestellzeitpunktes (siehe Seite 230);
2. Bestellwesen,
   ● Ermittlung der Bezugsquellen (siehe Seite 232 f.),
   ● Durchführung von Anfragen (siehe Seite 56),
   ● Bearbeiten der Angebote (siehe Seite 55),
   ● Abwicklung der Bestellungen (siehe Seite 56),
   ● Überwachung der Bestellungen;
3. Rechnungsprüfung (siehe Seite 235).

59 Welche Aufgaben übernimmt die Warenlogistik im Rahmen eines Warenwirtschaftssystems?

Die **Warenlogistik** (Warenverwaltung) im Rahmen eines **Warenwirtschaftssystems** übernimmt z. B. folgende Aufgaben:

1. Wareneingang,
   ● Erfassung des Wareneingangs (siehe Seite 234),
   ● Kontrolle der gelieferten Waren (siehe Seite 235),
   ● Bearbeitung von Warenrückgaben (Retouren);

2. Etikettierung der Waren (siehe Seite 189 f.);
3. Verwaltung der Warenbestände,
   - artikelgenaue Bestandsführung,
   - Festlegung der Preise (z.B. Verkaufspreise gestaffelt nach Rabattsätzen),
   - Lagerverwaltung (z.B. Festlegung der Lagerplätze, Bereitstellung der Waren für den Versand);
4. Durchführung der Inventur (siehe Seite 196);
5. Belieferung der Filialen mit Waren;
6. Warendistribution,
   - Kommissionierung der Waren (siehe Seite 194),
   - Erstellung der Versandpapiere (z.B. Lieferschein, Zolldokumente),
   - Abwicklung des Warenausgangs.

---

60 | Welche Aufgaben übernimmt der Verkauf im Rahmen eines Warenwirtschaftssystems?

Der **Verkauf** im Rahmen eines **Warenwirtschaftssystems** übernimmt z.B. folgende Aufgaben:

1. Abwicklung von Barverkäufen durch Datenkassen (siehe Seite 186),
   - Erfassung der Warendaten (z.B. Art, Menge und Preis der verkauften Ware),
   - Erfassung der Kundendaten (z.B. Name des Kunden, Kundennummer),
   - Erfassung der Zeitdaten (z.B. Tagesdatum, Uhrzeit des Verkaufs),
   - Erstellung der Rechnung;
2. Auftragsabwicklung,
   - Erfassung und Bearbeitung von Anfragen,
   - Erstellung von Angeboten,
   - Erfassung und Bearbeitung von Kundenaufträgen,
   - Überwachung von Kundenaufträgen;
3. Fakturierung,
   - Erstellung von Ausgangsrechnungen,
   - Bearbeitung von Warenrücksendungen (z.B. Erstellung von Gutschriften),
4. Überprüfung der Zahlungseingänge.

1.5.3 Voraussetzungen für das Warenwirtschaftssystem

61 | Nennen Sie die Voraussetzungen für ein Warenwirtschaftssystem!

Wichtige Voraussetzungen für den Einsatz eines **Warenwirtschaftssystems** im Großhandelsbetrieb sind:

1. Beschaffung der erforderlichen Hardware-Komponenten;

2. Beschaffung der erforderlichen Software,
- Betriebssystem (siehe Seite 351 ff.);
- Warenwirtschaftssystem (die einzelnen Bausteine des WWS können z.B. aus Kostengründen nacheinander eingeführt werden);
- ergänzende Programme zum Warenwirtschaftssystem wie z.B. Finanzbuchhaltung, Controlling, Lohn- und Gehaltsabrechnung (diese Programme müssen in das vorhandene Datenbanksystem integriert werden können);
- Programme, welche die unmittelbare Kooperation zwischen dem Großhandelsbetrieb und seinen Lieferanten ermöglichen (z.B. kann der Großhandelsbetrieb direkt über die DV-Anlage des Lieferanten Waren bestellen);
- Programme, welche den Zugang zu Online-Diensten ermöglichen (z.B. Internet);

3. Schaffung der organisatorischen Grundlagen,
- Aufbau des Datenbanksystems (z.B. mit den Stammdaten für Artikel, Lieferanten, Kunden);
- Festlegung der berechtigten Benutzer (für jeden Mitarbeiter wird festgelegt, welche Programmteile er benutzen darf);
- Schulung der am WWS beteiligten Mitarbeiter;
- Anpassung der betreffenden Arbeitsabläufe (z.B. Kommissionierung von Waren mit Hilfe des WWS).

---

62 Nennen Sie Hardware-Komponenten eines Warenwirtschaftssystems (Überblick)!

Wichtige **Hardware-Komponenten** eines WWS sind:

1. Zentraleinheit (siehe Seite 339 f.);
2. Eingabegeräte,
   - Scanner und Lesestift (siehe Seite 343),
   - Datenkasse,
   - mobiles Datenerfassungsgerät;
3. Ausgabegeräte (siehe Seite 342),
   - Drucker,
   - Etikettendrucker;
4. Dialoggeräte,
   - Terminal (siehe Seite 342);
5. externe Speicher (siehe Seite 342).

---

63 Welche Datenkassen gibt es (Überblick)?

Die **Datenkassen** (Kassenterminal, Point-of-Sale-Terminal, POS, elektronische Registrierkasse) erfassen den Barverkauf von Waren. Die Eingabe der Daten erfolgt entweder manuell mit Hilfe der Tastatur oder mit Hilfe eines Scanners.

Die Datenkassen können unterschieden werden in Abhängigkeit von der

1. Verbindung der Kassen mit der Zentraleinheit,
   - Offline-Kasse,
   - Online-Kasse;

2. Arbeitsweise der Kassen,
   - Stand-Alone-Kasse,
   - Verbund-Kasse (Kassenverbund-System);
3. Erfassung der Daten,
   - PLU-Kasse (manuell),
   - Scanner-Kasse (PLU-Kasse, automatisch),
   - Scanning durch den Kunden (Selfscanning).

---

64 | Unterscheiden Sie Offline-Kasse und Online-Kasse!

Bei der **Offline-Kasse**

- besteht zwischen der Datenkasse und der DV-Anlage keine direkte Verbindung,
- sind die Warendaten (z.B. Verkaufspreise) in der Kasse selbst gespeichert,
- werden die Verkaufsdaten in der Kasse verarbeitet (Erstellung des Kassenbons) und gespeichert,
- werden die Daten zur DV-Anlage transportiert (entweder über eine Datenleitung oder mit einem Datenträger),
- erfolgt die Auswertung der Verkaufsdaten in der DV-Anlage.

Bei der **Online-Kasse**

- besteht zwischen der Datenkasse und der DV-Anlage (Hintergrundrechner) eine direkte Verbindung,
- wird die Kassenabrechnung direkt durch die DV-Anlage vorgenommen (die Kasse selbst übernimmt lediglich die Funktion der Datenerfassung und der Datenausgabe).

---

65 | Unterscheiden Sie Stand-Alone-Kasse und Verbund-Kasse!

Die **Stand-Alone-Kasse**

- ist eine Offline-Kasse,
- führt alle Arbeiten, die mit dem Barverkauf verbunden sind, selbstständig durch.

Die **Verbund-Kasse** (Kassenverbund-System) gibt es in Form der

1. Offline-Verbund-Kasse,
   - mehrere Kassen sind miteinander verbunden;
   - i.d.R. ist eine der Kassen im Verbundsystem eine so genannte Master-Kasse (Master-Slave-System), welche alle Warendaten gespeichert hat;
   - die einzelnen Kassen erhalten die erforderlichen Warendaten von der übergeordneten Master-Kasse;
   - die einzelnen Kassen übermitteln die jeweiligen Verkaufsdaten an die Master-Kasse;
   - die Master-Kasse sammelt und verdichtet die Verkaufsdaten des Kassen-Verbund-Systems;
   - die Daten werden von der Master-Kasse zur DV-Anlage übermittelt.

2. Online-Verbund-Kasse,
- bei der Online-Verbund-Kasse ohne Master-Kasse sind alle Kassen direkt mit dem Zentralrechner (Server) verbunden;
- bei der Online-Verbund-Kasse in Form des Master-Slave-Systems sind alle Kassen mit der Master-Kasse verbunden; nur die Master-Kasse ist direkt mit dem Zentralrechner (Server) verbunden.

66 Beschreiben Sie das PLU-Verfahren!

Price-Look-Up (**PLU,** Preisabruf) ist ein Vorgang im Rahmen des (computergestützten) Warenwirtschaftssystems.

PLU ist gekennzeichnet durch:
- die verkaufte Ware wird an der Kasse mit Hilfe der Artikelnummer erfasst, welche entweder in codierter Form (z.B. EAN) oder unverschlüsselt auf der Ware angebracht ist; diese Erfassung erfolgt entweder manuell über die Tastatur oder mit Hilfe eines Scanners (Scanner-Kasse);
- über die eingegebene Artikelnummer wird der in einem Hintergrundrechner gespeicherte Preis abgerufen und der Ware zugeordnet; zusätzlich zum Preis können z.B. die Warengruppe und die genaue Artikelbezeichnung abgerufen und auf dem Kassenbon ausgegeben werden.

67 Nennen Sie Vorteile des PLU!

Vorteile des PLU sind:
- Die Preisauszeichnung auf der Ware selbst kann entfallen,
- die Dauer des Kassiervorgangs wird verkürzt,
- Fehler an der Kasse werden vermindert,
- die Gefahr von Manipulationen durch Kunden und Verkaufspersonal wird vermindert,
- Preisänderungen sind jederzeit und sehr schnell möglich, da die Preise nur in der Datenbank geändert werden müssen (selbstverständlich muss die Preisänderung für den Kunden ersichtlich sein, z.B. durch die entsprechende Kennzeichnung am Regal).

68 Was ist Selfscanning?

Beim **Selfscanning** (Scanning durch den Kunden, Selbstscanning)
- scannt der Kunde selbst die Ware an einem Terminal,
- wird der Personalbestand an der Kasse vermindert,
- muss ein zusätzliches Kontrollverfahren durchgeführt werden.

69 Unterscheiden Sie Scanner und Lesestift!

Der **Scanner** dient der Erfassung von Codes, die entweder auf der Ware selbst oder auf Etiketten aufgedruckt sind (z.B. EAN-Strichcode; siehe Seite 345).

188

Man unterscheidet:

- stationärer Scanner, er ist im Kassenterminal fest eingebaut; der Lesevorgang der codierten Daten erfolgt, indem die Ware über das Lesefenster des Scanners geführt wird;
- Handscanner, der Lesevorgang erfolgt, indem der Scanner an den Code herangeführt wird.

Der **Lesestift** (Lesepistole) ist ein optischer Belegleser zur Erfassung von Klarschrift (z.B. OCR-Schrift; siehe Seite 346). Der Lesekopf wird über die zu erfassenden Daten geführt.

---

70 Was ist ein mobiles Datenerfassungsgerät?

Mobile Datenerfassungsgeräte (MDE) dienen der Erfassung von codierten Daten (z.B. im EAN-Strichcode) beim Wareneingang, bei der Lagerverwaltung und beim Warenausgang.

Mobile Datenerfassungsgeräte

- arbeiten im Offline-Betrieb;
- sind bewegliche, handgroße und überall einsetzbare Geräte;
- lesen die erforderlichen Daten (z.B. auf der Ware, auf Etiketten und Bestelllisten);
- speichern die eingelesenen Daten auf einem eingebauten kleinen Speicher;
- geben die gespeicherten Daten an die Zentraleinheit weiter, indem der Sachbearbeiter eine Verbindung zwischen Zentraleinheit und MDE herstellt (z.B. mit Hilfe des Akustikkopplers; siehe Seite 341).

---

71 Beschreiben Sie das Etikettensystem!

In dem Warenwirtschaftssystem werden insbesondere die beiden folgenden Etikettsysteme angewandt:

- **Klarschrift-Etiketten,** die Etikettierung der Ware erfolgt mit Hilfe besonderer Schriftzeichen, die sowohl vom Computer als auch vom Menschen gelesen werden können (z.B. OCR);
- **Strichcode-Etiketten (Barcode-Etiketten),** die Etikettierung der Ware erfolgt durch einen Balkencode (z.B. EAN-Strichcode, siehe Seite 345), der nur von speziellen Lesegeräten erfasst werden kann (z.B. Scanner).

Die Etikettierung wird oft durch den Hersteller vorgenommen, der das Etikett auf der Ware selbst anbringt (z.B. EAN-Strichcode).

Der Großhandelsbetrieb kann die Etiketten auch mit einem Etikettendrucker erstellen und die Etiketten auf der Ware selbst, auf der Warenverpackung oder am Verkaufsregal anbringen.

---

72 Welche Angaben enthält das Etikett?

Das **Etikett** kann folgende Angaben enthalten:

- Artikelbezeichnung,
- Artikelnummer,

189

- Verkaufspreis,
- Lieferant,
- Einstandspreis,
- Lagernummer und Lagerort,
- Eingangsdatum.

Im Selbstbedienungsgroßhandel z. B. muss für den Kunden der Verkaufspreis immer lesbar angegeben werden; für die Datenverarbeitung muss der Verkaufspreis auch maschinenlesbar sein.

Der **EAN-Strichcode** enthält das Herstellerland, die Betriebsnummer des Herstellers und die Artikelnummer. Er enthält nicht den Verkaufspreis der Ware; dieser wird mit Hilfe der Artikelnummer über die Zentraleinheit abgerufen.

2 Güterlagerung und Gütertransport

2.1 Lagerorganisation

73 Welche Aufgaben hat die Lagerhaltung?

Aufgaben der **Lagerhaltung** (Vorratshaltung) sind

- Sicherung der Lieferbereitschaft (Sicherungsfunktion);
- Zeitausgleich, d. h., die Zeit zwischen der Beschaffung und dem zeitlich späteren Absatz wird überbrückt (Pufferfunktion);
- Mengenausgleich, d. h., das Lager schafft einen Ausgleich zwischen der beschafften und der nach und nach benötigten Absatzmenge (Pufferfunktion);
- Ausnutzung von Preisvorteilen, d. h. Ausnutzung von Mengenrabatten, Kauf auf Vorrat vor erwarteten Preissteigerungen u. ä. (Spekulationsfunktion);
- Umformungsfunktion, d. h. Aufbau eines absatzgerechten Sortiments, Veredelung der Lagergüter (z. B. Qualitätsverbesserung von Wein durch die Lagerung).

74 Welche Lagerarten werden unterschieden?

Im Großhandelsbetrieb werden folgende **Lagerarten** unterschieden:

1. nach der Organisationsform der Lagerhaltung,
   - zentrales Lager,
   - dezentrales Lager;
2. nach dem Ort der Lagerung,
   - offenes Lager (Freilager), von der Witterung unabhängige Waren werden im Freien gelagert (z. B. Baumaterial),
   - geschlossenes Lager (Lagerhalle), witterungsempfindliche Waren werden geschützt aufbewahrt (z. B. Baumaschinen, Elektrogeräte);
3. nach der Lagereinrichtung,
   - Regallager, die Waren werden in Regalen aufbewahrt,
   - Bodenlager, die Waren werden auf dem Boden abgestellt (z. B. Baustoffe);
4. nach dem Einsatz der Datenverarbeitung,
   - manuelle bzw. mechanisierte Lagerung, die Waren werden von Hand und mit Hilfe von Maschinen (z. B. Gabelstapler) gelagert und entnommen,
   - automatisierte Lagerung;
5. nach der Art der Lagerung,
   - Lagerung nach festen Plätzen,
   - Lagerung nach freien Plätzen;
6. nach dem Eigentümer der Lagerräume,
   - Eigenlager,
   - Fremdlager,
   - Kommissionslager (siehe Seite 253);
7. nach der Art des Lagergutes,
   - Speziallager, bestimmte Waren (z. B. Tiefkühlkost) werden in speziellen Lagerräumen bzw. Behältern aufbewahrt.

75	Unterscheiden Sie zentrale und dezentrale Lagerung!

Bei der **zentralen Lagerung** werden die gesamten Warenvorräte eines Großhandelsbetriebes an einem Ort gelagert (innerhalb oder außerhalb des Betriebes).

Vorteile der zentralen Lagerung sind:
- niedrige Raum- und Lagerverwaltungskosten,
- gute Übersicht und Kontrolle über den gesamten Lagerbestand,
- geringer Bestellaufwand.

Bei der **dezentralen Lagerung** werden die Warenvorräte an verschiedenen Orten gelagert.

Vorteile der dezentralen Lagerung sind:
- schnelle Belieferung der Kunden,
- kurze Transportwege.

76	Was versteht man unter automatischer Lagerung?

Unter **automatischer Lagerung** versteht man die Erfassung und Steuerung aller Lagervorgänge mit Hilfe von Datenverarbeitungsanlagen ohne den Einsatz menschlicher Arbeit. Sie setzt eine automationsgerechte Lagereinrichtung und Lagerorganisation voraus (oft in Form des Hochregallagers). Sie regelt automatisch die Einlagerung der Lagergüter und deren Ausgabe.

77	Unterscheiden Sie Lagerung nach festen und nach freien Plätzen!

Bei der **Lagerung nach festen Plätzen** ist für jedes Lagergut entsprechend dem Lagerplan ein fester Lagerplatz vorgegeben. Ein Vorteil liegt darin, dass die benötigten Waren auch ohne den Einsatz der Datenverarbeitung einfach und schnell gefunden werden können.

Bei der **Lagerung nach freien Plätzen** („chaotische Lagerung") wird jedes Lagergut dort untergebracht wo gerade Platz ist, d.h., es gibt keine festen Lagerplätze und der Lagerplan ändert sich ständig. Ein Vorteil liegt darin, dass die Lagerung insgesamt platzsparender wird; allerdings setzt diese Form der Lagerung den Einsatz der Datenverarbeitung voraus, da ansonsten die benötigten Waren nur mit großem Zeitaufwand gefunden werden können.

78	Unterscheiden Sie Eigen- und Fremdlager!

Nach dem Eigentümer der Lagerräume unterscheidet man
- **Eigenlager,** die Lagerräume sind Eigentum des Großhandelsbetriebes;
- **Fremdlager,** die Lagerräume sind in fremdem Eigentum (z.B. gemietete Lagerräume, Lagerung bei einem Lagerhalter).

79	Nennen Sie Grundsätze der Lagerhaltung!

Wichtige **Grundsätze der Warenlagerung** sind:
- warengerechte Lagerung,
- Sicherheit im Lager,
- Umweltschutz bei der Lagerhaltung,
- Optimierung der Arbeitsabläufe im Lager.

80 | Was ist warengerechte Lagerung?

Warengerechte Lagerung bedeutet, dass Lagerräume und Lagereinrichtungen entsprechend der Art des Lagergutes auszuwählen sind um unnötige Lagerkosten (z. B. durch Wertverluste bei den Lagergütern) zu vermeiden. Zu beachten ist z. B.

● Lagerung der Ware im offenen oder geschlossenen Lager;
● Lagerung der Ware unter Berücksichtigung ihrer Empfindlichkeit, d. h. Schutz vor Wärme, Feuchtigkeit, Schmutz;
● Geräumigkeit des Lagers, für die Lagerarbeiten muss genügend Platz sein;
● Wahl der Lager- und Transporteinrichtungen, z. B. Regale, Hochregale, Paletten, Behälter, Silos, Kühleinrichtungen, Klimaanlagen, Karren, Gabelstapler, Aufzüge, Transportbänder, Wiegeeinrichtungen.

81 | Wie wird die Sicherheit im Lager gewährleistet?

Die **Sicherheit im Lager** wird gewährleistet durch

1. Unfall- und Arbeitsschutz, Beispiele sind
   ● Einhaltung der Bestimmungen des Arbeitssicherheitsgesetzes (siehe Seite 31),
   ● Einhaltung der Bestimmungen der Arbeitsstättenverordnung (siehe Seite 31),
   ● Bestellung von Sicherheitsbeauftragten (siehe Seite 31);
2. Brandschutz, Beispiele sind
   ● Feuerlöscheinrichtungen (z. B. Feuerlöscher, Sprinkleranlage),
   ● Brandschutztüren und Verwendung von schwer entflammbaren Materialien,
   ● Regeln zur Brandverhütung und Brandbekämpfung;
3. Versicherungsschutz, Beispiele (siehe Seite 215 ff.) sind
   ● Feuerversicherung,
   ● Leitungswasserversicherung,
   ● Einbruchdiebstahlversicherung.

82 | Wie wird der Umweltschutz im Lager gewährleistet?

Der **Umweltschutz im Lager** wird z. B. gewährleistet durch

● Vermeidung und Beseitigung von Abfällen,
● Verwertung von Abfällen (Recycling),
● Reduzierung von Verpackungsmaterial,
● Einsatz energiesparender Einrichtungen.

(Zum Umweltschutz im Großhandelsbetrieb siehe Seite 178 ff., zu den Rechtsvorschriften zum Schutz der Umwelt siehe Seite 154.)

83 | Welche Arbeitsabläufe gibt es im Lager?

Welche Arbeitsabläufe im Rahmen des Warenflusses im Einzelnen dem Lager zugerechnet werden, ist abhängig von der Größe und der Aufbauorganisation des Großhandelsbetriebes. In kleineren und mittelgroßen Betrieben umfassen die **Lagerarbeiten** oft alle Tätigkeiten vom Wareneingang bis zum Warenversand. Den Lagerarbeiten werden aber auch häufig nur die Tätigkeiten von der Warenlagerung bis zur Warenauslagerung zugeordnet. Sämtliche Arbeitsabläufe im Lager müssen aufeinander abgestimmt und entsprechend optimiert werden.

Zu den Lagerarbeiten zählen

- Wareneingang (siehe Seite 234),
- Wareneinlagerung,
- Warenpflege,
- Warenumformung (zur Umformungsfunktion der Lager-haltung siehe Seite 191),
- Kommissionierung,
- Warenauslagerung,
- Warenversand.

---

84 Was ist Warenein-lagerung?

Im Lager sollen nur einwandfreie Waren gelagert werden; dies wird sichergestellt durch die Prüfung der Waren nach dem Wareneingang.

Bei der **Wareneinlagerung** ist z.B. Folgendes zu beachten:

- Erstellen eines Lagerplans, welcher es ermöglicht, den Lagerplatz aller gelagerten Güter festzustellen; möglich ist die Lagerung der Waren nach festen Plätzen oder nach freien Plätzen (siehe Seite 192);
- Fifo-Methode (first in – first out), d.h., die zuerst beschafften Waren werden zuerst verkauft (ausgelagert); aus diesem Grunde sind die Waren so einzulagern, dass tatsächlich immer die ältere Ware entnommen wird; die Fifo-Methode wird z.B. bei verderblichen Waren angewendet;
- Lifo-Methode (last in – first out), d.h., die zuletzt beschafften Waren werden zuerst verkauft (ausgelagert); die Lifo-Methode wird z.B. bei Massengütern wie Kohle oder Kies angewendet.

---

85 Was ist Warenpflege?

Die **Warenpflege** umfasst z.B.

- die regelmäßige Kontrolle der gelagerten Waren, vor allem bei empfindlichen Waren (z.B. Papier, Holzprodukte, Lebensmittel);
- das Aussortieren von unbrauchbaren, verdorbenen und beschädigten Waren.

---

86 Was versteht man unter Kommissionierung?

Kommissionierung ist die Zusammenstellung von Waren nach vorgegebenen Aufträgen, und zwar entsprechend den Kundenbestellungen (Kommission = Auftrag).

Die Kommissionierung kann erfolgen

- im Lager bzw. im Verkaufsraum des Großhandelsbetriebes,
- durch das Lagerpersonal (im Zustell- bzw. Abhol-großhandel) bzw. durch den Kunden selbst (im Cash-and-carry-Großhandel),
- einstufig (seriell), indem die einzelnen Positionen eines Auftrags nacheinander zusammengestellt werden bzw. mehrstufig (parallel), indem gleiche Positionen mehrerer Kundenaufträge zusammen bearbeitet werden.

87 Was ist Warenaus-
lagerung?

Unter **Warenauslagerung** versteht man den Transport der Waren nach der Kommissionierung zum Warenversand.

Jede Warenauslagerung ist als Bestandsminderung zu erfassen (z. B. durch Warenentnahmescheine).

2.2 Lagerverwaltung

88 Wie erfolgt die Kontrolle der Lagerbestände?

Die Kontrolle der Lagerbestände **(Lagerkontrolle)** erfolgt in Form der

1. Qualitätskontrolle (ständige Überprüfung der Qualität verderblicher Lagergüter);
2. Mengen- und Wertkontrolle,
   - Lagerdatei (Lagerbuchführung),
   - Bestandsaufnahme (Stichtagsinventur, Inventurvereinfachungsverfahren).

89 Was versteht man unter Lagerbuchführung?

Die **Lagerbuchführung**

- kann in Form einer Lagerkartei bzw. einer Lagerdatei geführt werden;
- kann in das Modul Warenlogistik eines computergestützten Warenwirtschaftssystems (siehe Seite 184 f.) integriert sein;
- dient der Feststellung der eingehenden, vorhandenen und ausgehenden Waren (unterschieden nach Art, Menge und oft auch Wert) durch eine fortlaufende und lückenlose Erfassung der Lagerbewegungen;
- erfasst Sollbestände, die regelmäßig mit den Istbeständen der Inventur verglichen werden müssen;
- enthält Mindest- und Meldebestände der einzelnen Waren.

90 Nennen Sie Gründe für Abweichungen zwischen Soll- und Istbestand!

Gründe für Abweichungen zwischen **Soll- und Istbestand** können sein:

- Für eine Warenentnahme wurde kein Beleg ausgestellt (Sollbestand > Istbestand);
- ein ausgestellter Beleg wurde in der Lagerbuchführung nicht erfasst (Soll > Ist);
- Diebstahl, Schwund und Verderb von Stoffen werden nicht bemerkt bzw. nicht erfasst (Soll > Ist);
- eine Warenentnahme wird in der Lagerbuchführung doppelt erfasst (Ist > Soll);
- ein Warenzugang wurde in der Lagerbuchführung nicht erfasst (Ist > Soll);
- ein Warenzugang wurde in der Lagerbuchführung doppelt erfasst (Soll > Ist).

91 Unterscheiden Sie Stichtagsinventur, verlegte Inventur und permanente Inventur!

Inventur ist die mengen- und wertmäßige Ermittlung der Ist-bestände durch Messen, Zählen, Wiegen; sie muss mindestens einmal im Jahr durchgeführt werden (i. d. R. zum Bilanzstichtag, **Stichtagsinventur**).

Das HGB unterscheidet folgende **Inventurvereinfachungsverfahren:**

- **Stichprobeninventur,** alle Stichprobenverfahren sind zulässig, die den Grundsätzen ordnungsmäßiger Buchführung entsprechen;
- **verlegte Inventur,** die Bestandsaufnahme kann ganz oder teilweise innerhalb der letzten drei Monate vor oder innerhalb der beiden ersten Monate nach dem Ende des Geschäftsjahres vorgenommen werden (erfordert eine ordnungsgemäße Lagerbuchführung, die eine Vor- bzw. Rückrechnung auf den Bilanzstichtag erlaubt);
- **permanente Inventur,** die Bestände werden während des ganzen Geschäftsjahres nach einem Inventurplan überprüft und mit den Sollbeständen der Lagerbuchführung verglichen; die Feststellung der Bestände am Bilanzstichtag erfolgt mit Hilfe der fortlaufend berichtigten Lagerbuchführung. Jeder Vermögensgegenstand muss einmal jährlich erfasst werden.

Die Vorbereitung, Durchführung und Auswertung der Inventur werden wesentlich erleichtert durch den Einsatz einer computergestützten Lagerverwaltung, welche auch Teilbereich eines Warenwirtschaftssystems sein kann.

2.3 Wirtschaftlichkeit der Lagerhaltung

2.3.1 Kosten der Lagerung

92 Welche Kosten entstehen durch die Lagerhaltung?

Folgende **Lagerkosten** werden unterschieden:

- Kosten der Lagerräume, z. B. Abschreibungen auf Gebäude und Einrichtungsgegenstände, Verzinsung des investierten Kapitals, Energie- und Instandhaltungskosten, Versicherungsprämien;
- Kosten der Lagervorräte, z. B. Verzinsung des investierten Kapitals, Versicherungsprämien, Aufwendungen für Schwund, Diebstahl und Verderb der Lagergüter;
- Kosten der Lagerverwaltung, z. B. Gehälter und Löhne für die im Lager beschäftigten Mitarbeiter, Kosten der Organisationsmittel.

93 Wovon ist die Lagergröße abhängig?

Die **Lagergröße** ist abhängig von:

● dem Wirtschaftszweig (z. B. umfangreiches Lager beim Baustoffgroßhandel),
● der Betriebsgröße,
● den mengen- und zeitmäßigen Schwankungen zwischen Beschaffung und Absatz,
● der Lagerumschlagshäufigkeit.

94 Erklären Sie den Zielkonflikt zwischen Lieferbereitschaft und Lagerkosten!

Eine der wichtigsten Aufgaben der Lagerhaltung ist die Sicherung der ständigen Lieferbereitschaft.

Zwischen dem Ziel der ständigen Lieferbereitschaft und dem Ziel minimaler Lagerkosten besteht ein **Zielkonflikt:**

● Ständige Lieferbereitschaft erfordert ausreichend hohe Lagerbestände und führt demzufolge zu hohen Lagerkosten,
● minimale Lagerkosten entstehen durch kleine Lagerbestände (u. U. wird auf die Lagerhaltung ganz verzichtet) und beeinträchtigen demzufolge die Lieferbereitschaft.

Strebt das Unternehmen z. B. eine hohe Kundenzufriedenheit an, werden hohe Lagerkosten in Kauf genommen um den Wunsch der Kunden nach möglichst schneller Lieferung zu erfüllen.

2.3.2 Lagerkennzahlen

95 Was sind Lagerkennzahlen?

Lagerkennzahlen erleichtern die Überwachung der Wirtschaftlichkeit im Lager; sie liefern Grundlagen für eine optimale Lagerhaltung.

Man unterscheidet:

1. **Lagerbestandsgrößen,**
   ● eiserner Bestand,
   ● Meldebestand,
   ● Höchstbestand,
   ● durchschnittlicher Lagerbestand,
   ● optimaler Lagerbestand;
2. **Lagermesszahlen,**
   ● Lagerumschlagshäufigkeit,
   ● Lagerdauer,
   ● Lagerzinssatz;
3. **sonstige Lagerkennzahlen,**
   ● Lagernutzungsgrad,
   ● Terminzuverlässigkeit.

| 96 | Was ist der eiserne Bestand? |

Der **eiserne Bestand** (Mindest- oder Reservebestand) ist diejenige Vorratsmenge, die ständig auf Lager sein muss, um auch bei unvorhergesehenen Störungen (z. B. Lieferschwierigkeiten des Herstellers) eine reibungslose Abwicklung des Betriebsgeschehens zu ermöglichen.

| 97 | Was ist der Meldebestand? |

Der **Meldebestand** ist der Lagerbestand, bei dessen Erreichen neu bestellt werden muss. Er muss so groß sein, dass unter Berücksichtigung des Absatzes und der Bestell- und Lieferzeit der eiserne Bestand nicht angegriffen wird.

> Meldebestand = eiserner Bestand + (Tagesabsatz · Lieferzeit)

Beispiel:

durchschnittlicher Absatz
    einer Ware pro Tag: 10 Stück
Lieferzeit: 15 Tage
Mindestbestand: 50 Stück
Bestellmenge: 300 Stück

Lösung:

Meldebestand = 50 + (10 · 15) = 200 Stück

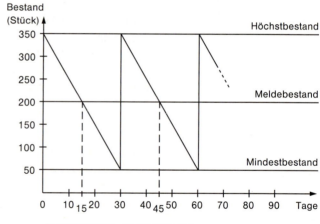

Bestellzeitpunkt 1   Bestellzeitpunkt 2

| 98 | Welche Bedingungen führen zu einer Veränderung des Meldebestands? |

Der Meldebestand muss erhöht werden (unter der Annahme, dass die restlichen Größen unverändert bleiben) z. B., wenn
- der eiserne Bestand erhöht wird (z. B. wurde er in der Vergangenheit mehrfach in Anspruch genommen),
- der Tagesabsatz steigt (z. B. infolge verstärkter Werbung),
- die Lieferzeit sich erhöht (z. B. infolge eines Lieferantenwechsels).

99 Was versteht man unter dem Höchstbestand?	Der **Höchstbestand** (Höchstlagerbestand) wird beim Eintreffen neuer Waren erreicht; er darf aus Kosten- und aus Platzgründen nicht überschritten werden.

> Höchstbestand = eiserner Bestand + Wareneingang

100 Was besagt der durchschnittliche Lagerbestand?	Der **durchschnittliche Lagerbestand** gibt an, wie hoch die Vorräte durchschnittlich im Laufe eines Geschäftsjahres sind. Er kann berechnet werden

● als Mengengröße (z.B. Stück, kg, m),

● als Wertgröße (in EUR) mit Hilfe der Einstands- bzw. Bezugspreise.

Der durchschnittliche Lagerbestand kann aufgrund von Jahres- bzw. Monatsinventuren wie folgt ermittelt werden:

$$\text{Durchschnittlicher Lagerbestand} = \frac{\text{Jahresanfangsbestand} + \text{Jahresendbestand}}{2}$$

$$\text{Durchschnittlicher Lagerbestand} = \frac{\text{Jahresanfangsbestand} + 12 \text{ Monatsendbestände}}{13}$$

101 Was versteht man unter dem optimalen Lagerbestand?	Der **optimale Lagerbestand**

● ermöglicht einen reibungslosen Betriebsablauf (vor allem termingerechte Lieferungen),

● verursacht möglichst geringe Lagerkosten,

● muss mit der optimalen Bestellmenge abgestimmt werden.

102 Was besagt die Lagerumschlagshäufigkeit?	Die **Lagerumschlagshäufigkeit** gibt an, wie oft der durchschnittliche Lagerbestand (als Mengen- oder Wertgröße) in einem bestimmten Zeitraum (i.d.R. ein Jahr) umgesetzt wurde.

$$\text{Umschlagshäufigkeit} = \frac{\text{Jahresabsatz (Stück, kg, m)}}{\text{durchschnittlicher Lagerbestand}}$$

$$\text{Umschlagshäufigkeit} = \frac{\text{Jahreswareneinsatz (zu Einstandspreisen)}}{\text{durchschnittlicher Lagerbestand}}$$

Beispiel:

Jahresabsatz: 30 000 Stück
durchschnittlicher Lagerbestand: 6 000 Stück

Lösung:

$$\text{Umschlagshäufigkeit} = \frac{30\,000}{6\,000} = 5$$

103 | Unterscheiden Sie Absatz, Umsatz und Wareneinsatz!

Unter **Absatz** versteht man die Menge (Anzahl) der verkauften Waren. Auskunft über die Absatzzahlen gibt die Absatzstatistik.

Umsatz (Warenumsatz) ist der Wert der verkauften Waren zum Verkaufspreis. Auskunft über den Umsatz gibt die Umsatzstatistik.

Wareneinsatz ist der Wert der verkauften Waren zum Einstandspreis (Bezugspreis).

---

104 | Was besagt die durchschnittliche Lagerdauer?

Die **durchschnittliche Lagerdauer** gibt an, wie viel Tage ein Lagergut im Durchschnitt gelagert wird.

$$\text{Durchschnittliche Lagerdauer} = \frac{360 \text{ (Tage)}}{\text{Umschlagshäufigkeit}}$$

Beispiel:

Umschlagshäufigkeit: 5

Lösung:

$$\text{Durchschnittliche Lagerdauer} = \frac{360 \text{ Tage}}{5} = 72 \text{ Tage}$$

---

105 | Was besagt der Lagerzinssatz?

Der **Lagerzinssatz** dient (als Zeitzinssatz) der Berechnung der Zinsen (kalkulatorische Zinsen) für das in den durchschnittlich gelagerten Vorräten gebundene Kapital. Bei der Berechnung des Lagerzinssatzes wird ein bankenüblicher Jahreszinssatz zugrunde gelegt.

$$\text{Lagerzinssatz} = \frac{\text{Jahreszinssatz} \cdot \text{durchschnittl. Lagerdauer}}{360}$$

$$\text{Lagerzinssatz} = \frac{\text{Jahreszinssatz}}{\text{Umschlagshäufigkeit}}$$

$$\text{Lagerzinsen} = \frac{\text{durchschnittl. Lagerbest.} \cdot \text{Einstandspreis} \cdot \text{Lagerzinssatz}}{100}$$

Beispiel:

Jahreszinssatz: 12 %
Umschlagshäufigkeit: 5
durchschnittlicher Lagerbestand: 6 000 Stück
Einstandspreis je Stück: 15,00 EUR

Lösung:

$$\text{Lagerzinssatz} = \frac{12 \%}{5} = 2,4 \%$$

$$\text{Lagerzinsen} = \frac{6\,000 \cdot 15 \cdot 2,4}{100} = 2\,160,00 \text{ EUR}$$

106 Was besagt der Lagernutzungsgrad?

Der **Lagernutzungsgrad** gibt an, zu wie viel Prozent der verfügbare Lagerraum (bzw. Lagerfläche) genutzt wird. I. d. R. wird der Lagerraum bei der Lagerung nach freien Plätzen (chaotische Lagerung) besser ausgenutzt als bei der Lagerung nach festen Plätzen (siehe Seite 192).

$$\text{Lagernutzungsgrad} = \frac{\text{genutzter Lagerraum}}{\text{vorhandener Lagerraum}} \cdot 100$$

107 Was besagt die Terminzuverlässigkeit?

Die **Terminzuverlässigkeit** gibt an, in welchem Umfang das Unternehmen termingerecht liefert.

$$\text{Terminzuverlässigkeit} = \frac{\text{Anzahl der termingerechten Lieferungen}}{\text{Gesamtzahl der Lieferungen}} \cdot 100$$

108 Welche Bedeutung haben Lagerumschlagshäufigkeit und durchschnittliche Lagerdauer?

Jedes Unternehmen versucht, eine möglichst hohe Lagerumschlagshäufigkeit und damit verbunden eine möglichst geringe durchschnittliche Lagerdauer zu erreichen.

Jede Erhöhung der Umschlagshäufigkeit führt zu einer

● Verkürzung der durchschnittlichen Lagerdauer,
● Verringerung der Kapitalbindung und des Kapitalbedarfs,
● Verringerung der Zins- und Lagerkosten,
● Verminderung der Lagerrisiken (geringere Versicherungsprämien),
● Erhöhung des Gewinns, der Wirtschaftlichkeit und der Rentabilität.

109 Wodurch kann die Umschlagshäufigkeit erhöht werden?

Die Kennziffer **Umschlagshäufigkeit** $= \dfrac{\text{Wareneinsatz}}{\text{durchschn. Lagerbestand}}$ wird erhöht, wenn

● der Wareneinsatz steigt und der durchschnittliche Lagerbestand unverändert bleibt,
● der Wareneinsatz steigt und der durchschnittliche Lagerbestand abnimmt,
● der Wareneinsatz gleich bleibt und der durchschnittliche Lagerbestand sinkt,
● der Wareneinsatz prozentual stärker steigt als der durchschnittliche Lagerbestand.

Der Wareneinsatz steigt durch alle verkaufsfördernden Maßnahmen wie z. B. Werbung.

Der durchschnittliche Lagerbestand kann z. B. vermindert werden durch ständige Lagerkontrollen oder durch eine Verkürzung der Lieferzeiten seitens der Lieferanten.

110 Welche Auswirkungen hat eine Verringerung des Lagerbestandes auf die Lagerkennzahlen?

Unter der Voraussetzung eines gleich bleibenden Umsatzes bewirkt eine Verringerung des **Lagerbestandes:**

- eine Erhöhung der Lagerumschlagshäufigkeit,
- eine Verkürzung der durchschnittlichen Lagerdauer,
- eine Verringerung des Lagerzinssatzes und der Lagerzinsen,
- eine Verminderung der Kapitalbindung und des Kapitalbedarfs,
- eine Verminderung der Lagerrisiken,
- eine Erhöhung des Risikos der eigenen Lieferbereitschaft.

2.3.3 Eigenlagerung oder Fremdlagerung

111 Beurteilen Sie die Wirtschaftlichkeit der Eigen- und Fremdlagerung!

In vielen Fällen kann der Großhandelsbetrieb die Waren im eigenen oder in einem fremden Lager aufbewahren (siehe Seite 192).

Entscheidungskriterien für die Art der Lagerung sind:

- Kostenvergleich, die **Eigenlagerung** belastet den Betrieb i. d. R. mit fixen Kosten (z. B. Abschreibungen für Lagereinrichtungen und Lagerräume, Gehälter für Lagerpersonal) und variablen Kosten (z. B. Warenaufwendungen, Lagerzinsen); die **Fremdlagerung** belastet den Betrieb i. d. R. nur mit variablen Kosten (z. B. Lagerkosten, die an den Lagerhalter zu zahlen sind);
- vorhandene freie Lagerkapazität;
- vorhandene Lagereinrichtungen (z. B. Kühlhäuser, Reifelager);
- Standort des Lagers (z. B. in Flughafennähe).

Beispiel:

Ein Großhandelsbetrieb kann eine bestimmte Ware entweder selbst oder bei einem Lagerhalter lagern. Folgende Daten sind gegeben:

Kosten der Eigenlagerung:

fixe Kosten	2 000,00 EUR
variable Kosten pro Einheit	50,00 EUR

Kosten der Fremdlagerung:

Kosten pro Einheit	100,00 EUR

Ermitteln Sie die Menge, ab der es für das Unternehmen günstiger wird, die Ware selbst zu lagern statt sie fremd zu lagern **(kritische Menge).**

Lösung:

Grafische Darstellung

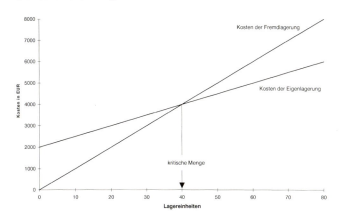

Rechnerische Darstellung

Kosten der Eigenlagerung = 50x + 2000
Kosten der Fremdlagerung = 100x

Kosten der Eigenlagerung = Kosten der Fremdlagerung

$$50x + 2000 = 100x$$
$$x = 40$$

Ab einer Menge von 40 Lagereinheiten ist die Eigenlagerung günstiger als die Fremdlagerung.

2.4 Lagerhalter

112 Was ist ein Lagervertrag?

Durch den **Lagervertrag** wird der **Lagerhalter** verpflichtet, das Gut zu lagern und aufzubewahren (nach dem HGB). Der Lagerhalter führt ein gewerbliches Unternehmen, er ist selbstständiger Kaufmann.

Der Einlagerer wird verpflichtet, die vereinbarte Vergütung zu zahlen.

Lagerhalter können z.B. sein: private und öffentliche Lagerhäuser, Spediteure.

113 Welche Pflichten hat der Lagerhalter?

Der **Lagerhalter** hat folgende Pflichten:

- **Sorgfaltspflicht,** er hat seine Pflichten mit der größtmöglichen Sorgfalt wahrzunehmen;
- **Benachrichtigungspflicht** beim Empfang des Gutes, er hat den Einlagerer unverzüglich zu benachrichtigen, wenn das Gut in einem beschädigten oder mangelhaften Zustand ist;

203

- Benachrichtigungspflicht nach Erhalt des Gutes, er hat den Einlagerer unverzüglich zu benachrichtigen und dessen Weisungen einzuholen, wenn an dem Gut Verluste oder Beschädigungen zu erwarten sind;
- Pflicht zur Gewährung des **Zutritts,** er hat dem Einlagerer die Besichtigung des Gutes, die Entnahme von Proben und die zur Erhaltung des Gutes notwendigen Handlungen während der Geschäftsstunden zu gestatten;
- **Versicherungspflicht,** er ist verpflichtet, das Gut auf Verlangen des Einlagerers zu versichern;
- **Haftpflicht,** er haftet für den Schaden, der durch Verlust oder Beschädigung des Gutes während der Lagerung entsteht, wenn er seine Sorgfaltspflicht nicht beachtet hat;
- **Quittierungspflicht,** er muss dem Einlagerer den Erhalt des Gutes quittieren (Lagerschein oder Lagerempfangsschein);
- **Herausgabepflicht,** er muss das Gut dem Berechtigten (z. B. Einlagerer) jederzeit gegen Aushändigung des entsprechenden Dokuments herausgeben.

114 Welche Rechte hat der Lagerhalter?

Der Lagerhalter hat folgende Rechte:
- Anspruch auf die vereinbarte **Vergütung** sowie auf Ersatz seiner für das Gut gemachten Aufwendungen;
- **Pfandrecht,** er hat für seine Forderungen aus dem Lagergeschäft ein Pfandrecht an dem Gut (so lange er es im Besitz hat);
- Anspruch auf **Rücknahme** des Gutes durch den Einlagerer nach Ablauf der vereinbarten Lagerzeit bzw. nach Ablauf einer Kündigungsfrist von einem Monat, wenn die Einlagerung auf unbestimmte Zeit erfolgte.

115 Welche Bedeutung hat der Lagerschein?

Der **Lagerschein** ist ein Warenwertpapier, d. h., er ist eine Urkunde, welche das Verfügungsrecht an einer Ware verbrieft.

Der Lagerschein hat folgende Bedeutung:
- Er ist für das Rechtsverhältnis zwischen dem Lagerhalter und dem legitimierten Besitzer des Lagerscheins maßgebend;
- er bestätigt dem Einlagerer, dass der Lagerhalter das Gut (wie im Lagerschein beschrieben) übernommen hat;
- er legitimiert denjenigen zum Empfang des Gutes, an den das Gut lt. Lagerschein ausgeliefert werden soll oder auf den der Lagerschein, wenn er an Order lautet, durch Indossament übertragen ist.

116 Unterscheiden Sie Order-lagerschein und Namens-lagerschein!

Der **Orderlagerschein** lautet an Order und er kann nur durch Indossament an einen Dritten übertragen werden. Das Eigentum an einem Gut kann z. B. an einen Käufer dadurch übertragen werden, dass der Einlagerer ihm den Lagerschein übergibt; das Gut selbst kann nach wie vor im Lager des Lagerhalters verbleiben (Traditionspapier).

Der **Namenslagerschein** enthält den Namen desjenigen, an den das Gut ausgeliefert werden soll.

117 Was ist der Lager-empfangsschein?

Der **Lagerempfangsschein** ist im Gegensatz zum Lagerschein lediglich ein Dokument, welches dem Einlagerer den Empfang der Ware durch den Lagerhalter bestätigt.

118 Unterscheiden Sie Einzel- und Sammellagerung!

Im Normalfall wird der Lagerhalter die Lagergüter eines Kunden gesondert von den übrigen Lagergütern lagern **(Einzellagerung)**.

Im Falle der Lagerung vertretbarer Sachen wie z. B. Kohle, Getreide (siehe Seite 50) ist der Lagerhalter zu ihrer Vermischung mit anderen Sachen von gleicher Art und Güte nur befugt, wenn ihm dies ausdrücklich gestattet ist **(Sammellagerung)**.

2.5 Gütertransport

119 Was versteht man unter Logistik?

Logistik umfasst alle Fragestellungen bezüglich des Transports der Waren vom Lieferanten über den Großhandelsbetrieb zum Kunden. Die Logistik soll sicherstellen, dass die benötigten Waren zur rechten Zeit, am rechten Ort und in den erforderlichen Mengen zur Verfügung stehen. Zur Logistik zählt man auch den Bereich der Entsorgung.

Man unterscheidet

- **Beschaffungslogistik,** hierzu zählen z. B. Wahl der Bezugsquelle, Abwicklung der Bestellung, Eingangskontrolle, optimale Bestellmenge (siehe Seite 229 f.);
- **Lagerlogistik,** hierzu zählen vor allem innerbetrieblicher Warentransport, optimale Lagerhaltung und Kommissionierung (siehe Seite 194);
- **Absatzlogistik** (Distributionslogistik, Versandlogistik), hierzu zählen z. B. Entscheidungen über den Transport der betrieblichen Produkte zum Kunden unter Beachtung der Termintreue, der optimalen Nutzung des eigenen Fuhrparks und der Tourenplanung (siehe Seite 206 f.);
- **Entsorgungslogistik,** hierzu zählen z. B. Entscheidungen über Abfallbeseitigung und Recycling (siehe Seite 179).

120 Welche Möglichkeiten des Versands von Waren gibt es?

Der Großhandelsbetrieb hat beim **Versand** seiner Waren folgende Möglichkeiten:

1. **Eigenverkehr** (werkseigene Güterbeförderung, **Werkverkehr),**
2. **Fremdverkehr,**
   - Güterbeförderung durch Frachtführer,
   - Güterbeförderung über Spediteure.

2.5.1 Werkverkehr

121 Was ist Werkverkehr?

Werkverkehr ist Güterkraftverkehr (siehe Seite 212) für eigene Zwecke eines Unternehmens. Voraussetzungen sind z.B.:
- Die beförderten Güter müssen Eigentum des Unternehmens oder von ihm verkauft, gekauft oder hergestellt worden sein;
- die Beförderung muss der Anlieferung der Güter zum Unternehmen oder ihrem Versand vom Unternehmen dienen;
- die eingesetzten Kraftfahrzeuge müssen vom eigenen Personal geführt werden.

122 Nennen Sie Vor- und Nachteile der werkseigenen Güterbeförderung!

Vorteile der werkseigenen Güterbeförderung sind:
- Der Großhandelsbetrieb ist unabhängig von fremden Transportunternehmen (es besteht eine hohe Lieferflexibilität, da keine längerfristigen Bindungen durch Verträge bestehen),
- das Verladen und der Transport der Waren erfolgt durch eigene Mitarbeiter (z.B. nach den Regeln des Qualitätsmanagement, siehe Seite 177f.),
- die Mitarbeiter können zusätzliche Service-Leistungen erbringen (z.B. Beratung über die Einlagerung der Waren),
- die Anlieferung der Waren kann ganz individuell den Wünschen der Kunden angepasst werden.

Nachteile der werkseigenen Güterbeförderung sind:
- Der notwendige eigene Fuhrpark verursacht sowohl fixe Kosten (z.B. Abschreibungen, Versicherungen, Steuern, Kosten für Personal im Fuhrpark) als auch variable Kosten (z.B. Treibstoffkosten);
- da der Großhandelsbetrieb nur Waren für eigene Zwecke befördern darf, führt dies zwangsläufig zu Leerfahrten;
- das Transportrisiko liegt beim Großhändler selbst;
- der Fuhrpark muss wegen der hohen fixen Kosten ständig ausgelastet sein;
- eine (aufwendige) Tourenplanung ist erforderlich.

123 Was versteht man unter Tourenplanung?

Unter **Tourenplanung** bei der werkseigenen Güterbeförderung versteht man vor allem die Festlegung von eingesetzten Fahrzeugen, Fahrzeugbeladung, eingesetzten Fahrern, Fahrtbeginn und Fahrtende, Fahrtroute mit Entladestationen.

Bei der Tourenplanung ist Folgendes zu beachten:

● Minimierung der Fahrtkosten (z.B. durch Minimierung der Fahrstrecke);
● die Beladung der Fahrzeuge (z.B. muss die zuletzt auszuliefernde Ware zuerst geladen werden);
● Fahrzeit zu den Kunden, Entladezeiten sowie Öffnungszeiten bei den Kunden (bzw. gewünschte Anlieferungszeiten);
● gesetzliche Regelungen wie z.B. vorgeschriebene Ruhepausen der Fahrer, maximale Fahrdauer;
● Fahrstrecken auf Autobahnen, Bundes- und Landstraßen;
● Standardtouren sind möglich, wenn über einen längeren Zeitraum die gleichen Kunden regelmäßig angefahren werden;
● Tourenpläne sind täglich neu aufzustellen, wenn ständig andere Kunden beliefert werden;
● Erstellung der Transportpapiere.

Der Tourenplan soll nach Möglichkeit optimal sein, d.h., er soll alle Erfordernisse berücksichtigen; dies wird am besten erreicht durch eine Tourenplanung im Rahmen eines Warenwirtschaftssystems (siehe Seite 182 ff.).

2.5.2 Frachtführer

124 | Was ist ein Frachtvertrag?

Durch den **Frachtvertrag** wird der **Frachtführer** verpflichtet, das Gut zum Bestimmungsort zu befördern und dort an den Empfänger abzuliefern (lt. HGB). Der Frachtführer führt als selbstständiger Kaufmann ein gewerbliches Unternehmen.

Der Absender ist verpflichtet, die vereinbarte Fracht zu zahlen.

Das Gut kann befördert werden:

● zu Land (z.B. Paket- und Logistikgeschäft von DHL, Güterverkehr der DB Cargo AG, Güterkraftverkehr),
● auf Binnengewässern (Binnenschifffahrt),
● mit Luftfahrzeugen (Luftfrachtverkehr),
● mit verschiedenartigen Beförderungsmitteln (multimodaler Verkehr).

125 | Nennen Sie Rechte und Pflichten des Frachtführers!

Rechte des Frachtführers sind z.B.:

● Der Absender muss das Gut so verpacken, dass es vor Verlust und Beschädigung geschützt ist; bei einem gefährlichen Gut muss er auf die Gefahr hinweisen;
● der Absender muss die erforderlichen Urkunden für eine amtliche Behandlung des Gutes (z.B. Zollabfertigung) zur Verfügung stellen;
● Anspruch auf die vereinbarte Fracht sowie auf Ersatz seiner für das Gut gemachten Aufwendungen;
● Pfandrecht an dem Gut für alle Forderungen aus dem Frachtgeschäft.

Pflichten des Frachtführers sind z.B.:

● Er muss seine Pflichten mit der Sorgfalt eines ordentlichen Kaufmanns wahrnehmen;

● er muss das Gut innerhalb der vereinbarten Frist abliefern;

● er muss bei Beförderungs- und Ablieferungshindernissen Weisungen des Verfügungsberechtigten einholen;

● der Absender ist berechtigt, über das Gut zu verfügen (z.B. nachträgliche Weisung zur Lieferung an einen anderen Empfänger);

● Haftpflicht.

---

126 Wie ist die Haftung beim Frachtgeschäft geregelt?

Für die **Haftung** beim Frachtgeschäft gilt (lt. HGB):

● Der Absender hat, auch wenn ihn kein Verschulden trifft, dem Frachtführer Schäden zu ersetzen, die z.B. verursacht werden durch eine ungenügende Verpackung oder durch fehlende Hinweise auf die Gefährlichkeit des Gutes;

● der Frachtführer haftet für den Schaden, der durch Verlust oder Beschädigung des Gutes in der Zeit von der Übernahme bis zur Ablieferung oder durch Überschreitung der Lieferfrist entsteht (die Haftung entfällt, wenn der Schaden auch bei größter Sorgfalt nicht hätte vermieden werden können, z.B. Streik, höhere Gewalt).

Für die Haftung sind Haftungshöchstbeträge festgelegt.

---

127 Unterscheiden Sie Frachtbrief und Ladeschein!

Der **Frachtbrief,** ausgestellt in drei Originalausfertigungen, ist

● Beweisurkunde für den Abschluss und Inhalt des Frachtvertrages sowie für die Übernahme des Gutes durch den Frachtführer;

● Informationsgrundlage, er enthält z.B. Absender, Frachtführer, Empfänger, Beschreibung des Gutes, vereinbarte Fracht;

● Begleitpapier für die Beförderung (Warenbegleitpapier).

Der **Ladeschein** kann anstelle des Frachtbriefs ausgestellt werden, er

● beinhaltet die Verpflichtung zur Ablieferung des Gutes an denjenigen, der genannt ist (Ladeschein an Order), und zwar nur gegen Rückgabe des Ladescheins;

● legitimiert den Berechtigten zum Empfang des Gutes;

● ist Traditionspapier (siehe Seite 205).

---

128 Nennen Sie die wichtigsten Transportdokumente im Güterverkehr!

Wichtige **Transportdokumente** (Warenbegleitpapiere) sind:

● Frachtbrief (beim Lkw- und Bahngüterverkehr),

● Paketschein (beim Postpaket),

● Ladeschein (z.B. bei der Binnenschifffahrt),

● Konnossement (= Seefrachtbrief, bei der Seeschifffahrt),

● Luftfrachtbrief.

129	Nennen Sie Kriterien für die Auswahl der Transportmittel!

Die Wahl der **Transportmittel** wird bestimmt durch

● Produkteigenarten (z.B. hitzeempfindlich, feuergefährlich, flüssig, zerbrechlich),

● Transportkosten (z.B. gestaffelt nach Entfernung, Versandart, Transportschnelligkeit, Umfang bzw. Gewicht der Sendung),

● Transportrisiko (abhängig von der Produkteigenart; wird oft durch Transportversicherungen abgedeckt),

● Transportzeiten (abhängig von der Dringlichkeit der Sendung);

● Umweltbelastung.

Paketgeschäft von DHL

130	Welche Möglichkeiten bietet DHL im Rahmen des Paketgeschäftes?

DHL (Marke der Deutschen Post World Net) bietet im Rahmen des Paketgeschäftes z.B. folgende Möglichkeiten:

● **Postpaket,** Höchstgewicht 20 kg, Staffelung des Paketentgelts nach Gewicht; Transportdokument ist der Paketschein;

● **FreeWay** (die Paketmarke), Höchstgewicht 20 kg, vereinfachte Einlieferung und Entrichtung des Beförderungsentgelts für Postpakete durch Aufkleben einer Paketmarke (und zwar im Unternehmen selbst), die Paketmarken gibt es in Markenheften;

● sperriges Postpaket, Höchstgewicht 20 kg; es überschreitet bestimmte Höchstmaße oder erfordert eine besondere Behandlung, zusätzlich zum Paketentgelt muss ein Zuschlag gezahlt werden;

● Express-Paket, Höchstgewicht 31,5 kg, Zustellung i.d.R. am Tag nach der Einlieferung;

● Päckchen, Höchstgewicht 2 kg.

DHL bietet folgende Zusatzleistungen (gegen Zahlung eines zusätzlichen Entgeltes):

● **Eigenhändig,** möglich für Postpakete; die Sendung darf nur dem Adressaten ausgehändigt werden (Ausnahme: eine besondere Postvollmacht liegt vor);

● **Rückschein,** möglich für Postpakete; der Rückschein, auf dem der Empfänger den Emfang der Sendung bestätigt, wird dem Absender zugestellt;

● **Transportversicherung,** möglich für Express-Paket; bis höchstens 25 000,00 EUR (eine Versiegelung oder ein sonstiger äußerlicher Hinweis auf den wertvollen Inhalt ist nicht zulässig);

● **Nachnahme,** möglich für Postpakete (siehe Seite 79 f.).

131	Wie ist die Haftung der Deutschen Post World Net geregelt?

Die **Haftung der DHL** ist z.B. wie folgt geregelt:

● Unbeschränkte Haftung für Schäden, welche vorsätzlich oder leichtfertig durch die Mitarbeiter der Post verursacht wurden;

14 Groh/Schröer – ISBN 978-3-8120-0422-0

- Haftung für Verlust und Beschädigung von Sendungen nur im Umfang des unmittelbaren Schadens bis zu bestimmten Höchstbeträgen; die Haftung entfällt, wenn der Schaden auch bei größter Sorgfalt nicht hätte vermieden werden können (z. B. Streik, höhere Gewalt);
- Haftungshöchstbeträge im Rahmen des **Paketgeschäftes** wie z. B. 500,00 EUR für Postpakete.

Güterverkehr der Railion Deutschland AG

132 Beschreiben Sie das Leistungsangebot der Railion Deutschland!

Die **Railion Deutschland AG** ist eine europäische Güterbahn, welche vor allem Gütertransporte auf der Schiene durchführt, und zwar umweltfreundlich und sicher. Der Güterverkehr der Railion umfasst z. B.:

1. Marktlösungen, für jede Branche wird national und europaweit die geeignete Logistik angeboten, z. B.:
   - Montan (z. B. Stahl, Schrott, Erze, Stein- und Braunkohle);
   - Chemie/Mineralöl/Düngemittel;
   - Automotive (Fahrzeuge, Fahrzeugteile);
   - Agrarprodukte/Forstwirtschaft/Konsumgüter;
2. Güterwagen, für jede Güterart werden geeignete Wagen bereit gestellt, z. B.
   - offene und gedeckte Güterwagen;
   - Flachwagen und Eisenbahnkesselwagen;
3. Transportarten, für jeden Kundenwunsch wird die geeignete Lösung angeboten, z. B.
   - Ganzzug;
   - Einzelwagen, für die schnelle und pünktliche Beförderung von größeren Mengen werden komplette Wagen eingesetzt;
   - kombinierter Verkehr, dem Kunden wird eine komplexe Transportkette aus einer Hand angeboten (Transport auf Schiene, Wasserstraße und Straße).

133 Was ist ein Ganzzug?

Die Railion Deutschland AG bietet für die Beförderung von großen Mengen (z. B. Massengüter wie Kohle, Erz, Stahl, Baustoffe, Mineralöl, Pkw) den **Ganzzug** an. Ganzzüge sind komplette Güterzüge von bis zu 700 Meter Länge und einer Bruttolast von bis zu 5 400 Tonnen.

Die Beförderung von Gütern mit Ganzzügen bietet folgende Vorteile:
- individuelle Anpassung an die Kundenwünsche (z. B. Zusammenstellung der Waggons, abgestimmter Fahrplan),
- schneller, sicherer und kostengünstiger Transport von großen Mengen,
- Transportmöglichkeit von Gleisanschluss zu Gleisanschluss,
- europaweites Schienennetz.

| 134 | Welche Bedeutung hat die ABX Logistics GmbH? | Die **ABX Logistics GmbH** ist ein Logistikdienstleister für |

Die **ABX Logistics GmbH** ist ein Logistikdienstleister für
● den nationalen und internationalen Stückgutverkehr,
● weitere Dienstleistungen (z. B. Zollabwicklung).

Die ABX Logistics GmbH arbeitet zusammen mit der Railion Deutschland AG.

---

135 Beschreiben Sie das Leistungsangebot der ABX Logistics GmbH!

Die **ABX Logistics GmbH** bietet z. B. folgende Leistungen an:
● **Eurocargo,** Stückgut-Linienverkehr zwischen allen europäischen Regionen;
● **Beschaffungslogistik,** der Wareneingang des Unternehmens wird optimiert, indem Einzelsendungen gebündelt und bedarfsgerecht im Unternehmen abgeliefert werden, und zwar bundes- und europaweit;
● **Gefahrgutlogistik,** befördert werden Gefahrgüter aller Gefahrgutklassen, wobei speziell aus- und fortgebildete Personen in besonderen Niederlassungen die gefährlichen Güter abfertigen;
● **Distributionslogistik,** ergänzend zur Beförderung der Güter werden z. B. Feinkommissionierung, Lagerhaltung und Distribution bis in den Einzelhandel angeboten;
● **Entsorgungslogistik,** entsprechend den Anforderungen des Kreislaufwirtschafts- und Abfallgesetzes werden z. B. Transportverpackungen, Umverpackungen und Elektroaltgeräte gesammelt und transportiert (Recycling).

---

136 Wovon sind die Beförderungskosten abhängig?

Die Railion Deutschland AG und die ABX Logistics GmbH berechnen die **Beförderungskosten** in Abhängigkeit vom Gewicht der Sendung, der Entfernung und der gewählten Leistungsart.

---

137 Unterscheiden Sie Palette, Collico und Container!

Paletten sind unterfahrbare und stapelbare Lademittel, mit denen Einzelstücke zu Transport- und Lagereinheiten zusammengefasst werden können; eine besondere Form ist die europaweit genormte Europalette.

Collicos sind zusammenlegbare Transportbehältnisse aus Blech, welche in verschiedenen Größen und Ausführungen angeboten werden.

Container sind geschlossene Behälter, die schnell und bequem be- und entladen werden können. Man unterscheidet Großcontainer und Seecontainer.

Logistik-Boxen sind Behälter, die mit Rolltüren versehen sind und 4 oder 6 Paletten aufnehmen können.

138 Nennen Sie Gründe für die Verlagerung des Gütertransports auf die Schiene!

Der Straßengüterverkehr hat in den letzten Jahren enorm zugenommen und damit zu einer Überlastung des Straßennetzes und einer zunehmenden Belastung der Umwelt geführt. Aus diesen Gründen ist es sinnvoll, den Gütertransport von der Straße auf die Schiene zu verlagern.

Güterkraftverkehr

139 Was ist Güterkraftverkehr?

Güterkraftverkehr ist die geschäftsmäßige oder entgeltliche Beförderung von Gütern mit Lastkraftfahrzeugen. Man unterscheidet Werkverkehr (siehe Seite 206) und gewerblichen Güterkraftverkehr.

140 Nennen Sie wichtige Bestimmungen für den Güterkraftverkehr!

Nach dem **Güterkraftverkehrsgesetz** gilt für den gewerblichen Güterkraftverkehr z. B.:
- Der Güterkraftverkehr ist erlaubnispflichtig;
- jeder EU-Frachtführer, der in seinem Heimatland die erforderliche Berechtigung zur Güterbeförderung hat, darf auch in jedem anderen EU-Land ohne Beschränkung Güterbeförderung durchführen;
- der Unternehmer muss eine Güterschaden-Haftpflichtversicherung abschließen.

Binnenschifffahrt

141 Nennen Sie die Versandarten der Binnenschifffahrt!

Versandarten sind
- **Charterung,** d. h., das ganze Schiff oder ein bestimmter Schiffsraum werden gemietet (insbesondere geeignet für den Transport von Massengütern wie z. B. Kohle);
- **Stückgut,** d. h., einzelne Güter werden befördert (z. B. Maschinen).

142 Unterscheiden Sie Frachtbrief und Ladeschein!

Bei der Binnenschifffahrt werden (wie bei allen Frachtführern) Frachtbrief und Ladeschein (Binnenkonnossement) unterschieden (siehe Seite 208).

Seeschifffahrt

143 Unterscheiden Sie Linien- und Trampschifffahrt!

Bei der **Linienschifffahrt** erfolgt der Schiffsverkehr regelmäßig (nach Fahrplan) auf bestimmten Routen; Linienschiffe transportieren überwiegend Stückgüter.

Bei der **Trampschifffahrt** erfolgt der Schiffsverkehr unregelmäßig, und zwar nach jedem gewünschten Hafen; befördert werden überwiegend Massengüter.

144 | Nennen Sie die Versandarten der Seeschifffahrt!

Wie bei der Binnenschifffahrt unterscheidet man bei der Seeschifffahrt Charterung und Stückgut.

145 | Unterscheiden Sie Verladeschein, Konnossement und Chartepartie!

Frachtpapiere in der Seeschifffahrt sind:
- **Verladeschein** (Empfangsschein), er ist die Empfangsbestätigung, die vom Verfrachter bei Übernahme der Güter ausgestellt wird;
- **Konnossement** (Seefrachtbrief), es ist ein Warenwertpapier, das die Empfangsbestätigung des Verfrachters und das Versprechen beinhaltet, das Frachtgut an den Inhaber der Urkunde auszuliefern (siehe ausführlich Seite 321);
- **Chartepartie,** sie ist der Frachtvertrag bei der Charterung.

146 | Wie ist die Haftung in der Seeschifffahrt geregelt?

Der Verfrachter haftet als Frachtführer für Verlust, Beschädigung sowie Lieferfristüberschreiten infolge eigenen Verschuldens. Der Abschluss einer Transportversicherung ist üblich.

Luftfrachtverkehr

147 | Was versteht man unter Luftfrachtverkehr?

Im **Luftfrachtverkehr** werden Güter mit Fracht- bzw. Passagierflugzeugen befördert. Besonders geeignet für die Luftfracht sind eilbedürftige, empfindliche und wertvolle Güter. Im Linienverkehr werden die Frachttarife von der IATA (International Air Transport Association) geregelt.

148 | Erklären Sie den Luftfrachtbrief!

Der **Luftfrachtbrief** ist ein Warenbegleitpapier; über die üblichen Aufgaben eines Frachtbriefes hinaus ist er auch Zollpapier und Versicherungsurkunde (siehe ausführlich Seite 322 f.).

149 | Wie ist die Haftung im Luftfrachtverkehr geregelt?

Die Fluggesellschaften haften für alle Schäden, auch für Schäden, die durch höhere Gewalt entstehen.

Private Paketdienste

150 | Was sind private Paketdienste?

Private Paketdienste sind Unternehmen, welche
- sich auf die Beförderung von Paketen spezialisiert haben,
- in Konkurrenz zur Frachtpost der Deutschen Post AG stehen,
- die zu versendenen Pakete oft beim Absender abholen,
- die Auslieferung der Pakete innerhalb bestimmter Fristen zusagen (z.B. innerhalb von Deutschland in 24 Stunden),
- für selbst verschuldete Schäden haften (Höchstgrenzen können vereinbart werden).

Beispiele für private Paketdienste sind: UPS (United Parcel Service), DPD (Deutscher Paketdienst), GLS (General Logistics Systems Germany), Hermes.

2.5.3 Spediteur

151 Was ist ein Speditionsvertrag?

Durch den **Speditionsvertrag** wird der Spediteur verpflichtet, die Versendung des Gutes zu besorgen (lt. HGB). Der Spediteur ist selbstständiger Kaufmann und führt ein gewerbliches Unternehmen. Grundlage für den Speditionsvertrag sind die „Allgemeinen Deutschen Spediteurbedingungen" (ADSp).

Der Versender wird verpflichtet, die vereinbarte Vergütung zu zahlen.

152 Welche Rechte hat der Spediteur?

Rechte des Spediteurs sind z. B.:
- Der Versender muss das Gut, soweit erforderlich, verpacken und kennzeichnen; bei einem gefährlichen Gut muss er auf die Gefahr hinweisen;
- der Versender muss die erforderlichen Urkunden zur Verfügung stellen;
- Anspruch auf die vereinbarte Vergütung;
- Selbsteintritt, er ist befugt, die Beförderung des Gutes selbst auszuführen (er ist Frachtführer);
- Pfandrecht an dem Gut für alle Forderungen aus dem Speditionsgeschäft;
- Sammelladung ist möglich, d. h. Versendung des Gutes zusammen mit Gütern eines anderen Versenders.

153 Welche Pflichten hat der Spediteur?

Pflichten des Spediteurs sind z. B.:
- Wahrnehmung seiner Pflichten mit der größtmöglichen Sorgfalt;
- **Besorgung der Versendung,** diese umfasst die Organisation der Beförderung, d. h. Bestimmung des Beförderungsmittels und des Beförderungsweges, Auswahl der ausführenden Unternehmer, Abschluss der erforderlichen Fracht- und Lagerverträge, Versicherung, Verpackung sowie Kennzeichnung des Gutes, Zollbehandlung;
- Haftung (entsprechend der Haftung beim Frachtgeschäft, siehe Seite 208).

154 Wie erfolgt die Versicherung eines Gutes?

Der Spediteur besorgt auf Wunsch des Versenders die **Versicherung** des Gutes (z. B. Transport- oder Lagerversicherung), und zwar aufgrund einer schriftlichen Vereinbarung unter Angabe der Versicherungssumme und den zu deckenden Gefahren.

155 Unterscheiden Sie Frachtführer und Spediteur!

Der **Frachtführer** übernimmt die Beförderung von Gütern (siehe Seite 207 f.).

Der **Spediteur** vermittelt die Beförderung von Gütern und erledigt alle damit anfallenden Arbeiten (Besorgung der Versendung).

2.6 Versicherungen von Lager- und Transportrisiken

156 Nennen Sie Lagerrisiken!

Lagerrisiken sind Risiken, welche mit der Lagerung der Waren verbunden sind. Beispiele für Lagerrisiken sind mögliche Schäden durch:
- Verderb der Ware,
- Diebstahl der Ware,
- Hochwasser und Leitungswasser,
- Feuer.

157 Nennen Sie Transportrisiken!

Transportrisiken sind Risiken, welche mit dem Transport der Waren verbunden sind. Beispiele sind:
- Beschädigung, Verlust bzw. Verderb der Ware auf dem Transportweg;
- Beschädigung oder Verlust der Transportmittel während des Transports.

158 Welche Möglichkeiten der Risikoverminderung gibt es?

Um Lager- und Transportrisiken zu vermindern, unterscheidet man:
- Risikovorbeugung durch betriebliche Maßnahmen wie z.B. ständige Lagerkontrollen, Brandschutz (siehe Seite 193);
- Risikoabwälzung auf Versicherungen (bestimmte Risiken wie z.B. Streik, Aussperrung werden nicht versichert).

2.6.1 Versicherungsvertrag

159 Beschreiben Sie den Versicherungsvertrag!

Der **Versicherungsvertrag** wird abgeschlossen zwischen dem Versicherer (Versicherungsgesellschaft) und dem Versicherungsnehmer. Der Vertrag kommt zustande durch den Versicherungsantrag, welcher vom Versicherungsnehmer gestellt wird, und durch die Annahme dieses Antrags durch den Versicherer, wobei der Versicherer dem Versicherungsnehmer den Versicherungsschein übersendet.

Der Versicherungsvertrag verpflichtet
- den Versicherer die Gefahr zu tragen und im Schadenfall die Versicherungsleistung zu erbringen,
- den Versicherungsnehmer die Prämie zu zahlen und die Obliegenheiten des Versicherungsvertrages zu erfüllen.

160 Was ist der Versicherungsschein?

Der **Versicherungsschein (Versicherungspolice)** ist für den Versicherungsnehmer die Urkunde für den Abschluss des Versicherungsvertrages; der Versicherer ist verpflichtet diese Urkunde auszustellen. Er beinhaltet vor allem:
- Art der Versicherung (z.B. Feuerversicherung),
- Versicherungssumme,
- Versicherungsprämie,
- versicherte Gefahren und Schäden,
- Versicherungsbeginn und Versicherungsende,
- Kündigungsfristen.

161 | Unterscheiden Sie Unter- und Überversicherung!

Bei der **Unterversicherung** ist die Versicherungssumme niedriger als der Versicherungswert.

Beispiel:

Wert der versicherten Einrichtungsgegenstände	100 000,00 EUR
Versicherungssumme (lt. Vertrag)	70 000,00 EUR
entstandener Schaden	20 000,00 EUR
ersetzt werden 70 % des Schadens	14 000,00 EUR

Infolge der Unterversicherung werden 70 % der Schäden ersetzt, d. h. maximal 70 % von 100 000,00 EUR.

Bei der **Überversicherung** ist die Versicherungssumme höher als der Versicherungswert.

Beispiel:

Wert der versicherten Einrichtungsgegenstände	100 000,00 EUR
Versicherungssumme (lt. Vertrag)	120 000,00 EUR
entstandener Schaden	20 000,00 EUR
ersetzt werden 100 % des Schadens	20 000,00 EUR

Trotz der Überversicherung wird nur der tatsächlich entstandene Schaden ersetzt.

Bei der **Vollversicherung** entspricht die Versicherungssumme dem Versicherungswert; ersetzt wird der tatsächlich entstandene Schaden.

162 | Was ist Versicherung mit Selbstbehalt?

Bei der **Versicherung mit Selbstbehalt** (Selbstbeteiligung) muss der Versicherungsnehmer einen vertraglich vereinbarten Prozentsatz bzw. EUR-Betrag vom entstandenen Schaden selbst übernehmen.

2.6.2 Arten der Versicherung

163 | Nennen Sie die Arten der Versicherung (Überblick)!

Man unterscheidet grundsätzlich folgende Arten der Versicherung (Individualversicherung):

- **Personenversicherungen,** versichert werden Leben und Gesundheit von Personen (Beispiele sind: Lebensversicherung, Krankenversicherung, Unfallversicherung);
- **Vermögensversicherungen,** sie sollen verhindern, dass infolge eines Schadensfalles das Vermögen einer Unternehmung oder einer Person vermindert wird (Beispiele sind: Haftpflichtversicherungen wie Berufs-, Betriebs-, Gebäudehaftpflichtversicherung, Kraftfahrt-Haftpflichtversicherung);
- **Sachversicherungen.**

164 | Welche Arten der Sachversicherung gibt es?

Sachversicherungen ersetzen Sachschäden; die wichtigsten Arten sind:

- **Feuerversicherung,** ersetzt werden Schäden durch Brand, Blitzschlag, Kurzschluss sowie Folgeschäden (z. B. Löschschäden, Aufräumungskosten);

- **Leitungswasserversicherung,** ersetzt werden Schäden durch unerwarteten Austritt von Leitungswasser (Wasserrohrbruch) am Gebäude, an Einrichtungsgegenständen und an gelagerten Waren;
- **Einbruchdiebstahl- und Raubversicherung,** ersetzt werden die gestohlenen Sachen und die Folgeschäden des Einbruchs (z. B. Schäden an Türen, Fenstern und Einrichtungsgegenständen);
- **Lagerversicherung;**
- **Transportversicherung.**

165   Was ist Lagerversicherung?

Die **Lagerversicherung** (im weiteren Sinne) deckt Risiken bei der Lagerung von Waren im Rahmen der Feuerversicherung, Sturmversicherung, Leitungswasserversicherung sowie der Einbruchdiebstahl- und Raubversicherung ab.

166   Was ist Transportversicherung?

Die **Transportversicherung** versichert die Transportmittel, die beförderten Güter sowie die mit dem Transport einhergehenden Vor-, Zwischen- und Nachlagerungen gegen die mit dem Transport verbundenen Gefahren und Schäden. Typische Transportgefahren sind z. B. Brand, Explosion, Verkehrsunfall.

167   Unterscheiden Sie Einzel- und Generalpolice!

Im Rahmen der Transportversicherung unterscheidet man

- **Einzelpolice,** sie ist die Versicherung für einen einzelnen Transport;
- **Generalpolice,** sie ist eine laufende Versicherung für eine Vielzahl von Transporten, wobei insbesondere die Güter, die Transportmittel und der Transportweg festgelegt sind (der Versicherungsnehmer meldet dem Versicherer die Transporte entweder einzeln oder gesammelt für einen festgelegten Zeitraum).

2.7 Just-in-time-Belieferung

168   Was versteht man unter der Just-in-time-Belieferung?

Sowohl Industriebetriebe als auch Handelsbetriebe sind immer mehr bestrebt ihre Lagervorräte zu reduzieren, d. h., die benötigten Waren sollen dann geliefert werden, wenn sie gebraucht werden (für die Produktion bzw. für den Verkauf). Dieses Verfahren der Beschaffung bezeichnet man als Just-in-time.

Wenn die Kunden eines Großhandelsbetriebes das Just-in-time-Verfahren anwenden, muss sich der Großhandelsbetrieb diesem Verfahren anpassen und die gewünschten Waren genau zu dem Zeitpunkt liefern wie es der Kunde wünscht; man spricht von **Just-in-time-Belieferung.**

169 | Nennen Sie die Voraussetzungen der Just-in-time-Belieferung!

Wenn der Großhandelsbetrieb seine Kunden just-in-time beliefern will, benötigt er entweder ein entsprechend großes Lager oder er selbst wird von seinen Lieferanten just-in-time beliefert.

Voraussetzungen der Just-in-time-Belieferung sind:

- moderne Bürokommunikation, d.h., Großhandelsbetrieb und Kunde müssen die erforderlichen Informationen schnell und reibungslos untereinander austauschen (siehe Kommunikationsnetze, Seite 376ff. und Anwendung der Kommunikation, Seite 379f.);
- DV-gestützte Auftragsbearbeitung und Lagerorganisation, d.h., Beschaffungslogistik, Lagerlogistik und Absatzlogistik (siehe Seite 205) müssen in einem computergestützten Warenwirtschaftssystem integriert sein (siehe Seite 183ff.);
- flexible Transportsysteme, d.h. Aufbau einer optimalen werkseigenen Güterbeförderung (siehe Seite 206) und Kooperation mit Spediteuren und Frachtführern.

170 | Nennen Sie Vor- und Nachteile der Just-in-time-Belieferung!

Vorteile für den Kunden sind:
- Einsparung von Lagerkosten (Vorratshaltung entfällt),
- Verminderung der Kapitalbindung.

Nachteile für den Kunden sind:
- hoher Planungs- und Dispositionsaufwand,
- Gefahr der Lieferungsverzögerung (z.B. bei Streik, Glatteis),
- hohe Abhängigkeit vom Großhändler.

Vorteile für den Großhandelsbetrieb sind:
- Aufbau einer dauerhaften Geschäftsbeziehung zum Kunden bei zuverlässiger Vertragserfüllung,
- Sicherung der Auftragslage.

Nachteile für den Großhandelsbetrieb sind:
- Abhängigkeit vom Großkunden,
- Risiko des Lieferungsverzugs (u.U. muss eine Vertragsstrafe gezahlt werden),
- Einrichtung von zusätzlichen Lagern in der Nähe von Großabnehmern (es entstehen zusätzliche Lagerkosten).

Gesamtwirtschaftliche Auswirkungen sind ein verstärkter Lkw-Verkehr („rollende Lager") und damit eine zunehmende Umweltbelastung.

2.8 Rechtsschutz der Erzeugnisse

171 | Welchen Rechtsschutz gibt es für Erzeugnisse?

Erzeugnisse sind gesetzlich geschützt durch
1. Patentschutz,
    - Patent,
    - Lizenz;

2. Musterschutz,
   ● Gebrauchsmuster,
   ● Geschmacksmuster;

3. Markenschutz,
   ● Marken,
   ● Kollektivmarken,
   ● geschäftliche Bezeichnungen,
   ● geografische Herkunftsangaben.

172 Unterscheiden Sie Patent und Lizenz!

Das **Patent**

● schützt neue Erfindungen (z. B. Gegenstände, Herstellungs-verfahren) vor Nachahmung,

● wird beim Deutschen Patent- und Markenamt in München kostenpflichtig in ein besonderes Register eingetragen,

● gilt für höchstens 20 Jahre (die Erfindung kann danach von jedem genutzt werden).

Die **Lizenz** beinhaltet das Recht, ein fremdes Recht wie z. B. eine Erfindung gegen Zahlung von Lizenzgebühren zu ver-werten.

173 Unterscheiden Sie Gebrauchs- und Geschmacksmuster!

Das **Gebrauchsmuster**

● schützt technische Erfindungen (keine Verfahren), die man auch patentieren lassen könnte (z. B. Bedienungselemente an einem Fernsehgerät),

● wird beim Patent- und Markenamt kostenpflichtig in das Register für Gebrauchsmuster eingetragen,

● gilt im Gegensatz zum Patent für 10 Jahre.

Das **Geschmacksmuster**

● schützt ein Muster, das neu ist und Eigenart hat (z. B. Tapete, Geschirr),

● wird beim Patent- und Markenamt kostenpflichtig in das Register für Geschmacksmuster eingetragen,

● gilt für 25 Jahre.

174 Beschreiben Sie den Markenschutz!

Nach dem Gesetz über den Schutz von Marken (**Markenge-setz**) entsteht der **Markenschutz** durch die Eintragung beim Patent- und Markenamt; er besteht 10 Jahre (eine Verlänge-rung um jeweils 10 Jahre ist möglich). Unterschieden werden:

1. **Marke,**

   ● geschützt werden können alle Zeichen, z. B. Wörter, Ab-bildungen, Form der Ware, die geeignet sind Waren eines Unternehmens von denen anderer Unternehmen zu unterscheiden;

219

2. **Kollektivmarke,**[1]
   - geschützt werden können alle Zeichen wie bei der Marke, die geeignet sind die Waren der Mitglieder des Inhabers der Kollektivmarke von denen anderer Unternehmen zu unterscheiden (Verbandszeichen);

3. **geschäftliche Bezeichnung,**
   - Unternehmenskennzeichen sind Zeichen, die der Unterscheidung des Geschäftsbetriebes von anderen Geschäftsbetrieben dienen,
   - Werktitel sind Namen oder besondere Bezeichnungen von Druckschriften, Film- und Bühnenwerken;

4. **Geografische Herkunftsangaben,**
   - sind Namen von Orten, Gegenden oder Ländern oder sonstige Zeichen, die zur Kennzeichnung der geografischen Herkunft von Waren benutzt werden.

---

175 Was sind Gütezeichen?

Gütezeichen

- sind geschützte Zeichen, die eine bestimmte Qualität für gleichartige Erzeugnisse garantieren (z.B. reine Schurwolle),
- sind geschützte Zeichen, die bestimmte Umwelteigenschaften des Erzeugnisses garantieren (z.B. blauer Umweltengel, Euro-Blume),
- werden von Verbänden bzw. einer Gruppe von Herstellern geschaffen.

2.9 Warenwirtschaftssystem bei der Güterlagerung und beim Gütertransport

176 Welche Einsatzmöglichkeiten bietet ein Warenwirtschaftssystem in der Lagerverwaltung?

Durch ein **computergestütztes Warenwirtschaftssystem (WWS)** wird die Lagerverwaltung eines Großhandelsbetriebes wesentlich erleichtert. Der Einsatz des Warenwirtschaftssystems umfasst z.B. die Bereiche

- Lagerbestandsführung,
- Lagerplatzverwaltung,
- Lieferscheinerstellung.

Ein optimaler Einsatz des Warenwirtschaftssystems setzt voraus, dass alle anfallenden Daten vollständig und ohne Zeitverlust (Echtzeitverarbeitung) erfasst werden. Dadurch wird sichergestellt, dass alle vor- und nachgelagerten Stellen stets über die aktuellen Daten verfügen können.

---

1 Im Gegensatz dazu gibt es die Gemeinschaftsmarke, die für alle Mitgliedstaaten der EU eingetragen werden kann.

177 Erklären Sie die Lagerbestandsführung im Rahmen eines Warenwirtschaftssystems!

Die **Lagerbestandsführung** stellt Informationen bereit für unternehmerische Entscheidungen (insbesondere für den Einkauf und den Verkauf) sowie für die Bewertung der Warenvorräte (z. B. mit Einstandspreisen) und die Durchführung der Inventur.

Die Lagerbestandsführung

- stellt für jede Ware (artikelgenau) den mengen- und wertmäßigen Bestand zur Verfügung;
- ermöglicht die ständige Überprüfung der Verfügbarkeit der einzelnen Waren;
- erfasst alle Warenbewegungen (z. B. Warenzugang, Warenabgang, Rücksendung);
- erstellt Inventurhilfen (z. B. Inventurbelege, Inventuraufnahmelisten, Listen mit Inventurdifferenzen).

178 Erklären Sie die Lagerplatzverwaltung im Rahmen eines Warenwirtschaftssystems!

Die **Lagerplatzverwaltung** verwaltet die Lagerplätze, die Lagereinheiten (z. B. Einzelstück, Behälter) und die Lagerarten (z. B. Festplatzlager, Hochregallager).

Die Lagerplatzverwaltung

- erfasst alle Lagerbewegungen (Einlagerung, Auslagerung, Umlagerung);
- gibt jederzeit an, wie das Lager belegt und wie es ausgelastet ist;
- legt die Lagerplätze für die Waren fest, wobei der optimale Lagerplatz ermittelt wird;
- steuert automatisch die Einlagerung der Waren am optimalen Lagerplatz;
- steuert automatisch die Auslagerung der Waren (z. B. anhand von Bestellungen);
- überwacht besondere Eigenschaften der Waren (z. B. Herstelldatum, Mindesthaltbarkeit bei Lebensmitteln).

179 Erklären Sie die Lieferscheinerstellung im Rahmen eines Warenwirtschaftssystems!

Bei der **Lieferscheinerstellung**

- werden alle vorliegenden Bestellungen ständig daraufhin überprüft, ob sie abgewickelt werden müssen (Terminverfolgung);
- werden die Lieferscheine automatisch aufgrund der Auftragsdaten (z. B. Auftragsnummer, Kundennummer, bestellte Waren, Liefermengen) erstellt;
- ist der Lieferschein Grundlage für die Kommissionierung (siehe Seite 194).

180 Welche Einsatzmöglichkeiten bietet ein Warenwirtschaftssystem beim Gütertransport?

Durch ein computergestütztes Warenwirtschaftssystem (WWS) wird der **Gütertransport** eines Großhandelsbetriebes wesentlich erleichtert. Der Einsatz des Warenwirtschaftssystems umfasst z. B. die Bereiche
- Auswahl der Transportmittel,
- Güterzusammenstellung für Touren,
- Erstellung der Transportpapiere.

181 Wie erfolgt die Auswahl der Transportmittel im Rahmen eines Warenwirtschaftssystems?

Bei der Auswahl der **Transportmittel**
- werden die zur Verfügung stehenden Versandhilfsmittel (z. B. Paletten, Behälter) verwaltet;
- werden in Abhängigkeit von der Art der Waren, dem Umfang der Lieferung, der Dringlichkeit der Lieferung, den Wünschen des Kunden, dem Geschäftssitz des Kunden die Versandhilfsmittel festgelegt und Vorschläge für die Transportmittel unterbreitet (siehe Seite 208).

182 Wie erfolgt die Güterzusammenstellung für Touren im Rahmen eines Warenwirtschaftssystems?

Bei der **Tourenplanung** (siehe Seite 206 f.)
- werden alle Lieferungen, welche zu einer bestimmten Route gehören und an einem bestimmten Tag ausgeliefert werden sollen, in einem Plan zusammengestellt;
- werden vor allem der Geschäftssitz des Kunden sowie die Art der Waren, der Umfang der Lieferung usw. berücksichtigt;
- werden Transportmittel, Transportweg und Transportzeiten festgelegt;
- wird die optimale Beladung der Transportmittel bestimmt (Ladeliste).

183 Wie erfolgt die Erstellung der Transportpapiere im Rahmen eines Warenwirtschaftssystems?

Das Warenwirtschaftssystem kann erstellen:
- **Transportpapiere** wie z. B. Frachtbrief, Paketschein, Luftfrachtbrief (sie werden entweder automatisch erstellt oder es werden die erforderlichen Informationen zum Ausfüllen der Formulare geliefert);
- Hilfspapiere wie z. B. Adressaufkleber, Aufkleber mit Hinweisen (z. B. Vorsicht Glas).

3 Arbeitsabläufe im Absatz- und Beschaffungsbereich

3.1 Arbeitsabläufe im Absatzbereich

184 Nennen Sie Arbeitsabläufe im Absatzbereich!

Wichtige **Arbeitsabläufe im Absatzbereich** sind:

1. Auftragsannahme, Auftragserfassung und Auftragsbearbeitung;
2. Abschluss des Kaufvertrags;
3. Überwachung der Liefertermine;
4. Bearbeitung von Fällen, welche durch eigene Fehler verursacht werden (Kundenreklamationen),
   - Lieferung mangelhafter Ware (siehe Seite 63 f.),
   - Lieferungsverzug (siehe Seite 65 f.),
   - Gewährleistung, Garantie und Kulanz (siehe Seite 226);
5. Bearbeitung von Fällen, welche durch ein Fehlverhalten von Kunden verursacht werden,
   - Zahlungsverzug (siehe Seite 67),
   - Annahmeverzug (siehe Seite 66 f.),
   - Durchführung des Mahn- und Klageverfahrens (siehe Seite 72 f. und Seite 74 f.);
   - Beachtung der Verjährungsfristen (siehe Seite 77).

185 Wie erfolgt die Auftragsannahme?

Der Großhandelsbetrieb kann von seinen Kunden die Aufträge z.B. in folgender Form erhalten: als Brief, per Telefax, telefonisch. Die **Auftragsannahme** kann sich in folgenden Schritten vollziehen, d.h., es wird geprüft,

- ob der Kunde überhaupt beliefert werden soll (Gründe für eine Nichtbelieferung sind z.B. schlechte Zahlungsmoral des Kunden, Kleinstauftrag),
- ob die bestellten Waren vorrätig sind bzw. rechtzeitig besorgt werden können;
- ob der Kundenauftrag mit den Angebotsbedingungen übereinstimmt (z.B. Preise, Mindestabnahmemengen, Lieferfristen).

Soll der Auftrag angenommen werden, erhält der Kunde i.d.R. eine Auftragsbestätigung (siehe Seite 56), wobei die Annahmefristen zu beachten sind (siehe Seite 55).

186 Wie erfolgt die Auftragserfassung?

Hat sich der Großhandelsbetrieb entschlossen, einen Kundenauftrag anzunehmen, wird der Auftrag wie folgt erfasst:

- Aufnahme der Kundendaten bei Neukunden bzw. Abgleichen der Kundendaten bei Altkunden (erfolgt in der Kundendatei),
- Vergabe einer Auftragsnummer,
- Erfassung der Auftragsdaten (z.B. Ware, Artikelnummer, Menge, Preis, Lieferzeitpunkt).

187 Wie erfolgt die Auftragsbearbeitung?

Damit ein Auftrag ordnungsgemäß abgewickelt werden kann, muss im Rahmen der **Auftragsbearbeitung** Folgendes beachtet werden:

- Weitergabe der Auftragsdaten an das Lager (setzt das Unternehmen kein computergestütztes Warenwirtschaftssystem ein, werden die Auftragsdaten i.d.R. mit Hilfe des Lieferscheins weitergegeben),
- Kommissionierung (siehe Seite 194),
- Verpackung der Waren,
- Erstellung des Lieferscheins und der Versandpapiere (z.B. Paketschein, Frachtbrief, Zollpapiere),
- Versand der Waren (bzw. Bereitstellung der Waren für Selbstabholer),
- Erstellung der Ausgangsrechnung (Fakturierung) anhand des Lieferscheins,
- Versand der Rechnung (bzw. direkte Übergabe der Rechnung an Selbstabholer),
- Erfassung der Daten des ausgeführten Auftrages in der Debitorenbuchhaltung und in der Lagerdatei,
- Überwachung des Zahlungseingangs.

188 Welche Bedeutung hat die Verpackung von Waren im Absatzbereich?

Unter **Verpackung** versteht man die Umhüllung einer Ware; sie erfüllt vor allem folgende Aufgaben:

- Schutzfunktion, die Verpackung schützt vor Umwelteinwirkungen (z.B. Schmutz, Feuchtigkeit), Beschädigungen;
- Lagerfunktion, die Verpackung erlaubt Platz sparendes Lagern (z.B. durch Stapeln der Ware);
- Transportfunktion, die Verpackung ermöglicht einen optimalen Transport (z.B. be- und entladefreundliche Verpackungseinheiten);
- Informationsfunktion im Rahmen des Marketing, die Verpackung verfolgt marketingpolitische Ziele (z.B. Werbeaufschrift);
- Informationsfunktion im Rahmen gesetzlicher Vorschriften, die Verpackung enthält gesetzlich vorgeschriebene Mindestinformationen für den Verbraucher (z.B. über die Packungsmenge, das Mindesthaltbarkeitsdatum, den Anteil gesundheitsgefährdender Stoffe wie Konservierungsstoffe).

189 Welche Arten der Verpackung gibt es?

Man unterscheidet entsprechend der Verpackungsverordnung folgende Verpackungsarten (siehe Seite 181):

- **Verkaufsverpackung,** sie ist die eigentliche Verpackung der Ware und sie erfolgt i.d.R. durch den Hersteller oder z.B. im Rahmen der Veredelung durch den Großhandelsbetrieb (Beispiele sind: Zahnpastatube, Kaffeetüte); sie erfüllt neben der Schutzfunktion auch die Informationsfunktion;
- **Umverpackung,** sie ist eine zusätzliche Verpackung um die Verkaufspackung, sie soll die Abgabe von Waren im Wege der Selbstbedienung ermöglichen, den Diebstahl erschweren bzw. der Werbung dienen (Beispiele sind: Karton um die Zahn-

224

pastatube, 12 Dosen in einem Karton), sie erfüllt neben der Lagerfunktion und der Transportfunktion auch die Informationsfunktion;

- **Transportverpackung,** sie ist eine weitere Verpackung um die Verkaufsverpackung bzw. um die Umverpackung; sie dient dazu, Waren auf dem Transportweg vor Schäden zu bewahren bzw. die Sicherheit des Transports zu gewährleisten (Beispiele sind: Kisten, Kartonagen, Kanister, Collicos); sie erfüllt die Transportfunktion und die Schutzfunktion;
- **Getränkeverpackung,** sie sind geschlossene Behältnisse (z.B. Beutel, Dosen, Flaschen);
- **Mehrwegverpackung,** sie sind Behältnisse, die nach Gebrauch erneut einer Verwendung zum gleichen Zweck zugeführt werden (z.B. Mehrwegflaschen).

---

190 Nennen Sie die Bestandteile des Lieferscheins!

Der **Lieferschein** ist ein Begleitpapier der Warensendung; er enthält
- Angaben über die Ware, wie z.B. Artikelbezeichnung, Artikel- bzw. Bestellnummer, Menge;
- Anschriften von Absender und Empfänger;
- Lieferdatum;
- Empfangsbestätigung, d.h., der Empfänger bestätigt die Annahme der Ware.

---

191 Nennen Sie die Bestandteile der Rechnung!

Die **Rechnung** ist ein Dokument, mit dem eine Lieferung oder sonstige Leistung abgerechnet wird; sie muss (lt. Umsatzsteuergesetz) enthalten:
- leistender Unternehmer und Leistungsempfänger;
- Steuernummer bzw. Umsatzsteuer-Identifikationsnummer;
- Ausstellungsdatum, Rechnungsnummer, Zeitpunkt der Lieferung, Menge und Art der Lieferung bzw. Leistung, detaillierte Auflistung aller Beträge, Steuersätze, vereinbarte Preisnachlässe.

---

192 Was ist beim Abschluss des Kaufvertrags zu beachten?

Beim Verkauf von Waren muss der Großhandelsbetrieb mit seinem Kunden einen **Kaufvertrag** abschließen, welcher durch Antrag (z.B. Angebot, Bestellung, Auftrag) und Annahme (z.B. Bestellung, Auftragsbestätigung) zustande kommt.
Zu beachten sind vor allem die Vorschriften für:
- Rechtsgeschäfte (siehe Seite 51 ff.),
- Kaufverträge (siehe Seite 54 ff.).

---

193 Was ist bei der Überwachung der Liefertermine zu beachten?

Der Großhandelsbetrieb muss seine **Liefertermine** streng überwachen, da die Einhaltung der zugesagten Liefertermine ein wichtiges Qualitätsmerkmal für den Kunden darstellt.
Die Überwachung der Liefertermine kann z.B. erfolgen mit Hilfe
- von Terminkalendern, Terminkarteien, Terminordnern, Terminplanern;
- eines computergestützten Warenwirtschaftssystems (siehe Seite 183 f.).

15 Groh/Schröer – ISBN 3-8120-0422-4

194 Wie werden Kundenreklamationen
behandelt?

Kundenreklamationen werden behandelt

● entsprechend den gesetzlichen Vorschriften über die
  Gewährleistungsansprüche, wobei vom Kunden die vor-
  geschriebenen Fristen eingehalten werden müssen (siehe
  Seite 63 f.),

● auf freiwilliger Basis als Garantie oder Kulanz,

● bei der Rücknahme von Waren (Erzeugnissen) über den
  Warenrücknahmeschein, bei mangelhafter Lieferung über
  die **Gutschrift.**

195 Unterscheiden Sie
Gewährleistung, Garantie
und Kulanz!

Von **Gewährleistung** spricht man, wenn der Verkäufer dem
Käufer dafür haftet, dass die verkaufte Sache nicht mit Fehlern
behaftet ist. Die Gewährleistungsansprüche sind im BGB geregelt (z. B. Sachmängelhaftung bei der Lieferung mangelhafter
Ware, siehe Seite 63 f.).

Garantie ist die freiwillig vom Verkäufer übernommene (vertragliche) Verpflichtung, alle innerhalb der Garantiefrist auftretenden Mängel (ganz oder teilweise) unentgeltlich zu
beseitigen. Die Garantiefrist geht oft über die gesetzliche
Gewährleistungsfrist von zwei Jahren hinaus; dies gilt für die
Werksgarantie (wird vom Hersteller gewährt) und für die Händ-
lergarantie (wird vom Absatzmittler gewährt).

Kulanz ist ein Entgegenkommen des Verkäufers, das weder
gesetzlich noch vertraglich geregelt ist. Der Verkäufer beseitigt
über die Gewährleistungs- und Garantiepflicht hinaus aufge-
tretene Mängel ganz oder teilweise auf eigene Kosten.

3.2 Arbeitsabläufe im Beschaffungsbereich

196 Nennen Sie Arbeitsabläufe im Beschaffungs-
bereich!

Wichtige Arbeitsabläufe im **Beschaffungsbereich** sind im Hinblick auf:

1. Bedarfsermittlung,
   ● Sammeln von Informationen;
2. Beschaffungsplanung,
   ● Bedarfsanalyse,
   ● Mengen-, Preis-, Zeit- und Sortimentsplanung,
   ● Limitplanung und Limitkontrolle,
   ● Beschaffungsmarktforschung;
3. Vorbereitung des Kaufvertrages,
   ● Anfrage,
   ● Angebotsvergleich;
4. Abschluss des Kaufvertrages,
   ● Durchführung der Bestellung;

5. Abwicklung des Kaufvertrages,
   - Terminüberwachung,
   - Erfassung des Wareneingangs,
   - Rechnungsprüfung,
   - Behandlung von Störungen des Kaufvertrages;
6. Entwicklung eines Beschaffungskonzeptes,
   - Beeinflussung der Produkt- und Verpackungsgestaltung der Lieferer,
   - Einbindung der Beschaffung in das computergestützte Warenwirtschaftssystem.

3.2.1 Bedarfsermittlung

197 | Nennen Sie Informationsquellen für die Bedarfsermittlung!

Grundlage für die Beschaffung von Waren im Großhandelsbetrieb ist der **Bedarf;** darunter versteht man Art und Menge der Waren, welche der Großhandelsbetrieb in einem bestimmten Zeitraum benötigt um seine Kunden zu beliefern.

Um seinen zukünftigen Bedarf zu ermitteln **(Bedarfsermittlung)** hat der Großhandelsbetrieb folgende Informationsquellen:

1. interne Informationen (stammen aus dem Betrieb selbst),
   - bereits vorliegende Aufträge,
   - Umsatzstatistiken vergangener Perioden (z. B. gegliedert nach Waren, Absatzgebieten, Abnehmern),
   - Berichte von Verkäufern, Reisenden, Handelsvertretern, Kommissionären und Handelsmaklern;
2. externe Informationen (stammen aus dem Umfeld des Betriebes),
   - Markt- und Börsenberichte (z. B. Entwicklung der konjunkturellen Lage, der Kaufkraft),
   - Berichte in Fachzeitschriften und Verbandsmitteilungen (z. B. über Modetrends, technische Neuerungen).

Die Bedarfsermittlung ist Teil der Absatzmarktforschung (siehe Seite 240).

3.2.2 Beschaffungsplanung[1]

198 | Was ist Bedarfsanalyse?

Die **Bedarfsanalyse** untersucht den Bedarf des Großhandelsbetriebs, wobei folgende Methoden eingesetzt werden können:

- ABC-Analyse,
- Ermittlung der Bedarfsmenge,
- Ermittlung des Bedarfszeitpunktes.

---

1 Alle unternehmerischen Entscheidungen im Rahmen der Beschaffungsplanung werden auch unter dem Begriff Beschaffungsmarketing zusammengefasst.

199 Was versteht man unter ABC-Analyse?

Die **ABC-Analyse** ist ein Hilfsmittel um festzustellen, welchen Waren bei der Beschaffung und bei der Lagerung besondere Aufmerksamkeit zu widmen ist.

Bei der Anwendung der ABC-Analyse geht der Großhandelsbetrieb davon aus, dass er den größten Teil seines Umsatzes mit relativ wenig Warenarten erzielt. Dabei werden die Waren in die drei Gruppen A, B und C eingeteilt. Dabei stellen A-Güter Waren mit hohem Wertanteil, jedoch niedrigem Mengenanteil, C-Güter Waren mit niedrigem Wertanteil und hohem Mengenanteil dar; B-Güter liegen dazwischen.

Bei der Beschaffung der A-Güter ist besonders auf günstige Einstandspreise sowie Liefer- und Zahlungsbedingungen zu achten.

Ein mögliches Schema für die ABC-Analyse kann sein:

Warenart	Wertanteil in %	Mengenanteil in %
A-Güter	etwa 80 %	etwa 10 %
B-Güter	etwa 15 %	etwa 20 %
C-Güter	etwa 5 %	etwa 70 %

Zur ABC-Analyse siehe auch Seite 572.

200 Wie wird die Bedarfsmenge ermittelt?

Um die **Bedarfsmenge** zu bestimmen, stehen dem Großhandelsbetrieb grundsätzlich die internen und externen Informationsquellen wie bei der Bedarfsermittlung zur Verfügung.

201 Wie wird der Bedarfszeitpunkt ermittelt?

Bevor der Großhandelsbetrieb die eigentliche Beschaffung der benötigten Waren planen kann, muss er den Zeitpunkt ermitteln, zu dem der Bedarf entsteht.

Der **Bedarfszeitpunkt** wird z. B. beeinflusst durch

● die Art der Nachfrage (z. B. Saisonartikel),
● Werbeaktionen (z. B. von Herstellern und Einzelhändlern),
● Einkommenssituation der privaten Haushalte (z. B. verstärkte Käufe zu Monatsbeginn).

202 Was versteht man unter Mengenplanung?

Im Rahmen der **Mengenplanung** wird festgelegt, wie viele Einheiten von jeder Ware beschafft werden sollen. Zu berücksichtigen sind außer den erwarteten Absatzzahlen die vorhandenen Lagerbestände (unter Berücksichtigung der eisernen Bestände) sowie die Menge der bereits bestellten Waren (Auftragsrückstand).

Im Mittelpunkt der Mengenplanung steht die optimale Beschaffungsmenge.

203 | Was ist die optimale Beschaffungsmenge?

Der Ermittlung der **optimalen Beschaffungsmenge (Bestellmenge)** liegen folgende Überlegungen zugrunde:

1. Große Beschaffungsmengen
   - bieten Preisvorteile durch hohe Nachlässe,
   - machen den Betrieb von Schwankungen des Beschaffungsmarktes unabhängiger,
   - führen aber zu hohen Lager- und Kapitalkosten (infolge der hohen Lagerbestände),
   - bergen die Gefahr des Absatzrisikos (Ladenhüter).

2. Kleine Beschaffungsmengen
   - verursachen geringe Kapital- und Lagerkosten,
   - bieten eine hohe Flexibilität und Anpassungsmöglichkeit an den Markt,
   - vermindern das Risiko der technischen Veralterung der Lagerbestände,
   - erhöhen aber die Transport- und Bestellkosten,
   - ermöglichen keine großen Preisvorteile,
   - führen bei Beschaffungsproblemen sofort zu Engpässen.

3. Die **optimale Beschaffungsmenge**
   - liegt zwischen der großen und kleinen Beschaffungsmenge,
   - versucht deren Vor- und Nachteile gegenseitig auszugleichen,
   - ist die Menge, bei der die Summe der Bestell- und Lagerkosten (Beschaffungskosten) möglichst klein ist.

Beispiel:

Ein Großhandelsbetrieb benötigt in der kommenden Periode 100 Stück einer bestimmten Ware. Die Bestellkosten pro Bestellung betragen 70,00 EUR (unabhängig von der Bestellmenge); die Lagerkosten betragen 22,40 EUR pro Stück.

Ermitteln Sie für die Periode die optimale Beschaffungsmenge und die entsprechende Bestellhäufigkeit. Die Lagerkosten werden vom durchschnittlichen Lagerbestand (Bestellmenge : 2) berechnet.

Lösung:

Tabellarische Darstellung

Anzahl der Bestellungen	Bestellmenge in Stück	Bestellkosten in EUR	Lagerkosten in EUR	Beschaffungskosten in EUR
1	100	70,00	1 120,00	1 190,00
2	50	140,00	560,00	700,00
3	34	210,00	381,00	591,00
4	25	280,00	280,00	560,00
5	20	350,00	224,00	574,00
6	17	420,00	190,00	610,00
7	15	490,00	168,00	658,00
8	13	560,00	146,00	706,00
9	12	630,00	134,00	764,00
10	10	700,00	112,00	812,00

Grafische Darstellung

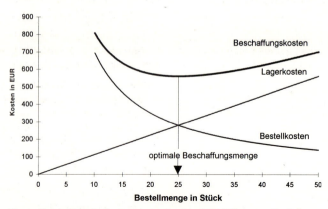

Die optimale Beschaffungsmenge liegt bei 25 Stück pro Bestellung, wobei viermal pro Periode bestellt werden muss.

204	Was versteht man unter Preisplanung?	Im Rahmen der **Preisplanung** wird festgelegt, zu welchen Preisen die Waren beschafft werden sollen, d.h., die höchstmöglichen Beschaffungspreise werden ermittelt. Ausgehend vom eigenen Verkaufspreis wird berechnet, wie hoch der Bezugspreis für eine Ware sein darf (zur Rückwärtskalkulation siehe Seite 543).
		In Abhängigkeit von der eigenen Marktposition sowie der Konkurrenzsituation berücksichtigt die Preisplanung auch, inwieweit der Großhandelsbetrieb die Lieferungs- und Zahlungsbedingungen (z.B. Rabatt, Skonto) seiner Lieferanten beeinflussen kann.
		Die Preisplanung ist Teil der Limitrechnung.
205	Was versteht man unter Zeitplanung?	Die **Zeitplanung** soll sicherstellen, dass die Waren zum optimalen Zeitpunkt beschafft werden, d.h., die Waren
		● dürfen nicht zu früh beschafft werden (es entstehen überflüssige Lagerkosten),
		● dürfen nicht zu spät beschafft werden (es entstehen Fehlmengenkosten z.B. durch entgangenen Gewinn, Zahlung von Konventionalstrafen, Imageverlust).
		Im Rahmen der Zeitplanung unterscheidet man Bestellpunktverfahren und Bestellrhythmusverfahren.
206	Unterscheiden Sie Bestellpunkt- und Bestellrhythmusverfahren!	Der Bestellzeitpunkt kann bestimmt werden durch das
		● **Bestellpunktverfahren,** die Bestellung einer Ware erfolgt bei Erreichen des Meldebestandes (Bestellpunkt, siehe Seite 198),
		● **Bestellrhythmusverfahren,** die Bestelltermine wiederholen sich in einem bestimmten periodischen Rhythmus (z.B. bei Waren mit annähernd gleichem Absatz).

207 | Was versteht man unter Sortimentsplanung?

Im Rahmen der **Sortimentsplanung** wird festgelegt, welche Waren beschafft werden sollen; Grundlage ist die Sortimentspolitik des Großhandelsbetriebs (siehe Seite 242 ff.).

208 | Was versteht man unter Limitplanung?

Im Rahmen der **Limitplanung** werden bestimmte Höchstgrenzen (Limits) für den Beschaffungsbereich festgelegt.

Daten für die **Limitrechnung** (im Rahmen der Limitplanung) sind die geplanten Umsätze, die sich daraus ergebenden Soll-Lagerbestände sowie die entsprechenden Einstandspreise. Die Limitrechnung kann sowohl wertmäßig (z.B. 100 000,00 EUR im Monat Dezember für die Warengruppe A) als auch mengenmäßig (z.B. 20 000 Flaschen Rotwein im 4. Quartal) durchgeführt werden.

Man kann folgende Limits unterscheiden:

1. nach der Verfügbarkeit,
   - Bruttolimit, entspricht dem Soll-Lagerbestand bewertet mit Einstandspreisen;
   - Nettolimit, entspricht dem Bruttolimit abzüglich dem vorhandenen Lagerbestand;
   - verfügbares (frei gegebenes) Limit, entspricht dem Nettolimit abzüglich der Limitreserve; die Limitreserve wird entweder aus Sicherheitsgründen oder für Nachbestellungen festgesetzt;
2. nach dem geplanten Zeitraum,
   - Wochen- bzw. Monatslimit;
   - Quartals- bzw. Jahreslimit;
3. nach dem betroffenen Objekt,
   - Waren-Limit;
   - Warengruppen-Limit;
   - Abteilungs-Limit;
   - Filial-Limit.

209 | Was ist Limitkontrolle?

Die **Limitkontrolle** soll

- sicherstellen, dass die vorgegebenen Limits eingehalten werden;
- bei Änderungen im Beschaffungs- bzw. Absatzbereich die Limits anpassen (z.B. müssen bei Nachfragesteigerungen die Limits erhöht werden);
- das Restlimit berechnen, es entspricht dem Nettolimit abzüglich den bereits getätigten Wareneinkäufen (Orders).

210 | Was ist Beschaffungs- marktforschung?

Die **Beschaffungsmarktforschung** ist Teil der Marktforschung (siehe Seite 240 f.) und dient der systematischen Sammlung und Aufbereitung von Informationen über aktuelle und potenzielle Beschaffungsmärkte.

231

Man unterscheidet

- **Marktanalyse,** untersucht werden einmalig die Gegebenheiten der Beschaffungsmärkte;
- **Marktbeobachtung,** untersucht werden ständig die Entwicklungen auf den Beschaffungsmärkten.

Die Informationen der Beschaffungsmarktforschung müssen ständig aktualisiert werden (Datenpflege), damit sie eine sichere Grundlage für die Beschaffungsentscheidungen bieten.

211 Was untersucht die Beschaffungsmarktforschung?

Die **Beschaffungsmarktforschung** ist Entscheidungsgrundlage für die Auswahl der Lieferanten (Ermittlung der Bezugsquellen). Untersuchungsgegenstände sind z.B.:

1. die zu beschaffende Ware,
   - Warenqualität (z.B. technische Standards, Umweltverträglichkeit),
   - Wareninnovationen (Angebot von neuen Waren);
2. die Angebotsstruktur auf den Beschaffungsmärkten,
   - Angebotsvolumen (z.B. Angebotsmenge insgesamt),
   - geografische Verteilung der Anbieter,
   - Konkurrenzsituation bei den Anbietern;
3. die Leistungsfähigkeit der Lieferanten,
   - Einstandspreise, Lieferungs- und Zahlungsbedingungen,
   - Qualität der Waren,
   - Garantie- und Kulanzleistungen (z.B. Verhalten bei Reklamationen),
   - Zusatzleistungen (z.B. Wartungs- und Reparaturarbeiten, Versorgung mit Ersatzteilen, Finanzierungsangebote),
   - betriebliche Situation (z.B. Umsatz, Gewinn, Liquidität, Produktionsverfahren, Forschung und Entwicklung),
   - Zuverlässigkeit (z.B. Termintreue, Liefergenauigkeit),
   - Kooperationsbereitschaft (z.B. Berücksichtigung von Kundenwünschen im Rahmen der Produktion),
   - Flexibilität (z.B. bei einer Änderung der Bestellmenge),
   - Qualifikation der Mitarbeiter,
   - Innovationsfähigkeit und Innovationsbereitschaft.

212 Welche Bezugsquellen gibt es?

Bei der **Bezugsquellenermittlung** (im Rahmen der Beschaffungsmarktforschung) unterscheidet man:

1. interne Bezugsquellenverzeichnisse wie z.B.
   - Liefererkartei bzw. -datei,
   - Artikelkartei bzw. -datei;

2. externe Bezugsquellenverzeichnisse wie z. B.

   ● „Wer liefert was?",
   ● „ABC der Deutschen Wirtschaft",
   ● „Gelbe Seiten" der Deutschen Telekom,
   ● Branchenverzeichnisse;

3. externe Informationsmöglichkeiten für Bezugsquellen wie z. B.

   ● Ausstellungen und Messen,
   ● Fachzeitschriften, Kataloge, Prospekte;

4. externe Informationsstellen für Bezugsquellenverzeichnisse wie z. B.

   ● Industrie- und Handelskammer,
   ● Wirtschaftsverbände.

3.2.3 Vorbereitung des Kaufvertrages

213 | Nennen Sie Kriterien für Angebotsvergleiche!

Der **Angebotsvergleich** bezieht sich zunächst auf die im Angebot enthaltenen Angaben (siehe Seite 57) wie Preise, Lieferungs- und Zahlungsbedingungen, Erfüllungsort, Bindung an das Angebot.

Weitere Beurteilungskriterien sind:

● Zuverlässigkeit des Lieferers,
● gleich bleibende Qualität der Waren,
● Kundendienst und Garantieleistungen,
● Abwicklung von Reklamationen,
● Streuung des Beschaffungsrisikos.

Nach Auswahl der geeigneten Lieferer erfolgt die endgültige Entscheidung über die Bezugsquelle durch eine vergleichende Bezugskalkulation (siehe Seite 541 f. und 565 ff.).

3.2.4 Abschluss des Kaufvertrages

214 | Was ist beim Abschluss des Kaufvertrages zu beachten?

Bei der Beschaffung von Waren werden **Kaufverträge** abgeschlossen, welche durch Antrag (z. B. Angebot, Bestellung) und Annahme (z. B. Bestellung, Auftragsbestätigung) zustande kommen.

Zu beachten sind vor allem:

● Vorschriften für Rechtsgeschäfte (siehe Seite 51 ff.),
● Vorschriften für Kaufverträge (siehe Seite 54 ff.),
● Arten der Kaufverträge (siehe Seite 60 ff.).

215 | Was ist bei einer Bestellung zu beachten?

Bei einer **Bestellung** sind folgende Sachverhalte zu beachten:

● Die **unveränderte Bestellung** bewirkt das Zustandekommen des Kaufvertrages (die Bestellung ist die Annahme des vorangegangenen Angebots);
● die **abgeänderte Bestellung** (d. h. Inhalte des Angebots wie z. B. die Preise, werden geändert) ist ein neuer Antrag, der

für das Zustandekommen des Kaufvertrages vom Partner angenommen werden muss (siehe Seite 55);

- die **verspätete Bestellung** stellt einen neuen Antrag dar;
- die Bestellung ist rechtlich bindend und die Bindung erlischt nur bei rechtzeitigem **Widerruf** (siehe Seite 55).

3.2.5 Abwicklung des Kaufvertrages

216 Was ist bei der Überwachung der Liefertermine zu beachten?

Der Großhandelsbetrieb muss ständig überprüfen, ob seine Lieferanten die vereinbarten **Liefertermine** einhalten, und zwar weil

- er selbst seine Kunden nur dann termingerecht beliefern kann, wenn der Lieferant rechtzeitig liefert;
- er den Lieferanten mahnen muss, wenn dieser den Liefertermin überschreitet; er wahrt damit seine Rechte aus dem Lieferungsverzug (siehe Seite 65).

217 Was ist bei der Annahme eingehender Waren zu beachten?

Bei der Annahme von eingehenden Waren **(Warenannahme, Wareneingang)** sind folgende Sachverhalte zu beachten:

1. in Anwesenheit des Anlieferers,
   - zu prüfen sind Anschrift, Absender, Lieferzeitpunkt, Stückzahl, Gewicht anhand der Warenbegleitpapiere (z.B. Lieferschein, Frachtbrief);
   - bei einer offensichtlich falschen Anschrift wird die Annahme der Waren verweigert;
   - die Verpackung wird auf Schäden überprüft, vorhandene Schäden lässt man sich durch den Anlieferer bestätigen und nimmt entweder die Ware unter Vorbehalt an oder verweigert die Annahme der Ware;
   - weicht die Stückzahl der Sendung von der Stückzahl auf dem Lieferschein ab, lässt man sich dies bestätigen;
   - eine offensichtliche Falschlieferung kann man entweder ablehnen oder unter Vorbehalt annehmen;
   - der Empfang der Ware wird quittiert;
2. nach der Anlieferung,
   - der Eingang der Ware wird durch die Stelle Wareneingang im Rahmen des Warenwirtschaftssystems erfasst oder
   - der Eingang der Ware wird mit Hilfe eines Wareneingangsscheins erfasst (Durchschläge an das Lager, die bestellende Abteilung, die Rechnungsprüfung und den Einkauf).

218 Welche rechtliche Wirkung hat die Warenannahme?

Mit der Anlieferung der Waren erfüllt der Lieferer einen Teil des Verpflichtungsgeschäftes aus dem Kaufvertrag, nämlich die Lieferung der Waren.

Mit der Annahme der Waren erfüllt der Käufer einen Teil seiner Verpflichtung aus dem Kaufvertrag. Die Annahme schließt jedoch nicht aus, dass der Käufer Rechte aus der Lieferung mangelhafter Ware geltend machen kann (siehe Seite 63 f.).

219 Wie erfolgt die Prüfung von Waren?

Die **Prüfung** von gelieferten **Waren** (die beim zweiseitigen Handelskauf unverzüglich erfolgen muss, um Ansprüche aus der Lieferung mangelhafter Ware geltend machen zu können) wird unterschieden in Abhängigkeit von

1. der Erkennbarkeit der Mängel,
   - offener Mangel, ist bei einer Prüfung sofort erkennbar;
   - versteckter Mangel, ist nur durch spezielle Prüfverfahren festzustellen;
2. der angewandten Methode,
   - 100%ige Kontrolle;
   - Stichprobenkontrolle.

220 Was ist bei der Rechnungsprüfung zu beachten?

Bei der **Rechnungsprüfung** (Prüfung von Eingangsrechnungen) ist Folgendes zu beachten:
- Unterlagen sind insbesondere Bestellung, Eingangsmeldung (Wareneingangsschein), Lieferschein und Rechnung;
- sachliche Prüfung durch Vergleichen der Unterlagen im Hinblick auf Menge, Lieferungs- und Zahlungsbedingungen sowie der Art der gelieferten Waren;
- rechnerische Prüfung, d. h. Kontrolle der in Rechnung gestellten Einzelpreise, der Gesamtpreise, des Nettorechnungsbetrages, der Mehrwertsteuer, des Bruttorechnungsbetrages, der Preisnachlässe und des Zahlungsbetrages;
- Mengen- und Wertdifferenzen werden mit dem Lieferer abgestimmt und beseitigt;
- Freigabe der Rechnung zur Zahlung (Fristen bei Skontogewährung sind zu beachten).

221 Welche Kaufvertragsstörungen sind bei der Beschaffung von Waren möglich?

Bei der Beschaffung von Waren können folgende Störungen **(Kaufvertragsstörungen)** durch den Lieferanten verursacht werden:
- Lieferungsverzug (siehe Seite 65 f.),
- Lieferung mangelhafter Ware (siehe Seite 63 f.).

3.2.6 Entwicklung eines Beschaffungskonzeptes

222 Welche Bedeutung hat ein Beschaffungskonzept für den Großhandelsbetrieb?

Die Beschaffung im Großhandelsbetrieb soll vor allem folgende Ziele realisieren:
- Lieferbereitschaft, d. h., die Waren müssen in der erforderlichen Menge, zum richtigen Zeitpunkt und in der erforderlichen Qualität zur Verfügung stehen;

235

- optimale Bestellmenge (siehe Seite 229 f.);
- optimale Einstandspreise;
- optimale Liefererauswahl;
- Qualitätssicherung (siehe Seite 177);
- Einflussnahme auf die Produkt- und Verpackungsgestaltung der Lieferer.

Um die genannten Zielsetzungen zu erreichen, muss jeder Großhandelsbetrieb entsprechend seiner betrieblichen Besonderheiten ein eigenes **Beschaffungskonzept** entwickeln. Das Beschaffungskonzept ist in das Warenwirtschaftssystem zu integrieren.

223 | Welche Elemente beinhaltet ein Beschaffungskonzept?

Das Beschaffungskonzept eines Großhandelsbetriebs kann folgende Elemente beinhalten:

- Mengen-, Preis-, Zeit- und Sortimentsplanung (siehe Seite 230 f.);
- Limitplanung und Limitkontrolle (siehe Seite 231);
- Bezugsquellenermittlung (siehe Seite 232 f.);
- Qualitätsmanagement-System (siehe Seite 177 f.).

3.3 Warenwirtschaftssystem im Absatz- und Beschaffungsbereich

224 | Welche Aufgaben übernimmt das Warenwirtschaftssystem bei der Auftragsbearbeitung?

Im Rahmen der **Auftragsbearbeitung** mit Hilfe eines computergestützten Warenwirtschaftssystems werden alle erforderlichen Daten erfasst und aufbereitet; zusätzlich werden alle für die Abwicklung des Auftrags notwendigen Belege erstellt.

Bei der Auftragsbearbeitung

- werden Anfragen von Kunden bearbeitet (bei neuen Kunden werden die Kundenstammdaten erfasst);
- werden für jeden Kunden als so genannte Rahmenbedingungen Zahlungs- und Lieferungsbedingungen festgelegt;
- werden auf der Grundlage der Daten der Anfrage Angebote erstellt (der Benutzer kann den automatisch erstellten Angebotsvorschlag bei Bedarf abändern);
- werden die Daten der eingehenden Kundenbestellungen erfasst;
- werden die Auftragsbestätigungen automatisch erstellt;
- werden für die Kommissionierung und den Versand der Waren die erforderlichen Lieferscheine und Warenbegleitpapiere erstellt;
- erfolgt automatisch die Fakturierung.

225 Welche Aufgaben übernimmt das Warenwirtschaftssystem bei einem Beschaffungsvorgang?

Beschaffungsvorgänge sind Teilaufgaben des Bereichs Einkauf (siehe Seite 184); sie werden ausgelöst durch Kundenbestellungen oder durch das Erreichen von Meldebeständen. Mit Hilfe des Warenwirtschaftssystems werden die Beschaffungsvorgänge vorbereitet, durchgeführt und kontrolliert.

Bei einem **Beschaffungsvorgang**

● wird automatisch ein Bestellvorgang erstellt (Grundlagen sind vorhandene Lieferanten- und Artikeldaten);

● wird die Bestellung entweder automatisch erstellt (entspricht dann dem Bestellvorschlag) oder der Benutzer ändert bei Bedarf den Bestellvorschlag ab;

● wird der Wareneingang erfasst (z. B. mit Hilfe des Scanners);

● wird die Einhaltung des Liefertermins ständig überwacht (Terminüberwachung);

● wird bei einer Überschreitung des Liefertermins automatisch eine entsprechende Mitteilung erstellt, welche an den Lieferanten weitergeleitet wird.

4 Marketing

4.1 Marktorientierung des Großhandels

226 Welche Bedeutung hat die Marktorientierung für den Großhandel?

Jeder Großhandelsbetrieb steht zwischen dem Beschaffungs- und dem Absatzmarkt und er muss deshalb bei allen betrieblichen Entscheidungen die Gegebenheiten auf diesen Märkten berücksichtigen (Marktorientierung).

Zwischen dem Unternehmen und dem jeweiligen Markt gibt es eine Vielzahl von Transaktionen, und zwar in Form von Güter-, Geld- und Informations- bzw. Kommunikationsflüssen.

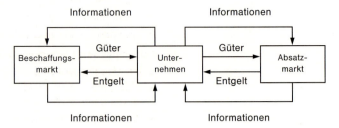

227 Welche Bedeutung hat der Absatzmarkt für betriebliche Entscheidungen?

Konsumgütermärkte sind zunehmend dadurch gekennzeichnet, dass es ein Überangebot an Gütern gibt (man spricht von so genannten **Käufermärkten**). Das Überangebot ist z.B. begründet durch die Massenproduktion, den technischen Fortschritt, die Globalisierung der Märkte (zunehmende Anzahl von internationalen Anbietern), die zunehmende Marktsättigung für eine Vielzahl von Gütern.

Der Absatz wird bei den betroffenen Großhandelsbetrieben zum Problembereich, d.h., um am Markt erfolgreich zu sein, müssen alle betrieblichen Entscheidungen an den Bedürfnissen und Wünschen ihrer Kunden orientiert werden. Der **Absatzmarkt** bildet demzufolge den Ausgangspunkt aller betrieblichen Planungen und Entscheidungen.

Bezüglich des Absatzmarktes sind insbesondere zu berücksichtigen:

- Wünsche der eigenen Kunden und der potenziellen Kunden (i.d.R. Einzelhandelsbetriebe),
- Wünsche der Endverbraucher (Konsumenten, private Haushalte),
- ständige Anpassung des Sortiments an die Kundenwünsche (ständige Reaktionsnotwendigkeit auf das Marktgeschehen).

228 | Was ist Marketing?

Der Begriff **Absatz,** der vom Umsatz eines Betriebes über den Umsatzprozess bis zum Verkauf und Vertrieb der Waren reicht, wird heute vielfach durch den Begriff Marketing verdrängt.

Marketing (Absatzmarketing) ist marktorientierte Unternehmensführung, wobei ein breites Instrumentarium (Marketing-Instrumente) zur Beeinflussung des Marktes eingesetzt werden kann, d. h., Marketing umfasst alle absatzfördernden Maßnahmen.

229 | Nennen Sie Aufgaben und Ziele des Marketings!

Wichtige Aufgaben des Marketings sind

● Suche nach Abnehmern (z. B. Erschließung neuer Märkte, Sicherung und Vergrößerung des Marktanteils),

● Distribution der Waren,

● kundengerechte Abwicklung des Verkaufs.

Ziele des Marketings sind vor allem

● Marktsegmentierung,

● Abstimmung der Marketing-Instrumente und Realisierung des Marketing-Mix,

● Optimierung der Arbeitsabläufe,

● Berücksichtigung des Umweltschutzes beim Versand (z. B. umweltgerechte Verpackung, umweltgerechter Transport),

● Absatzcontrolling.

230 | Was ist Marktsegmentierung?

Unter **Marktsegmentierung** versteht man die Aufspaltung eines Gesamtmarktes in einzelne Teilmärkte, wobei die Teilmärkte in sich möglichst homogen (ähnlich) sein sollen. Die Marktsegmentierung erfolgt nach bestimmten Merkmalen wie z. B. Alter, Geschlecht, Bildung, Einkommen (Zielgruppenbildung).

Durch die Bildung von Zielgruppen ist ein gezielter und konzentrierter Einsatz der Marketing-Instrumente möglich.

231 | Was versteht man unter Absatzcontrolling?

Unter **Absatzcontrolling** versteht man den ständigen Prozess der Informationsverarbeitung zur Überwachung und Steuerung des Absatzplans. Im Gegensatz zur bloßen Kontrolle hat das **Controlling** bestimmte Weisungsbefugnisse, um fehlerhafte bzw. nicht optimale Abläufe zu korrigieren (Hilfsmittel des Controlling sind betriebliche Kennzahlen).

232 | Nennen Sie die Marketing-Instrumente!

Zur Beeinflussung des Absatzmarktes stehen dem Großhandelsbetrieb folgende **Marketing-Instrumente** (absatzfördernde Maßnahmen) zur Verfügung:

● Marktforschung,

● Sortimentspolitik,

● Kundendienstpolitik,

● Preispolitik,

● Distributionspolitik,

● Kommunikationspolitik.

Beim Einsatz der Marketing-Instrumente sind die wettbewerbsrechtlichen Bestimmungen zu beachten, dazu zählt insbesondere das Gesetz gegen den unlauteren Wettbewerb (siehe Seite 131).

4.2 Marktforschung

233 Was ist Marktforschung?

Marktforschung ist die systematische Beschaffung der für die Einschätzung und Beeinflussung des künftigen Absatzes notwendigen Informationen (Absatzmarktforschung).

234 Nennen Sie die Bereiche und Aufgaben der Absatzmarktforschung!

Bereiche der Marktforschung sind

1. **Bedarfsforschung** (Analyse der Nachfrage), d.h. Erforschung von
   - Marktgröße und Aufnahmefähigkeit des Marktes (Sättigungsgrad),
   - Kaufkraft und Kaufkraftveränderung,
   - Zusammensetzung der Nachfrager (z.B. nach Alter, Geschlecht, Ausbildung, Einkommen),
   - Käufergewohnheiten und Kaufmotiven;
2. **Konkurrenzforschung** (Analyse des Angebots), d.h. Erforschung von
   - Konkurrenten (z.B. Marktanteil, Umsatz),
   - Konkurrenzprodukten (z.B. Preise, Qualität),
   - Konkurrenzverhalten (z.B. Einsatz absatzpolitischer Instrumente und Reaktionen auf Maßnahmen der Mitanbieter);
3. **Absatzforschung** (Analyse der eigenen Absatzsituation), d.h. Erforschung der
   - Wirkung der eingesetzten absatzpolitischen Instrumente,
   - eigenen Marktstellung (z.B. Marktanteil, Einzugsgebiet).

235 Was versteht man unter Marktanteil?

Unter **Marktanteil** versteht man den umsatz- bzw. mengenmäßigen Anteil des Unternehmens am betreffenden Gesamtmarkt.

$$\text{Marktanteil} = \frac{\text{eigener Umsatz (Absatz)} \cdot 100}{\text{Marktumsatz (Marktabsatz)}}$$

Zu beachten ist, dass eine Umsatzsteigerung eines Unternehmens nicht zwingend zu einer Erhöhung seines Marktanteils führen muss, da sich z.B. der Gesamtumsatz auf dem Markt prozentual stärker erhöht hat.

236 | Unterscheiden Sie Marktanalyse und Marktbeobachtung!

Marktanalyse ist die (meist einmalige) Erforschung eines räumlich abgegrenzten Teilmarktes, z.B. im Hinblick auf Anzahl, Kaufkraft und Struktur der potenziellen Kunden (die Untersuchung bezieht sich auf einen bestimmten Zeitpunkt).

Marktbeobachtung ist die über längere Zeit hinweg andauernde Erforschung des Marktes, wobei insbesondere die Veränderungen des Marktgeschehens erfasst werden sollen wie z.B. Mode- und Geschmackswandel (die Untersuchung bezieht sich auf einen Zeitraum).

237 | Unterscheiden Sie Marktprognose und Absatzprognose!

Marktprognose ist die Vorhersage zukünftiger Entwicklungen auf dem Markt (Trend); sie ist das Ergebnis von Marktbeobachtung und Marktanalyse.

Absatzprognose ist die Vorhersage des zukünftigen betrieblichen Absatzes (sie baut ebenfalls auf den Ergebnissen von Marktbeobachtung und Marktanalyse auf).

238 | Unterscheiden Sie Primär- und Sekundärforschung!

Bei der **Primärforschung** (Feldforschung) beschafft sich das Unternehmen die notwendigen Informationen durch eigens durchgeführte Untersuchungen. Diese sind sehr kostenaufwendig und werden oft an Marktforschungsinstitute vergeben.

Methoden sind:
- mündliche Befragung (Interview),
- schriftliche Befragung,
- Beobachtung (z.B. Einkaufsverhalten),
- Test (z.B. Reaktionen auf Werbeanzeigen).

Bei allen Methoden wird nicht die Gesamtheit der potenziellen Käufer untersucht, sondern jeweils nur eine Stichprobe. Dabei sollen die ausgewählten Personen im Hinblick auf Alter, Geschlecht, Ausbildung, Einkommen u.ä. der Zusammensetzung der Zielgruppe entsprechen **(repräsentativer Querschnitt).**

Bei der **Sekundärforschung** (Schreibtischforschung) greift man auf bereits vorhandenes Datenmaterial zurück.

Man unterscheidet
- interne (innerbetriebliche) Informationsquellen, z.B. Daten der Buchhaltung, Umsatz- und Absatzstatistiken;
- externe (außerbetriebliche) Informationsquellen, z.B. Veröffentlichungen der statistischen Ämter, der Wirtschaftsinstitute und Verbände, Berichte in Fachzeitschriften, Informationen von Herstellern und Einzelhändlern (z.B. in Form von Datenbanken).

4.3 Sortimentspolitik

239 Was ist Sortimentspolitik?

Unter dem **Sortiment** versteht man die Auswahl der vom Großhändler angebotenen Waren.

Die **Sortimentspolitik** betrifft die Entscheidungen über die (optimale) Zusammensetzung und Anpassung des Sortiments im Hinblick auf

- Sortimentsbreite und Sortimentstiefe,
- Kernsortiment und Randsortiment,
- Markenartikel und No-Name-Produkte,
- Sortimentserweiterung,
- Sortimentsbereinigung,
- Sortimentskooperation (siehe Seite 282).

240 Nennen Sie die Einflussgrößen der Sortimentsbildung!

Einflussgrößen der **Sortimentsbildung** und **Sortimentsanpassung** sind vor allem

- wirtschaftliche Aspekte, d.h., zu berücksichtigen sind z.B. die Kundennachfrage, der zu erzielende Gewinn, der erzielbare Deckungsbeitrag (siehe Seite 547 ff.);
- rechtliche Aspekte, d.h., zu berücksichtigen sind gesetzliche Vorschriften (z.B. für Medikamente, Chemikalien) sowie vertragliche Regelungen (z.B. beschränkt ein Hersteller den Vertrieb seiner Waren auf einen Großhändler);
- Aspekte der Umweltverträglichkeit, d.h., zu berücksichtigen sind z.B. das Herstellungsverfahren der Waren, die Zusammensetzung der Waren, die Verpackung der Ware.

241 Unterscheiden Sie Sortimentsbreite und Sortimentstiefe!

Die **Sortimentsbreite** wird bestimmt durch die Zahl der in das Angebot aufgenommenen verschiedenartigen Güter (viele Güterarten = breites Sortiment, wenige Güterarten = enges Sortiment).

Die **Sortimentstiefe** ist gekennzeichnet durch die Zahl der Variationen eines gleichartigen Produktes. Variationen können sein: verschiedene Materialien, Größen, Farben, Preislagen (viele Ausführungen innerhalb einer Güterart = tiefes Sortiment; wenige Ausführungen = flaches Sortiment).

242 Unterscheiden Sie Kern- und Randsortiment!

Das **Kernsortiment** beinhaltet das eigentliche Sortiment (z.B. Möbel beim Möbelgroßhändler); mit ihm wird der überwiegende Teil des Umsatzes und Gewinns erzielt.

Das **Randsortiment** umfasst Waren, die nicht zum Kernsortiment gehören und deren Anteil am Umsatz und Gewinn klein ist (z.B. Lampen beim Möbelgroßhändler). Das Randsortiment wird geführt, um dem Kunden zusätzliche Leistungen zu bieten bzw. um einen zusätzlichen Gewinn zu erzielen.

243 | Unterscheiden Sie Markenartikel und No-Name-Produkte!

Markenartikel sind vor allem durch folgende Merkmale gekennzeichnet:

- Es handelt sich um Konsumgüter;
- es handelt sich häufig um Marken des Herstellers;
- der Einsatz der absatzpolitischen Instrumente liegt beim Hersteller;
- sie sind (vor allem aus der Sicht der Konsumenten) von gleich bleibender Qualität, welche für einen längeren Zeitraum gewährleistet ist;
- sie haben bei den Konsumenten einen hohen Bekanntheitsgrad und ein gutes Image (hohes Ansehen);
- sie gelten als schwer ersetzbar (substituierbar) durch andere Güter;
- ihre Aufmachung bleibt längere Zeit unverändert;
- sie sind regional und überregional (oft auch international) erhältlich.

No-Name-Produkte (No Names) sind vor allem durch folgende Merkmale gekennzeichnet:

- Es handelt sich um Konsumgüter;
- sie sind durch eine einfache, einheitliche Verpackung (oft in weißer Farbe) gekennzeichnet;
- die Gattungsbezeichnung der Ware wird gezielt als Name der Ware eingesetzt (z.B. 3,5"-Diskette);
- ihre Preise liegen deutlich unter den Preisen vergleichbarer Markenartikel;
- sie enthalten oft Hinweise auf die Handelsorganisation, welche sie im Sortiment führt.

---

244 | Unterscheiden Sie Herstellermarke und Handelsmarke!

Herstellermarken und Handelsmarken sind Bezeichnungen (Namen) für Konsumgüter; sie sind streng zu unterscheiden von der Marke im rechtlichen Sinne (siehe Seite 219f.). Der Schaffung von Hersteller- und Handelsmarken liegt häufig die Zielsetzung zugrunde, dass sie zu Markenartikeln werden.

- **Herstellermarken** werden von Herstellern (vor allem Unternehmen der Konsumgüterindustrie) geschaffen,
- **Handelsmarken** werden vom Handel (Groß- und Einzelhandel bzw. Handelsorganisationen) geschaffen.

---

245 | Was ist Sortimentserweiterung?

Sortimentserweiterung liegt vor, wenn das Sortiment durch die Aufnahme artverwandter Waren oder neuer Waren verbreitert oder vertieft wird.

Handelt es sich bei der Sortimentserweiterung um gänzlich neue Warengruppen, mit denen neue Märkte erschlossen werden sollen, spricht man von **Diversifikation** (z.B. bietet ein Lebensmittelgroßhändler zusätzlich Textilien an).

246 Was ist Sortimentsbereinigung?

Sortimentsbereinigung liegt vor, wenn schlecht absetzbare oder unrentable Waren bzw. Warengruppen aus dem Sortiment herausgenommen werden (Entscheidungskriterium ist oft der Deckungsbeitrag). Das Sortiment sollte in regelmäßigen Abständen überprüft werden.

247 Was versteht man unter
Sortimentskontrolle?

Unter **Sortimentskontrolle** versteht man die ständige Überprüfung des Sortiments im Hinblick darauf, ob sie noch den wirtschaftlichen und rechtlichen Aspekten sowie den Aspekten der Umweltverträglichkeit entsprechen.

4.4 Kundendienstpolitik

248 Was ist Kundendienstpolitik?

Die eigentliche Leistung (Kernleistung) des Großhandelsbetriebs besteht im Angebot von Waren an Wiederverkäufer (vor allem Einzelhandelsbetriebe); daneben gewinnt der Kundendienst zunehmend an Bedeutung.

Unter Kundendienst versteht man freiwillige zusätzliche Dienstleistungen, welche einem Kunden vor, während oder nach erfolgtem Kauf angeboten werden.

Im Rahmen der **Kundendienstpolitik** unterscheidet man

● Serviceleistungen,
● Qualitätsgarantie.

249 Welche Arten von
Serviceleistungen
werden unterschieden?

Die **Serviceleistungen** können unterschieden werden in Abhängigkeit von

1. der Art der Serviceleistung,
   ● warenbezogene Leistungen, z.B. Verpackung und Lieferung der Waren, Information und Beratung über Waren;
   ● nicht warenbezogene Leistungen, z.B. Schulung der Mitarbeiter des Kunden über Gebrauch und Einsatz erklärungsbedürftiger Waren, Unterstützung des Marketings von Kunden, Bereitstellung von Software;
2. dem Preis der Serviceleistung,
   ● unentgeltliche Leistungen, der Kunde muss die beanspruchte Serviceleistung nicht bezahlen;
   ● entgeltliche Leistungen, der Kunde muss die beanspruchte Serviceleistung bezahlen;
3. der Behandlung von Kundenreklamationen in Form von Gewährleistung, Garantie und Kulanz (siehe Seite 226).

250 | Was ist Qualitäts-garantie?

Die Kunden des Großhandelsbetriebs wollen in verstärktem Maße fehlerfreie Waren in der gewünschten Qualität haben. Der Großhandelsbetrieb seinerseits muss streng darauf achten, dass er von seinen Lieferanten (z. B. Industriebetriebe) Produkte in der gewünschten Qualität und fehlerfrei erhält, um seinen Kunden eine **Qualitätsgarantie** geben zu können.

Die Einhaltung der Qualitätsgarantie wird gefördert durch ein Qualitätsmanagement-System (siehe Seite 177 f.).

4.5 Preispolitik

251 | Wovon ist die Preis-politik abhängig?

Die betriebliche **Preispolitik** beinhaltet alle Entscheidungen über die Höhe des Preises, der auf dem Absatzmarkt gefordert wird; sie umfasst auch die Preisdifferenzierung und die Preis-nachlässe.

Einflussfaktoren der Preispolitik sind:
● Kosten,
● Nachfrager,
● Mitanbieter,
● Unternehmensziele,
● gesetzliche Vorschriften (z. B. Gesetz gegen Wettbewerbs-beschränkungen).

Entsprechend den Einflussfaktoren unterscheidet man folgende Möglichkeiten der **Preisbildung:**
● kostenorientierte Preisbildung, die Kostenrechnung und die Kalkulation geben an, zu welchem Preis eine Ware mindestens angeboten werden muss, damit die Kosten gedeckt werden (Ermittlung der Preisuntergrenze, siehe Seite 551);
● nachfrageorientierte Preisbildung, z. B. wird mit Hilfe der Marktforschung ermittelt, welchen Preis die potenziellen Nachfrager zu zahlen bereit sind;
● konkurrenzorientierte Preisbildung, z. B. wird ermittelt, zu welchen Preisen die Mitanbieter ihre Waren anbieten;
● zielorientierte Preisbildung, die Preise werden entsprechend der Zielsetzung des Unternehmens festgelegt wie z. B. Gewinnmaximierung, Umsatzmaximierung, Vergrößerung des Marktanteils (z. B. soll ein Mitanbieter durch niedrige Preise aus dem Markt verdrängt werden).

252 | Was bedeutet Preis-anpassungsstrategie?

Damit der Großhandelsbebetrieb langfristig seine Waren auf dem Absatzmarkt absetzen kann, muss er eine Strategie entwickeln, wie er auf Veränderungen der Einflussfaktoren der Preispolitik reagiert. Eine mögliche **Preisanpassungsstrategie** auf einem oligopolistischen Markt (siehe Seite 126 f.) ist z. B. die Orientierung der eigenen Preise an den Preisen des Marktführers.

253 Was ist Preis-
differenzierung?

Verkauft ein Betrieb Waren gleicher Art zu verschiedenen Preisen, spricht man von **Preisdifferenzierung.** Man unterscheidet:

- räumliche Preisdifferenzierung: Das Unternehmen verkauft gleiche Waren auf räumlich abgegrenzten Märkten zu unterschiedlichen Preisen (z. B. Preisdifferenzierung zwischen In- und Ausland = **dumping**);
- zeitliche Preisdifferenzierung: Das Unternehmen fordert für gleichartige Waren zu verschiedenen Zeiten unterschiedliche Preise (z. B. Sommer- und Winterpreise im Pelzhandel);
- Preisdifferenzierung nach dem Verwendungszweck (z. B. unterschiedliche Stromtarife für Haushalte und Industrie);
- Preisdifferenzierung nach der Absatzmenge in Form von Rabatten bzw. Staffelpreisen.

254 Was sind Preisstellungssysteme?

Bei der Preisdifferenzierung unterscheidet man zwei **Preisstellungssysteme:**

- **Bruttopreissystem,** der Großhändler legt beim Verkauf einer bestimmten Ware einen festen Listenverkaufspreis zugrunde und er gewährt darauf seinen Kunden aus unterschiedlichen Gründen Preisnachlässe in Form von Rabatten;
- **Nettopreissystem,** der Großhändler legt beim Verkauf einer bestimmten Ware in Abhängigkeit von der Abnahmemenge (innerhalb festgelegter Abnahmegrenzen) verschiedene Angebotspreise zugrunde, die als Staffelpreise bezeichnet werden; Rabatte werden nicht gewährt.

255 Welche Rabattarten gibt
es?

Nach dem Grund der Rabattgewährung unterscheidet man folgende Rabattarten:

- **Mengenrabatt,** er ist ein Preisnachlass, der häufig nach Abnahmemengen gestaffelt ist; er soll den Kunden dazu veranlassen, keine kleinen Mengen zu bestellen (damit sollen die Verwaltungs- und Vertriebskosten des Großhandelsbetriebs verringert werden);
- **Treuerabatt,** er wird langjährigen Kunden gewährt (damit sollen Stammkunden gewonnen und erhalten werden);
- **Wiederverkäuferrabatt,** er wird den Wiederverkäufern (z. B. Einzelhandelsbetriebe) gewährt, weil diese die Waren weiterverkaufen (damit wird die Leistung des Wiederverkäufers berücksichtigt);
- **Funktionsrabatt,** er wird dem Kunden gewährt, weil er für den Großhandelsbetrieb bestimmte Aufgaben übernimmt (z. B. Warenpräsentation, Werbung);
- **Sonderrabatt,** er wird z. B. aus besonderen Anlässen (z. B. Firmenjubiläum, Geschäftseröffnung, Räumungsverkauf) oder bestimmten Abnehmergruppen (z. B. Personal, Behörden) gewährt;

● **Naturalrabatt,** er wird in Form von Naturalien (Waren) gewährt, und zwar entweder als **Draufgabe** (der Kunde bezahlt die bestellte Warenmenge und erhält zusätzlich Waren kostenlos) oder als **Dreingabe** (der Kunde bezahlt nur einen Teil der bestellten Warenmenge, die restlichen Waren sind kostenlos).

---

256 Unterscheiden Sie Bonus, Skonto und Barzahlungsnachlass!

Im Rahmen der Preisnachlässe werden neben dem Rabatt unterschieden:

● **Bonus,** er ist eine Gutschrift bzw. ein Preisnachlass, welcher dem Kunden nachträglich in Form einer Umsatzvergütung eingeräumt wird (z.B. für das Erreichen einer bestimmten Abnahmemenge in einem Jahr);

● **Skonto,** er ist ein prozentualer Preisnachlass auf den Rechnungsbetrag bei Zahlung innerhalb einer bestimmten Frist (der Kunde soll veranlasst werden innerhalb der vorgegebenen Zeitspanne zu zahlen, dadurch wird unter anderem die Liquidität des Großhandelsbetriebs positiv beeinflusst);

● **Barzahlungsnachlass,** er ist ein prozentualer Preisnachlass auf den Rechnungsbetrag, wenn der Kunde die Rechnung bei Erhalt der Ware bezahlt.

---

257 Was ist Preisbindung?

Man spricht von **vertikaler Preisbindung** (Preisbindung der zweiten Hand), wenn der Händler vom Hersteller vertraglich verpflichtet wird die Erzeugnisse zu einem vom Hersteller festgesetzten Preis zu verkaufen. Die vertikale Preisbindung ist grundsätzlich verboten; dieses Verbot gilt z.B. nicht für Zeitungen und Zeitschriften.

Unter **horizontaler Preisbindung** versteht man die Preisfestsetzung durch ein Kartell (Preiskartelle sind verboten).

---

258 Was ist eine unverbindliche Preisempfehlung?

Durch **unverbindliche Preisempfehlungen** schlagen die Hersteller dem Handel Verkaufspreise vor; Preisempfehlungen haben für den Handel keine bindende Wirkung. Eine Irreführung der Verbraucher über den Preis verstößt gegen das Gesetz gegen den unlauteren Wettbewerb.

4.6 Konditionenpolitik

259 Was sind Konditionen?

Die **Konditionen** (Geschäftsbedingungen) umfassen:

● **Allgemeine Geschäftsbedingungen,** d.h. Bedingungen, die ein Unternehmen allen Verträgen zugrunde legt (z.B. Abreden über Eigentumsvorbehalt, Erfüllungsort); sie sind vorformulierte Vertragsbedingungen, die der Lieferer dem

Käufer einseitig auferlegt. Die Bestimmungen für Allgemeine Geschäftsbedingungen sind im BGB geregelt (siehe Seite 53);

● **Lieferungsbedingungen,** d.h. Vereinbarungen über die Übernahme der Beförderungskosten (Fracht, Rollgeld, Versicherungen u.a.);

● **Zahlungsbedingungen,** d.h. Vereinbarungen über Zahlungsort und Zahlungszeitpunkt von Geldschulden (z.B. Vorauszahlung, Übergabe gegen Bezahlung = Zahlung „Zug um Zug", Ratenzahlung, Vereinbarung eines Zahlungsziels mit oder ohne Skontoabzug),

● **Waren- bzw. Investitionskredite,** sie werden dem Einzelhändler vom Großhandelsbetrieb gewährt.

---

260 Was sind Mindestabnahmemengen?

Um die relativ hohen Kosten zu vermeiden, die dem Lieferer beim Verkauf kleiner Mengen entstehen, gibt er seinen Kunden **Mindestabnahmemengen** vor.

---

261 Was sind Mindermengenzuschläge?

Um die relativ hohen Kosten auszugleichen, die dem Lieferer beim Verkauf kleiner Mengen entstehen, berechnet er seinen Kunden bestimmte Preisaufschläge **(Mindermengenzuschläge).**

---

262 Was sind Frankogrenzen?

Frankogrenzen sind bestimmte Freigrenzen, welche der Großhandelsbetrieb als Konditionen einräumt. Man unterscheidet Frankogrenzen in Abhängigkeit von

● Abnahmemenge bzw. Rechnungsbetrag, d.h., der Großhandelsbetrieb übernimmt die Transportkosten, wenn Abnahmemenge bzw. Rechnungsbetrag die vereinbarte Grenze überschreiten;

● Entfernung, d.h., der Großhandelsbetrieb übernimmt die Transportkosten, wenn die Transportstrecke unter der vereinbarten Grenze liegt.

4.7 Distributionspolitik

263 Was ist Distributionspolitik?

Die **Distributionspolitik** umfasst alle Maßnahmen, die getroffen werden, um ein Erzeugnis vom Großhändler zum Verwender zu bringen (Distribution = Verteilung).

Zur Distributionspolitik gehören:

1. Organisation des Absatzes,

  ● äußere Organisation,
  ● innere Organisation;

2. Absatzweg (Weg einer Ware vom Großhandelsbetrieb bis zum Kunden),

● unternehmenseigene Absatzorgane,
● unternehmensfremde Absatzorgane;

3. Absatzmethode.

4.7.1 Organisation des Absatzes

264 Was ist äußere Organisation des Absatzes?

Das **Vertriebssystem** eines Unternehmens (äußere Organisation) kann aufgebaut sein in Form des

1. **zentralen Verkaufs,** d.h., der Absatz erfolgt durch
   ● die Geschäftsleitung selbst,
   ● eine (zentrale) Vertriebsabteilung;
2. **dezentralen Verkaufs,** d.h., der Absatz erfolgt von mehreren Orten aus, und zwar z.B. durch Verkaufsbüros, Auslieferungslager, Reisende.

265 Nennen Sie Vor- und Nachteile des dezentralen Verkaufs!

Vorteile des dezentralen Absatzes sind:
● größere Kundennähe,
● schnelle Lieferung und schneller Kundendienst;

Nachteile sind:
● hohe Lagerkosten (viele kleine Lager),
● hohe Personalkosten.

266 Was ist innere Organisation des Absatzes?

Die **innere Organisation** des Absatzes (Absatzorganisation) kann erfolgen

● **funktionsorientiert,** d.h., der Aufbau des Absatzbereiches erfolgt nach vertriebsbezogenen Tätigkeiten (z.B. Marktforschung, Werbung, Verkaufsförderung, Versand, Kundendienst);
● **warenorientiert** (objektorientiert), d.h., der Organisationsaufbau orientiert sich am Sortiment (bei einer Möbelgroßhandlung z.B. Küchen, Wohnzimmer, Schlafzimmer);
● **kundenorientiert,** d.h., die Organisation orientiert sich an unterschiedlichen Abnehmergruppen (bei einem pharmazeutischen Großhandelsbetrieb z.B. Apotheker, Ärzte, Krankenhäuser);
● **gebietsorientiert,** d.h., der Absatz wird nach Regionen gegliedert (z.B. Inland, Ausland).

In der Praxis sind häufig Kombinationen dieser Organisationsmöglichkeiten anzutreffen.

4.7.2 Unternehmenseigene Absatzorgane

267 Welche unternehmens-eigenen Absatzorgane gibt es?

Man unterscheidet folgende **unternehmenseigene Absatzor-gane** von Großhandelsbetrieben (direkter Absatz):

- Verkaufsniederlassung,
- Reisender.

268 Nennen Sie Vor- und Nachteile des direkten Absatzes!

Vorteile des **direkten Absatzes** sind:
- unmittelbarer Kontakt zum Kunden,
- Unabhängigkeit von den Absatzmittlern,
- alle absatzpolitischen Maßnahmen legt der Großhändler selbst fest,
- geeignet für Investitionsgüter;

Nachteile sind:
- hohe Absatz- und Lagerkosten,
- Großhändler muss alle Funktionen übernehmen, die an-sonsten die Absatzmittler erfüllen,
- der Markt wird nur unvollständig abgedeckt.

269 Was ist eine Verkaufs-niederlassung!

Verkaufsniederlassungen werden (im Inland oder im Ausland) eingerichtet, um den Grundsatz der Kundennähe zu realisie-ren. Man unterscheidet:

- **Verkaufsbüro,** die Niederlassung erfüllt insbesondere die Aufgaben Kundenakquisition, Beratung, Verkaufsabwick-lung, Service;
- **Verkaufsfiliale,** der Niederlassung ist zusätzlich ein eigenes Auslieferungslager angegliedert.

270 Was ist ein Reisender?

Der **Reisende** (Handlungsreisende) ist als kaufmännischer An-gestellter an Weisungen des Arbeitgebers gebunden. Er ist außerhalb des Betriebes im Namen und für Rechnung des Unternehmers (in fremdem Namen und für fremde Rechnung) tätig und hat vor allem folgende Aufgaben:

- Vermittlung und Abschluss von Geschäften,
- Betreuung und Beurteilung von Kunden,
- Beobachtung des Marktes und der Konkurrenz,
- mit ausdrücklicher Vollmacht die Annahme von Zahlungen (Inkassoreisender).

Der Reisende erhält ein festes Gehalt (Fixum), Ersatz für seine Auslagen (Spesen) und darüber hinaus eine Umsatzprovision.

4.7.3 Unternehmensfremde Absatzorgane

271 Welche unternehmensfremde Absatzorgane gibt es?

Man unterscheidet folgende **unternehmensfremde Absatzorgane** von Großhandelsbetrieben (indirekter Absatz, Absatzmittler):

- Handelsvertreter,
- Kommissionär,
- Handelsmakler.

272 Nennen Sie Vor- und Nachteile des indirekten Absatzes!

Vorteile des **indirekten Absatzes** sind:

- Verteilernetz der Absatzmittler wird ausgenutzt,
- Absatzmittler übernehmen Aufgaben wie Lagerhaltung, Werbung, Beratung, Kundendienst;

Nachteile sind:

- geringer Kontakt zum Kunden,
- geringer Einfluss auf die absatzpolitischen Maßnahmen der Absatzmittler,
- hohe Abhängigkeit von den Absatzmittlern.

273 Wer ist Handelsvertreter?

Der **Handelsvertreter** ist als selbstständiger Kaufmann ständig damit betraut, für einen anderen Unternehmer Geschäfte zu vermitteln (Vermittlungsvertreter) oder in dessen Namen abzuschließen (Abschlussvertreter). Er wird in fremdem Namen und für fremde Rechnung tätig.

Zu den Pflichten des Handelsvertreters gehören:

- **Bemühungspflicht,** d.h., er hat sich um die Vermittlung oder den Abschluss von Geschäften zu bemühen;
- **Benachrichtigungspflicht,** d.h., er muss dem Unternehmer von jeder Geschäftsvermittlung und von jedem Geschäftsabschluss unverzüglich Mitteilung machen;
- **Sorgfaltspflicht,** d.h., er hat seine Pflichten mit der Sorgfalt eines ordentlichen Kaufmanns wahrzunehmen;
- **Schweigepflicht,** d.h., er darf Geschäftsgeheimnisse auch nach Beendigung des Vertragsverhältnisses nicht verwerten oder anderen mitteilen;
- **Befolgungspflicht,** d.h., er ist an Weisungen des Unternehmers gebunden.

Zu den Rechten des Handelsvertreters gehören:

- Recht auf **Abschlussprovision,** d.h., er erhält eine Provision für alle von ihm vermittelten und abgeschlossenen Geschäfte; ist dem Handelsvertreter ein bestimmter Bezirk zugewiesen (Bezirksvertreter), erhält er auch Provision für die Geschäfte in seinem Bezirk, die ohne seine Mitwirkung abgeschlossen werden;
- Recht auf **Delkredereprovision,** d.h., er erhält eine besondere Vergütung, wenn er das Risiko für den Zahlungseingang bei Zielgeschäften übernimmt;

- **Ausgleichsanspruch,** d.h., er kann nach Beendigung des Vertragsverhältnisses von dem Unternehmer einen angemessenen Ausgleich verlangen, wenn der Unternehmer weiterhin mit Kunden Geschäfte tätigt, die der Handelsvertreter geworben hatte.

274 Vergleichen Sie den Einsatz von Handelsvertreter und Reisendem!

Vorteile des **Handelsvertreters** sind:
- Der Unternehmer muss kein festes Gehalt bezahlen (Bezahlung nur nach Leistung),
- der Unternehmer muss keine Aufwendungen für Sozialleistungen erbringen,
- der Handelsvertreter ermöglicht aufgrund seiner guten Marktkenntnisse eine kostengünstige und lückenlose Markterschließung.

Vorteile des **Reisenden** sind:
- Er ist an die Anweisungen seines Arbeitgebers gebunden,
- er verfügt über umfassende Produkt- und Firmenkenntnisse.

Neben diesen Überlegungen spielt der Kostenvergleich eine wesentliche Rolle.

Beispiel:

Handelsvertreter: 10% Umsatzprovision, kein Fixum,
Reisender: 2000,00 EUR Fixum, 5% Umsatzprovision.

Lösung:

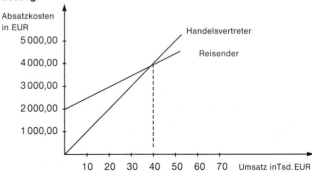

Bei einem erwarteten Umsatz unter 40000,00 EUR ist der Einsatz des Vertreters günstiger, bei einem höheren Umsatz lohnt sich der Einsatz eines Reisenden.

275 Wer ist Kommissionär?

Der **Kommissionär** kauft (Einkaufskommissionär) oder verkauft (Verkaufskommissionär) als selbstständiger Kaufmann Waren oder Wertpapiere in eigenem Namen für Rechnung eines anderen (des Kommittenten).

Zu den Pflichten des Kommissionärs zählen Sorgfaltspflicht, Befolgungspflicht, Benachrichtigungspflicht (siehe Seite 251), Abrechnungspflicht (Abrechnung des Kommissionsgeschäftes), Haftpflicht (Haftung für Verlust oder Beschädigung des bei ihm gelagerten Kommissionsgutes).

Rechte des Kommissionärs sind:

- Recht auf Provision und **Delkredereprovision** (siehe Seite 251);
- Ersatz der Aufwendungen (z.B. Lagerkosten, Fracht, Rollgeld);
- **Selbsteintrittsrecht,** d.h., Waren, die einen Markt- oder Börsenpreis haben, kann der Verkaufskommissionär selbst kaufen oder der Einkaufskommissionär selbst liefern;
- **Pfandrecht,** d.h., er kann Kommissionsgüter zur Sicherung seiner Forderungen gegenüber dem Kommittenten zurückbehalten.

---

276 | Welche Bedeutung hat das Kommissionsgeschäft?

Vorteile des **Kommissionsgeschäftes** für den Kommittenten sind:

- lückenlose Markterschließung aufgrund der guten Marktkenntnisse des Kommissionärs;
- Einsparung von Lagerkosten, da der Kommissionär die Lagerung übernimmt;
- Einsparung von Vertriebskosten, da der Kommissionär den Absatz übernimmt;
- im Gegensatz zum Handelsvertreter hat der Kommissionär eine eigene Firma und einen eigenen Kundenstamm; dies ist besonders im Auslandsgeschäft von Bedeutung.

Vorteile des Kommissionsgeschäftes für den Kommissionär sind:

- Erweiterung seines Sortiments ohne eigenes Absatzrisiko (nicht verkaufte Waren können an den Kommittenten zurückgegeben werden);
- Bezahlung der Kommissionsware erst nach deren Verkauf.

---

277 | Was ist ein Kommissionslager?

Beim **Kommissionslager**

- werden die Waren des Kommittenten (z.B. Großhandelsbetrieb) beim Kommissionär (z.B. Einzelhandelsbetrieb) gelagert;
- hat der Kommissionär das Recht, unverkaufte Ware an den Kommittenten zurückzugeben;
- trägt der Kommissionär nicht das Absatzrisiko;
- kann der Kommissionär schnell liefern.

Im Außenhandel bezeichnet man das Kommissionslager als **Konsignationslager.**

---

278 | Wer ist Handelsmakler?

Der **Handelsmakler** übernimmt als selbstständiger Kaufmann von Fall zu Fall die Vermittlung von Verträgen, und zwar in fremdem Namen und für fremde Rechnung.

Zu den Pflichten des Handelsmaklers gehören die Pflicht zur Ausstellung einer Schlussnote für jede Vertragspartei, die Pflicht zur Führung eines Tagebuchs, die Haft- und Auskunftspflicht.

Der Handelsmakler hat das Recht auf Maklerlohn (Courtage), der je zur Hälfte von den Vertragsparteien zu zahlen ist.

4.7.4 Absatzmethode

279 Was versteht man unter Absatzmethode?

Unter **Absatzmethode** versteht man alle Wahlmöglichkeiten eines Großhandelsbetriebs, um seine Waren an den Kunden heranzutragen.

Man unterscheidet vor allem:
- Lagergeschäft,
- Streckengeschäft,
- Zustellung bzw. Abholung (siehe Seite 169),
- Rack Jobber (siehe Seite 284),
- Cash-and-carry (siehe Seite 169),
- Electronic Shopping,
- Ordersatz.

280 Unterscheiden Sie Lager- und Streckengeschäft!

Beim **Lagergeschäft** lagert der Großhandelsbetrieb selbst seine Waren und wickelt die Auslieferung der Waren an seine Kunden entsprechend seiner Organisationsform über ein zentrales Lager oder über ein dezentrales Lager ab (siehe Seite 192). Eine Sonderform des dezentralen Lagers ist das Auslieferungslager, welches als zusätzliches Lager außerhalb des Betriebs eingerichtet wird.

Beim **Streckengeschäft** liefert der Großhandelsbetrieb die Waren nicht an seinen Vertragspartner (i. d. R. Einzelhandelsbetrieb), sondern unmittelbar an den Kunden des Vertragspartners (i. d. R. Endverbraucher).

281 Was ist Electronic Shopping?

Beim **Electronic Shopping** bietet der Großhandelsbetrieb sein Sortiment über Medien der Telekommunikation wie z. B. Internet (siehe Seite 379 f.) an. Interessenten können sich zunächst mit Hilfe ihres PC über das Sortiment informieren und anschließend direkt die gewünschten Waren bestellen.

282 Was ist ein Ordersatz?

Beim **Ordersatz** (Bestellvordruck) erhalten die Kunden durch den Großhandelsbetrieb Listen, auf denen sein gesamtes Sortiment aufgedruckt ist. Der Kunde bestellt, indem er auf dem Vordruck die gewünschten Mengen einträgt und die ausgefüllten Listen an den Großhandelsbetrieb zurückschickt.

4.7.5 Marktveranstaltungen

283 Unterscheiden Sie Messen und Ausstellungen!

Messen sind Veranstaltungen, bei denen ein Wirtschaftszweig (oder mehrere Wirtschaftszweige) einen umfassenden Überblick über sein Angebot gibt. Sie finden regelmäßig statt, wenden sich vorwiegend an Handel und Industrie und dienen dem Verkauf der gezeigten Produkte.

Ausstellungen sind Veranstaltungen, bei denen einzelne Wirtschaftszweige ihre Produkte zur Schau stellen; sie dienen in erster Linie der Information und nicht dem Verkauf. Ausstellungen gibt es als

- allgemeine Ausstellungen, wenden sich an die Allgemeinheit;
- Fachausstellungen, wenden sich mit einem speziellen Angebot i.d.R. an Industrie und Handel.

284 Was versteht man unter der Börse?

Börsen sind Märkte, an denen Kaufleute regelmäßig und zu bestimmten Zeiten zusammenkommen um Kaufverträge über vertretbare Sachen oder Wertpapiere abzuschließen, z.B. Devisenbörsen, Waren- oder Produktbörsen, Wertpapierbörsen (Effektenbörsen).

285 Was sind Warenbörsen?

Warenbörsen sind regelmäßig stattfindende Märkte für vertretbare Güter, deren Beschaffenheit entweder von vornherein gleich ist (z.B. Gold, Silber) oder deren Beschaffenheit mit Hilfe von so genannten Typen beschrieben wird (z.B. Bohnensorte bei Kaffee). Werden für die Waren allgemein anerkannte Durchschnittsqualitäten festgelegt, spricht man von **Standards** (z.B. für Kaffee, Getreide, Baumwolle).

4.8 Kundenselektion

286 Was ist Kundenselektion?

Kundenselektion bedeutet Auswahl von Kunden, d.h., entsprechend den Kriterien Liquidität, Wirtschaftlichkeit, Rentabilität werden Nachfrager beliefert oder nicht beliefert. Man spricht auch von Abnehmerzielgruppenbestimmung.

287 Nennen Sie Möglichkeiten der Kundenselektion!

Kundenselektion (Kundenauswahl) kann erfolgen nach

- Absatzgrößenklassen, d.h., beliefert werden nur Kunden mit Mindestabnahmemengen bzw. Mindestumsätzen (bezogen auf die Auftragshöhe oder einen bestimmten Zeitraum);
- Tourenanalysen, d.h. nur Kunden, die sich in einen optimalen Tourenplan einordnen lassen, werden beliefert;
- Zahlungsmoral, d.h. beliefert werden nur Kunden, bei denen keine Zahlungsausfälle befürchtet werden.

4.9 Kommunikationspolitik

288 Welche Bereiche umfasst die Kommunikationspolitik?

Die **Kommunikationspolitik** befasst sich mit der Darstellung und Übermittlung von Informationen im Rahmen der Absatzpolitik.

Zur Kommunikationspolitik zählt man:

- Werbung (Absatzwerbung),
- Publicrelations,
- Corporate-Identity,
- Salespromotion,
- Product-Placement,
- Sponsoring,
- Direktmarketing,
- Kundengespräch.

289 Was ist Werbung?

Unter **Werbung** versteht man die absichtliche und gesteuerte Form der Beeinflussung von Menschen durch den Einsatz von Werbemitteln und Werbeträgern, damit diese sich im Sinne der Absatzziele des werbenden Unternehmens verhalten (z. B. Kauf einer bestimmten Marke).

290 Welche Aufgaben hat die Werbung?

Die Aufgaben der Werbung lassen sich an folgenden Arten der Werbung ablesen:

1. **Einführungswerbung,** d. h., die Werbung soll die Voraussetzungen dafür schaffen, dass ein neues Produkt vom Markt aufgenommen wird (Bedürfnisweckung);

2. **Expansionswerbung,** d. h., der Umsatz für die angebotenen Güter soll erhöht werden; das kann geschehen durch:
   - Gewinnung neuer Kunden,
   - Mehrkäufe alter Kunden;

3. **Erhaltungswerbung,** d. h., die Werbung soll den Umsatz auf dem erreichten Niveau halten und vor allem verhindern, dass Kunden zur Konkurrenz abwandern.

291 Welche Arten der Werbung gibt es?

Die **Werbung** (Absatzwerbung) unterscheidet man nach

1. den Zielen der Werbung,
   - Einführungswerbung,
   - Expansionswerbung,
   - Erhaltungswerbung;

2. der Zahl der Umworbenen,
   - Einzelumwerbung,
   - Massenumwerbung;

3. der Zahl der Werbenden,
   - Alleinwerbung,
   - Kollektivwerbung;

4. dem Inhalt der Werbung,
   ● informative Werbung,
   ● suggestive Werbung;
5. der Umsatzentwicklung,
   ● zyklische Werbung,
   ● antizyklische Werbung;
6. dem Gegenstand der Werbung,
   ● Produktwerbung (Werbung für ein Produkt),
   ● Firmenwerbung (Werbung für einen Betrieb = Public-relations);
7. dem angesprochenen Personenkreis,
   ● Händlerwerbung (ist an Händler gerichtet),
   ● Verbraucherwerbung (ist an Verbraucher gerichtet).

---

292 | Unterscheiden Sie Einzel- und Massenumwerbung!

Bei der **Einzelumwerbung** spricht man einzelne Kunden direkt und persönlich an, z.B. durch Vertreterbesuche oder mit Werbebriefen.

Bei der **Massenumwerbung** wird ein sehr großer Personenkreis über die Massenmedien (Fernsehen, Rundfunk und Zeitschriften) angesprochen. Die Werbung muss so gestaltet sein, dass sie möglichst viele Konsumenten anspricht, was aufgrund der unterschiedlichen Wünsche und Vorstellungen der Konsumenten zu Problemen führt.

---

293 | Unterscheiden Sie Allein- und Kollektivwerbung!

Wenn ein Betrieb allein wirbt, spricht man von **Alleinwerbung.** Der Vorteil liegt vor allem in der Abstimmung der Werbung auf die eigenen betrieblichen Besonderheiten.

Werben mehrere Betriebe gemeinsam, spricht man von **Kollektivwerbung.** Sie wird unterschieden in:

● **Sammelwerbung,** d.h., die Betriebe werden namentlich genannt (z.B. Autohändler werben gemeinsam für eine Automarke);
● **Gemeinschaftswerbung,** d.h., die werbenden Betriebe bleiben anonym (z.B. „Trinkt deutschen Wein!").

---

294 | Unterscheiden Sie informative und suggestive Werbung!

Bei der **informativen Werbung** steht die sachliche Information über das Produkt im Vordergrund (z.B. Darstellung und Erläuterung der technischen Ausstattung sowie der Verwendungsmöglichkeiten des Produktes).

Wenn bei der Werbung die Gefühle und Wünsche des Konsumenten angesprochen werden, spricht man von **Suggestivwerbung** (z.B. Appelle an das Unterbewusstsein).

---

17   Groh/Schröer – ISBN 3-8120-0422-4

295 | Unterscheiden Sie zyklische und antizyklische Werbung!

Bei der **zyklischen Werbung** werden die Werbeausgaben am Umsatz (bzw. Gewinn) des Unternehmens orientiert, d.h., die Werbeausgaben sind umso höher, je günstiger die Situation des Unternehmens ist.

Wenn die Unternehmen bei Umsatzrückgängen (vor allem in Zeiten der Depression und Rezession) verstärkt Werbung betreiben, liegt **antizyklische Werbung** vor. Diese Form der Werbung ist nicht nur betriebs-, sondern auch volkswirtschaftlich sinnvoll.

296 | Nennen Sie Grundsätze der Werbung!

Die wichtigsten Anforderungen an die Werbung sind:
- **Werbewirksamkeit,** d.h., Werbeinhalt und Werbemittel müssen so ausgewählt werden, dass sie die Konsumenten entsprechend der angestrebten Zielsetzung beeinflussen (Wahl der Farbe, der Texte, der Bilder spielen dabei eine große Rolle);
- **Werbewahrheit,** d.h., die Werbung soll sachlich richtig informieren und nicht täuschen und irreführen (nach dem Gesetz gegen den unlauteren Wettbewerb sind unwahre und irreführende Angaben verboten);
- **Werbeklarheit,** d.h., die Werbeaussage muss klar und leicht verständlich sein;
- **Wirtschaftlichkeit** der Werbung, d.h., die Kosten der Werbung sollen in einem vernünftigen Verhältnis zum Werbeerfolg stehen. Problematisch ist allerdings die Messung des Werbeerfolges, da es schwierig ist Absatzveränderungen einer bestimmten Werbemaßnahme zuzurechnen, da auch Preise, Qualität u.a. den Absatz beeinflussen;
- **Zielgruppenbestimmung,** d.h., es muss genau festgelegt werden, welcher Personenkreis (Zielgruppe) umworben wird. Auf diese Weise wird erreicht, dass die Werbung auf die potenzielle Kundengruppe abgestimmt werden kann und diese gezielt anspricht (Beispiel: Unterschiedliche Zielgruppen für Arzneien sind Ärzte, Apotheken, Krankenhäuser und Verbraucher).

297 | Welche Werbemittel gibt es?

Die **Werbemittel** dienen der Durchführung der Werbung. Von den zahlreichen Werbemitteln sollen nur die wichtigsten genannt werden:

- Anzeigen in Zeitschriften und Zeitungen,
- Werbesendungen in Rundfunk und Fernsehen,
- Prospekte und Kataloge,
- Werbebriefe und Postwurfsendungen,
- Broschüren und Flugblätter,
- Warenproben und Muster,
- Werbegeschenke und Zugaben.

Werbemittel können entsprechend der formalen Gestaltung gegliedert werden in:

- optische (grafische) Werbemittel, z.B. Plakate,
- akustische Werbemittel, z.B. Rundfunkwerbung,
- audio-visuelle Werbemittel, z.B. Fernsehwerbung.

298 Welche Werbeträger gibt es?

Die Werbemittel müssen an die Umworbenen „herangetragen" werden; dies erfolgt über die **Werbeträger** (Streumedien). Als Werbeträger kommen Personen, Sachen und Institutionen in Betracht wie z.B.:

- Zeitungen und Zeitschriften,
- Rundfunk- und Fernsehanstalten,
- Anschlagtafeln und Plakatsäulen.

299 Was beinhaltet der Werbeplan?

Der **Werbeplan** legt fest:

- **Werbeinhalt,** was sagt die Werbung aus (die Darstellung des Werbeinhalts soll nach den Grundsätzen der Werbung erfolgen);
- **Streukreis,** wer wird umworben (Zielgruppenbestimmung);
- **Streugebiet,** wo wird geworben (die geografischen Schwerpunkte für die Durchführung der Werbung werden festgelegt);
- **Reichweitenbestimmung,** wie viele werden umworben (abhängig von Streukreis und Streugebiet);
- **Streuzeit,** wann wird geworben (Festlegung des Zeitraums und der Häufigkeit der Werbemaßnahmen);
- **Streuweg,** wie wird geworben (Festlegung der Werbemittel und Werbeträger);
- **Werbeetat,** mit welchem Betrag wird geworben.

300 Wovon ist die Höhe des Werbeetats abhängig?

Die Höhe des **Werbeetats** wird beeinflusst durch:

- Liquidität und Umsatz des Unternehmens, z.B. wird in Abhängigkeit vom Umsatz festgelegt, ob zyklisch oder antizyklisch geworben wird;
- Werbemaßnahmen und Werbeaufwand der Konkurrenz, z.B. erfordern Werbeaktionen der Mitanbieter eigene Aktionen;
- Werbeerfolg, z.B. richten sich die Werbeaufwendungen nach der zu erwartenden Absatzsteigerung;
- Werbeziel, z.B. wird für die Einführung eines neuen Produktes mit hohem Werbeaufwand geworben.

301 Nennen Sie Möglichkeiten der Werbeerfolgskontrolle!

Die **Werbeerfolgskontrolle** soll den Werbeerfolg, d.h. das Ergebnis der Werbemaßnahmen feststellen. Sie kann erfolgen als

- außerökonomische Werbeerfolgskontrolle, man ermittelt z.B. beim Berührungserfolg die Zahl der Werbeberührten oder beim Erinnerungserfolg die Zahl derer, die sich an die Werbung erinnern;
- ökonomische (wirtschaftliche) Werbeerfolgskontrolle, sie setzt den durch die Werbung bewirkten Umsatzzuwachs zu den durch die Werbung verursachten Kosten ins Verhältnis **(Werberendite).**

$$\text{Werberendite} \; = \; \frac{\text{Umsatzzuwachs}}{\text{Werbekosten}}$$

In der Praxis ist es schwierig festzustellen, inwieweit eine Umsatzsteigerung tatsächlich auf die durchgeführten Werbemaßnahmen zurückzuführen ist und nicht durch andere absatzpolitische Maßnahmen bedingt ist.

---

302 | Was ist Publicrelations?

Wenn ein Unternehmen die Öffentlichkeit über sich selbst unterrichtet mit dem Ziel, um Vertrauen zu werben, spricht man von **Publicrelations** (Öffentlichkeitsarbeit).

Publicrelations wendet sich also an die gesamte Öffentlichkeit und soll das Bild **(Image)** des Unternehmens in der Bevölkerung positiv beeinflussen (und hat nicht die Absatzsteigerung zum Gegenstand). Zweifelsohne ergeben sich aber aus einer guten Darstellung in der öffentlichen Meinung auch positive Rückwirkungen auf den Absatz eines Unternehmens.

Publicrelations-Maßnahmen sind z.B. Firmenzeitschriften, Betriebsbesichtigungen, Pressekonferenzen, Anzeigen und Berichte in Massenmedien, Sportförderung, Spenden für soziale Zwecke.

---

303 | Was ist Corporate-Identity?

Unter **Corporate-Identity** versteht man die angestrebte unverwechselbare Identität (Erscheinungsbild) eines Unternehmens. Das Ziel der Einmaligkeit des Unternehmens kann z.B. erreicht werden durch
- Gestaltung von Firmenelementen (z.B. Firmenname, Firmenlogo, Firmenfarben),
- Verhalten von Mitarbeitern (z.B. höfliches Verhalten, Identifikation mit dem Unternehmen, Tragen einer einheitlichen Kleidung),
- Publicrelations.

---

304 | Was ist Salespromotion?

Die **Salespromotion (Verkaufsförderung)** zielt auf die
1. eigene Absatzorganisation, z.B.:
   - Schulung und Verkaufstraining des eigenen Verkaufspersonals,
   - Verkaufsprämien;

2. Absatzmittler, z.B.:
- Schulung und Verkaufstraining der Vertreter, Kommissionäre und des Verkaufspersonals im Einzelhandel,
- Produktvorführungen,
- Displays;
3. Verwender bzw. Verbraucher, z.B.:
- Proben, Muster und Kundenzeitschriften,
- Preisausschreiben,
- Produktvorführungen.

305 | Was versteht man unter Display?

Display ist eine besondere Form der Warenpräsentation mit dem Ziel, die Waren in den Blickpunkt zu rücken. Display-Materialien (meist vom Hersteller kostenlos bereitgestellt) können sein: Behälter, Ständer, Regale, Körbe und Plakate.

306 | Was ist Product-Placement?

Unter **Product-Placement** versteht man die bewusste Einbeziehung eines Produktes (i.d.R. Markenartikel) in die Handlung eines Spielfilms im Kino oder im Fernsehen.

307 | Was ist Sponsoring?

Beim **Sponsoring** stellt der Sponsor (z.B. Großhandelsbetrieb) einem Gesponserten (z.B. Sportverein, bekannter Sportler, Theater) Geld, Sachmittel (z.B. Pkw) oder Dienstleistungen (z.B. kostenlose Flüge) zur Verfügung. Der Gesponserte muss eine Gegenleistung erbringen, welche imagefördernd für den Sponsor ist (z.B. Tragen eines Trikots mit Firmenlogo bei Fußballspielen).

308 | Was ist Direktmarketing?

Beim **Direktmarketing** wird eine bestimmte Zielgruppe (siehe Seite 258) durch absatzpolitische Maßnahmen so angesprochen, dass die Mitglieder der Zielgruppe zu einer gewünschten Reaktion veranlasst werden (z.B. Teilnahme an einem Preisausschreiben, Ausfüllen einer Antwortkarte, Einlösen eines Gewinncoupons).

309 | Was ist beim Kundengespräch zu beachten?

Das **Kundengespräch** ist besonders wichtig für folgende betriebliche Situationen:
- Verkaufsgespräch, es beinhaltet z.B. Kontaktaufnahme mit dem Kunden, Ermitteln des Kaufwunsches, Vorlegen der Ware bzw. des Katalogs, Verkaufsargumentation, Abschluss der Verkaufsverhandlung;
- Annehmen einer Bestellung;
- Annehmen einer Kundenreklamation;
- Durchführung einer Beratung;
- Behandlung von Sonderwünschen der Kunden (z.B. Zahlungsaufschub).

Da die verbale und nonverbale Kommunikation beim Kundengespräch eine besondere Rolle spielen, sollten die Mitarbeiter entsprechend geschult werden.

310 Unterscheiden Sie verbale und nonverbale Kommunikation!

Verbale Kommunikation ist der sprachliche Austausch von Informationen (mündliche Kommunikation), wobei neben dem Kundengespräch auch in anderen betrieblichen Situationen (z. B. Mitarbeitergespräch, Verhandlungen mit Lieferanten) auf die positive Wirkung geachtet werden muss. Eine positive Wirkung wird beispielsweise erreicht durch

- positive Formulierungen (z. B. Vermeiden von Wörtern wie nein bzw. nicht),
- Eingehen auf den Gesprächspartner (z. B. Berücksichtigung von Sprachniveau und Ausdrucksweise),
- interessiertes Zuhören (z. B. sollte der Gesprächspartner nicht unterbrochen werden),
- Anpassung der Sprechweise (z. B. Aussprache, Lautstärke).

Nonverbale Kommunikation ist der nicht sprachliche Austausch von Informationen. Sie ist möglich durch

- Mimik (z. B. Veränderung des Gesichtsausdrucks),
- Gestik (z. B. Gebärden),
- äußeres Auftreten (z. B. Umgangsformen),
- Kleidung (z. B. elegante Kleidung).

Zur Kommunikation siehe auch Seite 376 ff.

4.10 Marketing-Mix

311 Was versteht man unter Marketing-Mix?

Marketing-Mix ist die Kombination und Koordination der einzelnen absatzpolitischen Instrumente, um die angestrebten Marketing-Ziele zu ereichen.

Von einem optimalen Marketing-Mix spricht man dann, wenn das angestrebte Ziel (z. B. Gewinnmaximierung) auch durch ein anderes Marketing-Mix nicht mehr verbessert werden kann.

4.11 Warenwirtschaftssystem im Marketing

312 Welche Bedeutung hat das Warenwirtschaftssystem für Sortimentsentscheidungen?

Die Sortimentspolitik (siehe Seite 242 ff.) ist ein wichtiger Bereich des Marketing. Sortimentsentscheidungen werden durch den Einsatz eines computergestützten Warenwirtschaftssystems wesentlich erleichtert.

Das Warenwirtschaftssystem liefert für die Sortimentspolitik

1. Umsatzstatistiken, z. B.
   - warenbezogene Statistiken (z. B. Tages- und Wochenumsätze, Umsätze nach Werbemaßnahmen),

- warengruppenbezogene Statistiken (z.B. Wochenumsätze für die Warengruppen A, B, C),
- kundenbezogene Statistiken (z.B. Umsätze mit Einzelhandelsbetrieben und Behörden);

2. Kennzahlen, z.B.
- Umsatz je Verkäufer, Umsatz je Kunde, Umsatz je Verkaufsvorgang,
- Renner-Penner-Liste,
- Deckungsbeitrag je Ware bzw. je Warengruppe (siehe Seite 547 ff.);

3. kurzfristige Erfolgsrechnung, sie ermittelt für kurze Zeiträume (z.B. Monat, Woche) den Betriebserfolg als Differenz zwischen Kosten und Erlösen, z.B.
- warengruppenbezogene Erfolgsrechnung,
- kundenbezogene Erfolgsrechnung,
- gebietsbezogene Erfolgsrechnung.

5 Finanzierung

5.1 Finanzierungsanlässe und Finanzierungsmöglichkeiten

5.1.1 Investition

313 Was versteht man unter Investition?

Unter **Investition** versteht man die Verwendung der durch die Finanzierung beschafften Mittel (Umwandlung finanzieller Mittel in Betriebsmittel).

Die Kapitalverwendung findet ihren Niederschlag auf der Aktivseite der Bilanz (Anlage- und Umlaufvermögen).

314 Welche Investitionsarten werden unterschieden (Überblick)?

Man unterscheidet die **Investitionsarten** nach:

1. Vermögensgegenständen,
   - Sachinvestition,
   - Finanzinvestition,
   - immaterielle Investition;

2. Investitionsgründen,
   - Ersatzinvestition,
   - Erweiterungsinvestition,
   - Rationalisierungsinvestition,
   - Schutzinvestition.

315 Unterscheiden Sie Sach-, Finanz- und immaterielle Investition!

Eine **Sachinvestition** liegt vor, wenn finanzielle Mittel in Sachgüter wie z. B. Gebäude, Maschinen, Waren umgewandelt werden.

Bei der **Finanzinvestition** werden finanzielle Mittel in Finanzvermögen umgewandelt, z. B. Beteiligungen.

Von einer **immateriellen Investition** spricht man, wenn finanzielle Mittel für immaterielle Werte wie z. B. Patente, Werbung aufgewendet werden.

316 Unterscheiden Sie Ersatz-, Erweiterungs-, Rationalisierungs- und Schutzinvestition!

Ersatzinvestition (Erhaltungsinvestition) ist der Teil der Investitionen, der auf die Ersatzbeschaffung wirtschaftlich verbrauchter Güter entfällt. Die Betriebskapazität bleibt gleich.

Die **Erweiterungsinvestition** (Neuinvestition) erhöht die Betriebskapazität.

Die **Rationalisierungsinvestition** verbessert die Wirtschaftlichkeit im Betrieb (durch technisch verbesserte Maschinen).

Schutzinvestitionen dienen der Sicherheit sowie der Gesundheit der Arbeitnehmer und dem Schutz der Umwelt; sie sind häufig gesetzlich vorgeschrieben oder vertraglich vereinbart.

317 Was ist Desinvestition?

Wenn die investierten Geldmittel über den Markt (meist durch Verkauf von Waren) wieder freigesetzt, d. h. in flüssige Mittel umgewandelt werden, spricht man von **Desinvestition.**

318 | Was ist ein Investitionsplan?

Im **Investitionsplan** wird festgelegt, welche Investitionen zu welchem Zeitpunkt durchgeführt werden. Die Entscheidung über die durchzuführende Investition wird mit Hilfe der Investitionsrechnung getroffen.

Probleme des Investitionsplans sind z.B.

● Interdependenz der Teilpläne, d.h., der Investitionsplan muss mit den anderen betrieblichen Teilplänen wie z.B. Absatz- und Beschaffungsplan abgestimmt werden;

● Planungsunsicherheit, d.h., mit zunehmender Planungsdauer wird die Einschätzung der künftigen Entwicklung unsicherer.

5.1.2 Finanzierung

319 | Was versteht man unter Finanzierung?

Finanzierung umfasst alle Maßnahmen, die mit der Kapitalbeschaffung verbunden sind. Der Gegenwert des Kapitals kann in Form von Geld, Gütern oder Wertpapieren zur Verfügung gestellt werden.

Die Kapitalbeschaffung findet ihren Niederschlag auf der Passivseite der Bilanz (Positionen des Eigen- und Fremdkapitals).

320 | Welche Arten des Kapitalbedarfs gibt es?

Der **Kapitalbedarf** wird unterschieden in

1. ordentlichen Kapitalbedarf,
   ● Erstausstattungsbedarf (bei Gründung eines Unternehmens),
   ● laufender Kapitalbedarf (bedingt durch die Betriebstätigkeit);
2. außerordentlichen Kapitalbedarf (z.B. bedingt durch Absatzrückgang, unvorhergesehene betriebliche Störungen).

321 | Wovon ist der Kapitalbedarf abhängig?

Der Kapitalbedarf eines Unternehmens ist vor allem abhängig von

● der Betriebsgröße (z.B. Anzahl der Beschäftigten),
● dem Vermögensaufbau (Zusammensetzung des Anlage- und Umlaufvermögens),
● dem Sortiment,
● dem Absatz,
● dem Investitionsplan,
● den Zahlungsgewohnheiten (eigene und die der Kunden),
● Saison- und Konjunktureinflüssen,
● den Bedingungen auf den Beschaffungsmärkten (für die Produktionsfaktoren).

322 Welche Aufgaben hat die Finanzplanung?

Der **Finanzplan** als Teilplan im System der betrieblichen Planung enthält die zukünftigen Einnahmen und Ausgaben der Unternehmung für einen bestimmten Zeitraum.

Aufgabe der Finanzplanung ist die Ermittlung des zukünftigen Kapitalbedarfs und der optimalen Finanzierungsform unter Berücksichtigung der ständigen Zahlungsfähigkeit der Unternehmung.

Im Rahmen der betrieblichen Gesamtplanung stellt der Finanzplan, neben dem Absatzplan, oft einen Engpass dar, an dem sich die anderen Teilpläne orientieren müssen.

323 Beschreiben Sie die wichtigsten Finanzierungsgrundsätze!

Folgende **Finanzierungsgrundsätze** müssen beachtet werden:
- Wahrung der Liquidität;
- langfristige Finanzierung des Anlagevermögens und der langfristig gebundenen Teile des Umlaufvermögens (eiserner Bestand) durch Eigenkapital und langfristiges Fremdkapital **(goldene Bilanzregel);**
- die Fristigkeit des Fremdkapitals muss der Zeit der Bindung des Kapitals in Vermögensteilen entsprechen (Fristenkongruenz);
- Rentabilität des Kapitaleinsatzes;
- von mehreren Finanzierungsmöglichkeiten muss die kostengünstigste genommen werden.

324 Welche Bedeutung hat die Kapitalbindung für ein Unternehmen?

Werden finanzielle Mittel in betriebliches Anlage- bzw. Vorratsvermögen festgelegt, spricht man von **Kapitalbindung.**
- Verkürzt der Lieferer sein Zahlungsziel, bedeutet dies für das Unternehmen (Käufer) eine Verlängerung der Kapitalbindungszeit.
- Verkürzt das Unternehmen (Verkäufer) seine Zahlungsziele, bedeutet dies für das Unternehmen eine Verkürzung der Kapitalbindungszeit.

325 Was ist Liquidität?

Unter **Liquidität** versteht man die Fähigkeit eines Unternehmens, seine fälligen Verpflichtungen termingerecht erfüllen zu können (siehe auch Seite 494 f.).
- Überliquidität liegt vor, wenn der Zahlungsmittelbestand höher ist als der Zahlungsmittelbedarf (führt zu Zinsverlusten).
- Unterliquidität (vorübergehende Zahlungsstockung) liegt vor, wenn die Zahlungsmittelbestände zu gering sind (kann Illiquidität, d. h. völlige und dauerhafte Zahlungsunfähigkeit zur Folge haben).
- Optimale Liquidität liegt vor, wenn sich der Betrieb im finanziellen Gleichgewicht befindet (Einnahmen und Ausgaben stimmen überein).

| 326 | Was ist Rentabilität? | Wird der Gewinn eines Unternehmens als Differenz von Ertrag und Aufwand zum eingesetzten Kapital ins Verhältnis gesetzt, sprricht man von **Rentabilität** (siehe auch Seite 496 f.). |

$$\text{Rentabilität} = \frac{\text{Gewinn} \cdot 100}{\text{Kapital}}$$

| 327 | Welchen Zielkonflikt gibt es zwischen Rentabilität und Liquidität? | Da eine optimale Liquidität in der Praxis nur sehr schwer verwirklicht werden kann, bilden die Unternehmen zur Sicherung der Zahlungsfähigkeit finanzielle Reserven. Aufgrund dieses nicht genutzten Kapitals entsteht ein Zinsverlust, der eine Verringerung des Gewinns zur Folge hat. Dies bewirkt eine Verschlechterung der Rentabilität (je höher die Überliquidität, desto geringer ist die Rentabilität). |

Die Liquidität hat stets Vorrang vor der Rentabilität.

| 328 | Welche Finanzierungsarten werden unterschieden (Überblick)? | Man unterscheidet: |

1. Außenfinanzierung,
   - Kreditfinanzierung (Fremdfinanzierung),
   - Einlagenfinanzierung (Eigenfinanzierung);
2. Innenfinanzierung,
   - Selbstfinanzierung (Eigenfinanzierung),
   - Freisetzungsfinanzierung (Eigen- oder Fremdfinanzierung).

| 329 | Unterscheiden Sie Außen- und Innenfinanzierung! | Bei der **Außenfinanzierung** wird das Kapital dem Unternehmen von außen zugeführt, es stammt also nicht aus dem betrieblichen Umsatzprozess. |

Bei der **Innenfinanzierung** stammt das Kapital aus dem Unternehmen selbst.

| 330 | Was ist Kreditfinanzierung? | Bei der **Kreditfinanzierung (Fremdfinanzierung)** wird dem Unternehmen durch außenstehende Kapitalgeber (Gläubiger) Fremdkapital auf begrenzte Zeit zur Verfügung gestellt (z.B. Darlehensaufnahme, Einkauf auf Ziel). |

Das **Fremdkapital** verursacht im Gegensatz zum Eigenkapital Ausgaben durch den Zins- und Tilgungsdienst, die sich auf die Liquidität eines Unternehmens auswirken können.

| 331 | Was ist Einlagenfinanzierung? | **Einlagenfinanzierung (Beteiligungsfinanzierung)** liegt vor, wenn dem Unternehmen durch die Eigentümer Eigenkapital zur Verfügung gestellt wird. |

Einzelfirmen und Personengesellschaften erhalten das Kapital aus den privaten Mitteln des Unternehmers bzw. der Gesellschafter oder durch Neuaufnahme von Gesellschaftern.

Kapitalgesellschaften erhalten ihr Eigenkapital durch die Ausgabe von Aktien bzw. durch die Stammeinlagen der Gesellschafter.

332 | Was ist Selbst-finanzierung?

Bei der **Selbstfinanzierung** werden Teile des Gewinns nicht ausgeschüttet, sondern zurückbehalten (Gewinnthesaurierung).

Bei der **offenen Selbstfinanzierung** wird der zurückbehaltene Gewinn entweder den Kapitalkonten zugeschrieben (Einzelfirmen, Personengesellschaften) oder auf Rücklagenkonten gesammelt (Betriebe mit festem Nominalkapital wie AG, GmbH).

Stille (verdeckte) **Selbstfinanzierung** geschieht durch die Bildung **stiller Rücklagen.** Diese entstehen entweder durch Unterbewertung von Vermögensteilen (z.B. durch überhöhte Abschreibungen) oder durch Überbewertung von Schulden (z.B. überhöhte Rückstellungen). Überhöhte Abschreibungen z.B. erhöhen den Aufwand der betreffenden Periode, wodurch der tatsächliche Gewinn vermindert wird. Dieser nicht ausgewiesene Gewinn schafft zusätzliches „unsichtbares" Eigenkapital.

333 | Was ist Freisetzungs-finanzierung?

Freisetzungsfinanzierung (Finanzierung aus freigesetztem Kapital) ist die Finanzierung durch

● Abschreibungsrückflüsse (Desinvestition),

● Vermögensumschichtungen (z.B. Verkauf nicht betriebsnotwendiger Vermögensteile wie Wertpapiere, Grundstücke),

● Rationalisierungsmaßnahmen (z.B. Verkürzung der Lagerdauer von Waren),

● Bildung von Pensionsrückstellungen (bis zur Auszahlung der Pensionen kann mit dem Kapital gearbeitet werden).

334 | Unterscheiden Sie Fremdfinanzierung und Eigenfinanzierung!

Erhält das Unternehmen von Außenstehenden (Gläubigern) Kapital, spricht man von **Fremdfinanzierung.**

Wird zusätzliches Kapital durch die Eigentümer (Unternehmer, Gesellschafter, Aktionäre) bzw. durch Zurückbehalten von Gewinnen aufgebracht, handelt es sich um **Eigenfinanzierung.**

335 | Stellen Sie die Vorteile der Eigen- und Fremd-finanzierung gegenüber!

Vorteile der **Eigenfinanzierung** sind:

● kein fester Zins- und Tilgungsdienst, dadurch keine Belastung der Liquidität;

● Eigenkapital gewährt nur dann das Recht auf Gewinnanteile, wenn Gewinne erzielt wurden, dadurch entsteht keine Verringerung der betrieblichen Substanz in Verlustjahren;

● Kapital steht i.d.R. unbefristet zur Verfügung.

Vorteile der **Fremdfinanzierung** sind:

● Gläubiger des Fremdkapitals haben i.d.R. kein Mitbestimmungsrecht;

● Fremdkapitalzinsen können als Betriebsausgaben abgezogen werden, dadurch wird der steuerpflichtige Gewinn vermindert.

336 | Was ist eine Aktie?

Aktien sind Urkunden, die ein Anteilsrecht (Beteiligung) an einer Aktiengesellschaft gewähren (siehe Seite 115). Man unterscheidet:

- **Nennbetragsaktien,** sie müssen auf mindestens einen Euro lauten, höhere Aktiennennbeträge müssen auf volle Euro lauten; der Nennwert ist der auf der Aktie genannte Betrag. Der Anteil am Grundkapital bestimmt sich nach dem Verhältnis des Nennbetrages zum Grundkapital;

- **Stückaktien,** sie lauten auf keinen Nennbetrag, sie sind im gleichen Umfang am Grundkapital beteiligt. Der Anteil am Grundkapital bestimmt sich nach der Zahl der Aktien.

Der Preis, zu dem die Aktie an der Börse gehandelt wird, ist der **Kurswert (Marktwert).**

337 | Nennen Sie Merkmale der Aktie!

Die Aktie hat folgende Merkmale:

- Der Eigentümer ist Teilhaber an dem Unternehmen mit allen Teilhaberrechten, z. B. Stimmrecht;
- Recht auf Beteiligung am Unternehmenserfolg in Form einer Dividende (Gewinn pro Aktie);
- Höhe der Dividende schwankt;
- Kurse schwanken oft stärker als bei Gläubigerpapieren (Kurswert meist höher als Nennwert);
- hohes Risiko für Eigentümer bei schlechter Ertragslage;
- Chance für Kursgewinne bei guter Geschäftslage.

338 | Welche Aktienarten gibt es?

Man unterscheidet:

1. nach der Identifikation des Eigentümers,
   - **Namensaktie,** sie lautet auf den Namen des Aktionärs und ist in das Aktienregister der Gesellschaft einzutragen;
   - **Inhaberaktie,** sie enthält keine Namensangabe (häufigste Form der Aktie);

2. nach den mit dem Eigentum verbundenen Rechten,
   - **Vorzugsaktie,** sie ist verbunden mit einer höheren Dividende pro Aktie und das Stimmrecht in der Hauptversammlung ist i. d. R. ausgeschlossen (Vorzugsaktie ohne Stimmrecht);
   - Normalform der Aktie, sie gewährt dem Aktionär alle mit der Aktie verbundenen Rechte **(Stammaktie);**

3. nach dem Zeitpunkt der Ausgabe,
   - **alte Aktien:** Ausgabe vor einer Kapitalerhöhung;
   - **junge Aktien:** Ausgabe bei einer Kapitalerhöhung.

339 | Was ist eine Industrieobligation?

Durch die Ausgabe von **Industrieobligationen** (Schuldverschreibungen) beschaffen sich Industriebetriebe Fremdkapital (langfristige Fremdfinanzierung), um Investitionen zu finanzieren.

340 Nennen Sie Merkmale der Industrieobligation!

Industrieobligationen haben folgende Merkmale:
- Der Eigentümer ist Gläubiger,
- Verzinsung zu einem festen Zinssatz,
- geringe Kursschwankungen (Nennwert oft höher als Kurswert),
- lange Laufzeit,
- geringes Risiko für Anleger durch hohe Sicherheit,
- am Ende der Laufzeit wird die Auszahlung des Nennwertes garantiert.

341 Was ist eine Wandelschuldverschreibung?

Eine **Wandelschuldverschreibung** ist eine Schuldverschreibung (Obligation) einer Aktiengesellschaft, die nach einer bestimmten Zeit in eine Aktie umgewandelt werden kann.

342 Was ist Leasing?

Werden Anlagen und Investitionsgüter durch die Hersteller selbst oder durch spezielle Leasing-Gesellschaften vermietet oder verpachtet, spricht man von **Leasing.**

Diese besondere Form der Finanzierung findet Anwendung als Equipment-Leasing (Vermietung von Büromaschinen, Büromöbeln, Transportmaschinen u.a.) und als Industrieanlagen-Leasing (Vermietung bzw. Verpachtung von kompletten Industrieanlagen, Verwaltungsgebäuden u.a.).

343 Nennen Sie Vor- und Nachteile des Leasings!

Vorteile für den Leasinggeber sind
- Absatzförderung,
- dauerhafter und guter Kundenkontakt.

Nachteile für den Leasinggeber sind
- unsachgemäßer Umgang mit den Leasing-Gegenständen,
- Leasing-Vertrag kann gekündigt werden.

Vorteile für den Leasingnehmer sind
- keine hohen Anschaffungskosten,
- keine Überalterung der Anlagen.

Nachteile für den Leasingnehmer sind
- Beeinträchtigung der Liquidität durch die monatlichen Mietkosten,
- bei längerer Vertragsdauer insgesamt höhere Aufwendungen als beim Kauf.

344 Vergleichen Sie Kauf und Leasing!

Ein Vergleich zwischen Leasing und Kauf ist nur im Einzelfall möglich. Beurteilungskriterien sind:
- technische Gesichtspunkte, z.B. das Veralten der Maschinen;
- finanzielle Gesichtspunkte, Vergleich der Miet- bzw. Pachtkosten mit anderen Finanzierungsmöglichkeiten, Auswirkungen auf die Liquidität;

- steuerliche Gesichtspunkte, die Mietraten können unter bestimmten Bedingungen voll als Aufwendungen angesetzt werden.

345 Was ist Factoring?

Beim **Factoring** verkauft ein Unternehmen eine Buchforderung an einen Factor (i.d.R. Factoringbank). Der Factor schreibt dem Unternehmen nach Abzug von Zinsen und Provision den Forderungsbetrag gut.

Der Factor übernimmt
- die Eintreibung und Verwaltung der Forderungen (Dienstleistungsfunktion),
- das Risiko des Forderungsausfalls (Risikofunktion),
- die Vergütung der Forderung (Finanzierungsfunktion).

346 Welche Vor- und Nachteile hat der Factorkunde?

Vorteile für den Factorkunden sind:
- Verbesserung der Liquidität,
- Abwälzung des Kreditrisikos,
- weniger Kosten für Fakturier- und Mahnwesen.

Nachteile sind:
- Kundenkontakt wird vermindert,
- hohe Zins- und Provisionskosten.

5.2 Kreditarten

347 Was versteht man unter Kredit?

Kredit ist die Übertragung von
- Geldmitteln (Geldkredit) oder
- Gütern (Warenkredit)

an andere Personen gegen das Versprechen späterer Rückvergütung (normalerweise gegen Entgelt).

348 Welchen Inhalt hat der Kreditvertrag?

Der **Kreditvertrag** (siehe auch Seite 568 f.) beinhaltet Regelungen über:
- Kreditumfang,
- Kreditdauer,
- Kreditkosten (Zinsen und Provision),
- Rückzahlungsmodalitäten,
- Sicherheiten (Kreditsicherung).

349 Welche Kreditarten unterscheidet man (Überblick)?

Die Kredite werden unterschieden nach
1. Art der Leistung,
   - Geldkredit,
   - Warenkredit;

2. Kreditgeber,
   ● Liefererkredit,
   ● Bankkredit;

3. Kreditdauer,
   ● kurzfristige Kredite,
   ● mittelfristige Kredite,
   ● langfristige Kredite;

4. Kreditzweck,
   ● Produktivkredit,
   ● Konsumtivkredit;

5. Verfügbarkeit des Kredits,
   ● Kontokorrentkredit,
   ● Darlehen;

6. Kreditsicherung.

---

350 Unterscheiden Sie Geld- und Warenkredit!

Unter **Geldkredit** versteht man die Vergabe von Geldmitteln. Wenn das Geld bar ausgezahlt wird, liegt ein **Barkredit** vor.

Unter **Warenkredit** versteht man einen Kauf (bzw. Verkauf) auf Ziel.

---

351 Unterscheiden Sie Lieferer- und Bankkredit!

Der **Liefererkredit** erfolgt in der Regel als Warenkredit; er ist auch in Form des Geldkredits möglich (z.B. gewährt ein Hersteller einem Großhändler einen Kredit für die Anschaffung von Einrichtungsgegenständen).

Der Liefererkredit ist normalerweise ein teurer Kredit (siehe Seite 407 f.).

Der **Bankkredit** erfolgt in der Regel als Barkredit.

---

352 Unterscheiden Sie die Kredite nach der Kreditdauer!

Kurzfristige Kredite liegen vor, wenn die Kreditlaufzeit unter sechs Monaten liegt.

Bei **mittelfristigen Krediten** liegt die Laufzeit zwischen sechs Monaten und vier Jahren.

Bei einer Laufzeit von vier Jahren und darüber spricht man von **langfristigen Krediten.**

---

353 Unterscheiden Sie Produktiv- und Konsumtivkredit!

Der **Produktivkredit** dient der Finanzierung der betrieblichen Produktion; man unterscheidet Investitions-, Betriebsmittel- und Zwischenkredit.

Der **Konsumtivkredit** (Konsumkredit) dient dem Endverbraucher zur Finanzierung seines Konsums.

---

354 Unterscheiden Sie Investitions-, Betriebsmittel- und Zwischenkredit!

Der **Investitionskredit** dient der Erstellung, Erweiterung und Erneuerung von Anlagevermögen.

Der **Betriebsmittelkredit** dient der Verstärkung des Umlaufvermögens (z.B. Erhöhung der Warenbestände).

Der **Zwischenkredit** (Saisonkredit) dient der Überbrückung von kurzfristigen Liquiditätsschwierigkeiten.

---

355 Was versteht man unter Kontokorrentkredit?

Beim **Kontokorrentkredit** räumt die Bank einem Kreditnehmer auf einem „laufenden Konto" (Kontokorrentkonto) einen Kredit bis zu einer bestimmten Höhe (Kreditlimit, Kreditlinie) für einen bestimmten Kreditzeitraum ein.

Der Kontoinhaber kann den Kredit
- ganz oder teilweise beanspruchen,
- ganz oder teilweise zurückzahlen,
- stets wieder neu in Anspruch nehmen, d.h., die Kredithöhe wechselt dauernd.

Abgerechnet werden nicht die einzelnen Zahlungen (Gutschriften oder Lastschriften), sondern der sich jeweils ergebende Saldo.

Berechnet werden:
- Kreditzinsen (werden nur vom tatsächlich beanspruchten Kredit berechnet),
- Kreditprovision,
- Umsatzprovision,
- Überziehungsprovision.

Dieser Kredit dient vor allem der Sicherung der Liquidität und ist in der Regel kurzfristig.

---

356 Was ist ein Darlehen?

Beim **Darlehen** wird der Darlehensbetrag dem Kreditnehmer in einem Betrag (oder in Teilbeträgen) für eine bestimmte Zeitdauer zur Verfügung gestellt. Im Gegensatz zum Kontokorrentkredit ist das Darlehen ein langfristiger Kredit.

Die Rückzahlung der Darlehenssumme kann erfolgen
- in voller Höhe am Fälligkeitsdatum = **Fälligkeitsdarlehen,**
- in voller Höhe nach Kündigung und Ablauf einer vorher festgelegten Kündigungsfrist = **Kündigungsdarlehen** (wie beim Fälligkeitsdarlehen werden während der Laufzeit nur Zinsen gezahlt),
- in Teilbeträgen (Raten) = **Tilgungsdarlehen** (als Annuitäten- oder Abzahlungsdarlehen).

---

357 Beschreiben Sie die Arten der Darlehenstilgung!

Das **Annuitätendarlehen** (Annuitätentilgung) verpflichtet den Schuldner zur regelmäßigen Zahlung jährlich gleich bleibender Beträge (Annuitäten). Davon entfällt ein ständig wachsender Teil auf die Tilgung und ein ständig sinkender Teil auf die Zinsen für die Restschuld.

Das **Abzahlungsdarlehen** (Ratentilgung) sieht eine jährlich gleich bleibende Tilgungsquote vor. Da die Zinsen für die verbleibende Restschuld sinken, verringern sich die jährlichen Zahlungen. Die Rückzahlung dauert im Vergleich zur Annuitätentilgung länger (bei sonst gleichen Bedingungen).

18 Groh/Schröer – ISBN 3-8120-0422-4

5.3 Kreditsicherungsmöglichkeiten

358 Welche Kriterien bestimmen die Kreditwürdigkeit?

Der Kreditgeber wird in der Regel vor der Kreditvergabe die **Kreditwürdigkeit** prüfen (Bonitätsprüfung). Diese wird vor allem bestimmt durch die

● Persönlichkeit und die persönlichen Verhältnisse des Kreditnehmers (z.B. Zuverlässigkeit und berufliche Erfolge),

● wirtschaftlichen Verhältnisse des Kreditnehmers (z.B. geregeltes Einkommen, Einkommenshöhe, vorhandenes Vermögen),

● wirtschaftlichen Verhältnisse im Unternehmen des Kreditnehmers (z.B. Höhe des Eigenkapitals, Haftung in Abhängigkeit von der Rechtsform, Vermögens- und Kapitalstruktur, Unternehmensgröße, Rentabilität, Liquidität).

359 Welche Formen der Kreditsicherung gibt es (Überblick)?

Nach der Art der **Kreditsicherung** unterscheidet man:

1. Personalkredit (Blankokredit);
2. verstärkter Personalkredit,
   ● Wechseldiskontkredit,
   ● Bürgschaftskredit,
   ● Zession,
   ● Kreditleihe;
3. Realkredit,
   ● Verpfändung (Lombardkredit),
   ● Sicherungsübereignung,
   ● Grundpfandrechte (Hypothek, Grundschuld).

5.3.1 Personalkredit

360 Beschreiben Sie den reinen Personalkredit!

Beim **reinen Personalkredit** (ungedeckter Kredit, Blankokredit) liegt die Sicherung des Kredites nur in der Person bzw. in der Kreditwürdigkeit des Kreditnehmers; darüber hinaus bestehen keine zusätzlichen Sicherheiten.

Der reine Personalkredit wird vor allem gewährt als Kontokorrentkredit, persönlicher Kleinkredit, persönliches Anschaffungsdarlehen. Er ist in der Regel ein kurzfristiger Kredit.

361 Beschreiben Sie den verstärkten Personalkredit!

Beim **verstärkten Personalkredit** haften neben dem Kreditnehmer noch weitere Personen für die Kreditrückzahlung.

362 Was ist ein Wechseldiskontkredit?

Beim **Wechseldiskontkredit** (Diskontkredit) kauft das Kreditinstitut später fällige Wechsel und stellt dem Verkäufer (Kreditnehmer) den Barwert zur Verfügung, d.h., bei diesem Kredit löst die Bank den Wechsel abgezinst ein.

Der Diskontkredit bietet folgende Vorteile:

- günstige Bedingungen für den Kreditnehmer (der Diskontkredit ist, verglichen mit anderen Kreditarten, ein billiger Kredit);
- Sicherheit für den Kreditgeber infolge der Wechselstrenge, der Haftung der Wechselverpflichteten (Bezogener, Aussteller und Wechselnehmer), der Kurzfristigkeit und des festen Rückzahlungstermins;
- bei Bedarf zusätzliche Liquidität für den Kreditgeber durch die Möglichkeit der Verpfändung des Wechsels.

363 Was ist ein Bürgschaftskredit?

Beim **Bürgschaftskredit** werden zwei Verträge abgeschlossen:
- Kreditvertrag zwischen Kreditnehmer (Hauptschuldner) und Kreditgeber (Gläubiger);
- Bürgschaftsvertrag (einseitig verpflichtender Vertrag) zwischen Bürge und Gläubiger; der Bürge verpflichtet sich in diesem Vertrag, für die Erfüllung der Verbindlichkeit des Hauptschuldners einzustehen. Grundsätzlich muss ein Bürgschaftsvertrag schriftlich abgeschlossen werden. Kaufleute können sich auch mündlich verbürgen, falls die Bürgschaft im Rahmen ihres Geschäftsbetriebs eingegangen wird.

364 Unterscheiden Sie Ausfallbürgschaft und selbstschuldnerische Bürgschaft!

Bei der **Ausfallbürgschaft** kann der Bürge verlangen, dass der Gläubiger zunächst mit allen außergerichtlichen und gerichtlichen Mitteln versucht den Hauptschuldner zur Zahlung zu veranlassen (Recht der „Einrede der Vorausklage"). Zahlt der Schuldner nicht, muss der Bürge zahlen.

Bei der **selbstschuldnerischen Bürgschaft** haftet der Bürge wie der Hauptschuldner selbst, d. h., er verzichtet auf das Recht der Einrede der Vorausklage. Kommt der Schuldner seinen Zahlungsverpflichtungen nicht nach, so kann der Gläubiger zur Befriedigung seiner Forderungen sofort den Bürgen heranziehen.

Kreditinstitute verlangen in der Regel die selbstschuldnerische Bürgschaft. Kaufleute können sich nur selbstschuldnerisch verbürgen.

365 Was ist eine Zession?

Unter **Zession** versteht man die Abtretung einer Forderung an eine Bank oder einen anderen Kreditgeber zur Sicherung eines Kredits. Neben dem Kreditvertrag wird zwischen Kreditnehmer und Kreditgeber ein Zessionsvertrag abgeschlossen. Durch diesen geht die Forderung des bisherigen Gläubigers (Kreditnehmer, Zedent) gegenüber seinem Schuldner (Drittschuldner) auf den neuen Gläubiger (Zessionar) über.

366 Beschreiben Sie die offene Zession!

Bei der **offenen Zession** erfährt der Drittschuldner von der Forderungsabtretung und zahlt direkt an den neuen Gläubiger.

275

Vorteile der offenen Zession sind:

- Der Kreditgeber (Bank) erhält ohne Umweg über den Kreditnehmer den Forderungsbetrag vom Drittschuldner;
- der Kreditnehmer hat mit der Zahlungsabwicklung nichts mehr zu tun.

Nachteile sind:

- Der Drittschuldner ist informiert über die Kreditaufnahme seines Geschäftspartners;
- relativ schlechte Sicherheit für den Kreditgeber, wenn der Drittschuldner Gegenansprüche gegen den Kreditnehmer geltend macht (z.B. bei Gewährleistungsansprüchen).

367 Beschreiben Sie die stille Zession!

Bei der **stillen Zession** erfährt der Drittschuldner nichts von der Forderungsabtretung und zahlt weiter an den bisherigen Gläubiger. Dieser leitet die Zahlungen an den Zessionar weiter.

Aufgrund der geringen Sicherheit behält sich die Bank vor, die stille Zession in eine offene Zession umzuwandeln, wenn der Kreditnehmer in Zahlungsschwierigkeiten gerät.

368 Unterscheiden Sie Einzel-, Mantel- und Globalzession!

Bei der **Einzelzession** wird eine bestimmte Forderung an den Kreditgeber abgetreten.

Bei der **Mantelzession** werden mehrere, genau festgelegte Forderungen in einer bestimmten Höhe abgetreten. Forderungen, die an den Kreditnehmer zurückgezahlt wurden, müssen durch neue Forderungsabtretungen ersetzt werden.

Bei der **Globalzession** werden sämtliche bestehenden und zukünftigen Forderungen oder ein bestimmter Teil davon (z.B. Kundenforderungen von A bis M) an den Kreditgeber abgetreten. Sie ist sehr einfach und für den Gläubiger besonders sicher.

369 Was versteht man unter Kreditleihe?

Stellt eine Bank einem Kunden kein Geld zur Verfügung, sondern ihre eigene Kreditwürdigkeit, so spricht man von **Kreditleihe.**

Man unterscheidet:

- **Avalkredit** (Bankbürgschaft): Hier übernimmt das Kreditinstitut eine selbstschuldnerische Bürgschaft zugunsten eines Kunden. Bankbürgschaften erhalten vor allem Behörden, aber auch private Unternehmer für Zahlungsverpflichtungen aus Zöllen und Steuern, für vereinbarte Konventionalstrafen im Baugewerbe u.a.;
- **Akzeptkredit** (Bankakzept): Das Kreditinstitut akzeptiert einen von einem vertrauenswürdigen Kunden auf sich gezogenen Wechsel. Der Kunde kann den Wechsel als Kreditmittel verwenden (diskontieren) oder als Zahlungsmittel an einen Gläubiger weitergeben. Rechtzeitig vor Verfall des Wechsels muss der Kunde für Deckung sorgen.

5.3.2 Realkredit

370 Was versteht man unter Realkredit?

Beim **Realkredit** haften neben dem Kreditnehmer bestimmte Vermögensgegenstände zur Sicherung des Kredits.

371 Was ist Verpfändung?

Werden dem Gläubiger zur Sicherung eines Kredits **(Lombard-kredit)** bewegliche, entbehrliche Sachen (z. B. Schmuck) oder verbriefte Rechte (z. B. Wertpapiere, Bausparverträge, Lebens-versicherungen) als Faustpfand übergeben, spricht man von **Verpfändung.** Der Gläubiger wird Besitzer, der Schuldner bleibt Eigentümer der Pfandsache.

Ein Pfandrecht entsteht durch Einigung zwischen Pfandgeber (Kreditnehmer) und Pfandnehmer (Kreditgeber) und durch Übergabe der Pfandsache.

Der Kreditnehmer erhält nur einen bestimmten Teil des vollen Wertes (Beleihungssatz) des Pfandes als Kredit.

Kommt der Schuldner seiner Leistungspflicht nicht nach, kann der Gläubiger das Pfand verwerten, z. B. durch öffentliche Versteigerung.

372 Nennen Sie Vor- und Nachteile der Verpfändung!

Vorteile der Verpfändung sind:
- Der Kreditnehmer bleibt Eigentümer, er erhält also die verpfändeten Sachen zurück, wenn der Kredit getilgt ist;
- relativ günstige Kreditmöglichkeit.

Nachteile der Verpfändung sind:
- Der Kreditnehmer kann die Sachen nicht mehr nutzen, da er sie übergeben muss;
- der Beleihungssatz ist oft sehr gering;
- der Kreditgeber muss die verpfändeten Sachen verwahren.

373 Was ist Sicherungs-übereignung?

Werden dem Gläubiger zur Sicherung eines Kredits beweg-liche, unentbehrliche, genau bezeichnete Sachen (z. B. Waren, Maschinen, Fahrzeuge) ohne Übergabe übereignet, liegt **Sicherungsübereignung** vor. Der Gläubiger wird Eigentümer, der Schuldner bleibt Besitzer der Sache.

Der Gläubiger (Kreditgeber) erwirbt nur das bedingte Eigentum an der Sache, d. h., nur bei Verletzung der Rückzahlungspflicht kann er von seinem Herrschaftsrecht Gebrauch machen (öffentliche Versteigerung). Wird der Kredit ordnungsgemäß zurückgezahlt, geht das Eigentum von selbst wieder auf den Kreditnehmer über.

374 Nennen Sie Vor- und Nachteile der Sicherungs-übereignung!

Vorteile der Sicherungsübereignung sind:
- Der Kreditnehmer kann die übereigneten Sachen weiter nutzen,
- der Kreditgeber muss die Sachen nicht verwahren.

Nachteile sind:

- Die übereigneten Sachen können verkauft oder zerstört werden,
- der Kreditgeber muss die Sachen kontrollieren.

375 Was ist ein Grundpfandrecht?

Ein **Grundpfandrecht** (Hypothek, Grundschuld) ist die Belastung eines Grundstücks mit einem bestimmten Pfandbetrag. Den auf diese Weise gesicherten Kredit bezeichnet man als Grundkredit (Realkredit im engeren Sinne). Dieser Kredit ist grundsätzlich langfristig.

Grundpfandrechte entstehen (i. d. R.) durch Einigung und Eintragung ins Grundbuch. Diese Eintragung ersetzt die bei Immobilien nicht mögliche Übergabe des Pfandes.

376 Welche Aufgaben hat das Grundbuch?

Das **Grundbuch** ist ein Verzeichnis aller Grundstücke eines bestimmten Bezirks. Es wird von den Amtsgerichten (Grundbuchämtern) zunehmend als elektronisches Grundbuch geführt und gibt verbindlich Auskunft (Grundbuch genießt öffentlichen Glauben, d. h., die Eintragungen gelten grundsätzlich als richtig) über die Rechtsverhältnisse eines Grundstücks.

Es enthält Angaben über

- Lage, Art und Größe des Grundstücks,
- Eigentümer,
- Rechte, die mit dem Grundstück verbunden sind (z. B. Nießbrauchrecht, Erbbaurecht),
- Grundpfandrechte (sind mehrere Grundpfandrechte eingetragen, so ist bei einer eventuellen Zwangsvollstreckung in das Grundstück der Rang, d. h. die Reihenfolge der Eintragungen, entscheidend für die Befriedigung der einzelnen Gläubiger).

377 Was ist eine Hypothek?

Die **Hypothek** (Hypothekarkredit) ist die Belastung eines Grundstücks in Form eines Pfandrechts zur Sicherung einer bestimmten Forderung. Das Bestehen einer Forderung ist Voraussetzung für das Entstehen einer Hypothek. Ist die Forderung beglichen, so erwirbt der Grundstückseigentümer die Hypothek (Eigentümergrundschuld).

Dem Kreditgeber haften

- der Kreditnehmer mit seinem gesamten Vermögen (persönliche Haftung),
- das verpfändete Grundstück aufgrund der im Grundbuch eingetragenen Hypothek (dingliche Haftung).

Zahlt der Schuldner nicht, kann sich der Gläubiger auf dem Wege der Zwangsvollstreckung aus dem Grundstück befriedigen.

378	Was ist eine Verkehrshypothek?	Bei der **Verkehrshypothek** kann sich der Gläubiger zum Beweis seiner Forderung auf die Grundbucheintragung oder auf den Hypothekenbrief berufen, falls er sich mit Hilfe seines Pfandrechts aus dem Grundstück befriedigen will. Bezüglich der Höhe der Forderung trägt der Hypothekenschuldner die Beweislast (häufigste Form der Hypothek).

Eine Verkehrshypothek kann bestellt werden als

● **Buchhypothek:** Sie ist nur im Grundbuch eingetragen, der Gläubiger erhält keine Urkunde über sein Pfandrecht;

● **Briefhypothek:** Die Grundbucheintragung wird ergänzt durch den so genannten Hypothekenbrief, welcher der Hypothek eine größere Beweglichkeit verleiht. |

379	Was ist eine Sicherungshypothek?	Bei der **Sicherungshypothek** liegt die Beweislast über die Höhe der Forderung beim Hypothekengläubiger; er kann sich nicht auf die Grundbucheintragung berufen.

Eine **Höchstbetragshypothek** (Sonderform der Sicherungshypothek) liegt vor, wenn das Grundstück nur bis zu einem im Grundbuch eingetragenen Höchstbetrag haften soll.

Die Sicherungshypothek ist immer eine Buchhypothek. |

380	Wie wird eine Hypothek übertragen?	Der Hypothekengläubiger kann seine Forderung nur mit der dazugehörigen Hypothek an einen Dritten übertragen. Grundsätzlich gilt, dass die Forderung nicht ohne die Hypothek und die Hypothek nicht ohne die Forderung übertragen werden kann.

Die Übertragung erfolgt

● bei der Briefhypothek durch eine schriftliche Abtretungserklärung und durch die Übergabe des Hypothekenbriefes; die Übertragung kann ins Grundbuch eingetragen werden;

● bei der Buchhypothek durch eine notariell beglaubigte Abtretungserklärung seitens des Hypothekengläubigers und Umschreibung im Grundbuch auf den neuen Gläubiger. |

381	Was ist eine Grundschuld?	Wird ein Grundstück in Form eines Pfandrechts in der Weise belastet, dass an den Berechtigten eine bestimmte Geldsumme aus dem Grundstück zu zahlen ist, liegt eine **Grundschuld** vor.

Im Gegensatz zur Hypothek

● setzt die Grundschuld keine Forderung voraus und sie ist von einer bestehenden Forderung unabhängig (Grundschuld ohne Schuldgrund),

● besteht bei der Grundschuld nur dingliche Haftung (wird ein Kreditvertrag abgeschlossen, kommt die persönliche Haftung hinzu).

Eine Grundschuld kann als eine Buch- oder Briefgrundschuld bestellt werden. |

382 Welche Vorteile bietet die Grundschuld?

Banken bevorzugen in der Regel die Grundschuld, da nicht nur langfristige Kredite, sondern auch Kontokorrentkredite gesichert werden können. Besonders bei wiederholter Kreditaufnahme ist die Grundschuld vorteilhaft, da sie auch bei Rückzahlungen eines Kredits in voller Höhe bestehen bleibt. Sie muss also im Gegensatz zur Hypothek nicht neu bestellt werden.

383 Was ist Eigentümergrundschuld?

Bei der **Eigentümergrundschuld** trägt der Grundstückseigentümer die Grundschuld für sich selbst ein. Er kann sich dann später durch Abtretung der Grundschuld schnell und einfach einen Kredit beschaffen.

Eine Hypothek verwandelt sich in eine Eigentümergrundschuld, wenn ein Hypothekenschuldner seine Schuld getilgt hat.

6 Kooperation im Handel

384 | Was ist Kooperation?

Unter **Kooperation** versteht man ganz allgemein die Zusammenarbeit von mehreren Unternehmen; eine besondere Form der Kooperation bilden die Unternehmenszusammenschlüsse, welche i.d.R. zu einer Konzentration in der Wirtschaft führen (siehe Seite 128 ff.).

Bei der Kooperation im Handel unterscheidet man:

1. **horizontale Kooperation,** d.h. Unternehmen derselben Wirtschaftsstufe (z.B. mehrere Großhandelsbetriebe) arbeiten zusammen,
   - Sortimentskooperation,
   - Einkaufsverband,
   - Standortverbund;

2. **vertikale Kooperation,** d.h. Unternehmen verschiedener Wirtschaftsstufen (oft in der gleichen Branche) arbeiten zusammen (z.B. Großhandelsbetriebe und Hersteller, Großhandelsbetriebe und Einzelhandelsbetriebe),
   - Vertriebsbindungssystem,
   - freiwillige Handelskette,
   - Rack Jobbing.

385 | Nennen Sie Ziele der Kooperation!

Ziele der Kooperation können sein

- Kostensenkung, z.B. durch gemeinsame Beschaffung von Waren, Nutzung eines gemeinsamen Logistiksystems, gemeinsame Werbung (siehe Kollektivwerbung, Seite 257);
- Absatzsicherung bzw. Absatzsteigerung, z.B. durch Durchführung von gemeinsamen Marketingmaßnahmen (z.B. Werbung, Verkaufskataloge, Sortimentsgestaltung), Entwicklung eigener Marken (siehe Handelsmarke, Seite 243);
- Risikominderung, z.B. Erhöhung der Markttransparenz durch gemeinsame Marktforschung.

Bei der Kooperation ist darauf zu achten, dass die wettbewerbsrechtlichen Vorschriften eingehalten werden (siehe Seite 130 ff.). Eine wesentliche Beeinträchtigung des Wettbewerbs kann zu einem Verbot der Kooperation durch die Kartellbehörde führen.

386 | Nennen Sie die Funktionsbereiche der Kooperation!

Funktionsbereiche von Kooperationen können sein:

- Beschaffung, z.B. günstige Einkaufskonditionen durch einen gemeinsamen Einkauf;
- Lagerung, z.B. gemeinsames Zentral-Auslieferungslager;
- Transport, z.B. gemeinsamer Fuhrpark;
- Absatz, z.B. gemeinsame Maßnahmen der Absatzsicherung bzw. Absatzsteigerung;
- Verwaltung, z.B. Nutzung eines gemeinsamen Datenverarbeitungssystems.

6.1 Horizontale Kooperation auf der Großhandelsstufe

387 Was ist Sortiments-kooperation?

Großhändler sind naturgemäß nicht in der Lage, den Gesamt-bedarf ihrer Kunden zu decken; zur Absatzerhaltung bzw. -stei-gerung können mehrere Großhändler **Sortimentskooperation** vereinbaren, d. h.,

- ein Großhändler schickt seine Kunden zur Deckung ihres Bedarfs auch zu seinen Vertragspartnern;
- ein Großhändler besorgt sich die von seinen Kunden gewünschten Waren, die er nicht im Sortiment führt, bei sei-nen Vertragspartnern **(Querlieferung).**

388 Was ist ein Einkaufs-verband?

Beim **Einkaufsverband** (Einkaufskooperation) schließen sich mehrere Großhändler zusammen, um kostengünstig einzukau-fen. Beispiele für Einkaufsverbände sind: EDEKA (Lebensmit-tel), Kaufring (Textilien), Musterring (Möbel). Häufig geht die Kooperation beim Einkaufsverband über die gemeinsame Beschaffung von Waren hinaus und umfasst weitere Funktions-bereiche.

389 Was versteht man unter einem Standortverbund?

Beim **Standortverbund** (Standortkooperation) wählen mehrere Großhandelsbetriebe ihren Standort in räumlicher Nähe zueinander, wobei sich die Kooperation vor allem auf den Absatzbereich bezieht. Oft schließen sich Betriebe verwandter Branchen zusammen, z. B. Baustoffe, Fliesen, Bädereinrichtun-gen. Die Kooperation kann z. B. auch die gemeinsame Werbung und die gemeinsame Verwaltung umfassen.

6.2 Vertikale Kooperation

390 Was ist ein Vertriebs-bindungssystem?

Ein **Vertriebsbindungssystem** liegt vor, wenn Hersteller und Groß- bzw. Einzelhändler oder Großhändler und Einzelhändler vertraglich derart kooperieren, dass die Waren nur durch die beteiligten Handelsbetriebe verkauft werden dürfen. Die Handelsbetriebe müssen sich intensiv für den Absatz dieser Waren einsetzen.

Bei der Vertriebsbindung unterscheidet man:

- räumliche Vertriebsbindung, den Handelsbetrieben werden genau abgegrenzte Gebiete zugewiesen, in denen sie die Waren absetzen dürfen (z. B. Städte, Regionen); dadurch entsteht ein Gebietsschutz;
- personelle Vertriebsbindung, nur bestimmte Handelsbe-triebe dürfen die Waren im Sortiment führen (z. B. werden exklusive Uhren nur von ausgewählten Fachhändlern ver-kauft).

Das Vertriebsbindungssystem ist möglich als

- Franchising,
- Vertragshändlersystem.

391 Was ist Franchising?

Franchising ist eine besondere Art der vertikalen Vertriebsko-operation zwischen Hersteller und Großhändlern, Hersteller und Einzelhändlern bzw. zwischen Großhändler und Einzel-händlern.

Beim Franchising

- überlässt der Franchise-Geber (Hersteller oder Händler) den Franchise-Nehmern bestimmte Rechte (Franchise-Paket), wie z.B. die Benutzung der Marke, Nutzung des Beschaffungs-, Absatz- bzw. des Organisationskonzepts;
- beeinflusst der Franchise-Geber die Absatzpolitik der Ver-tragspartner, wie z.B. Werbung, Ladengestaltung, Verkäu-ferschulung, Sortimentsgestaltung;
- werden die Leistungen (Franchise-Geber) und die Höhe des Entgelts (Franchise-Nehmer) im Franchise-Vertrag gere-gelt;
- bleiben die Franchise-Nehmer rechtlich selbstständig;
- ist die vertragliche Bindung straffer als in der Genossen-schaft oder in der freiwilligen Handelskette.

Beispiele für Franchising sind Coca Cola, McDonalds.

392 Nennen Sie Vorteile des Franchising!

Vorteile für den Franchise-Geber sind:

- gleicher Einfluss auf die Partner wie beim Filialsystem, jedoch wesentlich geringere Investitionskosten;
- vereinfachte und verbesserte Markterschließung durch die Aufnahme neuer Partner,
- Franchise-Nehmer übernehmen Vertriebskosten und Absatzrisiko.

Vorteile für den Franchise-Nehmer sind:

- Unterstützung durch den Franchise-Geber bei der Absatz-politik,
- Selbstständigkeit bleibt erhalten (trotz der Bindung durch den Franchise-Vertrag).

393 Was ist ein Vertrags-händlersystem?

Das **Vertragshändlersystem** ist eine besondere Art der vertika-len Vertriebskooperation zwischen einem Hersteller und meh-reren Handelsbetrieben.

Merkmale des Vertragshändlersystems sind z.B.:

- Der Handelsbetrieb darf oft nur die Waren des Herstellers in seinem Sortiment führen;
- der Handelsbetrieb erhält das Recht den Namen bzw. die Marke des Herstellers zu benutzen.

- der Handelsbetrieb bleibt rechtlich selbstständig, lediglich seine wirtschaftliche Selbstständigkeit ist in bestimmtem Umfang eingeschränkt;
- der Hersteller sichert dem Vertragspartner häufig Gebietsschutz zu.

Beispiele für Vertragshändlersysteme sind im Automobilbereich VW, im Tankstellenbereich ARAL.

---

394 Was ist eine freiwillige Handelskette?

Die **freiwillige Handelskette** ist eine Form der vertikalen Kooperation zwischen Großhandelsbetrieben und Einzelhandelsbetrieben einer Branche.

Merkmale einer freiwilligen Handelskette sind z. B.:
- Die beteiligten Großhandelsbetriebe kooperieren vor allem im Bereich der Beschaffung (z. B. Zentraleinkauf);
- die Großhandelsbetriebe beliefern ihre Einzelhandelsbetriebe und bieten oft gemeinsame Marketing-Maßnahmen an (z. B. Verkaufsschulung, Werbung);
- die beteiligten Einzelhandelsbetriebe führen in ihrem Sortiment überwiegend die Waren der Großhandelsbetriebe, d. h., die Sortimente der Einzelhandelsbetriebe sind ähnlich gestaltet;
- die beteiligten Unternehmen bleiben rechtlich selbstständig, die wirtschaftliche Selbstständigkeit ist in geringem Umfang eingeschränkt.

Beispiele für freiwillige Handelsketten sind: SPAR, A & O, Leckerland.

---

395 Was ist ein Rack Jobber?

Rack Jobber (Regalgroßhändler, Service Merchandiser) bedeutet:
- Dem Großhändler werden vom Einzelhändler Regale zur Verfügung gestellt (z. B. durch Mietvertrag), die der Großhändler mit seinen Waren füllt;
- der Großhändler übernimmt die Betreuung der Regale (z. B. Preisauszeichnung, Auffüllen) und trägt allein das Absatzrisiko (nicht verkaufte Ware muss er zurücknehmen);
- der Einzelhändler erhält Umsatzprovision.

7 Personalwesen

7.1 Aufgaben und Ziele des Personalwesens

396 Nennen Sie die Ziele des Personalwesens!

Ziele des **Personalwesens** sind:
- Bereitstellung von Arbeitskräften (geeignete Mitarbeiter zur rechten Zeit, am rechten Ort, in ausreichender Anzahl),
- Einsatz der Arbeitskräfte entsprechend dem ökonomischen Prinzip,
- Steigerung der Arbeitsleistung durch gezielte Motivation (z.B. gerechte Entlohnung, Aufstiegschancen, Anerkennung der Arbeit, Betriebsklima),
- Verbesserung der Einkommensverhältnisse,
- Verbesserung der Situation am Arbeitsplatz (z.B. angenehme Arbeitsplätze, soziale Einrichtungen, Sportstätten),
- Befriedigung immaterieller Bedürfnisse (z.B. Gesundheit, Zufriedenheit, Sicherheit).

397 Nennen Sie die Aufgaben des Personalwesens!

Die Aufgaben des **Personalwesens** betreffen:
- Personalführung,
- Entwicklung von Arbeitszeitmodellen,
- Einstellen und Ausscheiden von Arbeitnehmern,
- Personalverwaltung,
- Festlegung der Entlohnungssysteme,
- Lohn- und Gehaltsabrechnung.

7.2 Personalführung

398 Welche Aufgaben hat die Personalführung?

Personalführung ist die gezielte Einflussnahme auf das Verhalten der Mitarbeiter.

Die Personalführung umfasst vor allem:
- Entwicklung von Führungsmodellen (z.B. Führungsstile und Entscheidungssysteme),
- Entwicklung von Führungsprinzipien (Führungsgrundsätze),
- Entwicklung von Grundsätzen der Menschenführung,
- Entwicklung von Kriterien der Personalbeurteilung.

399 Unterscheiden Sie dirigistischen und kooperativen Führungsstil!

Unter **Führungsstil** versteht man die Art und Weise, in der die Vorgesetzten die Menschenführung und die Führungsaufgaben ausüben.

285

Man unterscheidet den

- **dirigistischen (autoritären)** Führungsstil, d.h., der Vorgesetzte trifft Entscheidungen ohne Mitwirkung der Untergebenen, wobei er von diesen völlige Unterordnung verlangt;
- **kooperativen** Führungsstil, d.h., die Mitarbeiter werden an Entscheidungen beteiligt, vor allem durch Informations-, Beratungs- und Mitspracherecht und durch Aufgabendelegation.

In den Unternehmen werden meist Mischformen von autoritärem und kooperativem Führungsstil angewandt.

---

400 Unterscheiden Sie Direktorial- und Kollegialprinzip!

Nach der Zahl der Entscheidenden kann man die **Entscheidungssysteme** (Leitungssysteme) folgendermaßen einteilen:

1. **Direktorialsystem,** d.h., eine Person besitzt die alleinige Entscheidungsgewalt (Singularprinzip), z.B. Alleininhaber einer Einzelunternehmung;

2. **Kollegialsystem,** d.h., eine Personengruppe trifft die Entscheidungen (Pluralprinzip),
   - **Primatkollegialität,** d.h., bei Stimmengleichheit gibt die Stimme des Vorsitzenden den Ausschlag, z.B. Vorstand einer AG;
   - **Abstimmungskollegialität,** d.h., die Entscheidung wird von den gleichberechtigten Entscheidungsträgern nach dem Mehrheitsprinzip getroffen, z.B. Vorstand einer AG;
   - **Kassationskollegialität,** d.h., die Entscheidung kann von den gleichberechtigten Entscheidungsträgern nur einstimmig getroffen werden, z.B. Gesellschafter einer OHG.

---

401 Welche Führungsprinzipien gibt es?

Der kooperative Führungsstil findet Anwendung in folgenden **Führungsprinzipien** (Führungskonzeptionen), die oft nicht scharf voneinander abgegrenzt werden können:

- **Management by Exception** (Führung nach dem Ausnahmeprinzip), d.h., der Mitarbeiter trifft im Normalfall selbstständig Entscheidungen (Routineentscheidungen), nur in Ausnahmefällen greift der Vorgesetzte (Unternehmensführung) ein;
- **Management by Objectives** (Führen durch Zielvorgabe), d.h., jeder Mitarbeiter hat zuvor vereinbarte Ziele durch eigenes Entscheiden und Handeln zu erreichen;
- **Management by Delegation** (Führen durch Delegation von Verantwortung), d.h., jeder Mitarbeiter erhält einen bestimmten Aufgaben- und Kompetenzbereich, in dem er selbstständig handeln und entscheiden kann;
- **Management by Insight** (Führen durch Einsicht), d.h., jeder Mitarbeiter erhält die Informationen, die seine Einsicht in das Betriebsgeschehen fördern.

Voraussetzung für die Anwendung der verschiedenen Führungsprinzipien ist eine klare Abgrenzung der einzelnen Kompetenzbereiche.

402 Nennen Sie Grundsätze der Menschenführung!

Grundsätze der **Menschenführung** sind:
- Anerkennung von Leistungen,
- positive Kritik,
- Verständnis für Probleme des Mitarbeiters,
- Ermutigung bei Fehlleistungen,
- Motivation,
- Übertragung von Verantwortung.

403 Welche Bedeutung haben Motivation und Verantwortung?

Unter **Motivation** versteht man die Beeinflussung des Verhaltens von Mitarbeiterinnen und Mitarbeitern durch Leistungsanreize. Leistungsanreize können sein:
- finanzielle Anreize (z. B. Prämienzahlungen, Werkswohnung wird zur Verfügung gestellt),
- Anwendung von Arbeitszeitmodellen (siehe Seite 288 ff.),
- Übertragung von Verantwortung.

Verantwortung bedeutet, dass der Einzelne einstehen muss für
- eigene Tätigkeiten (Eigenverantwortung),
- die Tätigkeiten Untergebener (Fremdverantwortung).

404 Nennen Sie Kriterien der Personalbeurteilung!

Als Kriterien der **Personalbeurteilung** dienen:
1. Kenntnisse und Leistungen,
   - Schulbildung,
   - fachliche Ausbildung,
   - fachliches Wissen,
   - Leistung am Arbeitsplatz;
2. Persönlichkeit und Verhalten,
   - Zuverlässigkeit,
   - Verantwortungsbereitschaft,
   - Loyalität,
   - Kontaktfähigkeit,
   - Durchsetzungsvermögen.

Eine gerechte und zutreffende Personalbeurteilung ist sehr schwierig; vor allem das subjektive Verhalten des Beurteilers beinhaltet mögliche Fehlerquellen.

7.3 Arbeitszeitmodelle

405 Welche Arbeitszeitmodelle werden unterschieden?

Um die Arbeitszeit flexibel zu gestalten, stehen dem Großhandelsbetrieb folgende **Arbeitszeitmodelle** zur Verfügung:

1. **Vollzeitarbeit,**
   - Regelarbeit (Normalarbeit),
   - Staffelarbeit,
   - rollierende Arbeitszeit,
   - gleitende Arbeitszeit (Gleitzeit),
   - Arbeitszeitkonto;
2. **Teilzeitarbeit,**
   - Regelteilzeit,
   - variable Teilzeit,
   - Arbeitszeitkonto,
   - Jobsharing,
   - Altersteilzeit.

406 Was ist Regelarbeit?

Die **Regelarbeit** (Normalarbeit) orientiert sich am Arbeitszeitgesetz (siehe Seite 29f.) und beinhaltet 7 bis 8 Stunden Arbeitszeit pro Tag und 35 bis 40 Arbeitsstunden pro Woche.

407 Was ist Staffelarbeit?

Bei der **Staffelarbeit** können die Arbeitnehmer zwischen mehreren genau festgelegten Normalarbeitszeiten wählen (z.B. von 08:00 Uhr bis 16:00 Uhr oder von 09:00 Uhr bis 17:00 Uhr).

408 Was ist rollierende Arbeitszeit?

Bei der **rollierenden Arbeitszeit** wird z.B. an sechs Tagen in der Woche gearbeitet, wobei der einzelne Arbeitnehmer nur fünf Tage in der Woche arbeitet. Er hat also einen freien Tag pro Woche, der sich allerdings wöchentlich verschiebt.

409 Was versteht man unter gleitender Arbeitszeit?

Bei der **gleitenden Arbeitszeit** (Gleitzeit) wird die tägliche Arbeitszeit aufgeteilt in

- die Kernarbeitszeit, der Arbeitnehmer muss in dieser Zeit anwesend sein;
- die Gleitarbeitszeit, der Arbeitnehmer kann in bestimmten Grenzen Beginn und Ende der Arbeitszeit selbst bestimmen.

Die Anwendung der gleitenden Arbeitszeit erfordert eine genaue Kontrolle der Arbeitszeit eines jeden Arbeitnehmers (z.B. mit Hilfe von Stechuhren).

410 Was versteht man unter dem Arbeitszeitkonto?

Beim **Arbeitszeitkonto** wird die zu leistende Arbeitszeit z.B. für ein Jahr festgelegt; daraus wird die regelmäßige monatliche Arbeitszeit berechnet. Innerhalb bestimmter Grenzen bezüglich der monatlichen Arbeitszeit kann der Arbeitnehmer entweder selbst bestimmen, wie viele Stunden er in einem bestimmten Monat arbeitet oder der Arbeitgeber gibt vor, wie viele Stunden in einem bestimmten Monat gearbeitet werden müssen.

Das Arbeitszeitkonto

● erfasst monatlich die im Vergleich zur regelmäßigen Arbeitszeit zu viel bzw. zu wenig geleisteten Arbeitsstunden;

● ermittelt für das Abrechnungsjahr den Saldo der Monatszahlen, wobei der Saldo nach Möglichkeit den Wert null annehmen soll, d.h., Überstunden und Unterbeschäftigung sind dann ausgeglichen;

● soll Überstundenarbeit nach Möglichkeit verhindern (und damit die Zahlung von Überstundenzuschlägen).

---

411 | Was ist Teilzeitarbeit?

Teilzeitarbeit liegt vor, wenn Arbeitnehmer beschäftigt werden, deren regelmäßige Wochenarbeitszeit kürzer ist als die regelmäßige Wochenarbeitszeit vergleichbarer vollzeitbeschäftigter Arbeitnehmer des Betriebes (Gesetz über Teilzeitarbeit und befristete Arbeitsverträge). Die Entlohnung für die Teilzeitarbeit wird im Verhältnis zur Vollzeit berechnet.

---

412 | Unterscheiden Sie Regelteilzeit und variable Teilzeit!

Bei der **Regelteilzeit-Arbeit** sind Arbeitsdauer und Arbeitsbeginn stets gleich (z.B. Halbtagsarbeit am Vormittag).

Bei der **variablen Teilzeitarbeit** können Arbeitsdauer und Arbeitsbeginn täglich wechseln.

---

413 | Was ist Jobsharing?

Beim **Jobsharing** teilen sich mehrere Arbeitnehmer einen Arbeitsplatz entweder nach der Arbeitsaufgabe oder nach der Arbeitszeit; der einzelne Mitarbeiter arbeitet weniger als die regelmäßige Arbeitszeit. Die Mitarbeiter legen teilweise selbst fest, wer wann arbeitet.

---

414 | Was ist Altersteilzeit?

Das Gesetz zur Förderung eines gleitenden Übergangs in den Ruhestand **(Altersteilzeitgesetz)** ermöglicht einen gleitenden Übergang älterer Arbeitnehmer vom Erwerbsleben in den Ruhestand und fördert die Teilzeitbeschäftigung (und dient damit der Verminderung der Arbeitslosigkeit). Das Gesetz schafft Rahmenbedingungen für Vereinbarungen, welche in einem Tarifvertrag, in einer Betriebsvereinbarung oder in einem Einzelarbeitsvertrag festgelegt werden.

Im Rahmen der Altersteilzeit kann der Arbeitnehmer z.B.

● täglich mit verminderter Stundenzahl arbeiten,

● nur an bestimmten Tagen in der Woche arbeiten,

● nur im wöchentlichen bzw. im monatlichen Wechsel arbeiten.

Voraussetzungen für die Förderung durch die Bundesanstalt für Arbeit sind z.B.:

● Der Arbeitnehmer muss das 55. Lebensjahr vollendet haben,

● die Arbeitszeit muss auf die Hälfte der regelmäßigen wöchentlichen Arbeitszeit (jedoch nicht weniger als 18 Stunden) reduziert werden,

- der Arbeitnehmer muss innerhalb der letzten fünf Jahre vor Beginn der Altersteilzeit mindestens 1 080 Kalendertage in einer versicherungspflichtigen Beschäftigung gestanden haben,
- der Arbeitnehmer muss mindestens 70 % des ehemaligen Vollzeit-Nettoarbeitsentgeltes erhalten,
- der Arbeitgeber muss den infolge der Altersteilzeit frei werdenden Arbeitsplatz durch einen Arbeitslosen oder durch einen Auszubildenden nach seinem Ausbildungsabschluss wieder besetzen.

Stockt der Arbeitgeber das Arbeitsentgelt um bis zu 20 % auf, dann leistet die Bundesanstalt für Arbeit für längstens fünf Jahre den gezahlten Aufstockungsbetrag an den Arbeitgeber.

---

415 Was ist Personalentwicklung?

Die **Personalentwicklung** umfasst alle Maßnahmen, die geeignet sind, die Arbeitsleistung bzw. die Qualifikation der Mitarbeiter zu erhalten bzw. zu verbessern, damit die Mitarbeiter alle Anforderungen erfüllen können, welche die Unternehmensentwicklung mit sich bringt. Zur Personalentwicklung zählen insbesondere

- ständige berufliche Weiterbildung der Mitarbeiter (z.B. Seminare für Warenwirtschafts-Systeme, Datenbank-Systeme),
- Vermittlung von Schlüsselqualifikationen (siehe Seite 17),
- Laufbahnplanung (Planung von Beförderungen und Versetzungen),
- Planung des betrieblichen Nachwuchses (z.B. durch Einstellung und spätere Übernahme von Auszubildenden),
- Durchführung von Trainee-Programmen (z.B. Training on the job, d.h. angewandtes Lernen am Arbeitsplatz).

7.4 Einstellen und Ausscheiden von Arbeitnehmern

416 Was ist Personalbedarfsplanung?

Die **Personalbedarfsplanung** hat die Aufgabe den zukünftigen Bedarf an Mitarbeitern zu ermitteln. Die Planung kann kurz-, mittel- und langfristig sein.

417 Unterscheiden Sie Ersatz-, Neu- und Minderbedarf!

Entsprechend der Zielsetzung der Personalplanung unterscheidet man:

- **Ersatzbedarf,** d.h., der durch ausscheidende Mitarbeiter verursachte Bedarf (Gründe können sein: Tod, Invalidität, Pensionierung, Kündigung durch Arbeitgeber oder Arbeitnehmer);
- **Neubedarf** (Erweiterungsbedarf), d.h., der über den augenblicklichen Personalbestand hinausgehende (zusätzliche)

Personalbedarf (Gründe sind: Erhöhung der Betriebskapazität, Arbeitszeitverkürzungen, Hochkonjunktur);

● **Minderbedarf** (Personaleinschränkung), d.h. Rückgang des Personalbedarfs (Gründe sind: Rationalisierungsmaßnahmen, Strukturkrisen, Rezession).

---

418 Nennen Sie Möglichkeiten der Personalbeschaffung!

Man unterscheidet:

● **interne Personalbeschaffung,** benötigtes Personal stammt aus dem eigenen Betrieb (innerbetriebliche Stellenausschreibung, siehe auch Seite 39);

● **externe Personalbeschaffung,** benötigtes Personal stammt vom Arbeitsmarkt (Arbeitsämter, Stellenanzeigen).

---

419 Wie erfolgt die Einstellung von Arbeitnehmern?

Unter **Einstellung** versteht man den Abschluss eines Arbeitsvertrages zwischen Arbeitgeber und Arbeitnehmer.

Die Einstellung vollzieht sich üblicherweise in folgenden Schritten:

1. Ausschreibung der zu besetzenden Stelle,
   ● interne Ausschreibung,
   ● externe Ausschreibung;

2. Beurteilung der Bewerbungsunterlagen,
   ● Lebenslauf (z.B. handschriftlich und tabellarisch),
   ● Zeugnisse,
   ● Referenzen (z.B. Empfehlungen früherer Arbeitgeber);

3. Beurteilung des Bewerbers,
   ● Vorstellungsgespräch,
   ● Tests (z.B. Eignungs-, Intelligenz- oder Persönlichkeitstests),
   ● Handschrift (grafologisches Gutachten),
   ● medizinische Untersuchungen;

4. Personalauswahl unter Berücksichtigung der Bewerbungsunterlagen und der Beurteilung des Bewerbers (oft mit Hilfe des Assessmentcenters);

5. Einstellung des Arbeitnehmers,
   ● Arbeiter (siehe Seite 18),
   ● Angestellte (siehe Seite 18),
   ● leitende Angestellte (siehe Seite 18), ihre beabsichtigte Einstellung ist dem Betriebsrat rechtzeitig mitzuteilen,
   ● Auszubildende (siehe Seite 19 ff.);

6. Einstellungsunterlagen,
   ● Lohnsteuerkarte (siehe Seite 44),
   ● Versicherungsnachweise (siehe Seite 292),
   ● Urlaubsbescheinigung (siehe Seite 293).

420 Was ist ein Assessment-center?

Das **Assessmentcenter** ist ein Verfahren der Personalauswahl, das ein möglichst umfassendes Bild von den Bewerbern um eine Stelle liefern soll; es ist gekennzeichnet durch folgende Merkmale:

- Nachdem eine Vorauswahl getroffen wurde, werden mehrere Bewerber gemeinsam zu einem Auswahlverfahren eingeladen;
- in mehrtägigen Veranstaltungen wird versucht herauszufinden, welche Bewerber am besten geeignet sind, bestimmte Stellen zu besetzen;
- Beurteilungsverfahren wie z.B. Intelligenztests, betriebsspezifische Eignungstests, Kurzreferate, Gruppendiskussionen, Rollenspiele werden eingesetzt;
- die Kosten sind höher als beim Einzel-Auswahlverfahren (z.B. einfaches Vorstellungsgespräch);
- die Personalauswahl ist i.d.R. besser als beim Einzelauswahlverfahren.

421 Nennen Sie Gründe für das Ausscheiden von Mitarbeitern!

Gründe für das **Ausscheiden von Mitarbeitern** können sein:

- Kündigung seitens des Arbeitgebers bzw. Arbeitnehmers (siehe Seite 27 f.);
- Kündigung des Ausbildungsverhältnisses (siehe Seite 20);
- Erreichen der Altersgrenze, eine Kündigung ist nur dann erforderlich, wenn die automatische Kündigung nicht im Tarifvertrag geregelt ist;
- **teilweise Erwerbsminderung,** Versicherte können auf nicht absehbare Zeit wegen Krankheit oder Behinderung nicht mindestens 6 Stunden täglich erwerbstätig sein;
- **volle Erwerbsminderung,** Versicherte können auf nicht absehbare Zeit wegen Krankheit oder Behinderung nicht mindestens 3 Stunden täglich erwerbstätig sein;
- Einvernehmen von Arbeitgeber und Arbeitnehmer (Aufhebungsvertrag);
- Ablauf eines befristeten Arbeitsvertrages (siehe Seite 22);
- Tod des Arbeitnehmers (Tod des Arbeitgebers ist i.d.R. kein Grund für die Beendigung des Arbeitsverhältnisses).

422 Welche Arbeitspapiere werden bei der Beendigung des Arbeitsverhältnisses ausgehändigt?

Der Arbeitgeber ist verpflichtet dem Arbeitnehmer bei Beendigung des Arbeitsverhältnisses die **Arbeitspapiere** auszuhändigen, und zwar

- Lohnsteuerkarte,
- Versicherungsnachweise (im Gegensatz dazu gibt es den **Sozialversicherungsausweis;** dieser belegt, dass der Arbeitnehmer versichert ist. In bestimmten Branchen wie z.B. im Baugewerbe, muss der Arbeitnehmer den Ausweis ständig mit sich führen.),

● **Urlaubsbescheinigung,** der Arbeitgeber ist verpflichtet den im laufenden Kalenderjahr gewährten oder abgegoltenen Urlaub zu bescheinigen,

● Zeugnis.

423 | Unterscheiden Sie einfaches und qualifiziertes Zeugnis!

Jeder Arbeitnehmer hat bei seiner Entlassung Anspruch auf ein Zeugnis; er hat die Wahl zwischen zwei Möglichkeiten:

● **einfaches Zeugnis,** enthält nur Angaben über Art und Dauer der Beschäftigung;

● **qualifiziertes Zeugnis,** enthält darüber hinaus Angaben über Verhalten und Leistung.

7.5 Personalverwaltung

424 | Nennen Sie die Aufgaben der Personalverwaltung!

Zu den Aufgaben der **Personalverwaltung** zählen

1. Bearbeitung der **Personalunterlagen,**

   ● **Personalakte,** sie enthält persönliche und dienstliche Daten über den Arbeitnehmer wie z.B. Zeugnisse und Familienstand sowie Beurteilungen und Teilnahme an Fortbildungsmaßnahmen; nach dem Betriebsverfassungsgesetz hat der Arbeitnehmer das Recht, in die über ihn geführten (vollständigen) Personalakten Einsicht zu nehmen (der Arbeitnehmer kann hierzu ein Mitglied des Betriebsrates hinzuziehen);

   ● **Personalbogen,** er enthält die vom Arbeitnehmer selbst angegebenen persönlichen Daten wie z.B. beruflicher Werdegang; der Personalbogen ist Bestandteil der Personalakte;

   ● **Personaldatei** (Personalkartei), sie enthält die für die laufende Personalverwaltung erforderlichen Daten aller Arbeitnehmer;

2. Führen der Lohn- und Gehaltskonten (Lohn- und Gehaltsabrechnung);

3. Erstellen von Personalstatistiken (z.B. Beschäftigungs-, Kranken- und Unfallstatistik);

4. Personalbeschaffung (Personalauswahl);

5. Personaleinsatz und Personaleinführung (Stelleneinweisung);

6. Aus- und Fortbildung der Mitarbeiter;

7. Abwicklung der Personaleinstellung und Personalentlassung mit der entsprechenden Bearbeitung der Arbeitspapiere.

Die Sammlung aller Daten über die Mitarbeiter bezeichnet man als **Personal-Informationssystem.**

425 Nennen Sie Quellen für arbeitsrechtliche Vorschriften!

Wichtige Quellen arbeitsrechtlicher Vorschriften für das Arbeitsverhältnis sind:
- Betriebsverfassungsgesetz (siehe Seite 36 ff.);
- Manteltarifvertrag (siehe Seite 24);
- Kündigungsschutzgesetz und weitere Gesetze, die den Kündigungsschutz regeln (siehe Seite 27 f.);
- Arbeitnehmerschutzgesetze (siehe Seite 26 ff.);
- Bundesdatenschutzgesetz (siehe Seite 383).

426 Nennen Sie Rechte und Pflichten des Arbeitgebers!

Für den **Arbeitgeber** ergeben sich aus dem Arbeitsverhältnis folgende Pflichten:
- Lohnzahlungspflicht;
- Fürsorgepflicht, d.h., der Arbeitgeber muss das Interesse des Arbeitnehmers wahrnehmen und ihm Schutz und Fürsorge gewähren (zur Fürsorgepflicht zählen z.B. Schutz für Leben und Gesundheit des Arbeitnehmers, Beachtung sozialversicherungsrechtlicher Vorschriften);
- Pflicht zur Gewährung von Erholungsurlaub, d.h., der Arbeitgeber muss den Arbeitnehmer für eine bestimmte Zeit zum Zwecke der Erholung freistellen und den Lohn weiterzahlen (siehe Seite 29).

Die Rechte des Arbeitgebers lassen sich aus den Pflichten des Arbeitnehmers ableiten.

427 Nennen Sie Rechte und Pflichten des Arbeitnehmers!

Für den **Arbeitnehmer** ergeben sich aus dem Arbeitsverhältnis folgende Pflichten:
- Arbeitspflicht, der Arbeitnehmer hat i.d.R. nur die Art von Arbeiten zu verrichten (und zwar höchstpersönlich), die im Arbeitsvertrag vereinbart wurden;
- Pflicht, Weisungen zu befolgen;
- Treuepflicht, der Arbeitnehmer muss sich nach besten Kräften für die Interessen des Betriebes einsetzen (zur Treuepflicht zählen z.B. die Wahrung von Betriebsgeheimnissen und das Verbot der Annahme von Schmiergeldern).

Die Rechte des Arbeitnehmers lassen sich aus den Pflichten des Arbeitgebers ableiten.

7.6 Entlohnungssysteme

428 Welche Kriterien bestimmen die Höhe der Entlohnung?

Die Höhe der **Entlohnung** ist abhängig von
- den Anforderungen am Arbeitsplatz (z. B. entsprechend dem Genfer Schema),
- dem tatsächlichen Ergebnis der Arbeit (realisierter Leistungsgrad),
- sozialen Faktoren (z. B. Lebensalter, Familienstand, Kinderzahl, Beschäftigungsdauer),
- gesamtwirtschaftlichen Faktoren (z. B. Lage auf dem Arbeitsmarkt, Konjunkturlage).

429 Welche Entlohnungssysteme gibt es?

Man unterscheidet im Großhandelsbetrieb folgende Entlohnungssysteme (Lohnformen):
- Zeitlohn,
- Prämienlohn.

430 Was versteht man unter Zeitlohn?

Beim **Zeitlohn** richtet sich die Entlohnung nach der Zeit der Anwesenheit am Arbeitsplatz. Eine unmittelbare Beziehung zur Leistung besteht nicht; bei der Festsetzung der Höhe des Zeitlohns wird jedoch eine bestimmte Leistung vorausgesetzt. Zeiteinheiten sind beim Arbeiter die Stunde (Stundenlohn), beim Angestellten der Monat (Gehalt).

Zeitlohn = Anzahl der Zeiteinheiten · Lohnsatz je Zeiteinheit

431 In welchen Fällen ist der Zeitlohn angebracht?

Die **Zeitlohnform** ist vor allem in Fällen zweckmäßig, in denen ein Leistungslohn aus wirtschaftlichen Gründen nicht angebracht ist, z. B.
- bei Arbeiten, die Gewissenhaftigkeit und Sorgfalt erfordern (Qualitätsarbeiten);
- bei gefährlichen Tätigkeiten;
- bei Arbeiten, deren Ergebnis nicht oder nur schwer zu messen ist, z. B. Büroarbeiten;
- bei Arbeiten mit festen Taktzeiten (Fließbandfertigung).

432 Nennen Sie Vor- und Nachteile des Zeitlohns!

Vorteile des Zeitlohns sind:
- einfache Berechnung,
- Schonung von Menschen und Betriebsmitteln,
- Vermeidung eines überhasteten Arbeitstempos,
- sinkende Lohnkosten pro Stück bei Mehrleistungen (im Verhältnis zur Normalleistung).

Nachteile des Zeitlohns sind:
- geringer Leistungsanreiz,
- einseitige Risikoverteilung, d. h., das Risiko für Minderleistungen trägt allein der Arbeitgeber,
- notwendige Arbeitskontrollen,
- ansteigende Lohnkosten pro Stück bei Minderleistungen.

433 | Was versteht man unter Prämienlohn?

Neben dem Grundlohn (meist Zeitlohn) zahlt der Betrieb eine Sondervergütung (Prämie) für eine quantitative Mehrleistung oder für Leistungen qualitativer Art.

Prämienlohn wird gezahlt

● bei Unterschreiten der Vorgabezeit,

● bei Unterschreiten der zulässigen Ausschussquote,

● bei sparsamem Gebrauch von Material und Energie,

● für die Einhaltung von Terminen.

Bei einer Mehrleistung erhält der Arbeiter nicht die volle Vergütung; diese wird zwischen Arbeitgeber und Arbeitnehmer geteilt.

434 | Unterscheiden Sie Nominal- und Reallohn!

Der **Nominallohn** ist der als Lohn empfangene Geldbetrag ohne Berücksichtigung der Kaufkraft des Geldes (Geldwert).

Unter Kaufkraft versteht man die Gütermenge, die mit einer bestimmten Geldmenge gekauft werden kann.

Der **Reallohn** berücksichtigt die Kaufkraft des Geldes und ist die Gütermenge, die mit einem bestimmten Nominallohn erworben werden kann. Die Beziehung zwischen Nominallohn und Reallohn kann in Form einer Gleichung dargestellt werden:

$$\text{Reallohn} = \frac{\text{Nominallohn}}{\text{Preisniveau der Konsumgüter}}$$

7.7 Lohn- und Gehaltsabrechnung

435 | Nennen Sie die Rechtsgrundlagen für die Entlohnung der Arbeit!

Die Rechtsgrundlagen für die Entlohnung der Arbeit sind

● Lohn- und Gehaltstarifvertrag (siehe Seite 24),

● Betriebsvereinbarung (siehe Seite 22),

● Einzelarbeitsvertrag (siehe Seite 22).

Zum Einkommen des Arbeitnehmers siehe auch Seite 43 ff.

436 Wie wird der Nettolohn berechnet?

Für die Lohnabrechnung gilt i.d.R. folgendes Schema:

Grundlohn (Zeitlohn, Akkordlohn)
+ Zuschläge (z.B. Überstunden, Nachtarbeit)
+ Prämien
+ Zulagen (Schmutz, Lärm, Gefahr)
+ vermögenswirksame Leistung des Arbeitgebers

Bruttolohn
— Lohnsteuer (lt. Lohnsteuertabelle)
— Solidaritätszuschlag (5,5% der Lohnsteuer)
— Kirchensteuer (8 bzw. 9% der Lohnsteuer)
— Sozialversicherungsbeiträge (lt. Tabellen)

Nettolohn
— (gesamte) vermögenswirksame Leistungen
— sonstige Abzüge (z.B. Bausparverträge, Pfändungen)

auszuzahlender Lohn

---

437 Was ist bei der Ermittlung des Nettolohns zu beachten?

Bei der Ermittlung des **Nettolohns** sind zu beachten:

● Berechnung der Lohnsteuer entsprechend der auf der Lohnsteuerkarte eingetragenen Steuerklasse (siehe Seite 44),

● Berücksichtigung der auf der Lohnsteuerkarte eingetragenen Steuerfreibeträge (siehe Seite 46),

● Beachtung der Beitragsbemessungs- und Versicherungspflichtgrenzen für die Berechnung der Sozialversicherungsbeiträge (siehe Seite 33),

● Abführen der einbehaltenen Abzüge an die entsprechenden Institutionen (siehe Seite 35).

---

438 Was sind Lohnnebenkosten?

Lohnnebenkosten (Personalnebenkosten) sind Aufwendungen, die zusätzlich zu den Lohnkosten (Personalkosten) in Zusammenhang mit einem Arbeitsverhältnis entstehen.

Man unterscheidet

● gesetzliche Lohnnebenkosten wie z.B. Beiträge des Arbeitgebers zur gesetzlichen Sozialversicherung, gesetzliche Lohnfortzahlung (im Krankheitsfall), Lohnkosten während der Zeit des Mutterschutzes, bezahlte Feier- und Ausfalltage;

● tarifliche und zusätzliche Lohnnebenkosten wie z.B. Beiträge zur Vermögensbildung der Arbeitnehmer, Betriebspensionen, Gratifikationen (z.B. Weihnachtsgratifikationen).

8 Außenhandel und Außenhandelsgeschäft

8.1 Aufgaben und Formen des Außenhandels

8.1.1 Aufgaben des Außenhandels

439 Was ist Außenhandel?

Unter dem Begriff des **Außenhandels** versteht man aus volkswirtschaftlicher Sicht die Gesamtheit aller Handelsbeziehungen einer Volkswirtschaft mit dem Ausland.

Unter dem Begriff des Außenhandels versteht man aus betriebswirtschaftlicher Sicht alle wirtschaftlichen Tätigkeiten, welche ein Unternehmen im Rahmen seines Waren- und Dienstleistungsverkehrs über die Landesgrenzen hinaus mit ausländischen Partnern unterhält.

440 Nennen Sie die Aufgaben des Außenhandelsbetriebes!

Zu den Aufgaben des Außenhandelsbetriebes zählen:
- Raum- und Zeitüberbrückung,
- Mengenausgleich und Sortimentsbildung,
- Veredelung,
- Beratung und Kundendienst,
- Finanzierung.

(Siehe auch Aufgaben des Handels, Seite 167.)

8.1.2 Formen des Außenhandels

441 Welche Formen des Außenhandels unterscheidet man?

Im Außenhandel unterscheidet man:

1. Grundformen,
   - direkter und indirekter Import,
   - direkter und indirekter Export,
   - Transithandel;
2. Sonderformen,
   - Franchising (siehe Seite 283),
   - Auslandsniederlassung (Niederlassung des Unternehmens im Ausland),
   - Jointventure;
3. Handelsmittler (Absatzmittler),
   - Auslandsagent (Handelsvertreter),
   - CIF-Agent,
   - Handelsmakler,
   - Kommissionär.

442 Unterscheiden Sie Import-, Transit- und Exporthandel!

Im Außenhandel unterscheidet man folgende Grundformen:
- **Importhandel**[1] (Einfuhrhandel); Einfuhr von Gütern vom Ausland in das Inland;
- **Transithandel** (Durchfuhrhandel): Ein inländischer Unternehmer kauft Güter im Ausland und verkauft sie an einen Kunden in einem anderen Land;
- **Exporthandel** (Ausfuhrhandel): Ausfuhr von Waren aus dem Inland in das Ausland.

443 Unterscheiden Sie direkten und indirekten Import!

Direkter Import bedeutet, dass der Importeur Güter unmittelbar beim ausländischen Hersteller oder beim ausländischen Exporthändler kauft. Vorteile des direkten Imports sind z.B. geringe Beschaffungskosten (Einsparung von Provisionen für Importeure) und schnelle Beschaffung.

Indirekter Import bedeutet, dass der Großhändler Güter beim inländischen Importhändler bzw. beim inländischen Absatzmittler kauft.

Vorteile des indirekten Imports sind z.B. Wegfall der Importformalitäten und des Kursrisikos.

444 Unterscheiden Sie direkten und indirekten Export!

Direkter Export bedeutet, dass der inländische Hersteller bzw. seine im Ausland tätigen Absatzmittler (Exportvertreter, Exportkommissionär, Exportmakler) die Erzeugnisse unmittelbar an den Kunden im Ausland verkaufen.

Der direkte Export ist gekennzeichnet durch persönlichen Kundenkontakt, erfordert aber genaue Kenntnisse der Ausfuhrformalitäten, der ausländischen Gesetze und der Sprache (häufig wird eine eigene Exportabteilung eingerichtet).

Indirekter Export bedeutet, dass der inländische Hersteller seine Erzeugnisse an einen inländischen Exporthändler verkauft. Diese Exportart wird besonders im Überseehandel genutzt.

Für den Hersteller (Exporteur) entfallen die mit dem Export verbundenen Formalitäten und Risiken (z.B. Kursrisiko, Transportrisiko) sowie die Unterhaltung einer eigenen Exportabteilung.

445 Was versteht man unter Jointventure?

Beim **Jointventure** kooperieren zwei bzw. mehrere gebietsfremde Unternehmen (ein Partner stammt aus einem anderen Land), indem sie ein eigenes Jointventure-Unternehmen gründen, an dem alle beteiligt sind.

Jointventure bedeutet, dass z.B. ein Unternehmen das Knowhow, ein anderes Unternehmen die finanziellen Mittel und ein drittes Unternehmen den Standort und das Personal zur Verfügung stellt.

---

1 Zu den Begriffen Einfuhr und Ausfuhr nach EU-Recht siehe Seite 314 ff.

Vorteile des Jointventure sind z.B.:

● niedrige Standort- und Lohnkosten in einem der beteiligten Länder,

● bessere Erschließung des Auslandsmarktes,

● vereinfachte Abwicklung der Zollformalitäten.

446 Welche Bedeutung haben Handelsmittler im Außenhandel?

Handelsmittler (Absatzmittler) im Außenhandel sind durch folgende Merkmale gekennzeichnet:

● Sie werden aufgrund von vertraglichen Vereinbarungen tätig für Verkäufer und Käufer, die ihren Geschäftssitz in verschiedenen Ländern haben;

● sie verfügen über länderspezifische Kenntnisse bezüglich der rechtlichen Abwicklung der Verträge und der Marktgegebenheiten (z.B. Kaufverhalten, Mentalität der Verbraucher);

● sie haben waren- und branchenspezifische Kenntnisse;

● sie ersparen den beteiligten Unternehmen die Einrichtung eigener Auslandsabteilungen, welche oft hohe Kosten verursachen.

447 Was ist ein Auslandsagent?

Der **Auslandsagent** ist ein Handelsmittler im Außenhandel, der als rechtlich selbstständiger Handelsvertreter in fremdem Namen und für fremde Rechnung tätig wird (siehe Seite 251 f.). Seine Dienste werden vor allem beim direkten Export in Anspruch genommen; er kann Vermittlungsagent bzw. Abschlussagent sein.

448 Was ist ein CIF-Agent?

Liefert ein Exporteur Waren nach Übersee (und zwar mit dem Schiff) mit der Lieferbedingung CIF (siehe Seite 311), kann er zur Vermittlung bzw. zur Abwicklung des Vertrags einen CIF-Agenten einsetzen. Der **CIF-Agent** kann in Abhängigkeit von der Vertragsgestaltung mit dem Exporteur entweder Handelsvertreter oder Handelsmakler sein (siehe Seite 253 f.).

449 Welche Bedeutung hat der Handelsmakler im Außenhandel?

Der **Handelsmakler** im Außenhandel übernimmt als selbstständiger Kaufmann in fremdem Namen und für fremde Rechnung die Vermittlung von Verträgen (z.B. Export oder Import von Waren); zwischen dem Handelsmakler und dem Exporteur sowie zwischen dem Handelsmakler und dem Importeur besteht kein ständiges Vertragsverhältnis (zu den Rechten und Pflichten des Handelsmaklers siehe Seite 253 f.).

450 | Welche Bedeutung hat der Kommissionär im Außenhandel?

Der **Kommissionär** ist selbstständiger Kaufmann, der in eigenem Namen für Rechnung eines anderen tätig wird (siehe Seite 252 f.).

Im Außenhandel unterscheidet man:

- **Einkaufskommissionär,** er übernimmt für den Importeur den Einkauf der Ware im Ausland;
- **Verkaufskommissionär,** er übernimmt für den Exporteur den Absatz der Waren im Ausland; er unterhält häufig ein Konsignationslager (siehe Seite 253).

8.1.3 Bedeutung des Außenhandels

451 | Nennen Sie Gründe für den Außenhandel!

Länder betreiben aus folgenden Gründen **Außenhandel:**

- Bestimmte Güter sind im Inland nicht vorhanden (z.B. Erdöl, Zitrusfrüchte),
- die Qualität bestimmter Güter ist im Ausland besser als im Inland (z.B. aufgrund besserer Fertigungsverfahren bzw. eines besseren Know-hows),
- die Preise bestimmter Güter sind im Ausland niedriger als im Inland (z.B. aufgrund niedrigerer Löhne in Billiglohnländern).

452 | Welche Bedeutung hat der Außenhandel für Deutschland?

Der Außenhandel (Export und Import von Gütern) hat für Deutschland eine ganz besondere Bedeutung, wie folgende Gesichtspunkte verdeutlichen:

- Deutschland ist eines der wichtigsten Welthandelsländer (neben den USA und Japan);
- der Exportanteil, gemessen in Prozent des Bruttoinlandsprodukts (siehe Seite 136), betrug in den letzten Jahren zwischen 20% und 30%;
- die Volkswirtschaft ist in hohem Maße exportabhängig (Auftragsrückgänge im Export können zu Krisen führen);
- aufgrund des hohen inländischen Preisniveaus gibt es zunehmend Probleme im internationalen Konkurrenzkampf zu bestehen;
- Deutschland ist in erheblichem Maße auf Importe angewiesen (z.B. Einfuhr von Rohstoffen);
- Erhöhungen der Wechselkurse, insbesondere des Dollars, verteuern die Importe und erhöhen damit die Kosten der inländischen Unternehmen.

453 Nennen Sie wichtige Warengruppen im Außenhandel!

Wichtige Warengruppen im deutschen Export sind:
- Kraftfahrzeuge,
- elektrotechnische Erzeugnisse,
- Nahrungs- und Genussmittel und Getränke,
- Kunststoffe,
- pharmazeutische Erzeugnisse,
- feinmechanische und optische Erzeugnisse,
- Büromaschinen;

Wichtige Warengruppen im deutschen Import sind:
- elektrotechnische Erzeugnisse,
- Kraftfahrzeuge,
- Nahrungs- und Genussmittel und Getränke,
- Büromaschinen,
- Mineralölerzeugnisse und Erdgas,
- Rohöl,
- Kunststoffe.

454 Nennen Sie wichtige Außenhandelspartner!

Wichtige **Handelspartner im Außenhandel** der Bundesrepublik Deutschland sind entsprechend der Außenhandelsstatistik des Statistischen Bundesamtes Deutschland, und zwar bezüglich

- Einfuhr:
  Frankreich, Niederlande, USA, Großbritannien,
- Ausfuhr:
  Frankreich, USA, Großbritannien, Italien.

455 Welche Auswirkungen hat der Außenhandel auf die Zahlungsbilanz?

Die wertmäßige Erfassung des gesamten Außenhandels erfolgt in der Leistungsbilanz der **Zahlungsbilanz** als Kategorie Außenhandel (siehe Seite 138).

In Deutschland wurden in den letzten Jahren fast immer Exportüberschüsse erzielt, d. h., die Güterexporte waren jeweils höher als die Güterimporte.

Exportüberschüsse erhöhen die Devisenreserven, Importüberschüsse vermindern die Devisenreserven eines Landes (dies gilt nur für den Außenhandel mit Drittländern).

Der Saldo der deutschen **Leistungsbilanz** (siehe Seite 138), welcher neben dem Außenhandel weitere Kategorien umfasst, ist vor allem wegen des sehr hohen Defizits im Urlaubsreiseverkehr und der Übertragungen an die EU zurzeit negativ.

8.2 Besonderheiten und Risiken des Außenhandelsgeschäftes

8.2.1 Besonderheiten des Außenhandelsgeschäftes

456 Welche Bedeutung hat die Bezugsquellenermittlung im Außenhandel?

Im Außenhandel kommt der Ermittlung der **Bezugsquellen** (die Bezugsquellenermittlung ist Teil der Beschaffungsmarktforschung, siehe Seite 232) eine besondere Bedeutung zu, da Fehlentscheidungen erhebliche negative Folgen für den Importeur haben können.

Möglichkeiten der Bezugsquellenermittlung sind:

1. interne Informationsquellen (z.B. der Auslandsabteilung),
   - Datei der ausländischen Lieferanten (Exporteure),
   - Datei der Waren, welche aus dem Ausland bezogen werden;
2. externe Nachschlagewerke, z.B.
   - Branchenverzeichnisse der einzelnen Länder,
   - Lieferantennachweise der einzelnen Länder;
3. externe Informationsmöglichkeiten, z.B.
   - Messen und Ausstellungen im Ausland sowie internationale Messen und Ausstellungen im Inland,
   - ausländische Fachzeitschriften,
   - Prospekte und Kataloge ausländischer Unternehmen;
4. Außenhandelsinstitutionen, z.B.
   - Industrie- und Handelskammern,
   - Außenhandelskammern,
   - Internationale Handelskammer (in Paris),
   - Bundesstelle für Außenhandelsinformationen (in Köln),
   - Auslandsvertretungen (Botschaften und Konsulate).

457 Welche Informationen liefern Außenhandelsinstitutionen?

Die **Außenhandelsinstitutionen** liefern z.B. gezielte Informationen über

- Auslandsmärkte (z.B. Firmenauskünfte, Marktanalyse, Wettbewerbssituation),
- Auslandsrecht (z.B. Vertragsrecht, Wettbewerbsrecht, Steuerrecht, Gerichtswesen),
- Zollwesen,
- Auslandsinvestitionen,
- Infrastruktur (z.B. Verkehrswege, Transportwesen),
- Auslandskontaktstellen (z.B. Auslandsvereine, Forschungsinstitute).

458 Welche rechtlichen Bestimmungen sind beim Außenhandelsgeschäft zu beachten?

Beim Abschluss eines **Kaufvertrages** mit einem ausländischen Handelspartner ist vor allem Folgendes zu berücksichtigen:

- Der Vertrag sollte schriftlich abgeschlossen werden (Vermeidung von Missverständnissen, Beweisgrundlage);

303

● es sollte festgelegt werden, welches Kaufvertragsrecht zugrunde gelegt wird (entweder das inländische oder das ausländische Vertragsrecht);

● eine Schiedsklausel sollte vereinbart werden;

● die Handelsbräuche im Land des Handelspartners sollten beachtet werden; Handelsbräuche sind Geschäftsregeln, die nicht gesetzlich geregelt sind, jedoch aufgrund des langjährigen Bestehens allgemein anerkannt werden;

● die Mentalität (Denkweise, Anschauungsweise) im Land des Handelspartners sollte beachtet werden (z.B. Einhaltung der Kleiderordnung, Beachtung von Begrüßungsformalitäten und Umgangsformen).

459 Welche Bedeutung hat das internationale Kaufvertragsrecht?

Das **internationale Kaufvertragsrecht** wird dann angewandt, wenn die Vertragspartner beim Abschluss des Außenhandelsgeschäftes nicht festgelegt haben, welches Kaufvertragsrecht gelten soll.

Rechtsgrundlage des internationalen Kaufvertragsrechts ist das „UN-Übereinkommen über internationale Warenkaufverträge von 1980"; allerdings ist dieses Vertragsrecht zurzeit nur von wenigen Staaten anerkannt (dazu zählt Deutschland).

Geregelt sind z.B.:

● Angebot und Annahme,

● Ort und Zeit der Lieferung durch den Verkäufer,

● fehlerhafte Lieferungen,

● Zahlung des Kaufpreises,

● Gefahrenübergang,

● Schadensersatz und Schadensberechnung.

460 Was versteht man unter der Schiedsklausel?

Bei der Abwicklung von Außenhandelsgeschäften kommt es aufgrund von Sprachproblemen, unterschiedlicher Handelsbräuche sowie von Kaufvertragsstörungen immer wieder zu Rechtsproblemen. Der geschädigte Vertragspartner muss normalerweise versuchen seine Ansprüche an dem betreffenden ausländischen Gericht durchzusetzen, was oft mit Problemen verbunden ist. Um diese Probleme zu umgehen, kann im Kaufvertrag eine **Schiedsklausel** vereinbart werden, welche bei auftretenden Rechtsproblemen anstelle eines Gerichtsverfahrens die Schlichtung durch ein internationales Schiedsgericht vorsieht (z.B. **Schiedsgerichtsbarkeit** der internationalen Handelskammer in Paris).

Vorteile des internationalen Schiedsgerichtsverfahrens sind z.B.:

● sachkundige Schiedsrichter,

● Berücksichtigung der Interessen beider Vertragsparteien,

● Berücksichtigung der Rechtsvorschriften und Handelsbräuche beider Länder,

● kurze Verfahrensdauer und vergleichsweise geringe Verfahrenskosten.

8.2.2 Risiken und Risikoabsicherung im Außenhandel

461 Nennen Sie spezifische Risiken im Außenhandel (Überblick)!

Spezifische **Risiken im Außenhandel** sind z. B.:
- Wechselkursrisiko (Währungsrisiko),
- Transportrisiko,
- Kreditrisiko,
- politisches Risiko.

462 Welche Möglichkeiten der Risikoabsicherung gibt es im Außenhandel (Überblick)?

Möglichkeiten der **Risikoabsicherung im Außenhandel** sind z. B.:
1. Vereinbarung von Zahlungsbedingungen im Kaufvertrag (siehe Seite 303 f.);
2. Wahl einer besonderen Finanzierungsform, z. B.
   - Kredit der Kreditanstalt für Wiederaufbau (KfW),
   - Kredit der Ausfuhrkredit-Gesellschaft mbH (AKA),
   - Forfaitierung,
   - Exportfactoring;
3. Abschluss von besonderen Versicherungen,
   - staatliche Ausfuhrkreditversicherung,
   - private Ausfuhrkreditversicherung.

463 Beschreiben Sie das Wechselkursrisiko!

Das **Wechselkursrisiko** beruht auf Veränderungen der Wechselkurse (siehe Seite 158 f.) der durch den Kaufvertrag betroffenen Währungen in der Zeit zwischen Vertragsabschluss und Zahlung.

Beispiel 1:

Ein inländischer Importeur schließt einen Kaufvertrag mit einem ausländischen Geschäftspartner ab; fakturiert wird in der ausländischen Währung. Sinkt der Wechselkurs für die inländische Währung, muss der Importeur mehr zahlen als er zum Zeitpunkt des Vertragsabschlusses hätte zahlen müssen, und zwar in inländischer Währung (wäre der Wechselkurs gestiegen, hätte sich für den Importeur ein Wechselkursgewinn ergeben).

Vertragsparteien: Importeur in Deutschland, Geschäftspartner in den USA

Rechnungsbetrag: 1 000,00 USD

Wechselkurs bei Vertragsabschluss: 1,10 USD/1 EUR

Wechselkurs bei Zahlung: 0,90 USD/1 EUR

Lösung:

Fiktiver Zahlungsbetrag bei Vertragsabschluss: 909,09 EUR

Tatsächlicher Zahlungsbetrag bei Fälligkeit: 1 111,11 EUR

Wechselkursverlust: 202,02 EUR

20 Groh/Schröer – ISBN 3-8120-0422-4

Beispiel 2:

Ein inländischer Exporteur schließt einen Kaufvertrag mit einem ausländischen Geschäftspartner ab; fakturiert wird in der ausländischen Währung. Steigt der Kurs für die inländische Währung, erhält der Exporteur weniger als er zum Zeitpunkt des Vertragsabschlusses erhalten hätte, und zwar in inländischer Währung (wäre der Wechselkurs gesunken, hätte sich für den Exporteur ein Wechselkursgewinn ergeben).

Vertragsparteien: Exporteur in Deutschland, Geschäftspartner in den USA

Rechnungsbetrag: 5 000,00 USD

Wechselkurs bei Vertragsabschluss: 1,10 USD/1 EUR

Wechselkurs bei Zahlung: 1,15 USD/1 EUR

Lösung:

Fiktiver Wert der Zahlung bei Vertragsabschluss: 4 545,45 EUR

Tatsächlicher Wert der Zahlung bei Fälligkeit: 4 347,83 EUR

Wechselkursverlust: 197,62 EUR

---

464 Wie kann das Wechselkursrisiko abgesichert werden?

Das **Wechselkursrisiko** besteht für den Importer bei Kurssteigerungen und für den Exporteur bei Kursrückgängen.

Möglichkeiten zur Absicherung des Wechselkursrisikos sind z. B.:

● Fakturierung in inländischer Währung,

● bei Zahlung mit Wechsel wird der Wechsel sofort diskontiert (siehe Seite 94),

● Vereinbarung eines Barkaufs,

● Vorauszahlung bzw. Anzahlung.

---

465 Beschreiben Sie das Transportrisiko im Außenhandel!

Das **Transportrisiko,** d.h., die Gefahr der Beschädigung, des Verlustes bzw. des Verderbs der Ware ist aufgrund der langen Transportwege, der langen Transportdauer, der oftmals unsicheren Verkehrswege und der unter Umständen unsicheren politischen Lage besonders hoch.

---

466 Wie kann das Transportrisiko abgesichert werden?

Möglichkeiten zur Absicherung des **Transportrisikos** sind:

● Abschluss einer Transportversicherung (siehe Seite 217),

● Vereinbarung einer Lieferbedingung, welche dem Vertragspartner das Transportrisiko überträgt (siehe Seite 310 ff.).

---

467 Beschreiben Sie das Kreditrisiko im Außenhandel!

Das **Kreditrisiko,** d.h. die Gefahr, dass Forderungen von Exporteuren gegenüber ausländischen Käufern (i.d.R. Importeure) nicht beglichen werden, ist erfahrungsgemäß besonders hoch. Das Kreditrisiko ist oft verbunden mit dem politischen Risiko.

Ursachen für Forderungsausfälle können sein:
- der Käufer gerät in Zahlungsverzug (siehe Seite 67),
- der Käufer verweigert die Zahlung,
- der Käufer wird zahlungsunfähig (z.B. Insolvenz).

468 | Wie kann das Kredit-risiko abgesichert werden?

Möglichkeiten zur Absicherung des **Kreditrisikos** sind:
- Prüfung der Kreditwürdigkeit (siehe Seite 274),
- Vorauszahlung bzw. Anzahlung,
- Vereinbarung eines Barkaufs,
- Vereinbarung eines Personalkredits (z.B. Wechsel, Bürgschaft),
- Wahl einer entsprechenden Außenhandelsfinanzierung (z.B. Dokumentenakkreditiv),
- Abschluss einer Ausfuhrkreditversicherung (z.B. Hermes-Exportkreditversicherung),
- Forfaitierung bzw. Exportfactoring.

469 | Was ist ein politisches Risiko im Außenhandel?

Das **politische Risiko** besteht in Gefahren, welche verbunden sind mit Krieg, Bürgerkrieg, Boykott, Embargo, Blockade. Das Risiko bezieht sich dabei sowohl auf die Ware selbst (z.B. Verlust, Beschädigung, Beschlagnahmung) als auch auf die Zahlung (z.B. Zahlungsstopp, staatliches Zahlungsverbot).

470 | Wie kann das politische Risiko abgesichert werden?

Möglichkeiten zur Absicherung des **politischen Risikos** sind:
- Vorauszahlung bzw. Anzahlung,
- Vereinbarung eines Barkaufs,
- Abschluss einer Ausfuhrkreditversicherung (z.B. Hermes-Exportkreditversicherung).

471 | Welche Bedeutung hat die Kreditanstalt für Wiederaufbau?

Die **Kreditanstalt für Wiederaufbau** (KfW, Frankfurt) ist ein öffentlich-rechtliches Kreditinstitut (unter Aufsicht der Bundesregierung), das ursprünglich den Wiederaufbau der deutschen Wirtschaft finanzieren sollte. Heute übernimmt die KfW vor allem die Finanzierung inländischer Investitionen und die langfristige Exportfinanzierung durch die Vergabe von zinsgünstigen Krediten.

472 | Welche Bedeutung hat die Ausfuhrkredit-Gesellschaft mbH?

Die **Ausfuhrkredit-Gesellschaft mbH** (AKA, Frankfurt) ist ein Konsortium (Zusammenschluss von über 40 Banken), welches die Finanzierung von Exportgeschäften übernimmt.

473 | Was ist Forfaitierung?

Forfaitierung ist eine Form der Finanzierung im Exportgeschäft, bei welcher der Exporteur eine Forderung (i.d.R. Wechselforderung) an eine Bank oder eine Finanzierungsgesellschaft (Forfaiteur) verkauft. Der Forfaiteur hat keine Möglichkeit auf den Exporteur zurückzugreifen, d.h., der Forfaiteur trägt sämtliche Risiken.

307

Für den Exporteur bietet die Forfaitierung folgende Vorteile:

- sofortiger Zahlungseingang (Rechnungsbetrag abzüglich Zinsen und Provision),
- der Forfaiteur übernimmt das Risiko des Zahlungsausfalls (Delkredererisiko) sowie das Wechselkursrisiko (bis zum Fälligkeitstermin kann sich der Kurs verschlechtert haben).

---

474 Was ist Exportfactoring?

Das **Exportfactoring** ist eine Sonderform des Factoring (siehe Seite 271) und bezieht sich auf ein Außenhandelsgeschäft; Vertragspartner ist ein internationales Factoringinstitut (z.B. Heller Factoring Bank).

Der Exporteur muss bei Außenhandelsgeschäften mit längerfristigen Zahlungszielen in jedem Fall genau prüfen, ob für ihn ein Verkauf seiner Forderung (Forfaitierung bzw. Exportfactoring) oder die Aufnahme eines Kredits, z.B. bei der Kreditanstalt für Wiederaufbau oder bei der Ausfuhrkredit-Gesellschaft mbH, vorteilhafter ist.

---

475 Unterscheiden Sie staatliche und private Ausfuhrkreditversicherung!

Die Deckung von Ausfuhrkreditrisiken kann erfolgen durch den Abschluss einer **Ausfuhrkreditversicherung,** dabei unterscheidet man:

- **staatliche Ausfuhrkreditversicherung,** d.h., der Staat sichert das Risiko des Exporteurs ab, und zwar durch die Hermes Kreditversicherungs-AG;
- **private Ausfuhrkreditversicherung,** d.h., private Versicherungsgesellschaften (z.B. Gerling Konzern, Speziale Kreditversicherungs-AG) übernehmen das Risiko des Exporteurs; allerdings ist die Risikoabsicherung im Gegensatz zur staatlichen Ausfuhrkreditversicherung stark eingeschränkt (z.B. auf Länder mit stabilen wirtschaftlichen und politischen Verhältnissen).

---

476 Welche Bedeutung hat die Hermes Kreditversicherungs-AG?

Die **Hermes Kreditversicherungs-AG** (Hamburg) sichert im Auftrag des Staates das Risiko von Exporteuren ab, vor allem um den Export in Entwicklungsländer zu fördern. Wenn der ausländische Importeur nicht zahlt (i.d.R. nach Ablauf von 6 Monaten nach Fälligkeit der Zahlung), zahlt Hermes den Kaufpreis an den Exporteur.

Die Hermes Kreditversicherungs-AG stellt bei Außenhandelsgeschäften folgende Lieferantenkreditversicherungen (so genannte Hermes-Deckungen) zur Verfügung:

- Ausfuhrgarantien, sie dienen der Deckung des Kreditrisikos nach der Lieferung der Waren an einen ausländischen Unternehmer;
- Ausfuhrbürgschaften, sie dienen der Deckung des Kreditrisikos nach der Ablieferung der Ware an eine Institution eines ausländischen Staates.

8.3 Vertragsvereinbarungen im Außenhandel

477 Was ist beim Abschluss eines Kaufvertrages im Außenhandel zu beachten?

Sowohl Exporteure als auch Importeure müssen beim Abschluss eines **Kaufvertrages** mit einem ausländischen Partner vor allem Folgendes beachten:

- Schriftform: Um Missverständnisse zu vermeiden und um Beweismittel zu haben, ist es sinnvoll Verträge schriftlich mit allen Details abzuschließen (es genügt nicht auf die eigenen allgemeinen Geschäftsbedingungen zu verweisen, da diese im Ausland nicht gelten);
- artgerechte, transportgerechte und kostengünstige Verpackung der Waren (besondere Bedeutung hat die Verpackung im Luftfrachtverkehr und in der Seeschifffahrt);
- **Versandanzeige,** der Exporteur teilt dem Geschäftspartner mit, wann er die Ware versendet hat, damit sich der Empfänger auf das Eintreffen der Sendung einstellen kann; die Versandanzeige sollte alle wichtigen Vereinbarungen des Kaufvertrages enthalten, sie ist rechtlich nicht erforderlich;
- genaue Bestimmung der Qualität der zu liefernden Ware (Qualitätsbestimmung);
- genaue Festlegung der zu liefernden Menge (Mengenbestimmung);
- Incoterms und Zahlungsbedingungen.

8.3.1 Qualitäts- und Mengenbestimmung im Außenhandelsgeschäft

478 Was ist bei der Bestimmung der Qualität der Ware im Außenhandelsgeschäft zu beachten?

Beim Abschluss eines Kaufvertrages im Außenhandel ist im Hinblick auf die Bestimmung der **Qualität der Ware** vor allem Folgendes zu beachten:

- Notwendigkeit und Umfang der Bestimmung der Qualität der Ware ist abhängig von der Branche sowie von den rechtlichen Bestimmungen und Handelsbräuchen im Land des Vertragspartners,
- genaue Festlegung der Art der Ware (genaue Bezeichnung der Ware),
- Angabe der Herkunft der Ware (z.B. Land und Region bei Wein),
- genaue Festlegung der Güte und Beschaffenheit der Ware (z.B. Angabe von Handelsklassen, Standards bzw. Kauf nach Muster oder Probe).

479 Was ist bei der Bestimmung der Menge der Ware im Außenhandelsgeschäft zu beachten?

Beim Abschluss eines Kaufvertrages im Außenhandel ist im Hinblick auf die Bestimmung der **Menge der Ware** vor allem Folgendes zu beachten:

- Berücksichtigung der unterschiedlichen Mengenbezeichnungen in den einzelnen Ländern (z.B. metrische Tonne = 1 000 kg, long ton = 1 016 kg, short ton = 907,185 kg);

- Vereinbarung einer festen Menge, wenn der Lieferer genau diese Menge liefern soll (Abweichungen nach oben oder unten stellen einen Vertragsbruch dar);
- beim Fehlen einer festen Mengenangabe darf die gelieferte Menge nach oben oder unten bis zu 5% abweichen;
- bei Mengenangaben mit dem Zusatz „ungefähr", „etwa" oder „circa" **(Circa-Klausel)** darf die gelieferte Menge nach oben oder unten bis zu 10% abweichen.

8.3.2 Incoterms

480 | Was sind Incoterms?

Incoterms (International Commercial Terms, Internationale Regeln für die Auslegung der handelsüblichen Vertragsformeln) sind vorformulierte Vertragsklauseln, welche die Aufteilung bestimmter Pflichten zwischen Exporteur und Importeur in einem internationalen Kaufvertrag regeln. Die Incoterms sind deshalb von besonderer Bedeutung, weil in jedem Exportland bzw. Importland andere Handelsbräuche gelten können.

Um den internationalen Handel einfacher abwickeln zu können und um Missverständnisse bei der Interpretation der Lieferbedingungen sowie Rechtsstreitigkeiten zu vermeiden, ist es sinnvoll bei jedem Außenhandelsgeschäft die Lieferbedingungen entsprechend den Incoterms ausdrücklich vertraglich zu vereinbaren (z. B. EXW gemäß Incoterms 2000).

Die Incoterms regeln insbesondere

- Übernahme der Transportkosten (wer trägt in welchem Umfang die Transportkosten),
- Gefahrenübergang (ab wann geht das Transportrisiko auf den Käufer über),
- Sorgfaltspflicht (welche Pflichten im Rahmen der Geschäftsabwicklung ergeben sich für den Exporteur).

481 | Wie werden die Incoterms eingeteilt?

Die Klauseln der Incoterms 2000 werden entprechend dem Umfang der Pflichten des Exporteurs in vier Gruppen eingeteilt, wobei die Gruppeneinteilung entsprechend dem ersten Buchstaben der Klauselabkürzung erfolgt (Gruppe E, Gruppe F, Gruppe C, Gruppe D).

In Abhängigkeit vom Ort des Transportkostenübergangs und des Gefahrenübergangs (Risikoübergang) unterscheidet man

- Einpunktklauseln, Kosten- und Gefahrenübergang sind an einem Ort;
- Zweipunktklauseln, Kosten- und Gefahrenübergang sind an verschiedenen Orten.

482 Erklären Sie die Incoterms der Gruppe E!

Bei der Gruppe E sind die Pflichten des Exporteurs am geringsten, es gibt nur eine Klausel, und zwar **EXW** (Ex Works, ab Werk):

● der Verkäufer muss die Ware termingerecht sowie transportgerecht verpackt auf seinem Betriebsgelände bereitstellen; er trägt nur Kosten und Gefahren (Risiken) während der Zeit der Bereitstellung;

● der Käufer trägt ab dem Zeitpunkt der Zurverfügungstellung der Ware sämtliche Kosten und Gefahren der Ware.

483 Erklären Sie die Incoterms der Gruppe F!

Bei der Gruppe F handelt es sich um Einpunktklauseln. Der Exporteur muss die Ware dem Frachtführer an einem festgelegten Ort übergeben; mit der Übergabe gehen Kosten und Gefahren der Ware auf den Käufer über; die Kosten für den Haupttransport muss der Käufer übernehmen.

Man unterscheidet:

1. **FCA** (Free Carrier, frei Frachtführer),
   der von den Parteien ausgewählte Ort der Lieferung ist entscheidend für die Verpflichtung zur Be- und Entladung der Ware. Wenn die Lieferung beim Verkäufer stattfindet, dann trägt er auch für die Verladung die Verantwortung. Wenn die Lieferung an einem anderen Ort stattfinden soll, dann ist der Verkäufer nicht mehr für die Entladung zuständig, sondern er trägt nur die Verantwortung für die Verladebereitschaft;

2. **FAS** (Free Alongside Ship, frei Längsseite Schiff),
   der Verkäufer trägt Kosten und Gefahren, bis die Ware längsseits des Schiffs im Verschiffungshafen verbracht ist;

3. **FOB** (Free On Board, frei an Bord),
   der Verkäufer trägt Kosten und Gefahren, bis die Ware die Schiffsreling im Verschiffungshafen überschritten hat.

484 Erklären Sie die Incoterms der Gruppe C!

Bei der Gruppe C handelt es sich um Zweipunktklauseln. Der Exporteur muss die Transportkosten bis zum Bestimmungshafen tragen, allerdings geht die Gefahr für die Ware bereits mit der Übergabe an den Frachtführer auf den Käufer über.

Man unterscheidet:

1. **CFR** (Cost and Freight, Kosten und Fracht, gilt für See- und Flusstransporte),

   ● der Verkäufer trägt die Gefahr der Ware, bis diese die Reling des Schiffes im Verschiffungshafen überschritten hat;

   ● der Verkäufer trägt alle Transportkosten und besorgt alle Transportdokumente bis zum Bestimmungshafen;

2. **CIF** (Cost, Insurance and Freight, Kosten, Versicherung und Fracht, gilt für See- und Flusstransporte),

   der Verkäufer übernimmt zusätzlich zu CFR die Kosten der Seetransportversicherung;

311

3. **CPT** (Carriage Paid To, frachtfrei, gilt für alle Transport-arten),
   - der Verkäufer trägt die Gefahr der Ware bis zu deren Übergabe an den (ersten) Frachtführer,
   - der Verkäufer trägt alle Transportkosten und besorgt alle Transportdokumente bis zum Bestimmungsort;
4. **CIP** (Carriage and Insurance Paid To, frachtfrei versichert, gilt für alle Transportarten),
   der Verkäufer übernimmt zusätzlich zu CPT die Kosten der Transportversicherung.

485 Erklären Sie die Incoterms der Gruppe D!

Bei der Gruppe D handelt es sich um Einpunktklauseln. Der Exporteur muss die Transportkosten und die Gefahren bis zum benannten Ort (Bestimmungsort) tragen.

Man unterscheidet:

1. **DAF** (Delivered At Frontier, geliefert Grenze, gilt für alle Transportarten),
   - der Verkäufer trägt Kosten und Gefahren der Ware bis zur vereinbarten Grenze (sinnvoll ist die Vereinbarung eines konkreten Grenzortes);
   - der Verkäufer muss die Ausfuhrabfertigung besorgen (der Käufer ist für die Einfuhrabfertigung zuständig);
2. **DES** (Delivered Ex Ship, geliefert ab Schiff, gilt für See- und Flusstransporte),
   der Verkäufer muss die Ware exportfrei in dem benannten Bestimmungshafen des Bestimmungslandes zur Verfügung stellen (der Käufer ist für die Einfuhrabfertigung zuständig);
3. **DEQ** (Delivered Ex Quay, geliefert ab Kai, gilt für See- und Flusstransporte),
   der Verkäufer muss die Ware am Kai des benannten Bestimmungshafens zur Verfügung stellen und die Ausfuhr-formalitäten erledigen; der Käufer übernimmt die Einfuhr-formalitäten sowie die Zahlung der Zölle und anderer Kosten;
4. **DDU** (Delivered Duty Unpaid, geliefert unverzollt, gilt für alle Transportarten),
   der Verkäufer muss die Ware an dem benannten Ort im Ein-fuhrland zur Verfügung stellen (der Käufer ist für die Ein-fuhrabfertigung zuständig);
5. **DDP** (Delivered Duty Paid, geliefert verzollt, gilt für alle Transportarten),
   der Verkäufer muss die Ware an dem benannten Ort im Ein-fuhrland zur Verfügung stellen und er ist (zusätzlich zu DDU) für die Einfuhrabfertigung zuständig.

8.3.3 Zahlungsbedingungen im Außenhandelsgeschäft

486 | Nennen Sie die Zahlungsbedingungen im Außenhandelsgeschäft!

Im Außenhandelsgeschäft unterscheidet man vor allem folgende **Zahlungsbedingungen (Terms of Payment):**
- Vorauszahlung, Zahlung des Kaufpreises vor Lieferung der Ware;
- Anzahlung, teilweise Zahlung des Kaufpreises vor Lieferung;
- Zahlung gegen einfache Rechnung, der Exporteur verzichtet auf gesonderte Zahlungsbedingungen, da er den Geschäftspartner als sehr vertrauenswürdig einschätzt (z.B. bei langjährigen Geschäftsbeziehungen);
- Dokumenteninkasso;
- Dokumentenakkreditiv.

487 | Was versteht man unter Dokumenteninkasso?

Das **Dokumenteninkasso** ist ein so genanntes Zug-um-Zug-Geschäft und soll bei Außenhandelsgeschäften die Zahlung des Rechnungsbetrages sicherstellen. Der Importeur erhält die Dokumente für die Ware erst dann, wenn er seine Zahlung geleistet hat.

Man unterscheidet
- Dokumente gegen Kasse,
- Dokumente gegen Akzept.

488 | Was versteht man unter „Dokumente gegen Kasse"?

Bei der Zahlungsweise „**Dokumente gegen Kasse**" (Documents against **P**ayment = D/P)
- übergibt der Exporteur (Verkäufer) nach der Verladung der Ware die Dokumente zusammen mit einem Inkassoauftrag seiner Hausbank,
- versendet die Hausbank die Papiere an die Bank des Importeurs,
- zahlt der Importeur (Käufer) den Kaufpreis bei seiner Bank und erhält die Dokumente,
- holt der Importeur unter Vorlage der Dokumente die Ware am Bestimmungsort ab.

489 | Was versteht man unter „Dokumente gegen Akzept"?

Bei der Zahlungsbedingung „**Dokumente gegen Akzept**" (**D**ocuments against **A**cceptance = D/A) werden die Dokumente nicht wie bei „Dokumente gegen Kasse" gegen Zahlung ausgehändigt, sondern gegen Bankakzept des Importeurs. Der Exporteur kann diesen Wechsel bei seiner Bank zum Diskont oder zum Inkasso einreichen.

490 Was versteht man unter Dokumentenakkreditiv?

Die Zahlungsbedingung **Dokumentenakkreditiv** (Dokumente gegen Akkreditiv) ist durch folgende Merkmale gekennzeichnet:

● Exporteur und Importeur schließen einen Kaufvertrag mit der Zahlungsbedingung Dokumentenakkreditiv (z.B. D/P Credit);

● der Importeur beauftragt seine Hausbank (Akkreditivbank) einen Betrag in Höhe des Kaufpreises zugunsten des Exporteurs bereitzustellen (Akkreditiv);

● das Akkreditiv beinhaltet das Versprechen der Akkreditivbank den Kaufpreis (Akkreditivbetrag) an den Exporteur zu zahlen;

● die Akkreditivbank informiert die Hausbank des Exporteurs (Akkreditivstelle) über die Akkreditiveröffnung;

● die Akkreditivstelle informiert den Exporteur über das Akkreditiv (Avisierung des Akkreditivs);

● der Exporteur versendet die Ware an den Importeur;

● der Exporteur schickt die entsprechenden Dokumente an die Akkreditivstelle;

● die Akkreditivstelle prüft die eingegangenen Dokumente und zahlt den Akkreditivbetrag an den Exporteur;

● die Akkreditivstelle übersendet die Dokumente an die Akkreditivbank und belastet diese mit dem Akkreditivbetrag;

● die Akkreditivbank prüft die Dokumente, schickt diese an den Importeur und belastet den Importeur mit dem Akkreditivbetrag;

● der Importeur erhält mit den Warendokumenten das Verfügungsrecht über die Ware;

● der Frachtführer händigt dem Importeur gegen Vorlage der Dokumente die Ware aus.

Grundlage für das Dokumentenakkreditiv sind die Einheitlichen Richtlinien und Gebräuche für Dokumentenakkreditive (ERA), welche international anerkannt werden.

8.4 Ein- und Ausfuhrverfahren

491 Was versteht man unter dem Außenwirtschaftsrecht?

Das **Außenwirtschaftsrecht** regelt die Grundsätze, die Einschränkungsmöglichkeiten und die Abwicklung des Außenwirtschaftsverkehrs.

Dabei unterscheidet man

● Außenwirtschaftsgesetz (AWG),

● **Außenwirtschaftsverordnung** (AWV), sie umfasst eine Vielzahl von Vorschriften, welche die Bestimmungen des Außenwirtschaftsgesetzes präzisieren und ergänzen.

Das Außenwirtschaftsrecht bildet zusammen mit dem Zollrecht die Rechtsgrundlage für den Außenhandel.

492 Welche Bedeutung hat das Außenwirtschaftsgesetz?

Das **Außenwirtschaftsgesetz** (AWG) regelt die außenwirtschaftlichen Beziehungen Deutschlands mit anderen Ländern. Der Waren-, Dienstleistungs-, Kapital-, Zahlungs- und der sonstige Wirtschaftsverkehr mit fremden Wirtschaftsgebieten (Außenwirtschaftsverkehr) ist grundsätzlich frei, d.h., alle Geschäfte mit dem Ausland sind grundsätzlich zulässig, sofern sie nicht ausdrücklich eingeschränkt werden.

Der Außenwirtschaftsverkehr wird jedoch vielfach durch Regelungen des Außenwirtschaftsgesetzes und der Außenwirtschaftsverordnung eingeschränkt.

Gründe für Einschränkungen können sein:
● Schutz der eigenen Volkswirtschaft;
● Wunsch der Handelspartner, die ihre eigene Volkswirtschaft schützen wollen;
● Förderung der auswärtigen Beziehungen der Bundesrepublik Deutschland;
● Gewährleistung der Sicherheit der Bundesrepublik Deutschland;
● Förderung des friedlichen Zusammenlebens der Völker.

Der Außenhandel innerhalb der Länder der Europäischen Union (siehe Seite 160 f.) ist durch besondere EU-Verordnungen sowie EU-Richtlinien geregelt, wobei der freie Warenverkehr (liberaler Handel) im Vordergrund steht.

493 Unterscheiden Sie Wirtschaftsgebiet, Gemeinschaftsgebiet und Drittländer!

Das Außenwirtschaftsgesetz unterscheidet:
● **Wirtschaftsgebiet,** der Geltungsbereich des Außenwirtschaftsgesetzes (Deutschland);
● **Gemeinschaftsgebiet,** das Zollgebiet der Europäischen Union (die Grenze zwischen zwei Mitgliedstaaten bezeichnet man als Binnengrenze);
● **Drittländer,** alle Gebiete außerhalb des Gemeinschaftsgebiets (die Grenze zwischen einem EU-Mitgliedsland und einem Drittland bezeichnet man als Außengrenze bzw. Zollgrenze).

494 Unterscheiden Sie Intrahandel und Extrahandel!

Das EU-Recht unterscheidet im Rahmen des grenzüberschreitenden Warenverkehrs:
● **Intrahandel,** ist der Warenverkehr im Gemeinschaftsgebiet der EU (innergemeinschaftlicher Warenverkehr);
● **Extrahandel,** ist der Warenverkehr von Ländern des Gemeinschaftsgebietes der EU mit Drittländern.

495 Unterscheiden Sie Versendung und Bestimmung!

Das EU-Recht unterscheidet im Rahmen des grenzüberschreitenden Warenverkehrs:
1. **Versendung,** darunter versteht man das Verfahren des Verbringens von Waren (Gemeinschaftswaren oder Nicht-Gemeinschaftswaren) von einem Mitgliedstaat der Gemeinschaft in einen anderen;

2. **Ausfuhr,** darunter versteht man das Verfahren des Verbringens von Gemeinschaftswaren aus dem Zollgebiet der Gemeinschaft in ein Drittland;

3. **Bestimmung,**
   - **Eingang,** ist das Verbringen von Waren (Gemeinschaftswaren oder Nicht-Gemeinschaftswaren) aus einem Mitgliedstaat der Gemeinschaft nach Deutschland;
   - **Einfuhr,** ist das Verbringen von Waren (Gemeinschaftswaren oder Nicht-Gemeinschaftswaren) aus einem Drittland in das Zollgebiet der Gemeinschaft).

Sowohl bei dem Eingang als auch bei der Einfuhr spricht das Außenwirtschaftsgesetz von Einfuhr.

---

496 Wie ist der Intrahandel geregelt?

Der Verkehr von Gütern innerhalb des EU-Gemeinschaftsgebietes **(Intrahandel)**
- ist grundsätzlich frei, d.h., er unterliegt weder handels- noch zollrechtlichen Beschränkungen (Ein- und Ausfuhrerklärungen bzw. Ein- und Ausfuhranmeldungen sind nicht erforderlich);
- unterliegt in sehr geringem Umfang Beschränkungen (z.B. Waffen, Munition, bestimmte Toxine);
- wird für statistische Zwecke erfasst (im Rahmen des Systems der Intra-Handels-Statistik mit Hilfe des Vordrucks INTRASTAT bzw. mit dem entsprechenden Exemplar des Einheitspapiers).

---

497 Unterscheiden Sie Gemeinschaftsware und Drittlandsware!

Gemeinschaftswaren (Gemeinschaftsgüter) werden in einem EU-Mitgliedstaat erzeugt oder es sind Drittlandswaren, welche zum freien Verkehr durch die Zollbehörde abgefertigt worden sind.

Drittlandswaren (Drittlandsgüter, Nicht-Gemeinschaftswaren) sind alle Waren, die nicht Gemeinschaftswaren sind.

---

498 Welche Institutionen sind für die Abwicklung von Außenhandelsgeschäften zuständig?

Für die Abwicklung von Einfuhr und Ausfuhr von Waren sind folgende Institutionen zuständig:
- **Bundesausfuhramt** (BAFA), es ist zuständig für die Exportkontrolle, d.h. vor allem für die Überwachung der Ausfuhr von verbotenen und genehmigungspflichtigen Waren;
- Bundesamt für Wirtschaft, es ist zuständig für die Einfuhr von Waren;
- Bundesanstalt für Landwirtschaft und Ernährung, sie ist zuständig für land- und forstwirtschaftliche Erzeugnisse;
- Zollbehörde, sie ist zuständig für die zollamtliche Abwicklung bei der Einfuhr und Ausfuhr von Waren.

8.4.1 Einfuhr von Waren

499 Welche Einfuhrverfahren gibt es?

Die **Einfuhrverfahren** im Extrahandel (Einfuhr von Waren aus Drittländern nach Deutschland) werden unterschieden in
- genehmigungsfreie (freie) Einfuhr,
- genehmigungspflichtige Einfuhr.

500 Welche Bedeutung hat die Einfuhrliste?

Die **Einfuhrliste** ist eine Anlage zum Außenwirtschaftsgesetz,
- sie ist eine sehr umfangreiche Liste, in der alle Waren, die international gehandelt werden, aufgeführt sind;
- für jede einzelne Ware (z.B. Handschuhe aus Seide) ist angegeben, ob die Einfuhr genehmigungsfrei oder genehmigungspflichtig ist;
- aus ihr ist auch ersichtlich, ob grundsätzlich genehmigungsfreie Ware für bestimmte Länder genehmigungspflichtig ist (z.B. „die Einfuhr ist genehmigungsbedürftig, wenn Ursprungsland China ist");
- sie wird z.B. aufgrund wirtschaftlicher Bedingungen bzw. politischer Verhältnisse ständig verändert.

501 Beschreiben Sie die genehmigungsfreie Einfuhr!

Bei der **genehmigungsfreien Einfuhr**
- beantragt der Importeur i.d.R. bei der Eingangszollstelle (deutsche Zolldienststelle) mit Hilfe des Einheitspapiers der Europäischen Gemeinschaft (siehe Seite 160 f.) die Einfuhrabfertigung;
- sind für bestimmte Waren eine Einfuhrkontrollmeldung, eine Einfuhrerklärung oder ein Ursprungszeugnis vorzulegen (siehe Seite 325).

502 Beschreiben Sie die genehmigungspflichtige Einfuhr!

Bei der **genehmigungspflichtigen Einfuhr**
- ist die Genehmigungspflicht für die Einfuhr der Ware der Einfuhrliste zu entnehmen;
- ist die Einfuhrgenehmigung bei der zuständigen Behörde (z.B. Bundesamt für Wirtschaft) zu beantragen, und zwar vor der Zollanmeldung;
- muss die Einfuhrgenehmigung zusammen mit den übrigen Dokumenten der zuständigen Zollstelle vorgelegt werden.

503 Was ist ein Einfuhrverbot?

Einfuhrverbote für bestimmte Waren aus bestimmten Ländern können z.B. durch die UN festgelegt werden. Die Einfuhrverbote sind nicht in der Einfuhrliste geregelt.

8.4.2 Ausfuhr von Waren

504 Welche Ausfuhrverfahren gibt es?

Die **Ausfuhrverfahren** im Extrahandel (Ausfuhr von Waren aus Deutschland in Drittländer) werden unterschieden in
- freie (genehmigungsfreie) Ausfuhr,
- genehmigungspflichtige Ausfuhr.

505 Welche Bedeutung hat die Ausfuhrliste?

Die **Ausfuhrliste** ist eine Anlage zur Außenwirtschaftsverordnung:

● Sie enthält als so genannte Negativliste alle Waren, deren Ausfuhr kontrolliert werden soll (Exportkontrolle), wie z.B. Waffen, Munition und Rüstungsmaterial sowie Güter mit doppeltem Verwendungszweck (z.B. können elektronische Teile sowohl für zivile als auch für militärische Zwecke eingesetzt werden);

● sie enthält alle Länder, in die aufgrund von Total- bzw. Teilembargos keine Waren geliefert werden dürfen;

● sie wird z.B. aufgrund wirtschaftlicher Bedingungen bzw. politischer Verhältnisse ständig verändert.

506 Beschreiben Sie die freie Ausfuhr!

Im Extrahandel ist die Ausfuhr von Waren, die nicht in der Ausfuhrliste aufgeführt sind, grundsätzlich nicht genehmigungspflichtig **(freie Ausfuhr).** Jedoch muss beim Warenexport in Drittländer (ab einem bestimmten Mindestbetrag) bei der zuständigen Zollstelle die Ausfuhr mit der entsprechenden Ausfuhranmeldung angezeigt werden; diese ist Teil des Einheitspapiers (siehe Seite 326). Die Zollstelle prüft, ob die Ausfuhr zulässig ist.

507 Beschreiben Sie die genehmigungspflichtige Ausfuhr!

Bei der **genehmigungspflichtigen Ausfuhr**

● ist die Genehmigungspflicht für die Ausfuhr der Ware der Ausfuhrliste zu entnehmen;

● ist die Ausfuhrgenehmigung bei der zuständigen Behörde (Bundesausfuhramt) zu beantragen, und zwar vor der Zollanmeldung;

● muss die Ausfuhrgenehmigung zusammen mit den übrigen Dokumenten der zuständigen Zollstelle vorgelegt werden.

508 Welche Formen der Genehmigung gibt es?

Im Rahmen der genehmigungspflichtigen Ausfuhr unterscheidet man folgende Formen der Genehmigung:

● Einzelgenehmigung, sie ist die Grundform der Ausfuhrgenehmigung und gilt für eine bestimmte Warenlieferung aufgrund eines Auftrages an einen bestimmten Empfänger;

● Sammelausfuhrgenehmigung (vereinfachtes Genehmigungsverfahren), sie ersetzt die Einzelgenehmigung und gilt für eine bestimmte Gruppe von Gütern, und zwar für mehrere Empfänger;

● Allgemeine Genehmigung, sie ist vom Bundesausfuhramt generell vorgegeben (z.B. Allgemeine Genehmigung für Digitalrechner bzw. Güter der Telekommunikation); damit erübrigt sich der Antrag auf Einzelgenehmigung.

509 Was ist ein Ausfuhrverbot?

Die Ausfuhr von bestimmten Waren (z.B. biologische und chemische Kampfstoffe) bzw. die Ausfuhr von Waren in bestimmte Länder (z.B. Irak) kann (z.B. auf Veranlassung der UN) verboten sein **(Ausfuhrverbot).**

8.4.3 Zollwesen

510 | Welche Bedeutung hat das Zollwesen?

Im Rahmen des grenzüberschreitenden Warenverkehrs hat die **Zollbehörde** die Aufgabe sicherzustellen, dass die zollrechtlichen Bestimmungen eingehalten werden. Darüber hinaus muss sie die Zölle (zu den Arten der Zölle siehe Seite 159 f.) und die sonstigen Abgaben (vor allem die Einfuhrumsatzsteuer, siehe Seite 160) einziehen.

Der Europäische Binnenmarkt hat alle Zollgrenzen zwischen den Mitgliedstaaten der EU beseitigt (Zollgebiet der EU). Das Zollwesen bezieht sich vor allem auf den Handel zwischen den Mitgliedstaaten und Drittländern.

511 | Was ist der Zollkodex der EU?

Der **Zollkodex** der EU gilt für alle Mitgliedstaaten und stellt die einheitliche Rechtsgrundlage für das Zollwesen dar.

512 | Welche Aufgaben hat die Zollbehörde?

Die Aufgaben der Zollbehörde werden unterschieden in

1. zollamtliche Behandlung des Warenverkehrs mit Drittländern,

   ● **Zollanmeldung,** mit ihr wird der beabsichtigte Export bzw. Import einer Ware der zuständigen Zollbehörde angezeigt (und zwar mit Hilfe des Einheitspapiers, siehe Seite 326), welche prüft, ob der Export bzw. Import zulässig ist;

   ● **Zollbeschau,** in Stichproben werden die Angaben in der Zollanmeldung (z.B. Art, Menge, Wert der Ware) überprüft;

   ● **Zollbefund,** er dokumentiert, dass die Zollabfertigung erfolgt ist;

   ● **Zollbescheid,** mit ihm wird der Zollschuldner aufgefordert, alle Einfuhr- bzw. Ausfuhrabgaben (z.B. Zoll entsprechend dem „Gemeinsamen Zolltarif der EU", Einfuhrumsatzsteuer, Verbrauchssteuern wie Mineralölsteuer, Abschöpfungsabgaben für landwirtschaftliche Produkte) zu zahlen;

2. **Zollverfahren,**

   ● Zollabfertigung zum freien Verkehr,

   ● Zollabfertigung zum besonderen Verkehr,

   ● Zollausfuhrverfahren.

513 | Beschreiben Sie die Zollabfertigung zum freien Verkehr!

Durch die **Zollabfertigung zum freien Verkehr** wird (im Rahmen der Wareneinfuhr) das Drittlandsgut zum Gemeinschaftsgut (Freigut), d.h., der Importeur kann im Gemeinschaftsgebiet der EU frei über die Ware verfügen.

514 Beschreiben Sie die Zollabfertigung zum besonderen Verkehr!

Bei der **Zollabfertigung zum besonderen Verkehr** unterscheidet man:

1. **Veredelungsverkehr,** d. h., die Ware gewinnt an Wert (z. B. Bearbeitung der Ware),
   - aktiver Veredelungsverkehr, der Importeur muss die Einfuhr der Ware nicht verzollen, da die Ware nach der Veredelung im Inland exportiert wird;
   - passiver Veredelungsverkehr, ein Unternehmen exportiert Gemeinschaftsware in ein Drittland, in dem die Ware veredelt wird; anschließend kommt die Ware in das Unternehmen zurück, welches nur den im Drittland entstandenen Mehrwert verzollen muss;

2. **Versandverfahren,** es beschleunigt den grenzüberschreitenden Warenverkehr, wenn mehrere Länder betroffen sind; dabei wird die Ware unter Zollverschluss versandt,
   - Versandverfahren beim Export, ein Unternehmen exportiert Ware über ein anderes Land in ein Drittland, die Exportabfertigung einschließlich des Zollverschlusses erfolgt durch eine Binnenzollstelle; die Ware wird (i. d. R. ohne Prüfung an den betroffenen Grenzen) erst bei der Bestimmungszollstelle im Empfängerland verzollt;
   - Versandverfahren beim Import, die unter Zollverschluss versandte Ware wird durch die Bestimmungszollstelle im Empfängerland verzollt;

3. **Zolllagerverfahren,** Drittlandsware wird zunächst an der Außengrenze zollrechtlich nicht abgefertigt, sondern sie wird bis zur eigentlichen Weiterverwendung in einem Zolllager aufbewahrt; der Importeur erreicht dadurch einen Zahlungsaufschub für seine Zollschuld;

4. **vorübergehende Verwendung,** wenn Waren nur für eine begrenzte Zeit eingeführt werden (z. B. Messegüter), muss diese Einfuhr zwar zollamtlich abgewickelt werden, ein Zoll jedoch ist nicht zu entrichten;

5. **Umwandlungsverfahren,** eine importierte Ware wird so umgewandelt, dass ein niedrigerer Zoll zugrunde gelegt werden kann (z. B. Zerlegung von Maschinen in Einzelteile im Rahmen des Recyclings).

---

515 Beschreiben Sie das Zollausfuhrverfahren!

Für die Ausfuhr von Gemeinschaftswaren in Drittländer gibt es grundsätzlich keine Zölle (Ausfuhrzölle); die Zollbehörde überprüft im Rahmen des **Zollausfuhrverfahrens,** ob die Ausfuhr entweder genehmigungspflichtig oder verboten ist (siehe Seite 317 f.).

---

516 Welche Aufgaben hat der Zolldeklarant?

Der **Zolldeklarant** (Zollanmelder) erledigt für den Exporteur bzw. für den Importeur alle mit dem Außenhandelsgeschäft verbundenen Zollformalitäten.

517 | Welche Aufgaben hat der Spediteur im Außenhandelsgeschäft?

Der **Spediteur** übernimmt im Außenhandelsgeschäft folgende Aufgaben:

- er besorgt die Beförderung der Waren (siehe Seite 214),
- er erledigt alle Zollformalitäten (er ist gleichzeitig Zolldeklarant).

8.5 Dokumente im Außenhandel

8.5.1 Transportdokumente

518 | Nennen Sie wichtige Transportdokumente im Außenhandel (Überblick)!

Transportdokumente (Versanddokumente) begleiten die Ware während des Transports; darüber hinaus erfüllen sie bestimmte wirtschaftliche und rechtliche Aufgaben. Wichtige Transportdokumente im Außenhandelsgeschäft sind:

- Konnossement (Bill of Lading),
- Ladeschein (siehe Seite 212),
- Luftfrachtbrief (Air Waybill),
- Internationaler Eisenbahnfrachtbrief (CIM),
- Internationaler Frachtbrief im Straßengüterverkehr (Lkw-Frachtbrief, CMR),
- Internationale Spediteur-Übernahmebescheinigung.

519 | Was ist ein Konnossement?

Das **Konnossement** (Seefrachtbrief, Bill of Lading) ist lt. HGB eine im Seefrachtverkehr verwendete Urkunde (Wertpapier, Orderpapier), welches der Verfrachter dem Exporteur selbst oder dessen Frachtführer (Ablader) ausstellt. Mit dem Konnossement bescheinigt der Verfrachter den Empfang des Frachtgutes und er verspricht das Frachtgut zu befördern und an den berechtigten Empfänger auszuliefern.

Das Konnossement beinhaltet z.B.:

- den Namen des Verfrachters;
- den Namen des Kapitäns;
- den Namen und die Nationalität des Schiffes;
- den Namen des Abladers;
- den Namen des Empfängers;
- den Bestimmungshafen oder den Ort, an dem Weisung über ihn einzuholen ist;
- die Art der an Bord genommenen oder zur Beförderung übernommenen Güter, deren Maß, Zahl oder Gewicht, ihre Merkzeichen und ihre äußerlich erkennbare Verfassung und Beschaffenheit;
- die Bestimmung über die Fracht;
- den Ort und den Tag der Ausstellung;
- die Zahl der ausgestellten Ausfertigungen.

21 Groh/Schröer – ISBN 3-8120-0422-4

520 Beschreiben Sie den Ablauf beim Konnossement!

Bei der Verwendung des Konnossements in einem Außenhandelsgeschäft ergibt sich i.d.R. folgender Ablauf:

● Ein Exporteur und ein Importeur schließen einen Kaufvertrag ab,

● der Exporteur bzw. der von ihm beauftragte Ablader (Spediteur bzw. Frachtführer) transportiert die Ware zum Verfrachter (z.b. Reederei),

● der Verfrachter stellt das Konnossement (in der vom Ablader gewünschten Anzahl) aus und händigt es dem Ablader aus,

● der Ablader muss dem Verfrachter (auf dessen Verlangen) eine von ihm unterschriebene Abschrift des Konnossements übergeben,

● der Verfrachter transportiert die Ware bis zum vereinbarten Bestimmungshafen,

● der Exporteur (bzw. der Ablader) sendet das Originalkonnossement an den Importeur,

● der Importeur (bzw. der von ihm beauftragte Spediteur bzw. Frachtführer) legt das Konnossement dem Verfrachter vor,

● der Verfrachter übergibt dem Berechtigten die Ware.

521 Welche wirtschaftliche und rechtliche Bedeutung hat das Konnossement?

Das Konnossement hat

1. rechtliche Bedeutung,

● der Verfrachter bescheinigt den Empfang der Ware, verspricht die Beförderung und anschließende Aushändigung der Ware (Dokumentationsfunktion, Beweisfunktion);

● das Konnossement (Orderpapier) kann durch Indossament weitergegeben werden;

● das Konnossement weist den Inhaber als Berechtigten aus (Legitimationsfunktion);

● der Inhaber aller Orginalkonnossemente kann während des Transports anderweitig über die Ware verfügen (Verfügungsfunktion);

● mit der Übergabe des Konnossements an den Importeur wird der Importeur Eigentümer der Ware (Traditionspapier);

2. wirtschaftliche Bedeutung,

● das Konnossement ist (sowohl für Exporteur als auch für Importeur) Sicherungsmittel bei der Finanzierung des Warengeschäftes (Finanzierungsfunktion);

● das Konnossement vereinfacht die Eigentumsübertragung (Traditionspapier).

522 Beschreiben Sie den Luftfrachtbrief!

Der **Luftfrachtbrief**

● wird im Luftfrachtverkehr (siehe Seite 213) eingesetzt;

● belegt den Abschluss des Beförderungsvertrages (Dokumentationsfunktion);

- ist Transportpapier (Warenbegleitpapier);
- ist Frachtrechnung;
- besteht aus drei Originalen (je ein Exemplar für die Fluggesellschaft als Frachtführer, für den Empfänger und den Absender) sowie mehreren Kopien (z.B. für Flughafen);
- ermöglicht die nachträgliche Verfügung über die Ware durch den Absender, und zwar nur solange wie der Absender das Original für den Empfänger besitzt (Verfügungspapier);
- ist Grundlage für die Verzollung der Ware;
- ist dann Grundlage für die Versicherung der Ware, wenn die Ware bei der Fluggesellschaft versichert wird.

---

523 Beschreiben Sie den internationalen Eisenbahnfrachtbrief!

Der **internationale Eisenbahnfrachtbrief** (CIM-Frachtbrief, **C**onvention **i**nternationale concernant le transport de **m**archandises par chemins de fer)
- wird im europäischen Eisenbahngüterverkehr eingesetzt;
- belegt den Abschluss des Beförderungsvertrages (Dokumentationsfunktion);
- ist Transportpapier (Warenbegleitpapier);
- besteht aus dem fünfteiligen Frachtbriefsatz mit dem Frachtbrieforiginal (für den Empfänger), dem Frachtbriefdoppel (für den Absender) sowie der Frachtkarte, dem Empfangsschein und dem Versandschein (für den Frachtführer);
- stellt die Auslieferung der Waren an den Empfänger sicher, wenn dieser vom Absender das Frachtbriefdoppel erhält;
- ermöglicht die Vereinbarung „Zahlung gegen Frachtbriefdoppel", der Empfänger zahlt erst dann, wenn er im Besitz des Frachtbriefdoppels ist;
- ermöglicht die nachträgliche Verfügung über die Ware durch den Absender (Verfügungspapier).

---

524 Beschreiben Sie den internationalen Frachtbrief im Straßengüterverkehr!

Der **internationale Frachtbrief im Straßengüterverkehr** (CMR-Frachtbrief, **C**onvention relative au contrat de transport international de **m**archandises par **r**oute)
- wird im euopäischen Straßengüterverkehr eingesetzt;
- belegt den Abschluss des Beförderungsvertrages (Dokumentationsfunktion);
- ist Transportpapier (Warenbegleitpapier);
- ist Grundlage für die Berechnung der Fracht;
- ist Grundlage für die Berechnung der Prämie, wenn eine Transportversicherung abgeschlossen wird;
- besteht aus dem vierteiligen Frachtbriefsatz (je ein Exemplar für den Absender, den Empfänger, Frachtführer; das vierte Exemplar dient der Kontrolle der Frachttarife);
- ermöglicht die nachträgliche Verfügung über die Ware durch den Absender (Verfügungspapier).

525 Beschreiben Sie die Internationale Spediteur-Übernahme-bescheinigung!

Die **Internationale Spediteur-Übernahmebescheinigung** (FCR-Dokument, **F**orwarders **C**ertificate of **R**eceipt)

● wird von Spediteuren (siehe Seite 214) eingesetzt, welche die erforderliche staatliche Erlaubnis haben;

● bestätigt dem Absender die Übergabe der Waren an den Spediteur (Dokumentationsfunktion);

● beinhaltet die Verpflichtung des Spediteurs, die Waren zum Empfänger zu transportieren und ihm auszuliefern;

● ermöglicht die nachträgliche Verfügung über die Ware durch den Absender, und zwar nur solange wie sich die Ware in der Verfügungsgewalt des Spediteurs befindet (Verfügungspapier).

8.5.2 Versicherungsdokumente

526 Nennen Sie wichtige Versicherungsdokumente im Außenhandel!

Versicherungsdokumente im Außenhandel sind z.B.:

● Transportversicherungspolice, belegt den Abschluss eines Vertrages, welcher die Ware gegen Risiken auf dem Transportweg versichert (siehe Seite 306);

● Kreditversicherungspolice, belegt den Abschluss eines Vertrages, welcher das Kreditrisiko versichert (siehe Seite 306 f.).

8.5.3 Zolldokumente

527 Nennen Sie wichtige Zolldokumente im Außenhandel (Überblick)!

Wichtige **Zolldokumente** im Außenhandel sind:

● Handelsrechnung,

● Konsulatsfaktura,

● Zollfaktura,

● Ursprungszeugnis und Ursprungserklärung,

● Warenverkehrsbescheinigung,

● Einheitspapier.

528 Beschreiben Sie die Handelsrechnung!

Die **Handelsrechnung** enthält Informationen über das Außenhandelsgeschäft.

Die Handelsrechnung

● enthält z.B. Namen und Geschäftssitze der Vertragspartner; genaue Beschreibung der Ware; Anzahl, Gewicht und Preis der Ware; Lieferungs- und Zahlungsbedingungen;

● ist Beweisurkunde;

● dient der Überprüfung der ordnungsgemäßen Vertragsabwicklung;

● ist Grundlage für die Zollabfertigung.

529 Beschreiben Sie die Konsulatsfaktura!

Die **Konsulatsfaktura**

● wird vom Konsulat des Importlandes ausgestellt (und zwar im Exportland),

● wird auf der Grundlage der Handelsrechnung ausgestellt (enthält deren wichtigsten Angaben),

● ist Grundlage für die Zollabfertigung im Importland (es soll z.B. verhindert werden, dass durch eine zu niedrige Wertangabe die Zolleinnahmen vermindert werden).

530 Beschreiben Sie die Zollfaktura!

Die **Zollfaktura**

● wird vom Exporteur ausgestellt (das entsprechende Formular muss er sich bei der Zollbehörde des Importlandes besorgen),

● wird vor allem von Ländern des Commonwealth, von den USA und von Kanada bei der Wareneinfuhr verlangt,

● hat den gleichen Inhalt wie die Konsulatsfaktura,

● ist Grundlage für die Zollabfertigung im Importland,

● ersetzt das Ursprungszeugnis.

531 Unterscheiden Sie Ursprungszeugnis und Ursprungserklärung!

Das **Ursprungszeugnis**

● ist Nachweis für den Ursprung der Ware; als Ursprungsland gilt normalerweise das Land, in dem die Ware zuletzt bearbeitet wurde (dabei muss es sich um eine wesentliche Bearbeitung handeln);

● wird i.d.R. von den inländischen Industrie- und Handelskammern (d.h. im Land des Exporteurs) ausgestellt;

● wird von vielen Ländern bei der Einfuhr von Waren verlangt;

● dient der Kontrolle von Einfuhrbeschränkungen und Einfuhrverboten (siehe Seite 317);

● ermöglicht die Inanspruchnahme von Zollvergünstigungen für den Importeur bei der Einfuhr von Waren aus bestimmten Ländern.

Die **Ursprungserklärung** wird im Gegensatz zum Ursprungszeugnis vom Exporteur selbst (z.B. auf der Handelsrechnung) abgegeben. Sie wird von manchen Ländern anstelle des aufwendigeren Ursprungszeugnisses akzeptiert.

532 Beschreiben Sie die Warenverkehrsbescheinigung!

Die **Warenverkehrsbescheinigung** (Formular EUR. 1)

● ist der Nachweis, dass die Ware entweder in einem EU-Land oder in einem Land, das mit der EU aufgrund besonderer Abkommen verbunden ist, hergestellt wurde;

● wird von den Ländern der EU beim Handel mit Ländern, mit welchen besondere Abkommen bestehen, benutzt;

● ermöglicht die Inanspruchnahme von Vorzugszöllen bzw. von Zollbefreiung.

533 Beschreiben Sie das Einheitspapier!

Das **Einheitspapier** ist in allen Fällen des Warenverkehrs zwischen den Ländern der EU und Drittländern zu verwenden (soweit nicht die Verwendung anderer Formulare ausdrücklich vorgesehen ist). Im Warenverkehr zwischen den Mitgliedstaaten der Gemeinschaft ist das Einheitspapier nur in den ausdrücklich vorgeschriebenen Fällen zu verwenden.

Der (vollständige) Vordrucksatz des Einheitspapiers besteht aus 8 Exemplaren:

- Exemplar 1 für das Versendungs-/Ausfuhrland,
- Exemplar 2 für die Statistik – Versendungs-/Ausfuhrland,
- Exemplar 3 für den Versender/Ausführer,
- Exemplar 4 für die Bestimmungszollstelle,
- Rückschein – Gemeinschaftliches Versandverfahren (Exemplar 5),
- Exemplar 6 für das Bestimmungsland,
- Exemplar 7 für die Statistik – Bestimmungsland,
- Exemplar 8 für den Empfänger.

534 Erklären Sie die Verwendung des Einheitspapiers!

Die Exemplare des Einheitspapiers können wie folgt verwendet werden:

- für die Ausfuhr die Exemplare 1, 2 und 3;
- für die Einfuhr die Exemplare 6, 7 und 8;
- für das gemeinschaftliche Versandverfahren (siehe Seite 319) die Exemplare 1, 3, 5 und 7;
- für die Meldung zur Intrahandelsstatistik das Exemplar 2 für die Versendung bzw. das Exemplar 7 für den Eingang.

9 Kosten des Großhandelsbetriebes

535 | Was sind Kosten?

Kosten sind die Werte der Güter und Dienstleistungen, die bei der Erstellung der betrieblichen Leistungen verbraucht werden. (Im Großhandelsbetrieb werden die Kosten als **Handlungskosten** bezeichnet.)

Der Kostenbegriff umfasst:

● Verbrauch von Gütern,

● Bewertung dieses Verbrauchs in Geld,

● Leistungsbezogenheit.

536 | Unterscheiden Sie Auszahlung und Ausgabe!

Eine **Auszahlung** ist die Weitergabe von Zahlungsmitteln an andere; sie führt zu einer Verminderung des Zahlungsmittelbestands der Unternehmung. Beispiele sind: Barkauf von Rohstoffen, Überweisung von Löhnen und Gehältern, Barrückzahlung eines Kredits.

Ein **Ausgabe** hat eine Abnahme des Geldvermögensbestands zur Folge. Ausgaben können gleichzeitig Auszahlungen darstellen, Beispiele sind: Barkauf von Rohstoffen, Überweisung von Löhnen und Gehältern. Ausgaben müssen nicht gleichzeitig mit einer Zahlung verbunden sein, Beispiel: Zielkauf von Rohstoffen.

537 | Was ist Aufwand?

Unter **Aufwand** versteht man den bewerteten Verbrauch aller Güter und Dienstleistungen in einer bestimmten Periode. (Es fehlt in der Definition die Leistungsbezogenheit.)

538 | Unterscheiden Sie Kosten und Aufwand!

Kosten ist ein Begriff der Kosten- und Leistungsrechnung, Aufwand ist ein Begriff der Geschäftsbuchführung (Finanzbuchführung).

Der Zusammenhang zwischen Aufwand und Kosten kann in einem Schema dargestellt werden.

neutraler Aufwand	Zweckaufwand	
	Grundkosten	Zusatzkosten

539 | Was ist neutraler Aufwand?

Der **neutrale Aufwand** (ihm entsprechen keine Kosten) kann sein

● **betriebsfremder** Aufwand, d. h., er hat mit der betrieblichen Leistungserstellung nichts zu tun (z. B. Spenden);

● **betrieblicher außerordentlicher** Aufwand, d. h., er entsteht zwar durch die betriebliche Tätigkeit, tritt jedoch so unregelmäßig auf, dass er nicht zu den gewöhnlich anfallenden Aufwendungen gezählt werden darf (z. B. Brandschäden);

● **periodenfremder** Aufwand, d.h., er ist betriebsbedingt, betrifft aber vergangene Geschäftsjahre (z. B. Gewerbesteuernachzahlung).

540 Was sind Grundkosten?

Grundkosten (aufwandsgleiche Kosten) sind die Kosten, die zugleich Aufwand (**Zweckaufwand**, kostengleicher Aufwand) darstellen (z. B. Personalkosten, Mietaufwendungen für Geschäftsräume).

541 Was sind Zusatzkosten?

Zusatzkosten sind Kosten, denen kein Aufwand (und keine Ausgabe) entspricht (aufwandsverschiedene bzw. erfolgsunwirksame Kosten). Diese Kosten müssen in der Kalkulation berücksichtigt werden, wie z. B. kalkulatorischer Unternehmerlohn und kalkulatorische Eigenkapitalzinsen. (Im Gegensatz dazu gibt es Kosten, denen in der Geschäftsbuchführung ein Aufwand gegenübersteht, der für die Kalkulation anders bewertet wird = **Anderskosten**.) (Siehe Seite 530 f.)

542 Welche Einteilungsmöglichkeiten gibt es für die Kosten?

Die **Kosten** können eingeteilt werden nach

1. der Verursachung (Kostenarten), z. B.
   ● Personalkosten (z. B. Löhne, Gehälter),
   ● Miete und sonstige Sachkosten für Geschäftsräume,
   ● Steuern und Abgaben,
   ● Kosten der Warenabgabe,
   ● Allgemeine Verwaltungskosten (z. B. Büromaterial);
2. der Bezugsgrundlage (Menge),
   ● Gesamtkosten,
   ● Stückkosten;
3. der Verrechnung,
   ● Einzelkosten,
   ● Gemeinkosten;
4. der Abhängigkeit vom Beschäftigungsgrad,
   ● fixe Kosten,
   ● variable Kosten.

543 Was sind Gesamtkosten?

Unter **Gesamtkosten** versteht man die Summe der in einem bestimmten Zeitraum in einem Unternehmen angefallenen Kosten.

544 Was sind Durchschnittskosten?

Durchschnittskosten (Stückkosten) sind die auf eine Leistungseinheit entfallenden Kosten.

heiden Sie Einzel- **meinkosten!**

Die **Einzelkosten** lassen sich schon bei der Erfassung unmittelbar einer bestimmten Ware (Kostenträger) zuordnen, z.B. Absatzkosten.

Die **Gemeinkosten** können nicht unmittelbar einem Kostenträger zugerechnet werden, da sie für den Handelsbetrieb insgesamt entstanden sind, wie z.B. allgemeine Verwaltungskosten, Abschreibungen, Mieten, Versicherungen, Energiekosten. Die Verteilung der Gemeinkosten erfolgt in der Kostenstellen- und der Kostenträgerrechnung.

---

546 | Was ist der Beschäftigungsgrad?

Die Beschäftigung verkörpert die Inanspruchnahme der Betriebskapazität.

Der **Beschäftigungsgrad** (Kapazitätsausnutzungsgrad) stellt das Verhältnis zwischen Beschäftigung und Kapazität dar, d.h., der Beschäftigungsgrad ist das Verhältnis der tatsächlichen Beschäftigung zur möglichen Beschäftigung.

---

547 | Was sind fixe Kosten?

Fixe (feste) **Kosten** sind vom Beschäftigungsgrad unabhängig, d.h., sie bleiben bei Beschäftigungsänderungen über längere Zeit hinweg konstant (z.B. vertraglich festgelegte Mieten und Gehälter, Abschreibungen).

---

548 | Was ist Fixkostendegression?

Fixkostendegression bedeutet, dass die fixen Kosten auf eine Einheit bezogen mit steigender Beschäftigung fallen (degressiver Kurvenverlauf). Die fixen Gesamtkosten verteilen sich auf eine immer größer werdende Menge.

---

549 | Was sind variable Kosten?

Variable (veränderliche) **Kosten** sind abhängig vom Beschäftigungsgrad, sie sinken oder steigen mit ab- bzw. zunehmender Beschäftigung (z.B. Löhne, Versandkosten, Fuhrparkkosten).

---

550 | Was sind lineare Gesamtkosten?

Beim linearen Gesamtkostenverlauf (K) unterstellt man fixe Gesamtkosten (K_f) und proportionale variable Kosten (K_v).

Beispiel:

Menge	K_f	K_v	$K = K_f + K_v$
100	1 000,00	500,00	1 500,00
200	1 000,00	1 000,00	2 000,00
300	1 000,00	1 500,00	2 500,00
400	1 000,00	2 000,00	3 000,00
500	1 000,00	2 500,00	3 500,00
600	1 000,00	3 000,00	4 000,00

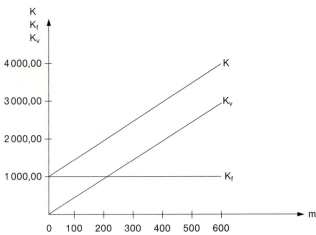

551 Ermitteln Sie die fixen, variablen und gesamten Durchschnittskosten!

Die **fixen Durchschnittskosten** (k_f) fallen, da die fixen Gesamtkosten (K_f) sich mit steigender Menge (m) günstiger auf die einzelne Einheit verteilen:

$$k_f = \frac{K_f}{m}.$$

Die **variablen Durchschnittskosten** (k_v) sind konstant, da für jede zusätzliche Einheit die gleichen variablen Kosten anfallen:

$$k_v = \frac{K_v}{m}.$$

Die **gesamten Durchschnittskosten** (k) fallen mit zunehmender Beschäftigung $\left(k = \frac{K}{m}\right)$; ein optimaler Kostenpunkt existiert bei linearem Gesamtkostenverlauf nicht (bei gegebener Kapazität sind die Durchschnittskosten an der Kapazitätsgrenze am geringsten).

Beispiel:

Menge	K_f	K_v	K	k_f	k_v	k
100	1 000,00	500,00	1 500,00	10,00	5,00	15,00
200	1 000,00	1 000,00	2 000,00	5,00	5,00	10,00
300	1 000,00	1 500,00	2 500,00	3,33	5,00	8,33
400	1 000,00	2 000,00	3 000,00	2,50	5,00	7,50
500	1 000,00	2 500,00	3 500,00	2,00	5,00	7.00
600	1 000,00	3 000,00	4 000,00	1,67	5,00	6,67

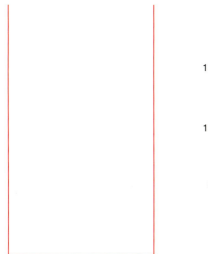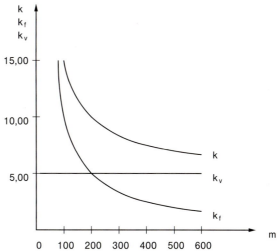

10 Büroarbeiten im Großhandelsbetrieb

10.1 Postbearbeitung

552 Nennen Sie Aufgaben der Poststelle!

Die **Poststelle**, die i. d. R. nur in größeren Betrieben eingerichtet wird, hat folgende Aufgaben:

● Bearbeitung des Posteingangs,
● Postverteilung,
● Bearbeitung des Postausgangs.

553 Welche Möglichkeiten bietet der Briefdienst der Deutschen Post AG?

Die **Deutsche Post AG** bietet im Rahmen des **Briefdienstes** im Inland folgende Möglichkeiten:

● **Standardbrief,** bis 20 g;
● **Kompaktbrief,** bis 50 g;
● **Großbrief,** bis 500 g;
● **Maxibrief,** bis 1 000 g;
● **Postkarte;**
● **Infopost,** bis 3 000 g, nur möglich ab einer bestimmten Anzahl von Sendungen;
● **Postwurfsendungen,** für Haushalte mit Tagespost, für alle Haushalte bzw. für alle Briefabholer möglich;
● **Büchersendung;**
● **Warensendung.**

Für zusätzliche Leistungen verlangt die Deutsche Post AG zusätzliche Entgelte:

● **Einschreiben** (z. B. möglich für Briefe und Postkarten), dokumentiert wird die Übergabe der Sendung vom Empfänger oder einem anderen Empfangsberechtigten;
● **Einschreiben Einwurf** (z. B. möglich für Briefe und Postkarten), die Deutsche Post dokumentiert den Einwurf der Sendung in den Briefkasten oder das Postfach des Empfängers;
● **Eigenhändig** (nur möglich bei Einschreiben und Nachnahme), die Sendung wird nur an den Empfänger persönlich oder an einen besonders Bevollmächtigten abgeliefert;
● **Rückschein** (nur möglich bei Einschreiben und Nachnahme), die Ablieferung der Sendung wird dem Absender auf einem vorbereiteten Rückschein bestätigt;
● **Nachnahme** (siehe Seite 79 f.);
● **Express-Brief** (Höchstgewicht 2 000 g), garantiert wird die Zustellung am Tag nach der Einlieferung, als Zusatzleistung ist eine Transportversicherung möglich (bis 25 000,00 EUR);
● **Postzustellungsauftrag,** für Behörden, Gerichte und Gerichtsvollzieher möglich (z. B. Mahnbescheid).

Die Versandvorschriften und Gebühren sind in den Service-Informationen der Deutschen Post AG zusammengestellt.

Zu den Möglichkeiten der Frachtpost siehe Seite 209.

554 Beschreiben Sie die Arbeiten beim Posteingang!

Beim **Posteingang** fallen folgende Arbeiten an:

- Abholen der Post beim Postamt (Postfach) oder Entgegennahme der Post vom Postzusteller;
- Führen eines Posteingangsbuches, enthält u. a. Absender und Eingangsdatum;
- Aussortieren bestimmter Sendungen, z. B. Privatbriefe, Sendungen mit dem Vermerk „persönlich";
- Öffnen der Post;
- Überprüfen der Vollständigkeit des Inhalts (Anlagen) und Leerkontrolle der Umschläge;
- Schriftstücke mit Eingangsstempel versehen (er kann enthalten: Eingangsdatum, Uhrzeit, Weiterleitungs- und Bearbeitungsvermerke);
- Sortieren der Post und Weiterleiten an die entsprechenden Abteilungen.

555 Wie erfolgt die Postverteilung?

Die **Postverteilung** kann erfolgen durch

- hauseigenen Botendienst,
- innerbetriebliche Transportanlagen, z. B. Rohrpost.

556 Beschreiben Sie die Arbeiten beim Postausgang!

Beim **Postausgang** fallen folgende Arbeiten an:

- Falten des Schriftgutes,
- Kuvertieren des Schriftgutes (u. U. Beilagen hinzufügen),
- Adressieren (entfällt bei Fensterbriefumschlägen),
- Schließen der Briefumschläge,
- Frankieren (Freimachen),
- Führen eines Postausgangsbuches (enthält u. a. Empfänger und Ausgangsdatum).

557 Welche Maschinen werden bei der Postbearbeitung eingesetzt?

Beim **Posteingang** werden eingesetzt

- Brieföffnermaschinen,
- Eingangsstempler,
- Leerkontrollmaschinen (Durchleuchtungsgeräte).

Beim **Postausgang** werden eingesetzt

- Adressiermaschinen, Anschriften werden z. B. auf Metallplatten oder auf Datenträgern der DV gespeichert und maschinell aufgedruckt;
- Falzmaschinen, verschiedene Falzarten können eingestellt werden;
- Zusammentragmaschinen, zusammengehörende Blätter werden automatisch sortiert (z. B. Preislisten, Rundschreiben);
- Beilagegeber, Schriftstücken wird automatisch eine Beilage zugefügt (z. B. Prospekt);

333

- Kuvertiermaschinen;
- Frankiermaschinen (ermöglichen zusätzliche Werbung);
- Verschließmaschinen.

---

558 Was ist eine Poststraße?

Werden mehrere oder alle Maschinen des Postausgangs hintereinander geschaltet und aufeinander abgestimmt, spricht man von einer **Poststraße.**

10.2 Registraturarbeiten und Terminkontrolle

559 Welche Ordnungssysteme gibt es?

Ordnungssysteme dienen der geordneten Aufbewahrung von Informationen auf Informationsträgern (z.B. Schriftstücke, Karteien, Dateien) mit dem Ziel, eine bestimmte Information sicher und schnell zu finden. (Zu den gesetzlichen Aufbewahrungsfristen siehe Seite 430.)

Man unterscheidet folgende Ordnungssysteme:

- **alphabetische Ordnung,** Grundlage sind die Regeln des Deutschen Einheits-ABC; dieses System ist am verbreitetsten und eignet sich für das Ordnen nach Namen, Orten und Sachwörtern (z.B. Kundenkartei, Ersatzteilkartei);
- **numerische Ordnung,** Grundlage sind Zahlen, und zwar meist in Form des dekadischen Systems (Ziffern von 0 bis 9); im Gegensatz zur „nichtsprechenden" gibt die „sprechende" Nummer Auskunft über die Art der gespeicherten Information (z.B. geben die Kontennummern des Kontenrahmens Auskunft über Kontenklasse, -gruppe und -art);
- **alphanumerische Ordnung,** sie stellt eine Kombination von Buchstaben und Zahlen dar (z.B. bedeutet PA5: P = Hauptgruppe Personal, A = Gruppe Arbeiter, 5 = Stundenlohn 12,00 EUR);
- **chronologische (zeitliche) Ordnung,** Ordnungsmerkmale sind Tages-, Monats- oder Jahresdaten (z.B. Endablage der Buchungsbelege);
- **farbliche Ordnung,** Ordnungsmerkmale sind gut voneinander unterscheidbare Farben, welche die Informationsträger wie Ordner, Schriftstücke, Karteikarten in einfach erkennbare Gruppen einteilen (z.B. roter Ordner = Personal; blauer Ordner = Einkauf);
- **symbolische Ordnung,** anstelle von Farben werden Symbole benutzt;
- **mnemotechnische (merktechnische) Ordnung,** die Ordnung erfolgt nach Kennbuchstaben, welche auf die Art der Information hinweisen (z.B. AZ = Auszubildende, AN = Angestellte).

| 560 | Welche Arten der Aktenführung unterscheidet man? | Die Aktenführung kann erfolgen in Form der |

- **Einzelakte,** in einem Schriftgutbehälter (z.B. Mappe, Ordner) werden alle Unterlagen eines Vorganges aufbewahrt (z.B. Personalakte);
- **Sammelakte,** in einem Schriftgutbehälter wird eine Vielzahl ähnlicher Vorgänge aufbewahrt (z.B. Lieferscheine).

| 561 | Welche Arten der Ablagetechnik gibt es? | Entsprechend der Ablagetechnik unterscheidet man |

- **Loseblatt-Ablage,** d.h., Schriftstücke werden ungelocht und lose in einfachen Mappen abgelegt (Vorteil: Zeitersparnis beim Ablegen; Nachteil: möglicher Verlust von Schriftstücken und lange Suchzeit);
- **geheftete Ablage,** d.h., gelochte Schriftstücke werden in Ordnern oder Heftern nach einem der Ordnungssysteme abgelegt (Vorteil: sichere Aufbewahrung und schnelles Wiederfinden; Nachteil: hoher Zeitaufwand für die Ablage);
- **gebundene Ablage,** d.h., für die Endablage werden die Schriftstücke durch eine Klebebindung zusammengefügt (z.B. Belege der Buchführung).

| 562 | Welche Ablagesysteme gibt es? | Ablagesysteme (Registraturformen) werden eingeteilt in |

- **stehende Registratur** (Ordnerregistratur), Ordner oder Einzelakten in Stehsammlern stehen in Regalen nebeneinander (Vorteil: übersichtliche und klare Ordnung; Nachteil: hoher Platzbedarf);
- **Hängeregistratur,** Schriftstücke werden in Mappen oder Heftern aufbewahrt, die senkrecht hintereinander an den beiden Enden auf Laufschienen abgehängt werden (Vorteile: gut geeignet für die Ablage im Schreibtisch, schneller Zugriff; Nachteil: hoher Raumbedarf wegen des erforderlichen Herausziehens der Auszüge und der Begrenzung der Behälter auf Sichthöhe);
- **Pendelregistratur,** Schriftstücke werden in Mappen oder Heftern aufbewahrt, die seitlich nebeneinander, und zwar in der Mitte der Mappe auf einer Profilschiene abgehängt werden (Vorteile: Büromöbel brauchen keine Auszüge, günstige Raumausnutzung; Nachteil: wenig Platz auf der sichtbaren Schmalseite der Mappe für die Kennzeichnung);
- **liegende Registratur,** Mappen, Aktendeckel oder Schnellhefter werden aufeinander gelegt (Vorteil: einfache Ablage; Nachteil: zeitaufwendige Suche durch die unsystematische Ablage);
- **Mikrofilm.**

| 563 | Welche Bedeutung hat der Mikrofilm? | Durch den **Mikrofilm** werden auf fotografischem Weg Schriftstücke in stark verkleinerter Form gespeichert; sein Einsatz erfordert Aufnahme-, Lese- und Rückvergrößerungsgeräte. |

Den Mikrofilm gibt es als

- **Mikrofilmrolle,** Film bleibt in seiner Gesamtheit erhalten und erfasst i.d.R. sachlich zusammengehörende Informationen (z.B. Endablage der Buchführungsbelege);
- **Mikrofilmstreifen,** Film wird nach bestimmten Kriterien auseinander geschnitten und in Klarsichttaschen (Jackets) geordnet aufbewahrt (z.B. Personalakten);
- **Mikrofilmblatt (Mikrofiche),** zeilenweise wird eine Vielzahl von einzelnen Mikrobildern nebeneinander gereiht (auf einem Mikrofiche in Postkartengröße können beispielsweise bis zu 200 DIN-A4-Seiten gespeichert werden);
- **Computer Output Mikrofilm (COM),** Ausgabedaten der DV-Anlage werden direkt auf Film aufgenommen.

Vorteile der Mikroverfilmung liegen in der Raumeinsparung (bis zu 98 %) und dem schnellen Zugriff auf die gewünschten Informationen.

Das HGB erlaubt die Aufbewahrung von Geschäftsunterlagen (Handelsbriefe und Buchungsbelege) in Form eines Mikrofilms.

---

564 Nennen Sie Möglichkeiten der Terminüberwachung!

Die **Terminüberwachung (Terminkontrolle)** kann erfolgen mit

- Terminkalender, erfasst Termine in Jahres-, Monats-, Wochen- oder Tageskalendern;
- Terminkartei, erfasst Termine auf Tageskarten; die Kartei wird durch Monatsleitkarten übersichtlicher;
- Terminmappe, die Unterlagen werden, nach Terminen geordnet, in durchnummerierten Tagesfächern aufbewahrt;
- Terminordner, die Unterlagen werden entsprechend den Terminen abgeheftet;
- Plantafel, sind i.d.R. großformatige Jahres- oder Monatsübersichten, in denen Termine gekennzeichnet werden (z.B. farbige Eintragungen, Magnete);
- DV-Anlage, entsprechend einem eigens aufgestellten Programm werden gewünschte Termine zu einem bestimmten Zeitpunkt ausgegeben (z.B. Drucker oder Bildschirm).

---

565 Welche Bedeutung hat die Terminüberwachung?

Die Überwachung von Terminen ist für einen geordneten Betriebsablauf unerlässlich. Sie erfolgt insbesondere für

- Zahlungstermine, z.B. für Eingangsrechnungen (Ausnutzen von Skonto), für Steuern (z.B. Umsatz-, Einkommen- und Gewerbesteuervorauszahlungen);
- Termine im Einkauf, z.B. Liefertermine (von Bedeutung für den Lieferungsverzug);
- Termine im Verkauf, z.B. Liefertermine (zugesagte Termine sollen eingehalten werden) und Zahlungstermine (von Bedeutung für das Mahnwesen und den Zahlungsverzug);
- Besprechungs-, Sitzungs- und Tagungstermine.

10.3 Organisationsmittel

566 Unterscheiden Sie Kartei und Datei!

Die **Kartei** speichert auf einzelnen Karten (Karteikarten), die einheitlich gestaltet sind, zusammengehörende betriebliche Informationen (z.B. Lagerkartei, Kundenkartei); die Karteikarten werden in einem Karteikasten aufbewahrt.

Die **Datei** speichert auf einem externen Speicher der Datenverarbeitungsanlage zusammengehörende betriebliche Informationen (z.B. Lagerdatei, Kundendatei).

Die Kartei entspricht der Datei, die Karteikarte entspricht dem Datensatz, das Eintragungsfeld auf der Karteikarte entspricht dem Datenfeld der Datei (siehe auch Seite 354).

567 Was sind Vordrucke?

Vordrucke sind Formulare mit aufgedrucktem Text, die vom Bearbeiter schnell ausgefüllt werden können (dabei ist sichergestellt, dass keine erforderliche Information vergessen wird). Vordrucke werden eingesetzt für Bestellungen, Angebote, Rechnungen, Kurzbriefe, Mahnschreiben, Telefongespräche, u.a.

Sind mehrere (i.d.R. unterschiedliche) Vordrucke so zusammengefasst, dass sie mit einmaligem Beschriften (Durchschreibeverfahren) alle ausgefüllt werden können, spricht man von einem **Vordrucksatz** (z.B. Auftragsbestätigung, Lieferschein, Rechnung).

568 Wie müssen Vordrucke gestaltet werden?

Vordrucke sollen folgende Anforderungen erfüllen:
- übersichtliche Gestaltung,
- Aufbau entsprechend den einzelnen Schritten des Arbeitsablaufs,
- Schreibaufwand soll möglichst durch Ankreuzen oder Unterstreichen vorgegebener Texte ersetzt werden,
- schreibmaschinengerechte Gestaltung (z.B. Zeilenabstand, Fluchtlinie),
- normengerechte Gestaltung (z.B. Beachtung von DIN-Größen und DIN-Vorschriften).

569 Was ist ein Endlosvordruck?

Unter einem **Endlosvordruck** versteht man endlos gefaltete Formulare bzw. Formularsätze (Vordrucksatz). Diese Vordrucke werden in der Datenverarbeitung eingesetzt.

570 Welche Büromaschinen gibt es?

Büromaschinen sind elektrisch bzw. elektronisch betriebene Hilfsmittel, welche Büroarbeiten rationeller gestalten.

Die Einteilung kann erfolgen nach Maschinen für
1. Schreibarbeiten, z.B.
   - Schreibmaschine (z.B. elektronisch),
   - Computer mit Textverarbeitungsprogramm,
   - Diktiergerät;

22 Groh/Schröer – ISBN 3-8120-0422-4

2. Vervielfältigungen (Reprografie), z.B.
   - Kopiergerät (z.B. Fotokopiergerät),
   - Druckmaschine (z.B. Offset-Drucker);
3. Datenverarbeitung (z.B. PC), mit Software für
   - Textverarbeitung (siehe Seite 367 ff.),
   - Tabellenkalkulation und Geschäftsgrafik (siehe Seite 358 ff.),
   - Datenbanksystem (siehe Seite 354 ff.),
   - Warenwirtschaftssystem (siehe Seite 362 f.),
   - Finanzbuchhaltung (siehe Seite 364 ff.);
4. Datenfernübertragung, Kommunikationsmittel für das Versenden und den Empfang von Nachrichten (siehe Seite 379 f.).

---

571 Welche Verzeichnisse erleichtern die Bürokommunikation?

Die Deutsche Telekom AG bietet folgende **Verzeichnisse** an:
- Telefonbuch für einen bestimmten Bereich (z.B. für Berlin);
- Gelbe Seiten (Branchenverzeichnis) für einen bestimmten Bereich (z.B. für Berlin), es enthält die Nummern von Fernsprechteilnehmern aus Industrie, Handel, Handwerk, Gewerbe und freien Berufen, und zwar nach Branchen geordnet;
- Das Örtliche für einen bestimmten Abschnitt aus dem Telefonbuch (z.B. für Potsdam, Werder und Umgebung);
- Telefaxbuch (z.B. für Berlin, Dresden, Erfurt, Magdeburg, Potsdam, Schwerin);
- Telexbuch (für Deutschland);
- Verzeichnis der Vorwahlen und Tarifbereiche.

---

572 Erklären Sie die wichtigsten Zeichen des Telefonbuchs!

Das Telefonbuch und Das Örtliche enthalten u.a. folgende Zeichen:
- 11 55 22, kostenlose Standardeintragung;
- 11 58-0, Telefonanlage mit Abfragestelle (Zentrale);
- 11 58-1 23, Telefonanlage mit Durchwahlstelle;
- < 12 34 >, zukünftige Telefonnummer des Kunden;
- 0800 Telefonnummer, ohne Vorwahlnummer zu wählen, der Anruf ist kostenlos (freecall);
- Fax 115320, Eintrag eines Telefaxanschlusses;
- 0170 oder 0171 steht für D1-Mobilfunknummer der DeTeMobil GmbH;
- 0177 steht für eine E-Plus-Mobilfunknummer im E-Plus-Netz.

III. Datenverarbeitung

1 Aufbau und Funktion eines Datenverarbeitungssystems

1.1 Aufbau einer Datenverarbeitungsanlage (Hardware)

1 Was versteht man unter Datenverarbeitung?

Unter **Datenverarbeitung** versteht man jede Verarbeitung von digitalen oder analogen Daten mit Hilfe von Datenverarbeitungsanlagen, indem Eingabedaten nach bestimmten Regeln (Algorithmen, Programme) in Ausgabedaten umgewandelt werden.

Man spricht hierbei von automatisierter Datenverarbeitung (ADV), elektronischer Datenverarbeitung (EDV) oder allgemein von Datenverarbeitung (DV).

Das Prinzip der DV heißt:
Eingabe → Verarbeitung → Ausgabe (EVA-Prinzip).

2 Was versteht man unter Daten?

Daten sind numerische oder alphanumerische Informationen über Personen, Sachen und Sachverhalte (zur Einteilung der Daten siehe Seite 354).

In der Datenverarbeitung versteht man unter Daten nur solche Informationen, die sich so codieren lassen, dass sie von einer Datenverarbeitungsanlage erkannt werden können (siehe Seite 344).

3 Erklären Sie den Grundaufbau einer DVA!

Entsprechend dem Grundprinzip der Datenverarbeitung (Eingabe – Verarbeitung – Ausgabe) besitzt eine **DVA:**
- Eingabegeräte, führen die Verarbeitungsdaten entweder den internen Speichern zu oder geben sie direkt zur Verarbeitung ein;
- Zentraleinheit;
- Ausgabegeräte, übernehmen Ausgabedaten aus der Zentraleinheit und geben sie über den jeweiligen Datenträger aus.

Alle Geräte, welche an die Zentraleinheit angeschlossen sind, bezeichnet man als **Peripherie** (Ein- und Ausgabegeräte).

4 Erklären Sie die Zentraleinheit!

In der **Zentraleinheit** findet die eigentliche Verarbeitung der Daten statt; sie ist der Mittelpunkt jeder Datenverarbeitungsanlage und umfasst folgende Bausteine:
- Das **Rechenwerk** übernimmt die Durchführung von arithmetischen Operationen (addieren, subtrahieren, multiplizieren usw.) sowie von logischen Operationen (Vergleichen von Daten wie z. B. =, > oder <). Zur Verarbeitung werden die Daten vom Hauptspeicher in das Rechenwerk übertragen und dort verarbeitet; die Ergebnisse der durchgeführten

339

Operationen werden anschließend im Hauptspeicher gespeichert.

- Das **Steuerwerk (Leitwerk)** ist die „Kommandozentrale" der DV-Anlage; sie steuert die Eingabe, Verarbeitung und Ausgabe der Daten entsprechend der Reihenfolge der Befehle eines Programms (das im Arbeitsspeicher gespeichert ist).

  Das Steuerwerk ruft die Befehle aus dem Arbeitsspeicher ab, decodiert (entschlüsselt) und modifiziert (wandelt ab) sie und löst durch Erzeugen von Impulsen die Ausführung der Befehle aus.

- Im **Arbeitsspeicher (Hauptspeicher, Zentralspeicher)** werden alle Daten, die zur Bearbeitung einer gestellten Aufgabe erforderlich sind, festgehalten (entweder im ROM oder im RAM); dazu zählen insbesondere die erforderlichen Programme, die zu verarbeitenden Daten sowie die anfallenden Zwischen- und Endergebnisse der Datenverarbeitung (auf diese Daten kann direkt zugegriffen werden).

- Die **Ein- und Ausgabeprozessoren** bzw. die **Kanäle** ermöglichen den Datentransfer zwischen dem Hauptspeicher und den peripheren Geräten.

---

5 | Was ist ein Prozessor?

Unter einem **Prozessor** versteht man eine Einrichtung, welche nach vorgegebenen Programmen andere Einrichtungen steuern kann. Dabei übernimmt der Prozessor sowohl die Aufgaben des Rechenwerks als auch des Steuerwerks.

Stellen Rechenwerk und Steuerwerk der Zentraleinheit eine Einheit dar, spricht man von **Zentralprozessor** (CPU = Central processing unit); manchmal wird auch die Zentraleinheit als Zentralprozessor bezeichnet.

Wird der Prozessor als so genannte integrierte Schaltung auf kleinstem Raum verwirklicht, spricht man vom **Mikroprozessor.**

---

6 | Unterscheiden Sie RAM und ROM!

Der **RAM-Speicher** ist der Teil des Arbeitsspeichers,
- in den geschrieben und aus dem gelesen werden kann (Schreib-/Lesespeicher);
- der Programme, Daten und Teile des Betriebssystems aufnimmt;
- bei dem der Zugriff auf die gespeicherten Daten direkt erfolgt (**R**andom **A**ccess **M**emory);
- bei dem der Speicherinhalt beim Ausschalten der Zentraleinheit verloren geht (flüchtiger Speicher).

Der **ROM-Speicher** ist der Teil des Arbeitsspeichers,
- dessen Inhalt fest vorgegeben und nicht veränderbar ist;
- aus dem nur gelesen werden kann (Nur-Lese-Speicher = **R**ead **O**nly **M**emory);

- der vor allem die Teile des Betriebssystems enthält, die zum Start der Anlage notwendig sind;
- bei dem der Speicherinhalt beim Ausschalten der Zentraleinheit erhalten bleibt (dauerhafter, residenter Speicher).

7 Welche Verbindungen gibt es zwischen den Funktionseinheiten einer DV-Anlage (Überblick)?

Zwischen den einzelnen Funktionseinheiten einer DV-Anlage sind folgende **Verbindungen** möglich:

- Schnittstelle (Interface),
- Akustikkoppler und Modem,
- innerbetriebliche Verbindungen (siehe Seite 376 f.),
- Übertragungsnetze der Deutschen Telekom AG (siehe Seite 378).

8 Was ist eine Schnittstelle?

Die **Schnittstelle (Interface)** ist eine Übergangsstelle zwischen

- Mensch und Computer (Benutzerschnittstelle),
- Zentraleinheit und peripheren Geräten (z.B. Schnittstelle zwischen Zentraleinheit und Drucker = Druckerschnittstelle),
- Hardware und Software.

Genormte Schnittstellen (z.B. Centronics-Schnittstellen) sind Voraussetzung für die Kompatibilität einer DV-Anlage (siehe Seite 343).

9 Unterscheiden Sie serielle und parallele Schnittstelle!

Man unterscheidet in Abhängigkeit von der Art der Datenübertragung

- **serielle Schnittstelle:** Die zu übermittelnden Bits werden nacheinander (sequenziell) übertragen;
- **parallele Schnittstelle:** Jeweils eine Bitgruppe wird gleichzeitig übertragen (z.B. die acht Bits eines Bytes).

10 Unterscheiden Sie Akustikkoppler und Modem!

Der **Akustikkoppler** dient dazu, Daten von einer Zentraleinheit oder einem mobilen Datenerfassungsgerät an eine DV-Anlage über das Telefonnetz der Telekom zu übertragen. Zu diesem Zweck ist über das Telefon eine Verbindung mit der Zentraleinheit herzustellen, welche die Daten empfangen soll; die Übertragung der Daten erfolgt über den Koppler, der mit dem Telefonhörer verbunden wird.

Das **Modem** dient dazu (wie beim Akustikkoppler), binär dargestellte Informationen von einer DV-Anlage über das Telefonnetz der Telekom an eine andere DV-Anlage zu übertragen. Bei Sender und Empfänger ist ein Modem notwendig (**MO**dulieren, **DEM**odulieren).

11 Geben Sie einen Überblick über die peripheren Geräte!

Zu den **peripheren Geräten** zählen:

1. **Eingabegeräte** (erfüllen nur Eingabefunktion; sind einfunktional),
   - Belegleser für Markierungen und Klarschrift, dienen der direkten Datenerfassung bei Markierungsbeleg und Klarschriftbeleg;
   - Belegleser für Codes (Codeleser), dienen der Erfassung von codierten Daten wie z. B. EAN-Strichcode und OCR-Schrift (z. B. mit Hilfe von Scanner und Lesestift);
   - akustische Eingabegeräte (z. B. Akustikkoppler und Modem);
   - Maus und Joystick;

2. **Ausgabegeräte** (erfüllen nur Ausgabefunktion; sind einfunktional),
   - Drucker (z. B. Matrixdrucker, Typenraddrucker, Laserdrucker);
   - Plotter (Zeichengerät);
   - Mikrofilmausgabegerät;
   - akustische Ausgabegeräte (z. B. Akustikkoppler, Modem);

3. **Dialoggeräte** (erlauben einen direkten Informationsaustausch des Benutzers (z. B. Sachbearbeiter) mit der Zentraleinheit; erfüllen Ein- und Ausgabefunktion; sind zweifunktional),
   - Terminal (Bildschirm, Datensichtgerät) mit Tastatur;

4. **externe Speicher** (dienen der kostengünstigeren Speicherung von größeren Datenbeständen außerhalb der Zentraleinheit; erfüllen Ein-, Ausgabe- und Speicherfunktion; sind dreifunktional),
   - Magnetbandspeicher (Datenträger ist Magnetband),
   - Streamer (Sonderform des Magnetbandspeichers), dient vor allem der Datensicherung,
   - Magnetbandkassettenspeicher (Datenträger ist Magnetbandkassette),
   - Magnetplattenspeicher (Datenträger ist Magnetplatte),
   - Diskettenlaufwerk (Datenträger ist Diskette),
   - optische Speicherplatte (siehe Seite 348).

12 Beschreiben Sie die Belegleser!

Belegleser sind Geräte, mit deren Hilfe maschinenlesbare Zeichen auf Belegen (z. B. Urbeleg) direkt gelesen (erfasst) werden können.

Man unterscheidet:

- **Markierungsbelegleser,** erfasst werden Markierungen wie z.B. Striche und Kreuze (Speichermedium ist der Markierungsbeleg; siehe Seite 345);

- **Klarschriftbelegleser** (z.B. Lesestift, Lesepistole), erfasst werden z.B. Handschrift und genormte Schriften wie die OCR-Schrift; (Speichermedium ist der Klarschriftbeleg; siehe Seite 346);

- **Scanner,** tasten Markierungen, Spezialcodes, Schriften sowie Bilder ab, um die Informationen mit Hilfe der DV-Anlage verarbeiten zu können; Scanner dienen z.B. im Handel als Handscanner oder als stationäre Scanner zum Erfassen von Daten, die in Form von Codes (z.B. EAN, siehe Seite 345) oder in Form von genormten Schriften dargestellt sind; in der Bild- und Textkommunikation dienen die Scanner z.B. zum Erfassen von Bildern und Texten.

13 | Was ist ein Kanal?

Der **Kanal** ist die Übertragungsstrecke zwischen der Zentraleinheit und einem peripheren Gerät.

14 | Was ist ein Bus?

Der **Bus** ist ein System von Leitungen zum Austausch von Informationen innerhalb der Zentraleinheit.

Man unterscheidet

- Steuerbus, er überträgt Steuerinformationen vom Steuerwerk an andere Hardware-Teile;

- Adressbus, er überträgt Adressinformationen an den Hauptspeicher;

- Datenbus, er überträgt Daten zwischen Rechenwerk, Hauptspeicher und Ein- und Ausgabeprozessoren.

15 | Was versteht man unter Konfiguration?

Die Zusammenstellung von Zentraleinheit und Peripheriegeräten in Verbindung mit der Systemsoftware bezeichnet man als **Konfiguration.**

16 | Was versteht man unter Kompatibilität?

Kompatibilität bedeutet, dass Datenverarbeitungsgeräte, Speichermedien und Programme des gleichen Herstellers oder auch von unterschiedlichen Herstellern ohne besondere Anpassungsmaßnahmen miteinander kombiniert und eingesetzt werden können.

Man unterscheidet demzufolge Hardwarekompatibilität und Softwarekompatibilität.

17	Welche Kriterien bestimmen die Leistungsfähigkeit einer DV-Anlage?

Kriterien für die Leistungsfähigkeit einer DV-Anlage sind:

- **Speicherkapazität** (des Arbeitsspeichers und der externen Speicher), wird gemessen z. B. durch die Anzahl der Speicherplätze (Bytes), die ein Speicher aufnehmen kann (z. B. 1 Kilo-Byte = 1 KB = 1 024 Zeichen; 1 Mega-Byte = 1 MB = 1 048 576 Zeichen; 1 GB = 1 024 Mega-Byte);

- **Zugriffsart,** unterschieden wird Reihenfolgezugriff (serieller Zugriff) und direkter Zugriff (wahlfreier Zugriff, Random-Zugriff);

- **Zugriffszeit,** benötigte Zeitdauer zum Finden eines Speicherplatzes, um dort vorhandene Daten zu lesen oder zu schreiben (bei sequenziellen Speichern ist die Zugriffszeit um ein Vielfaches größer als bei Random-Speichern);

- **Leseleistung,** Anzahl der pro Zeiteinheit vom Speicher gelesenen Zeichen;

- **Verarbeitungsgeschwindigkeit,** Anzahl der Befehle, die pro Zeiteinheit in der Zentraleinheit ausgeführt werden können (Leistungsfähigkeit der CPU);

- **Übertragungsrate** (Übertragungsgeschwindigkeit), gibt die Anzahl der Bytes an, die in einer Zeiteinheit übertragen werden (z. B. im Telex-Verkehr oder von externen Speichern in die Zentraleinheit);

- **Zykluszeit,** gibt an, in welcher Zeit sich wiederholende Abläufe durchgeführt werden.

1.2 Interne Informationsdarstellung

18	Was ist ein Code?

Codierung ist ganz allgemein die Darstellung von Informationen in einer anderen Form. Die Umsetzungsvorschrift heißt **Code;** er ermöglicht es auch, verschlüsselte Informationen zu decodieren (rückübersetzen).

Codieren wird oft gleichgesetzt mit Programmieren, d. h., die Schritte, welche zur Lösung eines Problems erforderlich sind (und z. B. im Programmablaufplan dargestellt sind), werden als Programmbefehle formuliert.

Für die interne Zeichendarstellung bei Datenverarbeitungsgeräten werden Binärcodes verwandt (z. B. BCD, EBCDI, ASCII).

19	Erklären Sie das Binärsystem!

Computer können nur zwei Arten von Signalen verstehen (z. B. magnetisiert – nicht magnetisiert). Die Form der Darstellung, bei der den binären Zuständen die Werte 0 und 1 zugeordnet werden, heißt **Binärsystem** (zweiwertige Logik). In dem Binärcode werden alle Zeichen durch unterschiedliche Kombinationen der Binärelemente **(Bit)** codiert, und zwar benötigt man für ein Zeichen (z. B. ein Buchstabe oder eine Ziffer) 8 Bits **(= 1 Byte).**

1.3 Speichermedien

20 Welche Speichermedien gibt es (Überblick)?

Man unterscheidet folgende **Speichermedien:**

1. bedruckte und handbeschriftete Datenträger,
   - Markierungsbeleg,
   - Beleg mit Balkencode,
   - Klarschriftbeleg;

2. magnetische Datenträger,
   - Magnetband (Magnetbandrolle),
   - Streamer,
   - Magnetbandkassette,
   - Magnetplatte,
   - Diskette,
   - Magnetstreifenkarte,
   - Chipkarte;

3. optische Datenträger,
   - Mikrofilm,
   - optische Speicherplatte.

21 Beschreiben Sie den Markierungsbeleg!

Beim **Markierungsbeleg** sind auf genormten Vordrucken für die möglichen Informationen an bestimmten Stellen Markierungspositionen vorgesehen, welche durch einen Markierungsstift (z.B. Bleistift) gekennzeichnet werden. Der Markierungsleser erkennt die Markierungen und verschlüsselt sie maschinengerecht.

Der Markierungsbeleg findet Anwendung, wenn nicht allzu viele Informationen verarbeitet werden, die sich zudem leicht klassifizieren lassen, z.B. bei statistischen Fragebögen, Bestelllisten und programmierten Prüfungsaufgaben.

Der Vorteil des Markierungsbelegs liegt in der visuellen und maschinellen Lesbarkeit; der Nachteil liegt in der hohen Fehlerquote durch falsche oder schlecht ausgeführte Markierungen.

22 Was versteht man unter dem Balkencode?

Unter dem **Balkencode (Strichcode, Barcode)** versteht man eine genormte, maschinenlesbare Darstellung von Daten, welche die Daten in Form von Balken verschlüsselt.

Der bekannteste Balkencode ist der **EAN-Strichcode (E**uropäische **A**rtikel **N**ummer). Dieser Code wird im Handel zur Kennzeichnung der Waren eingesetzt.

Die beiden ersten Stellen der 13-stelligen EAN kennzeichnen das Herstellerland, die nächsten fünf Stellen kennzeichnen den Hersteller, die nächsten fünf Stellen beinhalten die Artikelnummer (wird vom Hersteller selbst festgelegt), die letzte Stelle ist eine Prüfziffer. Gelesen wird der Balkencode mit Scanner, Lesestift und Lesepistole.

23 Beschreiben Sie den Klarschriftbeleg!

Der **Klarschriftbeleg** enthält die zu verarbeitenden Daten in optisch lesbaren Schriftzeichen, welche bestimmten Normschriften (z.B. OCR-Schrift) entsprechen und vom Belegleser (z.B. Lesepistole) aufgrund der Hell-Dunkel-Unterscheidung erkannt werden.

Der Klarschriftbeleg wird aufgrund der visuellen (mit dem menschlichen Auge) und der maschinellen Lesbarkeit vorwiegend im Scheck- und Überweisungsverkehr, bei Inventurarbeiten und im Etikettensystem im Textileinzelhandel eingesetzt.

24 Nennen Sie Vor- und Nachteile des Klarschriftbeleges!

Vorteile des **Klarschriftbeleges** sind:
● visuelle und maschinelle Lesbarkeit,
● problemlose Beschriftung, Urbeleg (Originalbeleg) ist gleichzeitig maschinengerechter Datenträger (Übertragungsvorgang entfällt).

Nachteile sind:
● sehr sorgfältige Behandlung des Beleges ist erforderlich,
● teuer.

25 Erklären Sie das Magnetband!

Das **Magnetband (Magnetbandrolle)** besteht aus einem Kunststoffband mit magnetisierbarer Oberfläche und eignet sich besonders für die Verarbeitung von großen Datenmengen, die fortlaufend verarbeitet werden (z.B. Stammdaten in der Lohnabrechnung) sowie für die Datensicherung.

Beim Magnetband können die gespeicherten Daten nur in der auf dem Band festgelegten Reihenfolge (sequenzielle Speicherung) bearbeitet werden. Um bestimmte Daten zu finden, muss das gesamte Band bis zu den gewünschten Daten durchlaufen werden. Das Abrufen der Daten erfolgt im **Reihenfolgezugriff.**

26 Welche Vor- und Nachteile hat das Magnetband?

Vorteile des **Magnetbandes** sind:
● hohe Speicherkapazität,
● hohe Lese- und Schreibgeschwindigkeit,
● platzsparend,
● preiswert,
● mehrmals verwendbar (durch Löschen nicht mehr benötigter Daten).

Nachteile sind:
● nur Reihenfolgezugriff (sequenzielle Verarbeitung) möglich,
● manuelle Verarbeitung ist nicht möglich,
● nur eine Seite des Bandes ist magnetisierbar,
● Band ist besonders abzusichern, damit gespeicherte Daten nicht durch Überschreiben vernichtet werden.

27	Beschreiben Sie die Magnetbandkassette!	Die **Magnetbandkassette** ist eine Sonderform des Magnetbandes und mit der Tonbandkassette vergleichbar. Sie besitzt eine geringere Kapazität (etwa 3 Millionen Zeichen) als das Magnetband, ist aber sehr preiswert und leicht zu handhaben.
28	Was ist ein Streamer?	Der **Streamer** ist eine Sonderform des Magnetbandspeichers. Er dient nicht der normalen Datenverarbeitung, sondern der schnellen Sicherung von großen Datenmengen (z.B. wird der Inhalt eines Magnetplattenspeichers auf den Streamer, der eine Art Magnetbandkassette darstellt, übertragen).
29	Beschreiben Sie die Magnetplatte und den Magnetplattenspeicher!	Die **Magnetplatte** ist eine runde Aluminiumscheibe, die auf beiden Seiten magnetisierbar ist und konzentrische, voneinander unabhängige Informationsspuren hat, in denen die Daten verschlüsselt werden.
		Beim **Magnetplattenspeicher** sind mehrere Platten übereinander gestapelt. Während der Plattenstapel mit hoher Geschwindigkeit rotiert, werden die Platten durch Schreib-/Leseköpfe, welche an einem Zugriffskamm befestigt sind, beschrieben und gelesen. Zusammengehörende Daten werden in übereinander liegenden Spuren gespeichert, um durch das gleichzeitige Bearbeiten mehrerer Spuren die Zugriffszeit zu verkürzen (Zylinder-Konzept).
		Magnetplatte und Magnetplattenspeicher werden eingesetzt, wenn aus großen Datenbeständen bestimmte Angaben im Direktzugriff verarbeitet werden sollen wie z.B. im Auskunfts- und Buchungssystem bei Reisebüros, bei der Lagerhaltung, im Bestellwesen sowie bei computergestützten Kassensystemen im Einzelhandel.
30	Welche Vor- und Nachteile haben Magnetplatte und Magnetplattenspeicher?	Vorteile der **Magnetplatte** und des **Magnetplattenspeichers** sind: ● sehr hohe Speicherkapazität, ● Direktzugriff, ● sehr hohe Bearbeitungsgeschwindigkeit, ● mehrfach verwendbar. Nachteil: ● hohe Kosten.
31	Beschreiben Sie die Diskette!	Die **Diskette (Floppy-Disk, ZIP-Disk, JAZ-Disk)** ist eine Sonderform der Magnetplatte. Sie besteht aus einer flexiblen Kunststoffplatte, die durch eine Hülle geschützt ist. Der Zugriff auf die Daten erfolgt über die Schreib-Lese-Köpfe im Diskettenlaufwerk.
		Die Diskette wird vorwiegend in Microcomputern (z.B. Personalcomputern) eingesetzt.

32 | Welche Vor- und Nachteile hat die Diskette?

Vorteile der **Diskette** sind:
- einfache Handhabung,
- gute Transportmöglichkeit,
- kostengünstig,
- direkter Zugriff.

Nachteile sind:
- Massenspeicher mit begrenzter Kapazität.

33 | Unterscheiden Sie die Magnetstreifenkarte und die Chipkarte!

Magnetstreifenkarten (Magnetkarten) enthalten sowohl unverschlüsselte Daten in Klarschrift (z. B. Name, Kartennummer) als auch auf einem Magnetstreifen verschlüsselte Daten (z. B. Identitätsnummer, Kontonummer). Zum Verarbeiten der Daten ist ein Magnetkartenleser erforderlich.

Magnetkarten werden vor allem eingesetzt als Scheckkarten (Eurochequekarten) und als Kreditkarten (z. B. Eurocard, Visa, American Express).

Magnetkarten können z. B. eingesetzt werden zur Bargeldabhebung an Geldautomaten sowie zum bargeldlosen Einkauf im Einzelhandel.

Chipkarten speichern die verschlüsselten Daten (im Gegensatz zur Magnetstreifenkarte) in einem Mikrochip. Chipkarten werden ebenfalls vorwiegend im Zahlungsverkehr eingesetzt (siehe Seite 86).

34 | Beschreiben Sie die optische Speicherplatte!

Die **optische Speicherplatte** ist eine Scheibe, auf der die Informationen mittels Laser aufgezeichnet und gelesen werden. Sie ist geeignet, schriftliche, bildliche und sprachliche Daten zu speichern (z. B. Werbung mit Text, Bild und Musik).

Einsatzgebiete der optischen Speicherplatte liegen in der Archivierung großer Datenbestände wie z. B. im Bibliotheks- und Dokumentationswesen.

Man unterscheidet optische Speicherplatten, die vom Anwender gelesen und selbst beschrieben werden können sowie Speicherplatten, die vom Anwender nur gelesen werden können und vom Hersteller bzw. Anwender selbst beschrieben wurden (z. B. **CD-ROM**).

35 | Nennen Sie Auswahlkriterien für Speichermedien!

Auswahlkriterien für **Speichermedien** sind vor allem
- Speicherkapazität,
- Zugriffsart und Zugriffszeit,
- Preis-/Leistungsverhältnis,
- Transportierbarkeit (z. B. für Datenträgeraustausch).

1.4 Software

36 Unterscheiden Sie Hardware, Firmware und Software!

Zur **Hardware** zählen alle Maschinen und Maschinenteile eines Datenverarbeitungssystems; dies sind insbesondere die Zentraleinheit und sämtliche Peripheriegeräte.

Die **Firmware** umfasst die Programmteile eines Computers, die für die Funktion der Hardware erforderlich sind und die in einem ROM-Baustein gespeichert sind. Die Firmware stellt die Verbindung zwischen der Hardware und der Systemsoftware her.

Die **Software,** zu der auch oft die Datenbestände gezählt werden, wird in verschiedene Software-Ebenen unterschieden:

● Betriebssystem (Systemsoftware),

● Anwendersoftware (Anwendungssoftware), Programme, die zur Lösung bestimmter Aufgaben eingesetzt werden.

Die Beziehungen, die sich zwischen Hardware, Firmware, Systemsoftware und Anwendersoftware herstellen lassen, bezeichnet man als **Schichtenmodell.**

37 Was ist ein Betriebssystem?

Unter dem **Betriebssystem (Systemsoftware)** versteht man alle Programme, die benötigt werden, um mit einer Datenverarbeitungsanlage arbeiten zu können (werden vom Hersteller entwickelt und dem Anwender zur Verfügung gestellt).

Das Betriebssystem beinhaltet

● Steuerprogramme,

● Übersetzungsprogramme,

● Dienstprogramme.

38 Welche Aufgaben haben Steuerprogramme?

Steuerprogramme übernehmen die Koordination von Zentraleinheit, Peripherie und Anwenderprogrammen; sie sind i.d.R. im Arbeitsspeicher der Zentraleinheit gespeichert.

Sie übernehmen folgende Aufgaben:

● Eingabe, d.h. Einlesen von Anwenderprogrammen und Einlesen von Daten;

● Ausgabe, d.h. Ausgeben von Daten über eine Ausgabeeinheit;

● Datenzugriff, d.h. Suchen von benötigten Daten im Arbeitsspeicher oder auf einem externen Speicher;

● Programmablauf, d.h. Ausführen der einzelnen Schritte eines Programms.

39 Welche Aufgaben haben Übersetzungsprogramme?

Übersetzungsprogramme haben die Aufgabe, die Anweisungen einer Programmiersprache in Anweisungen einer Maschinensprache umzuwandeln.

Man unterscheidet

● **Assembler,** er wandelt maschinenorientierte Programmiersprachen in die Maschinensprache der jeweiligen DV-Anlagen um;

● **Compiler,** er wandelt eine problemorientierte Programmiersprache (Quellenprogramm) in die Maschinensprache (Zielprogramm, Objektprogramm) um.

---

40 Welche Aufgaben haben Dienstprogramme?

Dienstprogramme sind Standardprogramme, die häufig wiederkehrende Aufgaben übernehmen wie z.B. Suchen, Kopieren, Löschen und Umbenennen von Dateien.

---

41 Was versteht man unter Anwendersoftware?

Anwendersoftware wird unterschieden in

● **Individualsoftware,** vom Benutzer selbst erstellte oder für ihn von einem Softwarehaus entwickelte, den speziellen Wünschen angepasste Software (Nachteil: teuer);

● **Standardsoftware,** Programme, die für einen größeren Kreis von Anwendern verwendbar sind (Nachteil: entspricht oft nicht voll den Anforderungen der Benutzer).

Bei der **Standardsoftware** unterscheidet man

1. Endbenutzerwerkzeuge (Tools, Softwaretools) als Einzelprogramme wie z.B.
   ● Textverarbeitungs-Programme (z.B. Word, WordPro);
   ● Tabellenkalkulations-Programme (z.B. Excel);
   ● Dateiverwaltungs-Programme bzw. Datenbanksysteme (z.B. Access, Informix);
   ● Geschäftsgrafik-Programme (z.B. Excel);

2. anwendungsorientierte (aufgabenbezogene) Software,
   ● branchenspezifische Programme, z.B. für Steuerberater, Architekten, Apotheker;
   ● funktionsorientierte Programme, z.B. Finanzbuchhaltung, Fakturierung, Lagerhaltung;

3. Endbenutzerwerkzeuge als **integrierte Programme** (integrierte Anwendungspakete), enthalten i.d.R. Programme für Textverarbeitung, Tabellenkalkulation, Geschäftsgrafik und Datenbanken (z.B. Star Office, Lotus 1-2-3).

2 Betriebssystem

42 | Welche Betriebssysteme gibt es?

Das **Betriebssystem** umfasst die Gesamtheit derjenigen Programme, die unabhängig von einem bestimmten Anwendungsfall den Betrieb eines Computers ermöglichen.

Man unterscheidet bei den Betriebssystemen in Abhängigkeit davon, ob eine grafische Benutzeroberfläche vorhanden ist oder nicht, zwei Arten:

● die Befehle werden (hinter der Eingabeaufforderung des Betriebssystems) über die Tastatur als Befehlswörter eingegeben, z. B. NOVELL, UNIX;

● die Befehle werden aus der grafischen Benutzeroberfläche vor allem mit Hilfe der Maus ausgewählt, z. B. Windows, OS/2.

43 | Beschreiben Sie die grafische Benutzeroberfläche!

Bei der **grafischen Benutzeroberfläche** ist der Bildschirm benutzerfreundlich mit Symbolen und einprägsamen Befehlswörtern aufgebaut; damit lassen sich die vielfältigsten Arbeiten einfach ausführen.

Betriebssysteme mit grafischer Benutzeroberfläche sind vor allem durch folgende Eigenschaften gekennzeichnet:

● Der Benutzer bzw. die Benutzerin braucht sich keine **Befehle** zu merken; der gewünschte Befehl wird ausgeführt, indem ein Symbol bzw. ein Befehlswort auf dem Bildschirm ausgewählt wird;

● **Menüsysteme** werden verwendet;

● nach der Auswahl eines Befehls wird ein neues **Fenster** mit weiteren Befehlen geöffnet, falls es weitere Auswahlmöglichkeiten gibt; dies ist mehrmals hintereinander möglich, und zwar so lange, bis man bei dem gewünschten Befehl angelangt ist; aufgrund der geöffneten und auf dem Bildschirm angezeigten Fenster spricht man von der Fenstertechnik;

● mit der Funktion **Drag & Drop** werden Befehle wie z. B. Kopieren und Verschieben von Dateien durchgeführt, indem die Datei mit der Maus an die gewünschte Stelle gezogen wird;

● mit der Funktion **Plug & Play** werden neue Hardware-Komponenten vom Betriebssystem erkannt und automatisch eingerichtet;

● **Anwenderprogramme** können einfach mit Hilfe von festgelegten Symbolen (Icons) gestartet werden;

● Anwenderprogramme, die für ein bestimmtes Betriebssystem entwickelt wurden, haben alle die gleiche grafische Benutzeroberfläche (z. B. die Anwenderprogramme Winword, Excel und Access im Betriebssystem Windows 95); die Handhabung der einzelnen Anwenderprogramme wird damit wesentlich erleichtert;

- Daten können von einem Anwenderprogramm problemlos in ein anderes Anwenderprogramm übertragen werden (z.B. Daten aus einem Tabellenkalkulations-Programm in ein Textverarbeitungs-Programm); dabei wird unterschieden in Einbetten (Daten werden von einer Anwendung in die andere Anwendung übertragen) sowie Verknüpfen (Daten werden von einer Anwendung in eine andere Anwendung übertragen, wobei Änderungen im Quellprogramm automatisch auch im Zielprogramm übernommen werden);
- mehrere Anwenderprogramme können gleichzeitig ausgeführt werden **(Multi-tasking);**
- der Einsatz von Multimedia wird ermöglicht;
- der Zugriff auf elektronische Kommunikationsformen wird ermöglicht, z.B. Fax und E-Mail;
- der Zugang zu Kommunikationsnetzen wird ermöglicht (z.B. Internet).

---

44 Beschreiben Sie die Menüsysteme!

Menüsysteme stellen in bedienerfreundlicher Form eine Auswahl von Befehlen zur Verfügung. Man unterscheidet z.B.

- **Listenmenü,** die möglichen Befehle sind in einer Liste dargestellt und werden entweder mit dem Cursor angesteuert oder über die Kennziffer des entsprechenden Befehls ausgewählt. Oft beinhaltet ein solches Menüsystem ein Hauptmenü mit Untermenüs;
- **Pull-Down-Menü,** eine Menüleiste enthält eine Auswahl von Menünamen. Wird einer dieser Menünamen mit der Maus angeklickt, öffnet sich eine Liste (Fenster, Window) mit weiteren Befehlen; diese Befehle können ebenfalls mit der Maus angewählt werden.

---

45 Nennen Sie wichtige Befehle eines Betriebssystems!

Ein Betriebssystem beinhaltet z.B. **Befehle** für

- Anlegen, Umbenennen, Verschieben, Kopieren und Suchen von Verzeichnissen (Ordner);
- Umbenennen, Verschieben, Kopieren und Suchen von Dateien;
- Wechsel des Laufwerks;
- Formatieren und Kopieren von Datenträgern.

---

46 Nennen Sie wichtige Systemdienste eines Betriebssystems!

Wichtige **Systemdienste** eines Betriebssystems sind:

- Installation von Hardware-Komponenten (z.B. Drucker, Bildschirm);
- Installation von Software;
- Einstellen des Datums und der Uhrzeit;
- Einstellen von länderspezifischen Besonderheiten (z.B. Datums- und Währungsformat);
- Einrichten und Verwalten von Kennwörtern.

47 | Nennen Sie wichtige Tools eines Betriebssystems!

In einem Betriebssystem gibt es Programme für spezielle Aufgaben; diese Programme werden **Tools (Werkzeuge)** genannt. Tools gibt es z.B. für

● Rechner (dargestellt in Form eines Taschenrechners);
● Nutzung von Multimedia, Fax und Kommunikationsnetzen;
● Erstellen von Zeichnungen;
● Erstellen von Sicherungskopien (siehe Seite 374f.);
● Analyse der Oberfläche eines Datenträgers;
● Überprüfen von Dateien und Verzeichnissen auf mögliche Fehler;
● Defragmentieren eines Datenträgers (die Speicherung der Daten auf dem Datenträger wird optimiert).

48 | Unterscheiden Sie Kalt- und Warmstart!

Um ein Betriebssystem zu starten, gibt es grundsätzlich zwei Möglichkeiten:

● **Kaltstart (Hardware-Start),** der Systemstart erfolgt automatisch beim Einschalten des Rechners, und zwar entweder von der Festplatte oder von einer Boot-Diskette; der Kaltstart ist auch möglich durch das Drücken der Reset-Taste;
● **Warmstart (Software-Start),** der Systemstart erfolgt durch das Drücken einer bestimmten Tastenfolge; der Warmstart ist möglich, wenn das System abgestürzt ist (z.B. infolge eines Fehlers bei einer Programmausführung). Daten, die sich im Arbeitsspeicher befinden und noch nicht abgespeichert wurden, gehen verloren.

3 Anwendersoftware

49 Was sind Daten?

Daten sind Informationen, die aus Ziffern, Buchstaben und Sonderzeichen (z.B. +, −, $, %) bestehen.

50 Unterscheiden Sie numerische, alphabetische und alphanumerische Daten!

Daten werden entsprechend der Art der verwendeten Zeichen eingeteilt in

- **numerische Daten:** bestehen aus Ziffern und Zahlen (z.B. 47 11); mit numerischen Daten kann gerechnet werden;
- **alphabetische Daten:** bestehen aus Buchstaben und Wörtern (z.B. Merkur Verlag);
- **alphanumerische Daten:** stellen Kombinationen von Buchstaben, Ziffern und Sonderzeichen dar (z.B. 31735 Rinteln).

Alphanumerische und alphabetische Daten werden auch als **nichtnumerische Daten** bezeichnet.

51 Unterscheiden Sie die Daten in Abhängigkeit von ihrer Aufgabe und ihrer Veränderung!

Daten werden entsprechend ihrer Aufgabe eingeteilt in

- **Rechendaten:** Mit ihnen werden Rechenoperationen durchgeführt (z.B. Preise, Mengen);
- **Ordnungsdaten:** Mit ihrer Hilfe werden Personen, Sachen und Sachverhalte identifiziert und sortiert (z.B. Artikelbezeichnung, Artikelnummer).

Daten werden entsprechend ihrer Veränderung eingeteilt in

- **Stammdaten:** bleiben über längere Zeit hinweg unverändert (z.B. Personalangaben, Artikelnummern);
- **Bewegungsdaten:** ändern sich häufig bzw. fallen stets neu an (z.B. Bestellmengen, Rechnungsdatum).

52 Was ist eine Datei?

Eine **Datei** ist eine für eine bestimmte Aufgabe vorgenommene Zusammenstellung von Daten, wobei die Datei auf einem externen Speicher der Datenverarbeitungsanlage gespeichert wird.

Dateien werden z.B. erstellt bei der Arbeit mit Datenbank-, Tabellenkalkulations- und Textverarbeitungs-Programmen.

3.1 Datenbank

3.1.1 Grundlagen der Datenbank

53 Was ist eine Datenbank?

Eine **Datenbank** fasst gleichartige Daten in Form von Datensätzen in Tabellenform zusammen (z.B. Artikeldaten, Kundendaten) und beinhaltet bestimmte Bearbeitungswerkzeuge (z.B. Eingabeformular, Abfrage).

54 Was ist ein Datensatz?

Ein **Datensatz** umfasst mehrere zusammengehörende Daten und bezieht sich stets auf den gleichen Sachverhalt; die Summe aller Datensätze ergibt die Tabelle (z.B. enthält die

Tabelle für die Artikeldaten die Datensätze für Artikel A, Artikel B usw.). Jeder Datensatz ist gleich aufgebaut und enthält die gleichen Datenfelder.

Ein **Datenfeld** beschreibt jeweils einen bestimmten Sachverhalt innerhalb eines Datensatzes (z. B. enthält die Tabelle für die Artikeldaten Datenfelder wie Artikelnummer, Artikelbezeichnung). Datenfelder mit demselben Feldnamen haben stets die gleiche Feldlänge.

Die **Tabelle** besteht aus Zeilen (Datensätze) und Spalten (Datenfelder).

---

55 Welche Objekte kann eine Datenbankdatei enthalten?

Eine **Datenbankdatei** kann verschiedene **Objekte (Komponenten)** enthalten; diese werden einmal erstellt und können bei Bedarf abgerufen werden. Beispiele sind:
- **Tabellen** (z. B. für Artikeldaten, Kundendaten);
- **Abfragen,** sie ermöglichen den gezielten Zugriff auf bestimmte Daten einer Tabelle bzw. mehrerer Tabellen (z. B., welche Kunden haben mit einem bestimmten Artikel einen bestimmten Umsatz erzielt);
- **Formulare,** sie erleichtern die Eingabe, Bearbeitung und Ausgabe der Daten;
- **Berichte,** sie fassen Daten aus Tabellen und Abfragen zusammen;
- **Makros,** sie sind Programme mit einer fest vorgegebenen Folge von Befehlen, die automatisch ausgeführt werden, wenn das entsprechende Makro aufgerufen wird;
- **Module,** sie sind Programme, die in der Programmiersprache der Datenbank erstellt wurden und die Datenbank um bestimmte Funktionen erweitern.

---

56 Was versteht man unter einem Datenbankverwaltungssystem?

Unter einem **Datenbankverwaltungssystem (Datenbankmanagementsystem)** versteht man die Gesamtheit aller Programme, die erforderlich sind, um die Daten einer Datenbank zu verwalten. Dazu zählen insbesondere Programme für
- das Anlegen der Dateien,
- die eigentliche Verwaltung (z. B. Ergänzen und Löschen von Datensätzen, Ändern von Feldinhalten und Satzstrukturen, Sortieren von Dateien, Anlegen von Indexdateien),
- das Auswerten (z. B. Ausgabe von Datensätzen nach Kriterien),
- die Sicherung der Daten.

---

57 Was ist eine relationale Datenbank?

Bei einer **relationalen Datenbank** können zwei (oder mehrere) Tabellen über ein in beiden Tabellen vorhandenes Datenfeld mit gleichem Inhalt (Schlüsselfeld) miteinander verknüpft werden (**Normalisierung** einer Datenbank). Beispielsweise können aus der Tabelle mit den Artikeldaten die Adressen

355

derjenigen Kunden aus der Kundentabelle herausgesucht werden, die mit einem bestimmten Artikel einen bestimmten Mindestumsatz erzielt haben; Voraussetzung ist, dass in beiden Tabellen das Schlüsselfeld Kundennummer enthalten ist.

Vorteile der relationalen Datenbank sind:

● Gleiche Daten werden nur einmal erfasst und gespeichert (**Datenredundanz** wird vermieden);

● Fehler bei der Eingabe gleicher Daten an verschiedenen Stellen gibt es nicht (**Dateninkonsistenz** wird vermieden).

3.1.2 Arbeiten mit einer Datenbank (dargestellt anhand von Access)

58 Wie wird eine Datenbank angelegt?

Eine **Datenbank** wird z. B. in folgenden Schritten eingerichtet:

1. Planung des Aufbaus der Datenbank in Abhängigkeit von der vorgegebenen Zielsetzung; zu berücksichtigen sind z. B.

   ● gewünschte Informationen (z. B. Schaffung eines Informationssystems über Artikel, Kunden und Lieferanten),

   ● einzusetzende Objekte (z. B. einzurichtende Tabellen, Formulare und Abfragen),

   ● erforderliche Verknüpfungen (z. B. Verknüpfung der Tabellen für Artikeldaten, Kundendaten und Lieferantendaten);

2. Festlegung des Namens der Datenbankdatei;

3. Festlegung der Struktur der Datensätze innerhalb einer Tabelle **(Tabellenstruktur),** zu berücksichtigen sind z. B.

   ● Festlegung der Feldnamen (z. B. Artikelnummer, Artikelbezeichnung),

   ● Festlegung des Felddatentyps (z. B. Text, Zahl, Datum/Zeit);

4. Festlegung der **Feldeigenschaften (Feldattribute),** z. B.

   ● Feldgröße (die längstmögliche Eintragung in das betreffende Feld ist zu berücksichtigen),

   ● Dezimalstellen (z. B. beim Datentyp Zahl),

   ● Gültigkeitsregel (z. B. genau fünf Stellen für die Eingabe von Postleitzahlen) und entsprechende Gültigkeitsmeldung (z. B. Postleitzahlen müssen fünfstellig eingegeben werden),

   ● Primärschlüssel (eindeutige Kennzeichnung für jeden Datensatz, z. B. mit einer fortlaufenden Nummer),

   ● Standardwert (z. B. Vorbelegung im Datenfeld Rabatt mit 3 %),

   ● Indizierung (Indexe beschleunigen das Suchen und Sortieren von Daten);

5. Speichern der Tabellenstruktur (Datensatzstruktur);

356

6. Herstellung der erforderlichen Verknüpfungen (z.B. zwischen den Tabellen für die Artikeldaten und die Lieferantendaten über das Schlüsselfeld Lieferantennummer);

7. Anlegen und Aufnehmen der erforderlichen Objekte (z.B. Ausgabeformular für Kunden, die eine Mahnung erhalten sollen).

---

59 Welche Aufgaben fallen bei der Datenbankverwaltung an?

Zu den Aufgaben der **Datenbankverwaltung** zählen:

1. Anlegen und Öffnen einer Datenbank;

2. Daten in die Tabelle eingeben und bearbeiten, z.B.
   - Eingabe neuer Datensätze,
   - Ändern von Daten bereits bestehender Datensätze (z.B. Änderung einer Kundenanschrift),
   - Löschen von Datensätzen (z.B. Entfernen eines Kunden aus der Tabelle),
   - Sortieren von Datensätzen (z.B. Kundentabelle wird sortiert nach dem Alphabet oder der Umsatzhöhe),
   - Suchen von Daten (z.B. alle Kunden aus einem bestimmten Ort werden gesucht);

3. Bearbeiten von Tabellen, z.B.
   - Tabellen öffnen, schließen und speichern,
   - Tabellen kopieren, umbenennen und löschen,
   - nachträgliches Ändern der Tabellenstruktur (z.B. Aufnahme eines neuen Feldes in die Artikeltabelle),
   - Indizieren von Tabellenfeldern,
   - Beziehungen zwischen Tabellen herstellen (Verknüpfungen),
   - Drucken von Tabellen;

4. Erstellen von Abfragen;

5. Erstellen von Formularen und Berichten;

6. Erstellen von Makros und Modulen.

---

60 Welche Funktionen bietet eine Datenbank?

Beim Arbeiten mit Datenbanken stehen z.B. folgende **Funktionen** zur Verfügung:
- Summe, bildet die Summe von Werten;
- Mittelwert, errechnet den Durchschnittswert;
- Min (Minimum), sucht den niedrigsten Wert in einem Bereich;
- Max (Maximum), sucht den höchsten Wert in einem Bereich;
- Anzahl, ermittelt die Anzahl der Datensätze;
- Datum, fügt das aktuelle Datum ein.

3.2 Tabellenkalkulation

3.2.1 Grundlagen der Tabellenkalkulation

61 Was ist eine Tabelle?

Eine **Tabelle** ist eine Anordnung (Verzeichnis, Liste) von Informationen in Zeilen und Spalten.

Jeweils eine Zeile und eine Spalte bestimmen ein Tabellenfeld (Zelle); auf jedes Tabellenfeld einer Tabelle kann also durch Angabe einer bestimmten Zeile und einer bestimmten Spalte zugegriffen werden (Bezug, Adresse).

Ein Tabellenbereich umfasst mehrere zusammenhängende Tabellenfelder.

62 Was versteht man unter einem Tabellenkalkulations-Programm?

Mit **Tabellenkalkulations-Programmen** (z.B. Lotus 1-2-3, Excel) lassen sich die verschiedenartigsten kaufmännischen Probleme (z.B. Preiskalkulationen, Umsatzstatistiken, Abschreibungspläne, Betriebsabrechnungsbogen) mit Hilfe einer auf dem Bildschirm dargestellten Tabelle lösen.

Entsprechend der Problemstellung werden nach der Problemanalyse Struktur (Anordnung der Felder) und Aussehen der Tabelle festgelegt, wobei für jedes Feld der Feldinhalt einzutragen ist. Eingabedaten, die beliebig geändert werden können, werden nach den festgelegten Regeln (z.B. Formeln) automatisch in Ausgabedaten umgewandelt; ändert man z.B. in einer Abschreibungstabelle den Abschreibungssatz, wird die gesamte Tabelle automatisch neu durchgerechnet und ausgegeben.

63 Welche Arten von Bezügen gibt es für die Tabellenkalkulation?

Um die Arbeit in der Tabellenkalkulation zu erleichtern, werden häufig Formeln aus einer Zelle in andere Zellen übertragen (kopiert). Beim Kopieren der Formeln unterscheidet man folgende Bezüge (Arten der Adressierung):

- **relativer Bezug (relative Adressierung),** der Bezug in der kopierten Formel wird automatisch angepasst; relative Bezüge verweisen in einer kopierten Formel auf andere Zellen als in der Ausgangsformel; zwischen diesen Zellen und der Zelle mit der kopierten Formel besteht dieselbe Beziehung wie zwischen der Zelle mit der Ausgangsformel und den darin bezogenen Zellen;
- **absoluter Bezug (absolute Adressierung),** der Bezug in der Ausgangsformel wird unverändert in die Kopie der Formel übernommen; ein absoluter Bezug wird eingetragen, wenn in der Ausgangsformel und in der Kopie der Formel auf dieselbe Zelle Bezug genommen wird.

Eine weitere Arbeitserleichterung ist die Verwendung von **Namen;** darunter versteht man eine Kennzeichnung für ein Feld, einen Bereich, einen konstanten oder einen berechneten Wert. Formeln sind einfacher zu handhaben, wenn man Namen anstatt Bezüge verwendet (z.B. Nettopreis · Mehrwertsteuersatz).

64 | Welche Vorteile bieten Tabellenkalkulations-Programme?

Tabellenkalkulations-Programme bieten folgende Vorteile:
- übersichtliche Darstellung des zu lösenden Problems (z. B. Kalkulation des Verkaufspreises);
- schnelle Durchführung von Alternativrechnungen (z. B. werden bei der Preiskalkulation nacheinander verschiedene Prozentsätze für den Gewinnzuschlag eingegeben);
- Hilfe bei der Entscheidungsfindung (aufgrund der Alternativrechnungen wird der endgültige Verkaufspreis festgelegt).

3.2.2 Arbeiten mit der Tabellenkalkulation (dargestellt anhand von Excel)

65 | Was ist eine Arbeitsmappe?

In einer **Arbeitsmappe** werden mehrere Tabellen (Tabellenblätter) zusammengefasst, wobei ein inhaltlicher Zusammenhang zwischen den einzelnen Tabellen bestehen sollte (z. B. werden die Abschreibungstabellen für die einzelnen Anlagegüter in der Arbeitsmappe Anlagen zusammengefasst). Eine Arbeitsmappe wird als Datei gespeichert; innerhalb der Arbeitsmappe erhalten die Tabellenblätter eigene Namen.

66 | Wie wird eine Arbeitsmappe angelegt?

Eine **Arbeitsmappe** wird z. B. in folgenden Schritten eingerichtet:
1. Festlegung des Aufbaus der Arbeitsmappe in Abhängigkeit von der Problemstellung und Problemanalyse, zu berücksichtigen sind z. B.
   - gewünschte Informationen (z. B. Schaffung eines Informationssystems über die Abschreibungspläne der Anlagegüter),
   - einzurichtende Tabellen;
2. Festlegung des Namens der Arbeitsmappendatei;
3. Festlegung der Struktur jeder Tabelle (z. B. Einrichten des Tabellenkopfs durch Festlegen der Spalten- und Zeilenüberschriften);
4. Festlegung der Feldinhalte der Zellen,
   - Texte (nichtnumerische Daten);
   - Werte (numerische Daten);
   - Formeln (beinhalten z. B. Werte, Bezüge, Operatoren (z. B. +, =, <) oder Funktionen),
   - Funktionen (sie berechnen neue Werte aus vorhandenen Werten);
5. Speichern der Arbeitsmappe.

67 | Welche Arbeiten fallen bei der Tabellenkalkulation an?

Zu den Arbeiten im Rahmen der **Tabellenkalkulation** zählen:
1. Anlegen bzw. Öffnen einer Arbeitsmappe, z. B.
   - Anlegen der einzelnen Tabellenblätter,
   - Namen der Tabellenblätter vergeben bzw. ändern;

359

2. Daten in die Tabellenblätter eingeben bzw. bearbeiten (z. B. Werte und Formeln);

3. Gestalten der Tabellenblätter, z. B.
   - Formatieren der Zahlen (z. B. Währungsformat, Prozentformat, Datumsformat),
   - Festlegen der Spaltenbreite und der Zeilenhöhe,
   - Ausrichten der Feldinhalte (z. B. linksbündig, rechtsbündig, zentriert),
   - Festlegen der Schriftart, der Schriftgröße sowie der Schriftattribute (z. B. fett, kursiv, unterstrichen),
   - Rahmen und Schattieren von Zellen,
   - Schutz von Zellen und Tabellenblättern (z. B. vor unbeabsichtigten Änderungen);

4. Bearbeiten von Tabellenblättern, z. B.
   - Tabellen bzw. Teile von Tabellen kopieren und löschen,
   - nachträgliches Ändern des Tabellenaufbaus (z. B. Einfügen und Löschen von Zeilen und Spalten),
   - Beziehungen zwischen Tabellenblättern herstellen,
   - Drucken von Tabellenblättern.

---

68 Welche Funktionen bietet ein Tabellenkalkulations-Programm?

Beim Arbeiten mit einem **Tabellenkalkulations-Programm** bieten sich z. B. folgende vordefinierte (im Programm vorgegebene) **Funktionen** an:

1. Mathematische Funktionen, z. B.
   - Summe, bildet die Summe von Werten in Tabellenzellen,
   - Runden, rundet eine Zahl kaufmännisch,
   - Ganzzahl, bildet für eine Dezimalzahl die nächstkleinere ganze Zahl;

2. Statistische Funktionen, z. B.
   - Max, ermittelt den größten Zahlenwert aus einer Reihe von Werten,
   - Min, ermittelt den kleinsten Zahlenwert,
   - Mittelwert, ermittelt den Durchschnittswert von Zahlen;

3. Logische Funktionen, z. B.
   - Wenn, ermittelt in Abhängigkeit einer Bedingungsprüfung den Wert, der von zwei unterschiedlichen Werten in Frage kommt,
   - Und, liefert das Ergebnis „wahr", wenn die Bedingungen der Funktion alle wahr sind,
   - Oder, liefert das Ergebnis „wahr", wenn mindestens eine der Bedingungen der Funktion wahr ist;

4. Datums- und Zeitfunktionen, z. B.
   - Heute, gibt das gegenwärtige Datum an,
   - Jetzt, gibt das gegenwärtige Datum und die Uhrzeit an.

3.3 Geschäftsgrafik

3.3.1 Grundlagen der Geschäftsgrafik

69 Was ist eine Geschäftsgrafik?

Mit Hilfe der **Geschäftsgrafik** werden Daten aus einer Tabelle eines Tabellenkalkulations-Programms in grafischer Form als **Diagramm** dargestellt. Das Programm zur Erstellung von Grafiken ist i.d.R. Bestandteil eines Tabellenkalkulations-Programms (z.B. Excel).

70 Nennen Sie
Anwendungsbereiche
der Geschäftsgrafik!

Geschäftsgrafiken werden in allen Bereichen der Betriebsstatistik eingesetzt wie z.B.
- Absatz- und Umsatzstatistik,
- Einkaufsstatistik,
- Personalstatistik,
- Lagerstatistik,
- Kostenstatistik,
- Gewinnstatistik.

71 Nennen Sie Vorteile
der Geschäftsgrafik!

Geschäftsgrafiken bieten vor allem folgende Vorteile:
- Zahlenwerte werden anschaulich dargestellt;
- die Aussagefähigkeit der Grafik ist höher als die einer Zahlentabelle;
- der Vergleich und die Analyse von Zahlenwerten wird erleichtert;
- die Zahlenwerte können in jeder Darstellungsart präsentiert werden.

72 Nennen Sie die
Darstellungsarten
der Geschäftsgrafik!

Geschäftsgrafiken können dargestellt werden als:
- **Flächendiagramm,** zeigt mit Hilfe der Fläche zwischen zwei (oder mehreren) Linien, in welchem Umfang sich zwei (oder mehrere) Größen über einen bestimmten Zeitraum unterscheiden;
- **Balkendiagramm,** Zahlenwerte werden mit Hilfe von vertikal übereinander angeordneten Balken (meist bezogen auf einen bestimmten Zeitpunkt) dargestellt;
- **Säulendiagramm,** Zahlenwerte werden mit Hilfe von horizontal nebeneinander angeordneten Säulen (meist über einen bestimmten Zeitraum) dargestellt;
- **Liniendiagramm,** Trends und Änderungen von Daten über einen bestimmten Zeitraum werden mit Hilfe von Linien dargestellt;
- **Kreisdiagramm,** zeigt mit Hilfe von Kreis und Kreisausschnitten die Beziehung von Zahlenwerten zur Gesamtheit;
- **Punktdiagramm,** Zahlenwerte werden über einen bestimmten Zeitraum in Form von Punkten dargestellt.

Flächen, Balken-, Säulen-, Linien- und Kreisdiagramme können auch dreidimensional als so genannte 3-D-Diagramme dargestellt werden. (Zur Darstellung von Diagrammen siehe auch Seite 411 ff.)

3.3.2 Arbeiten mit der Geschäftsgrafik (dargestellt anhand von Excel)

73 Wie wird ein Diagramm erstellt?

Ein **Diagramm** wird in folgenden Schritten erstellt:
- Auswählen der grafisch aufzubereitenden Daten im entsprechenden Tabellenblatt der Arbeitsmappe,
- Auswählen des Diagrammtyps (z. B. Flächen-, Balkendiagramm),
- Festlegen der Diagrammelemente Legende, Diagrammtitel und Achsenbeschriftung.

74 Welche Arbeiten fallen bei der Geschäftsgrafik an?

Zu den Arbeiten im Rahmen der **Geschäftsgrafik** zählen:
- Diagrammelemente gestalten (z. B. Rahmen, Muster, Schriftgröße festlegen),
- Texte in das Diagramm einfügen und bearbeiten,
- Legende bearbeiten (z. B. Position verändern),
- Achsen bearbeiten (z. B. Zahlenformat für die Achsenbeschriftung festlegen),
- Gitternetzlinien festlegen (z. B. ein- oder ausschalten),
- Datengruppen (z. B. Balken, Säulen) formatieren (z. B. Farbe, Muster festlegen),
- Diagrammtyp nachträglich ändern,
- neue Daten in das Diagramm aufnehmen,
- Diagramm drucken.

3.4 Warenwirtschaftssystem

3.4.1 Grundlagen des Warenwirtschaftssystems

75 Was ist ein Warenwirtschaftssystem?

Das **Warenwirtschaftssystem** (WWS) ist die Summe aller warengerichteten Informations- und Entscheidungsprozesse.

Wird die Warenwirtschaft eines Handelsbetriebes durch den Einsatz eines Datenverarbeitungssystems unterstützt, spricht man von einem computergestützten Warenwirtschaftssystem (CWWS).

Das Warenwirtschaftssystem dient der Planung, Steuerung und Kontrolle des Waren- und Datenflusses im Handelsbetrieb.

Siehe zum Warenwirtschaftssystem ausführlich Seite 182 ff.

3.4.2 Arbeiten mit dem Warenwirtschaftssystem (dargestellt anhand von EH_FAKT)

76 Welche Daten sind grundsätzlich zu erfassen?

Grundlegende Voraussetzung für die Arbeit mit dem **Warenwirtschaftssystem** ist die Erfassung bzw. Festlegung folgender Daten (Stammdaten) im Rahmen der:

1. **Adressverwaltung von Lieferanten** (Kreditoren) **und Kunden** (Debitoren) als

   ● **Adresse,** z. B. Stammnummer, Anrede, Vorname, Name, Anschrift, Postleitzahl, Ort, Telefon, Fax, E-Mail-Adresse, Briefadresse;

   ● **Umsatz,** z. B. Kontoart (Debitor bzw. Kreditor), Zahlungsweise (Nachnahme, Scheck, Überweisung, Lastschrift), Bankverbindung (Konto, Bankleitzahl, Bank), Zahlungskonditionen (Standard bzw. Individuell), Abrechnung (Preisgruppe, Rabattgruppe);

2. **Artikelverwaltung** als

   ● **Artikel,** z. B. Artikelnummer, Bezeichnung, Gebindebezeichnung (z. B. Stück), Artikelgruppe, Preisgruppe, Mehrwertsteuersatz (Normal, Ermäßigt, Ohne Mehrwertsteuer);

   ● **Kalkulation,** z. B. Fremdwährung (Betrag der Fremdwährung, Umrechnungskurs), Einkaufspreis, Kalkulationszuschläge für die einzelnen Preisgruppen;

   ● **Artikelkonto,** z. B. Anfangsbestand, Mindestbestand;

   ● **Daten,** z. B. Sonderpreise, Rabatte für Abnehmergruppen (z. B. Wiederverkäufer, Öffentliche Haushalte), Mengenstaffel.

77 Welche Arbeiten fallen beim Einkauf einer Ware und beim Verkauf einer Ware an?

Beim **Einkauf** von Waren fallen (im Rahmen der Artikelverwaltung) folgende Arbeiten an:

● Ermittlung der zu bestellenden Waren (z. B. anhand der Mindestbestandsliste),

● Auswahl des Lieferanten aus der Liste der möglichen Lieferanten,

● Erstellen und anschließender Ausdruck der Bestellung,

● die Bestellung wird mit Menge und Betrag beim entsprechenden Artikel automatisch erfasst,

● Bestellungen werden anhand von Bestelllisten kontrolliert,

● Buchen des Einkaufs (z. B. auf der Grundlage des Lieferscheins),

● die Bestellung wird automatisch um die eingetroffenen Waren korrigiert,

● der Lagerbestand wird automatisch erhöht,

● nach Eintreffen der Eingangsrechnung wird die Zahlung abgewickelt (z. B. Erstellen der Banküberweisung, Datenträgeraustausch).

Beim **Verkauf** von Waren fallen (im Rahmen der Adressverwaltung) folgende Arbeiten an:

- Annehmen des Kundenauftrages (z. B. Bestellung),
- Auswahl des Kunden aus der Liste,
- Erfassung der betreffenden Artikel aus der Artikelliste,
- Erstellen und anschließender Ausdruck des Lieferscheins,
- der Lieferschein wird mit Menge und Betrag beim entsprechenden Artikel automatisch erfasst,
- Auslieferung der Ware an den Kunden (auf der Grundlage des Lieferscheins),
- Erstellen und Drucken der Rechnung,
- Buchen des Warenverkaufs,
- der Lieferschein wird automatisch um die verkauften Waren korrigiert, der Lagerbestand wird automatisch vermindert,
- Überwachung des Zahlungseingangs im Rahmen der Offene-Posten-Verwaltung.

78 Welche Auswertungen sind möglich?

Das Warenwirtschaftssystem kann folgende **Auswertungen** vornehmen:

- Erstellen von Kontoauszügen für Debitoren und Kreditoren,
- Darstellung der offenen Posten,
- Abwicklung des Mahnwesens,
- Drucken von Einkaufs- und Verkaufspreislisten,
- Umsatzstatistiken (z. B. nach Artikeln, Kunden),
- Renner-Pennerliste,
- Ertragsstatistiken (z. B. Rohertrag),
- Lieferantenstatistik (z. B. Gegenüberstellung von Rabatten),
- ABC-Analyse.

3.5 Finanzbuchhaltung

3.5.1 Grundlagen der Finanzbuchhaltung

79 Was ist ein Finanzbuchhaltungsprogramm?

Mit Hilfe von **Finanzbuchhaltungsprogrammen** wird die betriebliche Finanzbuchhaltung unter Einsatz einer Datenverarbeitungsanlage durchgeführt.

Hierbei sind neben den Grundsätzen ordnungsmäßiger Buchführung auch die Grundsätze ordnungsmäßiger Speicherbuchführung zu beachten (siehe auch Seite 430).

Die Software zur Finanzbuchhaltung ist normalerweise Standardsoftware; sie ist entweder ein einzelnes Programm oder ein Modul eines Programmpaketes. Das Programmpaket kann z.B. folgende Module umfassen: Auftragsbearbeitung, Fakturierung, Lagerwirtschaft, Lohn- und Gehaltsabrechnung, Kostenrechnung.

Ein Finanzbuchhaltungsprogramm kann z.B. folgende **Teilbereiche** umfassen:

● Kontenplan (z.B. in Anlehnung an den DATEV-Kontenplan, der von den steuerberatenden Berufen verwendet wird),

● Hauptbuch mit allen Sachkonten,

● Geschäftsfreundebuch mit allen Personenkonten,

● Grundbuch (Journal),

● offene Posten,

● Mahnwesen,

● Zahlungsverkehr,

● Umsatzsteuervoranmeldung,

● kurzfristige Erfolgsrechnung,

● Jahresabschluss mit Bilanz und Gewinn- und Verlustrechnung,

● Auswertung der Finanzbuchhaltung.

(Siehe auch Grundlagen der Buchführung, Seite 428 ff.)

80	Welche Vorteile bietet ein Finanzbuchhaltungsprogramm?

Der Einsatz eines Finanzbuchhaltungsprogramms bietet folgende **Vorteile:**

● Arbeitsabläufe in der Buchhaltung werden rationalisiert (vereinfacht und beschleunigt);

● Daten der Buchhaltung sind stets aktuell (neue Daten stehen allen Nutzern über die gemeinsame Datenbank sofort zur Verfügung);

● Daten sind jederzeit und schnell verfügbar (z.B. über Bildschirm und Drucker);

● Daten können jederzeit ausgewertet und statistisch aufbereitet dargestellt werden (z.B. täglich Aufstellung der offenen Posten).

3.5.2 Arbeiten mit der Finanzbuchhaltung (dargestellt anhand von KHK-Fibu)

81	Welche Arbeiten fallen im Rahmen der Fibu an?

Zu den Arbeiten im Rahmen der Fibu zählen:

1. Anlegen der **Stammdaten,** z.B.

   ● Firmenstammdaten (z.B. Firma, Firmenanschrift, Telefon, Telefax),

   ● Kundenstammdaten (z.B. Kunden-Nummer, Name, PLZ, Ort, Telefon, Ansprechpartner, Zahlungskonditionen, USt-Schlüssel, OP-Kennzeichen),

- Lieferantenstammdaten (z.B. Lieferanten-Nummer, Name, PLZ, Ort, Telefon, Ansprechpartner, Zahlungskonditionen, VSt-Schlüssel, OP-Kennzeichen, Bankkonto, Bankleitzahl),
- Sachkonten entsprechend dem Kontenplan,
- Bankenstammdaten (z.B. werden die Daten von häufig vorkommenden Banken gesondert erfasst),
- Steuersätze (z.B. Festlegung der Umsatzsteuersätze mit Hilfe von Steuersatzschlüsseln),
- Fremdwährungsumrechnung (z.B. werden für häufig vorkommende Fremdwährungen die Umrechnungen automatisiert);

2. Übernahme der Eröffnungsbestände in die **Sachkonten;**

3. **Buchen,**
   - Sortieren der Belege (z.B. Eingangsrechnungen, Ausgangsrechnungen, Bankauszüge),
   - Kontierung (die Belege werden z.B. mit Hilfe eines Kontierungsstempels vorkontiert),
   - Buchungserfassung, anhand der Belege werden die Buchungen eines bestimmten Zeitraums zunächst erfasst (ein Buchungserfassungsprotokoll wird erstellt),
   - Buchungsverarbeitung, in regelmäßigen Abständen wird die Buchungsverarbeitung gestartet, d.h., es erfolgt die Buchung auf den Konten (das Journal wird ausgedruckt),
   - Durchführung von Stornobuchungen;

4. Verwaltung der **offenen Posten;**
   - Einrichten der Personenkonten für die Kunden (Debitoren) und für die Lieferanten (Kreditoren),
   - Buchen der Forderungen und Verbindlichkeiten auf den Personenkonten (die Übertragung auf die Konten Forderungen und Verbindlichkeiten erfolgt automatisch),
   - Erstellen der Saldenlisten, für jeden Kunden bzw. für jeden Lieferanten wird der aktuelle Stand der Forderungen bzw. der Verbindlichkeiten (offene Posten) angezeigt;

5. **Umsatzsteuervoranmeldung,**
   - der Umsatzsteuervoranmeldungszeitraum ist im Normalfall ein Monat,
   - die Umsatzsteuervoranmeldung für die betreffende Periode berechnet die Zahllast (berücksichtigt werden z.B. steuerfreie Umsätze, steuerpflichtige Umsätze, Vorsteuerbeträge);

6. **Jahresabschluss,**
   - die Salden der Bilanzkonten werden automatisch als Eröffnungsbestände vorgetragen,
   - für alle Personenkonten werden die Endsalden als neue Eröffnungsbestände vorgetragen,
   - alle Kontenstände, Umsätze und Jahreswerte des abgeschlossenen Jahres werden gelöscht.

| 82 | Welche Auswertungen sind mit Hilfe der Fibu möglich? | Im Rahmen der Fibu können folgende **Auswertungen** vorgenommen werden: |

Im Rahmen der Fibu können folgende **Auswertungen** vorgenommen werden:

- Umsatzsteuervoranmeldung;
- offene Posten-Listen;
- Saldenlisten, sie beinhalten z. B. die aktuellen Kontostände, die Summe der bisher gebuchten Beträge für jedes Konto;
- Bilanzauswertung, z. B. Ausdruck von Bilanz und GuV-Rechnung; Ausdruck der betriebswirtschaftlichen Auswertung (z. B. detaillierter Kostenvergleich);
- Umsatzstatistiken (möglich für Kunden und Lieferanten).

3.6 Textverarbeitung

3.6.1 Grundlagen der Textverarbeitung

83 Was versteht man unter Textverarbeitung?

Unter **Textverarbeitung** versteht man die gedankliche und technische Produktion von Texten mit Hilfe der Datenverarbeitung. Textverarbeitungsprogramme sind z. B. Word, WordPro.

84 Nennen Sie Anwendungsbereiche der Textverarbeitung!

Die **Textverarbeitung** wird eingesetzt für das Erstellen von Dokumenten wie z. B. Geschäftsbriefe, Bestellungen, Angebote, Rechnungen und Mahnungen. Mit Hilfe eines Textverarbeitungsprogramms werden Dokumente erstellt, geändert, gedruckt und gespeichert.

Werden diese Dokumente als Serienbriefe geschrieben, können variable Textteile wie z. B. die Anschriften der Empfänger aus Dateien anderer Programme (z. B. Datenbankprogramm) übernommen werden.

85 Nennen Sie Vorteile der Textverarbeitung!

Vorteile der Textverarbeitung sind:

- Rationalisierung der Schreibarbeit;
- einfache Korrektur von Fehlern (z. B. durch Löschen, Überschreiben, Einfügen);
- einfache Änderung eines geschriebenen Textes (z. B. durch Löschen, Überschreiben, Einfügen, Kopieren, Versetzen);
- bequemes Erstellen von Tabellen;
- einfacher Einsatz von Tabstopps;
- schnelles Suchen bzw. Ersetzen von Begriffen und Formatierungen;
- Verbinden von Grafiken und von Dateien anderer Programme mit dem Dokument;
- Darstellung von Text und Grafik auf dem Bildschirm wie auf dem Ausdruck;

- Darstellung der Seiten mit Seitenrändern, Kopf- und Fußzeilen, Fußnoten und Seitenzahlen (Layout);
- platzsparende Speicherung von Dokumenten auf Magnetplatten, Magnetbändern und Disketten;
- einfacher und schneller Zugriff auf die Dateien (auch im Rechnernetz).

86 Was beinhaltet die Rationalisierung der Schreibarbeit?

Die **Rationalisierung** der Schreibarbeit erfolgt durch

- **Textbausteine,** sie sind häufig verwendete Texte, die unter einem bestimmten Namen abgespeichert sind und beliebig oft in neue Dokumente eingefügt werden können;
- **Serienbriefe,** sie sind eine bestimmte Anzahl von Dokumenten, bei denen jedes Exemplar einen gleichen Grundtext und variable Textelemente (z. B. Namen und Anschrift des Empfängers) enthält;
- **Druckformate (Formatvorlagen),** sie beinhalten bestimmte Absatz- und Zeichenformatierungen, die über den Druckformatnamen einem Absatz zugeordnet werden können;
- **Dokumentvorlagen,** sie enthalten z. B. feststehenden Text, Druckformate, Textbausteine und Makros und sie werden als Muster für Schreiben gleicher Art verwendet (z. B. im Formularwesen);
- **Makros** (siehe Seite 355);
- **Inhaltsverzeichnis,** es kann unter Verwendung der Gliederung ohne zusätzliche Schreibarbeit erstellt werden, wobei die Seitenzahlen stets automatisch aktualisiert werden;
- **Register,** es wird mit Hilfe der ausgewählten Registerbegriffe erstellt, wobei die Seitenzahlen stets automatisch aktualisiert werden;
- **Rechtschreibüberprüfung,** aufgrund eines vorgegebenen Wörterbuchs, das der Benutzer selbst ergänzen kann, wird die Rechtschreibung eines Dokumentes überprüft; Rechtschreibfehler werden entweder nach Vorschlag des Rechtschreibprogrammes oder vom Benutzer selbst korrigiert;
- **Trennhilfe,** die Silbentrennung im Text wird entweder automatisch durchgeführt oder der Benutzer wählt eine vom System vorgeschlagene Trennung aus;
- **Synonymenlexikon,** für einen ausgewählten Begriff schlägt das Programm verschiedene sinnverwandte Begriffe vor.

87 Nennen Sie Regeln für die Gestaltung von Geschäftsbriefen!

Bei der Gestaltung von **Geschäftsbriefen** sind zu beachten

- formale Gesichtspunkte,
- inhaltliche Gesichtspunkte,
- rechtliche Gesichtspunkte, nach dem HGB müssen auf allen Geschäftsbriefen des Kaufmanns seine Firma, die Bezeichnung (siehe Seite 110 f.), der Ort seiner Handelsniederlassung, das Registergericht und die Nummer, unter der die Firma in das Handelsregister eingetragen ist, angegeben werden.

88 Nennen Sie wichtige Regeln für die formale Gestaltung von Geschäftsbriefen!

Bei der **formalen Gestaltung** von Geschäftsbriefen sind DIN 676 (Gestaltungsregeln für den Geschäftsbrief DIN A4) und DIN 5008 (Schreib- und Gestaltungsregeln für die Textverarbeitung) zu beachten. Wichtige Regeln sind:

● Das Feld für den **Briefkopf** enthält Firmennamen und Anschrift des Absenders; er ist häufig grafisch gestaltet (z. B. mit Firmenlogo). Das Feld erstreckt sich über die gesamte Blattbreite.

● Das Feld für die **Postanschrift des Absenders** schließt sich nach unten an das Feld für den Briefkopf an. Die Postanschrift des Absenders wird einzeilig und in Kurzform (Name, Straße oder Postfach, Postleitzahl, Ort) klar abgegrenzt über das Feld für die Anschrift des Empfängers so eingefügt, dass es im Fenster des Kuverts zu erkennen ist.

● Das Feld für die **Anschrift des Empfängers** enthält postalische Vermerke (z. B. „Einschreiben Einwurf", „Warensendung"), Empfängerbezeichnung (z. B. „Firma", „Frau", „Herrn", u. U. mit akademischem Grad), Postfach mit Nummer (Abholangabe) oder Straße und Hausnummer (Zustellangabe) sowie Postleitzahl und Bestimmungsort. Das Feld darf höchstens 9 Zeilen umfassen.

● Die **Bezugszeichenzeile** enthält Angaben, die sich auf das vorliegende Schreiben beziehen; sie werden eine Zeile unter die Leitwörter der Bezugszeichenzeile „Ihr Zeichen, Ihre Nachricht vom", „Unser Zeichen, Unsere Nachricht vom", „Telefon, Name" und „Datum" geschrieben.

● Der **Betreff** weist in Kurzform auf den Inhalt des Briefes hin; er ist zwei Leerzeilen nach den Bezugszeichen zu schreiben und steht ohne Schlusspunkt.

● Die **Anrede** (z. B. Sehr geehrte Damen und Herren,) ist zwei Leerzeilen nach dem Betreff zu schreiben, sie wird durch eine Leerzeile vom folgenden Text getrennt. Die persönliche Anrede (z. B. Sehr geehrte Frau Haupert,) ist der anonymen Anrede (z. B. Sehr geehrte Damen und Herren,) vorzuziehen.

● Der **Text** ist grundsätzlich mit Zeilenabstand 1 zu schreiben. Absätze sind durch eine Leerzeile zu trennen. Wichtige Informationen werden eingerückt; vor und nach der Einrückung steht eine Leerzeile.

● Der **Gruß** ist mit einer Leerzeile vom Text zu trennen; häufige Grußformen sind „Mit freundlichen Grüßen" und „Hochachtungsvoll".

● Zwischen Gruß und **Firmenbezeichnung** ist eine Leerzeile vorzusehen.

24 Groh/Schröer – ISBN 3-8120-0422-4

- Für die **Unterschrift** sind nach der Firmenbezeichnung i.d.R. drei Leerzeilen einzurichten; darunter kann die maschinenschriftliche Angabe des Unterzeichners bzw. der Unterzeichnerin erfolgen.

- Der Mindestabstand des **Anlagenvermerks** beträgt vom Gruß oder von der Firmenbezeichnung drei Leerzeilen; bei maschinenschriftlicher Angabe der Unterzeichner folgt der Anlagenvermerk nach einer Leerzeile.

- Für den **Verteilervermerk** gelten die Regeln für den Anlagenvermerk. Gibt es einen Anlagenvermerk, erfolgt der Verteilervermerk nach einer Leerzeile.

- Für **Kalenderdaten** gibt es zwei numerische Schreibweisen: Gliederung mit Mittestrich in der Reihenfolge Jahr-Monat-Tag (z.B. 2002-09-01) bzw. mit Punkt in der Reihenfolge Tag.Monat.Jahr (z.B. 01.09.2002); daneben gibt es die alphanumerische Schreibweise (z.B. 1. Sept. 2002).

---

89 | Nennen Sie wichtige Regeln für die inhaltliche Gestaltung von Geschäftsbriefen!

Bei der **inhaltlichen Gestaltung** von Geschäftsbriefen ist Folgendes zu beachten:

- Auf eine lange Einleitung sollte verzichtet werden; im Hauptteil sollte der Grund des Schreibens (z.B. Bestellung, Angebot, Einladung) genannt werden.

- Der Text des Briefes soll sich durch klaren Satzbau, knappe Sätze und eine verständliche Sprache auszeichnen.

- Es ist auf einen einwandfreien sprachlichen Ausdruck zu achten (z.B. sollte die Aktivform verwendet werden, Tätigkeiten sollten durch Tätigkeitswörter ausgedrückt werden).

- Auf überflüssige Redewendungen und Phrasen ist zu verzichten (dies gilt auch für Floskeln im Briefschluss).

- Rechtschreib-, Grammatik- und Zeichensetzungsregeln sind zu beachten (in Zweifelsfällen sind Nachschlagewerke zu benutzen, z.B. Rechtschreib-Duden).

3.6.2 Arbeiten mit der Textverarbeitung (dargestellt anhand von Word)

---

90 | Wie wird ein Dokument erstellt?

Ein **Dokument** (z.B. Geschäftsbrief) wird z.B. in folgenden Schritten erstellt:

- Anlegen der Datei, z.B. unter Benutzung der geeigneten Dokumentvorlage; diese kann Briefkopf, Postanschrift des Absenders, Bezugszeichenzeile sowie das Feld für die Anschrift des Empfängers enthalten;

- Eingabe des Brieftextes, Textbausteine können benutzt werden;

- Speichern der Datei.

91 Welche Arbeiten fallen bei der Textverarbeitung an?

Zu den Arbeiten im Rahmen der **Textverarbeitung** zählen:

1. Text eingeben;
2. Kopieren, Einfügen, Löschen von Texten und Textteilen;
3. Textbausteine erstellen und benutzen;
4. Suchen und Ersetzen (z.B. bestimmte Textstellen bzw. bestimmte Formatierungen);
5. Grafiken einfügen und positionieren (mit Hilfe eines Positionsrahmens);
6. Tabellen erstellen;
7. Verzeichnisse erstellen (z.B. Inhaltsverzeichnis);
8. Index erstellen (z.B. Sachwortverzeichnis);
9. Text mit der Rechtschreibprüfung kontrollieren und verbessern;
10. Text formatieren, z.B.
    - Zeichenformatierung (z.B. Schriftart, Schriftgröße, Fettdruck),
    - Absatzformatierung (z.B. Zeilenabstand, Blocksatz, Einzüge),
    - Tabstopps setzen (z.B. für Dezimalzahlen),
    - Textelemente hervorheben durch Rahmen und Schattierungen,
    - Textspalten einrichten (z.B. dreispaltiger Text),
    - Nummerierungen und Aufzählungen einsetzen;
11. Dokument gestalten, z.B.
    - Seitenränder festlegen (z.B. Rand oben),
    - Position von Kopf- und Fußzeile festlegen,
    - Papierformat festlegen (z.B. DIN A4, Hochformat);
12. Seriendruck anwenden,
    - Hauptdokument erstellen,
    - Datenquelle erstellen;
13. Text drucken.

4 Datenmanagement

4.1 Formen der Datenerfassung und Datenverarbeitung

92 Nennen Sie die Organisationsformen der Datenverarbeitung (Überblick)!

Die Organisationsformen der Datenverarbeitung werden unterschieden nach

1. **Datenerfassung** und Datenverarbeitung,
   - offline bzw. online,
   - zentral bzw. dezentral;
2. **Datenübertragung (Datenfernverarbeitung),**
   - offline bzw. online;
3. Datenverarbeitung entsprechend der **Betriebsart,**
   - Stapelverfahren,
   - Echtzeitverarbeitung;
4. Besitzer der DV-Anlage,
   - interne Datenverarbeitung (DV erfolgt im eigenen Unternehmen),
   - externe Datenverarbeitung (DV erfolgt durch ein anderes Unternehmen).

93 Unterscheiden Sie die Begriffe online und offline!

Wenn die Datenein- und -ausgabegeräte (Terminals) mit einer (auch räumlich entfernten) Datenverarbeitungsanlage in Verbindung stehen, liegt das so genannte **Online-System** vor. Ein Vorteil dieses Systems liegt vor allem darin, dass viele Benutzer direkt über die zentral gespeicherten Daten verfügen können.

Wenn die Datenerfassungsgeräte ohne Verbindung mit der Zentraleinheit betrieben werden, spricht man vom **Offline-System.** Der Nachteil liegt darin, dass die Daten zur Anlage transportiert werden müssen und dadurch Zeitverluste entstehen.

94 Unterscheiden Sie zentrale und dezentrale Datenerfassung!

Bei der **zentralen Erfassung** von Daten erfolgt die Eingabe aller Daten einheitlich durch eine Stelle.

Vorteile sind z. B.:
- weniger Datenerfassungsgeräte sind notwendig,
- rationelles Arbeiten durch speziell geschultes Personal,
- besserer Datenschutz und bessere Datensicherung sind möglich,
- i. d. R. niedrigere Gesamtkosten.

Bei der **dezentralen Erfassung** von Daten erfolgt die Eingabe der Daten i. d. R. am Ort ihrer Entstehung.

Vorteile sind z. B.:
- flexibler Einsatz von Eingabegeräten,
- bessere Zuordnung der Verantwortlichkeit für die Datenerfassung,

● Mitarbeiter kennen die Zusammenhänge der Daten besser und können bei Problemfällen schneller und gezielter reagieren.

95 Was ist Betriebs-datenerfassung?

Unter **Betriebsdatenerfassung (BDE)** versteht man die Erfassung von Fertigungs- und anderen Betriebsdaten direkt an ihren Entstehungsorten. Diese Form der dezentralen Datenerfassung findet vor allem in Industriebetrieben Anwendung. Die Datenerfassung wird i.d.R. von den Personen vorgenommen, die am Produktionsprozess selbst beteiligt sind.

96 Unterscheiden Sie zentrale, dezentrale und verteilte Daten-verarbeitung!

Bei der **zentralen Datenverarbeitung** werden die betrieblichen Daten von einer einzigen Datenverarbeitungsanlage verarbeitet.

Bei der **dezentralen Datenverarbeitung** werden die betrieblichen Daten mit mehreren Datenverarbeitungsanlagen (oft in räumlicher Nähe zum Entstehungsort der Daten) verarbeitet; i.d.R. werden kleinere Datenverarbeitungsanlagen eingesetzt wie z.B. Arbeitsplatzcomputer (Personalcomputer).

Bei der **verteilten Datenverarbeitung** wird ein Teil der betrieblichen Aufgaben durch dezentral aufgestellte Computer (z.B. Personalcomputer) ausgeführt. Andere Aufgaben werden von der zentralen Datenverarbeitungsanlage übernommen.

97 Was ist Daten-fernverarbeitung?

Datenfernverarbeitung (Teleprocessing) liegt vor, wenn Eingabe- bzw. Ausgabeeinheiten (oft Terminals) räumlich von der Zentraleinheit entfernt sind. Die Daten werden am Ort der Entstehung erfasst und über eine Telefonleitung (als Wähl- oder Standleitung) oder spezielle Datenübertragungsnetze an das Rechenzentrum weitergeleitet, dort verarbeitet und u.U. an die Eingabestation als Ausgabedaten zurückübertragen. Beispiele sind: Platzbuchungs-, Auskunfts- und Kassenabrechnungssysteme.

98 Unterscheiden Sie Stapelbetrieb und Echtzeitbetrieb!

In Abhängigkeit vom Zeitpunkt der Verarbeitung der Daten werden die Betriebsarten unterteilt in:

● **Stapelverarbeitung,** d.h., die zu verarbeitenden Daten werden über einen längeren Zeitraum gesammelt (gestapelt) und dann auf einmal verarbeitet.

Anwendungsbereiche der Stapelverarbeitung sind z.B. Absatzstatistik, Lohn- und Gehaltsabrechnung, Änderungen von Stammdaten in der Personaldatei.

● **Echtzeitverarbeitung,** d.h., die Daten werden dann bearbeitet, wenn sie anfallen (es gibt keine zeitlichen Verzögerungen).

Anwendungsbereiche der Echtzeitverarbeitung sind z.B. Platzbuchungssysteme im Reise- und Flugverkehr, Auskunftsysteme bei Banken.

4.2 Datenaustausch

99 | Was versteht man unter Datenaustausch?

Datenaustausch (Datentransfer) ist eine Übertragung (Transfer) von Daten

- innerhalb des Arbeitsspeichers,
- zwischen Arbeitsspeicher und externen Speichern (z.B. Speicherung von Daten auf der Festplatte),
- zwischen Arbeitsspeicher und Eingabe- bzw. Ausgabegeräten (z.B. Ausgabe von Daten auf dem Drucker),
- zwischen zwei oder mehreren Zentraleinheiten eines Betriebes (innerbetrieblicher Datenaustausch),
- zwischen zwei oder mehreren Zentraleinheiten verschiedener Betriebe entweder in Form der Datenfernübertragung oder durch den Versand von Datenträgern (z.B. verschickt ein Betrieb seine Diskette mit der Lohnabrechnung an seine Bank zur Durchführung der Lohnüberweisung),
- innerhalb eines Programmes (z.B. werden Serienbriefe unter Verwendung von Hauptdokument und Datenquelle erstellt),
- von einem Programm in ein anderes.

100 | Welche Bedeutung hat der Datenaustausch zwischen Programmen?

Durch den Austausch von Daten zwischen Programmen ist es z.B. möglich,

- Tabellen bzw. Daten aus einem Tabellenkalkulationsprogramm in einen Text eines Textverarbeitungsprogramms zu integrieren,
- Daten aus einem Tabellenkalkulationsprogramm in einem Grafikprogramm grafisch aufzubereiten,
- Daten einer Datenbank (z.B. Anschriften) als Datenquelle für das Schreiben von Serienbriefen mit einem Textverarbeitungsprogramm zu benutzen.

4.3 Datensicherung

101 | Nennen Sie Möglichkeiten der Datensicherung (Überblick)!

Unter **Datensicherung** versteht man alle Maßnahmen, die gegen den Verlust und die Verfälschung von Daten durch technische Ursachen, menschliches Versagen und unberechtigte Eingriffe sowie gegen die unberechtigte Aneignung von Daten sichern sollen.

Man unterscheidet folgende Möglichkeiten der Datensicherung:

1. organisatorische Sicherung,
   - Einsatz von Datenadministratoren,
   - Anlegen von Sicherungskopien,
   - Einsatz von Notstromaggregaten (Schutz bei Stromausfall);

2. programmierte Sicherung,
- Formatkontrolle,
- Plausibilitätskontrolle.

102 | Was sind Daten-administratoren?

Datenadministratoren sind für die Datensicherung im Betrieb verantwortlich. Sie haben z. B. folgende Aufgaben:
- Anlegen von Sicherungskopien (back up) z. B. auf Diskette, Streamerband oder Magnetplatte;
- Registrierung der an der Datenverarbeitung beteiligten Personen (Systembenutzer).

103 | Was versteht man unter dem Generationsprinzip bei der Datensicherung?

Erfolgt die Datensicherung auf einem externen Speicher wie z. B. einem Magnetband, sichert man sich gegen Verlust des Bandes oder Zerstörung seines Inhalts durch die so genannte Großvater-Vater-Sohn-Technik **(Generationsprinzip der Datenfortschreibung).**

Der zu sichernde Datenbestand wird zunächst (als Kopie des Originals) auf einem Datenträger („Sohn") gesichert; nach Ablauf der festgelegten Sicherungszeit (z. B. eine Woche) wird der aktuelle Datenbestand auf einem anderen Datenträger (als „Sohn") gesichert; der ursprüngliche „Sohn" wird jetzt zum „Vater". Nach erneutem Ablauf der festgelegten Sicherungszeit wird der aktuelle Datenbestand wiederum auf einem anderen Datenträger (als „Sohn") gesichert; der vorangegangene „Sohn" wird zum „Vater" und der vorangegangene „Vater" wird zum „Großvater". Da im Rahmen der Datensicherung normalerweise zwei Generationen aufbewahrt werden, kann der jeweilige „Großvater" gelöscht oder überschrieben werden.

104 | Was ist Formatkontrolle?

Bei der **Formatkontrolle** werden eingegebene bzw. zu verarbeitende Daten dahingehend überprüft, ob sie der festgelegten Datenstruktur entsprechen (z. B. muss das Tagesdatum achtstellig sein, 02-09-15).

105 | Was ist Plausibilitäts-kontrolle?

Plausibilitätskontrollen überprüfen Daten, die sich innerhalb bestimmter Grenzen bewegen, auf ihre Richtigkeit (z. B. darf die Anzahl der Tage eines Monats nicht größer sein als 31).

4.4 Kommunikation und Kommunikationsnetze

4.4.1 Kommunikation

106 Was ist Kommunikation?

Kommunikation ist der Austausch von Informationen zwischen zwei Informationsmedien (Mensch bzw. Maschine), wobei jedes Medium die Funktion des Senders und Empfängers wahrnehmen kann.

Man unterscheidet Sprach-, Text-, Bild- und Datenkommunikation. Die Kommunikation wird ermöglicht durch Übertragungskanäle.

Die Zusammenhänge bei der Kommunikation können in einem **Kommunikationsmodell** dargestellt werden.

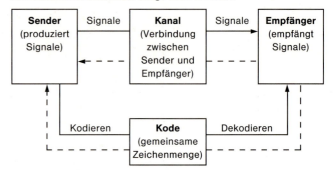

Die **Einwegkommunikation** erlaubt keinen Rollentausch zwischen Sender und Empfänger, z.B. Kommunikation über Massenmedien.

Bei der **Zweiwegkommunikation** kann der Sender zum Empfänger werden und der Empfänger zum Sender, z.B. bei einem Telefongespräch.

4.4.2 Kommunikationsnetze

107 Welche Kommunikationsnetze gibt es (Überblick)?

Man unterscheidet die **Kommunikationsnetze** z.B. in Abhängigkeit von

1. der geografischen Entfernung der Datenstationen,
   - lokale Netze,
   - Fernnetze;
2. den beteiligten Betrieben,
   - interne (innerbetriebliche) Netze,
   - externe (zwischenbetriebliche) Netze;
3. den Übertragungsnetzen (Teilnehmersystemen) der **Deutschen Telekom AG,**
   - Telefonnetz,
   - Telexnetz,
   - Datexnetz,
   - ISDN.

376

108 | Was versteht man unter Netzkonfiguration?

Unter **Netzkonfiguration** versteht man die Art der Zusammenschaltung der Datenstationen innerhalb eines Rechnernetzes. Eine **Datenstation** (Endstation, Terminal) ist eine Endstelle in einem Rechnernetz zum Empfangen und/oder Senden von Daten. Sie besteht aus Datenendeinrichtung (Gesamtheit aller nicht für die Datenübertragung erforderlichen Geräteteile) und Datenübertragungseinrichtung.

Die Übertragungsleitungen zwischen den Datenstationen können sein

● Standleitungen (Standverbindungen),
● Wählleitungen (Wählverbindungen).

Unterschieden werden:

● private Übertragungsleitungen, nur möglich auf Privatgrundstücken in lokalen Netzen;
● Leitungen der Deutschen Telekom AG.

109 | Was ist eine Standleitung?

Eine **Standleitung** verbindet zwei voneinander entfernt liegende Datenverarbeitungseinrichtungen mit fest durchgeschalteten Leitungen ständig miteinander.

Eine Standleitung bietet folgende Vorteile:

● Sie steht ausschließlich dem Benutzer zur Verfügung, dadurch entstehen keine Wartezeiten;
● sie ist bei der Übertragung von großen Datenbeständen und bei häufiger Datenübermittlung kostengünstiger als die Wählleitung;
● sie bietet eine hohe Übertragungssicherheit.

110 | Was ist eine Wählleitung?

Bei der **Wählleitung** kann der Benutzer – im Gegensatz zur Standleitung – jeden dem entsprechenden Wählnetz angeschlossenen Teilnehmer für einen bestimmten Zeitraum anwählen.

Eine Wählleitung bietet folgende Vorteile:

● ein großer Teilnehmerkreis kann angesprochen werden (z.B. Telefonnetz);
● sie ist bei der Übertragung von kleinen Datenbeständen vorteilhaft.

111 | Was ist ein lokales Computernetz?

Ein **lokales Computernetz** (Nahbereichsnetzwerk, **L**ocal **A**rea **N**etwork, **LAN**)

● ist ein (kleines) Netzwerk, welches PCs vernetzt und sich als hausinternes Datennetz auf einen begrenzten örtlichen Bereich beschränkt (z.B. Betriebsgebäude, Schule);
● benutzt keine öffentlichen Leitungen;

377

- ist üblicherweise im Besitz eines einzelnen Betriebes und kann mit anderen lokalen Netzen im gleichen Privatbereich verbunden werden (in beiden Fällen liegt ein **internes Netz** vor);
- umfasst vor allem mehrere Arbeitsplatzrechner (Work-station), Netzwerkkarten (LAN-Karte), Kabel sowie ein besonderes Betriebssystem, das so genannte Netzwerk-Betriebssystem, (z. B. UNIX, Novell, Windows-NT);
- arbeitet mit hoher Übertragungsgeschwindigkeit und niedrigen Fehlerraten;
- arbeitet oft mit einem Server.

---

112 Was ist ein Server?

Der **Server** ist ein spezieller Rechner, der innerhalb eines Rechnernetzes eingesetzt wird; er

- stellt seine Leistungen allen Netzteilnehmern zur Verfügung,
- enthält die Netzwerksoftware sowie alle im Netz benötigten Programme,
- verwaltet die Daten der Netzteilnehmer,
- steuert das Drucken der Daten,
- ermöglicht die Verbindung mit anderen Netzen.

---

113 Was ist ein Computer-fernnetz?

Ein **Computerfernnetz** (Fernbereichsnetzwerk, Weitverkehrsnetz, **W**ide **A**rea **N**etwork, **WAN**)

- ist ein Netzwerk, welches zahlreiche Rechner über große Entfernungen vernetzt und sich z. B. über Landes- bzw. Kontinentgrenzen ausdehnen kann (z. B. weltweites Netz wie Internet);
- kann mehrere lokale Computernetze miteinander verbinden (LAN to LAN);
- benutzt Fernleitungen (z. B. Telefonleitung, Glasfaserkabel, Satellitenübertragung) als Stand- oder Wählleitung;
- benötigt als Schnittstelle zum Übertragungsnetz Datenübertragungseinrichtungen wie z. B. Modem, ISDN.

---

114 Nennen Sie die Übertragungsnetze der Deutschen Telekom AG!

Die **Deutsche Telekom AG** bietet folgende Übertragungsnetze an:

- **Telefonnetz,** Übertragungsnetz für Fernsprechverkehr, Telefax sowie Datenfernübertragung (z. B. mit Hilfe von Akustikkoppler und Modem);
- **Telexnetz,** Übertragungsnetz für Fernschreiben;
- **Datexnetz,** Übertragungsnetz für Teletex;
- **ISDN.**

---

115 Was ist ISDN?

ISDN (**I**ntegrated **S**ervices **D**igital **N**etwork, Dienste integrierendes digitales Nachrichtennetz) ist ein Kommunikationsnetz der Deutschen Telekom AG, das national und international als

Universalnetz für die Übermittlung von Sprache, Text und Bild genutzt wird.

ISDN bietet vor allem folgende Vorteile:

● vielfältige Kommunikationsmöglichkeiten, z.B. Nutzung von Telefon, Bildtelefon, Telex und Telefax über einen einzigen ISDN-Anschluss;

● gleichzeitige und voneinander unabhängige Kommunikation bei einem Anschluss, z.B. können Telefon und Faxgerät gleichzeitig genutzt werden;

● schnelle Kommunikation durch sehr hohe Übertragungsraten der Daten.

4.4.3 Anwendungen der Kommunikation

116 Nennen Sie Möglichkeiten der Telekommunikation!

Möglichkeiten der **Telekommunikation** (Übermittlung von Informationen über große Entfernungen) sind z.B.

● Dienste der Deutschen Telekom AG, z.B. Telefon (weitere Anbieter sind z.B. Mannesmann Arcor [Vodafone], Mobilcom), Telex, Telefax;

● T-Online;

● E-Mail;

● externe Datenbank (z.B. Juris, Genios).

117 Was ist Telex?

Unter **Telex** versteht man den internationalen öffentlichen Fernschreibverkehr, dessen Fernschreibwählnetz Telexnetz heißt. Die Teilnehmer am Telexverkehr haben die Möglichkeit, sich gegenseitig über die Telexkennung anzuwählen und sich Fernschreiben zu übermitteln. Die im Telexverkehr eingesetzten Geräte bezeichnet man als Fernschreibmaschinen (Fernschreiber, Telexgerät).

118 Was ist Telefax?

Telefax (Fax) ist ein internationaler öffentlicher Dienst für die originalgetreue Übertragung von Schriftstücken und Bildern über das Telefonnetz. Die eingesetzten Geräte bezeichnet man als Telefaxgeräte, Telekopierer bzw. Fernkopierer (ein Fax kann auch mittels PC übertragen werden).

119 Was versteht man unter T-Online?

T-Online hat verschiedene Bedeutungen:

● das Unternehmen T-Online International AG (Hauptaktionär ist die Deutsche Telekom AG),

● der Internet Provider T-Online,

● der Online-Dienst[1] (auf der Basis der T-Online-Software).

T-Online bietet vor allem:

● **Zugang zum Internet** (auch international möglich), entweder über Modem, ISDN oder mobilen Zugang; Endgeräte sind z.B. PC, Laptop, Handy;

---

1 Weitere Online-Informationsdienste sind z.B. AOL, Compuserve.

- **T-Online Browser;**
- **Shopping Portal,** elektronischer Handel (E-Commerce);
- weitere **Internet-Portale** wie z.B. onNachrichten, onWirtschaft, onSport;
- **Kommunikation im Internet,** z.B. eMail, SMS;
- **Banking,** (Electronic Banking, siehe S. 83);
- **Internet-Präsenz,** Erstellung einer Homepage.

---

120 Was ist E-Mail?

Unter **E-Mail** versteht man entweder die Übermittlung von Informationen (Text-, Bild- und Sprachkommunikation) auf elektronischen Übertragungswegen oder die übermittelte Information selbst. Die Übermittlung erfolgt vorwiegend vom PC des Absenders zum PC des Empfängers durch Übertragungsnetze (z.B. ISDN).

---

121 Was versteht man unter Mailbox?

Unter **Mailbox** versteht man einen elektronischen Briefkasten, in den ein Absender seine Nachrichten für den Empfänger hinterlegt und aus dem der Empfänger die Nachrichten entnehmen kann. Endgeräte im Mailbox-System können z.B. Personalcomputer sein.

Voraussetzung für die Anwendung der Mailbox ist ein entsprechendes Kommunikationsnetz:

- Übertragungsnetze der Deutschen Telekom AG (z.B. ISDN);
- private Netze (z.B. lokale Netze); hier spricht man von einer privaten Mailbox.

---

122 Was sind externe Datenbanken?

Externe Datenbanken sind umfassende Informationssysteme für ein bestimmtes Wissensgebiet, die von dem Anbieter den Teilnehmern bei einer entsprechenden Nutzungsberechtigung (z.B. Zahlung eines Beitrages) angeboten werden.

Beispiele für bekannte Datenbanken sind

- JURIS, liefert Informationen über Gesetze, Rechtsfälle und Urteile;
- GENIOS, liefert Informationen über Firmen, Produkte und Börsenkurse;
- PATOS, liefert Informationen über angemeldete Patente.

Vorteile einer externen Datenbank sind:

- Dem Benutzer stehen ganz spezielle und umfassende Informationen über ein bestimmtes Gebiet zur Verfügung;
- die Daten sind schnell verfügbar (Online-System);
- die gewünschten Daten können gezielt über Suchbegriffe gefunden werden;
- die zur Verfügung stehenden Daten sind stets aktuell.

5 Einsatz der Datenverarbeitung im Betrieb

123 Welche Kriterien sind für die Einführung der Datenverarbeitung zu beachten?

Bevor in einem Betrieb die Datenverarbeitung eingeführt wird, sind folgende Kriterien zu beachten:

- Die angestrebten Ziele sind zu formulieren (z.B. Rationalisierung in Verwaltung und Produktion, bessere und schnellere Informationsverarbeitung);
- die betroffenen betrieblichen Bereiche sind festzulegen (z.B. Rechnungswesen, Beschaffung, Fertigung);
- die einzusetzende Hardware und Software sind festzulegen;
- die Organisationsformen der Datenverarbeitung sind festzulegen (siehe Seite 372f.);
- eine Wirtschaftlichkeitsanalyse ist durchzuführen (z.B. muss der erwartete Nutzen die zu erwartenden Kosten übersteigen);
- im Finanzplan sind die erforderlichen Mittel festzulegen und die Finanzierung ist sicherzustellen;
- In Abhängigkeit von der Dringlichkeit ist festzulegen, in welcher Reihenfolge die Datenverarbeitung in den einzelnen Bereichen eingeführt wird.

124 Wie erfolgt die Einführung der Datenverarbeitung im Betrieb?

Bei der Einführung der Datenverarbeitung im Betrieb ist Folgendes zu beachten:

- In einem Umstellungsplan ist für alle betroffenen Abteilungen der Zeitpunkt der Einführung festzulegen;
- für die betroffenen Mitarbeiter sind Informations- und Schulungsmaßnahmen durchzuführen;
- der Einstellungsbedarf für zusätzliche Mitarbeiter ist zu ermitteln;
- Maßnahmen zur Datensicherung sind festzulegen (siehe Seite 374f.);
- der Datenschutz ist sicherzustellen (siehe Seite 383);
- Hardware und Software sind zu testen;
- es ist zu prüfen, ob die geänderten Arbeitsabläufe optimal aufeinander abgestimmt sind;
- für auftretende Anlaufschwierigkeiten sind Überbrückungsmaßnahmen vorzusehen.

125 Welche Arbeitsvorgänge eignen sich für die Datenverarbeitung?

Um festzustellen, welche Arbeitsvorgänge für die Verarbeitung mit einer DV-Anlage geeignet sind, gibt es folgende Überprüfungskriterien:

- Arbeiten sollten sich häufig wiederholen (z.B. Buchungen),
- Arbeiten sollten schematisierbar sein (z.B. Eingabe der Buchungssätze mit Hilfe von Eingabemasken),

- gleichartige Belege bzw. Schriftstücke sollten vorliegen (z. B. standardisierte Materialentnahmescheine),
- die Datenmenge sollte umfangreich sein (z. B. Anzahl der Buchungen pro Tag),
- die Bearbeitungszeiten sollten wesentlich verkürzt werden (z. B. Erstellung des Jahresabschlusses),
- die benötigten Informationen sollten wesentlich schneller zur Verfügung stehen (z. B. Auswertung des Jahresabschlusses).

---

126 Nennen Sie Kriterien für die Auswahl der Hardware!

Kriterien für die Auswahl der zu beschaffenden **Hardware** sind z. B.

- zu erfüllende Aufgaben (z. B. Steuerung der gesamten Fertigung),
- Anforderungen der geplanten Software an die Hardware,
- Leistungsfähigkeit der DV-Anlage (siehe Seite 344),
- Installation von Einzelplatzgeräten oder eines Rechnernetzes (siehe Seite 376 f.),
- Kompatibilität der Hardware (siehe Seite 343),
- Erweiterungsmöglichkeiten der Hardware (z. B. vorhandene Schnittstellen, Vergrößerung des Arbeitsspeichers),
- Ergonomie der Hardware (d. h. Anpassung der Arbeitsmittel an die Bedürfnisse des Arbeitnehmers),
- Kosten der Hardware (Kauf oder Leasing).

---

127 Nennen Sie Kriterien für die Auswahl der Software!

Kriterien für die Auswahl zu beschaffender **Software** sind z. B.

- zu erfüllende Aufgaben (z. B. Textverarbeitung, Tabellenkalkulation, Geschäftsgrafik),
- Leistungsumfang der Software,
- Kompatibilität der Software,
- Bedienerfreundlichkeit der Software (z. B. Menüsystem und grafische Benutzeroberfläche, siehe Seite 351 f.),
- Hilfefunktion (z. B. Online-Hilfe, die sehr schnell und einfach Erläuterungen zu einem bestimmten Problem gibt),
- Handbuch (z. B. soll es umfassend, leicht verständlich, übersichtlich und fehlerfrei sein),
- Kosten der Software,
- Pflege der Software (z. B. stellt der Softwarehersteller Neuerungen und Verbesserungen zur Verfügung?).

6 Rahmenbedingungen und Auswirkungen der Datenverarbeitung

6.1 Datenschutz

128 Was ist Datenschutz?

Zweck des **Bundesdatenschutzgesetzes** ist es, den Einzelnen davor zu schützen, dass er durch den Umgang mit seinen personenbezogenen Daten in seinem Persönlichkeitsrecht beeinträchtigt wird.

Das Gesetz gilt für die Erhebung, Verarbeitung und Nutzung personenbezogener Daten durch

- öffentliche Stellen des Bundes und der Länder (z. B. Finanzbehörden);
- nicht öffentliche Stellen, soweit sie Daten geschäftsmäßig oder für gewerbliche Zwecke verarbeiten oder nutzen (z. B. Personalverwaltung eines privaten Unternehmens, Schufa).

Personenbezogene Daten sind Einzelangaben über persönliche Verhältnisse (z. B. Alter, Bildung, Krankheiten) oder sachliche Verhältnisse (z. B. Vermögen, Schulden) einer natürlichen Person. Die Verarbeitung personenbezogener Daten und deren Nutzung sind nur zulässig, wenn sie gesetzlich erlaubt sind oder soweit der Betroffene eingewilligt hat.

Den bei der Datenverarbeitung beschäftigten Personen ist untersagt, personenbezogene Daten unbefugt zu verarbeiten oder zu nutzen **(Datengeheimnis).**

129 Welche Rechte haben Betroffene bei der Datenverarbeitung durch öffentliche Stellen?

Bei der Datenverarbeitung personenbezogener Daten durch **öffentliche Stellen** hat der Betroffene nach dem Bundesdatenschutzgesetz das Recht auf

- **Auskunft,** dem Betroffenen ist auf Antrag Auskunft zu erteilen über die zu seiner Person gespeicherten Daten und den Zweck der Speicherung;
- **Berichtigung,** personenbezogene Daten sind zu berichtigen, wenn sie unrichtig sind;
- **Löschung,** personenbezogene Daten sind zu löschen, wenn ihre Speicherung unzulässig ist oder wenn die Daten nicht mehr erforderlich sind;
- **Sperrung,** personenbezogene Daten sind z. B. zu sperren, wenn ihre Richtigkeit vom Betroffenen bestritten wird und sich weder die Richtigkeit noch die Unrichtigkeit feststellen lässt (gesperrte Daten sind zu kennzeichnen, um ihre weitere Verarbeitung oder Nutzung einzuschränken).

130 Welche Rechte haben Betroffene bei der Datenverarbeitung durch nicht öffentliche Stellen?

Bei der Datenverarbeitung personenbezogener Daten durch **nicht öffentliche Stellen** hat der Betroffene nach dem Bundesdatenschutzgesetz das Recht auf

- **Benachrichtigung,** werden erstmals personenbezogene Daten für eigene Zwecke gespeichert, ist der Betroffene von der Speicherung und der Art der Daten zu benachrichtigen;
- Auskunft;
- Berichtigung, Löschung und Sperrung von Daten.

131 Welche Bedeutung hat der Bundesdatenschutzbeauftragte?

An den **Bundesbeauftragten für den Datenschutz** kann sich jedermann wenden, wenn er der Ansicht ist, dass seine Rechte bei der Verarbeitung seiner personenbezogenen Daten durch öffentliche Stellen des Bundes verletzt worden sind.

132 Welche Bedeutung hat der Beauftragte für den Datenschutz?

Öffentliche und nicht öffentliche Stellen, die personenbezogene Daten automatisiert erheben, verarbeiten oder nutzen, haben grundsätzlich einen **Beauftragten für den Datenschutz** schriftlich zu bestellen. Es gelten z.B. folgende Regelungen:

- Bestellt werden darf nur, wer die zur Erfüllung seiner Aufgaben erforderliche Fachkunde und Zuverlässigkeit besitzt;
- der Beauftragte ist dem Leiter der öffentlichen oder nicht öffentlichen Stelle unmittelbar zu unterstellen; er ist nicht an Weisungen gebunden;
- der Beauftragte ist zur Verschwiegenheit verpflichtet;
- Betroffene können sich jederzeit an den Beauftragten wenden.

Zu den Aufgaben des Beauftragten für den Datenschutz zählen z.B.:

- Überwachung der ordnungsgemäßen Anwendung der Datenverarbeitungsprogramme, mit deren Hilfe personenbezogene Daten verarbeitet werden sollen;
- Schulung der DV-Mitarbeiter in Bezug auf Datenschutzvorschriften.

6.2 Auswirkungen der Datenverarbeitung

133 Welche Auswirkungen hat die Datenverarbeitung auf die berufliche Tätigkeit im Großhandelsbetrieb?

Der zunehmende Einsatz der Datenverarbeitung im Großhandelsbetrieb verändert in besonderem Maße

- Aus- und Weiterbildung der Mitarbeiter (erforderlich sind Grundwissen der Datenverarbeitung und spezielle Kenntnisse über die am Arbeitsplatz eingesetzte Hard- und Software);
- die technische Ausstattung am Arbeitsplatz (ständig steigender Einsatz von Großrechnern sowie leistungsstarken

Arbeitsplatzrechnern und Auf- bzw. Ausbau von Netzwerken, die einen schnellen Datenaustausch zwischen den einzelnen Datenverarbeitungsgeräten ermöglichen);

● Tätigkeiten im Verwaltungsbereich (Einsatz von Software wie z.B. Textverarbeitungs-, Tabellenkalkulations-, Geschäftsgrafik-, Finanzbuchhaltungs-Programme);

● die Warenwirtschaft (Einsatz von computergestützten Warenwirtschaftssystemen, siehe Seite 182 ff.).

134 Welche Auswirkungen hat die Datenverarbeitung auf die Aufbauorganisation?

Der Einsatz der Datenverarbeitung kann folgende Auswirkungen auf die **Aufbauorganisation** eines Betriebes haben:

● Beeinflussung und Änderung der Leitungssysteme, z.B. Einrichtung von Stabstellen (siehe Seite 175);

● Umstrukturierung von Abteilungen und Bildung neuer Abteilungen (siehe Seite 173);

● Neufestlegung der Instanzen (siehe Seite 173);

● Neufestlegung der Aufgaben der betroffenen Stellen mit Hilfe der Stellenbeschreibung (siehe Seite 173).

135 Welche Auswirkungen hat die Datenverarbeitung auf die Ablauforganisation?

Der Einsatz der Datenverarbeitung kann folgende Auswirkungen auf die **Ablauforganisation** eines Betriebes haben:

● geänderte Arbeitsabläufe aufgrund der Neufestlegung der Stellenaufgaben und aufgrund des Einsatzes von DV-Geräten (siehe Seite 176 f.),

● geänderte Arbeitsanweisungen (siehe Seite 176),

● geänderte Arbeitsplatzbeschreibungen (siehe Seite 177).

136 Welche Auswirkungen hat die Datenverarbeitung auf die Raum- und Arbeitsplatzgestaltung?

Der Einsatz der Datenverarbeitung stellt z.B. folgende Anforderungen an die Raum- und Arbeitsplatzgestaltung:

● richtige Beleuchtung, Steuerung der Raumtemperatur durch Klimaanlagen, Lärmreduzierung durch schalldämmende Maßnahmen;

● Einrichtung von datenverarbeitungsgerechten Arbeitsplätzen;

● Gewährleistung des Datenschutzes durch die entsprechende Anordnung der Datenverarbeitungsgeräte am Arbeitsplatz;

● Beachtung ergonomischer Erkenntnisse bezüglich der Arbeitsplatzgestaltung, z.B. leistungsfördernde Hardware und bedienerfreundliche Software.

7 Aufgaben

Die Lösungen der Aufgaben sind im Anhang, Seite 578 ff. zu finden.

Aufgabe 1

Sie sind Auszubildende/Auszubildender der Firma Color GmbH, Dachsweg 117, 66128 Saarbrücken, Telefon 0681 334488, Telefax 0681 203040.

Situation:

In Ihrem Ausbildungsbetrieb sollen alle Dateien der Einkaufsabteilung, die zum Teil noch in Form von Karteien geführt werden, in eine Datenbank zusammengefasst werden, und zwar mit Hilfe des Datenbankprogramms Access.

Folgende Karteikarten liegen vor:

Kartei Lieferanten Farben

Lieferant Farben	
lfd.Nr.:	1
Firma:	Lacke Gräser
Straße:	Bayernstr.9
PLZ:	66111
Ort:	Saarbrücken
Telefon:	0681 123546
Telefax:	0681 123547
Ansprechpartner:	Fr. Hirsch
Mindestsumme:	3000,00 EUR
Stammlieferant:	☐ Ja ☒ Nein

Lieferant Farben	
lfd.Nr.:	2
Firma:	Farben Münster
Straße:	Adamsweg
PLZ:	67435
Ort:	Neustadt a. d. W.
Telefon:	06321 150310
Telefax:	06321 150323
Ansprechpartner:	Fr. Reiland
Mindestsumme:	5000,00 EUR
Stammlieferant:	☒ Ja ☐ Nein

Lieferant Farben	
lfd.Nr.:	3
Firma:	Farben Gross
Straße:	Achstr. 56
PLZ:	66119
Ort:	Saarbrücken
Telefon:	0681 520591
Telefax:	0681 520600
Ansprechpartner:	H. Hessler
Mindestsumme:	3000,00 EUR
Stammlieferant:	☒ Ja ☐ Nein

Lieferant Farben	
lfd.Nr.:	4
Firma:	Braun Lackfabrik
Straße:	Maybachstr. 28
PLZ:	67269
Ort:	Grünstadt
Telefon:	06359 80050
Telefax:	06359 800501
Ansprechpartner:	Fr. Greif
Mindestsumme:	4000,00 EUR
Stammlieferant:	☐ Ja ☒ Nein

Lieferant Farben	
lfd.Nr.:	5
Firma:	FALA Farben GmbH
Straße:	Denisstr. 140
PLZ:	67663
Ort:	Kaiserslautern
Telefon:	0631 255055
Telefax:	0631 255056
Ansprechpartner:	H. Mittag
Mindestsumme:	8000,00 EUR
Stammlieferant:	☒ Ja ☐ Nein

Lieferant Farben	
lfd.Nr.:	6
Firma:	Farben Rung OHG
Straße:	Auestr. 19
PLZ:	67346
Ort:	Speyer
Telefon:	06232 633033
Telefax:	06232 633034
Ansprechpartner:	H. Daum
Mindestsumme:	6000,00 EUR
Stammlieferant:	☒ Ja ☐ Nein

Kartei Produkte Farben

Produkt	Farben
lfd.Nr.:	1
Bezeichnung:	Acryllack weiß
Bestell-Nr:	25691
Lieferanten-Nr:	1
Einheit in Liter:	10
Mindestmenge:	100
EP je Einheit:	90,60 EUR

Produkt	Farben
lfd.Nr.:	2
Bezeichnung:	Acryllack rot
Bestell-Nr:	25692
Lieferanten-Nr:	1
Einheit in Liter:	10
Mindestmenge:	100
EP je Einheit:	90,60 EUR

Produkt	Farben
lfd.Nr.:	3
Bezeichnung:	Acryllack schwarz
Bestell-Nr:	25693
Lieferanten-Nr:	1
Einheit in Liter:	10
Mindestmenge:	100
EP je Einheit:	90,60 EUR

Produkt	Farben
lfd.Nr.:	4
Bezeichnung:	Grundierlack
Bestell-Nr:	2364
Lieferanten-Nr:	5
Einheit in Liter:	25
Mindestmenge:	200
EP je Einheit:	104,20 EUR

Produkt	Farben
lfd.Nr.:	5
Bezeichnung:	Alldeck Vorlack w.
Bestell-Nr:	665 K
Lieferanten-Nr:	4
Einheit in Liter:	25
Mindestmenge:	200
EP je Einheit:	174,30 EUR

Produkt	Farben
lfd.Nr.:	6
Bezeichnung:	Alldeck Weißlack
Bestell-Nr:	667 L
Lieferanten-Nr:	4
Einheit in Liter:	5
Mindestmenge:	50
EP je Einheit:	42,90 EUR

Produkt	Farben
lfd.Nr.:	7
Bezeichnung:	Alldeck Weißlack
Bestell-Nr:	667 E
Lieferanten-Nr:	4
Einheit in Liter:	10
Mindestmenge:	100
EP je Einheit:	78,50 EUR

Produkt	Farben
lfd.Nr.:	8
Bezeichnung:	Alldeck Weißlack
Bestell-Nr:	667 J
Lieferanten-Nr:	4
Einheit in Liter:	25
Mindestmenge:	200
EP je Einheit:	164,10 EUR

Produkt	Farben
lfd.Nr.:	9
Bezeichnung:	Glemalux Klarlack
Bestell-Nr:	2391
Lieferanten-Nr:	5
Einheit in Liter:	25
Mindestmenge:	25
EP je Einheit:	118,70 EUR

Produkt	Farben
lfd.Nr.:	10
Bezeichnung:	Alldeck Weißlack
Bestell-Nr:	F 1458
Lieferanten-Nr:	3
Einheit in Liter:	10
Mindestmenge:	50
EP je Einheit:	71,20 EUR

Produkt	Farben
lfd.Nr.:	11
Bezeichnung:	Alldeck Weißlack
Bestell-Nr:	F 1459
Lieferanten-Nr:	3
Einheit in Liter:	25
Mindestmenge:	50
EP je Einheit:	159,90 EUR

Produkt	Farben
lfd.Nr.:	12
Bezeichnung:	Acryllack weiß
Bestell-Nr:	2399
Lieferanten-Nr:	5
Einheit in Liter:	10
Mindestmenge:	10
EP je Einheit:	98,70 EUR

Produkt	Farben
lfd.Nr.:	13
Bezeichnung:	Alldeck Weißlack
Bestell-Nr:	AW 125
Lieferanten-Nr:	2
Einheit in Liter:	5
Mindestmenge:	100
EP je Einheit:	41,90 EUR

Produkt	Farben
lfd.Nr.:	14
Bezeichnung:	Alldeck Weißlack
Bestell-Nr:	2 A 35
Lieferanten-Nr:	6
Einheit in Liter:	10
Mindestmenge:	200
EP je Einheit:	72,20 EUR

Produkt	Farben
lfd.Nr.:	15
Bezeichnung:	Alldeck Weißlack
Bestell-Nr:	25681
Lieferanten-Nr:	1
Einheit in Liter:	25
Mindestmenge:	100
EP je Einheit:	172,00 EUR

Aufgabenstellung:

a) Legen Sie die Struktur der Tabelle für die Lieferanten fest; die Lieferantennummer ist automatisch für jeden Lieferanten zu vergeben!

b) Legen Sie die Struktur der Tabelle für die Waren fest; die Warennummer ist automatisch für jede Ware zu vergeben!

c) Erstellen Sie für die Eingabe der Lieferantendaten ein Formular (als Autoformular)!

d) Erstellen Sie für die Eingabe der Warendaten ein Formular (als Autoformular)!

e) Geben Sie die Datensätze für die Lieferanten ein!

f) Geben Sie die Datensätze für die Waren ein!

g) Stellen Sie für die Datenbank sicher, dass kein Lieferant aus der Lieferantentabelle gelöscht werden kann, solange Waren von ihm in der Warentabelle enthalten sind!

h) Ermitteln Sie, welche Lieferanten zu welchen Preisen Alldeck Weißlack als 25-Liter-Gebinde anbieten!

i) Erstellen Sie für Alldeck Weißlack als 25-Liter-Gebinde einen Ausdruck mit allen relevanten Daten!

j) Ermitteln Sie, welche Lieferanten zu welchen Preisen Lacke in der Farbe Weiß als 10-Liter-Gebinde anbieten!

k) Ermitteln Sie für alle Farben den Einkaufspreis je Liter!

Aufgabe 2

Sie sind Mitarbeiter/Mitarbeiterin des Sportartikelgroßhändlers Topfit, Sauerwiesweg 9, 66117 Saarbrücken, Telefon 0681 471114, Telefax 0681 471115.

Situation:

Der Leiter der Marketingabteilung in der Unternehmenszentrale legt Ihnen die Umsätze der vier Filialen für das 1. Quartal vor:

Filiale 1	Januar	142 500,00 EUR	Februar	131 100,00 EUR	März	143 600,00 EUR
Filiale 2	Januar	64 300,00 EUR	Februar	67 900,00 EUR	März	74 200,00 EUR
Filiale 3	Januar	166 440,00 EUR	Februar	153 900,00 EUR	März	168 720,00 EUR
Filiale 4	Januar	72 300,00 EUR	Februar	83 700,00 EUR	März	89 900,00 EUR

Aufgabenstellung:

a) Erstellen Sie eine Tabelle anhand der oben aufgeführten Umsatzzahlen!

b) Ermitteln Sie sowohl für die Monate als auch für die Filialen mit Hilfe geeigneter Formeln die Summen!

c) Ermitteln Sie in einer gesonderten Tabellenspalte den prozentualen Anteil der Filialumsätze am Gesamtumsatz der vier Filialen!

d) Erstellen Sie ein Säulendiagramm, das für die vier Filialen die Umsatzentwicklung von Januar bis März darstellt! Das Diagramm soll Titel, Legende und Achsenbeschriftung enthalten.

e) Erstellen Sie ein Kreisdiagramm, welches für das gesamte Quartal die Umsatzanteile der Filialen darstellt!

Aufgabe 3

Sie sind Mitarbeiter/Mitarbeiterin des Getränkegroßhändlers Waldqelle GmbH, Im Waldweg 27, 66440 Blieskastel, Telefon 06842 9911, Telefax 06842 1561.

Situation:

Der Leiter der Personalabteilung legt Ihnen folgende Zahlen für die Personalentwicklung im Jahr 20.. vor; bei den Werten handelt es sich um Stichtagswerte zum jeweiligen Quartalsende.

Quartal I	Innendienst	15	Außendienst	20	Auszubildende	4
Quartal II	Innendienst	16	Außendienst	24	Auszubildende	2
Quartal III	Innendienst	18	Außendienst	29	Auszubildende	5
Quartal IV	Innendienst	16	Außendienst	21	Auszubildende	5

Aufgabenstellung:

a) Erstellen Sie eine Tabelle anhand der oben aufgeführten Angaben!

b) Ermitteln Sie für jedes Quartal die Gesamtzahl der Mitarbeiter!

c) Ermitteln Sie zusätzlich für jedes Quartal die prozentualen Anteile der Mitarbeiter/Mitarbeiterinnen im Innendienst, Außendienst und der Auszubildenden an der Gesamtzahl der Beschäftigten!

d) Erstellen Sie ein Liniendiagramm, das für die vier Quartale die Personalentwicklung für die Personalbereiche Innendienst, Außendienst und Auszubildende darstellt! Das Diagramm soll Titel, Legende und Achsenbeschriftung enthalten.

e) Erstellen Sie ein 3-D-Kreisdiagramm, welches für das Quartal III die Personalanteile der drei Bereiche darstellt! Der Anteil der Auszubildenden ist besonders hervorzuheben!

Aufgabe 4

Sie sind Mitarbeiter/Mitarbeiterin des Büromaschinengroßhändlers Waldner OHG, Obere Kaiserstraße 138, 66386 St. Ingbert, Telefon 06894 52267, Telefax 06894 52268.

Situation:

Ihnen liegen für den Geschäfts-Pkw des Außendienstmitarbeiters folgende Abrechnungsdaten vor, und zwar für das 1. Quartal 20 .. Der Kilometerstand am Ende des vorangegangenen Quartals betrug 26500 km.

Tankdatum: 08.01.	Kilometerstand: 27320	Liter: 52,8	Rechnungsbetrag: 59,14 EUR
Tankdatum: 23.01.	Kilometerstand: 28115	Liter: 50,2	Rechnungsbetrag: 57,54 EUR
Tankdatum: 05.02.	Kilometerstand: 29125	Liter: 73,5	Rechnungsbetrag: 86,06 EUR
Tankdatum: 19.02.	Kilometerstand: 29952	Liter: 56,9	Rechnungsbetrag: 69,29 EUR
Tankdatum: 05.03.	Kilometerstand: 30499	Liter: 45,6	Rechnungsbetrag: 56,43 EUR
Tankdatum: 15.03.	Kilometerstand: 31200	Liter: 58,1	Rechnungsbetrag: 71,90 EUR
Tankdatum: 28.03.	Kilometerstand: 31748	Liter: 46,4	Rechnungsbetrag: 57,42 EUR

Aufgabenstellung:

a) Erstellen Sie eine Tabelle, welche Tankdatum, den alten Kilometerstand, den neuen Kilometerstand, die getankten Liter und den Rechnungsbetrag enthält!

b) Berechnen Sie in der Tabelle die gefahrenen Kilometer pro Tankfüllung sowie den jeweiligen EUR-Betrag pro Liter (dargestellt mit drei Dezimalstellen)!

c) Berechnen Sie in der Tabelle den Benzinverbrauch je 100 km pro Tankfüllung sowie den Verbrauch je 100 km, wenn man die gefahrenen Kilometer insgesamt zugrunde legt!

d) Stellen Sie in einem Liniendiagramm den Verbrauch je 100 km für jede Tankfüllung dar!

e) Stellen Sie in demselben Diagramm den Verbrauch je 100 km für die gefahrenen Kilometer insgesamt dar! Das Diagramm soll Titel, Untertitel, Legende und Achsenbeschriftung enthalten.

Aufgabe 5

Sie sind Auszubildender/Auszubildende der Firma Color GmbH, Dachsweg 117, 66128 Saarbrücken, Telefon 0681 334488, Telefax 0681 203040.

Situation:

Der Leiter der Personalabteilung legt Ihnen für die Mitarbeiter und Mitarbeiterinnen der Abteilung Einkauf folgende Liste mit Soll- und Iststunden im Monat Januar vor:

Abel	176 Sollstunden	168 Iststunden
Greiner	176 Sollstunden	160 Iststunden
Hoffmann	88 Sollstunden	84 Iststunden
Mayer	176 Sollstunden	156 Iststunden
Mungei	88 Sollstunden	86 Iststunden
Rieger	176 Sollstunden	176 Iststunden

Aufgabenstellung:

a) Stellen Sie in einer Tabelle für jeden Mitarbeiter die Soll- und Iststunden gegenüber, ermitteln Sie die Fehlstunden und berechnen Sie den prozentualen Anteil der Fehlstunden an den jeweiligen Sollstunden! Ermitteln Sie die jeweiligen Spaltensummen!

b) Um die Fehlstunden zu verringern, gewährt die Unternehmensleitung jedem Mitarbeiter einen Prämienpunkt, wenn er im Monat nicht mehr als vier Stunden fehlt. Stellen Sie diese Regelung in der Tabelle dar!

c) Die eingeführte Prämienregelung soll nach Ansicht des Betriebsrates so umgestaltet werden, dass der Mitarbeiter dann einen Prämienpunkt erhält, wenn der prozentuale Anteil seiner Fehlstunden (gemessen an seinen Sollstunden) 2,3 % nicht übersteigt. Stellen Sie diese Regelung ebenfalls in der Tabelle dar!

d) Erstellen Sie ein Balkendiagramm, das für jeden Mitarbeiter die Soll- und Iststunden gegenüberstellt!

e) Das Balkendiagramm soll Titel, Legende und Achsenbeschriftung enthalten!

Aufgabe 6

Sie sind Auszubildender/Auszubildende des Lampengroßhändlers Leuchtsysteme Norbert Tech, Am Markt 5, 66482 Zweibrücken, Telefon 06332 121670, Telefax 06332 121671.

Situation:

Ihr Ausbildungsbetrieb bestellte zur Abrundung des eigenen Sortiments am 20. Oktober 20.. bei Karl Pieper, Alemannenstr. 16, 67661 Kaiserslautern, 10 Hängelampen, Marke Artemide, Typ Macumba, Stückpreis 1 100,00 EUR, Liefertermin 4 Wochen nach Auftragserteilung.

Am 22. November 20.. ist die Ware noch nicht eingetroffen.

Aufgabenstellung:

Herr Tech bittet Sie, ein Schreiben zu erstellen, in dem Folgendes zu berücksichtigen ist:

● Eine Nachfrist bis zum 2. Dezember 20.. ist zu setzen und der Rücktritt vom Vertrag bzw. die Ablehnung der Lieferung ist anzukündigen.

● Empfänger ist Herr Pieper.

● Der Betreff ist in Fettdruck zu schreiben.

● Nachfrist und Hinweis auf den Rücktritt vom Vertrag sind zentriert und in Fettdruck zu schreiben.

● Als Seitenränder sind festzulegen: links 2 cm, rechts 2 cm.

● Der gesamte Text ist einzeilig zu gestalten.

Aufgabe 7

Sie sind Auszubildender/Auszubildende der Nolte GmbH, Bahnhofplatz 43, 68161 Mannheim, Telefon 0621 652643, Telefax 0621 652644.

Situation:

Ihr Ausbildungsbetrieb schuldet der Baustoffgroßhandlung Dr. Scheffler, Waldstraße 20, 66386 St. Ingbert, für die Rechnung Nr. 4721 vom 30. August 20.. 23 400,00 EUR. Die Rechnung ist am 15. September 20.. fällig. Wegen Zahlungsschwierigkeiten aufgrund von Umbauarbeiten und eines Umsatzrückgangs kann die Firma Nolte nur 10 000,00 EUR zahlen.

Aufgabenstellung:

Herr Nolte bittet Sie, am 10. September 20.. ein Schreiben zu erstellen, in dem Folgendes zu berücksichtigen ist:

● Eine Teilzahlung über 10 000,00 EUR erfolgt mit Scheck.

● Für die Restschuld soll Fristverlängerung bis zum 15. Dezember 20.. erbeten werden.

● Es wird angeboten, für die Restschuld einen Wechsel zu akzeptieren und die Verzugszinsen zu übenehmen.

● Empfänger ist Herr Dr. Scheffler.

● Der Betreff ist in Fettdruck zu schreiben.

● Wichtige Daten sind zentriert zu schreiben.

● Als Seitenränder sind festzulegen: links 2 cm, rechts 2 cm.

● Der gesamte Text ist einzeilig zu gestalten.

Aufgabe 8

Sie sind Auszubildender/Auszubildende des Polstermöbelgroßhändlers Kuhn GmbH, Haldenweg 1, 66125 Saarbrücken, Telefon 0681 769500, Telefax 0681 769599.

Situation:

Nach umfangreichen Renovierungsarbeiten lädt die Firma Kuhn seine Stammkunden zur Wiedereröffnung ein. Die Stammkunden sind in einer Kundendatei zusammengefasst, welche bereits als Datenquelle vorliegt. Sie wird auszugsweise wiedergegeben und hat folgenden Aufbau:

Vorname	Name	Straße	PLZ	Ort	Anrede
Eva	Brauns	Hauerweg 2	66127	Saarbrücken	Sehr geehrte Frau
Hans	Klein	Hasenstr. 21	66126	Saarbrücken	Sehr geehrter Herr
Irene	Konrad	Grünstr. 9	66111	Saarbrücken	Sehr geehrte Frau
Heidi	Magold	Gräffstr. 15	66113	Saarbrücken	Sehr geehrte Frau

Aufgabenstellung:

Der Geschäftsführer bittet Sie, das Einladungsschreiben als Serienbrief unterschriftsreif vorzubereiten. In der Einladung ist Folgendes zu beachten:

● Der Betreff ist fett und in Schriftgröße 12 zu schreiben.

● Die Anrede lautet „Sehr geehrte Frau ..." bzw. „Sehr geehrter Herr...".

● Die Wiedereröffnung erfolgt nach drei Monaten am Donnerstag, dem 23. März 20. ., 17:00 Uhr in den Geschäftsräumen; ein kleiner Imbiss wird angeboten.

● Der Termin der Wiedereröffnung ist durch Fettdruck hervorzuheben und zentriert zu schreiben.

IV. Wirtschaftsrechnen und Statistik

1 Dreisatz

Beispiel 1:

150 kg Schmierfette kosten 1 125,00 EUR. Wie viel kosten 90 kg Schmierfette?

Lösung:

150 kg – 1 125,00 EUR ①
 90 kg –   x   EUR ②

③

$$x = \frac{1\,125 \cdot 90}{150} = 675,00 \text{ EUR}$$

90 kg Schmierfette kosten 675,00 EUR.

Beispiel 2:

Für Versandarbeiten benötigen 3 Angestellte 10 Stunden. Wie lange brauchen 5 Angestellte?

Lösung:

3 Angestellte – 10 Stunden ①
5 Angestellte – x Stunden ②

③

$$x = \frac{10 \cdot 3}{5} = 6 \text{ Stunden}$$

5 Angestellte benötigen 6 Stunden.

Beispiel 3:

Für eine Inventur brauchten 4 Angestellte 2 Tage. Sie arbeiteten 7 Stunden täglich und erfassten insgesamt 40 000 Artikel. Wie lange brauchen 6 Angestellte bei einer täglichen Arbeitszeit von 8 Stunden, wenn 60 000 Artikel erfasst werden müssen?

Lösung:

4 Angestellte – 40 000 Artikel – 7 Std. tgl. – 2 Tage ①
6 Angestellte – 60 000 Artikel – 8 Std. tgl. – x Tage ②

③

$$x = \frac{2 \cdot 4 \cdot 60\,000 \cdot 7}{6 \cdot 40\,000 \cdot 8} = 1,75 \text{ Tage}$$

6 Angestellte brauchen $1\frac{3}{4}$ Tage.

Lösungsweg:

① Angabesatz aufstellen.

② Fragesatz aufstellen.

③ Bruchsatz ermitteln unter Beachtung des Verhältnisses (gerade oder ungerade).

Merke:

● Für den Dreisatz mit **geradem Verhältnis** gilt:

> je mehr – desto mehr
> je weniger – desto weniger

● Für den Dreisatz mit **ungeradem Verhältnis** gilt:

> je mehr – desto weniger
> je weniger – desto mehr

● Der **zusammengesetzte Dreisatz** wird in einzelne einfache Dreisätze aufgeteilt. Der Bruchsatz wird stufenweise ermittelt, indem für jeden einzelnen Dreisatz das entsprechende Verhältnis festgestellt wird.

2 Währungsrechnen

Auszug einer Kurstabelle

Devisen- und Sortenkurse			Sorten		Devisen	
			Geld	Brief	Geld	Brief
Dänemark[1]	DKK	Danish Krone	7,0992	7,7767	7,4160	7,4560
Großbritannien[1]	GBP	Pound Sterling	0,6027	0,6487	0,6230	0,6270
USA	USD	US Dollar	0,8903	0,9201	0,9112	0,9172
Norwegen	NOK	Norwegian Krone	7,5224	8,5303	7,9140	7,9620
Schweden[1]	SEK	Swedish Krona	9,0130	10,1866	9,4645	9,5125
Schweiz	CHF	Swiss Franc	1,4890	1,5429	1,5240	1,5295
Australien	AUD	Australian Dollar	1,6575	1,8451	1,7251	1,7599
Japan	JPY	Yen	106,8760	115,7295	108,5800	109,0600
Kanada	CAD	Canadian Dollar	1,2314	1,3980	1,2993	1,3245

2.1 Umrechnung von Euro in Fremdwährung

Beispiel 1:

Für eine Geschäftsreise in die Schweiz werden in Deutschland 1 500,00 EUR in Schweizer Franken umgetauscht. Wie viel Schweizer Franken werden lt. Kurstabelle bar ausgezahlt? Bankgebühren werden nicht berücksichtigt.

---

1 Diese Länder gehören zwar der EU an, jedoch nicht der EWU.

Lösung:

1,00 EUR — 1,489 CHF ①
1 500,00 EUR — x CHF ②

$$x = \frac{\overset{③}{1\,500,00 \cdot 1,489}}{1} = 2\,233,50 \text{ CHF}$$

Für 1 500,00 EUR erhält man 2 233,50 CHF.

Lösungsweg:

① Angabesatz mit Hilfe des Wechselkurses aufstellen; es gilt der Geldkurs für Sorten (1,489 CHF/ 1,00 EUR).

② Fragesatz aufstellen.

③ Bruchsatz entwickeln (gerades Verhältnis).

Beispiel 2:

Ein Unternehmen begleicht eine Rechnung über 10 500,00 USD durch Banküberweisung. Mit welchem Betrag wird das Konto in Euro lt. Kurstabelle belastet? Bankgebühren werden nicht berücksichtigt.

Lösung:

0,9112 USD — 1,00 EUR ①
10 500,00 USD — x EUR ②

$$x = \frac{\overset{③}{10\,500 \cdot 1}}{0,9112} = 11\,523,27 \text{ EUR}$$

Lösungsweg:

① Angabesatz mit Hilfe des Wechselkurses aufstellen; es gilt der Geldkurs für Devisen (0,9112 USD/ 1,00 EUR).

② Fragesatz aufstellen.

③ Bruchsatz entwickeln (gerades Verhältnis).

2.2 Umrechnung von Fremdwährung in Euro

Beispiel 1:

Nach einer Geschäftsreise nach Kanada werden 490,00 kanadische Dollar in Euro umgetauscht. Wie viel Euro werden lt. Kurstabelle ausgezahlt? Bankgebühren werden nicht berücksichtigt.

Lösung:

1,3980 CAD — 1,00 EUR ①
490,00 CAD — x EUR ②

$$x = \frac{\overset{③}{490 \cdot 1}}{1,398} = 350,50 \text{ EUR}$$

Lösungsweg:

① Angabesatz mit Hilfe des Wechselkurses aufstellen; es gilt der Briefkurs für Sorten (1,398 CAD/ 1,00 EUR).

② Fragesatz aufstellen.

③ Bruchsatz entwickeln (gerades Verhältnis).

Beispiel 2:

Ein deutsches Unternehmen bietet eine Maschine für 38 000,00 EUR an. Aufgrund einer Anfrage eines Geschäftspartners in den USA soll dieser Preis lt. Kurstabelle in US-Währung umgerechnet werden, da der Kunde in seiner Währung zahlen möchte.

Lösung:

$$1,00 \text{ EUR} - 0,9172 \text{ USD} \quad ①$$
$$38\,000,00 \text{ EUR} - \quad x \quad \text{USD} \quad ②$$

$$③$$

$$x = \frac{38\,000,00 \cdot 0,9172}{1} = 34\,853,60 \text{ USD}$$

Lösungsweg:

① Angabesatz mit Hilfe des Wechselkurses aufstellen; es gilt der Briefkurs für Devisen (0,9172 USD/ 1,00 EUR).

② Fragesatz aufstellen.

③ Bruchsatz entwickeln (gerades Verhältnis).

Merke:

● Der **Wechselkurs** ist das Austauschverhältnis einer Währung in eine andere Währung (siehe Seite 161 ff.). Wechselkurse werden i. d. R. als **Mengennotierung** angegeben, d. h., der Wechselkurs gibt an, welchen Betrag an ausländischer Währung man für einen festgelegten Betrag in inländischer Währung erhält (z. B. 0,9541 USD/1,00 EUR).

● **Devisen** sind Zahlungsmittel (z. B. Scheck, Wechsel), die auf ausländische Währung lauten. **Sorten** sind ausländische Banknoten und Münzen.

● Die Banken berechnen beim Ankauf von Fremdwährungen den **Briefkurs,** d. h., die Banken verkaufen Euro an den Kunden gegen Fremdwährung.

● Die Banken berechnen beim Verkauf von Fremdwährungen den **Geldkurs,** d. h., die Banken kaufen Euro vom Kunden gegen Fremdwährung.

2.3 Kursvergleichsrechnung

Beispiel:

Ein Unternehmen kauft in der Schweiz Waren für 25 600,00 CHF. Der Kurs in der Schweiz beträgt 0,6589 EUR/1 CHF; der Kurs in Deuschland ist der Kurstabelle zu entnehmen.

Das Unternehmen will die Rechnung in CHF begleichen. Ist der Geldumtausch für das Unternehmen in Deutschland oder in der Schweiz günstiger?

Lösung:

①
1,5240 CHF – 1 EUR
1,00   CHF – x EUR

$$x = \frac{1 \cdot 1}{1,5240} = 0,6562 \text{ EUR} \ ②$$

Der Vergleichskurs beträgt 0,6562 EUR, d. h., für das Unternehmen ist es günstiger in Deutschland umzutauschen.

Lösungsweg:

① Angabesatz mit Hilfe des Wechselkurses aufstellen; es gilt der Geldkurs für Devisen (1,5240 CHF/ 1,00 EUR).

② Fragesatz aufstellen und Bruchsatz lösen..

Merke:

● Die **Kursvergleichsrechnung** ermöglicht es festzustellen, ob es günstiger ist die inländische Währung im Inland oder im Ausland umzutauschen. Dabei wird ein Vergleichskurs (Paritätskurs) berechnet, welcher den Geldkurs im Inland mit dem Briefkurs im Ausland vergleicht.

● Der **Paritätskurs** ist der rein rechnerische Kurs, welcher sich ergibt, wenn die Kursnotierung im Inland in die Kursnotierung im Ausland umgerechnet wird. (Es ist auch möglich die Kursnotierung im Ausland in die Kursnotierung im Inland umzurechnen.)

Wenn beide Kurse als Mengennotierung vorliegen, gilt folgende Umrechnungsformel:

$$\boxed{\text{Paritätskurs} = \frac{1 \cdot 1}{\text{Kurs}}}$$

● Wird bei einer Mengennotierung die Kursnotierung im Inland in die Kursnotierung im Ausland umgerechnet, dann gilt für die Entscheidung, in welchem Land die Umrechnung günstiger ist, folgende Regel:

$$\boxed{\begin{array}{l} \text{Paritätskurs} > \text{Kursnotierung im Ausland} \Rightarrow \text{Umtausch im Ausland} \\ \text{Paritätskurs} < \text{Kursnotierung im Ausland} \Rightarrow \text{Umtausch im Inland} \end{array}}$$

3 Durchschnittsrechnen

Beispiel 1:

Die Verkäufer A, B, C und D eines Betriebes haben folgende Monatsumsätze erzielt: 50 600,00 EUR; 40 250,00 EUR; 47 820,00 EUR und 61 130,00 EUR. Wie hoch ist der durchschnittliche Verkäuferumsatz pro Monat?

Lösung:

Verkäufer	Monatsumsätze
A	50 600,00 EUR
B	40 250,00 EUR
C	47 820,00 EUR
D	61 130,00 EUR ②

① 199 800,00 EUR : 4 = 49 950,00 EUR

Der durchschnittliche Verkäuferumsatz beträgt pro Monat 49 950,00 EUR.

Lösungsweg:

① Addition der Monatsumsätze.

② Division der Summe der Monatsumsätze durch die Anzahl der Monatsumsätze.

Beispiel 2:

Ein Unternehmen kaufte während eines Jahres Heizöl zu folgenden Preisen:

12 000 l zu 0,335 EUR je l,   15 000 l zu 0,359 EUR je l,   9 000 l zu 0,371 EUR je l.

Wie hoch ist der durchschnittliche Heizölpreis pro Liter?

Lösung:

Menge	Preis je l	Gesamtpreis
12 000 l	0,335 EUR	4 020,00 EUR
15 000 l	0,359 EUR	5 385,00 EUR ①
9 000 l	0,371 EUR	3 339,00 EUR
36 000 l ②		12 744,00 EUR ②
1 l		③ 0,354 EUR

Der Durchschnittspreis für das Heizöl betrug 0,354 EUR je Liter.

Lösungsweg:

① Berechnung der Gesamtpreise für jede Lieferung.

② Addition der Mengen und Gesamtpreise.

③ Ermittlung des Durchschnittspreises.

Merke:

● Beim **einfachen Durchschnitt** (einfaches arithmetisches Mittel) wird aus mehreren Werten, die sich alle auf eine einheitliche Größe beziehen (z. B. Umsatz, Lagerbestand), der Durchschnitt folgendermaßen berechnet.

$$\text{Einfacher Durchschnitt} = \frac{\text{Summe der Werte}}{\text{Anzahl der Werte}}$$

● Beim **gewogenen Durchschnitt** (gewogenes arithmetisches Mittel) wird aus mehreren Werten, die sich auf unterschiedliche Mengeneinheiten beziehen (z.B. unterschiedliche Preise für verschiedene Mengen), der Durchschnitt folgendermaßen berechnet.

$$\text{Gewogener Durchschnitt} = \frac{\text{Summe der mit ihren Mengeneinheiten multiplizierten Werte}}{\text{Summe der Mengeneinheiten}}$$

4 Verteilungsrechnen

4.1 Einfaches Verteilungsrechnen

Beispiel:

Die Heizölkosten eines Betriebes in Höhe von 6970,00 EUR sollen auf die drei Abteilungen Verkauf, Lager und Verwaltung verteilt werden. Verteilungsgrundlage ist die Fläche der Abteilungen: Verkauf 380 m^2, Lager 140 m^2, Verwaltung 160 m^2.

Lösung:

Bezeichnung (Abteilungen)	Schlüssel (Fläche)	Teile	Anteile (Heizölkosten)
Verkauf	380 m^2	19	3 895,00 EUR
Lager ①	140 m^2	7 ②	1 435,00 EUR ⑤
Verwaltung	160 m^2	8	1 640,00 EUR
		34 Teile –	6 970,00 EUR ③
		1 Teil –	205,00 EUR ④

Lösungsweg:

① Schema aufstellen.

② Verteilungsschlüssel soweit wie möglich kürzen.

③ Die Summe der Teile entspricht dem zu verteilenden Gesamtbetrag.

④ Berechnung eines Teils.

⑤ Berechnung der Anteile. Die Summe der Anteile muss dem Gesamtbetrag entsprechen (Probe).

4.2 Verteilung von Gewichts- und Wertspesen

Beispiel:

In einer Sendung werden bezogen: Waren I 365 kg zu 8,20 EUR je kg und Waren II 203 kg zu 17,60 EUR je kg. Die Gewichtsspesen 147,68 EUR und die Wertspesen 328,29 EUR sind anteilig zu verrechnen.

Lösung:

| Waren | Gewichtsspesen | | Wertspesen | |
	Gewicht	Spesenanteil ①	Wert ②	Spesenanteil ③
I	365 kg	94,90 EUR	2 993,00 EUR	149,65 EUR
II	203 kg	52,78 EUR	3 572,80 EUR	178,64 EUR
	568 kg –	147,68 EUR	6 565,80 EUR –	328,29 EUR
	1 kg –	0,26 EUR	1,00 EUR –	0,05 EUR

Lösungsweg:

① Verteilung der Gewichtsspesen entsprechend dem Gewicht.

② Berechnung der Warenwerte.

③ Verteilung der Wertspesen entsprechend dem jeweiligen Warenwert.

Merke:

● Zu den **Gewichtsspesen** zählen z. B. Fracht, Rollgeld und Verladekosten. Verteilungsschlüssel ist das Gewicht der Ware.

● Zu den **Wertspesen** zählen z. B. Transportversicherungen, Verpackungskosten und Wertzölle. Verteilungsschlüssel ist der Wert (Einkaufspreis) der Waren.

● Die Verteilung der Gewichts- und Wertspesen wird bei der Bezugskalkulation angewandt.

4.3 Gewinnverteilung

Beispiel:

Der Reingewinn einer OHG beträgt 62 350,00 EUR und wird vertragsmäßig wie folgt verteilt: Vom Gewinn erhält A vorab für die Geschäftsführung 28 000,00 EUR; die Kapitaleinlagen der Gesellschafter werden mit 6 % verzinst; der Restgewinn ist im Verhältnis 4 : 3 : 2 zu verteilen. Gesellschafter A ist mit 100 000,00 EUR, B mit 70 000,00 EUR und C mit 50 000,00 EUR beteiligt. Wie hoch sind die Gewinnanteile?

Lösung:

Gesell-schafter	Kapital (EUR)	Gehalt (EUR)	Zinsen (EUR)	Teile	Rest-anteile (EUR)	Gesamt-anteile (EUR)
A	100 000,00	28 000,00	6 000,00	4	9 400,00	43 400,00
B ①	70 000,00		4 200,00 ②	3	7 050,00 ④	11 250,00 ⑤
C	50 000,00		3 000,00	2	4 700,00	7 700,00
		28 000,00	13 200,00	9 T – 21 150,00 ③		62 350,00
				1 T – 2 350,00		

Lösungsweg:

① Schema für Gewinnverteilung aufstellen.

② Zinsberechnung für die Kapitaleinlagen.

③ Berechnung der Restanteile (Gesamtgewinn – Gehalt – Gesamtzinsen).

④ Verteilung der Restanteile entsprechend dem vorgegebenen Schlüssel.

⑤ Ermittlung des Gesamtanteils (u. U. Gehalt + Zinsen + Restanteil).

Merke:

● Die **Gewinnverteilung der OHG** sieht nach dem HGB (gesetzliche Regelung) vor: Die Kapital-einlagen werden mit 4% verzinst, ein darüber hinaus vorhandener Gewinn wird nach Köpfen verteilt. Die Gewinnverteilung erfolgt in der Regel nach dem Gesellschaftsvertrag (vertragliche Regelung).

● Die **Gewinnverteilung der KG** sieht vor: Die Kapitaleinlagen werden mit 4% verzinst, der Rest-gewinn wird in angemessenem Verhältnis verteilt (gesetzliche Regelung). Das „angemessene Verhältnis" und der Zinssatz sind üblicherweise im Gesellschaftsvertrag geregelt.

5 Prozentrechnen

5.1 Prozentrechnen vom Hundert

Berechnen des Prozentwertes

Beispiel:

Auf einen Rechnungsbetrag von 1 850,00 EUR gewährt ein Lieferer 3% Skonto. Wie hoch ist der Skontoabzug?

Lösung:

$$100\% - 1\,850{,}00 \text{ EUR}$$
$$\;\;3\% - \;\;\;\;\;x\;\;\; \text{EUR} \;\;①$$
$$———————————$$
$$②$$

$$x = \frac{1850 \cdot 3}{100} = 55{,}50 \text{ EUR Skonto}$$

Lösungsweg:

① Dreisatz aufstellen (Grundwert entspricht immer 100%).

② Bruchsatz entwickeln (gerades Verhältnis).

Merke:

● Der (reine) **Grundwert** entspricht 100% (Prozentrechnen vom Hundert); der **Prozentsatz** gibt an, wie viel Teile auf Hundert entfallen; der **Prozentwert** ist der Wert, der aus dem Grundwert mit Hilfe des Prozentsatzes errechnet wird.

● | Prozentwert = 1% des Grundwertes · Prozentsatz |

Berechnen des Prozentsatzes

Beispiel:

Ein Autohersteller produziert in einem Jahr 120 000 Pkw. Er exportiert davon 44 400 Stück. Wie viel Prozent entspricht der Exportanteil?

Lösung:

$$120\,000 \text{ Pkw} - 100\%$$
$$\;\;44\,400 \text{ Pkw} - \;\;x\;\%$$

$$x = \frac{100 \cdot 44\,400}{120\,000} = 37\% \text{ Exportanteil}$$

26 Groh/Schröer – ISBN 3-8120-0422-4

Merke:

● $\quad$ Prozentsatz $= \dfrac{\text{Prozentwert}}{1\% \text{ des Grundwertes}}$

Berechnen des Grundwertes

Beispiel:

In einem Großhandelsbetrieb fehlen durchschnittlich 6% der Belegschaft; dies entspricht 360 Mitarbeitern. Wie groß ist die Belegschaft?

Lösung:

$6\% \ - \ 360 \text{ Mitarbeiter}$
$100\% \ - \text{ x Mitarbeiter}$

$x \ = \ \dfrac{360 \ \cdot \ 100}{6} \ = \ 6\,000 \text{ Mitarbeiter}$

Merke:

● $\quad$ Grundwert $= \dfrac{\text{Prozentwert}}{\text{Prozentsatz}} \ \cdot \ 100$

Bequeme Prozentsätze

Beispiel:

Ein Unternehmen steigert seinen Absatz von 9 728 Maschinen um $12\,^1/_2\%$. Wie hoch ist der Mehrabsatz?

Lösung:

$9\,728 \ : \ 8 \ = \ 1\,216 \text{ Maschinen}$

Merke:

● **Bequeme Prozentsätze** sind ohne Rest in Hundert enthalten.

● $\quad$ Bequemer Teiler $= \dfrac{100}{\text{bequemer Prozentsatz}}$

● $\quad$ Prozentwert $= \dfrac{\text{Grundwert}}{\text{bequemer Teiler}}$

● Wichtige **bequeme Prozentsätze** sind:

Prozentsatz	50%	25%	$12\,^1/_2\%$	$6\,^1/_4\%$
bequemer Teiler	2	4	8	16

Prozentsatz	20%	10%	5%	$2\,^1/_2\%$
bequemer Teiler	5	10	20	40

Prozentsatz	$33\,^1/_3\%$	$16\,^2/_3\%$	$8\,^1/_3\%$	$4\,^1/_6\%$
bequemer Teiler	3	6	12	24

5.2 Prozentrechnen auf Hundert und im Hundert

Beispiel 1:

Ein Unternehmen steigert den Absatz im Monat März um $8\frac{1}{3}$% gegenüber dem Monat Februar; im Februar betrug die Steigerung bezogen auf den Monat Januar 4%. Nach den beiden Steigerungen beträgt der Absatz 4056 Stück.

Wie hoch sind die Steigerungen und die Absatzmengen?

Lösung:

	Stück			
Absatz Januar	3600	② 100% ↑		
+ Steigerung 4%	144	4%	③	(Teiler = 26)
Absatz Februar	3744	104%	② 100 % ↑	
+ Steigerung $8\frac{1}{3}$% ①	312	(Teiler = 13)	$8\frac{1}{3}$%	③
Absatz März ▼	4056		$108\frac{1}{3}$%	

Lösungsweg:

① Schema aufstellen, zeitlich vorgehen und mit dem frühesten Termin beginnen.

② Prozentsätze eintragen, dabei jeweils den Grundwert 100% setzen. Darauf achten, dass die abgesetzte Menge im Februar vermehrter Grundwert und reiner Grundwert ist.

③ Von der abgesetzten Menge im März stufenweise zur Menge im Januar zurückrechnen.

Beispiel 2:

Eine Maschine wurde zwei Jahre hintereinander degressiv mit $12\frac{1}{2}$% abgeschrieben und steht am Ende des zweiten Jahres mit 35218,75 EUR zu Buche. Wie hoch war der Anschaffungswert?

Lösung:

Anschaffungswert	46000,00 EUR	100 % ↑	
– Abschreibung $12\frac{1}{2}$%	5750,00 EUR	$12\frac{1}{2}$% ②	(Teiler = 7)
= Restbuchwert 1. Jahr	40250,00 EUR	$87\frac{1}{2}$%	100 % ↑
– Abschreibung $12\frac{1}{2}$% ①	5031,25 EUR	(Teiler = 7)	$12\frac{1}{2}$% ②
= Restbuchwert 2. Jahr ▼	35218,75 EUR		$87\frac{1}{2}$%

Lösungsweg:

① Schema aufstellen und Prozentsätze eintragen.

② Vom Restbuchwert im 2. Jahr stufenweise zum Anschaffungswert zurückrechnen.

Merke:

● Bei der **Prozentrechnung auf Hundert** ist der vermehrte Grundwert gegeben (> 100%):

> vermehrter Grundwert = reiner Grundwert + Erhöhung

● Bei der **Prozentrechnung im Hundert** ist der verminderte Grundwert gegeben (< 100%):

> verminderter Grundwert = reiner Grundwert – Senkung

● Die **bequemen Teiler** der Prozentrechnung vom Hundert werden bei der Prozentrechnung auf Hundert um 1 vermehrt, bei der Prozentrechnung im Hundert um 1 vermindert.

6 Zinsrechnen

6.1 Berechnen von Jahres-, Monats- und Tageszinsen

Beispiel:

Ein Großhandelsbetrieb nimmt bei seiner Bank für die Zeit vom 16. Januar bis zum 25. März einen Überbrückungskredit in Höhe von 32 000,00 EUR auf. Wie viel Zinsen berechnet die Bank bei einem Zinssatz von 9 % und welcher Gesamtbetrag ist zurückzuzahlen?

Lösung:

$$\text{Zinsen} = \frac{\text{Kapital} \cdot \text{Zinssatz} \cdot \text{Tage}}{100 \cdot 360} \quad ①$$

$$\text{Zinsen} = \frac{32\,000 \cdot 9 \cdot \overset{②}{69}}{100 \cdot 360} = 552,00 \text{ EUR} \quad ③$$

Lösungsweg:

① Formel für die Tageszinsen angeben.

② Tage berechnen.

③ Berechnung der Zinsen.

Merke:

● Die Größen der Zinsrechnung sind **Kapital** (K), **Zinssatz** (p), **Zinsen** (Z) und die **Zeit** (j für Jahre, m für Monate, t für Tage).

● $$\text{Jahreszinsen} = \frac{K \cdot p \cdot j}{100}$$

● $$\text{Monatszinsen} = \frac{K \cdot p \cdot m}{100 \cdot 12}$$

● $$\text{Tageszinsen} = \frac{K \cdot p \cdot t}{100 \cdot 360} \quad \text{bzw.} \quad Z = \text{Kapital} : 100 \cdot \text{Zinssatz} \cdot \text{Tage} : 360$$

● Die **kaufmännische Zinsformel** lautet:

$$\text{Tageszinsen} = \frac{K}{100} \cdot t : \frac{360}{p} \quad \text{bzw.} \quad Z = \text{Zinszahl} : \text{Zinsteiler}$$

$$\frac{K}{100} \cdot t = \text{Zinszahl (\#)}; \quad \frac{360}{p} = \text{Zinsteiler}$$

● Wichtige **bequeme Zinssätze** sind:

Zinssatz in %	20	15	12	10	9	8	6	5	4	3	2
Zinsteiler	18	24	30	36	40	45	60	72	90	120	180

● Der **Zinsmonat** hat 30 Tage, das **Zinsjahr** 360 Tage (nach deutscher kaufmännischer Methode).

404

- Der Monat **Februar** hat ebenfalls 30 Tage, wenn der Zinszeitraum über das Monatsende hinausgeht. Fällt der Zinstermin auf das Monatsende, berechnet man den Monat Februar mit 28 Tagen (im Schaltjahr mit 29 Tagen).
- **Zinstage** = Resttage des 1. Monats (30 − Tagesdatum)
  + Tage der ganzen Monate
  + Tage des letzten Monats

6.2 Summarisches Zinsrechnen

Beispiel:

Ein Großhandelsbetrieb will zum 31. Dezember drei Rechnungen einschließlich 6 % Verzugszinsen begleichen, und zwar 3 680,00 EUR, fällig am 5. Juni; 5 790,00 EUR, fällig am 13. September; 2 135,00 EUR, fällig am 30. Oktober.

Lösung:

Stichtag: 31. Dezember ②

Kapital ①	fällig am	Tage ③	# ④
3 680,00 EUR	5. Juni	205	7 544
5 790,00 EUR	13. September	107	6 195
2 135,00 EUR	30. Oktober	60	1 281

11 605,00 EUR   15 020 : 60 = 250,33
  250,33 EUR (Zinsen)   ⑤
11 855,33 EUR (Rückzahlungsbetrag am 31. Dezember) ⑥

Lösungsweg:

① Schema aufstellen.

② Stichtag ermitteln.

③ Tage berechnen (vom Verfalltag bis zum Stichtag).

④ Zinszahlen (#) berechnen.

⑤ Zinsen = Summe der Zinszahlen : Zinsteiler.

⑥ Berechnung des Rückzahlungsbetrages.

Merke:

- Die **summarische Zinsrechnung** wird angewandt, wenn mehrere Beträge zum gleichen Zinssatz verzinst werden. (Diese Methode muss nicht angewendet werden; die Zinsen können auch einzeln für jeden Betrag ausgerechnet und dann addiert werden.)
- Zinszahlen haben keine Benennung; sie können aus Vereinfachungsgründen auf ganze Zahlen gerundet werden.

6.3 Berechnen von Zinssatz, Kapital und Zeit

Beispiel:

6 500,00 EUR brachten vom 26. Mai bis zum 2. September 130,00 EUR Zinsen. Welcher Zinssatz wurde zugrunde gelegt?

Lösung:

$$\text{Zinssatz} = \frac{\text{Zinsen} \cdot 100 \cdot 360}{\text{Kapital} \cdot \text{Tage}} \quad ①$$

$$\text{Zinssatz} = \frac{130 \cdot 100 \cdot 360}{6500 \cdot 96 \ ②} = 7{,}5\% \quad ③$$

Lösungsweg:

① Formel zur Berechnung des Zinssatzes angeben.

② Tage berechnen.

③ Zinssatz berechnen.

Merke:

$$p = \frac{Z \cdot 100 \cdot 360}{K \cdot t}$$

$$K = \frac{Z \cdot 100 \cdot 360}{p \cdot t}$$

$$t = \frac{Z \cdot 100 \cdot 360}{K \cdot p}$$

6.4 Zinsrechnen auf Hundert und im Hundert

Beispiel 1:

Ein Großhandelsbetrieb nimmt am 10. August ein Darlehen zu 9 % p. a. auf. Am 20. Mai des folgenden Jahres zahlt er einschließlich Zinsen 10 914,00 EUR zurück. Wie hoch sind Darlehen und Zinsen?

Lösung:

Umrechnen des Zinssatzes in einen Prozentsatz

360 Tage   – 9 %
280 Tage ① – x %

$$x = \frac{9 \cdot 280}{360} = 7\% \quad ②$$

Darlehen	10 200,00 EUR	100 %
+ Zinsen	714,00 EUR	7 % ③
vermehrtes Darlehen	10 914,00 EUR	107 %

Lösungsweg:

① Tage berechnen.

② Jahreszinssatz in einen Prozentsatz umrechnen.

③ Darlehen einschließlich Zinsen stellt vermehrtes Kapital dar. Ermittlung des Darlehens und der Zinsen.

Beispiel 2:

Ein Kredit mit einer Laufzeit vom 10. Juni bis 10. September wird unter Abzug von 10 % Zinsen mit 15 210,00 EUR ausgezahlt. Wie hoch sind der Kredit und die Zinsen?

Lösung:

360 Tage – 10 %
 90 Tage – x %

$$x = \frac{10 \cdot 3}{12} = 2,5 \%$$

Darlehen	15 600,00 EUR	100 %
– Zinsen	390,00 EUR	2,5 %
vermindertes Darlehen	15 210,00 EUR	97,5 %

Lösungsweg:

Siehe Beispiel 1

Merke:

● Bei der **Zinsrechnung auf Hundert** ist das vermehrte Kapital gegeben:

> vermehrtes Kapital = Kapital + Zinsen

● Bei der **Zinsrechnung im Hundert** ist das verminderte Kapital gegeben:

> vermindertes Kapital = Kapital – Zinsen

● Der **Jahreszinssatz** (p. a.) wird in einen Prozentsatz **(Zeitzinssatz)** umgerechnet; der Zeitzinssatz bezieht sich auf den angegebenen Zeitraum. Aus der Zinsrechnung wird eine Prozentrechnung.

● Die Berechnung des Kapitals und der Zinsen erfolgt durch eine Rechnung auf Hundert bzw. im Hundert.

6.5 Effektive Verzinsung bei Gewährung von Skonto

Beispiel:

Eine Liefererrechnung lautet über 6 800,00 EUR. Folgende Zahlungsbedingungen wurden vereinbart: „Zahlbar innerhalb von 10 Tagen unter Abzug von 2 % Skonto, innerhalb von 60 Tagen rein netto". Um Skonto ausnutzen zu können, müsste ein Kredit zu 12,5 % (p. a.) in Höhe des Überweisungsbetrages aufgenommen werden.

a)   Wie viel EUR sind zu überweisen, wenn Skonto in Anspruch genommen wird?

b)   Soll ein Kredit aufgenommen werden, um Skonto auszunutzen?

c)   Welchem Jahreszinssatz entspricht der Skontosatz?

Lösung:

a)	Rechnungsbetrag	6 800,00 EUR	
	– 2 % Skonto	136,00 EUR	①
	Überweisungsbetrag	6 664,00 EUR	

407

b) Kreditkosten (Zinsen)

$$Z = \frac{K \cdot p \cdot t}{100 \cdot 360} \quad ②$$

$$Z = \frac{6664 \cdot 12,5 \cdot 50}{100 \cdot 360} \quad ③ \quad = 115,69 \text{ EUR} \quad ②$$

Skonto	136,00 EUR
– Kreditkosten	115,69 EUR ④
= Finanzierungsgewinn	20,31 EUR

Die Skontoausnutzung lohnt sich, da ein Finanzierungsgewinn entsteht.

c) 50 Tage Lieferantenkredit – 2%
360 Tage Lieferantenkredit – x% ⑤

$$x = \frac{360 \cdot 2}{50} = 14,4\%$$

2% Skonto entsprechen einer effektiven Verzinsung von 14,4%.

Lösungsweg:

① Berechnung von Skonto und Überweisungsbetrag.

② Berechnung der Kreditkosten nach der Zinsformel.

③ Tageberechnung: Zahlungsziel (60 Tage) – Skontofrist (10 Tage) = Kreditzeitraum (50 Tage).

④ Finanzierungsgewinn = Skonto – Kreditkosten.

⑤ Umrechnung des Skontosatzes (und zwar bezogen auf den Kreditzeitraum) in den entsprechenden Jahreszinssatz.

Merke:

● Zu den **Kreditkosten** zählen: Kreditzinsen, Bearbeitungsgebühr und Provisionen.

● ┌───┐
   Kreditzeitraum = Zahlungsziel – Skontofrist
   └───┘

(Der Kredit wird erst am letzten Tag der Skontofrist in Anspruch genommen.)

● Der Finanzierungsgewinn (-verlust) ergibt sich aus dem Vergleich von Skonto und Kreditkosten.

● Üblicherweise wird bei der Berechnung des Finanzierungsgewinns die im Skonto enthaltene Vorsteuer nicht berücksichtigt. Eine Berücksichtigung der Vorsteuer bedeutet eine Verringerung des Skontobetrages und damit einen geringeren Finanzierungsgewinn.

● Liegt der effektive Zinssatz über dem Zinssatz der Kreditkosten, lohnt sich die Kreditaufnahme.

6.6 Effektive Verzinsung bei Darlehen

Beispiel 1:

Für ein Darlehen in Höhe von 50000,00 EUR, Zinssatz 8% p. a., Laufzeit 9 Monate, muss eine einmalige Bearbeitungsgebühr von 2% gezahlt werden.

Wie hoch ist die Effektivverzinsung?

Lösung:

$$\text{Zinsen} = \frac{50\,000 \cdot 8 \cdot 9}{100 \cdot 12} = 3\,000,00\ \text{EUR} \quad ①$$

$$\text{Gebühr} = \frac{50\,000 \cdot 2}{100} = 1\,000,00\ \text{EUR} \quad ②$$

$$\text{Gesamtaufwand} \qquad\qquad = 4\,000,00\ \text{EUR} \quad ③$$

$$\text{Effektiver Zinssatz} = \frac{4\,000 \cdot 100 \cdot 360}{50\,000 \cdot 270} = 10\tfrac{2}{3}\,\% \quad ④$$

Lösungsweg:

① Berechnung der Zinsen mit der Zinsformel.

② Berechnung der Gebühr vom Darlehensvertrag.

③ Berechnung der gesamten Belastung B (Zinsen + Gebühr).

④ Berechnung des effektiven Zinssatzes $\left(p = \dfrac{B \cdot 100 \cdot 360}{K \cdot t}\right)$.

Beispiel 2:

Ein Darlehen in Höhe von 120 000,00 EUR, Zinssatz 7 $\frac{1}{2}$ %, Laufzeit 6 Jahre, wird mit 96 % ausgezahlt. Das Darlehen wird am Ende der Laufzeit in voller Höhe zurückgezahlt.

Wie hoch ist der effektive Zinssatz für das Darlehen?

Lösung:

$$\text{Zinsen} = \frac{120\,000 \cdot 7,5}{100} \qquad\qquad\qquad = 9\,000,00\ \text{EUR} \quad ①$$

$$\text{Disagio} = \overset{②}{\frac{120\,000 \cdot 4}{100}} = 4\,800,00\ \text{EUR}\ :\ 6\ \text{Jahre} = 800,00\ \text{EUR} \quad ③$$

$$\text{Gesamtaufwand pro Jahr} \qquad\qquad\qquad = 9\,800,00\ \text{EUR} \quad ④$$

$$\text{Effektiver Zinssatz} = \frac{9\,800 \cdot 100}{115\,200}\ \ ⑤ \qquad = 8,51\,\% \quad ⑥$$

Lösungsweg:

① Ermittlung der Zinsbelastung pro Jahr.

② Berechnung des Disagio.

③ Verteilung des Disagio auf die Laufzeit (ergibt Disagio pro Jahr).

④ Ermittlung des Gesamtaufwandes B pro Jahr.

⑤ Berechnung des tatsächlich ausgezahlten Darlehensbetrages (Darlehen – Disagio).

⑥ Berechnung des effektiven Zinssatzes $\left(p = \dfrac{B \cdot 100}{K}\right)$.

Merke:

● Der **Nominalzins** ist der vertraglich vereinbarte Zinssatz und er bezieht sich auf einen Zeitraum von einem Jahr (z. B. 8 % p. a.).

● Der **Effektivzins** (effektiver Zinssatz) berechnet die tatsächliche Belastung (Aufwand), die mit der Aufnahme eines Darlehens verbunden ist; zusätzlich zu den vereinbarten Zinsen fallen beispielsweise an: Bearbeitungsgebühr, Abschlussprovision und Disagio.

- **Disagio** (Abgeld, Damnum) ist der Unterschiedsbetrag zwischen der vertraglich vereinbarten Darlehenssumme und der tatsächlichen (niedrigeren) Auszahlung.
- Bei der Berechnung des effektiven Zinssatzes wird der Gesamtaufwand (Zinsen + Gebühr bzw. Zinsen + Disagio) auf die tatsächliche Darlehensauszahlung (u. U. Darlehenssumme – Disagio) bezogen.
- Gebühr und Disagio werden auf die Laufzeit des Darlehens verteilt, wenn die Laufzeit ein Jahr übersteigt.

7 Diskontrechnen

Beispiel:

Am 10. September wird ein Dreimonatswechsel über 4 600,00 EUR, der am 30. Juni ausgestellt wurde, bei der Bank diskontiert. Die Bank berechnet 9 % Diskont und 5,00 EUR Auslagen. Wie viel EUR werden gutgeschrieben?

Lösung:

Wechselbetrag fällig am 30. Sept.	4 600,00 EUR	
– 9 % Diskont / 20 Tage ②	23,00 EUR	③
Barwert am 10. Sept.	4 577,00 EUR	④
– Auslagen ①	5,00 EUR	
Gutschrift am 10. Sept.	4 572,00 EUR	④

Lösungsweg:

① Schema aufstellen.

② Restlaufzeit = Verfalltag (30. Sept.) – Tag der Diskontierung (10. Sept.).

③ Diskontberechnung mit der Tageszinsformel oder der kaufmännischen Zinsformel.

④ Berechnung des Barwertes und der Gutschrift.

Merke:

- **Diskontieren** bedeutet Verkauf eines Wechsels vor dem Verfalltag.
- **Nennwert** (Wechselbetrag; Wechselsumme) = Wert des Wechsels am Verfalltag.
- **Diskont** = Zinsabzug für die Zeit vom Tag der Diskontierung bis zum Verfalltag.
- Im Gegensatz zur normalen Zinsrechnung (siehe Seite 404 f.) wird bei der Diskontierung von Wechseln für die Berechnung der **Diskonttage** die **Eurozinsmethode** angewandt. Danach werden die tatsächlichen Tage eines Kalendermonats berücksichtigt (z. B. hat der Monat Juli 31 Tage); das Kalenderjahr wird mit 365 bzw. 366 Tagen gerechnet. Der Divisor in der Zinsformel bleibt mit 360 Tagen erhalten.
- Bei sehr niedrigen Diskontbeträgen berücksichtigen die Banken anstelle des niedrigen Diskontbetrages oftmals einen **Mindestdiskont,** z. B. 5,00 EUR pro Wechsel.
- **Barwert** = Wert des Wechsels am Tag der Diskontierung.

  Barwert = Nennwert – Diskont

- **Diskontsatz** = Zinssatz der Diskontierung.

8 Statistik

8.1 Tabellen und Diagramme

Beispiel:

Ein Großhandelsbetrieb bietet drei Produktgruppen an. Für das abgelaufene Kalenderjahr liegen folgende Umsätze (angegeben in TEUR) pro Quartal vor:

1. Quartal:	Produktgruppe A	Umsatz 11 300
	Produktgruppe B	Umsatz 9 800
	Produktgruppe C	Umsatz 15 600
2. Quartal:	Produktgruppe A	Umsatz 12 600
	Produktgruppe B	Umsatz 10 900
	Produktgruppe C	Umsatz 14 100
3. Quartal:	Produktgruppe A	Umsatz 14 700
	Produktgruppe B	Umsatz 9 200
	Produktgruppe C	Umsatz 11 700
4. Quartal:	Produktgruppe A	Umsatz 14 600
	Produktgruppe B	Umsatz 6 300
	Produktgruppe C	Umsatz 13 400

Erstellen Sie aus den Zahlenwerten für das oben angeführte Unternehmen

a) eine Umsatztabelle, welche die Umsätze der Produktgruppen A, B und C für die vier Quartale enthält;

b) ein Balkendiagramm, welches die Umsatzentwicklung der Produktgruppen A, B und C für die vier Quartale darstellt;

c) ein 3-D-Säulendiagramm, welches die Umsatzentwicklung der Produktgruppen A, B und C für die vier Quartale darstellt;

d) ein Liniendiagramm, welches die Umsatzentwicklung der Produktgruppen A, B und C für die vier Quartale darstellt;

e) ein Liniendiagramm, welches die prozentuale Umsatzentwicklung (Umsatz des 1. Quartals entspricht 100 %) der Produktgruppen A, B und C für die vier Quartale darstellt.

f) ein 3-D-Kreisdiagramm, welches für das 1. Quartal den Umsatzanteil jeder Produktgruppe aufzeigt.

Lösung:

a) Umsatztabelle

Quartal	Produktgruppe (Umsatz in TEUR)		
	A	B	C
1	11 300	9 800	15 600
2	12 600	10 900	14 100
3	14 700	9 200	11 700
4	14 600	6 300	13 400

b) Balkendiagramm für die Umsatzentwicklung

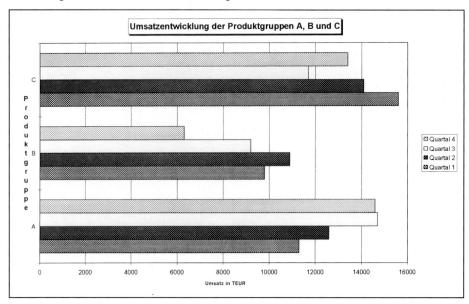

c) 3-D-Säulendiagramm für die Umsatzentwicklung

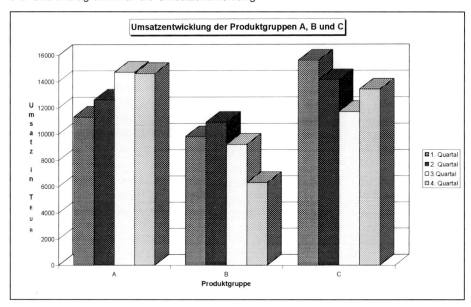

d) Liniendiagramm für die Umsatzentwicklung

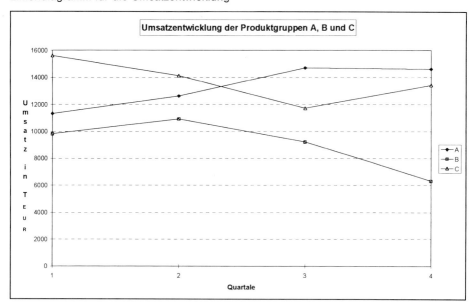

e) Liniendiagramm für die prozentuale Umsatzentwicklung[1]

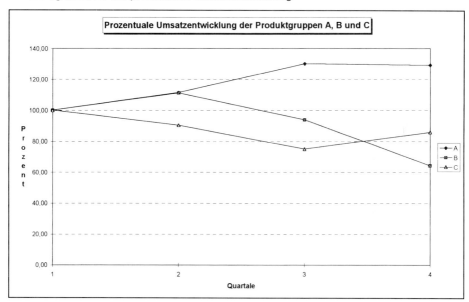

---

1 Für dieses Diagramm muss vorab eine Tabelle mit den entsprechenden Prozentzahlen erstellt werden.

f) 3-D-Kreisdiagramm für die Umsatzanteile jeder Produktgruppe (1. Quartal)

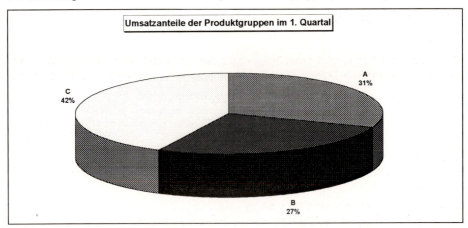

Merke:

- Die **Statistik (Betriebsstatistik)** ist ein Teilbereich des betrieblichen Rechnungswesens. Mit ihrer Hilfe wird das Zahlenmaterial der Buchführung sowie der Kosten- und Leistungsrechnung aufbereitet, übersichtlich dargestellt, analysiert und interpretiert. Die Ergebnisse der Statistik sind Grundlage für die betriebliche Planung und Entscheidung.
- Schwerpunkte der Statistik sind die Beschaffung (z. B. Einkaufsstatistik), das Lager (z. B. Entwicklung des Lagerausnutzungsgrades), der Absatz (z. B. Umsatzstatistik), das Personalwesen (z. B. Krankenstatistik), die Finanzierung (z. B. Rentabilitätskennziffern).
- Bei der Statistik unterscheidet man den innerbetrieblichen und den zwischenbetrieblichen Vergleich. Beim **innerbetrieblichen Vergleich** werden die Daten eines Betriebes miteinander verglichen (z. B. Umsatzentwicklung im Zeitablauf). Beim **zwischenbetrieblichen Vergleich** werden die Daten von Betrieben der gleichen Branche miteinander verglichen (z. B. Arbeitsproduktivität).
- Darstellungsmöglichkeiten der Statistik sind Tabellen und Diagramme (Grafiken). In **Tabellen** wird statistisches Zahlenmaterial übersichtlich mit Hilfe von Spalten- und Zeilenköpfen angeordnet. Bei den **Diagrammen** wird das tabellarisch aufbereitete Zahlenmaterial grafisch dargestellt; man unterscheidet z. B. Balken- und 3-D-Balkendiagramm, Säulen- und 3-D-Säulendiagramm, Kreis- und 3-D-Kreisdiagramm sowie Liniendiagramm. Die 3-D-Darstellung erfolgt dreidimensional und ist damit anschaulicher als die zweidimensionale Darstellung (siehe Seite 361 f.).
- Das **Balken-** und das **Säulendiagramm** sind besonders geeignet zur Darstellung absoluter Zahlenwerte einer Datenreihe oder mehrerer Datenreihen; auch Indexzahlen können so dargestellt werden.
- Das **Kreisdiagramm** ist besonders geeignet zur Darstellung von Gliederungszahlen.
- Das **Liniendiagramm** (Kurvendiagramm) ist besonders geeignet zur Darstellung von Zahlenreihen im Zeitablauf; Trends sind gut erkennbar.
- Zur Darstellung von Tabellen und Diagrammen werden häufig Tabellenkalkulations- und Geschäftsgrafik-Programme eingesetzt (siehe Seite 361 f.).

8.2 Kennzahlen

8.2.1 Verhältniszahlen

Beispiel:

Ein Großhandelsbetrieb bietet drei Produktgruppen A, B und C an. Für das abgelaufene Kalenderjahr liegen folgende Umsätze der Produktgruppe A (angegeben in TEUR) pro Quartal vor:

Produkt-gruppe	Quartalsumsatz in TEUR			
	Quartal 1	Quartal 2	Quartal 3	Quartal 4
A	11 300	12 600	14 700	14 600

Der mit der Produktgruppe A erzielte Gewinn betrug für das abgelaufene Kalenderjahr 3 192 000,00 EUR.

Ermitteln Sie für die Produktgruppe A

a) den prozentualen Anteil der Quartalsumsätze am Jahresumsatz,

b) die Umsatzrendite,

c) die prozentuale Umsatzentwicklung (Umsatz des 1. Quartals entspricht 100 %)!

Lösung:

a)

Produkt-gruppe	Quartalsumsatz in Prozent vom Gesamtumsatz ①			
	Quartal 1	Quartal 2	Quartal 3	Quartal 4
A	21,24	23,68	27,63	27,45 ② ③

b) Umsatzrendite $= \dfrac{3\,192\,000}{53\,200\,000} \cdot 100 = 6\,\%$ ④

c)

Produkt-gruppe	Prozentuale Umsatzentwicklung ⑤			
	Quartal 1	Quartal 2	Quartal 3	Quartal 4
A	100,00 %	111,50 %	130,09 %	129,20 %

Lösungsweg:

① Gesamtumsatz berechnen (53 200 000,00 EUR).

② Prozentuale Quartalsumsätze berechnen (z.B. für Quartal 1: $\dfrac{11\,300\,000}{53\,200\,000} \cdot 100 = 21,24\,\%$).

③ Die Summe der prozentualen Anteile muss formal 100 % ergeben. Aufgrund der Rundung der Prozentzahlen auf zwei Dezimalstellen ergibt die Summe nicht immer 100 %; der Rundungsfehler wird durch Aufrundung im Quartal 4 ausgeglichen.

④ Umsatzrendite $= \dfrac{\text{Gewinn}}{\text{Umsatz}} \cdot 100$

⑤ Der Umsatz im 1. Quartal entspricht 100 %. Prozentuale Umsatzentwicklung berechnen (z.B. für Quartal 2: $\dfrac{12\,600\,000}{11\,300\,000} \cdot 100 = 111,50\,\%$).

Merke:

● Zu den **statistischen Rechenverfahren** zählt man Verhältniszahlen und Mittelwerte (Durchschnittszahlen).

- **Verhältniszahlen** geben das Verhältnis zwischen zwei absoluten Zahlenwerten an. Bei den Verhältniszahlen unterscheidet man Gliederungszahlen, Beziehungszahlen und Indexzahlen (Messzahlen).

- **Gliederungszahlen** beziehen Teilgrößen auf ihre Gesamtgröße; meistens werden sie dargestellt als Prozentzahlen. Beispiele sind: Umsatzanteil eines Produktes am Gesamtumsatz, Anteil der Auszubildenden an der Gesamtbelegschaft, Anteil des Eigenkapitals am Gesamtkapital. Gliederungszahlen lassen sich grafisch mit Hilfe des Kreis- bzw. 3-D-Kreisdiagramms darstellen.

- **Beziehungszahlen** geben das Verhältnis zweier Größen wieder, die sachlich zueinander in Beziehung stehen. Beispiele sind: Rentabilitäts-, Produktivitäts- und Wirtschaftlichkeitskennzahlen (siehe Seite 496f. und Seite 557f.).

- **Indexzahlen** beziehen sich auf eine Grundzahl (Basiszahl, Index), die mit 100% festgesetzt wird; die übrigen Zahlen der Zahlenreihe werden in Prozentzahlen umgerechnet. Indexzahlen veranschaulichen die Entwicklung einer Zahlenreihe. Beispiele sind: Umsatz- und Gewinnentwicklung, Entwicklung des Personalbestandes.

  Indexzahlen lassen sich grafisch mit Hilfe von Linien-, Balken- und Säulendiagrammen darstellen.

8.2.2 Mittelwerte (Durchschnittszahlen)

Beispiel:

Im Rahmen der Qualitätskontrolle wurden in einem Unternehmen im Laufe einer Woche folgende Werte für fehlerhafte Produkte ermittelt:

Wochentag	Mo.	Di.	Mi.	Do.	Fr.	Sa.
Ausschuss in Stück	34	25	25	21	26	31

Ermitteln Sie

a)   den durchschnittlichen Ausschuss pro Tag,

b)   den Modalwert der Ausschusszahlen,

c)   den Zentralwert der Ausschusszahlen!

Lösung:

a)   Durchschnittlicher Ausschuss pro Tag $= \dfrac{34 + 25 + 25 + 21 + 26 + 31}{6} = 27$ Stück.

b)   Der Modalwert ist 25 Stück.

c)   Zentralwert $= \dfrac{25 + 26}{2} = 25,5$ Stück (und zwar für die Zahlenreihe 21, 25, 25, 26, 31, 34).

Merke:

- Die **Mittelwerte (Durchschnittszahlen)** stellen neben den Verhältniszahlen die zweite Gruppe der statistischen Rechenverfahren dar.

- Der **Mittelwert** ist entweder eine durchschnittliche Größe oder eine in Abhängigkeit von ihrer Lage oder Häufigkeit typische Größe einer Zahlenreihe. Man unterscheidet vor allem arithmetisches Mittel, Modalwert und Zentralwert.

- Das **arithmetische Mittel (Durchschnittswert)** ergibt sich, indem man die Summe mehrerer Werte durch die Anzahl der Werte dividiert. Man unterscheidet das einfache und das gewogene arithmetische Mittel (siehe Seite 398 f.).

- Der **Modalwert** ist der häufigste Wert, der in einer Zahlenreihe vorkommt.

- Der **Zentralwert (Median)** ergibt sich aus seiner Lage innerhalb einer geordneten Zahlenreihe (Mittelwert der Lage). Der Zentralwert liegt genau in der Mitte der Zahlenreihe; ist die Anzahl der Zahlenwerte gerade, ist der Zentralwert das arithmetische Mittel der beiden mittleren Zahlenwerte.

9 Aufgaben

Die Lösungen der Aufgaben sind im Anhang, Seite 590 ff. zu finden.

Aufgabengruppe 1

1 Der Reingewinn einer OHG beträgt 44 700,00 EUR. Nach dem Gesellschaftsvertrag erhält der Gesellschafter A zunächst 24 000,00 EUR. Der Rest wird unter die Gesellschafter entsprechend ihrer Kapitalbeteiligung verteilt.

Kapital A	115 000,00 EUR
Kapital B	158 000,00 EUR
Kapital C	72 000,00 EUR

a) Wie viel erhält jeder Gesellschafter?

b) Wie viel Prozent beträgt die Kapitalverzinsung?

2 Ein Großhandelsbetrieb schuldet einem Lieferanten aus den USA 20 400,00 USD und beauftragt seine Bank, diesen Betrag zu überweisen. Die Bank berechnet für die Überweisung eine Provision in Höhe von 5 $^0/_{00}$; der Wechselkurs beträgt 1,0256 USD/1 EUR.

Mit welchem Betrag belastet die Bank das Konto des Auftraggebers?

3 Ein Kredit, der am 31. März 20.. zurückzuzahlen ist, wurde am 30. November des vorangegangenen Jahres nach Abzug von 30,00 EUR Bearbeitungsgebühr und 12 % Zinsen mit 1 410,00 EUR ausgezahlt.

Wie hoch war die Kreditsumme?

4 Nach einer dreimaligen degressiven Abschreibung in Höhe von 20 % steht eine Maschine am Ende des dritten Jahres noch mit 40 960,00 EUR zu Buch.

Wie hoch war der Anschaffungswert?

5 In einer Holzfabrik stellen 25 Arbeiter bei einer täglichen Arbeitszeit von 8 Stunden und der 5-Tage-Woche 1 200 Paletten her. Der Betrieb erhält einen Auftrag über 1 800 Paletten. Weil 5 Arbeiter wegen Urlaubs ausfallen, wird täglich eine Stunde länger gearbeitet.

In welcher Zeit (Tage und Arbeitsstunden) wird der Auftrag ausgeführt?

Aufgabengruppe 2

1 Für eine Liefererrechnung über 21 000,00 EUR gelten folgende Zahlungsbedingungen: Zahlbar innerhalb von 10 Tagen abzüglich 2 % Skonto oder innerhalb 30 Tagen netto. Um Skonto ausnutzen zu können, müsste ein Kredit zu 8 % aufgenommen werden.
   a) Welchem Zinssatz entspricht der Skonto?
   b) Wie hoch ist der Finanzierungsgewinn?

2 Eine am 15. Juli fällige Rechnung über 2 450,00 EUR wurde erst am 27. September einschließlich Verzugszinsen mit 2 479,40 EUR bezahlt.

   Wie viel Prozent Verzugszinsen sind berechnet worden?

3 Ein Handlungsreisender eines Großhandelsbetriebes erhält monatlich ein festes Gehalt von 1 500,00 EUR und eine Umsatzprovision von 2,5 %.

   Welchen Umsatz muss er erreichen, um ein monatliches Gesamteinkommen von 3 500,00 EUR zu erzielen?

4 Für einen Kredit, der vom 30. Mai bis zum 31. Juli in Anspruch genommen wurde, zahlte ein Betrieb einschließlich 12 % Zinsen 91 800,00 EUR zurück.

   Wie hoch waren der Kredit und die Zinsen?

5 Nach Abzug von 2 % Skonto überweist ein Schuldner 9 192,00 EUR. Die Zahlungsbedingungen lauteten: Zahlbar innerhalb von 10 Tagen mit 2 % Skonto oder innerhalb von 60 Tagen netto Kasse. Um den Skonto ausnutzen zu können, musste der Schuldner einen kurzfristigen Kredit aufnehmen, für den 153,20 EUR Zinsen berechnet wurden.
   a) Wie hoch war der Rechnungsbetrag?
   b) Wie viel Tage war der Kredit in Anspruch genommen?
   c) Wie hoch war der Zinssatz für den Kredit?

Aufgabengruppe 3

1 Ein Schweizer Geschäftsmann wechselt auf einer Geschäftsreise in Deutschland 4 000,00 Schweizer Franken in kanadische Dollar um.

   Wie viel kanadische Dollar erhält er (Wechselkurse: 1,5147 CHF/1 EUR; 1,4130 CAD/1 EUR)?

2 Für ein Darlehen von 4 500,00 EUR, das am 28. Juni ausgeliehen wurde, sind 9 % Zinsen vereinbart worden.

   Wann wurde das Darlehen zurückgezahlt, wenn 139,50 EUR Zinsen berechnet wurden?

3 Eine Gesellschaft hat ein Eigenkapital von 850 000,00 EUR. Bei der Gewinnverteilung erhalten:

   A 23 800,00 EUR
   B 27 200,00 EUR
   C 34 000,00 EUR
   D 21 250,00 EUR

   Wie groß ist die Kapitaleinlage eines jeden Gesellschafters, wenn der Gewinn nach dem Verhältnis der Kapitalanteile verteilt wurde?

4 In der Schlussbilanz eines Großhandelsbetriebes zum 31. Dezember stand den Vermögenswerten (Aktiva) in Höhe von 438 000,00 EUR ein Fremdkapital in Höhe von 284 000,00 EUR gegenüber. Die Gewinn- und Verlustrechnung zeigte 83 835,00 EUR Aufwendungen und 99 180,00 EUR Umsatzerlöse. Einlagen sind nicht gemacht worden; die Privatentnahmen betrugen 8 345,00 EUR.

Wie hat sich das Eigenkapital (Anfangskapital) im Geschäftsjahr verzinst?

5 Für ein am 17. Januar ausgeliehenes Kapital wurden am 22. Mai 6 % Zinsen in Höhe von 151,25 EUR gezahlt.

Wie hoch ist das Kapital?

Aufgabengruppe 4

1 Der Neubau einer Garage wurde mit 48 600,00 EUR veranschlagt. Bei Beginn des Baus wurde eine Abschlagszahlung von 24 000,00 EUR geleistet. Der Rest soll vier Monate nach Fertigstellung zuzüglich $7\frac{1}{2}$ % Zinsen bezahlt werden. Die endgültige Kostenrechnung lautet über 49 815,00 EUR.

   a) Um wie viel Prozent wurde der Kostenanschlag überschritten?

   b) Wie hoch ist die Restzahlung?

2 Ein Großhandelsbetrieb hat in einer Sendung zwei Sorten Waren bezogen:

   1. Sorte 1 430 kg zu insgesamt   942,00 EUR
   2. Sorte 1 844 kg zu insgesamt 2 355,00 EUR

Die Bezugsspesen in Höhe von 72,80 EUR sind wertmäßig zu verteilen.

Ermitteln Sie für jede Sorte den Bezugspreis pro kg!

3 Ein Großhandelsbetrieb hat eine am 20. März fällige Rechnung in Höhe von 12 400,00 EUR zu bezahlen. Er gibt dem Lieferer zunächst zwei Akzepte:

   1. 5 200,00 EUR, fällig am 25. April
   2. 4 600,00 EUR, fällig am 15. Mai

Den Restbetrag zahlt er am 20. März durch Bankscheck.

Über welchen Betrag lautet dieser Scheck, wenn $7\frac{1}{2}$ % Diskont berechnet werden?

4 Ein Großhandelsbetrieb hat Waren für 8 500,00 EUR bestellt. Lieferung sofort. Zahlung: 30 Tage Ziel oder 2 % Skonto, falls er beim Eingang der Waren zahlt. Um den Skonto ausnutzen zu können, nimmt er einen Bankkredit über 6 000,00 EUR zum Jahreszinssatz von 10 % auf.

   a) Wie viel EUR spart er bei sofortiger Zahlung?

   b) Welchem Zinssatz entspricht der Skonto?

5 Ein Großhandelsbetrieb kauft eine Maschine zum Preis von 80 000,00 EUR. 20 000,00 EUR werden am 15. Februar bei Lieferung bezahlt; der Rest ist in drei gleichen Raten am 15. Mai, 15. August und am 15. November zu bezahlen!

Wie viel EUR sind am 15. November einschließlich 9 % Zinsen zu überweisen?

Aufgabengruppe 5

1 Ein Unternehmen erwirbt ein Geschäftsgebäude für 450 000,00 EUR. Finanziert wird der Kauf durch eine Hypothek über 150 000,00 EUR und durch eigene Mittel. Die monatlichen Mieteinnahmen betragen 4 500,00 EUR. Folgende Aufwendungen fallen an: 8 % Hypothekenzinsen, 2 % Abschreibung, sonstige Kosten monatlich 1 200,00 EUR.

Wie hoch ist die Eigenkapitalverzinsung?

2 Ein Kunde überweist nach Abzug von 3 % Skonto 9 312,00 EUR. Zahlungsbedingungen: Zahlbar innerhalb von 10 Tagen mit 3 % Skonto oder innerhalb 30 Tagen netto Kasse. Um den Skonto in Anspruch nehmen zu können, musste der Kunde einen Kredit aufnehmen, für den 77,60 EUR Zinsen zu zahlen waren.
   a) Wie hoch war der Rechnungsbetrag?
   b) Welchem Zinssatz entspricht der Skontosatz?
   c) Welcher Kreditzinssatz lag zugrunde?

3 Eine Bank zahlte nach Abzug von 8 % Zinsen und 1 % Bearbeitungsgebühr (vom Kredit) 24 250,00 EUR aus. Der Kredit wurde beansprucht vom 24. August bis zum 24. November.

Wie hoch waren der Kredit, die Zinsen und die Bearbeitungsgebühr?

4 Nach einer Steigerung von $6\frac{1}{4}$ %, einem Rückgang von 10 % und einer anschließenden Steigerung von $3\frac{1}{3}$ % beträgt der Umsatz eines Unternehmens 256 912,50 EUR.

Wie hoch war der ursprüngliche Umsatz?

5 Ein Erzeugnis verliert beim Reifeprozess 5 % seines Gewichts. In der anschließenden Veredelungsphase nimmt das Gewicht (gemessen am Gewicht nach dem Reifeprozess) um 2 % zu. Das Erzeugnis wiegt nun 116,280 kg.

Wie hoch war das ursprüngliche Gewicht des Erzeugnisses?

Aufgabengruppe 6

1 Die Aufwendungen für eine Verpackungsanlage betrugen: Anschaffungspreis netto 400 000,00 EUR, Bezugskosten netto 8 000,00 EUR, Montagekosten netto 12 000,00 EUR. Die Summe der bisherigen Abschreibungen beträgt 294 000,00 EUR.

Wie viel Jahre wurde die Anlage genutzt, wenn sie in 10 Jahren linear abgeschrieben wird?

2 Das Nationaleinkommen eines Landes betrug in einem Jahr 1 200 Mrd. EUR, im nächsten Jahr 1 266,9 Mrd. EUR.

Wie groß ist das reale Wachstum des Nationaleinkommens, wenn die Inflationsrate 3 % betrug?

3 Der Jahresabsatz eines Unternehmens betrug für ein Produkt 4 000 Stück. Der Exportanteil betrug 25 %. Das Unternehmen hatte für dieses Produkt einen Inlandsmarktanteil von 2 %.

Wie viel Produkte wurden insgesamt (d. h. von allen Anbietern) auf dem Inlandsmarkt abgesetzt?

4 Die durchschnittliche Lagerdauer in einem Betrieb beträgt 20 Tage.

Welcher Lagerzinssatz ergibt sich für das Lager, wenn der bankenübliche Jahreszinssatz 12 % beträgt?

5 Die gleiche Ware wird von zwei Lieferern zum gleichen Stückpreis von 16,30 EUR angeboten.

A gewährt beim Kauf von mindestens 100 Stück 8 % Rabatt.

B bietet bei Abnahme von jeweils 50 Stück zusätzlich 5 Stück kostenlos an.

Wie hoch sind die Stückpreise der beiden Angebote, wenn 120 Stück dieser Ware gebraucht werden?

Aufgabengruppe 7

1 Beim Kauf einer Ware sind folgende Transportkosten angefallen: Hausfracht am Versandort (Anfuhr) 48,50 EUR, Fracht 185,00 EUR, Hausfracht am Empfangsort (Abfuhr) 34,00 EUR.

Wie viel EUR Bezugskosten hat der Käufer zu zahlen, wenn folgende Lieferungsbedingungen gelten:
a) unfrei,
b) gesetzliche Regelung,
c) frachtfrei,
d) frei Lager,
e) ab Werk?

2 Ein Großhandelsbetrieb verkauft täglich durchschnittlich 240 Stück eines Artikels.

Wie groß ist der Meldebestand, wenn die Lieferzeit 20 Tage beträgt und der Mindestbestand 8 Tage reichen soll?

3 Ein deutscher Exporteur aus München verkauft Waren nach Brasilien. Folgende Beförderungskosten sind angefallen:

Hausfracht in Deutschland	180,00 EUR,
Fracht bis Kai Hamburg	1 300,00 EUR,
Schiffsverladekosten	400,00 EUR,
Seefracht bis Hafen (Brasilien)	6 500,00 EUR,
Seetransportversicherung	620,00 EUR,
Schiffsentladekosten	280,00 EUR,
Fracht bis Bestimmungsort	740,00 EUR,
Anfuhrkosten am Bestimmungsort	90,00 EUR.

Wie viel EUR Bezugskosten hat der Käufer zu zahlen, wenn folgende Incoterms vereinbart sind:
a) EXW,
b) FAS,
c) FOB,
d) CFR,
e) CIF,
f) DDP,
g) DES,
h) DEQ?

4 Ein Großhandelsbetrieb erwartet einen Nettojahresumsatz in Höhe von 1 680 000,00 EUR. Er rechnet mit einem Kalkulationszuschlag von 40 % und einer Umschlagshäufigkeit von 4.

Wie hoch ist der durchschnittliche jährliche Kapitaleinsatz?

5 Ein Großhandelsbetrieb, der bisher seinen Kunden keinen Skontoabzug einräumte, will in Zukunft 3 % Skonto gewähren.

a) Zu welchem Preis muss er eine Ware anbieten, die er bisher für 6305,00 EUR verkaufte?
b) Mit welchem Faktor muss er alle seine bisherigen Verkaufspreise multiplizieren, um zu den neuen Preisen zu kommen?

Aufgabengruppe 8

1 Die durchschnittliche Lagerdauer in einem Betrieb beträgt 20 Tage.

Welcher Lagerzinssatz ergibt sich für das Lager, wenn der bankenübliche Jahreszinssatz 12% beträgt?

2 Für eine Ware liegen folgende Werte vor:

Mindestbestand	150 Einheiten
Istbestand	950 Einheiten
Bestell- und Lieferdauer	10 Tage
Tagesabsatz	50 Einheiten

Nach wie viel Tagen muss die Bestellung erfolgen?

3 Die durchschnittliche Lagerdauer für eine Ware beträgt 40 Tage, der Lagerzinssatz beträgt 1,2%.

Berechnen Sie

a) die Umschlaghäufigkeit,

b) den bankenüblichen Jahreszinssatz!

4 Einem Betrieb gelingt es, bei einem unveränderten Jahresumsatz in Höhe von 480000,00 EUR die Umschlaghäufigkeit von 6 auf 8 zu erhöhen.

Wie hoch war der Kapitaleinsatz vor und nach der Erhöhung der Umschlaghäufigkeit?

5 In einem Großhandelsbetrieb werden folgende Zahlen ermittelt:

Wareneinsatz	150000,00 EUR
Jahresanfangsbestand	85000,00 EUR
Summe der 12 Monatsendbestände	305000,00 EUR

Berechnen Sie

a) den durchschnittlichen Lagerbestand,

b) die Umschlaghäufigkeit,

c) die durchschnittliche Lagerdauer,

d) die Höhe der Kapitalbindung!

Aufgabengruppe 9

1 Einem Kreditnehmer wird für eine Laufzeit von 28 Monaten ein Kredit in Höhe von 10000,00 EUR zu 7,4% p.a. mit einer einmaligen Bearbeitungsgebühr von 1,25% angeboten.

Wie hoch ist der Effektivzins?

2 Ein Versandhaus bietet ein Farbfernsehgerät zu folgenden Bedingungen an: Kaufpreis 1 950,00 EUR; Anzahlung 350,00 EUR, monatliche Rückzahlungsraten zu 100,00 EUR; 0,55 % Kreditzinsen pro Monat auf die Kaufsumme; einmalige Bearbeitungsgebühr in Höhe von 0,9 % auf die Kreditsumme.

Wie hoch ist der effektive Zinssatz?

3 In einem Großhandelsbetrieb betrugen:

Warenanfangsbestand	24 500,00 EUR
Warenzugang im abgelaufenen Geschäftsjahr	186 450,00 EUR
Warenendbestand	28 730,00 EUR

Berechnen Sie:

a) den Warenumsatz zu Einstandspreisen,

b) den durchschnittlichen Lagerbestand,

c) die Umsatzgeschwindigkeit,

d) die durchschnittliche Lagerdauer!

4 Der Verkaufspreis eines Restpostens einer Ware wurde um 40 % herabgesetzt und nunmehr mit 168,00 EUR festgesetzt.

a) Welches war der Einstandspreis der Ware, wenn seinerzeit mit $33\frac{1}{3}$ % Zuschlag kalkuliert worden war?

b) Wie viel % unter dem Einstandspreis lag demnach der Preis für den Restposten?

5 Die Buchhaltung eines Großhändlers wies am Jahresende folgende Zahlen aus:

Warenanfangsbestand	45 600,00 EUR	Warenendbestand	52 800,00 EUR
Wareneinkauf	685 300,00 EUR	Warenumsatz	834 200,00 EUR
Bezugskosten	26 400,00 EUR	Geschäftskosten	81 700,00 EUR

Wie hoch waren:

a) der Warenausgang zu Einstandspreisen,

b) der Warenrohgewinn,

c) der Handlungskostenzuschlag,

d) der Kalkulationszuschlag und die Handelsspanne,

e) der Reingewinn und der Gewinnzuschlag?

Aufgabengruppe 10

1 Von einem Großhandelsbetrieb sind folgende Daten für ein Geschäftsjahr bekannt:

Wareneinkäufe	280 000,00 EUR
Warenanfangsbestand	100 000,00 EUR
Warenschlussbestand	60 000,00 EUR
Warenverkäufe	500 000,00 EUR

Wie viel Tage beträgt die durchschnittliche Lagerdauer?

2 Ein Handlungsreisender erhält in einem Monat ein Einkommen in Höhe von 4 800,00 EUR; sein Umsatz beträgt 75 000,00 EUR.

Wie hoch war der Provisionssatz des Reisenden, wenn sein Fixum 3 300,00 EUR betrug?

3 In einem Betrieb mit einem Wareneinsatz in Höhe von 540 000,00 EUR beträgt die durchschnittliche Lagerdauer 60 Tage.

Wie hoch ist der durchschnittliche Lagerbestand?

4 Der Kurs für den US-$ liegt in der Bundesrepublik Deutschland bei 1,0402 US-$/1 €.

Wie hoch ist der entsprechende Euro-Kurs in den USA für 1 Dollar?

5 Von einer Ware, deren Mindestbestand 60 Stück beträgt, werden pro Arbeitstag durchschnittlich 12 Stück verkauft. Die Lieferzeit beträgt 10 Tage.

Nach wie viel Arbeitstagen (5-Tage-Woche) muss neu bestellt werden, wenn der Lagerbestand montags 252 Stück beträgt?

Aufgabengruppe 11

1 Gegeben ist folgendes Diagramm:

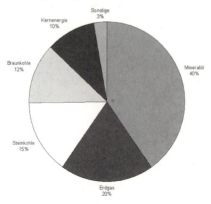

Energieträger in Deutschland 20..

a) Wie nennt man die Form der Darstellung?
b) Der Mineralölverbrauch betrug 195,2 Mio. t SKE (Steinkohleeinheiten). Berechnen Sie den Kernenergieverbrauch in Mio. t SKE!
c) Berechnen Sie den gesamten Energieverbrauch in Mio. t SKE!
d) Berechnen Sie den Pro-Kopf-Verbrauch an Energie, wenn die Bevölkerungszahl 80 Mio. betrug!

2 Gegeben ist folgende Tabelle für die Entwicklung von Wareneinfuhr und Warenausfuhr:

Jahr	Einfuhr	Ausfuhr	Bruttoinlandsprodukt
	in Mrd. EUR		
1	643,9	665,8	2 853,6
2	637,5	671,2	3 075,6
3	566,5	628,4	3 159,1
4	611,2	685,1	3 320,0

a) Berechnen Sie den Saldo des Außenhandels im 4. Jahr!
b) Berechnen Sie die einzelnen Veränderungen der Einfuhr bezogen auf das 1. Jahr (Basisjahr)!
c) Berechnen Sie die Steigerung der Einfuhr im 4. Jahr im Vergleich zum 3. Jahr!
d) Berechnen Sie den Anteil der Ausfuhr am Bruttoinlandsprodukt im 4. Jahr!

3 Gegeben ist folgendes Diagramm:

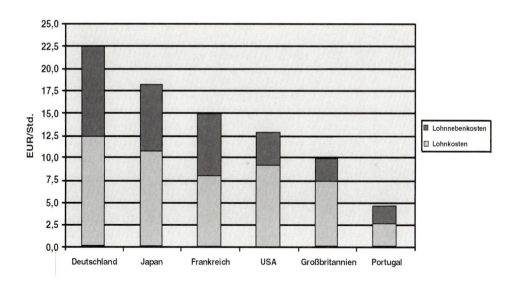

a) Wie nennt man die Form der grafischen Darstellung?
b) Berechnen Sie den prozentualen Anteil der Lohnnebenkosten an den Lohnkosten für Deutschland und Großbritannien!
c) Um wie viel Prozent sind die Arbeitskosten in Deutschland höher als die Arbeitskosten in Großbritannien?
d) Um wie viel Prozent sind die Lohnkosten und die Lohnnebenkosten in Deutschland höher als die entsprechenden Kosten in Großbritannien?

4 Gegeben sind folgende Informationen über die Entwicklung des Bruttoinlandsprodukts:

Bruttoinlandsprodukt 20..

Jahr	Nominal	Real[1]
	in Mrd. EUR	
1	1 925	1 791
2	1 990	1 818
3	2 096	1 886
4	2 024	1 954
5	2 425	2 065
6	2 816	2 307
7	3 028	2 355
8	3 107	2 325
9	3 230	2 344

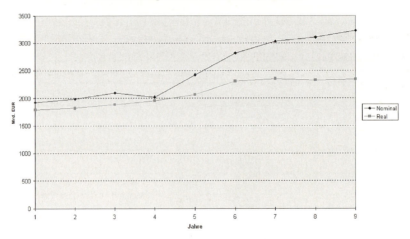

Entwicklung des Bruttoinlandsprodukts

a) Wie nennt man die Form der grafischen Darstellung?
b) Berechnen Sie für jedes Jahr das nominale und das reale Wirtschaftswachstum!
c) Für das Jahr 10 beträgt die nominale Steigerung des Bruttoinlandsprodukts 4,9 %; berechnen Sie die Höhe des Bruttoinlandsprodukts!
d) Für das Jahr 10 beträgt die Inflationsrate 2,6 %; berechnen Sie das reale Bruttoinlandsprodukt!
e) Beurteilen Sie die Entwicklung des Bruttoinlandsprodukts!

---

1 Diese Form der Darstellung war bis 2004 üblich; ab dem Jahr 2005 wird die so genannte Vorjahresmethode angewandt (siehe Seite 137).

5 Gegeben ist folgendes Diagramm:

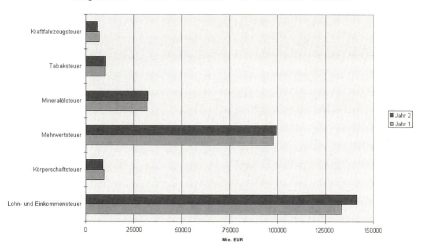

a) Wie nennt man die Form der grafischen Darstellung?
b) Beurteilen Sie die Entwicklung der einzelnen Steuerarten!
c) Nennen Sie jeweils die wichtigste Bundessteuer, Ländersteuer und gemeinschaftliche Steuer!

V. Buchführung

1 Grundlagen der Buchführung

1.1 Grundbegriffe

Aufgabe 1:

Unterscheiden Sie folgende Begriffe:

a) Grundbuch, Hauptbuch und Nebenbücher,

b) Personenkonten und Sachkonten,

c) Kontenrahmen und Kontenplan!

Lösung:

a) Das **Grundbuch** (Journal, Tagebuch) enthält alle Geschäftsvorfälle in zeitlicher Reihenfolge.

Das **Hauptbuch** erfasst auf Konten alle Vorgänge des Grundbuchs entsprechend ihrem sachlichen Zusammenhang.

Die **Nebenbücher** ergänzen und erläutern in Form von Karteien bzw. Dateien bestimmte Sachkonten des Hauptbuchs. Die Nebenbücher sind mit den entsprechenden Konten des Hauptbuchs abzustimmen. Nebenbücher sind

- **Geschäftsfreundebuch** (Kontokorrentbuch), es erläutert die Konten Forderungen (Kundenkonten = Debitoren) und Verbindlichkeiten (Liefererkonten = Kreditoren), indem für jeden Kunden und jeden Lieferer ein eigenes Konto eingerichtet wird; bei den Abschlussarbeiten (z.B. am Monats- oder Jahresende) muss die Summe der Salden der Debitoren mit dem Saldo des Kontos Forderungen des Hauptbuches übereinstimmen; ebenfalls übereinstimmen muss die Summe der Salden der Kreditoren mit dem Saldo des Kontos Verbindlichkeiten.

- **Anlagebuch,** es erläutert alle Anlagekonten, indem für jeden Anlagegegenstand eine Kartei bzw. Datei angelegt wird (erfasst werden z.B. Anschaffungsjahr, geplante Nutzungsdauer, Abschreibungen);

- **Wechselbuch,** erfasst werden alle Wechselforderungen und -verbindlichkeiten;

- **Lohn- und Gehaltsbuch,** erfasst werden für jeden Arbeitnehmer alle mit der Lohn- und Gehaltszahlung verbundenen Daten;

- **Lagerbuch** (Lagerbuchführung, siehe Seite 195).

b) **Personenkonten** sind die Konten der Kunden (Debitoren) und der Lieferer (Kreditoren). Die Personenkonten werden meist in Form eines Nebenbuches geführt, und zwar als Geschäftsfreundebuch (es handelt sich um namentlich geführte Konten).

Sachkonten sind alle Hauptbuchkonten, d.h. alle Konten, die über das Schlussbilanzkonto bzw. das Gewinn- und Verlustkonto abgeschlossen werden.

c) Der **Kontenrahmen** für den Groß- und Außenhandel ordnet alle für Großhandelsbetriebe wichtigen Konten einheitlich nach einem verbindlichen System (Klasse 0: Anlage- und Kapitalkonten; Klasse 1: Finanzkonten; Klasse 2: Abgrenzungskonten; Klasse 3: Wareneinkaufskonten, Warenbestandskonten; Klasse 4: Konten der Kostenarten; Klasse 8: Warenverkaufskonten [Umsatzerlöse]; Klasse 9: Abschlusskonten).

Zu den **Aufgaben des Kontenrahmens** zählen:

- Vereinheitlichung und Organisation des Rechnungswesens für Großhandelsbetriebe,
- Grundlage für zwischen- und innerbetriebliche Vergleiche (siehe Seite 414),
- Erleichterung der Anwendung der Datenverarbeitung,
- Harmonisierung des Rechnungswesens innerhalb der Europäischen Union.

Der **Kontenplan** wird aus dem Kontenrahmen entwickelt; er enthält nur die für das betreffende Unternehmen erforderlichen Konten.

Aufgabe 2:

Nennen Sie die wichtigsten gesetzlichen Bestimmungen der Buchführung nach dem

a) Handelsgesetzbuch,

b) Steuerrecht!

Lösung:

a) Das 3. Buch des **HGB** enthält u. a. folgende Vorschriften:

- **1. Abschnitt** (gilt für alle Kaufleute):
  Buchführungspflicht (§ 238); Pflicht zur Aufstellung des Inventars (§ 240) und des Jahresabschlusses (§ 242); Bewertungsgrundsätze und Bewertungsvorschriften (§§ 252 – 256, siehe Seite 479 ff.); Aufbewahrungspflicht (§ 257);
- **2. Abschnitt** (enthält ergänzende Vorschriften für Kapitalgesellschaften):
  Gliederung der Bilanz (§ 266); Gliederung der Gewinn- und Verlustrechnung (§ 275); Erläuterung der Bilanz und der Gewinn- und Verlustrechnung im Anhang (§§ 284 – 288); Lagebericht (§ 289); Offenlegung (§ 325) (zum Lagebericht und zur Offenlegung siehe Seite 109 f.);
- **3. Abschnitt** (enthält ergänzende Vorschriften für eingetragene Genossenschaften):
  Pflicht zur Aufstellung von Jahresabschluss und Lagebericht; Vorschriften zur Bilanz, zum Anhang und zur Offenlegung.

b) **Steuerrechtliche Vorschriften** für die Buchführung sind enthalten in:

- **Abgabenordnung,** ergänzende Vorschriften über die ordnungsgemäße Buchführung; Recht zur Betriebsprüfung durch das Finanzamt;
- **Einkommensteuergesetz,** Vorschriften für die Ermittlung des Einkommens von natürlichen Personen;
- **Körperschaftsteuergesetz,** Vorschriften für die Ermittlung des Einkommens von juristischen Personen (z. B. Aktiengesellschaft).

Aufgabe 3:

Beschreiben Sie folgende Grundsätze ordnungsmäßiger Buchführung (GoB):

a) Verständlichkeit,

b) Kopien abgesandter Handelsbriefe,

c) Sprache der Buchführung,

d) Vollständigkeit,

e) Änderungen in den Büchern,

f) Speicherung auf Datenträgern,

g) Aufbewahrung,

h) Belegprinzip!

Lösung:

a) Die Buchführung muss so beschaffen sein, dass ein **sachverständiger Dritter** sich in angemessener Zeit darin zurechtfinden kann.

b) Der Kaufmann ist verpflichtet, **Kopien** abgesandter **Handelsbriefe** zurückzubehalten (z. B. Durchschriften, Mikrofilm oder Datenträger wie z. B. Diskette).

c) Die Handelsbücher und Aufzeichnungen müssen in einer **lebenden Sprache** abgefasst sein.

d) Alle Eintragungen müssen **vollständig** (lückenlos), **richtig** (fiktive Buchungen und Konten sind verboten), **zeitgerecht** und **geordnet** (z. B. Belegnummerierung) sein.

e) Eintragungen dürfen nicht überschrieben oder radiert werden, der **ursprüngliche Inhalt** muss feststellbar sein. Notwendige Korrekturen sind mit Stornobuchungen durchzuführen.

f) Die Buchführung wird vielfach mit Hilfe der Datenverarbeitung durchgeführt. Dabei sind neben den GoB zusätzlich die **Grundsätze ordnungsgemäßer DV-gestützter Buchführungssysteme** (GoBS) zu beachten. Wichtige Grundsätze der GoBS sind: **Verfahrensdokumentation** (genaue Beschreibung der eingesetzten Verfahren und Programme), **Gewährleistung des Zugriffs** (jederzeitiger und sicherer Zugriff auf die gespeicherten Geschäftsfälle und Buchungen), **Zugriffsschutz** (keine Veränderung der Daten ohne Nachweis des vorausgegangenen Zustandes).

g) Handelsbücher, Inventare, Bilanzen, GuV-Rechnungen, Buchungsbelege sind 10 Jahre, Handelsbriefe sind 6 Jahre **aufzubewahren.** Die Aufbewahrungsfrist beginnt mit dem Schluss des Kalenderjahres, in dem die Unterlagen angefallen sind.

h) Das **Belegprinzip** besagt, dass keine Buchung ohne Beleg erfolgen darf. Man unterscheidet **Fremdbelege** (z. B. Eingangsrechnungen, Bank- und Postbelege), **Eigenbelege** (z. B. Ausgangsrechnungen, Entnahmescheine, Lohn- und Gehaltslisten, Belege über den Eigenverbrauch) sowie **Notbelege** (erforderlich bei Fehlen bzw. Verlust von Fremd- oder Eigenbelegen).

Merke:

● Das **betriebliche Rechnungswesen** umfasst die Bereiche Buchführung, Kosten- und Leistungsrechnen (siehe Seite 525 ff.); Statistik (siehe Seite 411 ff.) sowie Planungsrechnung (siehe Seite 227 ff. und 266).

Aufgaben des Rechnungswesens sind Information, Dokumentation, Planung und Kontrolle.

● Hauptaufgabe der **Buchführung** ist die lückenlose und ordnungsgemäße Erfassung aller Geschäftsvorfälle eines Unternehmens.

Die Buchführung zeigt den Stand sowie alle Veränderungen des Vermögens und der Schulden. Sie ermittelt den Erfolg des Unternehmens, ist Grundlage für die Besteuerung des Unternehmens und dient als Beweismittel bei Rechtsstreitigkeiten.

● Der **Jahresabschluss** der Einzelkaufleute und Personengesellschaften umfasst die Bilanz und die Gewinn- und Verlustrechnung; der Jahresabschluss der Kapitalgesellschaften umfasst die Bilanz, die Gewinn- und Verlustrechnung und den Anhang (siehe Seite 488 ff.). Grundlegende Aufgaben des Jahresabschlusses sind die Informations-, Rechenschaftslegungs- und Gewinnverwendungsfunktion.

● Im Zusammenhang mit der Erstellung des Jahresabschlusses sind folgende Aufgaben durchzuführen: periodengerechte Erfassung der Aufwendungen und Erträge, Ermittlung der Bestände an Vermögen und Schulden durch die Inventur (Differenzen zwischen Inventur- und Buchwerten sind buchhalterisch auszugleichen), Bewertung der Vermögensteile und Schulden, Vornahme der vorbereitenden Abschlussbuchungen, Abschluss der Konten des Hauptbuchs (Abschlussbuchungen).

- Zu den **vorbereitenden Abschlussbuchungen (Umbuchungen)** zählen z.B. Abschreibungen auf Sachanlagen, zeitliche Abgrenzungen (Sonstige Forderungen und Sonstige Verbindlichkeiten, Aktive und Passive Rechnungsabgrenzung, Rückstellungen), Abschluss von Unterkonten (Unterkonten von Wareneingang, von Warenverkauf, von Eigenkapital), Abschluss von Vorsteuer über Umsatzsteuer, Abschluss des Kontos Warenbestände (Mehr- bzw. Minderbestand).
- **Abschlussbuchungen** sind: Abschluss der Erfolgskonten über das GuV-Konto, Abschluss des GuV-Kontos über das Eigenkapitalkonto, Abschluss der Bestandskonten über das Schlussbestandskonto.

1.2 Inventar und Bilanz

Beispiel:

Für den Großhandelsbetrieb Büromaschinen GmbH, Hauptstr. 25, 66424 Homburg, liegt aufgrund der Inventur am Ende des Geschäftsjahres (31. Dezember 20..) folgendes Inventar vor:

A. Vermögen	EUR	EUR
I. Anlagevermögen		
1. Gebäude		
Lagerhalle	800 000,00	
Verwaltungsgebäude	970 000,00	1 770 000,00
2. Fuhrpark (lt. Anlagendatei 1)		
Pkw	180 000,00	
Lkw	710 000,00	890 000,00
3. Betriebs- und Geschäftsausstattung		
Lagereinrichtung (lt. Anlagendatei 2)	120 000,00	
Büroeinrichtung (lt. Anlagendatei 3)	95 000,00	
DV-Anlagen (lt. Anlagendatei 4)	48 000,00	263 000,00
II. Umlaufvermögen		
1. Warenvorräte (lt. Inventurliste)		
Kopiergeräte	43 000,00	
Computer	98 000,00	
Faxgeräte	33 000,00	
Frankier- und Kuvertiermaschinen	78 000,00	
Organisationsschreibtische	18 000,00	
Bürostühle	11 000,00	281 000,00
2. Forderungen aus Lieferungen und Leistungen		
Gergen GmbH, St. Ingbert	11 000,00	
Leyser OHG, Homburg	23 000,00	
Bauer AG, Kaiserslautern	35 000,00	69 000,00
3. Kassenbestand		4 000,00

4. Guthaben bei Kreditinstituten		
Kreissparkasse Homburg	21 000,00	
Volksbank Homburg	13 000,00	34 000,00
Summe des Vermögens (Rohvermögen)		**3 311 000,00**

B. Schulden

1. Verbindlichkeiten gegenüber Kreditinstituten		
Hypothekendarlehen Kreissparkasse Homburg	800 000,00	
Darlehen Volksbank Homburg	750 000,00	1 550 000,00
2. Verbindlichkeiten aus Lieferungen und Leistungen		
Orga GmbH, Dillingen	92 000,00	
DV-Technik AG, Saarbrücken	73 000,00	165 000,00
Summe der Schulden		**1 715 000,00**

C. Ermittlung des Eigenkapitals (Reinvermögen)

Summe des Vermögens	3 311 000,00
− Summe der Schulden	1 715 000,00
= Eigenkapital (Reinvermögen)	**1 596 000,00**

Erstellen Sie auf der Grundlage des Inventars die Bilanz zum 31. Dezember 20..!

Lösung:

Aktiva		**Bilanz zum 31. Dez. 20..**		Passiva
I. Anlagevermögen		I. Eigenkapital	1 596 000,00
1. Gebäude	1 770 000,00	II. Verbindlichkeiten	
2. Fuhrpark	890 000,00	1. Verbindlichkeiten gegen-	
3. Betriebs- und		über Kreditinstituten	1 550 000,00
Geschäftsausstattung	263 000,00	2. Verbindlichkeiten aus LL	165 000,00
II. Umlaufvermögen			
1. Waren	281 000,00		
2. Forderungen aus LL	69 000,00		
3. Kassenbestand	4 000,00		
4. Guthaben bei			
Kreditinstituten	34 000,00		
	3 311 000,00		3 311 000,00

Merke:

● Jeder Kaufmann ist nach dem HGB (§ 240) verpflichtet, bei der Gründung und am Ende eines jeden Geschäftsjahres ein ausführliches Verzeichnis aller Vermögensgegenstände und Schulden seines Unternehmens aufzustellen; dieses Verzeichnis ist das **Inventar.**

- Das **Vermögen** des Unternehmens wird eingeteilt in Anlage- und Umlaufvermögen. Zum **Anlagevermögen** zählen alle Vermögensteile, die dazu bestimmt sind, dem Unternehmen langfristig zu dienen (z. B. Gebäude, Maschinen). Zum **Umlaufvermögen** zählen alle Vermögensteile, die nur kurzfristig im Unternehmen verbleiben, weil sie ständig umgesetzt werden (z. B. Waren, Forderungen).

- Zu den **Schulden** des Unternehmens gehören z. B. Verbindlichkeiten gegenüber Kreditinstituten und gegenüber Lieferanten.

- Den Unterschiedsbetrag zwischen Vermögen und Schulden bezeichnet man als **Reinvermögen (Eigenkapital).**

> Eigenkapital = Summe des Vermögens − Summe der Schulden

- Voraussetzung zur Aufstellung des Inventars ist die Inventur. Die **Inventur** ist die mengen- und wertmäßige Bestandsaufnahme (durch Zählen, Messen und Wiegen) aller Vermögensgegenstände und Schulden eines Unternehmens.

- Man unterscheidet Buchinventur (z. B. bei Forderungen, Verbindlichkeiten) und körperliche Inventur (z. B. bei Waren, Kasse). (Zur Inventur siehe auch Seite 196.)

- Jeder Kaufmann ist nach dem HGB (§ 242) verpflichtet, bei der Gründung und am Ende eines jeden Geschäftsjahres eine **Bilanz** aufzustellen; die Bilanz ist eine kurz gefasste Gegenüberstellung des Vermögens (Aktiva) und des Kapitals (Passiva) eines Unternehmens in Kontenform; sie ist ein Stichtagsbild von Bestandsgrößen. Das Kapital umfasst das Eigenkapital und das Fremdkapital. Grundlage für die Aufstellung der Bilanz ist das Inventar.

- Am Ende eines Geschäftsjahres wird die **Schlussbilanz** erstellt; sie stimmt inhaltlich mit der **Eröffnungsbilanz** des folgenden Geschäftsjahres überein.

- Die Passivseite der Bilanz gibt Auskunft über die Herkunft der finanziellen Mittel (Mittelherkunft, Finanzierung).

  Die Aktivseite der Bilanz gibt Auskunft über die Verwendung der finanziellen Mittel (Mittelverwendung, Investierung).

- In der Bilanz entspricht die Summe der Aktiva der Summe der Passiva (Bilanzgleichung).

> Vermögen = Eigenkapital + Fremdkapital

- Der Unternehmenserfolg (Gewinn bzw. Verlust) kann ermittelt werden durch den Vergleich des Eigenkapitals am Jahresanfang mit dem Eigenkapital am Jahresende (Erfolgsermittlung durch Kapitalvergleich).

1.3 Erfolgsermittlung durch Kapitalvergleich

Beispiel 1:

Das Eigenkapital eines Betriebes beträgt am Anfang eines Geschäftsjahres 125 000,00 EUR und am Ende des Geschäftsjahres 151 000,00 EUR.

Bestimmen Sie den Erfolg des Betriebes!

Lösung:

Eigenkapital am Ende des Geschäftsjahres	151 000,00 EUR
− Eigenkapital am Anfang des Geschäftsjahres	125 000,00 EUR
Erfolg (Gewinn)	26 000,00 EUR

28 Groh/Schröer – ISBN 978-3-8120-0422-0

Beispiel 2:

Das Eigenkapital eines Betriebes beträgt am Anfang eines Geschäftsjahres 236 000,00 EUR und am Ende des Geschäftsjahres 250 000,00 EUR. Im Laufe des Geschäftsjahres betrugen die Kapitaleinlagen 42 000,00 EUR und die Privatentnahmen 15 000,00 EUR.

Bestimmen Sie den Erfolg des Betriebes!

Lösung:

Eigenkapital am Ende des Geschäftsjahres	250 000,00 EUR
− Kapitaleinlagen	42 000,00 EUR
+ Privatentnahmen	15 000,00 EUR
− Eigenkapital am Anfang des Geschäftsjahres	236 000,00 EUR
Erfolg (Verlust)	13 000,00 EUR

Merke:

● Bei der Erfolgsermittlung durch **Kapitalvergleich** wird das Eigenkapital am Ende des Geschäftsjahres mit dem Eigenkapital am Anfang des Geschäftsjahres verglichen. Ist das Eigenkapital am Jahresende größer als das Eigenkapital am Jahresanfang, liegt ein Gewinn vor; im umgekehrten Fall liegt ein Verlust vor.

● **Kapitaleinlagen** werden vom Eigenkapital am Ende des Geschäftsjahres subtrahiert, **Privatentnahmen** werden addiert.

1.4 Bestands- und Erfolgskonten

Beispiel:

Für den Großhandelsbetrieb Büromaschinen GmbH, Hauptstr. 25, 66424 Homburg, liegt folgende Eröffnungsbilanz vor:

Aktiva		Bilanz zum 1. Jan. 20..		Passiva
I. Anlagevermögen			I. Eigenkapital	378 000,00
1. Gebäude	550 000,00		II. Verbindlichkeiten	
2. Fuhrpark	430 000,00		1. Verbindlichkeiten gegen-	
3. Betriebs- und			über Kreditinstituten	920 000,00
Geschäftsausstattung	210 000,00		2. Verbindlichkeiten aus LL	210 000,00
II. Umlaufvermögen				
1. Waren	65 000,00			
2. Forderungen aus LL	58 000,00			
3. Guthaben bei				
Kreditinstituten	193 000,00			
4. Kassenbestand	2 000,00			
	1 508 000,00			1 508 000,00

Für das Geschäftsjahr liegen folgende Geschäftsfälle vor:

- Kunde überweist Rechnungsbetrag auf unser Bankkonto   9 000,00 EUR
- Zielkauf von Waren, netto   60 000,00 EUR
- Umwandlung einer Liefererschuld in eine Bankverbindlichkeit   62 000,00 EUR
- Ausgleich einer Liefererrechnung durch Banküberweisung   11 000,00 EUR
- Zielverkauf von Waren, netto   340 000,00 EUR
- Banküberweisung für Gehälter   160 000,00 EUR
- Banküberweisung für Miete   24 000,00 EUR

Für das Geschäftsjahr liegt folgende Abschlussangabe vor:

- Schlussbestand an Waren   6 000,00 EUR

Bearbeiten Sie folgende Aufgaben:

a) Bilden Sie die Buchungssätze für die Eröffnung der Bestandskonten!
b) Bilden Sie die Buchungssätze für die Geschäftsfälle!
c) Buchen Sie die Geschäftsfälle auf Konten und schließen Sie die Konten ab!
d) Bilden Sie die Buchungssätze für den Abschluss der Konten!
e) Berechnen Sie den Warenrohgewinn!

Lösung:

a) Buchungssätze für die Eröffnung der Bestandskonten

- Aktivkonto
  an Eröffnungsbilanzkonto

- Eröffnungsbilanzkonto
  an Passivkonto

b) Buchungssätze für die Geschäftsfälle

- 1310 Bank   9 000,00
  an 1010 Forderungen aus LL   9 000,00

- 3010 Wareneingang   60 000,00
  1400 Vorsteuer   11 400,00
  an 1710 Verbindlichkeiten aus LL   71 400,00

- 1710 Verbindlichkeiten aus LL   62 000,00
  an 0820 Langfristige Bankverbindlichkeiten   62 000,00

- 1710 Verbindlichkeiten aus LL   11 000,00
  an 1310 Bank   11 000,00

- 1010 Forderungen aus LL   404 600,00
  an 8010 Warenverkauf   340 000,00
  an 1800 Umsatzsteuer   64 600,00

- 4020 Gehälter   160 000,00
  an 1310 Bank   160 000,00

- 4100 Mieten   24 000,00
  an 1310 Bank   24 000,00

c) Buchung

S	0230 Bauten	H
9100)	550 000,00	9400)	550 000,00

S	0330 Betriebsausstattung	H
9100)	210 000,00	9400)	210 000,00

S	0340 Fuhrpark	H
9100)	430 000,00	9400)	430 000,00

S	0820 Bankverbindlichkeiten	H
9400)	982 000,00	9100)	920 000,00
		1710)	62 000,00
	982 000,00		982 000,00

S	1010 Forderungen	H
9100)	58 000,00	1310)	9 000,00
8010/...)	404 600,00	9400)	453 600,00
	462 600,00		462 600,00

S	1310 Bank	H
9100)	193 000,00	1710)	11 000,00
1010)	9 000,00	4020)	160 000,00
		4100)	24 000,00
		9400)	7 000,00
	202 000,00		202 000,00

S	1400 Vorsteuer	H
1710)	11 400,00	1800)	11 400,00

S	1510 Kasse	H
9100)	2 000,00	9400)	2 000,00

S	1710 Verbindlichkeiten	H
0820)	62 000,00	9100)	210 000,00
1310)	11 000,00	3010/...)	71 400,00
9400)	208 400,00		
	281 400,00		281 400,00

S	1800 Umsatzsteuer	H
1400)	11 400,00	1010)	64 600,00
9400)	53 200,00		
	64 600,00		64 600,00

S	3000 Eigenkapital	H
9400)	415 000,00	9100)	378 000,00
		9300)	37 000,00
	415 000,00		415 000,00

S	3010 Wareneingang	H
1710)	60 000,00	9300)	119 000,00
3900)	59 000,00		
	119 000,00		119 000,00

S	3900 Warenbestände	H
9100)	65 000,00	9400)	6 000,00
		3010)	59 000,00
	65 000,00		65 000,00

S	4020 Gehälter	H
1310)	160 000,00	9300)	160 000,00

S	4100 Mieten	H
1310)	24 000,00	9300)	24 000,00

S	8010 Warenverkauf	H
9300)	340 000,00	1010)	340 000,00

S	9300 GuV	H
3010)	119 000,00	8010)	340 000,00
4020)	160 000,00		
4100)	24 000,00		
0600)	37 000,00		
	340 000,00		340 000,00

S	9400 SBK	H
0230)	550 000,00	3000)	415 000,00
0340)	430 000,00	0820)	982 000,00
0330)	210 000,00	1710)	208 400,00
3900)	6 000,00	1800)	53 200,00
1010)	453 600,00		
1310)	7 000,00		
1510)	2 000,00		
	1 700 600,00		1 700 600,00

d) Buchungssätze für den Abschluss der Konten

Vorbereitende Abschlussbuchung

| 1800 Umsatzsteuer[1] | 11 400,00 | |
| an 1400 Vorsteuer | | 11 400,00 |

Abschluss der Erfolgskonten

9300 GuV-Konto	119 000,00	
an 3010 Wareneingang		119 000,00
9300 GuV-Konto	160 000,00	
an 4020 Gehälter		160 000,00
9300 GuV-Konto	24 000,00	
an 4100 Mieten		24 000,00
8010 Umsatzerlöse	340 000,00	
an 9300 GuV-Konto		340 000,00
9300 GuV-Konto	37 000,00	
an 3000 Eigenkapital		37 000,00

Abschluss der Bestandskonten

9400 Schlussbilanzkonto	550 000,00	
an 0230 Bauten		550 000,00
9400 Schlussbilanzkonto	430 000,00	
an 0340 Fuhrpark		430 000,00
9400 Schlussbilanzkonto	210 000,00	
an 0330 Betriebs- und Geschäftsausstattung		210 000,00
9400 Schlussbilanzkonto	6 000,00	
an 3900 Warenbestände		6 000,00
9400 Schlussbilanzkonto	453 600,00	
an 1010 Forderungen aus LL		453 600,00
9400 Schlussbilanzkonto	7 000,00	
an 1310 Bank		7 000,00
9400 Schlussbilanzkonto	2 000,00	
an 1510 Kasse		2 000,00
3000 Eigenkapital	415 000,00	
an 9400 Schlussbilanzkonto		415 000,00
0820 Bankverbindlichkeiten	982 000,00	
an 9400 Schlussbilanzkonto		982 000,00
1710 Verbindlichkeiten aus LL	208 400,00	
an 9400 Schlussbilanzkonto		208 400,00
1800 Umsatzsteuer[1]	53 200,00	
an 9400 Schlussbilanzkonto		53 200,00

e) Warenrohgewinn = 340 000,00 EUR – 119 000,00 EUR = 221 000,00 EUR

---

1 Zur Mehrwertsteuer siehe Seite 439 ff.

Lösungsweg:

- Einrichtung der erforderlichen Bestands- und Erfolgskonten.
- Eröffnung der Bestandskonten über das Eröffnungsbilanzkonto (EBK).
- Bildung der Buchungssätze zu den laufenden Geschäftsfällen.
- Buchung der Buchungssätze auf den Bestands- und Erfolgskonten.
- Abschluss des Kontos Vorsteuer über das Konto Umsatzsteuer (vorbereitende Abschlussbuchung).
- Abschluss der Erfolgskonten über das GuV-Konto.
- Abschluss des GuV-Kontos über das Konto Eigenkapital.
- Abschluss der Bestandskonten über das Schlussbilanzkonto (SBK).

Merke:

- Nach dem **Grundsatz der doppelten Buchführung** werden alle Buchungen doppelt gebucht: im Soll und im Haben.
  Für den **Buchungssatz** gilt:

  > Sollkonto bzw. Sollkonten
  > **an**   Habenkonto bzw. Habenkonten

  > Summe der Sollbuchungen = Summe der Habenbuchungen

- Für alle Posten der Bilanz werden im Hauptbuch **Bestandskonten** eingerichtet, welche die Bestände und deren Veränderungen erfassen. Für die Aktivposten werden Aktivkonten (z.B. Gebäude) und für die Passivposten werden Passivkonten (z.B. Verbindlichkeiten) eingerichtet.
- Für die **Aktivkonten** gilt:
  Anfangsbestand und Mehrungen stehen im Soll, Minderungen und Schlussbestand stehen im Haben.
- Für die **Passivkonten** gilt:
  Anfangsbestand und Mehrungen stehen im Haben, Minderungen und Schlussbestand stehen im Soll.
- Die Eröffnung der Bestandskonten erfolgt über das **Eröffnungsbilanzkonto** (Aktivkonto an EBK bzw. EBK an Passivkonto).

  Der Abschluss der Bestandskonten erfolgt über das **Schlussbilanzkonto** (SBK an Aktivkonto bzw. Passivkonto an SBK).
- Bei der Auswirkung von Geschäftsfällen unterscheidet man vier Möglichkeiten von **Wertveränderungen** der Bilanzpositionen, wobei in jedem Falle das Gleichgewicht der Bilanz erhalten bleibt (Summe der Aktiva = Summe der Passiva).
- Ein **Aktivtausch** liegt vor, wenn durch einen Geschäftsfall ein Aktivposten der Bilanz um den gleichen Betrag zunimmt wie ein anderer Aktivposten abnimmt.

  Ein **Passivtausch** liegt vor, wenn durch einen Geschäftsfall ein Passivposten der Bilanz um den gleichen Betrag zunimmt wie ein anderer Passivposten abnimmt.

  In beiden Fällen verändert sich die Bilanzsumme nicht.
- Eine **Aktiv-Passivmehrung** liegt vor, wenn durch einen Geschäftsfall sowohl ein Aktiv- als auch ein Passivposten um den gleichen Betrag zunehmen.

  Eine **Aktiv-Passivminderung** liegt vor, wenn durch einen Geschäftsfall sowohl ein Aktiv- als auch ein Passivposten um den gleichen Betrag abnehmen.

  Die Bilanzsumme nimmt zu bzw. ab.

- Das Schlussbilanzkonto enthält die buchungsmäßig festgestellten Schlussbestände (Soll-bestände). Die Schlussbilanz enthält die durch die Inventur festgestellten Bestände (Ist-bestände). Die Werte des Schlussbilanzkontos und die Werte der Schlussbilanz müssen übereinstimmen; Differenzen zwischen den Buchbeständen und den Inventurbeständen (Soll-Ist-Vergleich) müssen buchhalterisch ausgeglichen werden.
- **Erfolgskonten** erfassen alle Aufwendungen und Erträge, die im Laufe eines Geschäftsjahres anfallen; man unterscheidet Aufwandskonten (z. B. Gehälter, Mieten) und Ertragskonten (z. B. Warenverkauf, Provisionserträge).
- Aufwendungen werden im Soll gebucht, Erträge werden im Haben gebucht.
- Die Erfolgskonten werden über das **Gewinn- und Verlustkonto** abgeschlossen; der Saldo des GuV-Kontos stellt den Unternehmenserfolg (Gewinn bzw. Verlust) dar.
- Das GuV-Konto wird am Jahresende bei Einzelunternehmen und Personengesellschaften über das Konto Eigenkapital abgeschlossen.

1.5 Mehrwertsteuer

Zahllast und Vorsteuerüberhang

Beispiel 1:

Aufgrund der Eingangsrechnungen wurde Vorsteuer in Höhe von 25 200,00 EUR, aufgrund der Ausgangsrechnungen Umsatzsteuer in Höhe von 34 800,00 EUR gebucht.

a) Ermitteln Sie die Zahllast und buchen Sie deren Überweisung durch die Bank!

b) Die Zahllast ist bis zum 31. Dezember noch nicht überwiesen. Wie lauten die Buchungen am Jahresende und im neuen Jahr?

Buchung:

S	1400 Vorsteuer		H		S	1800 Umsatzsteuer		H
	25 200,00	1800)	25 200,00	→	1400)	25 200,00		34 800,00
					1310)	9 600,00		
						34 800,00		34 800,00

Buchungssätze:

a)	1800 Umsatzsteuer		25 200,00	
	an 1400 Vorsteuer			25 200,00
	1800 Umsatzsteuer		9 600,00	
	an 1310 Bank			9 600,00
b)	**Im alten Jahr:**			
	1800 Umsatzsteuer		9 600,00	
	an 9400 Schlussbilanzkonto			9 600,00
	Im neuen Jahr:			
	9100 Eröffnungsbilanzkonto		9 600,00	
	an 1800 Umsatzsteuer			9 600,00
	1800 Umsatzsteuer		9 600,00	
	an 1310 Bank			9 600,00

Beispiel 2:

Im Monat Dezember entstanden Vorsteuer in Höhe von 9 700,00 EUR und Umsatzsteuer in Höhe von 7 300,00 EUR. Wie wird am 31. Dezember gebucht?

Buchung:

S	1400 Vorsteuer		H		S	1800 Umsatzsteuer		H
	9 700,00	1800)	7 300,00	◄──── 1400)		7 300,00		7 300,00
		9400)	2 400,00					
	9 700,00		9 700,00					

Buchungssätze:

1800	Umsatzsteuer	7 300,00	
	an 1400 Vorsteuer		7 300,00
9400	Schlussbilanzkonto	2 400,00	
	an 1400 Vorsteuer		2 400,00

Merke:

● Auf jeder Stufe des Warenweges entsteht ein Mehrwert (Wertschöpfung), welcher der **Mehrwertsteuer** unterliegt (siehe Seite 166).

● Nach dem **Umsatzsteuergesetz** unterliegen alle Lieferungen und Leistungen, die ein Unternehmen im Inland gegen Entgelt ausführt, der Mehrwertsteuer (Ausfuhrlieferungen sind von der Mehrwertsteuer befreit). Besteuert wird auch die Einfuhr von Gegenständen aus Drittländern in das EU-Gemeinschaftsgebiet (Einfuhrumsatzsteuer). Der gewerbliche Erwerb von Gütern aus EU-Mitgliedsstaaten (sog. innergemeinschaftlicher Erwerb) unterliegt ebenfalls der Umsatzsteuer. Zur Besteuerung von Entnahmen durch einen Unternehmer aus seinem Unternehmen für private Zwecke siehe Seite 441 f.

● Bemessungsgrundlage für die Mehrwertsteuerberechnung ist der **Nettowarenwert.**

● Die Mehrwertsteuer trägt allein der Letztverbraucher; für das Unternehmen ist sie ein durchlaufender Posten, sie stellt keine Kosten dar.

● Die Mehrwertsteuer beim Einkauf wird immer auf dem Konto 1400 Vorsteuer gebucht (im Soll).
Die Vorsteuer stellt eine Forderung an das Finanzamt (Aktivkonto) dar.

● Die Mehrwertsteuer beim Verkauf wird immer auf dem Konto 1800 Umsatzsteuer gebucht (im Haben).
Die Umsatzsteuer stellt eine Verbindlichkeit gegenüber dem Finanzamt dar (Passivkonto).

● Vorsteuer wird über Umsatzsteuer abgeschlossen (Vorsteuerabzug[1]). Der Saldo des Kontos Umsatzsteuer ergibt die **Zahllast,** welche an das Finanzamt abzuführen ist.

> Zahllast = Umsatzsteuer – Vorsteuer

● Die Zahllast ist i. d. R. monatlich zu ermitteln (Voranmeldungszeitraum) und bis zum 10. des folgenden Monats an das Finanzamt zu überweisen.

● Am Jahresende ist die Zahllast als Verbindlichkeit zu **passivieren.**

● Übersteigt die Vorsteuer die Umsatzsteuer, liegt ein **Vorsteuerüberhang** vor (Abschluss von Umsatzsteuer über Vorsteuer); dieser ist am Jahresende als Forderung zu **aktivieren.** Der Vorsteuerüberhang wird vom Finanzamt ausgezahlt.

---

1 Ein Vorsteuerabzug ist nur dann zulässig, wenn eine ordnungsgemäß ausgestellte Rechnung vorliegt, d. h., die Rechnung muss auf jeden Fall enthalten die Steuernummer bzw. die Umsatzsteuer-Identifikationsnummer des Rechnungsausstellers.

Vorsteuer bei Aufwendungen

Beispiel:

Ein Handelsbetrieb überweist einem Handelsvertreter eine Provision von 2 000,00 EUR netto und 19 % Mehrwertsteuer.

Buchungssatz:

4500 Provisionen	2 000,00	
1400 Vorsteuer	380,00	
an 1310 Bank		2 380,00

Merke:

● Die Mehrwertsteuerbeträge, welche von anderen Unternehmen berechnet werden, stellen **Vorsteuer** dar; dies gilt für alle Aufwendungen der Kostenarten (z. B. Provisionen, Ausgangsfrachten, Instandhaltungskosten, Büromaterial).

1.6 Privatkonto

Beispiel 1:

Ein Unternehmer

a) tätigt am 15. Februar eine Kapitaleinlage auf das Bankkonto in Höhe von 12 000,00 EUR,

b) entnimmt am 18. Juli der Geschäftskasse für Privatzwecke 2 300,00 EUR,

c) entnimmt am 19. November Erzeugnisse für seinen Haushalt im Nettowert von 650,00 EUR (Mehrwertsteuer 19 %).

Buchungssätze:

a) 1310 Bank	12 000,00	
an 1620 Privateinlagen		12 000,00
b) 1610 Privatentnahmen	2 300,00	
an 1510 Kasse		2 300,00
c) 1610 Privatentnahmen	773,50	
an 8710 Entnahme von Waren mit USt		650,00
an 1800 Umsatzsteuer		123,50

Beispiel 2:

Ein Unternehmer kauft am 1. März 20.. einen neuen Pkw zum Listenpreis von 45 000,00 EUR netto auf Ziel; der Pkw wird auch für Privatfahrten genutzt. Bilden Sie die Buchungssätze für den Kauf des Pkws und den monatlichen privaten Nutzungsanteil nach der 1 %-Regelung!

Buchungssätze:

Kauf

0340 Fuhrpark	45 000,00	
1400 Vorsteuer	8 550,00	
an 1710 Verbindlichkeiten aus L. u. L.		53 550,00

Monatlicher privater Nutzungsanteil

1610 Privatentnahmen	535,50	
an 2780 Entnahme mit Umsatzsteuer		450,00
an 1800 Umsatzsteuer		85,50

Merke:

● Die **Privatkonten** Privatentnahmen und Privateinlagen sind Unterkonten des Kapitalkontos (nur Einzelkaufleute und Personengesellschaften führen Privatkonten).

● Auf dem Konto **1610 Privatentnahmen** werden die Geldentnahmen sowie die Entnahme von Waren und Leistungen im Soll erfasst (Minderung des Eigenkapitals).

● Auf dem Konto **1620 Privateinlagen** werden Geld- und Sacheinlagen durch die unbeschränkt haftenden Eigentümer im Haben erfasst (Mehrung des Eigenkapitals).

● Die **Entnahme von Waren für private Zwecke** wird einem Verkauf gleichgestellt und ist dementsprechend umsatzsteuerpflichtig.

● Die **Nutzung von betrieblichen Gegenständen für private Zwecke** ist umsatzsteuerpflichtig (z. B. wird ein betriebliches Fahrzeug privat genutzt).

● Die **private Nutzung** eines Kraftfahrzeugs, das zu mehr als 50 % betrieblich genutzt wird, ist für jeden Kalendermonat mit 1 % des inländischen Listenpreises zum Zeitpunkt der Erstzulassung einschließlich Umsatzsteuer anzusetzen. (Auch der Nachweis der tatsächlichen Aufwendungen mit Hilfe eines ordnungsgemäß geführten Fahrtenbuches ist möglich.)

● Die Entnahme von Waren und die private Nutzung von betrieblichen Gegenständen werden auf den Ertragskonten 8710 Entnahme von Waren (mit Umsatzsteuer) bzw. 2780 Entnahme von Leistungen mit Umsatzsteuer und 2781 Entnahme von Leistungen ohne Umsatzsteuer gebucht.

● Die Privatkonten werden über das Kapitalkonto, die Entnahmekonten werden über das GuV-Konto abgeschlossen (beim direkten Abschluss).

2 Warenkonten

Beispiel:

Von einem Großhandelsbetrieb sind bekannt: Warenanfangsbestand 45 000,00 EUR, Wareneinkäufe netto 264 000,00 EUR, Warenendbestand (lt. Inventur) 27 000,00 EUR, Verkaufserlöse netto 412 000,00 EUR, Handlungskosten (der Klasse 4) 96 000,00 EUR.

Buchen Sie und geben Sie die Buchungssätze an (nach dem Bruttoabschlussverfahren)!

Buchung:

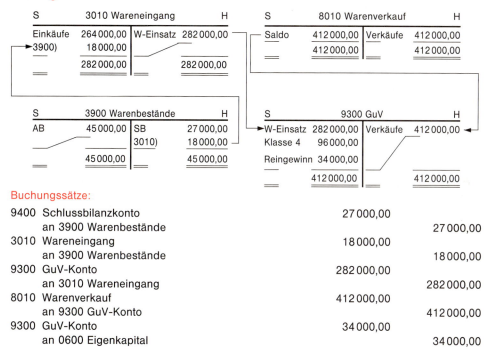

Buchungssätze:

9400	Schlussbilanzkonto	27 000,00	
	an 3900 Warenbestände		27 000,00
3010	Wareneingang	18 000,00	
	an 3900 Warenbestände		18 000,00
9300	GuV-Konto	282 000,00	
	an 3010 Wareneingang		282 000,00
8010	Warenverkauf	412 000,00	
	an 9300 GuV-Konto		412 000,00
9300	GuV-Konto	34 000,00	
	an 0600 Eigenkapital		34 000,00

Merke:

- 3010 Wareneingang und 8010 Warenverkauf sind Erfolgskonten; 3900 Warenbestände ist ein Bestandskonto.
- 3010 **Wareneingang** erfasst im Soll die Wareneinkäufe zu Nettopreisen. Die Konten 3020 bis 3080 sind Unterkonten von Konto 3010 und werden darüber abgeschlossen; 3900 **Warenbestände** erfasst im Soll den Anfangsbestand und im Haben den Schlussbestand (lt. Inventur). Der Saldo von 3900 gibt die Bestandsveränderung der Waren an:

● Auf dem Konto 3010 Wareneingang wird der Wareneinsatz, der den Warenverkauf zu Einstandspreisen darstellt, wie folgt ermittelt:

> Wareneinkäufe
> + Warenbezugskosten (Konto 3020)
> – Rücksendungen an Lieferanten (Konto 3050)
> – Nachlässe von Lieferanten (Konto 3060)
> – Lieferantenboni (Konto 3070)
> – Lieferantenskonti (Konto 3080)
> + Minderbestand bzw. – Mehrbestand (Konto 3900)
>
> = Wareneinsatz

Das Konto 3010 **Wareneingang** hat üblicherweise folgendes Aussehen:

S	3010 Wareneingang		H
1710) Wareneinkäufe		3050) Rücksendungen an Lieferanten	
3020) Warenbezugskosten		3060) Nachlässe von Lieferanten	
3900) Minderbestand		3070) Lieferantenboni	
		3080) Lieferantenskonti	
		3900) Mehrbestand	
		9300) **Wareneinsatz** (Saldo)	

● Das Konto 8010 **Warenverkauf** erfasst im Haben die Warenverkäufe zu Nettopreisen. Die Konten 8050 Rücksendungen von Kunden, 8060 Nachlässe an Kunden, 8070 Kundenboni und 8080 Kundenskonti sind Unterkonten von Konto 8010 und werden darüber abgeschlossen.

Der Saldo des Kontos 8010 Warenverkauf stellt den Nettoumsatz (Warenverkauf zu Verkaufspreisen) dar.

Das Konto 8010 **Warenverkauf** hat üblicherweise folgendes Aussehen:

S	8010 Warenverkauf		H
8050) Rücksendungen von Kunden		1010) Warenverkäufe	
8060) Nachlässe an Kunden			
8070) Kundenboni			
8080) Kundenskonti			
9300) **Nettoumsatz** (Saldo)			

● Die Salden der Konten 3010 Wareneingang und 8010 Warenverkauf werden (nach dem Bruttoabschlussverfahren) auf 9300 GuV gegengebucht (9300 an 3010 und 8010 an 9300).

Der **Warenrohgewinn** (Rohgewinn, Warenbruttogewinn) ist die Differenz zwischen dem Wert der verkauften Waren zu Nettoverkaufspreisen (Nettoumsatz, 8010 Warenverkauf) und dem Wert der verkauften Waren zu Einstandspreisen (Wareneinsatz, 3010 Wareneingang). Der Warenrohgewinn ist eine wichtige Kennzahl für den innerbetrieblichen und zwischenbetrieblichen Vergleich (siehe Seite 414).

> Warenrohgewinn = Nettoumsatz – Wareneinsatz

● Für den Wareneinkauf sowie für den Warenverkauf können für unterschiedliche Warengruppen eigene Warenkonten gebildet werden.

3 Buchungen im Beschaffungsbereich

3.1 Wareneingänge

3.1.1 Innergemeinschaftlicher Erwerb

Beispiel 1:

Ein Großhandelsbetrieb kauft von einem Unternehmen im Inland Waren auf Ziel für 22 000,00 EUR netto (19 % Mehrwertsteuer). Bilden Sie den Buchungssatz lt. Eingangsrechnung!

Buchungssatz:

3010 Wareneingang	22 000,00	
1400 Vorsteuer	4 180,00	
an 1710 Verbindlichkeiten aus LL		26 180,00

Beispiel 2:

Ein Großhandelsbetrieb kauft von einem Unternehmen in Frankreich Waren auf Ziel für 14 500,00 EUR netto (19 % Mehrwertsteuer). Bilden Sie die Buchungssätze lt. Eingangsrechnung!

Buchungssätze:

3710 Wareneingang aus innergemeinschaftlichem Erwerb	14 500,00	
an 1710 Verbindlichkeiten aus LL		14 500,00
1411 Vorsteuer für innergemeinschaftlichen Erwerb	2 755,00	
an 1811 Umsatzsteuer für innergemeinschaftlichen Erwerb		2 755,00

Merke:

- Beim Kauf von Waren unterscheidet man: Kauf im Inland, innergemeinschaftlicher Erwerb und Einfuhr von Waren aus Drittländern.
- Beim **Kauf von Waren im Inland** wird die anfallende Mehrwertsteuer als Vorsteuer gebucht. (Erfolgt die Buchführung mit Hilfe der Datenverarbeitung, wird nur der Bruttobetrag erfasst; der Nettobetrag und die anteilige Vorsteuer werden automatisch berechnet und auf den betreffenden Konten gebucht.)
- **Innergemeinschaftlicher Erwerb** liegt vor bei der Beförderung bzw. Versendung von erworbenen Waren an den Erwerber (Käufer) aus dem übrigen Gemeinschaftsgebiet (siehe Seite 315) in das Inland, wobei dieser Erwerb umsatzsteuerpflichtig ist; der Erwerber ist in seinem Land Schuldner der Umsatzsteuer (Bestimmungslandprinzip). Da das Unternehmen die Umsatzsteuer zugleich als Vorsteuer verrechnen kann, wird das Unternehmen durch die Umsatzsteuer nicht belastet.
- Voraussetzung für die Teilnahme am EU-Binnenmarkt (innergemeinschaftliche Lieferung und innergemeinschaftlicher Erwerb) sind die **Umsatzsteuer-Identifikationsnummern** des Verkäufers und des Käufers; beide Nummern müssen auf der Ausgangsrechnung enthalten sein. Dieses Verfahren ermöglicht die Kontrolle des Umsatzsteueraufkommens.

3.1.2 Einfuhr von Waren aus Drittländern (Warenimport)

Beispiel:

Ein Großhandelsbetrieb in Saarbrücken importiert am 27. Oktober Baumaschinen im Wert von 280 000,00 USD aus den USA (Kurs: 1,025 USD/1 EUR), FOB New York, die Frachtkosten bis

Zollstelle Saarbrücken betragen 32 000,00 USD. Der Zollsatz beträgt 8 % vom Zollwert, die Einfuhrumsatzsteuer beträgt 19 %. Der Rechnungsausgleich erfolgt am 18. November durch Banküberweisung (Kurs: 0,9885 USD/1 EUR).

Bilden Sie die Buchungssätze am 27. Oktober und am 18. November!

Buchungssätze:

27. Oktober

Wareneingang lt. Eingangsrechnung

3810 Wareneingang aus Drittländern	273 170,73	
an 1710 Verbindlichkeiten aus LL		273 170,73

Fracht

3820 Warenbezugskosten	31 219,51	
an 1710 Verbindlichkeiten aus LL		31 219,51

Zoll (8 % von 304 390,24 EUR)

3820 Warenbezugskosten	24 351,22	
an 1910 Verbindlichkeiten aus Steuern		24 351,22

Einfuhrumsatzsteuer (19 % von 328 741,46 EUR)

1430 Einfuhrumsatzsteuer	62 460,88	
an 1910 Verbindlichkeiten aus Steuern		62 460,88

18. November

Rechnungsausgleich (mit Kursdifferenz)

1710 Verbindlichkeiten aus LL	304 390,24	
2100 Zinsen und ähnliche Aufwendungen	11 239,50	
an 1310 Bank		315 629,74

Zahlung von Zoll und Einfuhrumsatzsteuer

1910 Verbindlichkeiten aus Steuern	86 812,10	
an 1310 Bank		86 812,10

Merke:

● Eingangsrechnungen, die in **fremder Währung** ausgestellt sind, werden in EUR umgerechnet und in EUR gebucht.

● Die **Einfuhr von Waren aus Drittländern** (siehe Seite 315) ist nach dem Umsatzsteuergesetz umsatzsteuerpflichtig; man bezeichnet diese Umsatzsteuer als **Einfuhrumsatzsteuer.**

● Zoll und Einfuhrumsatzsteuer werden wie folgt berechnet:

Rechnungspreis
+ Transportkosten bis Zollstelle
= Zollwert
+ Zoll (vom Zollwert)
+ Transportkosten im Inland
= Bemessungsgrundlage für die Einfuhrumsatzsteuer

● Die Einfuhrumsatzsteuer kann unmittelbar auf 1430 Einfuhrumsatzsteuer gebucht werden.

● **Kursdifferenzen** entstehen, wenn der Kurs am Tag des Wareneingangs abweicht vom Kurs am Tag des Rechnungsausgleichs.

-
Kursaufwand	= Betrag am Tag des Wareneingangs < Betrag am Tag des Rechnungsausgleichs

  Kursaufwand = Betrag am Tag des Wareneingangs < Betrag am Tag des Rechnungsausgleichs
  ⇒ 2100 Zinsen und ähnliche Aufwendungen (im Soll)

- Kursertrag = Betrag am Tag des Wareneingangs > Betrag am Tag des Rechnungsausgleichs
  ⇒ 2600 Sonstige Zinsen und ähnliche Erträge (Haben)

3.2 Warenbezugskosten

Beispiel 1:

Barzahlung der Fracht für gelieferte Waren netto 480,00 EUR zuzüglich 19 % Mehrwertsteuer.

Buchen Sie den Geschäftsfall auf dem Konto Warenbezugskosten, schließen Sie das Konto ab und bilden Sie die Buchungssätze!

Buchung:

S	3020 Bezugskosten	H	S	3010 Wareneingang	H
1510) 480,00	3010) 480,00		Eink.) 18 000,00		
			3020) 480,00		

Buchungssätze:

Zahlung der Fracht (lt. Rechnung)

3020 Warenbezugskosten	480,00	
1400 Vorsteuer	91,20	
an 1510 Kasse		571,20

Abschluss des Kontos Warenbezugskosten

3010 Wareneingang	480,00	
an 3020 Warenbezugskosten		480,00

Beispiel 2:

Ein Großhandelsbetrieb erhält Waren im Nettowert von 14 000,00 EUR. In der Eingangsrechnung sind zusätzlich ausgewiesen Fracht 350,00 EUR netto und Verpackungsmaterial 280,00 EUR netto (19 % Mehrwertsteuer). Das Verpackungsmaterial wird zurückgesandt und vom Lieferanten gutgeschrieben.

Bilden Sie die Buchungssätze für den Wareneingang und für die Gutschrift!

Wareneingang

3010 Wareneingang	14 000,00	
3020 Warenbezugskosten	630,00	
1400 Vorsteuer	2 779,70	
an 1710 Verbindlichkeiten aus LL		17 409,70

Gutschrift für das Verpackungsmaterial

1710 Verbindlichkeiten aus LL	333,20	
an 3020 Warenbezugskosten		280,00
an 1400 Vorsteuer		53,20

Merke:

● **Bezugskosten** sind Warennebenkosten, sie fallen mit der Beschaffung der Ware an; Beispiele sind Fracht, Rollgeld, Verpackungskosten, Transportversicherung, Provision des Einkaufskommissionärs, Einfuhrzoll.

● Fällt bei den Bezugskosten Mehrwertsteuer an, dann handelt es sich um **Vorsteuer.**

● Die Bezugskosten werden auf 3020 Warenbezugskosten (im Soll) mit ihrem Nettowert erfasst.

● Wenn berechnetes **Verpackungsmaterial** an den Lieferanten zurückgeschickt und von diesem ganz oder teilweise vergütet wird, bucht man den Vorgang als Gutschrift (Storno).

● Das Konto 3020 Warenbezugskosten ist ein Unterkonto von 3010 Wareneingang und wird darüber abgeschlossen (3010 an 3020).

3.3 Rücksendungen an Lieferanten

Beispiel:

Ein Großhandelsbetrieb kauft Waren auf Ziel für 12 000,00 EUR netto (19 % Mehrwertsteuer). Waren im Wert von 500,00 EUR netto sind unbrauchbar und werden an den Lieferer zurückgeschickt.

Wie lauten die Buchungssätze für den Einkauf und die Rücksendung?

Buchungssätze:

Einkauf lt. Eingangsrechnung

3010 Wareneingang	12 000,00	
1400 Vorsteuer	2 280,00	
an 1710 Verbindlichkeiten aus LL		14 280,00

Rücksendung

1710 Verbindlichkeiten aus LL	595,00	
an 3050 Rücksendungen an Lieferanten		500,00
an 1400 Vorsteuer		95,00

Merke:

● **Rücksendungen** von mangelhaften und falsch gelieferten Waren an den Lieferanten werden mit dem Nettowert auf 3050 Rücksendungen an Lieferanten (im Haben) gebucht.

● Das Konto 1400 **Vorsteuer** wird um den anteiligen Mehrwertsteuerbetrag (im Haben) berichtigt. Dadurch vermindert sich der Vorsteuerabzug (die Zahllast erhöht sich).

● Das Konto 3050 Rücksendungen an Lieferanten ist ein Unterkonto von 3010 Wareneingang und wird darüber abgeschlossen (3050 an 3010).

3.4 Nachlässe von Lieferanten

Beispiel:

Aufgrund einer Mängelrüge erhält ein Großhandelsbetrieb von seinem Lieferanten für bezogene Waren eine Gutschrift über 2 380,00 EUR brutto (19 % Mehrwertsteuer).

Wie lautet der Buchungssatz lt. Gutschriftanzeige?

Buchungssatz:

1710 Verbindlichkeiten aus LL	2 380,00	
an 3060 Nachlässe von Lieferanten		2 000,00
an 1400 Vorsteuer		380,00

Merke:

● **Nachlässe von Lieferanten** (z.B. Gutschriften aufgrund von mangelhaft gelieferten Waren) werden mit dem Nettobetrag auf 3060 Nachlässe von Lieferanten (im Haben) erfasst.

● Das Konto 1400 **Vorsteuer** wird um den anteiligen Mehrwertsteuerbetrag (im Haben) berichtigt.

● Das Konto 3060 Nachlässe von Lieferanten ist ein Unterkonto von 3010 Wareneingang und wird darüber abgeschlossen (3060 an 3010).

3.5 Lieferantenboni

Beispiel:

Ein Lieferer gewährt dem Großhandelsbetrieb für bezogene Waren im Nettowert von 28 000,00 EUR (19 % Mehrwertsteuer) einen Bonus in Höhe von 5 %.

Wie lautet der Buchungssatz lt. Bonusanzeige?

Buchungssatz:

1710 Verbindlichkeiten aus LL	1 666,00	
an 3070 Lieferantenboni		1 400,00
an 1400 Vorsteuer		266,00

Merke:

● **Boni beim Einkauf** (nachträglich vom Lieferanten gewährte Rabatte) werden mit dem Nettobetrag auf 3070 Lieferantenboni (im Haben) erfasst.

● Das Konto 1400 **Vorsteuer** wird um den anteiligen Mehrwersteuerbetrag (im Haben) berichtigt.

● Das Konto 3070 Lieferantenboni ist ein Unterkonto von 3010 Wareneingang und wird darüber abgeschlossen (3070 an 3010).

● Ein beim Einkauf erhaltener **Sofortrabatt** wird nicht gesondert gebucht, d. h., es wird der um den gewährten Rabatt verminderte Nettobetrag (auf 3010 Wareneingang) erfasst.

● In der Regel werden Boni beim Einkauf in Form einer Gutschrift gewährt, sie können aber auch vom Lieferanten bar ausgezahlt bzw. überwiesen werden.

3.6 Lieferantenskonti

Beispiel:

Ein Großhandelsbetrieb überweist an einen Lieferer eine Rechnung über 5950,00 EUR brutto (19% Mehrwertsteuer) unter Abzug von 2% Skonto.

Buchen Sie den Geschäftsfall und geben Sie den Buchungssatz lt. Bankbeleg an!

Buchung:

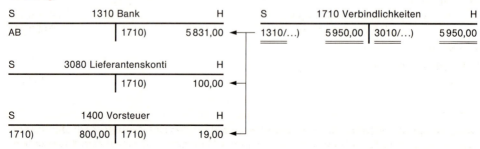

Buchungssatz:

1710 Verbindlichkeiten aus LL	5950,00	
an 1310 Bank		5831,00
an 3080 Lieferantenskonti		100,00
an 1400 Vorsteuer		19,00

Merke:

- **Lieferantenskonti** (vom Lieferanten gewährte Skonti) werden mit dem Nettobetrag auf 3080 Lieferantenskonti (im Haben) erfasst.
- Der **Skontoabzug** wird vom Rechnungsbetrag (Bruttobetrag) ermittelt. Von diesem Bruttoskonto ist die anteilige Mehrwertsteuer (Prozentrechnung auf Hundert) zu berechnen. Dieser Betrag ist auf 1400 **Vorsteuer** (im Haben) zu berichtigen.

Rechnungsbetrag	1710 Verbindlichkeiten aus LL
– Nettoskonto	3080 Lieferantenskonti
– anteilige Mehrwertsteuer	1400 Vorsteuer
Überweisungsbetrag	1310 Bank

- Das Konto 3080 Lieferantenskonti ist ein Unterkonto von 3010 Wareneingang und wird darüber abgeschlossen (3080 an 3010).

3.7 Anzahlungen an Lieferanten (geleistete Anzahlungen)

Beispiel:

Für den Kauf von Waren im Wert von 160000,00 EUR netto (19% Mehrwertsteuer) werden 60000,00 EUR netto durch Banküberweisung angezahlt; für die Anzahlung liegt eine Anzahlungsrechnung mit gesondertem Ausweis der Mehrwertsteuer vor. Bei der Warenlieferung wird der Restbetrag überwiesen.

Buchungssätze:

Anzahlung

1140 geleistete Anzahlungen	60 000,00	
1400 Vorsteuer	11 400,00	
an 1310 Bank		71 400,00

Lieferung

3010 Wareneingang	160 000,00	
1400 Vorsteuer	19 000,00	
an 1140 geleistete Anzahlungen		60 000,00
an 1710 Verbindlichkeiten aus LL		119 000,00

Überweisung

1710 Verbindlichkeiten aus LL	119 000,00	
an 1310 Bank		119 000,00

Merke:

- **Anzahlungen an Lieferer** (z. B. bei Großaufträgen und langfristigen Aufträgen) erfolgen vor der Lieferung; sie werden (als Forderungen) auf dem Aktivkonto 1140 Geleistete Anzahlungen erfasst.

- Anzahlungen an Lieferer können geleistet werden entweder aufgrund einer **Anzahlungsrechnung** (mit gesondertem Ausweis der Mehrwertsteuer) oder ohne dass eine Anzahlungsrechnung vorliegt.

- Liegt eine Anzahlungsrechnung mit Ausweis der Mehrwertsteuer vor, werden die Anzahlung mit ihrem Nettobetrag und die Vorsteuer gesondert gebucht.

- Liegt keine Anzahlungsrechnung vor, wird der Anzahlungsbetrag in voller Höhe (ohne Buchung der Vorsteuer) auf dem entsprechenden Anzahlungskonto erfasst. Die Vorsteuer wird mit dem gesamten Betrag dann gebucht, wenn die Eingangsrechnung vorliegt.

4 Buchungen im Absatzbereich

4.1 Warenverkäufe

4.1.1 Innergemeinschaftliche Lieferung

Beispiel 1:

Ein Großhandelsbetrieb in Saarbrücken verkauft an einen Einzelhändler in Neunkirchen Waren im Nettowert von 7 000,00 EUR zuzüglich 19 % Mehrwertsteuer.

Bilden Sie den Buchungssatz lt. Ausgangsrechnung!

Buchungssatz:

1010 Forderungen aus LL	8 330,00	
an 8010 Warenverkauf		7 000,00
an 1800 Umsatzsteuer		1 130,00

Beispiel 2:

Ein Großhandelsbetrieb in Saarbrücken verkauft an einen Einzelhändler in Paris Waren im Nettowert von 16 800,00 EUR.

Bilden Sie den Buchungssatz lt. Ausgangsrechnung!

Buchungssatz:

1010 Forderungen aus LL	16 800,00	
an 8810 Erlöse aus innergemeinschaftlicher Lieferung		16 800,00

Merke:

- Beim Verkauf von Waren unterscheidet man: Verkauf im Inland, innergemeinschaftliche Lieferung und Ausfuhr von Waren in Drittländer.
- Beim **Verkauf von Waren im Inland** wird die anfallende Mehrwertsteuer als Umsatzsteuer gebucht. (Erfolgt die Buchführung mit Hilfe der Datenverarbeitung, wird nur der Bruttobetrag erfasst; der Nettobetrag und die anteilige Umsatzsteuer werden automatisch berechnet und auf den betreffenden Konten gebucht.)
- **Innergemeinschaftliche Lieferung** liegt vor bei der Beförderung bzw. Versendung von verkauften Waren an den Erwerber (Käufer) in einem anderen Land des Gemeinschaftsgebiets (siehe Seite 315), wobei dieser Verkauf nicht umsatzsteuerpflichtig ist. Allerdings ist der Erwerber in seinem Land Schuldner der Umsatzsteuer (Bestimmungslandprinzip).
- Voraussetzung für die Teilnahme am EU-Binnenmarkt (innergemeinschaftliche Lieferung und innergemeinschaftlicher Erwerb) sind die **Umsatzsteuer-Identifikationsnummern** des Verkäufers und des Käufers; beide Nummern müssen auf der Ausgangsrechnung enthalten sein. Dieses Verfahren ermöglicht die Kontrolle des Umsatzsteueraufkommens.

4.1.2 Ausfuhr von Waren in Drittländer (Warenexport)

Beispiel:

Ein Großhandelsbetrieb in Saarbrücken verkauft am 4. November an einen Einzelhändler in der Schweiz Maschinen; als Kaufpreis werden 80 000,00 CHF vereinbart (Kurs: 1,487 CHF/1 EUR). Der Rechnungsausgleich erfolgt am 19. November (Kurs: 1,423 CHF/1 EUR).

Bilden Sie den Buchungssatz am 4. und am 19. November!

Buchungssätze:

4. November

Warenverkauf lt. Ausgangsrechnung

1010 Forderungen aus LL	53 799,60	
an 8820 Erlöse aus Warenausfuhr (Drittländer)		53 799,60

19. November

Rechnungsausgleich (mit Kursdifferenz)

1310 Bank	56 219,26	
an 1010 Forderungen aus LL		53 799,60
an 2600 Sonstige Zinsen und ähnliche Erträge		2 419,66

Merke:

● Ausgangsrechnungen, die in **fremder Währung** ausgestellt sind, werden in EUR umgerechnet und in EUR gebucht.

● Die **Ausfuhr von Waren** in ein Drittland (siehe Seite 315) ist nach dem Umsatzsteuergesetz **umsatzsteuerfrei.**

● Ein Kursertrag wird auf 2600 Zinsen und ähnliche Erträge, ein Kursaufwand wird auf 2100 Zinsen und ähnliche Aufwendungen gebucht.

4.2 Warenvertriebskosten

Beispiel 1:

Ein Großhandelsbetrieb verkauft Waren im Nettowert von 8 200,00 EUR auf Ziel; dem Spediteur werden die Frachtkosten für die Auslieferung in Höhe von 260,00 EUR netto bar bezahlt (19 % Mehrwertsteuer).

Bilden Sie die Buchungssätze für

a) Lieferung frei Lager,

b) Lieferung ab Lager!

Buchungssätze:

a) Lieferung frei Lager

    Ausgangsrechnung

1010 Forderungen aus LL	9 758,00	
an 8010 Warenverkauf		8 200,00
an 1800 Umsatzsteuer		1 558,00

453

Ausgangsfracht

4620 Ausgangsfrachten	260,00	
1400 Vorsteuer	49,40	
an 1510 Kasse		309,40

b) Lieferung ab Lager

Ausgangsrechnung

1010 Forderungen aus LL	10 067,40	
an 8010 Warenverkauf		8 460,00
an 1800 Umsatzsteuer		1 607,40

Ausgangsfracht

4620 Ausgangsfrachten	260,00	
1400 Vorsteuer	49,40	
an 1510 Kasse		309,40

Beispiel 2:

Der Großhandelsbetrieb erhält von einem Spediteur für an einen Kunden ausgelieferte Waren eine Frachtrechnung über 490,00 EUR zuzüglich 19% Mehrwertsteuer.

Buchungssatz:

4620 Ausgangsfrachten	490,00	
1400 Vorsteuer	93,10	
an 1710 Verbindlichkeiten aus LL		583,10

Beispiel 3:

Ein Kunde schickt dem Großhandelsbetrieb Verpackungsmaterial, das ihm mit 730,00 EUR netto berechnet worden war, zurück; vereinbarungsgemäß erhält er eine Gutschrift von 80% (Mehrwertsteuer 19%).

Buchungssatz:

8050 Rücksendungen von Kunden	584,00	
1800 Umsatzsteuer	110,96	
an 1010 Forderungen aus LL		694,96

Merke:

- **Warenvertriebskosten** sind zusätzliche Kosten, die beim Absatz der Waren anfallen; Beispiele sind Transport- und Verpackungskosten.
- Warenvertriebskosten sind umsatzsteuerpflichtig (1800 Umsatzsteuer).
- Wenn Warenvertriebskosten dem Kunden zusätzlich zum Warenwert in Rechnung gestellt werden, erfolgt die Buchung direkt auf 8010 Warenverkauf (mit dem Nettowert).
- Der Kauf von **Verpackungsmaterial** für den Vertrieb der Waren wird (mit dem Nettowert) auf 4610 Verpackungsmaterial erfasst. **Ausgangsfrachten,** die dem Großhandelsbetrieb in Rechnung gestellt werden, z.B. Rechnungen von Spediteuren und Frachtführern, Paketgebühren für den Versand verkaufter Waren, werden als Aufwendungen auf 4620 Ausgangsfrachten (mit dem Nettowert) erfasst.

- In Abhängigkeit von den vereinbarten Lieferungsbedingungen können das Verpackungsmaterial und die Ausgangsfracht dem Kunden in Rechnung gestellt werden (auf 8010 Warenverkauf).

- Wenn berechnetes Verpackungsmaterial vom Kunden zurückgeschickt wird und der Großhandelsbetrieb das Verpackungsmaterial ganz oder teilweise vergütet, bucht man den Vorgang auf 8050 Rücksendungen von Kunden.

4.3 Rücksendungen von Kunden

Beispiel:

Ein Großhandelsbetrieb verkauft Waren auf Ziel für 6 300,00 EUR netto (19 % Mehrwertsteuer). Der Kunde sendet beschädigte Waren im Wert von 400,00 EUR zurück.

Buchen Sie den Geschäftsfall auf dem Konto Rücksendungen von Kunden, schließen Sie das Konto ab und bilden Sie die Buchungssätze!

Buchung:

S	8050 Rücksendungen von Kunden		H		S	8010 Warenverkauf		H
1010)	400,00	8010)	400,00	→	8050)	400,00	1010)	6 300,00

Buchungssätze:

Verkauf lt. Ausgangsrechnung

1010 Forderungen aus LL	7 497,00	
an 8010 Warenverkauf		6 300,00
an 1800 Umsatzsteuer		1 197,00

Rücksendung

8050 Rücksendungen von Kunden	400,00	
1800 Umsatzsteuer	76,00	
an 1010 Forderungen aus LL		476,00

Abschluss des Kontos Rücksendungen von Kunden

8010 Warenverkauf	400,00	
an 8050 Rücksendungen von Kunden		400,00

Merke:

- **Rücksendungen von Kunden** (z. B. aufgrund einer mangelhaften oder falschen Lieferung) werden mit dem Nettowert auf 8050 Rücksendungen von Kunden (im Soll) erfasst.

- Da durch die Warenrücksendung das umsatzsteuerpflichtige Entgelt verringert wird, muss das Konto 1800 Umsatzsteuer um den anteiligen Mehrwertsteuerbetrag (im Soll) berichtigt werden. Dadurch vermindert sich die **Umsatzsteuer** (die Zahllast verringert sich).

- Das Konto 8050 Rücksendungen von Kunden ist ein Unterkonto von 8010 Warenverkauf und wird darüber abgeschlossen (8010 an 8050).

4.4 Nachlässe an Kunden

Beispiel:

Ein Großhandelsbetrieb gewährt seinem Kunden aufgrund einer Mängelrüge einen Preisnachlass in Höhe von 1 785,00 EUR brutto (19 % Mehrwertsteuer).

Bilden Sie den Buchungssatz lt. Gutschriftanzeige!

Buchungssatz:

8060	Nachlässe an Kunden	1 500,00	
1800	Umsatzsteuer	285,00	
	an 1010 Forderungen aus LL		1 785,00

Merke:

● **Nachlässe an Kunden** (z. B. Gutschriften aufgrund von mangelhaft gelieferten Waren) werden mit dem Nettobetrag auf 8060 Nachlässe an Kunden (im Soll) erfasst.

● Da durch die Nachlässe das umsatzsteuerpflichtige Entgelt verringert wird, muss das Konto 1800 **Umsatzsteuer** um den anteiligen Mehrwertsteuerbetrag (im Soll) berichtigt werden.

● Das Konto 8060 Nachlässe an Kunden ist ein Unterkonto von 8010 Warenverkauf und wird darüber abgeschlossen (8010 an 8060).

4.5 Kundenboni

Beispiel:

Ein Großhandelsbetrieb gewährt seinem Kunden für bezogene Waren im Nettowert von 30 000,00 EUR (19 % Mehrwertsteuer) einen Bonus von 3 %.

Bilden Sie den Buchungssatz lt. Bonusanzeige!

Buchungssatz:

8070	Kundenboni	900,00	
1800	Umsatzsteuer	171,00	
	an 1010 Forderungen aus LL		1 071,00

Merke:

● **Boni beim Verkauf** (den Kunden nachträglich gewährte Rabatte) werden mit dem Nettobetrag auf 8070 Kundenboni (im Soll) erfasst.

● Da durch die Boni das umsatzsteuerpflichtige Entgelt verringert wird, muss das Konto 1800 **Umsatzsteuer** um den anteiligen Mehrwertsteuerbetrag (im Soll) berichtigt werden.

● Das Konto 8070 Kundenboni ist ein Unterkonto von 8010 Warenverkauf und wird darüber abgeschlossen (8010 an 8070).

● Ein beim Verkauf gewährter **Sofortrabatt** wird nicht gesondert gebucht, d. h., es wird der um den gewährten Rabatt verminderte Nettobetrag (auf 8010 Warenverkauf) erfasst.

● In der Regel werden Boni beim Verkauf in Form einer Gutschrift gewährt, sie können aber auch vom Großhandelsbetrieb dem Kunden bar ausgezahlt bzw. überwiesen werden.

4.6 Kundenskonti

Beispiel:

Banküberweisung eines Kunden, Rechnungsbetrag 4 760,00 EUR brutto (19% Mehrwertsteuer) unter Abzug von 3% Skonto.

Buchen Sie den Geschäftsfall und geben Sie den Buchungssatz lt. Bankbeleg an!

Buchung:

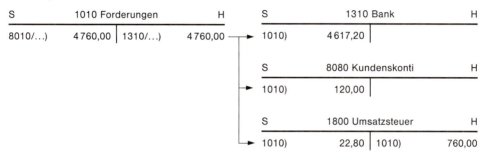

Buchungssatz:

1310 Bank	4 617,20	
8080 Kundenskonti	120,00	
1800 Umsatzsteuer	22,80	
an 1010 Forderungen aus LL		4 760,00

Merke:

- **Kundenskonti** (Skonti beim Verkauf) verringern das umsatzsteuerpflichtige Entgelt, deshalb muss das Konto 1800 **Umsatzsteuer** um den anteiligen Mehrwertsteuerbetrag (im Soll) berichtigt werden.
- Der **Skontoabzug** wird vom Rechnungsbetrag (Bruttobetrag) ermittelt. Von diesem Bruttoskonto ist die anteilige Mehrwertsteuer (Prozentrechnung auf Hundert) zu berechnen. Dieser Betrag ist auf 1800 **Umsatzsteuer** (im Soll) zu berichtigen.

Rechnungsbetrag	1010 Forderungen aus LL
− Nettoskonto	8080 Kundenskonti
− anteilige Mehrwertsteuer	1800 Umsatzsteuer
Überweisungsbetrag	1310 Bank

- Das Konto 8080 Kundenskonti ist ein Unterkonto von 8010 Warenverkauf und wird darüber abgeschlossen (8010 an 8080).

4.7 Anzahlungen von Kunden (erhaltene Anzahlungen)

Beispiel:

Ein Großhandelsbetrieb erhält für zu liefernde Waren im Nettowert von 135 000,00 EUR (19 % Mehrwertsteuer) vorab eine Anzahlung in Höhe von 50 000,00 EUR. Der Rechnungsausgleich erfolgt bei Lieferung durch Banküberweisung.

Buchungssätze:

Anzahlung

1310 Bank	50 000,00	
an 1750 Erhaltene Anzahlungen		42 016,81
an 1800 Umsatzsteuer		7 983,19

Lieferung

1010 Forderungen aus LL	110 650,00	
1750 Erhaltene Anzahlungen	42 016,81	
an 8010 Umsatzerlöse		135 000,00
an 1800 Umsatzsteuer		17 666,81

Überweisung

1310 Bank	110 650,00	
an 1010 Forderungen aus LL		110 650,00

Merke:

● **Anzahlungen von Kunden** werden (als Verbindlichkeiten) auf dem Passivkonto 1750 Erhaltene Anzahlungen auf Bestellungen erfasst.

● Anzahlungen von Kunden unterliegen beim Zahlungseingang der Mehrwertsteuer (Umsatzsteuer).

4.8 Provisionen

Beispiel 1:

Ein Großhandelsbetrieb erhält eine Bankgutschrift für eine Provision in Höhe von 1 800,00 EUR netto (19 % Mehrwertsteuer).

Bilden Sie den Buchungssatz lt. Bankbeleg!

Buchungssatz:

1310 Bank	2 142,00	
an 8720 Provisionserträge		1 800,00
an 1800 Umsatzsteuer		352,00

Beispiel 2:

Ein Großhandelsbetrieb überweist an einen Handelsvertreter eine Provision in Höhe von 4 690,00 EUR netto (19 % Mehrwertsteuer).

Bilden Sie den Buchungssatz lt. Bankbeleg!

Buchungssatz:

4500 Provisionen	4 690,00	
2600 Vorsteuer	891,10	
an 1310 Bank		5 581,10

Merke:

- **Provisionen,** die der Großhandelsbetrieb (z. B. für die Vermittlung von Geschäften) erhält, werden mit ihrem Nettowert auf 8720 Provisionserträge (im Haben) erfasst; sie sind umsatzsteuerpflichtig.
- Provisionen, die der Großhandelsbetrieb zahlt (z. B. an Handelsvertreter), werden mit ihrem Nettowert auf 4500 Provisionen (im Soll) erfasst; sie sind umsatzsteuerpflichtig.
- 4500 Provisionen werden als Aufwendungen, 8720 Provisionserträge werden als Erträge über 9300 GuV-Konto abgeschlossen.

5 Buchungen im Personalbereich

5.1 Löhne und Gehälter

Beispiel 1:

Ein Arbeitnehmer erhält einen Gehaltsvorschuss in Höhe von 200,00 EUR bar.

Buchungssatz:

1130 Sonstige Forderungen	200,00	
an 1510 Kasse		200,00

Beispiel 2:

Ein Arbeitnehmer, Steuerklasse I, Kinderfreibetrag 0, Kirchensteuer 9 %, erhält ein Bruttogehalt in Höhe von 2 800,00 EUR. Zu berücksichtigen sind: Lohnsteuer 493,50 EUR, Kirchensteuer 44,41 EUR, Solidaritätszuschlag 27,14 EUR, Rentenversicherung 278,60 EUR, Arbeitslosenversicherung 58,80 EUR, Krankenversicherung[1] 232,40 EUR (7,4 % Arbeitnehmeranteil + 0,9 % Aufschlag), Pflegeversicherung 30,80 EUR (0,85 % Arbeitnehmeranteil + 0,25 % Aufschlag). Der Vorschuss in Höhe von 200,00 EUR ist zu verrechnen.

Buchungssätze:

Überweisung der Sozialversicherungsbeiträge

1150 Im Voraus gezahlte Sozialversicherungsbeiträge	1 169,00	
an 1310 Bank		1 169,00

Gehaltsbuchung

4020 Gehälter	2 800,00	
an 1310 Bank		1 434,35
an 1910 Verbindlichkeiten aus Steuer		565,05
an 1150 Im Voraus gezahlte Sozialversicherungsbeiträge		600,60
an 1130 Sonstige Forderungen		200,00

Arbeitgeberanteil

4040 Gesetzliche soziale Aufwendungen	568,40	
an 1150 Im Voraus gezahlte Sozialversicherungsbeiträge		568,40

---

1 Das Gesetz über den Ausgleich der Arbeitgeberaufwendungen für Entgeltfortzahlung bleibt unberücksichtigt.

Überweisung der Steuerverbindlichkeiten

1910 Verbindlichkeiten aus Steuern	565,05
an 1310 Bank	565,05

Merke:

● Die **Sozialversicherungsbeiträge** des Arbeitnehmers und des Arbeitgebers sind spätestens am drittletzten Bankarbeitstag des laufenden Monats an die betreffende Krankenkasse zu überweisen (1150 Im Voraus gezahlte Sozialversicherungsbeiträge). Zu den Beiträgen zur Sozialversicherung von Arbeitnehmer und Arbeitgeber siehe Seite 35.

● Löhne und Gehälter werden als **Personalaufwand** in den Konten 4010 Löhne, 4020 Gehälter und 4040 Gesetzliche soziale Aufwendungen, 4050 Freiwillige soziale Aufwendungen und 4060 Aufwendungen für Altersversorgung erfasst.

● **Nettolohn** bzw. **Nettogehalt** wird berechnet, indem vom steuer- und sozialversicherungspflichtigen Lohn bzw. Gehalt Steuern und Arbeitnehmerbeiträge zur Sozialversicherung abgezogen werden (siehe Seite 297).

● **Vorschüsse** an Arbeitnehmer werden bei der Gewährung auf 1130 Sonstige Forderungen (im Soll) erfasst; sie werden mit der nächsten Lohn- bzw. Gehaltszahlung verrechnet.

● Die vom Arbeitgeber einbehaltene **Lohnsteuer, Kirchensteuer** (8% bzw. 9% der Lohnsteuer) und der **Solidaritätszuschlag** (5,5% der Lohnsteuer) werden auf 1910 Verbindlichkeiten aus Steuern erfasst.

● Der **Arbeitgeberanteil zur Sozialversicherung** wird im Zusammenhang mit der Gehaltsbuchung als Aufwand auf 4040 Gesetzliche soziale Aufwendungen erfasst und mit 1150 Im Voraus gezahlte Sozialversicherungsbeiträge verrechnet.

● Die **einbehaltenen Steuerabzüge** überweist der Arbeitgeber bis spätestens zum 10. des Folgemonats an das Finanzamt.

● Die Beiträge zur **Unfallversicherung** trägt der Arbeitgeber allein. Sie werden als Aufwand auf 4040 Gesetzliche soziale Aufwendungen (im Soll) erfasst und an die betreffende Berufsgenossenschaft überwiesen.

5.2 Vermögenswirksame Leistungen

Beispiel:

Ein Arbeitnehmer, Steuerklasse III, Kinderfreibetrag 1, Kirchensteuer 9%, erhält ein Bruttogehalt in Höhe von 3 185,00 EUR. Zu berücksichtigen sind: Lohnsteuer 329,16 EUR, Kirchensteuer 18,67 EUR, Solidaritätszuschlag 9,10 EUR, Rentenversicherung 318,40 EUR, Arbeitslosenversicherung 67,20 EUR, Krankenversicherung 270,40 EUR (7,55% Arbeitnehmeranteil + 0,9% Aufschlag), Pflegeversicherung 27,20 EUR (0,85% Arbeitnehmeranteil).

Die vermögenswirksamen Leistungen in Höhe von 30,00 EUR tragen Arbeitgeber und Arbeitnehmer je zur Hälfte.

Buchungssätze:

Überweisung der Sozialversicherungsbeiträge

1150 Im Voraus gezahlte Sozialversicherungsbeiträge	1 337,60
an 1310 Bank	1 337,60

Gehaltsbuchung

4020	Gehälter	3 185,00	
4050	Freiwillige soziale Aufwendungen	15,00	
	an 1310 Bank		2 129,87
	an 1910 Verbindlichkeiten aus Steuern		356,93
	an 1150 Im Voraus gezahlte Sozialversicherungsbeiträge		683,20
	an 1950 Verbindlichkeiten aus Vermögensbildung		30,00

Arbeitgeberanteil

4040	Gesetzliche soziale Aufwendungen	654,40	
	an 1150 Im Voraus gezahlte Sozialversicherungsbeiträge		654,40

Überweisung der Steuerverbindlichkeiten

1910	Verbindlichkeiten aus Steuern	356,93	
	an 1310 Bank		356,93

Merke:

● Nach dem Vermögensbildungsgesetz[1] fördert der Staat diejenigen Arbeitnehmer durch Sparzulagen, die Geld als **vermögenswirksame Leistungen** sieben Jahre lang anlegen. Die **Arbeitnehmersparzulage** wird nur gewährt bis zu einem zu versteuernden Jahreseinkommen von 17 900,00 EUR bei Ledigen bzw. 35 800,00 EUR bei Ehepaaren. Die Arbeitnehmersparzulage ist weder steuer- noch sozialversicherungspflichtig; sie muss jährlich beantragt werden (zusammen mit der Steuererklärung).

● Nach dem **Vermögensbildungsgesetz** kann der Arbeitnehmer jährlich bis zu 470,00 EUR für Bausparen anlegen; die Arbeitnehmersparzulage beträgt 9 %.

Zusätzlich kann der Arbeitnehmer jährlich bis zu 400,00 EUR für die Geldanlage in Produktivkapital (z. B. Aktienfonds) anlegen; die Arbeitnehmersparzulage beträgt 18 %.

● Die beiden Förderbereiche können einzeln oder zusammen in Anspruch genommen werden.

● Die vermögenswirksamen Leistungen können ganz oder teilweise (z. B. aufgrund von Tarifvereinbarungen) vom Arbeitgeber bzw. Arbeitnehmer allein übernommen werden. Die vermögenswirksamen Leistungen werden vom Arbeitgeber einbehalten und an die entsprechende Institution (z. B. Bausparkasse) abgeführt; sie sind steuer- und sozialversicherungspflichtig.

---

1 Stand 29. Dezember 2003.

5.3 Sonstige Bezüge

Beispiel:

Ein Arbeitnehmer, Steuerklasse III, Kinderfreibetrag 1, Kirchensteuer 9%, erhält ein Bruttogehalt in Höhe von 2 170,00 EUR. Zusätzlich erhält er Urlaubsgeld in Höhe von 300,00 EUR. Zu berücksichtigen sind: Lohnsteuer 129,50 EUR, Kirchensteuer 3,02 EUR, Solidaritätszuschlag 0,00 EUR, Rentenversicherung 245,77 EUR, Arbeitslosenversicherung 51,87 EUR, Krankenversicherung 195,17 EUR (7% Arbeitnehmeranteil + 0,9% Aufschlag), Pflegeversicherung 21,00 EUR (0,85% Arbeitnehmeranteil).

Buchungssätze:

Überweisung der Sozialversicherungsbeiträge

1150	Im Voraus gezahlte Sozialversicherungsbeiträge	1 005,39	
	an 1310 Bank		1 005,39

Gehaltsbuchung

4020	Gehälter	2 170,00	
4050	Freiwillige soziale Aufwendungen	300,00	
	an 1310 Bank		1 823,67
	an 1910 Verbindlichkeiten aus Steuern		132,52
	an 1150 Im Voraus gezahlte Sozialversicherungsbeiträge		513,81

Arbeitgeberanteil

4040	Gesetzliche soziale Aufwendungen	491,58	
	an 1150 Im Voraus gezahlte Sozialversicherungsbeiträge		491,58

Überweisung der Steuerverbindlichkeiten

1910	Verbindlichkeiten aus Steuern	132,52	
	an 1310 Bank		132,52

Merke:

● **Sonstige Bezüge** werden dem Arbeitnehmer zusätzlich zu seinem Gehalt bzw. Lohn gewährt; man unterscheidet geldliche Bezüge und Sachbezüge.

● Zu den **geldlichen Bezügen** zählen einmalige Zahlungen wie z.B. Urlaubsgeld, Weihnachtsgeld, 13. Monatsgehalt, Gratifikationen, Beihilfen bei Heirat und Geburt. Die geldlichen Bezüge erhöhen den Bruttoverdienst und sie sind damit steuer- und sozialversicherungspflichtig. Diese Bezüge werden in der Kontengruppe 40 Personalkosten erfasst.

● **Sachbezüge** stellen Zuwendungen für den Arbeitnehmer dar, die nicht in Geld erfolgen **(geldwerte Vorteile).** Zu den Sachbezügen zählen z.B. die kostenlose Überlassung von firmeneigenen Wohnungen bzw. von Fahrzeugen für private Zwecke, Deputate (z.B. erhalten die Mitarbeiter einer Brauerei monatlich kostenlos mehrere Kisten Bier). Die Sachbezüge erhöhen den Bruttoverdienst und sie sind damit steuer- und sozialversicherungspflichtig. Diese Bezüge werden nicht auf einem gesonderten Konto erfasst, sondern zusammen mit dem Lohn bzw. Gehalt auf dem entsprechenden Konto.

● Die Sachbezüge werden steuerlich wie Verkäufe behandelt; sie sind deshalb **umsatzsteuerpflichtig.** Der Nettobetrag des Sachbezugs wird auf 2460 Sonstige Erträge gebucht.

6 Buchungen im Finanzbereich

6.1 Kasse

Beispiel 1:

Ein Großhandelsbetrieb verkauft Waren im Nettowert von 880,00 EUR (19 % Mehrwertsteuer); der Kunde bezahlt bar.

Buchungssatz:

1510 Kasse	1 047,20	
an 8010 Warenverkauf		880,00
an 1800 Umsatzsteuer		167,20

Beispiel 2:

Ein Großhandelsbetrieb bezahlt die Fracht in Höhe von 273,70 EUR (19 % Mehrwertsteuer) für eine erhaltene Warenlieferung in bar.

Buchungssatz:

3020 Warenbezugskosten	230,00	
1400 Vorsteuer	43,70	
an 1510 Kasse		273,70

Beispiel 3:

Die Kasse eines Großhandelsbetriebes weist beim Kassenabschluss einen Fehlbetrag von 50,00 EUR aus.

Buchungssatz:

2060 Sonstige Aufwendungen	50,00	
an 1510 Kasse		50,00

Merke:

- Das **Kassenkonto** ist ein Aktivkonto, das die Bareinnahmen (im Soll) und die Barausgaben (im Haben) erfasst.

- Im **Kassenbericht** werden für jeden Geschäftstag die Bareinnahmen den Barausgaben gegenübergestellt. Das Ergebnis des Kassenberichts ist die **Tageslosung** (Bruttoumsatz eines Tages durch Barverkäufe).

- Ein **Kassenfehlbetrag** (Kassenmanko) liegt vor, wenn der buchmäßige Kassenbestand größer ist als der tatsächliche Kassenbestand (2060 Sonstige Aufwendungen an 1510 Kasse).

- Ein **Kassenüberschuss** liegt vor, wenn der tatsächliche Kassenbestand größer ist als der buchmäßige Kassenbestand (1510 Kasse an 2460 Sonstige Erträge).

6.2 Kreditoren und Debitoren (Kontokorrentbuchhaltung)

Beispiel:

Aus der Hauptbuchhaltung eines Großhandelsbetriebes liegen folgende Informationen vor:

Bestand an Forderungen aus LL	78 000,00 EUR
Bestand an Verbindlichkeiten aus LL	56 000,00 EUR

Aus der Nebenbuchhaltung liegen folgende Informationen vor:

Forderungen an Kunde H. Mayer OHG	45 000,00 EUR
Forderungen an Kunde M. Gross KG	33 000,00 EUR
Verbindlichkeiten gegenüber Stahlbau GmbH	20 000,00 EUR
Verbindlichkeiten gegenüber Industriebau AG	36 000,00 EUR

Es liegen folgende Geschäftsfälle vor (Mehrwertsteuer 19 %):

a) Verkauf von Waren auf Ziel an H. Mayer OHG im Nettowert von 11 000,00 EUR.

b) Banküberweisung von H. Mayer OHG zum Ausgleich einer Ausgangsrechnung in Höhe von 18 000,00 EUR.

c) Verkauf von Waren auf Ziel an M. Gross KG im Nettowert von 24 000,00 EUR.

d) Zielkauf von Stahlelementen bei Stahlbau GmbH im Nettowert von 7 000,00 EUR.

e) Banküberweisung an Stahlbau GmbH zum Ausgleich einer Eingangsrechnung in Höhe von 16 000,00 EUR.

f) Banküberweisung an Industriebau AG zum Ausgleich einer Eingangsrechnung in Höhe von 9 000,00 EUR.

Buchen Sie die Geschäftsfälle auf den Sach- und Personenkonten und stimmen Sie die Konten ab!

Buchungssätze:

a)	1010 Forderungen aus LL		13 090,00	
	an 8010 Warenverkauf			11 000,00
	an 1800 Umsatzsteuer			2 090,00
b)	1310 Bank		18 000,00	
	an 1010 Forderungen aus LL			18 000,00
c)	1010 Forderungen aus LL		28 560,00	
	an 8100 Warenverkauf			24 000,00
	an 1800 Umsatzsteuer			4 560,00
d)	3010 Wareneingang		7 000,00	
	1400 Vorsteuer		1 330,00	
	an 1710 Verbindlichkeiten aus LL			8 330,00
e)	1710 Verbindlichkeiten aus LL		16 000,00	
	an 1310 Bank			16 000,00
f)	1710 Verbindlichkeiten aus LL		9 000,00	
	an 1310 Bank			9 000,00

Buchung:

Hauptbuchführung

S	1010 Forderungen aus LL		H			S	1710 Verbindlichkeiten aus LL		H	
AB	78 000,00	1310)	18 000,00			1310)	16 000,00	AB	56 000,00	
8010/...)	13 090,00	SB	101 650,00			1310)	9 000,00	3010/...)	8 330,00	
8010/...)	28 560,00					SB	39 330,00			
	119 650,00		119 650,00				64 330,00		64 330,00	

Nebenbuchführung

Kundenkonto H. Mayer OHG   Konto-Nr. 10101

Datum	Beleg	Text	Soll	Haben	Saldo
2. Jan.		Saldovortrag	45 000,00		45 000,00
7. Jan.	AR 1	Verkauf v. Waren	13 090,00		58 090,00
16. Jan.	BA 1	Banküberweisung		18 000,00	40 090,00

Kundenkonto M. Gross KG   Konto-Nr. 10102

Datum	Beleg	Text	Soll	Haben	Saldo
2. Jan.		Saldovortrag	33 000,00		33 000,00
10. Jan.	AR 2	Verkauf v. Waren	28 560,00		61 560,00

Liefererkonto Stahlbau GmbH   Konto-Nr. 17101

Datum	Beleg	Text	Soll	Haben	Saldo
2. Jan.		Saldovortrag		20 000,00	20 000,00
9. Jan.	ER 1	Kauf von Stahlteilen		8 330,00	28 330,00
20. Jan.	BA 2	Banküberweisung	16 000,00		12 330,00

Liefererkonto Industriebau GmbH   Konto-Nr. 17102

Datum	Beleg	Text	Soll	Haben	Saldo
2. Jan.		Saldovortrag		36 000,00	36 000,00
24. Jan.	BA 3	Banküberweisung	9 000,00		27 000,00

Merke:

- Die **Kreditoren- und Debitorenbuchhaltung (Kontokorrentbuchhaltung)** dient der Kontrolle der Geschäftsfälle mit Lieferern (Kreditoren) und Kunden (Debitoren) sowie der Erläuterung der **Sachkonten** im Hauptbuch (1010 Forderungen aus LL und 1710 Verbindlichkeiten aus LL).

  Die Kreditoren- und Debitorenbuchhaltung ist ein wichtiger Teil der Nebenbuchhaltung (Nebenbücher).

- Die Kontokorrentbuchführung führt gesonderte **Personenkonten,** und zwar für jeden Lieferer ein Liefererkonto und für jeden Kunden ein Kundenkonto.

- Jeder Geschäftsfall mit Lieferern und Kunden wird auf den entsprechenden Sachkonten im Hauptbuch erfasst; gleichzeitig wird im Nebenbuch auf dem entsprechenden Personenkonto lediglich der Betrag der Verbindlichkeit bzw. der Forderung erfasst. Erfolgt die Buchführung mit Hilfe von Finanzbuchführungsprogrammen, wird jeder Geschäftsfall nur in der Nebenbuchführung erfasst; die Übertragung der Buchung auf die Sachkonten des Hauptbuchs erfolgt automatisch durch die Datenverarbeitung.

- Die Personenkonten weisen für jeden Lieferer bzw. für jeden Kunden den aktuellen Stand (Saldo) der Verbindlichkeiten bzw. der Forderungen aus.

- Nach dem Abschluss der beiden Hauptbuchkonten müssen der Saldo von 1710 Verbindlichkeiten aus LL mit den aufsummierten Salden der Liefererkonten und der Saldo von 1010 Forderungen aus LL mit den aufsummierten Salden der Kundenkonten übereinstimmen.

6.3 Darlehen

Beispiel 1:

Ein Großhandelsbetrieb gewährt einem Kunden ein Darlehen in Höhe von 80 000,00 EUR zu 7,5 % p.a.; die Zinsen sind halbjährlich (nachträglich) zu zahlen. Der Darlehensbetrag wird am 15. Januar überwiesen.

Buchungssätze:

Darlehensvergabe am 15. Januar lt. Bankbeleg

0460	Darlehen	80 000,00	
	an 1310 Bank		80 000,00

Eingang der Zinsen am 15. Juli lt. Bankbeleg

1310	Bank	3 000,00	
	an 2600 Sonstige Zinsen und ähnliche Erträge		3 000,00

Beispiel 2:

Ein Großhandelsbetrieb erhält von seiner Hausbank am 1. April ein Darlehen in Höhe von 140 000,00 EUR zu 8,4 % p.a.; die Zinsen sind halbjährlich (nachträglich) fällig.

Buchungssätze:

Gutschrift des Darlehens am 1. April lt. Bankbeleg

1310	Bank	140 000,00	
	an 0820 Verbindlichkeiten gegenüber Kreditinstituten		140 000,00

Zinszahlung am 1. Oktober lt. Bankbeleg

2100	Zinsen und ähnliche Aufwendungen	5 880,00	
	an 1310 Bank		5 880,00

Merke:

● Wenn ein Großhandelsbetrieb einem Kunden ein **Darlehen** gewährt, wird dies auf dem Aktivkonto 0460 Sonstige Ausleihungen (Darlehen) erfasst.

● Wenn ein Großhandelsbetrieb bei einer Bank ein Darlehen aufnimmt, wird dies auf dem Passivkonto 0820 Verbindlichkeiten gegenüber Kreditinstituten erfasst.

7 Buchungen im Anlagebereich

7.1 Kauf von Anlagegütern

Beispiel:

Ein Großhandelsbetrieb kauft eine Verpackungsmaschine auf Ziel für 25 000,00 EUR netto, Transport- und Montagekosten 2 400,00 EUR netto. Die Mehrwertsteuer beträgt 19 %. Die Rechnung wird durch Banküberweisung unter Abzug von 3 % Skonto beglichen.

Buchungssätze:

Kauf

0310	Technische Anlagen und Maschinen	27 400,00	
1400	Vorsteuer	5 206,00	
	an 1710 Verbindlichkeiten aus LL		32 606,00

Rechnungsausgleich

1710	Verbindlichkeiten aus LL	32 606,00	
	an 1310 Bank		31 627,82
	an 0310 Technische Anlagen und Maschinen		822,00
	an 1400 Vorsteuer		156,18

Merke:

● Beim **Anlagevermögen** sind nur die Gegenstände auszuweisen, die bestimmt sind, dauernd dem Geschäftsbetrieb zu dienen.

● **Anschaffungskosten** sind die Aufwendungen, die geleistet werden, um einen Vermögensgegenstand zu erwerben und ihn in einen betriebsbereiten Zustand zu versetzen. Dabei sind die Anschaffungsnebenkosten und die Anschaffungspreisminderungen zu berücksichtigen.

● **Anschaffungsnebenkosten** (z.B. Bezugs- und Montagekosten bei Maschinen, Beurkundungskosten und Grunderwerbsteuer bei Grundstücken und Gebäuden sowie Erschließungsbeiträge für Grundstücke) werden aktiviert.

● **Minderungen der Anschaffungskosten** (Rabatte, Boni, Skonti) verringern den Anschaffungspreis und werden im Haben des entsprechenden Bestandskontos gebucht.

● Die **aktivierungspflichtigen Anschaffungskosten** bilden die Grundlage für die Abschreibung (AfA).

> Anschaffungspreis (netto)
> + Anschaffungsnebenkosten
> − Minderungen der Anschaffungskosten
> = aktivierungspflichtige Anschaffungskosten

7.2 Methoden der Abschreibung

Beispiel:

Die Anschaffungskosten eines Pkw betragen 40 000,00 EUR netto; die voraussichtliche Nutzungsdauer beträgt 4 Jahre.

Ermitteln Sie die Abschreibungsbeträge und die Buchwerte bei der

a) linearen Abschreibung;

b) geometrisch-degressiven Abschreibung (AfA-Satz 20 %);

c) Leistungs-AfA, wenn die voraussichtliche Gesamtleistung 160 000 km beträgt und die Fahr-leistungen in den ersten 3 Jahren 45 000 km, 38 000 km und 42 000 km betragen!

Lösung:

a) und b)

Jahr	lineare Abschreibung			degressive Abschreibung		
	Buchwert am Jahresanfang	Abschreibungs-betrag pro Jahr	Buchwert am Jahresende	Buchwert am Jahresanfang	Abschreibungs-betrag pro Jahr	Buchwert am Jahresende
1	40 000,00	10 000,00	30 000,00	40 000,00	8 000,00	32 000,00
2	30 000,00	10 000,00	20 000,00	32 000,00	6 400,00	25 600,00
3	20 000,00	10 000,00	10 000,00	25 600,00	5 120,00	20 480,00
4	10 000,00	10 000,00	0,00	20 480,00	4 096,00	16 384,00

c)

Jahr	Leistung pro Jahr in km	Abschreibungsbetrag pro Jahr
1	45 000	11 250,00
2	38 000	9 500,00
3	42 000	10 500,00
4	35 000	8 750,00
Summe	160 000	40 000,00

Merke:

● **Abschreibungen** erfassen die Wertminderung von Anlagegütern (z.B. Abnutzung durch Gebrauch, natürlicher Verschleiß, Entwicklung neuer und verbesserter Anlagegüter aufgrund des technischen Fortschritts).

Man unterscheidet die lineare und degressive Abschreibung sowie die Abschreibung nach Leistungseinheiten.

● Bei der **linearen Abschreibung** werden die Abschreibungsbeträge durch die Division der Anschaffungskosten eines Anlagegutes durch die geschätzte Lebensdauer ermittelt.

$$\text{Abschreibung} = \frac{\text{Anschaffungswert}}{\text{geschätzte Nutzungsdauer}}$$

$$\text{Abschreibungssatz} = \frac{100}{\text{geschätzte Nutzungsdauer}}$$

Die jährlichen Abschreibungsbeträge sind gleich hoch; im letzten Abschreibungsjahr wird der Restbuchwert von null erreicht.

● Bei der **degressiven Abschreibung** (geometrisch-degressive Abschreibung, Buchwert-AfA) wird die jährliche Abschreibungsquote als fester Prozentsatz vom jeweiligen Restbuchwert ermittelt. Eine volle Abschreibung bis zum Restbuchwert von null wird nicht erreicht.

Die degressive Abschreibung arbeitet mit sinkenden Abschreibungsbeträgen; diese sind im ersten Jahr der Nutzung am höchsten, im letzten am geringsten. Ihre Anwendung wird mit dem hohen Wertverlust in den ersten Nutzungsjahren begründet.

● Bei der **Abschreibung nach Leistungseinheiten** (variable Abschreibung, Leistungs-AfA) richtet sich der Abschreibungsbetrag nach der Beanspruchung des Anlagegutes. Man dividiert die Anschaffungskosten durch die geschätzte Zahl der mit dem Anlagegut zu erbringenden Leistungen (z.B. Stück, Kilometer, Stunden) und erhält den Abschreibungsbetrag je Leistungseinheit.

Die Leistungs-AfA ermittelt die Wertminderung in direkter Abhängigkeit von der Inanspruchnahme des Anlagegutes.

● Die lineare, degressive und variable Abschreibung sind nach dem HGB (handelsrechtlich) und nach dem Einkommensteuergesetz (steuerrechtlich) möglich.

● Bei der **bilanzmäßigen Abschreibung** werden sowohl handelsrechtliche als auch steuerrechtliche Gesichtspunkte berücksichtigt. Abzuschreiben ist stets von den Anschaffungsbzw. Herstellungskosten.

● Für die lineare Abschreibung hat die Finanzverwaltung einheitlich für bestimmte Wirtschaftsgüter die betriebsgewöhnliche Nutzungsdauer sowie die linearen AfA-Sätze (in **AfA-Tabellen**) festgelegt. Im Steuerrecht nennt man die Abschreibung „Absetzung für Abnutzung" (AfA).

● Für die degressive Abschreibung gilt, dass der Abschreibungsprozentsatz das Zweifache des linearen Satzes nicht übersteigen und höchstens 20 % betragen darf[1]. Der Übergang von der degressiven zur linearen Abschreibung ist steuerrechtlich möglich, der umgekehrte Fall ist nicht erlaubt.

Der Übergang von der degressiven zur linearen Abschreibung ist in dem Jahr sinnvoll, in dem der nach der linearen Methode berechnete Abschreibungsbetrag (bezogen auf den Buchwert dieses Jahres) erstmals größer ist als der nach der degressiven Methode berechnete Abschreibungsbetrag.

● Die **planmäßige Abschreibung** erfasst die normale Wertminderung eines Anlagegutes entsprechend der betriebsgewöhnlichen Nutzungsdauer (in einem Abschreibungsplan). Die **außerplanmäßige** (außerordentliche) **Abschreibung** erfasst unvorhergesehene Wertminderungen (z.B. ein Anlagegut ist aufgrund technischer Neuerungen überholt).

● Der Buchwert bei der planmäßigen Abschreibung wird wie folgt berechnet:

Buchwert = Anschaffungs- bzw. Herstellungskosten − Summe der Abschreibungen

● Für bewegliche Wirtschaftsgüter des Anlagevermögens vermindert sich im Jahr der Anschaffung oder Herstellung der Jahres-AfA-Betrag um jeweils ein Zwölftel für jeden vollen Monat, der dem Monat der Anschaffung oder Herstellung vorangeht. (D.h., wenn ein Anlagegut im Monat März angeschafft wird, dürfen im Anschaffungsjahr nur zehn Zwölftel des Jahres-AfA-Betrages abgeschrieben werden.) Man spricht von **zeitanteiliger AfA.**

● Wird ein Anlagegut nach vollständiger Abschreibung weiterhin im Betrieb genutzt, ist es mit dem **Erinnerungswert** von 1,00 EUR zu aktivieren.

● Die **kalkulatorische Abschreibung** berücksichtigt die tatsächliche Wertminderung; sie findet Anwendung in der Kosten- und Leistungsrechnung. Um die betriebliche Substanz zu erhalten, kann von den (höheren) Wiederbeschaffungskosten abgeschrieben werden (siehe S. 530 f.).

Bei der kalkulatorischen Abschreibung wird i.d.R. linear abgeschrieben.

---

1 Bei beweglichen Wirtschaftsgütern des Anlagevermögens, die nach dem 31. Dezember 2005 und vor dem 1. Januar 2008 angeschafft worden sind, darf der anzuwendende Prozentsatz höchstens das Dreifache des linearen Abschreibungssatzes betragen und 30 % nicht übersteigen.

7.3 Direkte Abschreibung von Anlagegütern

Beispiel:

Ein Lkw mit einem Anschaffungswert von 160 000,00 EUR wird am Jahresende mit 20% abgeschrieben.

Schreiben Sie direkt ab und geben Sie die Abschlussbuchungen an!

Buchungssätze:

Buchung der Abschreibung

4910	Abschreibungen auf Sachanlagen	32 000,00	
	an 0340 Fuhrpark		32 000,00

Abschlussbuchungen

9300	GuV-Konto	32 000,00	
	an 4910 Abschreibungen auf Sachanlagen		32 000,00
9400	Schlussbilanzkonto	128 000,00	
	an 0340 Fuhrpark		128 000,00

Merke:

● Bei der **direkten Abschreibung** wird die Wertminderung direkt auf dem Anlagekonto erfasst. In der Schlussbilanz steht der Restbuchwert.

● Die Abschreibung wird erfasst auf dem Konto 4910 Abschreibungen auf Sachanlagen.

7.4 Verkauf von gebrauchten Anlagegütern

Beispiel 1:

Ein gebrauchter Pkw, Buchwert 12 600,00 EUR, wird für 12 600,00 EUR netto verkauft (19% Mehrwertsteuer).

Buchungssätze:

1010	Forderungen aus LL	14 994,00	
	an 2700 Erlöse aus Anlageabgängen		12 600,00
	an 1800 Umsatzsteuer		2 394,00
2700	Erlöse aus Anlageabgängen	12 600,00	
	an 0340 Fuhrpark		12 600,00

Beispiel 2:

Ein gebrauchtes Kopiergerät, Buchwert 560,00 EUR, wird für 650,00 EUR netto zuzüglich 19% Mehrwertsteuer bar verkauft.

Buchungssätze:

1510	Kasse	773,50	
	an 2700 Erlöse aus Anlageabgängen		650,00
	an 1800 Umsatzsteuer		123,50

2700 Erlöse aus Anlageabgängen	650,00	
an 0330 Betriebs- und Geschäftsausstattung		560,00
an 2710 Erträge aus dem Abgang von AV		90,00

Beispiel 3:

Eine gebrauchte Transportanlage, Buchwert 5 000,00 EUR, wird für 4 200,00 EUR netto gegen Bankscheck verkauft (19 % Mehrwertsteuer).

Buchungssätze:

1310 Bank	4 998,00	
an 2700 Erlöse aus Anlageabgängen		4 200,00
an 1800 Umsatzsteuer		798,00
2700 Erlöse aus Anlageabgängen	4 200,00	
2040 Verluste aus dem Abgang von AV	800,00	
an 0130 Technische Anlagen und Maschinen		5 000,00

Beispiel 4:

Eine gebrauchte Büromaschine mit einem Erinnerungswert von 1,00 EUR wird beim Kauf einer neuen Büromaschine, Anschaffungskosten 2 100,00 EUR netto zuzüglich 19 % Mehrwertsteuer, für 150,00 EUR netto zuzüglich 19 % Mehrwertsteuer in Zahlung gegeben. Der Restbetrag wird unter Abzug von 3 % Skonto durch Banküberweisung beglichen.

Buchungssätze:

Kauf

0330 Betriebs- und Geschäftsausstattung	2 100,00	
1400 Vorsteuer	399,00	
an 1710 Verbindlichkeiten aus LL		2 499,00

Inzahlunggabe

1710 Verbindlichkeiten aus LL	178,50	
an 2700 Erlöse aus Anlageabgängen		150,00
an 1800 Umsatzsteuer		28,50
2700 Erlöse aus Anlageabgängen	150,00	
an 0330 Betriebs- und Geschäftsausstattung		1,00
an 2710 Erträge aus dem Abgang von AV		149,00

Überweisung des Restbetrages

1710 Verbindlichkeiten aus LL	2 320,50	
an 1310 Bank		2 250,89
an 0330 Betriebs- und Geschäftsausstattung		58,50
an 1400 Vorsteuer		11,11

Beispiel 5:

Ein gebrauchter Pkw mit einem Buchwert zu Beginn des Geschäftsjahres in Höhe von 12 000,00 EUR wird am 18. September für 10 000,00 EUR netto zuzüglich 19 % Mehrwertsteuer bar verkauft. Der jährliche Abschreibungsbetrag liegt bei 6 000,00 EUR.

Buchungssätze:

Zeitanteilige AfA

4910 Abschreibungen auf Sachanlagen	4 000,00	
an 0340 Fuhrpark		4 000,00

Verkauf

1510 Kasse	11 900,00	
an 2700 Erlöse aus Anlageabgängen		10 000,00
an 1800 Umsatzsteuer		1 900,00
2700 Erlöse aus Anlageabgängen	10 000,00	
an 0340 Fuhrpark		8 000,00
an 2710 Erträge aus dem Abgang von AV		2 000,00

Merke:

● Der **Verkauf von gebrauchten Anlagegütern** unterliegt der Mehrwertsteuer; Bemessungsgrundlage ist der Nettoverkaufspreis.

● Beim Verkauf von gebrauchten Anlagegütern wird der Nettoverkaufspreis auf dem Konto 2700 Erlöse aus Anlageabgängen (im Haben) erfasst; im Rahmen dieses Buchungsvorgangs wird das Konto 2700 Erlöse aus Anlageabgängen durch das Ausbuchen des Buchwertes des Anlagegutes und durch Berücksichtigung des Ertrages bzw. Verlustes aufgelöst. Man unterscheidet:

> Nettoverkaufspreis = Buchwert
>
> Nettoverkaufspreis > Buchwert
> → 2710 Erträge aus dem Abgang von AV
>
> Nettoverkaufspreis < Buchwert
> → 2040 Verluste aus dem Abgang von AV

● In FIBU-Programmen (siehe Seite 364 ff.) ist das Konto 2700 Erlöse aus Anlageabgängen ein so genanntes automatisches Konto, d. h., die anfallende Umsatzsteuer wird automatisch berechnet und entsprechend gebucht.

● Bei der **Inzahlunggabe von Anlagegütern** wird das Konto 1710 Verbindlichkeiten aus LL als Verrechnungskonto eingesetzt.

● Werden noch nicht voll abgeschriebene Vermögensgegenstände während eines Geschäftsjahres verkauft, ist die Abschreibung bis zum Zeitpunkt des Ausscheidens zeitanteilig vorzunehmen (die Abschreibung ist anteilig zu ermitteln für die vollen vorangegangenen Monate).

7.5 Geringwertige Wirtschaftsgüter

Beispiel:

Kauf einer Rechenmaschine für 290,00 EUR netto und 19 % Mehrwertsteuer gegen Bankscheck.

Buchungssätze:

Bei Anschaffung

0370 Geringwertige Wirtschaftsgüter	290,00	
1400 Vorsteuer	55,10	
an 1310 Bank		345,10

Am Jahresende

4910 Abschreibungen auf Sachanlagen	290,00	
an 0370 Geringwertige Wirtschaftsgüter		290,00

Merke:

- **Geringwertige Wirtschaftsgüter (GWG)** sind bewegliche, abnutzbare, selbstständig nutzbare und selbstständig bewertbare Gegenstände des Anlagevermögens, deren Anschaffungs- bzw. Herstellungskosten nicht mehr als 410,00 EUR netto betragen. Sie werden gebucht auf 0370 Geringwertige Wirtschaftsgüter.

- Geringwertige Wirtschaftsgüter können entweder im Jahr der Anschaffung bzw. Herstellung in voller Höhe oder während der gesamten Nutzungsdauer abgeschrieben werden (Wahlrecht).

  Welche Abschreibungsmöglichkeit das Unternehmen wählt, ist davon abhängig, ob das Unternehmen im laufenden Geschäftsjahr einen hohen oder niedrigen Gewinn ausweisen will.

- Gegenstände des Anlagevermögens mit Anschaffungs- oder Herstellungskosten bis zu 60,00 EUR (netto) werden sofort als Aufwand erfasst (z. B. 4810 Bürobedarf).

8 Buchungen von Steuern

Beispiel:

Ein Unternehmen überweist Grundsteuer 4 500,00 EUR, Einkommensteuer 21 000,00 EUR, Grunderwerbsteuer 28 000,00 EUR und Umsatzsteuerzahllast 34 700,00 EUR.

Buchungssatz:

4230 Grundsteuer	4 500,00	
1610 Privat	21 000,00	
0200 Grundstücke	28 000,00	
1800 Umsatzsteuer	34 700,00	
an 1310 Bank		88 200,00

Merke:

- Bei der Buchung der Steuern unterscheidet man Betriebssteuern, aktivierungspflichtige Steuern, Personensteuern und Steuern als durchlaufende Posten.

- **Betriebssteuern** (Kostensteuern) mindern den Gewinn; Beispiele sind 4210 Gewerbesteuer, 4220 Kfz-Steuer, 4230 Grundsteuer.

- **Aktivierungspflichtige Steuern** sind als Anschaffungsnebenkosten auf den entsprechenden Bestandskonten zu erfassen, z. B. Grunderwerbsteuer (auf dem Konto Grundstücke).

- **Personensteuern** stellen keine Kosten dar; sie werden aus dem Gewinn des Unternehmens gezahlt.

  Einzelunternehmen und Personengesellschaften erfassen Einkommen- und Kirchensteuer über das entsprechende Privatkonto (Privatentnahme).

  Kapitalgesellschaften erfassen die Körperschaftsteuer auf 2210.

- **Steuern als durchlaufende Posten** sind durch das Unternehmen von Dritten einzuziehen und an das Finanzamt abzuführen, z. B. 1800 Umsatzsteuer, Lohn- und Kirchensteuer (1910 Verbindlichkeiten aus Steuern).

● **Außerordentlicher Steueraufwand** ist periodenfremd, d. h., er betrifft frühere Geschäftsjahre; er wird erfasst auf 2030 Periodenfremde Aufwendungen.

Steuererstattungen aus Aufwandsteuern, welche frühere Geschäftsjahre betreffen, werden auf 2430 Periodenfremde Erträge erfasst.

9 Buchungen auf sachlichen Abgrenzungskonten

Beispiel:

Bilden Sie die Buchungssätze für folgende Geschäftsfälle einer GmbH:

a)	Banküberweisung für Aufräumarbeiten nach Hochwasserschaden	25 000,00 EUR
b)	Verlust aus dem Verkauf von Wertpapieren	4 300,00 EUR
c)	Banküberweisung für Gewerbesteuernachzahlung	2 850,00 EUR
d)	Barverkauf eines Personalcomputers, Buchwert	1 500,00 EUR
	Bruttoverkaufspreis	1 190,00 EUR
e)	Barspende an das Rote Kreuz	200,00 EUR
f)	Lastschrift der Bank für Darlehenszinsen	3 800,00 EUR
g)	Bankgutschrift für Gewinn aus dem Verkauf von Beteiligungen	9 700,00 EUR
h)	Bankgutschrift für Gewinn aus Wertpapierverkauf	2 500,00 EUR
i)	Bankgutschrift für Gewerbesteuererstattung für frühere Jahre	3 100,00 EUR
j)	Zinsgutschrift der Bank	1 900,00 EUR
k)	Barverkauf eines Pkw, Buchwert	4 000,00 EUR
	Bruttoverkaufspreis	5 950,00 EUR

Buchungssätze:

a)	2010	Außerordentliche Aufwendungen	25 000,00	
		an 1310 Bank		25 000,00
b)	2020	Betriebsfremde Aufwendungen	4 300,00	
		an 1310 Bank		4 300,00
c)	2030	Periodenfremde Aufwendungen	2 850,00	
		an 1310 Bank		2 850,00
d)	1510	Kasse	1 190,00	
		an 2700 Erlöse aus Anlageabgängen		1 000,00
		an 1800 Umsatzsteuer		190,00
	2700	Erlöse aus Anlageabgängen	1 000,00	
	2040	Verluste aus dem Abgang von AV	500,00	
		an 0330 Betriebs- und Geschäftsausstattung		1 500,00
e)	2100	Spenden	200,00	
		an 1510 Kasse		200,00
f)	2100	Zinsen und ähnliche Aufwendungen	3 800,00	
		an 1310 Bank		3 800,00
g)	1310	Bank	9 700,00	
		an 2410 Außerordentliche Erträge		9 700,00
h)	1310	Bank	2 500,00	
		an 2420 Betriebsfremde Erträge		2 500,00

i)	1310 Bank		3 100,00	
	an 2430	Periodenfremde Erträge		3 100,00
j)	1310 Bank		1 900,00	
	an 2600	Zinserträge		1 900,00
k)	1510 Kasse		5 950,00	
	an 2700	Erlöse aus Anlageabgängen		5 000,00
	an 1800	Umsatzsteuer		950,00
	2700	Erlöse aus Anlageabgängen	5 000,00	
	an 0340	Fuhrpark		4 000,00
	an 2710	Erträge aus dem Abgang von AV		1 000,00

Merke:

● Die **sachliche Abgrenzung** trennt die betrieblichen Aufwendungen und Erträge (Kontenklassen 4 und 8) von den neutralen Aufwendungen und Erträgen (Kontenklasse 2). Die neutralen Aufwendungen und Erträge gehören nicht in die Kosten- und Leistungsrechnung eines Betriebes, da sie das Betriebsergebnis verfälschen.

● Die **neutralen Aufwendungen und Erträge** werden unterteilt in außerordentliche, betriebsfremde und periodenfremde Aufwendungen und Erträge.

● **Außerordentliche Aufwendungen und außerordentliche Erträge** fallen außerhalb der gewöhnlichen Geschäftstätigkeit der Kapitalgesellschaft an (siehe auch Seite 491).

● **Betriebsfremde Aufwendungen und Erträge** entstehen nicht im Zusammenhang mit dem Betriebszweck, z.B. Spenden (Einzelunternehmen und Personengesellschaften buchen Spenden als Privatentnahmen), Kursverluste bei Wertpapierverkauf, Haus- und Grundstücksaufwendungen, Kursgewinne bei Wertpapierverkauf, Haus- und Grundstückserträge.

● **Periodenfremde Aufwendungen und Erträge** sind zwar betriebsbedingt, betreffen aber vergangene Geschäftsjahre, wie z.B. Gewerbesteuernachzahlung und Gewerbesteuererstattung.

● Die **Kontenklasse 2** wird über das Konto 9300 GuV abgeschlossen (direkter Abschluss). Die Kontenklasse 2 kann aber auch über ein Abgrenzungssammelkonto abgeschlossen werden; der Saldo dieses Kontos ergibt das neutrale Ergebnis und wird auf 9300 GuV übertragen (indirekter Abschluss).

10 Zeitliche Abgrenzung

10.1 Sonstige Forderungen und sonstige Verbindlichkeiten (antizipative Posten)

Beispiel 1:

Ein Darlehensschuldner zahlt die Halbjahreszinsen in Höhe von 1 200,00 EUR nachträglich Ende Februar durch Banküberweisung.

Buchungssätze:

31. Dezember

1130 Sonstige Forderungen	800,00	
an 2600 Zinserträge		800,00

28. Februar

1310 Bank	1 200,00	
an 1130 Sonstige Forderungen		800,00
an 2600 Zinserträge		400,00

Beispiel 2:

Einem Vertreter werden am 31. Januar 5 700,00 EUR Provision zuzüglich 19 % Mehrwertsteuer für die Zeit vom 15. Dezember bis 31. Januar überwiesen. Auf das alte Jahr entfallen 2 100,00 EUR. Die Provisionsabrechnung wird erst am 31. Januar erstellt.

Buchungssätze:

31. Dezember

4500 Provisionen	2 100,00	
an 1940 Sonstige Verbindlichkeiten		2 100,00

31. Januar

1940 Sonstige Verbindlichkeiten	2 100,00	
4500 Provisionen	3 600,00	
1400 Vorsteuer	1 083,00	
an 1310 Bank		6 783,00

Merke:

● Aufgabe der **zeitlichen Abgrenzung** ist die periodengerechte Gewinnermittlung, d. h., Aufwendungen und Erträge werden unabhängig vom Zeitpunkt der Ausgabe bzw. Einnahme dem Geschäftsjahr zugeordnet, zu dem sie wirtschaftlich gehören.

● Bei der zeitlichen Abgrenzung unterscheidet man die **antizipativen** Posten (Sonstige Forderungen und Sonstige Verbindlichkeiten) und die **transitorischen** Posten (Aktive und Passive Rechnungsabgrenzung).

● Die **antizipativen Posten** beeinflussen im laufenden Geschäftsjahr die Höhe des Erfolgs. Die Buchung der Sonstigen Forderungen erhöht den Gewinn (bzw. mindert den Verlust); die Buchung der Sonstigen Verbindlichkeiten mindert den Gewinn (bzw. erhöht den Verlust).

●
> Ertrag altes Jahr und Zahlung (Einnahme) neues Jahr
> → 1130 Sonstige Forderungen

●
> Aufwand altes Jahr und Zahlung (Ausgabe) neues Jahr
> → 1940 Sonstige Verbindlichkeiten

● Liegt zum Bilanzstichtag für die antizipativen Posten keine Rechnung vor, wird die Vorsteuer erst bei Vorliegen der Rechnung gebucht.

10.2 Aktive und passive Rechnungsabgrenzungsposten (transitorische Posten)

Beispiel 1:

Am 1. September wird die Kfz-Steuer in Höhe von 1 500,00 EUR für einen Lkw im Voraus für ein Jahr überwiesen (Steuerzeitraum: 1. September bis 31. August).

Buchungssätze:

1. September

4220 Kraftfahrzeugsteuer	1 500,00	
an 1310 Bank		1 500,00

31. Dezember

0910 Aktive RAP	1 000,00	
an 4220 Kraftfahrzeugsteuer		1 000,00

1. Januar

4220 Kraftfahrzeugsteuer	1 000,00	
an 0910 Aktive RAP		1 000,00

Beispiel 2:

Ein Mieter überweist am 1. Dezember die Miete in Höhe von 2 550,00 EUR für drei Monate im Voraus.

Buchungssätze:

1. Dezember

1310 Bank	2 550,00	
an 2420 Betriebsfremde Erträge		2 550,00

31. Dezember

2420 Betriebsfremde Erträge	1 700,00	
an 0930 Passive RAP		1 700,00

1. Januar

0930 Passive RAP	1 700,00	
an 2420 Betriebsfremde Erträge		1 700,00

Merke:

● Die transitorischen Posten werden als **Aktive** und **Passive Rechnungsabgrenzungsposten** ausgewiesen. Die Buchung der aktiven Rechnungsabgrenzung mindert die bereits beim Zahlungsausgang gebuchten Aufwendungen; die Buchung der passiven Rechnungsabgrenzung mindert die bereits beim Zahlungseingang gebuchten Erträge.

● Als **Rechnungsabgrenzungsposten** sind auf der Aktivseite Ausgaben vor dem Abschlussstichtag auszuweisen, soweit sie Aufwand für eine bestimmte Zeit nach diesem Tag darstellen.

Zahlung (Ausgabe) altes Jahr und Aufwand neues Jahr
→ 0910 Aktive Rechnungsabgrenzungsposten

● Auf der Passivseite sind als Rechnungsabgrenzungsposten Einnahmen vor dem Abschlussstichtag auszuweisen, soweit sie Ertrag für eine bestimmte Zeit nach diesem Tag darstellen.

Zahlung (Einnahme) altes Jahr und Ertrag neues Jahr
→ 0930 Passive Rechnungsabgrenzungsposten

● Die Rechnungsabgrenzungsposten (RAP) werden als Bestandskonten über SBK abgeschlossen.

10.3 Rückstellungen

Beispiel:

Am Bilanzstichtag rechnet man für einen laufenden Prozess mit Kosten in Höhe von 8 700,00 EUR. Am 5. April des nächsten Jahres werden überwiesen:

a) 8 700,00 EUR,
b) 6 500,00 EUR,
c) 9 600,00 EUR.

Buchungssätze:

31. Dezember

4840 Rechts- und Beratungskosten	8 700,00	
an 0720 Rückstellungen		8 700,00

5. April

a) 0720 Rückstellungen	8 700,00	
an 1310 Bank		8 700,00
b) 0720 Rückstellungen	8 700,00	
an 1310 Bank		6 500,00
an 2760 Erträge a. d. Auflösung von Rückstellungen		2 200,00
c) 0720 Rückstellungen	8 700,00	
2030 Periodenfremde Aufwendungen	900,00	
an 1310 Bank		9 600,00

Merke:

● **Rückstellungen** sind Passivposten (Fremdkapital), die zur Berücksichtigung bestimmter künftiger Ausgaben gebildet werden. Sie werden gebildet für Aufwendungen des alten Jahres, die am Bilanzstichtag wahrscheinlich oder sicher, aber in ihrer Höhe und Fälligkeit noch unbestimmt sind (sie müssen geschätzt werden). Rückstellungen sind im Gegensatz zu den Sonstigen Verbindlichkeiten „ungewisse Schulden" (Ausgaben).

Rückstellungen werden erfasst auf 0720 Rückstellungen.

● Nach dem HGB **müssen** alle Kaufleute Rückstellungen bilden für **(Passivierungspflicht):**
   1. ungewisse Verbindlichkeiten, z. B. Steuernachzahlungen, Prozesskosten, Garantiever-pflichtungen, Pensionsverbindlichkeiten;
   2. drohende Verluste aus schwebenden Geschäften, z. B. liegt beim Einkauf von Vermögens-gegenständen, die im neuen Jahr geliefert werden, der vereinbarte Kaufpreis über dem am Bilanzstichtag geltenden Preis;
   3. im Geschäftsjahr unterlassene Aufwendungen für Instandhaltung, die im folgenden Geschäftsjahr innerhalb von drei Monaten nachgeholt werden;
   4. Gewährleistungen, die ohne rechtliche Verpflichtung erbracht werden (Kulanz).

● Nach dem HGB **können** alle Kaufleute Rückstellungen bilden für **(Passivierungswahlrecht):**
   1. unterlassene Aufwendungen für Instandhaltung, die in den letzten neun Monaten des fol-genden Geschäftsjahres nachgeholt werden;
   2. sog. **Aufwandsrückstellungen**, z. B. Rückstellungen für Großreparaturen, die später durchgeführt werden.

● Nach dem Steuerrecht sind in der **Steuerbilanz** nur die Rückstellungen anzusetzen, für die in der Handelsbilanz Passivierungspflicht besteht.

● Rückstellungen dürfen nur **aufgelöst** werden, soweit der Grund hierfür entfallen ist.

Bei der Auflösung unterscheidet man

Rückstellung = Ausgabe

Rückstellung > Ausgabe → 2760 Erträge aus der Auflösung von Rückstellungen

Rückstellung < Ausgabe → 2030 Periodenfremde Aufwendungen

---

11 Bewertung in der Bilanz

11.1 Bewertung des Vermögens (Grundsätze)

Beispiel 1:

Ein Unternehmen besitzt ein Grundstück mit einem Anschaffungswert von 300 000,00 EUR.

Wie ist das Grundstück am Bilanzstichtag zu bewerten, wenn

a) aufgrund eines Umlegungsverfahrens (Grundstück wird als zukünftiges Bebauungsland ausgewiesen) der zu erzielende Verkaufspreis auf 550 000,00 EUR gestiegen ist?

b) aufgrund einer Stromtrasse über das Grundstück der Verkehrswert auf 130 000,00 EUR gefallen ist?

Lösung:

a) Das Grundstück wird mit 300 000,00 EUR bewertet.

b) Das Grundstück wird mit 130 000,00 EUR bewertet.

Beispiel 2:

Ein Handelsbetrieb erwarb zur vorübergehenden Anlage im Juni 20 Aktien zum Börsenkurs von 220,00 EUR.

Wie sind die Aktien am Bilanzstichtag zu bewerten, wenn der Börsenkurs

a) auf 260,00 EUR gestiegen ist?

b) auf 190,00 EUR gefallen ist?

Lösung:

a) Die Aktien werden mit 220,00 EUR je Stück bewertet.

b) Die Aktien werden mit 190,00 EUR je Stück bewertet.

Beispiel 3:

Die Lagerdatei liefert für einen Gegenstand des Vorratsvermögens folgende Daten:

		Stück	Anschaffungskosten/Stück
AB	1. Jan.	400	72,00 EUR
Zug.	2. März	800	75,00 EUR
Zug.	8. Juli	600	74,00 EUR
Zug.	15. Nov.	900	76,00 EUR

Am Bilanzstichtag sind noch 250 Stück auf Lager. Mit welchem Wert ist der Bestand nach der Durchschnittsbewertung anzusetzen bei einem Tageswert von

a) 77,00 EUR,

b) 74,50 EUR?

Lösung:

$$
\begin{aligned}
&\quad\ 400 \cdot 72,00 \text{ EUR} \\
&+\ 800 \cdot 75,00 \text{ EUR} \\
&+\ 600 \cdot 74,00 \text{ EUR} \\
&+\ 900 \cdot 76,00 \text{ EUR} \\
\hline
&=\ 201\,600,00 \text{ EUR} : 2\,700 \text{ Stück} = 74,67 \text{ EUR/Stück}
\end{aligned}
$$

a) 74,67 EUR · 250 = 18 667,50 EUR Wertansatz
b) 74,50 EUR · 250 = 18 625,00 EUR Wertansatz

Merke:

- In der **Handelsbilanz** erfolgt die Bewertung nach dem Handelsgesetzbuch; im Vordergrund stehen der Schutz der Gläubiger und das Prinzip der kaufmännischen Vorsicht.

- In der **Steuerbilanz** erfolgt die Bewertung nach dem Einkommensteuergesetz (bzw. Körperschaftsteuergesetz); im Vordergrund steht die gerechte Besteuerung.

- Die Wertansätze in der Handelsbilanz gelten grundsätzlich auch für die Steuerbilanz **(Maßgeblichkeitsprinzip der Handelsbilanz),** wenn nicht das Steuerrecht eine andere Bewertung vorschreibt.
  Im Rahmen des Jahresabschlusses können die Unternehmen zwei Bilanzen erstellen: eine Handelsbilanz und eine an der Handelsbilanz orientierte Steuerbilanz. Die Unternehmen können aber auch nur eine Bilanz erstellen, die gleichzeitig Handels- und Steuerbilanz ist, wobei von vornherein die Bewertungsvorschriften des Einkommensteuergesetzes beachtet werden müssen.

- Nach dem **HGB** gelten u. a. folgende allgemeine **Bewertungsvorschriften.** Die Vermögensgegenstände und Schulden sind einzeln zu bewerten (Grundsatz der **Einzelbewertung**). Nach dem Prinzip der kaufmännischen Vorsicht dürfen Gewinne nur dann berücksichtigt werden, wenn sie am Abschlussstichtag realisiert sind **(Realisationsprinzip);** nicht realisierte Verluste müssen dagegen ausgewiesen werden (die ungleiche Behandlung von Gewinnen und Verlusten bezeichnet man als **Imparitätsprinzip**).

  Die auf den vorhergehenden Jahresabschluss angewandten Bewertungsmethoden sollen beibehalten werden (Grundsatz der **Bewertungsstetigkeit**); dies gilt z. B. für die Abschreibungsmethoden.

- **Nicht abnutzbare Gegenstände des Anlagevermögens** (z. B. Grundstücke, Finanzanlagen) werden höchstens mit den Anschaffungskosten angesetzt. Ein niedrigerer Wert am Bilanzstichtag (Tageswert) kann angesetzt werden, wenn die Wertminderung vorübergehend ist **(gemildertes Niederstwertprinzip);** der niedrigere Wert muss angesetzt werden, wenn die Wertminderung von Dauer ist **(strenges Niederstwertprinzip).** Die Wertminderungen werden jeweils durch außerplanmäßige Abschreibungen berücksichtigt.

- **Abnutzbare Gegenstände des Anlagevermögens** (z. B. technische Anlagen und Maschinen, Geschäftsausstattung) werden zu Anschaffungs- oder Herstellungskosten, vermindert um planmäßige Abschreibungen, bewertet. Außerplanmäßige Abschreibungen können vorgenommen werden, um die Vermögensgegenstände mit dem niedrigeren Wert anzusetzen, der ihnen am Abschlussstichtag beizulegen ist (gemildertes Niederstwertprinzip); sie sind vorzunehmen bei einer voraussichtlich dauernden Wertminderung (strenges Niederstwertprinzip).

- Für **Kapitalgesellschaften** gelten nach dem HGB im Bereich des **Anlagevermögens** – im Gegensatz zu den Vorschriften für alle Kaufleute – folgende abweichende Regelungen: Abschreibungen von immateriellen Anlagegütern und Sachanlagen dürfen bei vorübergehenden Wertminderungen nicht gebildet werden; dies gilt nicht für Finanzanlagen, d.h., Kapitalgesellschaften dürfen bei vorübergehenden Wertminderungen auch abschreiben.

- **Gegenstände des Umlaufvermögens** (z.B. Warenvorräte, Forderungen, Wertpapiere) sind entweder mit den Anschaffungskosten (Wertobergrenze) oder mit dem Tageswert (z.B. Börsen- oder Marktpreis) anzusetzen. Liegt der Tageswert unter den Anschaffungskosten, muss auf den Tageswert abgeschrieben werden (strenges Niederstwertprinzip). Einwandfreie Forderungen sind mit ihrem Nennbetrag, zweifelhafte Forderungen sind mit ihrem geschätzten Wert anzusetzen.

- Gleichartige Vermögensgegenstände des **Vorratsvermögens** (z.B. Waren) können handelsrechtlich nach folgenden Verfahren bewertet werden: **Durchschnittspreisverfahren** (vgl. Beispiel 3), **Fifo-Methode** (Bewertung des Schlussbestandes mit den Preisen der letzten Zugänge), **Lifo- Methode** (Bewertung des Schlussbestandes mit den Preisen des Anfangsbestandes bzw. der ersten Zugänge), **Hifo-Methode** (Bewertung des Schlussbestandes mit den niedrigsten Anschaffungspreisen). Handelsrechtlich sind die genannten Bewertungsvereinfachungsverfahren (Sammelbewertungsverfahren) zulässig, sofern ihre Ergebnisse nicht gegen das Niederstwertprinzip verstoßen. Steuerrechtlich ist in der Regel nur das Durchschnittspreisverfahren möglich.

- **Anschaffungskosten** umfassen den Anschaffungspreis (für den Vermögensgegenstand) und die Anschaffungsnebenkosten (siehe Seite 467); Anschaffungspreisminderungen (siehe Seite 467) sind abzusetzen.

- **Herstellungskosten** sind die Aufwendungen, die durch den Verbrauch von Gütern und die Inanspruchnahme von Diensten für die Herstellung eines Vermögensgegenstandes entstehen.

- Unter **Wertaufholung** versteht man, im Gegensatz zur Abschreibung, die Zuschreibung auf höchstens die Anschaffungs- bzw. Herstellungskosten eines Vermögensgegenstandes (vermindert um die planmäßigen Abschreibungen).

- Für nicht abnutzbare Gegenstände des Anlagevermögens und für Gegenstände des Umlaufvermögens ist eine Wertaufholung handelsrechtlich möglich, wenn die Gründe für eine bereits vorgenommene außerplanmäßige Abschreibung entfallen. Für Kapitalgesellschaften besteht ein **Wertaufholungsgebot.**

- Für abnutzbare Gegenstände des Anlagevermögens ist handelsrechtlich eine Wertaufholung möglich. Für Kapitalgesellschaften besteht (handelsrechtlich) ein Wertaufholungsgebot.

- Das **gezeichnete Kapital** der Kapitalgesellschaft (Stamm- bzw. Grundkapital) ist zum Nennbetrag anzusetzen.

- **Verbindlichkeiten** sind zu ihrem Rückzahlungsbetrag anzusetzen; nach dem **Höchstwertprinzip** muss der höhere Tageswert (z.B. bei Währungsverbindlichkeiten) angesetzt werden.

- **Rückstellungen** sind nur in Höhe des Betrages anzusetzen, der nach vernünftiger kaufmännischer Beurteilung notwendig ist.

11.2 Bewertung von Forderungen

11.2.1 Zweifelhafte Forderungen

Beispiel:

Über das Vermögen eines Kunden wird das Insolvenzverfahren eröffnet. Die Forderung des Unternehmens beträgt 4 760,00 EUR brutto (19 % Mehrwertsteuer).

Buchungssatz:

1020 Zweifelhafte Forderungen	4 760,00	
an 1010 Forderungen		4 760,00

Merke:

● Eine (einwandfreie) Forderung wird dann eine **zweifelhafte Forderung** (Dubiose), wenn ein Kunde des Unternehmens entweder seine Verbindlichkeiten (trotz mehrerer Mahnungen) nicht begleicht oder wenn ein Antrag auf Eröffnung des Insolvenzverfahrens über das Vermögen des Kunden gestellt wurde.

● Der Antrag auf Eröffnung des **Insolvenzverfahrens** kann gestellt werden wegen Zahlungsunfähigkeit bzw. wegen drohender Zahlungsunfähigkeit des Schuldners. Bei juristischen Personen kann der Antrag auch bei Überschuldung gestellt werden. Antragsberechtigt sind Gläubiger und Schuldner. Der Eröffnungsbeschluss wird veröffentlicht und den Gläubigern sowie den Schuldnern des Insolvenzschuldners und dem Insolvenzschuldner selbst zugestellt.

● Zweifelhafte Forderungen werden durch eine Umbuchung von den einwandfreien Forderungen getrennt; dabei wird die Umsatzsteuer nicht korrigiert (1020 Zweifelhafte Forderungen an 1010 Forderungen).

11.2.2 Uneinbringliche Forderungen

Beispiel 1:

Eine zweifelhafte Forderung über 4 760,00 EUR wird uneinbringlich (19 % Mehrwertsteuer).

Buchungssatz:

2310 Übliche Abschreibungen auf Forderungen	4 000,00	
1800 Umsatzsteuer	760,00	
an 1020 Zweifelhafte Forderungen		4 760,00

Beispiel 2:

Banküberweisung von 952,00 EUR auf eine bereits abgeschriebene uneinbringliche Forderung (19 % Mehrwertsteuer).

Buchungssatz:

1310 Bank	952,00	
an 2740 Erträge aus abgeschriebenen Forderungen		800,00
an 1800 Umsatzsteuer		152,00

Beispiel 3:

Der Kunde überweist aufgrund des Sanierungsplans 55% der Gesamtforderung; diese beträgt 2975,00 EUR (19% Mehrwertsteuer).

Buchungssatz:

1310 Bank	1 636,25	
2310 Übliche Abschreibungen auf Forderungen	1 125,00	
1800 Umsatzsteuer	213,75	
an 1020 Zweifelhafte Forderungen		2 975,00

Merke:

● Eine **uneinbringliche Forderung** liegt z.B. vor, wenn die Eröffnung des Insolvenzverfahrens mangels Masse abgelehnt bzw. wenn fruchtlos gepfändet wird.

● Wurde ein Antrag auf Eröffnung des Insolvenzverfahrens gestellt, prüft das Insolvenzgericht, ob zumindest die Kosten des Verfahrens gedeckt sind; ist dies nicht der Fall, wird der Antrag **mangels Masse** abgelehnt.

● Uneinbringliche Forderungen sind **direkt** abzuschreiben auf 2310 Übliche Abschreibungen auf Forderungen, und zwar unter **Berichtigung der Umsatzsteuer.**

● Werden auf eine als uneinbringlich abgeschriebene Forderung Zahlungen geleistet (unerwartete Zahlung), lebt die Umsatzsteuer wieder auf; der um die Umsatzsteuer verminderte Betrag wird auf 2740 Erträge aus abgeschriebenen Forderungen erfasst.

11.2.3 Einzelwertberichtigungen zu Forderungen

Beispiel 1:

Am 25. November wird über das Vermögen eines Kunden das Insolvenzverfahren eröffnet. Die Forderung beträgt 3570,00 EUR brutto (19% Mehrwertsteuer). Der Forderungsausfall wird am 31. Dezember auf 60% geschätzt.

Buchungssätze:

25. November

1020 Zweifelhafte Forderungen	3 570,00	
an 1010 Forderungen		3 570,00

31. Dezember

2330 Zuführungen zu Einzelwertberichtigungen	1 800,00	
an 0521 Einzelwertberichtigungen bei Forderungen		1 800,00

Beispiel 2:

Nach Abschluss des Insolvenzverfahrens (Beipiel 1) werden am 3. April überwiesen:

a) 1 428,00 EUR,

b) 1 190,00 EUR,

c) 1 547,00 EUR.

Berechnungsschema:

	a)	b)	c)
zweifelhafte Forderung	3 570,00 EUR	3 570,00 EUR	3 570,00 EUR
– Zahlungseingang	1 428,00 EUR	1 190,00 EUR	1 547,00 EUR
tatsächlicher Forderungsausfall (brutto)	2 142,00 EUR	2 380,00 EUR	2 023,00 EUR
– Umsatzsteueranteil	342,00 EUR	380,00 EUR	323,00 EUR
tatsächlicher Forderungsausfall (netto)	1 800,00 EUR	2 000,00 EUR	1 700,00 EUR
– Wertberichtigung	1 800,00 EUR	1 800,00 EUR	1 800,00 EUR
Aufwand bzw. Ertrag	0,00 EUR	200,00 EUR	100,00 EUR

Buchungssätze:

a) 1310 Bank   1 428,00
    1800 Umsatzsteuer   342,00
    0521 Einzelwertberichtigungen bei Forderungen   1 800,00
        an 1020 Zweifelhafte Forderungen   3 570,00

b) 1310 Bank   1 190,00
    1800 Umsatzsteuer   380,00
    0521 Einzelwertberichtigungen bei Forderungen   1 800,00
    2030 Periodenfremde Aufwendungen   200,00
        an 1020 Zweifelhafte Forderungen   3 570,00

c) 1310 Bank   1 547,00
    1800 Umsatzsteuer   323,00
    0521 Einzelwertberichtigungen bei Forderungen   1 800,00
        an 1020 Zweifelhafte Forderungen   3 470,00
        an 2751 Erträge a. d. Auflösung von Einzelwertberichtigungen   100,00

Merke:

● Bei der **Einzelbewertung** wird jede Forderung am Bilanzstichtag daraufhin überprüft, inwieweit der Zahlungseingang gesichert ist. Stellt sich eine Forderung als zweifelhaft heraus, muss diese Forderung einzeln bewertet und mit ihrem wahrscheinlichen Wert bilanziert werden.

● Der geschätzte Forderungsausfall wird **indirekt** abgeschrieben, d.h., es wird eine entsprechende **Einzelwertberichtigung** gebildet (2330 Zuführungen zu Einzelwertberichtigungen zu Forderungen an 0521 Einzelwertberichtigungen bei Forderungen). Berechnungsgrundlage ist immer der **Nettowert der Forderung.** Die Umsatzsteuerberichtigung darf erst vorgenommen werden, wenn der endgültige Forderungsausfall feststeht.

● Nach Beendigung des Insolvenzverfahrens erfolgt die Schlussverteilung. In der Regel erhalten die Insolvenzgläubiger nur einen geringen Teil ihrer Forderungen, und zwar ausgedrückt durch die **Insolvenzquote** (z.B. bedeutet eine Insolvenzquote von 10%, dass der Gläubiger nur 10% seiner Forderung erhält).

● Für den tatsächlichen und geschätzten Forderungsausfall gilt:

> geschätzter Forderungsausfall > tatsächlicher Forderungsausfall
> → 2751 Erträge aus der Auflösung von Einzelwertberichtigungen zu Forderungen

> geschätzter Forderungsausfall < tatsächlicher Forderungsausfall
> → 2030 Periodenfremde Aufwendungen

● Für die **Reihenfolge der Buchungen** gilt:
  1. Zahlungseingang,
  2. Umsatzsteuerberichtigung,
  3. Auflösung der Wertberichtigung,
  4. Verlust oder Ertrag.

  Die Buchungen können auch in Form eines zusammengesetzten Buchungssatzes vorgenommen werden.

● Kapitalgesellschaften, welche zur Offenlegung des Jahresabschlusses (siehe Seite 109) verpflichtet sind, dürfen in der zu veröffentlichenden Bilanz **keine Wertberichtigungen** ausweisen. Einzel- und Pauschalwertberichtigungen werden aktivisch vom Gesamtbetrag der Forderungen abgesetzt; dieser (verminderte) Forderungsbetrag wird veröffentlicht.

11.2.4   Pauschalwertberichtigungen zu Forderungen

Beispiel 1:

Der Forderungsbestand beträgt am 31. Dezember 714 000,00 EUR brutto (19 % Mehrwertsteuer); eine Pauschalwertberichtigung von 3 % wird gebildet.

Buchungssatz:

2340 Zuführungen zu Pauschalwertberichtigungen   18 000,00
      an 0522 Pauschalwertberichtigungen bei Forderungen   18 000,00

Beispiel 2:

Im Laufe des Geschäftsjahres wird ein Kunde zahlungsunfähig; die Forderung beträgt 5 355,00 EUR (19 % Mehrwertsteuer). Die Pauschalwertberichtigung ist entsprechend aufzulösen (siehe Beispiel 1).

Buchungssatz:

0522 Pauschalwertberichtigungen bei Forderungen   4 500,00
1800 Umsatzsteuer   855,00
      an 1010 Forderungen aus LL   5 355,00

Beispiel 3:

Zum Ende eines Geschäftsjahres betrug der Forderungsbestand 714 000,00 EUR; eine Pauschalwertberichtigung in Höhe von 3 % wurde gebucht. Die Mehrwertsteuer beträgt 19 %.

a) Zum Ende des folgenden Geschäftsjahres beträgt der Forderungsbestand 476 000,00 EUR. Die Pauschalwertberichtigung ist anzupassen.

b) Zum Ende des nächsten Geschäftsjahres beträgt der Forderungsbestand 595 000,00 EUR. Die Pauschalwertberichtigung ist anzupassen.

Buchungssätze:

a) 0522 Pauschalwertberichtigungen bei Forderungen   6 000,00
         an 2752 Erträge a. d. Auflösung von Pauschalwertberichtigungen   6 000,00

b) 2340 Zuführungen zu Pauschalwertberichtigungen   3 000,00
      an 0522 Pauschalwertberichtigungen bei Forderungen   3 000,00

Merke:

- Ist aufgrund fehlender Informationen und/oder aufgrund der Vielzahl von Forderungen eine Einzelwertberichtigung aller Forderungen nicht möglich, wird am Bilanzstichtag eine **Pauschalwertberichtigung** gebildet, welche das allgemeine, unvorhersehbare Ausfallrisiko berücksichtigt (i. d. R. bis zu 3 %).
- Die Pauschalwertberichtigung wird vom **Nettowert der Forderungen** gebildet.
- Beim Ausfall einer bestimmten Forderung wird die Pauschalwertberichtigung in Höhe des Nettowertes dieser Forderung aufgelöst. Die Umsatzsteuer ist anteilig zu berichtigen.
- Die einmal gebildete Pauschalwertberichtigung muss jährlich dem neuen Forderungsbestand angepasst werden. Die Wertberichtigung kann erhöht werden (2340 an 0522) bzw. herabgesetzt werden (0522 an 2752).
- Kapitalgesellschaften, welche zur Offenlegung des Jahresabschlusses (siehe Seite 109) verpflichtet sind, dürfen in der zu veröffentlichenden Bilanz **keine Wertberichtigungen** ausweisen.

11.2.5 Gemischte Bewertung von Forderungen

Beispiel:

Ein Großhandelsbetrieb hat am 31. Dezember einen Forderungsbestand in Höhe von 1 023 400,00 EUR (19 % Mehrwertsteuer); aufgrund vorliegender Informationen müssen für Forderungen in Höhe von 57 120,00 EUR Einzelwertberichtigungen gebildet werden. Der Forderungsausfall für diese Forderungen wird auf 80 % geschätzt.

Für den verbleibenden Betrag der Forderungen wird eine Pauschalwertberichtigung von 1,5 % gebildet.

Buchungssätze:

Forderungsbestand	1 023 400,00 EUR
– zweifelhafte Forderungen	57 120,00 EUR
	966 280,00 EUR
– 19 % Umsatzsteuer	154 280,00 EUR
Forderungen (Pauschalwertberichtigung)	812 000,00 EUR

31. Dezember

2330 Zuführungen zu Einzelwertberichtigungen   38 400,00
      an 0521 Einzelwertberichtigungen bei Forderungen   38 400,00

2340 Zuführungen zu Pauschalwertberichtigungen   12 180,00
      an 0522 Pauschalwertberichtigungen bei Forderungen   12 180,00

Merke:

- Bei der **gemischten Bewertung** wird für die zweifelhaften Forderungen eine Einzelwertberichtigung, für den Rest der Forderungen (einwandfreie) eine Pauschalwertberichtigung gebildet.

11.3 Bewertung der Verbindlichkeiten

Beispiel 1:

Ein Handelsbetrieb kaufte am 15. Dezember 20.. in den USA 120 Maschinenteile zum Stückpreis von 4 500,00 USD mit einem Zahlungsziel von 4 Wochen. Der Tageskurs für den Dollar betrug am 15. Dezember 1,0275 USD/1 EUR und am 31. Dezember 0,9984 USD/1 EUR.

Bilden Sie die Buchungssätze am 15. und am 31. Dezember!

Buchungssätze:

15. Dezember

3010 Wareneingang	525 547,45	
an 1710 Verbindlichkeiten aus LL		525 547,45

31. Dezember

3010 Wareneingang	15 317,93	
an 1710 Verbindlichkeiten aus LL		15 317,93

Beispiel 2:

Ein Handelsbetrieb nimmt bei seiner Hausbank ein Darlehen über 2 000 000,00 EUR zu 9 % p.a. mit einer Laufzeit von 5 Jahren auf. Das Darlehen wird mit 98 % ausgezahlt.

Bilden Sie die Buchungssätze für die Darlehensaufnahme und die Abschreibung des Disagios!

Buchungssätze:

Darlehensaufnahme

1310 Bank	1 960 000,00	
0910 Aktive RAP	40 000,00	
an 0820 Verbindlichkeiten gegenüber Kreditinstituten		2 000 000,00

Abschreibung des Disagios am 31. Dezember

2100 Zinsen und ähnliche Aufwendungen	8 000,00	
an 0910 Aktive RAP		8 000,00

Merke:

● **Verbindlichkeiten** sind am Bilanzstichtag mit ihrem Rückzahlungsbetrag zu bewerten.

● Für die Währungsverbindlichkeiten gilt das **Höchstwertprinzip,** d.h., wenn der Tageskurs am Bilanzstichtag über dem Anschaffungskurs liegt, muss die Verbindlichkeit mit dem höheren Tageskurs bewertet werden.

● Langfristige Bankdarlehen können unter Abzug eines **Disagios** (Damnum, Abgeld) ausgezahlt bzw. mit einem **Agio** (Aufgeld) zurückgezahlt werden. Disagio und Agio können handelsrechtlich als Rechnungsabgrenzungsposten aktiviert werden; sie sind auf die Laufzeit des Darlehens zu verteilen und jährlich entsprechend abzuschreiben. Steuerrechtlich müssen Disagio und Agio aktiviert und abgeschrieben werden.

12 Jahresabschluss (nach dem Handelsrecht)

12.1 Grundsätze ordnungsgemäßer Bilanzierung

Aufgabe 1:

Beschreiben Sie folgende Grundsätze ordnungsgemäßer Buchführung zum Jahresabschluss:
a) Aufstellung,
b) Klarheit und Vollständigkeit,
c) Verrechnungsverbot,
d) Kontinuität,
e) Einzelbewertung,
f) Grundsatz der Vorsicht,
g) periodengerechte Gewinnermittlung!

Lösung:

a) Jeder Kaufmann hat zu Beginn seines Handelsgewerbes und zu jedem Geschäftsjahresende eine Bilanz und eine GuV-Rechnung aufzustellen; dieser Jahresabschluss ist nach den Grundsätzen ordnungsmäßiger Buchführung (siehe Seite 429 f.) aufzustellen **(Pflicht zur Aufstellung).** Der Jahresabschluss ist in deutscher Sprache und in Euro aufzustellen.

b) Der Jahresabschluss muss klar und übersichtlich sein; er muss sämtliche Vermögens-gegenstände, Schulden, Rechnungsabgrenzungsposten, Aufwendungen und Erträge ent-halten **(Klarheit, Übersichtlichkeit, Vollständigkeit).**

c) Posten der Aktivseite dürfen nicht mit Posten der Passivseite, Aufwendungen nicht mit Er-trägen verrechnet werden **(Verrechnungsverbot).**

d) Die Wertansätze in der Eröffnungsbilanz des Geschäftsjahres müssen mit denen der Schlussbilanz des vorhergehenden Geschäftsjahres übereinstimmen **(Bilanzidentität).**

   Die auf den vorhergehenden Jahresabschluss angewandten Bewertungsmethoden sollen beibehalten werden **(Bewertungsstetigkeit).**

e) Die Vermögensgegenstände und Schulden sind zum Abschlussstichtag einzeln zu be-werten **(Grundsatz der Einzelbewertung)** (Ausnahmen siehe Seite 481).

f) Nach dem **Prinzip der Vorsicht** sind das Niederstwertprinzip, das Imparitätsprinzip und das Realisationsprinzip zu beachten (siehe Seite 480).

g) Aufwendungen und Erträge des Geschäftsjahres sind unabhängig von den Zeitpunkten der entsprechenden Zahlungen (Ausgaben und Einnahmen) im Jahresabschluss zu berück-sichtigen; die **periodengerechte Gewinnermittlung** erfolgt z. B. durch die zeitlichen Abgren-zungen (siehe Seite 476 ff.).

Aufgabe 2:

Erklären Sie folgende Begriffe des HGB im Hinblick auf den Jahresabschluss:
a) Bilanzierungsverbote,
b) Haftungsverhältnisse,
c) Unterzeichnung!

Lösung:

a) **Bilanzierungsverbot** bedeutet, dass Aufwendungen für die Gründung des Unternehmens und die Beschaffung des Eigenkapitals sowie immaterielle Vermögensgegenstände des Anlagevermögens, die nicht entgeltlich erworben wurden, nicht in die Bilanz als Aktivposten aufgenommen werden dürfen.

b) Unter der Bilanz sind, sofern sie nicht auf der Passivseite auszuweisen sind, Verbindlichkeiten aus der Übertragung von Wechseln, aus Bürgschaften und aus Gewährleistungsverträgen zu vermerken (Angabe der **Haftungsverhältnisse**).

Haftungsverhältnisse sind alle Verbindlichkeiten, für die der Kaufmann nur unter bestimmten Umständen, mit deren Eintritt er nicht rechnet, haftungsrechtlich herangezogen werden kann.

c) Der Jahresabschluss ist vom Kaufmann unter Angabe des Datums zu unterzeichnen. Sind mehrere persönlich haftende Gesellschafter vorhanden, so haben sie alle zu unterzeichnen (Grundsatz der **Unterzeichnung**).

Merke:

● Die **Grundsätze ordnungsgemäßer Bilanzierung** gelten für **alle** Kaufleute (lt. HGB).

● Allgemein geregelt sind auch die Bewertungsvorschriften in Form von allgemeinen Bewertungsgrundsätzen und in Form von Wertansätzen für Vermögensgegenstände und Schulden (siehe Seite 479 ff.).

12.2 Jahresabschluss der Einzelkaufleute und Personengesellschaften

Aufgabe:

Beschreiben Sie die gesetzlichen Bestimmungen für den Jahresabschluss der Einzelkaufleute und Personengesellschaften!

Lösung:

Die Bilanz und die GuV-Rechnung bilden den **Jahresabschluss.**

Es gibt weder für die Bilanz noch für die GuV-Rechnung eine Gliederungsvorschrift. Vorgeschrieben ist lediglich der **Inhalt der Bilanz:** Das Anlage- und das Umlaufvermögen, das Eigenkapital, die Schulden sowie die Rechnungsabgrenzungsposten sind gesondert auszuweisen und hinreichend aufzugliedern.

Merke:

● Einzelkaufleute und Personengesellschaften unterliegen mit ihrem Jahresabschluss **keiner Publizitätspflicht;** eine Ausnahme liegt vor, wenn sie unter das Publizitätsgesetz fallen.

● Das **Publizitätsgesetz** besagt, dass auch die Nicht-Kapitalgesellschaften ihren Jahresabschluss offenlegen müssen, wenn mindestens zwei der folgenden Größenmerkmale überschritten werden:

65 Millionen EUR Bilanzsumme, 130 Millionen EUR Umsatzerlöse, 5000 Arbeitnehmer.

● Der **Jahresabschluss** gilt als ordnungsmäßig aufgestellt, wenn die Aufstellung spätestens 12 Monate nach Ablauf des Geschäftsjahres erfolgt ist.

12.3 Jahresabschluss der Kapitalgesellschaften

12.3.1 Bestandteile des Jahresabschlusses

Aufgabe 1:

Nennen Sie die Bestandteile des Jahresabschlusses einer Kapitalgesellschaft!

Lösung:

Der **Jahresabschluss einer Kapitalgesellschaft** umfasst nach dem HGB die Bilanz, die GuV-Rechnung und den Anhang; er hat ein den tatsächlichen Verhältnissen entsprechendes Bild der Vermögens-, Finanz- und Ertragslage des Unternehmens zu vermitteln.

Aufgabe 2:

Beschreiben Sie folgende allgemeine Grundsätze für die Gliederung des Jahresabschlusses einer Kapitalgesellschaft:
a)   formelle Stetigkeit,
b)   Angabe der Vorjahresbeträge!

Lösung:

a)   Die Form der Darstellung, insbesondere die Gliederung der aufeinander folgenden Bilanzen und GuV-Rechnungen ist beizubehalten **(formelle Stetigkeit)**; dies wird erreicht durch die Beachtung der im HGB vorgeschriebenen Gliederungsschemen.

b)   In der Bilanz sowie in der GuV-Rechnung ist zu jedem Posten der entsprechende Betrag des vorhergehenden Geschäftsjahres anzugeben **(Angabe der Vorjahresbeträge).**

Aufgabe 3:

Wie ist die Bilanz der Kapitalgesellschaft zu gliedern?

Lösung:

Die Bilanz ist in **Kontoform** aufzustellen. Das HGB (§ 266) schreibt die **Gliederung der Bilanz** zwingend vor (vgl. die Bilanzgliederung im Anhang des Buches).

Große und mittelgroße Kapitalgesellschaften müssen alle Posten gesondert und in der vorge-schriebenen Reihenfolge ausweisen. Kleine Kapitalgesellschaften dürfen eine verkürzte Bilanz aufstellen. (Zur Abgrenzung der Größenklassen siehe Seite 109 f.)

Aufgabe 4:

Wie ist die Position Eigenkapital in der Bilanz der Kapitalgesellschaft zu gliedern?

Lösung:

Das **Eigenkapital** umfasst: gezeichnetes Kapital, Kapitalrücklage, Gewinnrücklagen, Gewinn-vortrag/Verlustvortrag, Jahresüberschuss/Jahresfehlbetrag.

Das **gezeichnete Kapital** (Stamm- bzw. Grundkapital) ist das Kapital, auf das die Haftung der Gesellschafter für die Verbindlichkeiten der Kapitalgesellschaft gegenüber den Gläubigern beschränkt ist. Das gezeichnete Kapital ist mit dem Nennbetrag zu bewerten.

Die **Rücklagen** werden unterschieden in Kapitalrücklage und Gewinnrücklagen (siehe Seite 492 f.).

Der **Gewinnvortrag** ist der Gewinnrest, der verbleibt, nachdem die Hauptversammlung über die Verwendung des Jahresüberschusses beschlossen hat. Der Gewinnvortrag wird im laufenden Geschäftsjahr erwirtschaftet und ins nächste Geschäftsjahr übertragen.

Der **Verlustvortrag** ist der Verlust eines Geschäftsjahres, der ins nächste Geschäftsjahr übertragen wird.

Der **Jahresüberschuss** (bzw. der **Jahresfehlbetrag**) ist das Ergebnis der Gewinn- und Verlustrechnung. Der Jahresüberschuss wird in die Bilanz übernommen, bevor die Hauptversammlung über seine Verwendung beschlossen hat.

Aufgabe 5:

Wie ist die GuV-Rechnung der Kapitalgesellschaft zu gliedern?

Lösung:

Die **GuV-Rechnung** ist in **Staffelform** nach dem **Gesamtkostenverfahren** oder dem **Umsatzkostenverfahren** aufzustellen (beide Verfahren führen zum gleichen Jahresergebnis, legen allerdings unterschiedliche Berechnungsmethoden zugrunde). Das HGB (§ 275) schreibt die **Gliederung** der GuV-Rechnung zwingend vor (vgl. die Gliederung der GuV-Rechnung nach dem Gesamtkostenverfahren im Anhang des Buches).

Die GuV-Rechnung stellt den (unternehmensgewöhnlichen) Erträgen die (unternehmensgewöhnlichen) Aufwendungen gegenüber und ermittelt als Zwischenergebnis das **Ergebnis der gewöhnlichen Geschäftstätigkeit** (es umfasst das Betriebs- und Finanzergebnis vor Steuern).

Das **Jahresergebnis** wird dann nach folgendem Schema ermittelt:

```
  Ergebnis der gewöhnlichen Geschäftstätigkeit
+ außerordentliche Erträge          ⎫
–  außerordentliche Aufwendungen    ⎬  außerordentliches Ergebnis
–  Steuern vom Einkommen und Ertrag
–  sonstige Steuern
─────────────────────────────────────────────
  Jahresüberschuss/Jahresfehlbetrag
```

Außerordentliche Erträge und **außerordentliche Aufwendungen** sind Erträge und Aufwendungen, die außerhalb der gewöhnlichen Geschäftstätigkeit der Kapitalgesellschaft anfallen (Beispiele sind: Verluste/Gewinne aus dem Verkauf von bedeutenden Grundstücken und Beteiligungen, Verluste aus außergewöhnlichen Schadensfällen).

Kleine und mittelgroße Kapitalgesellschaften dürfen bestimmte Positionen der GuV-Rechnung zusammenfassen (größenabhängige Erleichterungen).

Aufgabe 6:

Wie wird das Jahresergebnis einer Kapitalgesellschaft verwendet?

Lösung:

Die **Verwendung des Jahresergebnisses** einer Kapitalgesellschaft kann nach folgendem Schema erfolgen, wenn die Ergebnisverwendung vor Aufstellung der Bilanz durchgeführt wird:

```
  Jahresüberschuss/Jahresfehlbetrag
± Gewinnvortrag/Verlustvortrag aus dem Vorjahr
+ Entnahmen aus der Kapitalrücklage
+ Entnahmen aus Gewinnrücklagen
–  Einstellungen in Gewinnrücklagen
─────────────────────────────────────────────
  Bilanzgewinn
–  Ergebnisausschüttung
─────────────────────────────────────────────
  Gewinnvortrag/Verlustvortrag ins neue Jahr
```

Aufgabe 7:

Welche Aufgaben hat der Anhang?

Lösung:

Der **Anhang** erläutert die Bilanz und die GuV-Rechnung der Kapitalgesellschaft.

Im Anhang müssen z.B. angegeben werden:

a) angewandte Bilanzierungs- und Bewertungsmethoden,

b) Abweichungen von bisherigen Bilanzierungs- und Bewertungsmethoden,

c) in die Herstellungskosten einbezogene Fremdkapitalzinsen,

d) Aufgliederung der Umsatzerlöse (z.B. nach Tätigkeitsbereichen, Märkten),

e) durchschnittliche Beschäftigtenzahl,

f) Gesamtbezüge (z.B. Gehälter, Tantiemen) von Mitgliedern der Geschäftsführung und des Aufsichtsrats,

g) Anlagengitter (kann auch in der Bilanz dargestellt werden).

Merke:

● Die **Grundsätze ordnungsgemäßer Bilanzierung,** wie sie für alle Kaufleute gelten, werden für Kapitalgesellschaften ergänzt durch die Gliederungsvorschriften für den Jahresabschluss und spezielle Bewertungsregeln (siehe Seite 481).

● Die Gliederungsvorschriften für den Jahresabschluss der Kapitalgesellschaften gelten auch für alle Unternehmen, die unter das **Publizitätsgesetz** fallen.

● Alle Kapitalgesellschaften unterliegen grundsätzlich der **Publizitätspflicht (Offenlegung).** Für kleine und mittelgroße Kapitalgesellschaften gibt es größenabhängige Erleichterungen (siehe Seite 109).

● Die Kapitalgesellschaften sind verpflichtet, innerhalb von 3 Monaten nach Ende des Geschäftsjahres zusammen mit dem Jahresabschluss einen **Lagebericht** aufzustellen (siehe Seite 110). Kleine Kapitalgesellschaften (siehe Seite 109) können den Jahresabschluss innerhalb von 6 Monaten nach Ende des Geschäftsjahres aufstellen; die Aufstellung eines Lageberichts ist nicht erforderlich.

12.3.2 Rücklagen

Beispiel:

Eine Aktiengesellschaft mit einem Jahresüberschuss von 650 000,00 EUR bildet eine gesetzliche Rücklage von 5 %, eine satzungsmäßige Rücklage in Höhe von 20 000,00 EUR und eine freie Rücklage in Höhe von 80 000,00 EUR. Wie hoch ist der Bilanzgewinn?

Lösung:

Jahresüberschuss	650 000,00 EUR
− Gesetzliche Rücklage	32 500,00 EUR
− Andere Gewinnrücklagen	80 000,00 EUR
− Satzungsmäßige Rücklage	20 000,00 EUR
Bilanzgewinn	517 500,00 EUR

Merke:

- **Rücklagen** werden nur in Kapitalgesellschaften gebildet (lt. HGB); sie stellen **Eigenkapital** dar und werden in der Bilanz (auf der Passivseite) ausgewiesen als Kapitalrücklage und Gewinnrücklagen. Rücklagen dienen dem Schutz des Eigenkapitals, der Deckung zukünftiger Verluste und der Selbstfinanzierung.

- Rücklagen werden erfasst auf 0620 Kapitalrücklage, 0631 Gesetzliche Rücklagen, 0632 Rücklagen für eigene Anteile, 0633 Satzungsmäßige Rücklagen und auf 0634 Andere Gewinnrücklagen (Passivkonten).

- Als **Kapitalrücklage** ist z. B. der Betrag auszuweisen, der bei der Ausgabe von Anteilen (Aktien, GmbH - Anteile, Wandelschuldverschreibungen) über den Nennbetrag hinaus (Aufgeld, Agio) erzielt wird sowie der Betrag von Zuzahlungen der Gesellschafter in das Eigenkapital.

- **Gewinnrücklagen** werden aus dem bereits versteuerten Jahresgewinn gebildet und ausgewiesen als gesetzliche Rücklage, satzungsmäßige Rücklage, andere Gewinnrücklagen.

- Aktiengesellschaften müssen **gesetzliche Rücklagen** (lt. AktG) zur Deckung zukünftiger Jahresverluste bilden. Ihnen sind 5 % des Jahresüberschusses so lange zuzuführen, bis die gesetzliche Rücklage und die Kapitalrücklage zusammen 10 % des Grundkapitals erreicht haben.

- **Satzungsmäßige Rücklagen** werden in Höhe des durch die Satzung festgelegten Betrages gebildet.

- **Andere Gewinnrücklagen** (freie Rücklagen) können (lt. AktG) bis zur Hälfte des Jahresüberschusses für beliebige Zwecke gebildet werden (z. B. für zukünftige Investitionen).

- In eine **Rücklage für eigene Anteile** ist der Betrag einzustellen, der dem auf der Aktivseite der Bilanz für die eigenen Anteile (z. B. eigene Aktien) anzusetzenden Betrag entspricht.

- Nach der Erkennbarkeit in der Bilanz unterscheidet man **offene Rücklagen** (Kapital-, Gewinnrücklagen und Rücklagen für eigene Anteile) und **stille Rücklagen** (siehe Seite 268).

12.4 Auswertung des Jahresabschlusses

12.4.1 Auswertung der Bilanz

Beispiel:

Gegeben ist folgende Bilanz:

Aktiva		Bilanz zum 31. Dezember 20..	Passiva
Bauten	230 000,00	Eigenkapital	390 000,00
Geschäftsausstattung	60 000,00	langfristige Verbindlichkeiten	210 000,00
Fuhrpark	180 000,00	kurzfristige Verbindlichkeiten	70 000,00
Warenbestände	90 000,00		
Forderungen	70 000,00		
Bank	30 000,00		
Kasse	10 000,00		
	670 000,00		670 000,00

Ermitteln Sie die Kennzahlen für:

a) Vermögensstruktur,
b) Anteil des Anlagevermögens,
c) Anteil des Umlaufvermögens,
d) Kapitalstruktur,
e) Grad der finanziellen Unabhängigkeit,
f) Verschuldungsgrad,
g) Deckung des Anlagevermögens (Investierung),
h) Liquidität (drei Liquiditätsgrade)!

Lösung:

a) Vermögensstruktur $\quad = \dfrac{470\,000 \cdot 100}{200\,000} = 235,00\%$

b) Anteil des Anlagevermögens $\quad = \dfrac{470\,000 \cdot 100}{670\,000} = 70,15\%$

c) Anteil des Umlaufvermögens $\quad = \dfrac{200\,000 \cdot 100}{670\,000} = 29,85\%$

d) Kapitalstruktur $\quad = \dfrac{390\,000 \cdot 100}{280\,000} = 139,29\%$

e) Grad der finanziellen Unabhängigkeit $\quad = \dfrac{390\,000 \cdot 100}{670\,000} = 58,21\%$

f) Verschuldungsgrad $\quad = \dfrac{280\,000 \cdot 100}{670\,000} = 41,79\%$

g) Deckungsgrad I $\quad = \dfrac{390\,000 \cdot 100}{470\,000} = 82,98\%$

Deckungsgrad II $\quad = \dfrac{600\,000 \cdot 100}{470\,000} = 127,66\%$

h) Liquidität 1. Grades $\quad = \dfrac{40\,000 \cdot 100}{70\,000} = 57,14\%$

Liquidität 2. Grades $\quad = \dfrac{110\,000 \cdot 100}{70\,000} = 157,14\%$

Liquidität 3. Grades $\quad = \dfrac{200\,000 \cdot 100}{70\,000} = 285,71\%$

Merke:

● Die **Bilanzanalyse** ist die Untersuchung des Jahresabschlusses (Bilanz und Gewinn- und Verlustrechnung) mit Hilfe von Kennzahlen. Die Bilanzanalyse dient der Beurteilung eines Unternehmens, und zwar im Hinblick auf den innerbetrieblichen Vergleich (Zeitvergleich) und den zwischenbetrieblichen Vergleich (Betriebsvergleich).

● Die Bilanzanalyse untersucht im Einzelnen das **Wachstum** (z.B. Anlagenintensität), die **Ertragskraft** (z.B. Eigenkapitalrentabilität), das **Risiko** (z.B. Verschuldungsgrad) sowie die **Umweltbeanspruchung** (z.B. Abfallintensität) eines Unternehmens.

● Die nach den Vorschriften des Handelsrechts erstellte Bilanz ist für die Bildung der Bilanzkennzahlen ungeeignet; die Bilanz muss entsprechend aufbereitet werden, d.h., Bilanzpositionen müssen entweder zusammengefasst oder neu geordnet werden.

- Zur Beurteilung des **Vermögensaufbaus (Konstitution)** einer Unternehmung werden das Anlagevermögen und das Umlaufvermögen berücksichtigt.

$$\text{Vermögensstruktur} = \frac{\text{Anlagevermögen} \cdot 100}{\text{Umlaufvermögen}}$$

$$\frac{\text{Anteil des Anlagevermögens}}{\text{(Anlagenintensität)}} = \frac{\text{Anlagevermögen} \cdot 100}{\text{Gesamtvermögen}}$$

$$\frac{\text{Anteil des Umlaufvermögens}}{\text{(Umlaufvermögensintensität)}} = \frac{\text{Umlaufvermögen} \cdot 100}{\text{Gesamtvermögen}}$$

- Zur Beurteilung der **Kapitalstruktur (Finanzierung)** werden das Eigenkapital und das Fremdkapital berücksichtigt.

$$\text{Kapitalstruktur} = \frac{\text{Eigenkapital} \cdot 100}{\text{Fremdkapital}}$$

$$\frac{\text{Grad der finanziellen Unabhängigkeit}}{\text{(Eigenkapitalanteil)}} = \frac{\text{Eigenkapital} \cdot 100}{\text{Gesamtkapital}}$$

$$\text{Verschuldungsgrad}^1 = \frac{\text{Fremdkapital} \cdot 100}{\text{Gesamtkapital}}$$

- Zur Beurteilung der **Anlagendeckung (Investierung)** werden das langfristige Kapital und das Anlagevermögen berücksichtigt.

$$\text{Deckungsgrad I} = \frac{\text{Eigenkapital} \cdot 100}{\text{Anlagevermögen}}$$

$$\text{Deckungsgrad II} = \frac{(\text{Eigenkapital} + \text{langfristiges Fremdkapital}) \cdot 100}{\text{Anlagevermögen}}$$

- Zur Beurteilung der **Liquidität (Zahlungsfähigkeit)** werden Teile des Umlaufvermögens und die kurzfristigen Verbindlichkeiten berücksichtigt.

$$\text{Liquidität 1. Grades} = \frac{\text{flüssige Mittel} \cdot 100}{\text{kurzfristige Verbindlichkeiten}}$$

$$\text{Liquidität 2. Grades} = \frac{(\text{flüssige Mittel} + \text{Forderungen}) \cdot 100}{\text{kurzfristige Verbindlichkeiten}}$$

$$\text{Liquidität 3. Grades} = \frac{\text{Umlaufvermögen} \cdot 100}{\text{kurzfristige Verbindlichkeiten}}$$

---

1 Bezugsgrundlage für die Berechnung des Verschuldungsgrades kann anstelle des Gesamtkapitals auch das Eigenkapital sein.

12.4.2 Auswertung der Gewinn- und Verlustrechnung

Beispiel:

Aus der Buchhaltung liegen folgende Zahlen vor:

Gewinn	40 000,00 EUR
Verkaufserlöse (Warenverkauf)	600 000,00 EUR
Personalkosten	190 000,00 EUR
Werbe- und Reisekosten	130 000,00 EUR
Fremdkapitalzinsen	25 000,00 EUR
Gesamtkosten	560 000,00 EUR
durchschnittliches Eigenkapital	200 000,00 EUR
durchschnittliches Fremdkapital	280 000,00 EUR
durchschnittlicher Forderungsbestand	30 000,00 EUR

Berechnen Sie:

a) Unternehmerrentabilität,
b) Unternehmungsrentabilität,
c) Umsatzrentabilität,
d) Umschlagshäufigkeit der Forderungen,
e) durchschnittliche Kreditdauer,
f) Umschlagshäufigkeit des Kapitals,
g) Personalkostenanteil,
h) Werbe- und Reisekostenanteil!

Lösung:

a) Unternehmerrentabilität $\quad = \quad \dfrac{40\,000 \cdot 100}{200\,000} \quad = \quad 20{,}00\,\%$

b) Unternehmungsrentabilität $\quad = \quad \dfrac{65\,000 \cdot 100}{480\,000} \quad = \quad 13{,}54\,\%$

c) Umsatzrentabilität $\quad = \quad \dfrac{40\,000 \cdot 100}{600\,000} \quad = \quad 6^{2}/_{3}\,\%$

d) Umschlagshäufigkeit der Forderungen $\quad = \quad \dfrac{600\,000}{30\,000} \quad = \quad 20$

e) durchschnittliche Kreditdauer $\quad = \quad \dfrac{360}{20} \quad = \quad 18 \text{ Tage}$

f) Umschlagshäufigkeit des Kapitals $\quad = \quad \dfrac{600\,000}{480\,000} \quad = \quad 1{,}25$

g) Personalkostenanteil $\quad = \quad \dfrac{190\,000 \cdot 100}{560\,000} \quad = \quad 33{,}93\,\%$

h) Werbe- und Reisekostenanteil $\quad = \quad \dfrac{130\,000 \cdot 100}{560\,000} \quad = \quad 23{,}21\,\%$

Merke:

● **Rentabilitätskennzahlen** berücksichtigen den Gewinn und den Kapitaleinsatz bzw. den Umsatz.

$$\text{Unternehmerrentabilität (Eigenkapitalrentabilität)} = \frac{\text{Gewinn} \cdot 100}{\text{durchschnittliches Eigenkapital}}$$

$$\text{Unternehmungsrentabilität (Gesamtkapitalrentabilität)} = \frac{(\text{Gewinn} + \text{Fremdkapitalzinsen}) \cdot 100}{\text{durchschnittliches Gesamtkapital}}$$

$$\text{Umsatzrentabilität} = \frac{\text{Gewinn} \cdot 100}{\text{Umsatz}}$$

● **Umschlagskennzahlen** sind:

$$\text{Umschlagshäufigkeit der Forderungen} = \frac{\text{Umsatz}}{\text{durchschnittlicher Forderungsbestand}}$$

$$\text{durchschnittliche Kreditdauer} = \frac{360}{\text{Umschlagshäufigkeit der Forderungen}}$$

$$\text{Umschlagshäufigkeit des Kapitals} = \frac{\text{Umsatzerlöse}}{\text{durchschnittliches Kapital}}$$

● **Kennzahlen der Kostenstruktur** berechnen den prozentualen Anteil einzelner Kostenarten an den Gesamtkosten.

13 Aufgaben

13.1 Buchung nach Geschäftsfällen

Die Lösungen der Aufgaben sind im Anhang, Seite 597 ff., zu finden.

Anmerkung: Den Aufgaben sind **19 % Mehrwertsteuer** zugrunde gelegt.

Aufgabengruppe 1

1 Der Geschäftsinhaber entnimmt für Privatzwecke 1 800,00 EUR Bargeld und Waren im Wert von 720,00 EUR netto.

2 Kunde begleicht Rechnung über 2 760,00 EUR (brutto) unter Abzug von 2 % Skonto.

3 a) Am Bilanzstichtag wird mit einer Gewerbesteuernachzahlung von 1 700,00 EUR gerechnet.
   b) Im neuen Jahr werden 2 100,00 EUR Gewerbesteuer nachgezahlt.

4 Die vermögenswirksamen Leistungen für die Mitarbeiter werden an die betreffenden Kreditinstitute überwiesen, 5 600,00 EUR.

5 Ein Pkw, Nettopreis 48 000,00 EUR, wird auf Ziel gekauft.

6 In einem Großhandelsbetrieb für Edelmetalle betrug der Einstandspreis für Silber 210,00 EUR/kg. Am Bilanzstichtag liegt der Tagespreis bei
   a)   218,00 EUR,
   b)   196,00 EUR.

Mit welchen Preisen ist zu bewerten?

7 Ein Lieferer gewährt einen Bonus in Höhe von 1 487,50 EUR brutto.

8 Ein Schuldner überweist am 1. November die Halbjahreszinsen in Höhe von 4 800,00 EUR im Voraus.

Wie lauten die Buchungen?
   a)   im alten Jahr,
   b)   im neuen Jahr?

9 Banküberweisung für: Gewerbesteuer 14 800,00 EUR, Einkommensteuer 24 300,00 EUR, Kfz-Steuer 2 760,00 EUR, Grunderwerbsteuer 7 000,00 EUR und Umsatzsteuer 11 900,00 EUR.

10 a)   Über das Vermögen eines Kunden wird das Insolvenzverfahren eröffnet. Die Forderung beträgt 1 785,00 EUR.
   b)   Der Forderungsausfall wird am Jahresende auf 70 % geschätzt.
   c)   Im neuen Jahr überweist der Insolvenzverwalter 714,00 EUR.

Aufgabengruppe 2

1 Ein Kunde wird mit Verzugszinsen in Höhe von 60,00 EUR belastet.

2 Die Feuerversicherungsprämie für die Betriebsgebäude in Höhe von 2 400,00 EUR wird am 1. September für ein Jahr im Voraus überwiesen.

Wie lauten die Buchungen
   a)   im alten Jahr,
   b)   im neuen Jahr?

3 Auf eine bereits abgeschriebene uneinbringliche Forderung werden unerwartet 500,00 EUR überwiesen.

4 Eine Gewerbesteuernachzahlung für das vergangene Jahr in Höhe von 682,00 EUR wird durch Banküberweisung beglichen.

5 Belastung des Kunden mit Wechselspesen in Höhe von 70,00 EUR netto.

6 a)   Verkauf von Erzeugnissen auf Ziel für 5 000,00 EUR netto.
   b)   Der Kunde akzeptiert einen Wechsel über 5 950,00 EUR.

7 Kunde erhält am Jahresende einen Preisnachlass über 3 600,00 EUR netto.

8 Eine Maschine, Anschaffungswert 25 000,00 EUR, wurde 7 Jahre im Betrieb genutzt und jährlich mit 2 500,00 EUR abgeschrieben. Sie wird für 7 200,00 EUR netto gegen Bankscheck verkauft.

9 a)   Ein Kunde, der 9 520,00 EUR schuldet, beantragt die Eröffnung des Insolvenzverfahrens.
   b)   Am Jahresende wird die Insolvenzquote auf 25 % geschätzt.
   c)   Nach Abschluss des Insolvenzverfahrens werden im neuen Jahr 1 904,00 EUR überwiesen.

10 Ermitteln Sie das Eigenkapital und geben Sie die Buchungssätze an!

S	1600	H		S	9300	H
	8 000,00	2 500,00			480 000,00	592 000,00

S	0600	H
		420 000,00

Aufgabengruppe 3

1 Kunde begleicht Rechnung durch Bankscheck, 1 950,00 EUR.

2 Banküberweisung an Lieferer, Rechnungsbetrag 3 272,50 EUR abzüglich 3 % Skonto.

3 a) Zielverkauf von Waren, netto 4 800,00 EUR.
   b) Kunde sendet unbrauchbare Waren im Wert von 220,00 EUR netto zurück.
   c) Für leicht beschädigte Waren im Nettowert von 350,00 EUR erhält der Kunde einen Preis-
      nachlass in Höhe von 30 %.

4 Am Verfalltag wird ein Wechsel von einem Kunden bar eingelöst, 4 950,00 EUR.

5 Belastung durch den Lieferer mit Wechselspesen in Höhe von 86,00 EUR netto.

6 Die Anschaffungskosten für ein Grundstück betrugen 230 000,00 EUR. Am Bilanzstichtag
   beträgt der Tageswert
   a) 250 000,00 EUR,
   b) 160 000,00 EUR;
   es handelt sich bei b) um eine dauernde Wertminderung, da das Grundstück im Flächen-
   nutzungsplan nicht als Bauplatz ausgewiesen wurde.
   Welche Werte sind in der Bilanz anzusetzen?

7 Wareneinfuhr aus den USA im Wert von 18 000,00 EUR. Die Einfuhrumsatzsteuer beträgt
   19 %.

8 Verkauf eines gebrauchten Pkw für 5 000,00 EUR netto in bar, Anschaffungswert
   20 000,00 EUR, Buchwert 4 000,00 EUR.

9 Die Kfz-Steuer in Höhe von 960,00 EUR wird am 30. September für ein Jahr im Voraus überwiesen.
   Wie lauten die Buchungen
   a) im alten Jahr,
   b) im neuen Jahr?

10 Privatentnahme von Waren, Einstandspreis 620,00 EUR, Verkaufspreis (netto) 977,50 EUR,
   Mehrwertsteuer 19 %.

Aufgabengruppe 4

1 Ein Kunde teilt mit, dass er aufgrund der Verjährung unsere Forderung in Höhe von
   1 011,50 EUR nicht begleichen wird.

2 Der Buchwert einer DV-Anlage beträgt 45 000,00 EUR. Aufgrund der technischen Entwicklung liegt der Wert der Anlage bei 30 000,00 EUR.
   Welcher Wert ist in der Bilanz anzusetzen?

3 Der Zuschuss für die Betriebssportgruppe wird bar ausgezahlt, 800,00 EUR.

4 Ein Kassenmanko in Höhe von 50,00 EUR wird festgestellt.

5 a) Warenlieferung an Arbeitnehmer, netto 380,00 EUR.

  b) Bruttogehalt 1 720,00 EUR, einbehaltene Steuern 209,15 EUR, Verrechnung der Warenlieferung in Höhe von 452,20 EUR; Arbeitgeberanteil zur Sozialversicherung 345,72 EUR,
   Arbeitnehmeranteil zur Sozialversicherung 361,86 EUR.

6 Ein Arbeiter erhält von seinem Arbeitgeber einen Vorschuss in Höhe von 400,00 EUR durch
Banküberweisung.

7 a) Auf einen bestellten Lkw zum Preis von 64 000,00 EUR netto wird eine Anzahlung durch
   Banküberweisung in Höhe von 20 000,00 EUR geleistet.

  b) Bei Lieferung des Lkw werden 24 000,00 EUR durch Bankscheck beglichen.

  c) Überweisung der Restschuld.

8 a) Verkauf von Waren lt. AR netto 5 670,00 EUR.

  b) Ausgangsfracht hierauf bar 224,00 EUR netto.

  c) Banküberweisung der Vertreterprovision in Höhe von 5 %.

9 a) Am Jahresende wird für den Forderungsbestand in Höhe von 190 400,00 EUR (brutto)
   eine Pauschalwertberichtigung von 3 % gebildet.

  b) Im neuen Geschäftsjahr wird das Insolvenzverfahren gegen einen Kunden mangels
   Masse eingestellt; der Forderungsverlust beträgt 2 499,00 EUR (brutto).

10 Schließen Sie die folgenden Konten ab und geben Sie die Buchungssätze an!

S	3010	H	S	3020	H
115 600,00				4 790,00	
3900) 47 600,00					

S	8010	H	S	9300	H
	278 500,00		Kl. 4) 79 600,00		

Aufgabengruppe 5

1 Im Februar wurden Einkäufe in Höhe von 96 000,00 EUR (netto) und Verkäufe in Höhe von
147 500,00 EUR (netto) getätigt. Die Zahllast wird am 10. März überwiesen.

Geben Sie die entsprechenden Buchungssätze an!

2 a) Zielkauf von 200 Artikeln für 62 300,00 EUR netto.

  b) 5 Artikel sind stark beschädigt und werden zurückgeschickt.

  c) Für 12 Artikel wird aufgrund leichter Beschädigungen ein Preisnachlass von 20 %
   gewährt.

3 Banküberweisung für Löhne, brutto 23 700,00 EUR, Lohn-, Kirchensteuer und Solidaritätszuschlag 4 266,00 EUR, Arbeitnehmeranteil zur Sozialversicherung 3 910,00 EUR, Arbeitgeberanteil zur Sozialversicherung 3 785,00 EUR.

4 Banküberweisung der Beiträge für die gesetzliche Unfallversicherung 711,00 EUR.

5 Ein Kunde sendet beschädigte Waren im Wert von 416,50 EUR brutto zurück.

6 Bankgutschrift für eine Provision, 1 200,00 EUR netto.

7 Ein Lieferwagen, Anschaffungswert 45 000,00 EUR, abgeschrieben bis auf 9 000,00 EUR, wird für 8 200,00 EUR netto gegen Bankscheck verkauft.

8 a) Kauf einer Datenverarbeitungsanlage auf Ziel für 31 000,00 EUR netto.

   b) Rechnungsausgleich durch Banküberweisung unter Abzug von 2 % Skonto.

9 Barkauf eines elektronischen Taschenrechners für brutto 309,40 EUR. Wie wird beim Kauf und am Jahresende gebucht?

10 Passivieren Sie die Zahllast und geben Sie die Buchungssätze an!

S	1400	H	S	1800	H
15 620,00		1 247,00	2 155,00		27 426,00

Aufgabengruppe 6

1 Die Miete für eine Lagerhalle für die Monate November, Dezember und Januar in Höhe von 4 500,00 EUR wird nachträglich vom Mieter überwiesen.

Wie lauten die Buchungen
a) im alten Jahr,
b) im neuen Jahr?

2 Kassenfehlbetrag 160,00 EUR.

3 Bilden Sie die Buchungssätze!

   a) Verkauf von Waren auf Ziel, netto 8 000,00 EUR.

   b) Der Kunde zahlt die Hälfte des Rechnungsbetrages durch Banküberweisung unter Abzug von 2 % Skonto.

   c) Der Kunde begleicht einen Monat nach Ablauf des Zahlungsziels den Restbetrag zuzüglich 8 % Verzugszinsen mit Bankscheck.

4 Erwerb eines Grundstücks zum Kaufpreis von 320 000,00 EUR, 3,5 % Grunderwerbsteuer, 5 000,00 EUR Notariatskosten (zuzüglich 19 % MWSt), 2 000,00 EUR Grundbuchkosten. Rechnungsausgleich durch Banküberweisung.

5 a) Mieteinnahmen bar 635,00 EUR.

   b) Banküberweisung der Geschäftsmiete 2 900,00 EUR.

6 Rücksendung von Waren an einen Lieferer in Höhe von 1 665,00 EUR netto.

7 Kauf einer Anlage auf Ziel für 18 000,00 EUR netto, Transport- und Montagekosten 1 200,00 EUR netto.

8 Der gesamte Forderungsbestand beträgt 142 800,00 EUR. Eine Forderung in Höhe von 4 284,00 EUR unterliegt der Einzelwertberichtigung, geschätzter Ausfall 60 %. Für den Rest der Forderungen ist eine Pauschalwertberichtigung von 2 % zu bilden.

9 a) Ein Angestellter erhält einen Vorschuss von 250,00 EUR bar.

   b) Banküberweisung des Gehalts, brutto 2 490,00 EUR, Lohn-, Kirchensteuer und Solidaritätszuschlag 597,22 EUR, Arbeitnehmeranteil zur Sozialversicherung 498,72 EUR, zu verrechnender Vorschuss 250,00 EUR, zu verrechnende Miete für die Werkswohnung 350,00 EUR.

   c) Arbeitgeberanteil zur Sozialversicherung 473,90 EUR.

10 Schließen Sie folgende Konten ab und geben Sie die Buchungssätze an!

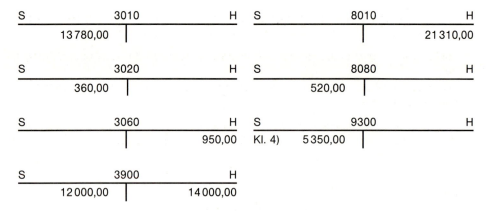

Aufgabengruppe 7

1. Im Monat Dezember fielen 33 640,00 EUR Vorsteuer und 27 310,00 EUR Umsatzsteuer an. Wie lauten die Buchungen am 31. Dezember?

2. Kauf von Waren lt. ER für 1 260,00 EUR netto.
   Barzahlung der Fracht und des Rollgeldes für die Lieferung, 63,00 EUR netto.

3. Ein Lieferer gewährt einen Bonus von 480,00 EUR netto.

4. Verlust aus dem Verkauf von Wertpapieren, 6 500,00 EUR.

5. Eine Liefererrechnung über 2 740,00 EUR wird mit Verrechnungsscheck beglichen.

6. Die Kasse weist einen Überschuss in Höhe von 70,00 EUR aus.

7. 10 % Abschreibung auf die Geschäftsausstattung, Buchwert 223 000,00 EUR.

8. Wie ist am 31. Dezember zu buchen?
   a) Banküberweisung der Hypothekenzinsen (6 % von 80 000,00 EUR) jeweils am 1. März und 1. September für das vorangegangene Halbjahr.
   b) Der Mieter hat die Dezembermiete in Höhe von 620,00 EUR noch nicht überwiesen.
   c) Banküberweisung der Kfz-Versicherung in Höhe von 2 400,00 EUR für die Zeit vom 1. April bis 31. März.
   d) Ein Darlehensschuldner überweist am 1. Dezember Zinsen in Höhe von 1 800,00 EUR für die Zeit vom 1. Dezember bis 28. Februar.

9. Kauf eines Computers zum Anschaffungspreis von 18 000,00 EUR netto. Der gebrauchte Computer, Anschaffungswert 12 000,00 EUR netto, abgeschrieben auf einen Restbuchwert von 4 000,00 EUR, wird für 2 500,00 EUR netto in Zahlung gegeben. Der Restbetrag wird unter Abzug von 3 % Skonto überwiesen.

10. Kunde begleicht AR über 16 200,00 EUR netto unter Abzug von 3 % Skonto.

Aufgabengruppe 8

1 Ein Kunde sendet Verpackungsmaterial, welches ihm mit 800,00 EUR netto berechnet worden war, zurück; vereinbarungsgemäß erhält er eine Gutschrift von 60%.

2 Am Ende eines Jahres wurde eine Rückstellung für Steuern in Höhe von 8 000,00 EUR gebildet.

Wie lautet der Buchungssatz im nächsten Jahr, wenn die Steuern in Höhe von 6 940,00 EUR überwiesen werden?

3 Einem Großhandelsbetrieb liegt am 31. Dezember die Provisionsabrechnung eines Vertreters für den Monat Dezember über 2 879,80 EUR brutto vor, die im Januar überwiesen wird.

Wie lauten die Buchungssätze
a) im alten Jahr,
b) im neuen Jahr?

4 Ein Großhandelsbetrieb überweist einem Vertreter am 15. Januar die Provision in Höhe von 5 400,00 EUR netto. Auf das alte Jahr entfallen 3 800,00 EUR.

Wie lauten die Buchungssätze
a) im alten Jahr,
b) im neuen Jahr?

5 Ein Großhändler entnimmt für Privatzwecke Waren im Wert von 737,80 EUR brutto.

6 Die Telefonabrechnung für einen Monat lautete über 760,00 EUR netto; der Privatanteil wird mit 20% angesetzt.

Wie lauten die Buchungssätze
a) für die Überweisung der Telefonrechnung,
b) für den Privatanteil?

7 Ein Geschäfts-Pkw, Buchwert 9 000,00 EUR, Marktwert 10 000,00 EUR, wird in das Privatvermögen des Unternehmers übernommen.

8 Ein Großhandelsbetrieb hat einen Warenanfangsbestand von 320 000,00 EUR und einen Warenendbestand von 365 000,00 EUR.

Wie lautet die entsprechende vorbereitende Abschlussbuchung?

9 Ein Kunde erhält aufgrund einer Mängelrüge einen Preisnachlass in Höhe von 880,60 EUR brutto.

10 Ein Großhandelsbetrieb kauft ein Beförderungsband für 16 000,00 EUR netto. Die Transportkosten in Höhe von 2 100,00 EUR netto werden bar bezahlt, der Rechnungsbetrag wird überwiesen.

Aufgabengruppe 9

1 Kauf einer Schreibmaschine, Nettobetrag 450,00 EUR, Rabatt 20 %, Bezahlung gegen Bankscheck.

Wie lauten die Buchungen

a) bei Zahlung,

b) am Jahresende?

2 Banküberweisung für Gewerbesteuernachzahlung 7 800,00 EUR
für Einkommensteuernachzahlung 4 900,00 EUR
für Spende an Caritas 500,00 EUR

3 Bankgutschrift für Gewerbesteuererstattung 3 100,00 EUR
für Miete 1 600,00 EUR
für Bankzinsen 720,00 EUR

4 Ein Mieter zahlt die Quartalsmiete für die Monate November bis Januar in Höhe von 3 600,00 EUR vereinbarungsgemäß am 1. November.

Wie lauten die Buchungen

a) am 1. November,

b) am 31. Dezember,

c) am 1. Januar?

5 Bilden Sie die Buchungssätze!
Banküberweisung für
Grunderwerbsteuer 9 200,00 EUR
Kraftfahrzeugsteuer 1 280,00 EUR
Einkommensteuer des Unternehmers 3 870,00 EUR
Umsatzsteuerzahllast 5 430,00 EUR
Steuernachzahlung für das abgelaufene Geschäftsjahr 3 400,00 EUR

6 Ein Lieferant liefert seinem Kunden Waren für netto 2 800,00 EUR.

Buchen Sie aus der Sicht des Lieferers **und** des Kunden

a) die Lieferung,

b) eine Wechselziehung des Lieferers über den Rechnungsbetrag!

7 Bilden Sie die Buchungssätze zum 31. Dezember!

a) Wir erhalten Ende Februar nachträglich die Darlehenszinsen für ein halbes Jahr in Höhe von 3 600,00 EUR.

b) Unser Mieter zahlt die Miete für die Monate Dezember bis Februar bereits am 1. Dezember in Höhe von 6 900,00 EUR.

8 Kauf eines Pkws am 4. September für 24 000,00 EUR netto. Ein gebrauchter Pkw, Buchwert zu Beginn des Geschäftsjahres 12 000,00 EUR, jährlicher linearer Abschreibungsbetrag 6 000,00 EUR, wird für 7 000,00 EUR netto in Zahlung gegeben. Der Restbetrag wird unter Abzug von 3 % Skonto durch Banküberweisung beglichen.

Bilden Sie die Buchungssätze für

a) den Kauf,

b) die zeitanteilige AfA,

c) die Inzahlunggabe und die Überweisung des Restbetrages!

9 Bilden Sie die Buchungssätze!

a)	Kunde erhält Bonus, brutto	618,80 EUR
b)	Rücksendung beschädigter Waren an Lieferer, netto	1 800,00 EUR
c)	Banküberweisung an den Lieferer, Rechnungsbetrag abzüglich 3 % Skonto	5 712,00 EUR
d)	Banküberweisung eines Kunden, Rechnungsbetrag abzüglich 2 % Skonto.	4 284,00 EUR

10 Ein Computer, Anschaffungskosten 12 000,00 EUR, Nutzungsdauer 5 Jahre, lineare Abschreibungsmethode, hat am Ende des 2. Nutzungsjahres einen Marktwert von 3 000,00 EUR.

a) Buchen Sie die Abschreibungen am Ende des 2. Jahres!

b) Wie hoch ist der Bilanzwert am Ende des 2. Jahres?

Aufgabengruppe 10

Welche Geschäftsfälle liegen folgenden Buchungssätzen zugrunde?

1 1610)   2 737,00
        an 2780)   2 300,00
        an 1800)   437,00

2 3020)   550,00
   1400)   104,50
        an 1510)   654,50

3 1710)   4 046,00
        an 1310)   3 965,08
        an 3080)   68,00
        an 1400)   12,92

4 8050)   820,00
   1800)   155,80
        an 1010)   975,80

5 1800)   8 500,00
   4230)   1 560,00
        an 1310)   10 060,00

6 1510)   952,00
        an 2700)   800,00
        an 1800)   152,00
   2700)   800,00
        an 0330)   700,00
        an 2710)   100,00

7 1310)   1 309,00
        an 2740)   1 100,00
        an 1800)   209,00

8 4500)   1 920,00
        an 1940)   1 920,00

9 0910)   1 350,00
        an 4220)   1 350,00

10 0720)   9 000,00
        an 1310)   7 850,00
        an 2760)   1 150,00

13.2 Buchung nach Belegen

Sie sind Mitarbeiter(in) der Holz- und Baustoffgroßhandlung Erwin Oberhauser, Im Talgarten 6–14, 66386 St. Ingbert-Rohrbach.

Geben Sie die Buchungssätze für die folgenden Belege an! (Die entsprechenden Kontoauszüge liegen vor.)

Luxa GmbH Furniere · Waldstraße 1 · 66459 Kirkel

Holzgroßhandlung
Erwin Oberhauser
Im Talgarten 6 - 14
66386 St. Ingbert

Kirkel, den 19. Juli 20..

Verzugszinsen/Rechnungsnummer 4767

Sehr geehrte Damen und Herren!

Am 10. Juli 20.. haben Sie uns zum Ausgleich der Rechnung Nr. 10739, fällig am 10. April, einen Scheck über 12 700,00 EUR geschickt.

Wir berechnen Ihnen Verzugszinsen

   7,5% für 90 Tage 238,13 EUR
           ==========

Bitte überweisen Sie den Betrag in den nächsten Tagen.

Mit freundlichen Grüßen

Luxa GmbH

R. Degel

Rosita Degel

Geschäftsführerin: Rosita Degel
HRB 2614 Amtsgericht Homburg
USt-IdNr. DE 2143712717

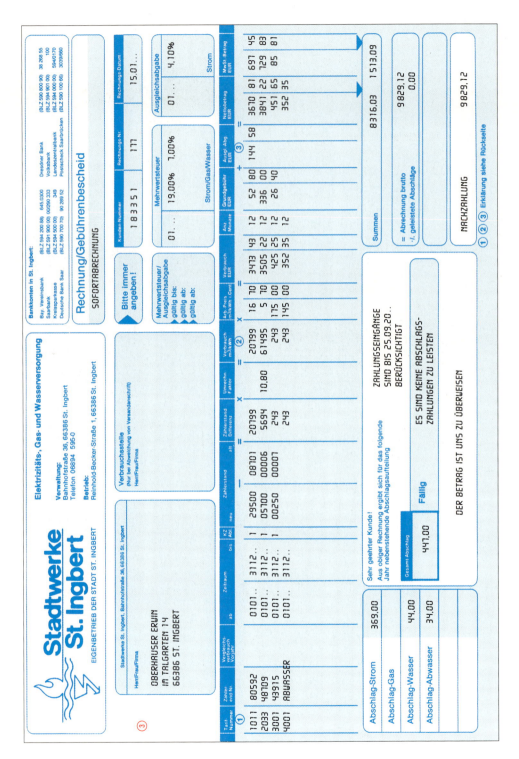

G. KIRCHNER
SCHREINEREI INNENAUSBAU
RAUMGESTALTUNG MÖBEL KÜCHEN
66386 St. Ingbert, Eckstraße 27   Telefon 06894 51141

G. Kirchner · Eckstraße 27 · 66386 St. Ingbert

Firma
Erwin Oberhauser
Holz- und Baustoffgroßhandlung
Im Talgarten 6 – 14
66386 St. Ingbert

USt-IdNr. DE 201977836

Rechnung Nr. 1237

St. Ingbert, 20. Juni 20..

Position	Gegenstand	Einzelpreis	Gesamtpreis EUR
	Lieferung und Montage eines Einbauschrankes laut Angebot Nr. 536 vom 5. April 20..		9 800,00
	19% Umsatzsteuer		1 862,00
			11 662,00
	Zahlbar innerhalb von 10 Tagen mit 2% Skonto oder 30 Tagen netto.		

Kreissparkasse St. Ingbert Nr. 20051
Volksbank St. Ingbert Nr. 4522

⑤

Erwin Oberhauser
Holz- und Baustoffgroßhandlung
66386 St. Ingbert

Buchungs-Beleg
Nr. 534

Buchungs-Text	Belastung		Gutschrift		Gebucht
	Kto.-Nr.	Betrag	Kto.-Nr.	Betrag	
Privatentnahme von Baustoffen					
Monat März 20..					
Nettobetrag = 3 200,00 EUR					
MWSt-Anteil = 608,00 EUR					

66386 ST. INGBERT, den 2. Mai 20.. *Heim*

---

⑥

Kontoauszug

Zahlungsempfänger/-pflichtiger	Verwendungszweck/Scheck-Nr.	Buch.-tag	PN	Wert	Lastschriften	Gutschriften
Schreinerei Eduard Wagner	Rechnung vom 31. Aug. .. über 1 607,79 (– 2 % Skonto) Kunden-Nr. 172 000, Beleg-Nr. 851 594	05.09.	999003	05.09.		1 575,63

Kontonummer			Saldo vom	Alter Saldo	
			30. 08.		4 200,00 H
Kontoinhaber (oder Zahlungsempfänger/-pflichtiger)	Auszug	Blatt		Neuer Saldo	
E. Oberhauser, St. Ingbert	28	1			5 775,63 H

Auszugsdatum 07. 09.
Uhrzeit

---

⑦

ⓥ Vereinigte Volksbanken SAARBRÜCKEN ST. INGBERT **eG**   Einzahlung

KONTO-NUMMER	BETRAG
801	7800,00

KONTOINHABER
Erwin Oberhauser, St. Ingbert

Empfangsbestätigung erfolgt in der durch Aushang bekanntgegebenen Form.

Kontoinhaber ——— Bitte dieses Feld nicht beschriften

Konto-Nummer   Datum   EUR

Vereinigte Volksbanken
Saarbrücken-St. Ingbert eG   Unterschrift des Einzahlers

⑧

Erwin Oberhauser
Holz- und Baustoffgroßhandlung

Erwin Oberhauser · Im Talgarten 6-14 · 66386 St. Ingbert

Durchschrift

Schreinerei
Eduard Grob
Kaiserstr. 137
66386 St. Ingbert

66386 St. Ingbert
Im Talgarten 6 – 14
☎ St. Ingbert 06894 51081-82
USt-IdNr. DE 201873711

Ihr Zeichen, Ihre Nachricht vom	Unser Zeichen, unsere Nachricht vom	☎ Name 06894 51081-82 Oberhauser	Datum 20..-03-12
	o-f		

Diskontbelastung

Sehr geehrte Damen und Herren!

Zum Ausgleich der Rechnung Nr. 1432 über 10600,00 EUR, fällig am
6. Dezember, haben sie uns am 6. März 20.. einen Scheck übersandt.

Wir berechnen Ihnen

    7% Verzugszinsen für 90 Tage   185,50 EUR
                                                                 ==========

Wir bitten um Überweisung des Betrages.

Mit freundlichen Grüßen

Holz- und Baustoffgroßhandlung
Erwin Oberhauser

E. Oberhauser

Oberhauser

Bankkonten: Landesbank Saar, Girozentrale, Saarbrücken 5 564-000 (BLZ 590 500 00) · Kreissparkasse St. Ingbert 22 000 (BLZ 594 500 00) · Saar-Bank, St. Ingbert 260 183 (BLZ 594 900 00) · Volksbank St. Ingbert 801 (BLZ 594 901 00) · Dresdner Bank Homburg (Saar) 4 306 685 (BLZ 594 810 91) · Postbank Saarbrücken 1 234-667

⑨

Durchschrift 594 500 10
Kreissparkasse Saarpfalz

Begünstigter:
Finanzamt St. Ingbert

Konto-Nr. des Begünstigten: 6 900 473
Bankleitzahl: 594 500 00

bei (Kreditinstitut):
Kreissparkasse St. Ingbert

EUR Betrag: 3 800,00

Kunden-Referenznummer - noch Verwendungszweck, ggf. Name und Anschrift des Auftraggebers - (nur für Begünstigten):
Steuer-Nr. 581/862
Umsatzsteuer Monat Februar 20..

Kontoinhaber:
Erwin Oberhauser, Holzgroßhandlung, St. Ingbert

Konto-Nr. des Kontoinhabers: 22000

10. März 20..   E. Oberhauser
Datum   Unterschrift

⑩

LuxaGmbH Furniere
Waldstraße 1, 66459 Kirkel
Telefon 06859 411, Telefax 44689

LUXAGMBH

Luxa GmbH Furniere · Waldstraße 1 · 66459 Kirkel

Holzgroßhandlung
Erwin Oberhauser
Im Talgarten 6 – 14
66386 St. Ingbert

USt-IdNr. DE21443712717
Rechnung
Bei Zahlung bitte angeben

Kunden-Nr. 7853	Auftrags-Nr. 4214	Auftrags-Datum 6. Mai	Rechnungs-Nr. 3794	Rechnungs-Datum 20..-06-05
Kartei-Nr.	Furnierart	Stamm	qm	EUR/qm	EUR
231	Rio Palisander		80,00	45,00	3 600,00
187	Eiche		125,00	7,50	937,50
139	Tanne		90,00	6,70	603,00

Volksbank Blieskastel, Nr. 1240	Warenwert	MwSt. %	MwSt. EUR	Rechnungsbetrag
	5 140,50	19	976,70	6 117,20

Zahlbar innerhalb 10 Tagen unter Abzug von 3 % Skonto oder 20 Tagen netto

⑪

OMLOR Speditions-GmbH

Omlor·Speditions GmbH · Mühlstraße 40 · 66386 St. Ingbert

ABSENDER

BAUBESCHLAEGE MUELLER & CO
INDUSTRIESTR 7
D   60487 FRANKFURT-BOCKENHEIM

LIEFERADRESSE

HOLZHANDLUNG OBERHAUSER
IM TALGARTEN 6-14
D   66386 SANKT INGBERT

Mühlstraße 40
66386 St. Ingbert
Telefon 06894 95340
Telefax 06894 53970

Niederlassung:
66424 Homburg

S.T.a.R.
SYSTEM TRANSPORT auf RÄDERN

Sdg.Nr.   86665
Referenz 99930242
Datum   021002

S P E D I T I O N S A U F T R A G

FRACHTKOSTEN :EUR 35,00
19 % MWST   :EUR 6,65
GESAMT   :EUR 41,65

MARKIERUNG	ANZAHL VERP.	ART DER WARE	KG	CBM
1-3	3 KRT	BAUBESCHLAEGE	18.0	

- -

| Summen | 3 KOLLI | | 18.0 | |

Trailer-Nummer
Warenwert   10000.00 EUR
Frankatur   UNFREI
Weiterleitung   UNFREI
----

in Sendung enthalten   L A D E M I T T E L   davon getauscht:

                   Europaletten
                   Gitterboxen

....

Anlieferer Datum/Unterschrift   Empfänger Datum/Unterschrift
Inkassobetrag bei der Auslieferung   Vorstehende Sendung in einwandfreiem
erhalten!   Zustand und vollzählig erhalten!
Ab sofort erreichen Sie uns unter der Telefonnummer 06894 95340 !!

Geschäftsführer:
Bärbel Döppenschmitt
Eckehard Jünger

Wir arbeiten ausschließlich auf Grund der Allgemeinen
Deutschen Spediteurbedingungen (ADSp) „neueste Fassung"
und haben den SVS/RVS gezeichnet.

Bankverbindung:
Sparkasse Saarbrücken, Kto.-Nr. 97 113 680 (BLZ 590 501 01)
HRB 2807 Amtsgericht St. Ingbert

Luxa GmbH Furniere · Waldstraße 1 · 66459 Kirkel

Holzgroßhandlung
Erwin Oberhauser
Im Talgarten 6 – 14
66386 St. Ingbert

Kirkel, den 20. Juli 20..

Gewährung eines Bonus

Sehr geehrter Herr Oberhauser,

für Ihre Umsätze in den Monaten Januar bis Juni gewähren wir Ihnen den vereinbarten Bonus in Höhe von

```
netto              2 340,00 EUR
19 % USt             444,60 EUR
                  -----------
                   2 784,60 EUR
                  ===========
```

Mit freundlichen Grüßen

Luxa GmbH

R. Degel

Rosita Degel

Geschäftsführerin: Rosita Degel
HRB 2614 Amtsgericht Homburg
USt-IdNr. DE 2143712717

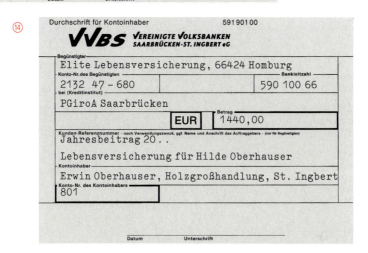

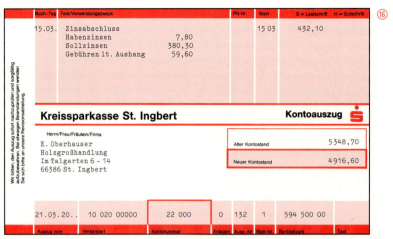
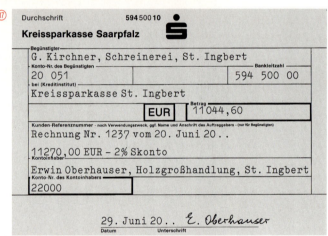

⑲

Durchschrift für Kontoinhaber 59190100

VVBS VEREINIGTE VOLKSBANKEN SAARBRÜCKEN-ST. INGBERT eG

Begünstigter
Großhandels- u. Lagereiberufsgenossenschaft, Mannheim

Konto-Nr. des Begünstigten — Bankleitzahl
765 321 — 670 900 00

bei (Kreditinstitut)
Volksbank Mannheim

EUR Betrag 2800,00

Kunden-Referenznummer - noch Verwendungszweck, ggf. Name und Anschrift des Auftraggebers - (nur für Begünstigten)
Mitglieds-Nr. 7-8074315

Jahresbeitrag 20..

Kontoinhaber
Erwin Oberhauser, Holzgroßhandlung, St. Ingbert

Konto-Nr. des Kontoinhabers
801

15. Jan. 20.. — *E. Oberhauser*
Datum — Unterschrift

⑳

EUR **Quittung**

Betrag 4 5 , 4 9

Nr.

inclusive % MwSt./Betrag

Betrag in Worten: Fünfundvierzig ------------------------------

von Eduard Wagner, Schreinerei, St. Ingbert

für Rigips – Spezialschrauben

dankend erhalten

Datum/Ort 17. Mai 20.. St. Ingbert

Buchungsvermerke

Stempel/Unterschrift des Empfängers
ERWIN OBERHAUSER
Holz- und Baustoffgroßhandlung
66386 St. Ingbert
E. Oberhauser

㉑

Durchschrift für Kontoinhaber 59190100

VVBS VEREINIGTE VOLKSBANKEN SAARBRÜCKEN-ST. INGBERT eG

Begünstigter
G. Kirchner, Schreinerei, St. Ingbert

Konto-Nr. des Begünstigten — Bankleitzahl
4522 — 0672 — 594 901 00

bei (Kreditinstitut)
Volksbank St. Ingbert

EUR Betrag 3850,00

Kunden-Referenznummer - noch Verwendungszweck, ggf. Name und Anschrift des Auftraggebers - (nur für Begünstigten)
Rückzahlung der doppelt bezahlten
Rechnung Nr. 5419 vom 18. Mai 20..

Kontoinhaber
Oberhauser, Erwin, Holzgroßh. 66386 St. Ingbert

Konto-Nr. des Kontoinhabers
801

25. Mai 20.. — *E. Oberhauser*
Datum — Unterschrift

㉒ **Lohn-/Gehaltsabrechnung**   Firma (Stempel)

Name Meier, Norbert

Spedition

Zeitraum Juli 20..   Nr.

Lohn/Gehalt in Euro _____ Std à _____				2 300	00
Weihnachts-/Urlaubsgeld _____			+		
_____ Überstunden .... à ___			+		
Überstd.-/Akkord-Zuschläge _____			+		
Sonderzahlung/Sachbezüge _____			+		
Sonn-, Feiertags- und Nachtzuschläge aus Grundlohn _____			+		
Fahrgeld-Erstattung _____			+		
_____			+		
_____			+		
Vermögenswirksame Leistungen des Arbeitgebers			+	24	00
Brutto-Verdienst	2 324	00	=	2 324	00
Lohnsteuer-Freibetrag	–				
Lohnsteuer Kl. III/1 aus	2 324,00	=	98	66	
Solidaritätszuschlag		+	0	00	
Kirchensteuer: ev. _____ kath. _____		+	0	91	
Sozial- versicherungs- beiträge Krankenkasse _____		+	197	53	
Pflegeversicherung		+	19	75	
Arbeitnehmer- Anteil Rentenversicherung..........		+	231	24	
Arbeitslosenversicherung		+	48	80	
Vorschuß/Abschlagszahlungen...............		+			
Vermögenswirks. Leistg. an		+	24	00	–	596	89
Sonn-, Feiertags- und Nachtzuschläge..........		+		=	1 727	11
Auslagen-Erstattung/Fahrgeld.................		+			
Ersatzkassen-Erstatt./Zuschuß z. freiw. Krankenvers.		+			
Kindergeld.............................		+	+		
Errechnet Auszuzahlender Betrag				1 727	11

Abrechnung anerkannt und Betrag richtig erhalten

Datum
20..-07-28   *Meier*

Zeichen M   Datum/Unterschrift

Zweckform | Lohn-/Gehaltsabrechnung

Steuerpflichtiger Lohn/Gehalt · Bemessungsgrundlage · Abzüge · Steuerfr. Bez.

㉓

Erwin Oberhauser
Holz- und Baustoffgroßhandlung

Erwin Oberhauser · Im Talgarten 6-14 · 66386 St. Ingbert

Holzgroßhandlung
Erwin Obermaier
Wiesenstr. 6
66386 St. Ingbert

66386 St. Ingbert

Im Talgarten 6 – 14
☎ St. Ingbert 06894 51081-82

USt-IdNr. DE 201873711

Ihr Zeichen, Ihre Nachricht vom	Unser Zeichen, unsere Nachricht vom	☎ Name 06894 51081–82	Datum
	o - f	Oberhauser	20 . . -07-09

Unberechtigter Skontoabzug

Sehr geehrter Herr Obermaier,

am 2. Juli 20 . . haben Sie für die Rechnung Nr. 2354 über 1430,00 EUR
unter Abzug von 2% Skonto 1401,40 EUR überwiesen.

Da Sie das vereinbarte Zahlungsziel für die Gewährung von Skonto um
6 Tage überschritten haben, bitten wir um Überweisung des
Restbetrages in Höhe von 28,60 EUR.

Mit freundlichen Grüßen

Holz- und Baustoffgroßhandlung
Erwin Oberhauser

E. Oberhauser

Oberhauser

Bankkonten: Landesbank Saar, Girozentrale, Saarbrücken 5 564-000 (BLZ 590 500 00) · Kreissparkasse St. Ingbert 22 000
(BLZ 594 500 00) · Saar-Bank, St. Ingbert 260 183 (BLZ 594 900 00) · Volksbank St. Ingbert 801 (BLZ 594 901 00)
Dresdner Bank Homburg (Saar) 4 306 685 (BLZ 594 810 91) · Postbank Saarbrücken 1 234-667

Luxa GmbH Furniere · Waldstraße 1 · 66459 Kirkel

Holzgroßhandlung
Erwin Oberhauser
Im Talgarten 6 - 14
66386 St. Ingbert

Kirkel, den 25. September 20..

Gutschrift

Sehr geehrte Damen und Herren!

Laut Rechnung Nr. 13832 vom 10. September 20.. haben wir Ihnen netto 550,00 EUR für die Leihverpackung berechnet.

Für das Verpackungsmaterial, das Sie uns zurückgeschickt haben, schreiben wir Ihnen vereinbarungsgemäß 45 gut:

    netto   440,00 EUR
    19% MWSt   83,60 EUR
                 523,60 EUR

Mit freundlichen Grüßen

Luxa GmbH

R. Degel

Rosita Degel

Geschäftsführerin: Rosita Degel
HRB 2614 Amtsgericht Homburg
USt-IdNr. DE2143712717

㉕

Aussteller			
Papierwaren		**Rechnung**	
Robert Klein		Nr. 2437	
Gartenstr. 127			
66386 St. Ingbert		Datum 19. Sept. 20..	

Empfänger	Ihre Bestellung vom/Nr.
Holzgroßhandlung	12. Sept. 20../1367
	Unsere Lieferung vom/Nr.
Erwin Oberhauser	
	Zahlungsbedingungen
Im Talgarten 6 – 14	rein netto Kasse
	Empfängervermerke

10.000 Blatt		
Fotokopierpapier		
80 g holzfrei		
Marke PC 8	350,00	EUR
– 5% Mengenrabatt	17,50	EUR
	332,50	EUR
	=========	

Bank/Postgiro
USt-IdNr. DE201873755

Der Rechnungsendbetrag enthält
19 % = 53,09 EUR MwSt

Die gelieferte Ware bleibt bis zur vollständigen Bezahlung Eigentum des Lieferanten.

sigel-Formular

㉖

Schindler Transporte, Postfach 1722, 66408 Homburg

Firma
Erwin Oberhauser
Holz- und Baustoffgroßhandlung
Im Talgarten 6 – 14
66386 St. Ingbert

Spedition
Spezialtransporte
Lagerung (Klein- u. Eiltransporte)
Einheckstrasse 29
66424 Homburg
Telefon: 06841 78404 und 72836
FAX: 447136

Bankverbindung:
Raiffeisenkasse Homburg
(BLZ 594 911 14) Kto.-Nr. 851 300

USt-IdNr. DE 213890793

Tag 27. November 20..

Rechnung Nr. 1377

Für die Anlieferung von Paneelen und Türen berechnen wir Ihnen

Lkw-Fracht	823,00 EUR
+ 19% MWSt	156,37 EUR
	979,37 EUR

Wir arbeiten ausschließlich aufgrund der Allgemeinen Deutschen Spediteurbedingungen (ADSp) neuester Fassung – Gerichtsstand ist Homburg Saar
Frachtforderungen sind sofort und ohne Abzug zahlbar – Amtsgericht Homburg HRA 2006 – Geschäftsführer P & G Schindler

㉗

Erwin Oberhauser
Holz- und Baustoffgroßhandlung

Erwin Oberhauser, Im Talgarten 6–14, 66386 St. Ingbert

Firma
Eduard Wagner
Schreinerei
Obere Kaiserstr. 108
66386 St. Ingbert

Im Talgarten 6–14
66386 St. Ingbert
St. Ingbert 06894 51081 und 51082
USt-IdNr. DE201873711

Belegart	Kunden-Nr.	Beleg-Nr.	Datum
Rechnung 7766	172 000	851 594	31.08.20.

Lfsch.-Nr.	Art.-Nr.	Warenbezeichnung	Stück	Länge m	Breite m	Stärke mm	Menge lfm, m², m³, l, kg	Einzelpreis EUR	Betrag EUR
1	48010	Spanplatten V 20, E 1 10 MM	1	4,100	1,850		7,585	5,50	41,72
2	48500	Spanplatten 19 MM Macore. Furn.	2	2,650	1,850		9,805	19,80	194,14
3	101	Kiefer Furn. Spanplatte 19 MM	5	2,600	1,850		24,050	29,50	709,48
4	8304	Limba-Fertigtüren 86,0 LA	3					155,00	465,00

Zahlung rein netto bis:	Bei Zahlung bis:	aus EUR	% Skonto	Skontobetrag	Rechnungsbetrag	%MWSt	Mehrwertsteuer	Gesamtbetrag
30.09.20.	08.09.20.	1635,99	2	32,72	1410,34	19	267,96	1678,30

㉘

Erwin Oberhauser
Holz- und Baustoffgroßhandlung
66386 St. Ingbert

Buchungs-Beleg
Nr. 698

Buchungs-Text	Belastung Kto.-Nr.	Belastung Betrag	Gutschrift Kto.-Nr.	Gutschrift Betrag	Gebucht
Privatanteil in Höhe von 20% der Fernmelderechnung Monat Juni über 856,30 EUR (netto)					
Privatanteil netto 171,26 EUR					
+ 19% MWSt 32,54 EUR					
203,80 EUR					

66386 ST. INGBERT, den 3. Juli 20.. *Heim*

㉙

Deutsche Shell Aktiengesellschaft

Erwin Oberhauser, St. Ingbert

Verkauf im Namen und Rechnung der Deutschen Shell Aktiengesellschaft

Liter	Produkt	EUR	Cent
	Shell Benzin		
105	Supershell	95,	00
	Dieselshell		
	Shell Autogas		
		95,	00

Verkauf im Namen der unterzeichneten Firma

Menge	Produkt/Leistung	EUR	Cent

Zu zahlen incl. Umsatzsteuer

Im Verkaufspreis für Kraftstoffe ist der gesetzliche Bevorratungsbeitrag enthalten.

Betrag dankend erhalten

den 3. April 20.. _Meier_

(Stempel und Unterschrift)

*) Bei Beträgen bis zu 100 EUR kein Ausweis des Umsatzsteuer-Betrages

1311   100x100   784

㉚

VEREINIGTE LICHTSPIELE HOMBURG-SAAR

EDEN–THEATER	PALAST–THEATER	RESI–THEATER	FILM–STUDIO
Zweibrücker Straße 21	Kaiserstraße 4	Dürerstraße 11	Dürerstraße 11

Erwin Oberhauser
Holz- und Baustoffgroßhandlung
Im Talgarten 6 – 14
66386 St. Ingbert

66424 HOMBURG
Büro: Zweibrücker Straße 21
Telefon: 06841 2387
Bankkonto: Kreissparkasse Homburg 7374
USt-IdNr. DE 376614124

Ihr Zeichen, Ihre Nachricht vom	Unser Zeichen, unsere Nachricht vom	☎ Name 06841 2387 Schröer	Datum 20..-09-15

Kino-Werbung / Rechnung Nr. 32324

Für die Werbung im Monat August 20.. berechnen wir Ihnen

Netto   150,00 EUR
+ 19% MWSt   28,50 EUR

             178,50 EUR
            ===========

Mit freundlichen Grüßen

H. Schröer

H. Schröer

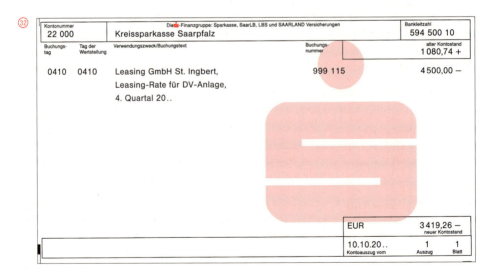

VI. Kosten- und Leistungsrechnung und Controlling

1 Grundlagen der Kosten- und Leistungsrechnung

Aufgabe:

Nennen Sie

a) die Aufgaben der Kosten- und Leistungsrechnung,

b) die Stufen der Kosten- und Leistungsrechnung,

c) die Systeme der Kosten- und Leistungsrechnung!

Lösung:

a) Die **Kosten- und Leistungsrechnung** ermittelt die Kosten und die Leistungen eines Großhandelsbetriebes innerhalb eines bestimmten Zeitraumes (z. B. Monat).

Die Kosten- und Leistungsrechnung hat insbesondere folgende Aufgaben:

● Ermittlung des Betriebsergebnisses durch die Gegenüberstellung der Leistungen und
Kosten des Abrechnungszeitraumes;

● Ermittlung der Selbstkosten einer Ware auf der Grundlage der angefallenen Kosten im
Rahmen der Kalkulation;

● Kontrolle der Wirtschaftlichkeit mit dem Ziel Kostensteigerungen rechtzeitig zu erkennen
(Kostenüberwachung) und die Kostensituation zu verbessern;

● Bereitstellung von Informationen für Planung und Entscheidung in den betrieblichen Teil-
bereichen Beschaffung, Absatz (z. B. Deckungsbeitragsrechnung) und Finanzierung.

b) Die Kosten- und Leistungsrechnung umfasst folgende Stufen:

● **Kostenartenrechnung,** sie erfasst sämtliche Kosten der Abrechnungsperiode;

● **Kostenstellenrechnung,** sie erfasst die Kosten für die betrieblichen Verantwortungs-
bereiche;

● **Kostenträgerrechnung,** sie ermittelt die Gesamtkosten für jeden Kostenträger (z. B. Ware)
in einer Abrechnungsperiode (Kostenträgerzeitrechnung) oder sie ermittelt die Stückkosten für jeden Kostenträger (Kostenträgerstückrechnung).

c) Bei der Kosten- und Leistungsrechnung unterscheidet man folgende Systeme:

● **Vollkostenrechnung,** sie rechnet dem einzelnen Kostenträger alle angefallenen Kosten
(fixe und variable Kosten) zu;

● **Teilkostenrechnung,** sie rechnet dem einzelnen Kostenträger nur die variablen Kosten zu.

Merke:

● Die **Kosten- und Leistungsrechnung** ist im Gegensatz zur Geschäftsbuchführung gesetzlich
nicht geregelt. Erfasst werden nur solche Größen, die mit der eigentlichen Leistungserstellung
des Großhandelsbetriebes in Verbindung stehen.

● Aufgrund der unterschiedlichen Zielsetzungen von Geschäftsbuchführung (Finanzbuchführung) und Kosten- und Leistungsrechnung (Betriebsbuchführung) sind die unternehmensbezogenen Aufwendungen und Erträge von den Kosten und Leistungen abzugrenzen sowie die
kostenrechnerischen Korrekturen vorzunehmen; dies erfolgt in der **Abgrenzungsrechnung**
der Ergebnistabelle.

2 Abgrenzungsrechnung (Ergebnistabelle)

Beispiel:

Das GuV-Konto eines Großhandelsbetriebes weist für den Monat Januar folgende Zahlen aus:

S			Gewinn und Verlust		H
2030	Periodenfr. Aufwendungen	18 000,00	2420 Betriebsfremde Erträge		11 000,00
2040	Verluste a. d. Abg. von AV	21 000,00	26 Sonst. Zinsen u. ähnl. Ertr.		4 000,00
21	Zinsen u. ähnl. Aufw.	6 000,00	8010 Warenverkauf		610 000,00
2310	Übliche Abschr. a. Ford.	7 000,00			
3010	Wareneingang	320 000,00			
40	Personalkosten	82 000,00			
42	Steuern, Beiträge, Vers.	19 000,00			
44	Werbe- und Reisekosten	5 000,00			
46	Kosten der Warenabgabe	2 000,00			
47	Betriebskosten, Instandh.	14 000,00			
48	Allgemeine Verwaltung	39 000,00			
4910	Abschreibung a. Sachanl.	24 000,00			
	Gewinn	68 000,00			
		625 000,00			625 000,00

Im Rahmen der monatlichen Abgrenzungsrechnung ist zu berücksichtigen:

- Für das betriebsnotwendige Kapital werden Zinsen in Höhe von 13 000,00 EUR berechnet.
- Das Debitorenwagnis ist mit 15 000,00 EUR anzusetzen.
- Die Abschreibungen in der Kosten- und Leistungsrechnung betragen 20 000,00 EUR.
- Zusätzlich werden in der Kosten- und Leistungsrechnung ein kalkulatorischer Unternehmerlohn mit 17 000,00 EUR und eine kalkulatorische Miete mit 8 000,00 EUR verrechnet.

Ermitteln Sie mit Hilfe der Ergebnistabelle das Gesamtergebnis, das Abgrenzungsergebnis sowie das Betriebsergebnis und stimmen Sie die Ergebnisse ab!

Ergebnistabelle (Abgrenzungsrechnung)

Lösung:

Konto	Kontenbezeichnung	Bereich A – Geschäftsbuchführung GuV-Konto – Aufwand	Ertrag	Bereich B – Abgrenzungsbereich – Unternehmensbezogene Abgrenzungen – neutral Aufwand	neutral Ertrag	Kostenrechnerische Korrekturen – verrechnet Aufwand	verrechnet Ertrag	KLR-Bereich – Betriebsergebnisrechnung – Kosten	Leistungen
2030	Periodenfr. Aufwendungen	18 000,00		18 000,00					
2040	Verluste a. d. Abg. von AV	21 000,00		21 000,00					
21	Zinsen u. ähnliche Aufw.	6 000,00				③ 6 000,00	④ 13 000,00	④ 13 000,00	
2310	Übliche Abschr. auf Ford.	7 000,00				③ 7 000,00	④ 15 000,00	④ 15 000,00	
2420	Betriebsfremde Erträge		① 11 000,00		11 000,00				
26	Sonst. Zinsen u. ähnl. Ertr.		4 000,00		4 000,00				
3010	Wareneingang	320 000,00						⑤ 320 000,00	
40	Personalkosten	82 000,00						⑤ 82 000,00	
42	Steuern, Beiträge, Vers.	19 000,00						⑤ 19 000,00	
44	Werbe- und Reisekosten	5 000,00						⑤ 5 000,00	
46	Kosten der Warenabgabe	2 000,00						⑤ 2 000,00	
47	Betriebskosten, Instandh.	14 000,00						⑤ 14 000,00	
48	Allgemeine Verwaltung	39 000,00						⑤ 39 000,00	
4910	Abschreibung a. Sachanl.	24 000,00				③ 24 000,00	④ 20 000,00	④ 20 000,00	
8010	Warenverkauf		610 000,00						⑥ 610 000,00
	kalk. Unternehmerlohn						⑦ 17 000,00	⑦ 17 000,00	
	kalk. Miete						⑦ 8 000,00	⑦ 8 000,00	
	Summen	557 000,00	625 000,00	39 000,00	15 000,00	37 000,00	73 000,00	554 000,00	610 000,00
	Ergebnisse ⑧	68 000,00			24 000,00	36 000,00		56 000,00	
	Summen	625 000,00	625 000,00	39 000,00	39 000,00	73 000,00	73 000,00	610 000,00	610 000,00

② (Vermerk im Bereich neutral Ertrag)

Abstimmung ⑨

Gesamtgewinn	=	unternehmensbez. Verlust	+	Korrekturgewinn	+	Betriebsgewinn
68 000,00		– 24 000,00		36 000,00		56 000,00

Lösungsweg:

① Übernahme der Zahlen der GuV-Rechnung in den Bereich A der Ergebnistabelle (Geschäftsbuchführung).

② Übernahme der Aufwendungen und Erträge aus dem Bereich A in denjenigen Teil des Abgrenzungsbereichs, der die unternehmensbezogenen Abgrenzungen enthält.

③ Übernahme der aufwandsungleichen Kosten aus dem Bereich A in die kostenrechnerischen Korrekturen, und zwar in die Spalte verrechneter Aufwand (mit dem Betrag des Aufwandes).

④ Übernahme der aufwandsungleichen Kosten in den KLR-Bereich (Betriebsergebnisrechnung), und zwar in die Spalte Kosten. Die Gegenbuchung erfolgt in den kostenrechnerischen Korrekturen in der Spalte verrechneter Ertrag.

⑤ Übernahme der kostengleichen Aufwendungen in den KLR-Bereich als Kosten.

⑥ Übernahme der betrieblichen Erträge in den KLR-Bereich in die Spalte Leistungen.

⑦ Eintragung des kalkulatorischen Unternehmerlohns und der kalkulatorischen Miete in die Spalte Kosten im KLR-Bereich. Die Gegenbuchung erfolgt in den kosten- und leistungsrechnerischen Korrekturen in der Spalte verrechneter Ertrag.

⑧ Ermittlung der Ergebnisse der Geschäftsbuchführung, des Abgrenzungsbereichs und des KLR-Bereichs.

⑨ Abstimmung der Ergebnisse.

Merke:

● Die **Ergebnistabelle (Abgrenzungsrechnung)** hat die Aufgabe, die Zahlen der Geschäftsbuchführung für die Betriebsergebnisrechnung aufzubereiten. Die Abgrenzungsrechnung steht zwischen der Geschäftsbuchführung und der Kosten- und Leistungsrechnung.

● In der Geschäftsbuchführung wird das **Gesamtergebnis** des Unternehmens ermittelt (durch die Gegenüberstellung aller Aufwendungen und aller Erträge einer Rechnungsperiode).

● Im Gegensatz zum Gesamtergebnis berücksichtigt das **Betriebsergebnis** nur die Kosten (betriebliche Aufwendungen) und die Leistungen (betriebliche Erträge); das Betriebsergebnis ist zurückzuführen auf die eigentliche betriebliche Tätigkeit.

● Im Bereich B der Ergebnistabelle wird das Gesamtergebnis in das Betriebsergebnis und das Abgrenzungsergebnis getrennt.

Gesamtergebnis = Erträge – Aufwendungen

Betriebsergebnis = Leistungen – Kosten

Unternehmensbezogenes Ergebnis = neutrale Erträge – neutrale Aufwendungen

Korrekturergebnis = verrechnete Erträge – verrechnete Aufwendungen

Gesamtergebnis = unternehmensbezogenes Ergebnis + Korrekturergebnis + Betriebsergebnis

● Die Summe aller **Aufwendungen** umfasst den gesamten Werteverzehr in einem Unternehmen während einer Abrechnungsperiode. Man unterscheidet neutralen Aufwand, verrechneten Aufwand und betrieblichen Aufwand (Kosten).

- **Neutrale Aufwendungen**[1] (unternehmensbezogene Aufwendungen) haben mit der betrieblichen Tätigkeit unmittelbar nichts zu tun; sie müssen von den betrieblichen Aufwendungen abgegrenzt werden.

  Beispiele für neutrale Aufwendungen sind: 2010 Außerordentliche Aufwendungen, 2030 Periodenfremde Aufwendungen, 2040 Verluste aus dem Abgang von Anlagevermögen.

- Dem **verrechneten Aufwand** werden die Anderskosten (siehe Seite 531) gegenübergestellt. Beispiele für verrechneten Aufwand sind: 2100 Zinsen und ähnliche Aufwendungen, 2310 Übliche Abschreibungen auf Forderungen, 4910 Abschreibungen auf Sachanlagen.

- Unter **Kosten** versteht man den betrieblich bedingten Werteverzehr während einer Abrechnungsperiode. Beispiele für aufwandsgleiche Kosten (siehe Seite 328) sind: 3010 Wareneingang (Wareneinsatz zu Einstandspreisen) sowie alle Konten der Kontenklasse 4.

- Die Summe aller **Erträge** umfasst den gesamten erfolgswirksamen Wertezufluss in ein Unternehmen während einer Abrechnungsperiode. Man unterscheidet neutralen Ertrag, verrechneten Ertrag und betrieblichen Ertrag (Leistungen).

- **Neutrale Erträge**[1] (unternehmensbezogene Erträge) haben mit der betrieblichen Tätigkeit unmittelbar nichts zu tun; sie müssen von den betrieblichen Erträgen abgegrenzt werden.

  Beispiele für neutrale Erträge sind: 2410 Außerordentliche Erträge, 2420 Betriebsfremde Erträge, 2600 Sonstige Zinsen und ähnliche Erträge.

- Der **verrechnete Ertrag** entspricht den Anderskosten.

- Unter **Leistungen** versteht man den betrieblich bedingten Wertezuwachs in einem Unternehmen während einer Abrechnungsperiode; wichtigstes Beispiel für eine Leistung ist 8010 Warenverkauf.

---

1 Für die Zuordnung der verschiedenen Aufwendungen und Erträge gibt es keine Vorschriften; Abweichungen von der gewählten Zuordnung sind möglich.

3 Kalkulatorische Kosten

Beispiel:

In einem Großhandelsbetrieb sind für ein Jahr folgende kalkulatorische Kosten zu verrechnen:

kalkulatorische Abschreibungen	190 000,00 EUR
kalkulatorische Zinsen	125 000,00 EUR
kalkulatorischer Unternehmerlohn	72 000,00 EUR
Gewährleistungswagnis	24 000,00 EUR

Die Geschäftsbuchhaltung weist für den gleichen Zeitraum folgende Beträge aus:

bilanzmäßige Abschreibungen	165 000,00 EUR
Fremdkapitalzinsen	67 000,00 EUR
Gewährleistungsaufwendungen	21 000,00 EUR

Verrechnen Sie in einer Ergebnistabelle die Aufwendungen und die kalkulatorischen Kosten!

Lösung:

Bereich A ①			Bereich B			
Erfolgsrechnung			Abgrenzungsrechnung		KLR	
Konto-nummer	Aufwendungen ②	Erträge	Aufwendungen ③	kalk. Kosten ③	Kosten ②	Leistungen
2100	67 000,00		67 000,00	125 000,00	125 000,00	
4630	21 000,00		21 000,00	24 000,00	24 000,00	
4910	165 000,00		165 000,00	190 000,00	190 000,00	
Unterneh-merlohn				72 000,00	72 000,00	
	253 000,00		253 000,00	411 000,00	411 000,00	
Ergebnis	− 253 000,00 ◄		④ + 158 000,00 ► − 253 000,00		− 411 000,00	

Lösungsweg:

① Schema für Ergebnistabelle aufstellen.

② Aufwendungen im Bereich A und kalkulatorische Kosten im Bereich B (KLR) eintragen.

③ Aufwendungen und kalkulatorische Kosten in der Abgrenzungsrechnung gegenüberstellen.

④ Saldo zwischen kalkulatorischen Kosten und Aufwendungen ermitteln.

Merke:

● **Kalkulatorische Kosten** sind Kosten, welche neben den Grundkosten (der Geschäftsbuchführung) in der Kalkulation (Kosten- und Leistungsrechnung) als Zusatzkosten und Anderskosten verrechnet werden. Durch die Berücksichtigung dieser Kosten wird die Kalkulation genauer.

● **Zusatzkosten** sind Kosten, denen in der Geschäftsbuchführung kein Aufwand (keine Ausgabe) gegenübersteht. Dazu zählen **kalkulatorischer Unternehmerlohn** (Wertansatz für die Unternehmertätigkeit in Einzelunternehmen und Personengesellschaften), **kalkulatorische Miete** (Wertansatz für die vom Unternehmer zur Verfügung gestellten Räumlichkeiten) und **kalkulatorische Eigenkapitalzinsen** (Wertansatz für das bereitgestellte Eigenkapital).

- **Anderskosten** sind Kosten, denen in der Geschäftsbuchführung ein Aufwand gegenübersteht, der für die Kalkulation anders bewertet wird. Dazu zählen **kalkulatorische Abschreibungen** (berücksichtigen im Gegensatz zu den bilanzmäßigen Abschreibungen die tatsächlichen Wertminderungen vom Wiederbeschaffungswert und dienen damit im Gegensatz zur nominellen der substantiellen Kapitalerhaltung), **kalkulatorische Wagnisse** (Ausschusswagnis, Beständewagnis, Debitorenwagnis, Gewährleistungswagnis) und **kalkulatorische Fremdkapitalzinsen** (in der Regel wird der marktübliche Zinssatz zugrunde gelegt).

- Die **kalkulatorischen Zinsen** werden vom betriebsnotwendigen Kapital (betriebsnotwendiges Eigen- und Fremdkapital) berechnet; es handelt sich hierbei um das Kapital, das zur Erreichung der Betriebsziele notwendig ist.

- Das Gesamtergebnis wird in seiner Höhe durch die kalkulatorischen Kosten nicht verändert, wenn unterstellt wird, dass der Verkaufspreis durch den Ansatz der kalkulatorischen Kosten nicht verändert wird.

4 Kostenartenrechnung

Beispiel:

Von einem Fahrrad-Großhandelsbetrieb sind folgende Daten bekannt.

Kontenklasse 4 (ohne kalkulatorische Kosten):

40	Personalkosten	235 000,00 EUR
41	Mieten, Pachten, Leasing	9 000,00 EUR
42	Steuern, Beiträge, Versicherungen	26 000,00 EUR
43	Energie, Betriebsstoffe	24 000,00 EUR
44	Werbe- und Reisekosten	12 000,00 EUR
46	Kosten der Warenabgabe	16 000,00 EUR
47	Betriebskosten, Instandhaltung	48 000,00 EUR
48	Allgemeine Verwaltung	110 000,00 EUR

Kalkulatorische Kosten:

Kalkulatorischer Unternehmerlohn	55 000,00 EUR
Kalkulatorische Miete	7 000,00 EUR
Kalkulatorische Abschreibungen	46 000,00 EUR

Wie hoch sind die Handlungskosten des Abrechnungszeitraums?

Lösung:

Handlungskosten = 588 000,00 EUR.

Lösungsweg:

Addition der Konten der Kontenklasse 4 und der kalkulatorischen Kosten.

Merke:

- Die Aufgabe der **Kostenartenrechnung** liegt in der vollständigen Erfassung sämtlicher Kosten, die in einem Betrieb während einer Abrechnungsperiode anfallen. Die Kostenartenrechnung beantwortet die Frage „Welche Kosten sind angefallen?"

- Die Kosten der **Kostenartenrechnung** werden entnomm⬛⬛⬛⬛⬛⬛ebnistabelle, und zwar aus der Spalte Kosten der Betriebsergebnisrechnung.
- Die **Handlungskosten** sind Gemeinkosten (Kontenklas⬛⬛⬛⬛⬛Hilfe des Handlungskostenzuschlagssatzes in der Kalkulation auf die Koste⬛⬛⬛⬛⬛) verteilt werden. Einzelkosten wie z. B. Verkaufsprovisionen (Vertreterprovis⬛⬛⬛⬛⬛sgangsfrachten gehen nicht in die Handlungskosten ein, sie werden gesonder⬛⬛⬛⬛⬛(siehe auch Seite 327).
- **Einzelkosten** können bereits bei ihrer Erfassung unmittelbar einem Kostenträger zugeordnet werden (siehe Seite 329).
- **Gemeinkosten** können nicht unmittelbar einem Kostenträger zugeordnet werden (siehe Seite 329).

5 Einfacher Handlungskostenzuschlagssatz

Beispiel:

Die Buchführung eines Großhandelsbetriebes liefert folgende Zahlen:

Wareneinsatz	730 000,00 EUR
Personalkosten	98 000,00 EUR
Miete	5 000,00 EUR
Steuern	14 000,00 EUR
Werbung	18 000,00 EUR
Betriebskosten	16 000,00 EUR
Allgemeine Verwaltungskosten	41 000,00 EUR
Abschreibungen	27 000,00 EUR

Berechnen Sie den Handlungskostenzuschlag!

Lösung:

730 000,00 EUR   –   100 %
219 000,00 EUR ①   –   x %

$$x = \frac{100 \cdot 219\,000}{730\,000} = 30\,\% \ ②$$

Der Handlungskostenzuschlag beträgt 30 %.

Lösungsweg:

① Summe der Gemeinkosten (219 000,00 EUR).

② Ermittlung des Handlungskostenzuschlages mit Dreisatz.

Merke:

- Die **Handlungskosten** sind Gemeinkosten (Handlungsgemeinkosten, Geschäftskosten), d. h., sie fallen für den Großhandelsbetrieb insgesamt an und können nicht unmittelbar einem Kostenträger (Ware bzw. Warengruppe) zugerechnet werden. Beispiele für Handlungskosten sind: Personalkosten, Mieten, Steuern, Beiträge, Versicherungen, Energiekosten, Werbe- und Reisekosten, Provisionen, Kosten der Warenabgabe, Instandhaltungskosten, Kosten der allgemeinen Verwaltung, Abschreibungen.

- Für die Ermittlung der Selbstkosten bzw. der Verkaufspreise jeder Ware müssen die Handlungskosten auf die Waren verteilt werden; dazu dient der Handlungskostenzuschlagssatz.

- Beim **einfachen Handlungskostenzuschlagssatz** ermittelt der Großhandelsbetrieb nur einen Satz, der für alle Waren angewendet wird.

- Der **Handlungskostenzuschlagssatz** gibt den prozentualen Anteil der Gemeinkosten am Wareneinsatz (Warenumsatz zu Einstandspreisen) an.

$$\text{Handlungskostenzuschlagssatz} = \frac{\text{Handlungskosten} \cdot 100}{\text{Wareneinsatz}}$$

- Der Nachteil des einfachen Handlungskostenzuschlagssatzes liegt darin, dass alle Waren pauschal mit dem gleichen Anteil an Gemeinkosten belastet werden. Um die Gemeinkosten genauer und verursachungsgerecht auf die verschiedenen Waren bzw. Warengruppen verteilen zu können, kann der Großhandelsbetrieb eine Kostenstellenrechnung durchführen, in welcher mehrere Handlungskostenzuschlagssätze berechnet werden (siehe Seite 534 ff.).

6 Kostenstellenrechnung (differenzierte Handlungskostenzuschlagssätze)

6.1 Warenorientierte Kostenstellenrechnung

6.1.1 Einstufiger Betriebsabrechnungsbogen

Beispiel:

Ein Großhandelsbetrieb, welcher Computer, Geräte der Unterhaltungselektronik und Haushaltsgeräte anbietet, führt seine Kostenstellenrechnung warengruppenorientiert durch. Folgende Gemeinkosten für den Monat Januar sind aus dem KLR-Bereich bekannt:

Gemeinkosten	Betrag in EUR	Verteilungsschlüssel
Personalkosten	60 000,00	1:4:1
Miete	5 000,00	1:3:1
Steuern, Beiträge, Versicherungen	12 000,00	2:7:3
Energie	3 000,00	1:1:1
Werbe- und Reisekosten	8 000,00	4:3:1
Kosten der Warenabgabe	11 000,00	2:4:5
Betriebskosten, Instandhaltung	6 000,00	1:4:1
Allgemeine Verwaltung	9 000,00	3:4:2
Abschreibungen	26 000,00	4:6:3

Die Wareneinsätze betrugen im Abrechnungszeitraum:

Warengruppe	Wareneinsatz in EUR
Computer	80 000,00
Geräte der Unterhaltungselektronik	180 000,00
Haushaltsgeräte	93 750,00

Stellen Sie den BAB für die Hauptkostenstellen Computer (Kostenstelle A), Geräte der Unterhaltungselektronik (Kostenstelle B) und Haushaltsgeräte (Kostenstelle C) auf und berechnen Sie die Handlungskostenzuschlagssätze für die drei Kostenstellen!

Lösung:

Gemeinkosten ①	Beträge der KLR	Verteilungs- schlüssel	Kostenstellen ③		
			A	B	C
Personalkosten	60 000,00	1:4:1	10 000,00	40 000,00	10 000,00
Miete	② 5 000,00	1:3:1	1 000,00	3 000,00	1 000,00
Steuern, Beiträge, Versicherungen	12 000,00	2:7:3	2 000,00	7 000,00	3 000,00
Energie	3 000,00	1:1:1	1 000,00	1 000,00	1 000,00
Werbe- und Reisekosten	8 000,00	4:3:1	4 000,00	3 000,00	1 000,00
Kosten der Warenabgabe	11 000,00	2:4:5	2 000,00	4 000,00	5 000,00
Betriebskosten, Instandhaltung	6 000,00	1:4:1	1 000,00	4 000,00	1 000,00
Allgemeine Verwaltung	9 000,00	3:4:2	3 000,00	4 000,00	2 000,00
Abschreibungen	26 000,00	4:6:3	8 000,00	12 000,00	6 000,00
Summe ④	140 000,00		32 000,00	78 000,00	30 000,00
Zuschlagsgrundlage			80 000,00	180 000,00	93 750,00
Handlungskostenzuschlagssatz ⑤			40 %	43 %	32 %

Lösungsweg:

① Schema für den BAB aufstellen.

② Beträge aus dem KLR-Bereich übernehmen.

③ Gemeinkosten entsprechend den Verteilungsschlüsseln auf die drei Kostenstellen verteilen.

④ Summe der Gemeinkosten für jede Kostenstelle bilden.

⑤ Berechnung des prozentualen Anteils der Gemeinkosten jeder Kostenstelle an der Zuschlagsgrundlage (Handlungskostenzuschlagssatz).

Merke:

● Das Instrument der **Kostenstellenrechnung** ist der Betriebsabrechnungsbogen (BAB).

● Im **Betriebsabrechnungsbogen** werden die Gemeinkosten der Kostenartenrechnung auf die im Betrieb vorhandenen Kostenstellen verteilt.

● **Kostenstellen** sind abgegrenzte betriebliche Bereiche, für welche die Belastung mit Gemeinkosten gesondert ermittelt werden kann, um sie anschließend den Kostenträgern zurechnen zu können.

- Die Bildung von Kostenstellen kann erfolgen nach organisatorischen, funktionellen oder räumlichen Gesichtspunkten.
- Beim **einstufigen Betriebsabrechnungsbogen** werden die Gemeinkosten **nur** auf die Hauptkostenstellen verteilt. Hauptkostenstellen können z. B. sein: Warengruppen oder betriebliche Funktionsbereiche (z. B. Einkauf, Lager, Verkauf).
- Die Verteilung der Gemeinkosten auf die entsprechenden Kostenstellen kann entweder **direkt** mit Hilfe von Belegen (z. B. Gehaltslisten, Belege über den Stromverbrauch) oder **indirekt** mit Hilfe von Verteilungsschlüsseln (z. B. Anzahl der Heizkörper für den Energieverbrauch, Wert des Anlagevermögens für die Abschreibungen) erfolgen.
- Das Hauptproblem für die Verteilung der Gemeinkosten besteht darin, Verteilungsschlüssel zu finden, welche eine Verteilung der Kosten entsprechend der Verursachung ermöglichen.
- Wenn die **Hauptkostenstellen** Warengruppen sind, wird für jede Warengruppe ein eigener **Handlungskostenzuschlagssatz** berechnet. In diesem Fall spricht man von differenzierten Zuschlagssätzen im Rahmen des einstufigen BAB. Diese Handlungskostenzuschlagssätze werden in der Kalkulation benutzt.
- Die wichtigsten **Aufgaben der Kostenstellenrechnung** (BAB) sind: Verteilung der Gemeinkosten auf die Kostenstellen, Ermittlung der Handlungskostenzuschlagssätze, Kontrolle der Kostenentwicklung in den einzelnen Kostenstellen (Kosten- und Wirtschaftlichkeitskontrolle).

6.1.2 Mehrstufiger Betriebsabrechnungsbogen

Beispiel:

Ein Großhandelsbetrieb, welcher Computer, Geräte der Unterhaltungselektronik und Haushaltsgeräte anbietet, führt seine Kostenstellenrechnung warengruppenorientiert durch. Folgende Gemeinkosten für den Monat März sind bekannt:

Gemeinkosten	Betrag in EUR	Verteilungsschlüssel
Personalkosten	75 000,00	1:5:7:2
Steuern und Versicherungen	15 000,00	3:2:6:4
Energie und Betriebsstoffe	5 000,00	2:1:1:1
Werbe- und Reisekosten	9 000,00	0:2:4:3
Instandhaltung	12 000,00	4:1:5:2
Allgemeine Verwaltung	22 000,00	1:3:5:2
kalkulatorische Kosten	48 000,00	1:4:6:1

Die Wareneinsätze betrugen im Abrechnungszeitraum:

Warengruppe	Wareneinsatz in EUR
Computer	125 000,00
Geräte der Unterhaltungselektronik	160 000,00
Haushaltsgeräte	78 000,00

Stellen Sie den BAB für die Hauptkostenstellen Computer (Kostenstelle A), Geräte der Unterhaltungselektronik (Kostenstelle B) und Haushaltsgeräte (Kostenstelle C) auf! Die Kosten der Hilfskostenstelle Fuhrpark sind nach dem Schlüssel 1:2:2 auf die drei Hauptkostenstellen zu verteilen! Berechnen Sie die Handlungskostenzuschlagssätze für die drei Hauptkostenstellen!

Lösung:

Gemeinkosten ①	Beträge der KLR	Vertei-lungs-schlüssel	Hilfsk.-③ Stelle Fuhrpark	Hauptkostenstellen ③		
				A	B	C
Personalkosten	75 000,00	1:5:7:2	5 000,00	25 000,00	35 000,00	10 000,00
Steuern und Versicherungen	②15 000,00	3:2:6:4	3 000,00	2 000,00	6 000,00	4 000,00
Energie und Betriebsstoffe	5 000,00	2:1:1:1	2 000,00	1 000,00	1 000,00	1 000,00
Werbe- und Reisekosten	9 000,00	0:2:4:3	0,00	2 000,00	4 000,00	3 000,00
Instandhaltung	12 000,00	4:1:5:2	4 000,00	1 000,00	5 000,00	2 000,00
Allgemeine Verwaltung	22 000,00	1:3:5:2	2 000,00	6 000,00	10 000,00	4 000,00
kalkulatorische Kosten	48 000,00	1:4:6:1	4 000,00	16 000,00	24 000,00	4 000,00
Summe ④	186 000,00		20 000,00	53 000,00	85 000,00	28 000,00
Umlage Fuhrpark ⑤			⟶	4 000,00	8 000,00	8 000,00
Summe ⑥				57 000,00	93 000,00	36 000,00
Zuschlagsgrundlage				125 000,00	160 000,00	78 000,00
Handlungskostenzuschlag ⑦				45,60 %	58,13 %	46,15 %

Lösungsweg:

① Schema für den BAB aufstellen.

② Beträge aus dem KLR-Bereich übernehmen.

③ Gemeinkosten entsprechend dem Verteilungsschlüssel auf die Hilfskostenstelle Fuhrpark und die drei Hauptkostenstellen verteilen.

④ Summe der Gemeinkosten für jede Kostenstelle bilden.

⑤ Verteilung der Summe der Gemeinkosten der Hilfskostenstelle auf die Hauptkostenstellen.

⑥ Summe der Gemeinkosten der Hauptkostenstellen bilden.

⑦ Berechnung des prozentualen Anteils der Gemeinkosten jeder Hauptkostenstelle an der Zuschlagsgrundlage (Handlungskostenzuschlagssatz).

Merke:

● Beim **mehrstufigen Betriebsabrechnungsbogen** werden **Hauptkostenstellen** und zusätzlich **Hilfskostenstellen** eingerichtet. Hilfskostenstellen (allgemeine Kostenstellen) erbringen Leistungen für die Hauptkostenstellen; Beispiele sind: Fuhrpark, Reparaturabteilung.

● Die **Umlage der Gemeinkosten** im mehrstufigen BAB erfolgt in zwei Schritten: Zunächst werden die Gemeinkosten auf die Hilfskostenstellen und die Hauptkostenstellen verteilt; im zweiten Schritt werden die Gemeinkosten der Hilfskostenstellen auf die Hauptkostenstellen verteilt.

● Wenn die Hauptkostenstellen Warengruppen sind, wird für jede Warengruppe ein eigener **Handlungskostenzuschlagssatz** berechnet. In diesem Fall spricht man von differenzierten Zuschlagssätzen im Rahmen des mehrstufigen BAB. Diese Handlungskostenzuschlagssätze werden in der Kalkulation benutzt.

6.2 Funktionsorientierte Kostenstellenrechnung

Beispiel:

Im Rahmen der Kosten- und Leistungsrechnung für einen Fahrradgroßhandelsbetrieb liegen folgende Informationen für das 1. Quartal vor:

a) Gemeinkosten der KLR:

		Verteilungsschlüssel
Personalkosten	290 000,00 EUR	1 : 3 : 2 : 2 : 1 : 1
Mieten, Pachten, Leasing	16 000,00 EUR	2 : 3 : 1 : 2 : 7 : 1
Steuern, Beiträge, Versicherungen	26 000,00 EUR	1 : 4 : 2 : 1 : 2 : 3
Energie, Betriebsstoffe	24 000,00 EUR	1 : 3 : 1 : 1 : 2 : 4
Werbe- und Reisekosten	12 000,00 EUR	0 : 1 : 0 : 3 : 0 : 0
Kosten der Warenabgabe	16 000,00 EUR	0 : 0 : 0 : 6 : 2 : 0
Betriebskosten, Instandhaltung	48 000,00 EUR	1 : 2 : 2 : 3 : 5 : 3
Allgemeine Verwaltung	110 000,00 EUR	0 : 3 : 2 : 3 : 1 : 1
Abschreibungen	46 000,00 EUR	1 : 4 : 2 : 4 : 9 : 3

Stellen Sie den BAB für folgende Kostenstellen auf: Hausverwaltung, Verwaltung, Einkauf, Verkauf, Lager, Kommissionierung!

Die Umlage der Kostenstelle Hausverwaltung auf die übrigen Kostenstellen erfolgt nach dem Schlüssel 2 : 1 : 1 : 0 : 1.

Berechnen Sie den prozentualen Anteil der Gemeinkosten der Kostenstellen an den gesamten Handlungskosten!

b) Verteilungsschlüssel für die Hauptkostenstellen auf die Kostenträger Fahrräder und Zubehör:

Kostenstelle	Verteilungsschlüssel
Verwaltung	3 : 2
Einkauf	3 : 1
Verkauf	7 : 3
Lager	7 : 1
Kommissionierung	4 : 1

Berechnen Sie die Handlungskostenzuschläge für die beiden Kostenträger, wenn folgende Wareneinsätze bekannt sind: Fahrräder 1 235 000,00 EUR, Zubehör 346 700,00 EUR!

Lösung:

a) Kostenstellenrechnung

Kto.-Nr.	Handlungskosten ① (Kostenarten)	Zahlen d. Buchh.*	Haus-verw.	Ver-waltung	Ein-kauf	Ver-kauf	Lager	Kommis-sionierung
40	Personalkosten ②	290	29	87	58	58	29	29
41	Mieten	16	2	3	1	2	7	1
42	Steuern	26	2	8	4	2	4	6
43	Energie	24	2	6	2	2	4	8
44	Werbekosten	12	–	3	–	9	–	–
46	Warenabgabe	16	–	–	–	12	4	–
47	Betriebskosten	48	3	6	6	9	15	9
48	Allg. Verwaltung	110	–	33	22	33	11	11
49	Abschreibungen	46	2	8	4	6	20	6
	Summe ③	588	40	154	97	133	94	70
	Umlage Hausverwaltung ④			16	8	8	–	8
	Summe ⑤			170	105	141	94	78
	Anteil in % ⑥			28,91 %	17,86 %	23,98 %	15,99 %	13,26 %

* In Tausend EUR

b) Handlungskostenzuschlagssätze

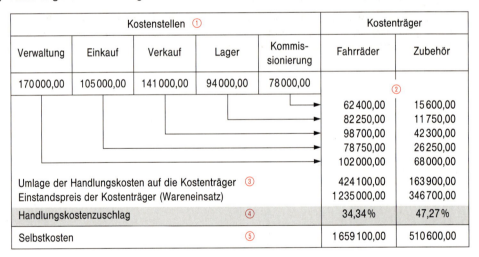

Lösungsweg:

a) Kostenstellenrechnung

① Schema des BAB aufstellen.
② Verteilen der Handlungskosten nach den vorgegebenen Schlüsseln.
③ Summe der Gemeinkosten für jede Kostenstelle ermitteln (die Summe der Handlungskosten der 6 Kostenstellen muss der Gesamtsumme der Handlungskosten entsprechen).

④ Verteilung der Handlungskosten der Kostenstelle Hausverwaltung auf die übrigen Kostenstellen nach dem vorgegebenen Schlüssel.

⑤ Summe der „neuen" Handlungskosten jeder Kostenstelle ermitteln.

⑥ Berechnung des prozentualen Anteils der Gemeinkosten jeder Kostenstelle an den gesamten Handlungskosten.

b) Handlungskostenzuschlagssätze

① Handlungskosten jeder Kostenstelle eintragen.

② Verteilung der Handlungskosten jeder Kostenstelle auf die Kostenträger entsprechend den vorgegebenen Schlüsseln.

③ Summe der Handlungskosten jedes Kostenträgers.

④ Berechnung der Handlungskostenzuschläge (Einstandspreis = 100 %).

⑤ Selbstkosten = Handlungskosten + Wareneinsatz.

Merke:

● Bei der **funktionsorientierten Kostenstellenrechnung** bildet man (im Gegensatz zur warenorientierten Kostenstellenrechnung) die Kostenstellen nach betrieblichen Funktionen.

Kostenstellen sind z.B.: Einkauf, Lager, Verkauf, Kommissionierung.

● Im entsprechenden Betriebsabrechnungsbogen werden lediglich die Gemeinkosten auf die einzelnen Kostenstellen verteilt. Der BAB kann entweder einstufig oder mehrstufig aufgebaut sein (siehe Seite 533 ff.).

● Die eigentliche Berechnung der Handlungskostenzuschlagssätze kann erst erfolgen, wenn die Gemeinkosten der Hauptkostenstellen auf die Kostenträger verteilt worden sind (die Verteilung erfolgt z.B. nach Verteilungsschlüsseln).

● Die jeweiligen Handlungskostenzuschlagssätze geben den prozentualen Anteil der Gemeinkosten jedes Kostenträgers am Wareneinsatz des Kostenträgers an. Diese Handlungskostenzuschlagssätze werden in der Kalkulation benutzt.

7 Kostenträgerstückrechnung (Kalkulation)

7.1 Bezugskalkulation

Beispiel:

Ein Großhandelsbetrieb bezieht 80 Sack Nüsse zu je 50 kg, Tara 1 kg je Sack, zu 8,20 EUR/kg netto (ohne MWSt), Gutgewicht 2,5%, Rabatt 10%, Skonto 2%, Kommission 2% (vom Zielpreis), Bankspesen 130,00 EUR, Fracht 16,80 EUR je 100 kg, Rollgeld 87,25 EUR, Versicherung 2‰ (vom Listenpreis).

Wie hoch ist der Bezugspreis für 1 kg?

Lösung:

Bruttogewicht		4 000 kg	①
– Tara		80 kg	②
Nettogewicht		3 920 kg	
– Gutgewicht 2,5%		98 kg	
Reingewicht		3 822 kg	
· Preis je kg (8,20 EUR)			
Listeneinkaufspreis (netto)		31 340,40 EUR	③
– Liefererrabatt 10%		3 134,04 EUR	④
Zieleinkaufspreis		28 206,36 EUR	
– Liefererskonto 2%		564,13 EUR	⑤
Bareinkaufspreis		27 642,23 EUR	
+ Einkaufskosten			
Kommission 2%	564,13 EUR		
Bankspesen	130,00 EUR	694,13 EUR	⑥
+ Bezugskosten			
Fracht	672,00 EUR		
Rollgeld	87,25 EUR		
Versicherung	62,68 EUR	821,93 EUR	⑦
Bezugspreis		29 158,29 EUR	
Bezugspreis je kg		7,63 EUR	⑧

Lösungsweg:

① Bruttomenge = 80 · 50 kg.

② Tara = 80 · 1 kg.

③ Listeneinkaufspreis = 3 822 · 8,20 EUR.

④ Berechnung des Liefererrabatts (vom Listeneinkaufspreis).

⑤ Berechnung des Liefererskontos (vom Zieleinkaufspreis).

⑥ Berechnung der Einkaufskosten.

⑦ Berechnung der Bezugskosten.

⑧ Bezugspreis je kg = 29 158,29 EUR : 3 822 kg.

Merke:

- Bei der **Bezugskalkulation** (Einkaufskalkulation) wird unter Berücksichtigung von Tara, Gutgewicht, Rabatt, Skonto, Einkaufskosten und Bezugskosten der Bezugspreis (Einstandspreis, Wareneinsatz) ermittelt.

- In der Kalkulation wird stets mit Nettopreisen, d.h. **ohne MWSt**, gerechnet.

- Die Ermittlung der **Tara** (Verpackungsgewicht) kann erfolgen nach dem tatsächlichen Verpackungsgewicht (Wiegen), nach einem handelsüblichen Satz (z.B. Stücktara, Prozenttara) oder nach der Regelung brutto für netto (die Verpackung wird wie die Ware selbst berechnet).

- Das **Gutgewicht** ist eine Gewichtsvergütung des Lieferers für Gewichtsverluste (z.B. durch Trocknen, Reifen).

- Der **Naturalrabatt**, der in Form von Waren gewährt wird, kann erfolgen als **Draufgabe** (der Kunde bestellt z.B. 100 Einheiten, erhält 102 Einheiten, bezahlt 100 Einheiten) oder als **Dreingabe** (der Kunde bestellt z.B. 100 Einheiten, erhält 100 Einheiten, bezahlt 98 Einheiten).

- Zu den **Einkaufskosten** zählen: Provisionen, Kommissionen, Bankspesen.

- Zu den **Bezugskosten** zählen: Fracht, Rollgeld, Versicherungsprämien, Zölle (siehe auch Seite 448).

7.2 Angebotsvergleich

Beispiel:

Zu vergleichen sind folgende Angebote:

Angebot A: 10 Kartons Motorenöl, je Karton 24 Dosen, Listeneinkaufspreis netto je Karton 96,00 EUR, Liefererrabatt 25%, Liefererskonto 3%, Fracht 6,50 EUR je Karton, Rollgeld 40,30 EUR.

Angebot B: 15 Kartons Motorenöl, je Karton 12 Dosen, Listeneinkaufspreis netto je Karton 51,00 EUR, Liefererrabatt 20%, Liefererskonto 2%, Rollgeld 32,80 EUR.

Lösung:

	Angebot A ①	Angebot B ②
Listeneinkaufspreis	960,00 EUR	765,00 EUR
– Liefererrabatt	240,00 EUR	153,00 EUR
Zieleinkaufspreis	720,00 EUR	612,00 EUR
– Liefererskonto	21,60 EUR	12,24 EUR
Bareinkaufspreis	698,40 EUR	599,76 EUR
+ Fracht	65,00 EUR	—
+ Rollgeld	40,30 EUR	32,80 EUR
Bezugspreis	803,70 EUR	632,56 EUR
Bezugspreis je Dose	3,35 EUR ③	3,51 EUR

Lösungsweg:

① Bezugskalkulation für Angebot A durchführen.

② Bezugskalkulation für Angebot B durchführen.

③ Bezugspreis von A ist günstiger als von B.

Merke:

● Beim (quantitativen) **Angebotsvergleich** werden für verschiedene Angebote mit Hilfe der Bezugskalkulation die Bezugspreise für eine bestimmte Einheit einer Ware (z. B. kg, m, Stück) ermittelt und miteinander verglichen (siehe auch Seite 233).

7.3 Kalkulation des Verkaufspreises (Vorwärtskalkulation)

Beispiel:

Ein Möbelgroßhändler bezieht zur Abrundung seines Sortiments Stehlampen. Eine Stehlampe wird (inklusive 19 % MWSt) zu 446,25 EUR mit 40 % Liefererrabatt und 3 % Liefererskonto angeboten. Zu welchem Bruttoverkaufspreis kann das Unternehmen die Lampe seinen Kunden anbieten, wenn es mit 11,75 EUR Bezugskosten, 25 % Handlungsgemeinkosten, 12 % Gewinnzuschlag, 3 % Vertreterprovision, 2 % Kundenskonto und 25 % Kundenrabatt kalkuliert?

Lösung:

Listeneinkaufspreis (brutto) ①	446,25 EUR	119 %			
− MWSt 19 %	71,25 EUR	19 % ②			
Listeneinkaufspreis (netto)	375,00 EUR	▼ 100 %			
− Liefererrabatt 40 %	150,00 EUR				
Zieleinkaufspreis	225,00 EUR				
− Liefererskonto 3 %	6,75 EUR				
Bareinkaufspreis	218,25 EUR				
+ Bezugskosten	11,75 EUR				
Bezugspreis	230,00 EUR ③				
+ Handlungsgemeinkosten 25 %	57,50 EUR ④				
Selbstkostenpreis	287,50 EUR				
+ Gewinnzuschlag 12 %	34,50 EUR ④				
Barverkaufspreis	322,00 EUR	95 %			
+ Vertreterprovision 3 %	10,17 EUR	3 % }	5 % ⑤		
+ Kundenskonto 2 %	6,78 EUR	2 % }			
Zielverkaufspreis	338,95 EUR	▼ 100 %	75 %		
+ Kundenrabatt 25 %	112,98 EUR		25 % ⑥		
Listenverkaufspreis (netto)	451,93 EUR	100 %	▼ 100 %		
+ MWSt 19 %	85,87 EUR	19 %	⑦		
Listenverkaufspreis (brutto)	537,80 EUR	▼ 119 %			

Lösungsweg:

① Kalkulationsschema aufstellen.

② Berechnung der MWSt (a. H.).

③ Bezugskalkulation vom Listeneinkaufspreis (netto) bis zum Bezugspreis.

④ Berechnung der Handlungskosten und des Gewinnzuschlages (jeweils v. H.).

⑤ Berechnung der Vertreterprovision und des Kundenskontos (i. H.; Barverkaufspreis = 95 %).

⑥ Berechnung des Kundenrabatts (i. H.; Zielverkaufspreis = 75 %).

⑦ Berechnung der MWSt (v. H.).

Merke:

● Die Ein- bzw. Verkaufspreise in der Kalkulation sind i.d.R. Nettopreise, d.h. kalkuliert wird immer **ohne MWSt** (dies gilt auch für die Bezugskosten und die Vertreterprovision); bei gegebenem Bruttoeinkaufspreis wird die MWSt mit der Prozentrechnung a.H. herausgerechnet.

● **Vertreterprovision** und **Kundenskonto** werden vom Zielverkaufspreis berechnet; für die i.H.-Rechnung werden sie zu einem Prozentsatz zusammengefasst. Kundenrabatt wird vom Listenverkaufspreis berechnet.

7.4 Kalkulation des aufwendbaren Einkaufspreises (Rückwärtskalkulation)

Beispiel:

Aufgrund der Marktsituation kann ein Großhändler eine Maschine nur zu einem Verkaufspreis von 1 380,00 EUR anbieten. Er kalkuliert mit $33\frac{1}{3}$ % Wiederverkäuferrabatt, 2 % Liefererskonto, 28,50 EUR Bezugskosten, 20 % allgemeinen Geschäftskosten, 10 % Gewinn, 3 % Kundenskonto und $16\frac{2}{3}$ % Kundenrabatt.

Zu welchem Preis darf der Großhändler die Maschine höchstens einkaufen?

Lösung:

Listeneinkaufspreis ①	1 249,85 EUR	100 %			
– Wiederverkäuferrabatt $33\frac{1}{3}$ %	416,62 EUR	$33\frac{1}{3}$ % ④			
Zieleinkaufspreis	833,23 EUR	$66\frac{2}{3}$ %	100 %		
– Liefererskonto 2 %	16,66 EUR		2 % ④		
Bareinkaufspreis	816,57 EUR		98 %		
+ Bezugskosten	28,50 EUR				
Bezugspreis	845,07 EUR	100 %			
+ allg. Geschäftskosten 20 %	169,02 EUR	20 % ③			
Selbstkostenpreis	1 014,09 EUR	100 %	120 %		
+ Gewinn 10 %	101,41 EUR	10 % ③			
Barverkaufspreis	1 115,50 EUR	110 %	97 %		
+ Kundenskonto 3 %	34,50 EUR		3 % ②		
Zielverkaufspreis	1 150,00 EUR	$83\frac{1}{3}$ %	100 %		
+ Kundenrabatt $16\frac{2}{3}$ %	230,00 EUR	$16\frac{2}{3}$ % ②			
Listenverkaufspreis	1 380,00 EUR	100 %			

Lösungsweg:

① Kalkulationsschema aufstellen.
② Berechnung von Kundenrabatt und Kundenskonto (v.H.).
③ Berechnung des Gewinns und der allgemeinen Geschäftskosten (a.H.).
④ Berechnung von Liefererskonto und Liefererrabatt (i.H.).

Merke:

● Mit Hilfe der **Rückwärtskalkulation** wird bei gegebenem Verkaufspreis (z.B. vorgegeben durch Konkurrenz, Marktlage) der aufwendbare Einkaufspreis bestimmt.

7.5 Kalkulation des Gewinns (Differenzkalkulation)

Beispiel:

Eine Großhandlung bezieht Waren zum Listenpreis von 5 200,00 EUR (ohne MWSt), die sie zu diesem Preis weiterverkaufen will. Sie erhält vom Lieferer 25% Großhandelsrabatt und bezahlt mit 3% Skonto. Die Bezugskosten betragen 120,00 EUR, die Geschäftskosten 12%.

Wie viel Gewinn in EUR und in % bleiben der Großhandlung, wenn sie ihren Kunden 5% Rabatt und $2^{1}/_{2}$% Skonto gewährt?

Lösung:

Listeneinkaufspreis ①	5 200,00 EUR	100%		
– Liefererrabatt 25%	1 300,00 EUR	25% ②		
Zieleinkaufspreis	3 900,00 EUR	75%	100%	
– Liefererskonto 3%	117,00 EUR		3% ②	
Bareinkaufspreis	3 783,00 EUR		97%	
+ Bezugskosten	120,00 EUR			
Einstandspreis	3 903,00 EUR		100%	
+ Geschäftskosten 12%	468,36 EUR		12% ②	
Selbstkostenpreis	4 371,36 EUR		112%	
+ Gewinn	445,14 EUR ④	10,18% ⑤		
Barverkaufspreis	4 816,50 EUR			97$^{1}/_{2}$%
+ Kundenskonto 2$^{1}/_{2}$%	123,50 EUR			2$^{1}/_{2}$% ③
Zielverkaufspreis	4 940,00 EUR	95%		100%
+ Kundenrabatt 5%	260,00 EUR	5% ③		
Listenverkaufspreis	5 200,00 EUR	100%		

Lösungsweg:

① Kalkulationsschema aufstellen.

② Vorwärtskalkulation bis zum Selbstkostenpreis (v. H.).

③ Rückwärtskalkulation bis zum Barverkaufspreis (v. H.).

④ Gewinn in EUR = Barverkaufspreis – Selbstkostenpreis.

⑤ Gewinn in % $= \dfrac{\text{Gewinn} \cdot 100}{\text{Selbstkostenpreis}}$

Merke:

- Mit der **Differenzkalkulation** ermittelt man üblicherweise den Gewinn (Gewinnkalkulation) bei gegebenem Ein- und Verkaufspreis und gegebenen Kalkulationssätzen.

- Mit der Differenzkalkulation kann auch jeder andere Kalkulationssatz (z. B. Liefererrabatt) berechnet werden, wenn die übrigen Größen bekannt sind.

7.6 Vereinfachte Kalkulation

Beispiel 1:

Ein Großhändler kalkuliert mit $16\,{}^2\!/_3\,\%$ Handlungsgemeinkosten, 20 % Gewinn, 2 % Kundenskonto und 25 % Kundenrabatt.

a) Wie hoch ist der Verkaufspreis (netto) bei einem Bezugspreis von 1 056,00 EUR?

b) Wie groß ist der Kalkulationszuschlag?

c) Wie groß ist der Kalkulationsfaktor?

d) Wie groß ist die Handelsspanne?

Lösung:

a)					
	Bezugspreis	1 056,00 EUR	100 %		
	+ Handlungsgemeinkosten $16\,{}^2\!/_3\,\%$	176,00 EUR	$16\,{}^2\!/_3\,\%$		
	Selbstkostenpreis	1 232,00 EUR	▼ $116\,{}^2\!/_3\,\%$	100 %	
	+ Gewinn 20 %	246,40 EUR		20 %	
	Barverkaufspreis	1 478,40 EUR	98 % ▼	120 %	
	+ Kundenskonto 2 %	30,17 EUR	2 %		①
	Zielverkaufspreis	1 508,57 EUR	▼ 100 %	75 %	
	+ Kundenrabatt 25 %	502,86 EUR		25 %	
	Listenverkaufspreis (netto)	2 011,43 EUR		▼ 100 %	

b)
	Listenverkaufspreis	2 011,43 EUR
	– Bezugspreis	1 056,00 EUR
	Aufschlag	955,43 EUR ②

$$1\,056,00\ \text{EUR} - 100\,\%$$
$$955,43\ \text{EUR} - \ x\ \%$$

$$x = \frac{100 \cdot 955,43}{1\,056} = 90,48\,\%\ ③$$

Der Kalkulationszuschlag beträgt 90,48 %.

c) Der Kalkulationsfaktor beträgt 1,9048. ④

d)
$$2\,011,43\ \text{EUR} - 100\,\%$$
$$955,43\ \text{EUR} - \ x\ \%$$

$$x = \frac{100 \cdot 955,43}{2\,011,43} = 47,50\,\%\ ⑤$$

Die Handelsspanne beträgt 47,50 %.

Lösungsweg:

① Kalkulation vom Bezugspreis bis zum Listenverkaufspreis.

② Berechnung des Aufschlags vom Bezugspreis bis zum Listenverkaufspreis in EUR.

③ Berechnung des Zuschlags als Prozentsatz (Bezugspreis = 100 %).

④ Berechnung des Kalkulationsfaktors: $\dfrac{90,48}{100} + 1$

⑤ Berechnung der Handelsspanne (Verkaufspreis = 100 %).

35 Groh/Schröer – ISBN 978-3-8120-0422-0

Beispiel 2:

Gegeben ist ein Kalkulationszuschlag von 25%; welcher Handelsspanne entspricht dies?

Lösung:

Bezugspreis	100,00 EUR
+ KZ 25%	25,00 EUR ①
Listenverkaufspreis	125,00 EUR

125,00 EUR – 100%
 25,00 EUR – x %

$$x = \frac{100 \cdot 25}{125} = 20\% \quad ②$$

Die Handelsspanne beträgt 20%.

Lösungsweg:

① Listenverkaufspreis = Bezugspreis (100,00 EUR) + Kalkulationszuschlag (25,00 EUR).

② Berechnung der Handelsspanne (Listenverkaufspreis = 100%).

Merke:

● Mit dem **Kalkulationszuschlag** (KZ) rechnet man in einem Schritt vom Bezugspreis (100%) zum Verkaufspreis.

$$\text{Kalkulationszuschlag} = \frac{(\text{Verkaufspreis} - \text{Bezugspreis}) \cdot 100}{\text{Bezugspreis}}$$

● Mit dem **Kalkulationsfaktor** (KF) multipliziert man den Bezugspreis und erhält den Verkaufspreis.

$$\text{Kalkulationsfaktor} = \frac{\text{Kalkulationszuschlag}}{100} + 1 \qquad \text{oder}$$

$$\text{Kalkulationsfaktor} = \frac{\text{Verkaufspreis}}{\text{Bezugspreis}}$$

● Mit der **Handelsspanne** (HSp) rechnet man in einem Schritt vom Verkaufspreis (100%) zum Bezugspreis.

$$\text{Handelsspanne} = \frac{(\text{Verkaufspreis} - \text{Bezugspreis}) \cdot 100}{\text{Verkaufspreis}}$$

Die Handelsspanne kann auch mit Hilfe der Nettoverkaufserlöse (100%) und des Rohgewinns berechnet werden.

$$\text{Handelsspanne} = \frac{\text{Rohgewinn} \cdot 100}{\text{Nettoverkaufserlöse}}$$

● Die Handelsspanne ist immer kleiner als der Kalkulationszuschlag.

- Aus dem Kalkulationszuschlag lässt sich die entsprechende Handelsspanne berechnen.

$$\text{Handelsspanne} = \frac{100 \cdot \text{Kalkulationszuschlag}}{100 + \text{Kalkulationszuschlag}}$$

- Aus der Handelsspanne lässt sich der entsprechende Kalkulationszuschlag berechnen.

$$\text{Kalkulationszuschlag} = \frac{100 \cdot \text{Handelsspanne}}{100 - \text{Handelsspanne}}$$

- Aus dem Kalkulationszuschlag und dem Kalkulationsfaktor lässt sich die Handelsspanne berechnen.

$$\text{Handelsspanne} = \frac{\text{Kalkulationszuschlag}}{\text{Kalkulationsfaktor}}$$

8 Deckungsbeitragsrechnung

8.1 Grundlagen der Deckungsbeitragsrechnung

Beispiel:

Ein Großhandelsbetrieb bietet drei unterschiedliche Warengruppen A, B und C an. Folgende Daten sind bekannt:

	A	B	C
Verkaufserlöse netto (zu Barverkaufspreisen)	820 300,00 EUR	690 800,00 EUR	222 400,00 EUR
Wareneinsatz	563 200,00 EUR	394 000,00 EUR	125 600,00 EUR
variable Handlungskosten	21 000,00 EUR	15 500,00 EUR	6 200,00 EUR

Die gesamten fixen Kosten betragen 536 000,00 EUR.

Berechnen Sie

a) die Deckungsbeiträge jeder Warengruppe,

b) den Gewinn!

Lösung:

①	Warengruppen			Gesamt
	A	B	C	
Verkaufserlöse	820 300,00 EUR	690 800,00 EUR	222 400,00 EUR	1 733 500,00 EUR
– variable Kosten				
Wareneinsatz	563 200,00 EUR	394 000,00 EUR	125 600,00 EUR	1 082 800,00 EUR
Handlungskosten	21 000,00 EUR	15 500,00 EUR	6 200,00 EUR	42 700,00 EUR
Deckungsbeiträge ②	236 100,00 EUR	281 300,00 EUR	90 600,00 EUR	608 000,00 EUR
– fixe Kosten				536 000,00 EUR
Gewinn ③				72 000,00 EUR

547

Lösungsweg:

① Gegebene Daten in ein Schema eintragen.

② Berechnung der Deckungsbeiträge.

③ Berechnung des Gewinns.

Merke:

● Die **Deckungsbeitragsrechnung** stellt eine **Teilkostenrechnung** dar; sie verzichtet im Gegensatz zur Vollkostenrechnung auf eine Verteilung der fixen Kosten auf die einzelnen Kostenträger (Waren bzw. Warengruppen), da eine verursachungsgerechte Zurechnung der fixen Kosten nicht möglich ist.

● Die Anwendung der Deckungsbeitragsrechnung setzt die Aufteilung der Kosten in fixe und variable Kosten voraus (siehe Seite 329). Die variablen Kosten setzen sich zusammen aus dem Wareneinsatz (siehe Seite 200 und Seite 444) und den variablen Handlungskosten (z. B. Lagerkosten, Transportkosten). Die Aufteilung der Handlungskosten in fixe und variable Handlungskosten ist in der Praxis sehr schwierig.

● Der **Deckungsbetrag** ist der Betrag, um den die Erlöse eines Kostenträgers seine variablen (direkt zurechenbaren) Kosten übersteigen; dieser Betrag wird zur Deckung der fixen Kosten verwendet.

● Die Deckungsbeitragsrechnung kann durchgeführt werden als **Stückrechnung** und als **Periodenrechnung.**

Deckungsbeitrag pro Stück = Verkaufspreis pro Stück − variable Kosten pro Stück

Deckungsbeitrag der Periode = Verkaufserlöse der Periode − gesamte variable Kosten

Betriebsergebnis (Gewinn) = Deckungsbeitrag pro Periode − fixe Kosten.

● Die Deckungsbeitragsrechnung ist **Entscheidungsgrundlage** für die Sortimentsgestaltung, die Ermittlung der Preisuntergrenze, die Berechnung der Gewinnschwelle sowie für die Annahme von Zusatzaufträgen.

8.2 Anwendung der Deckungsbeitragsrechnung

8.2.1 Sortimentsgestaltung

Beispiel 1:

Für einen Großhandelsbetrieb liegen für den Monat April folgende Zahlen vor:

	Gesamt	Warengruppe A	Warengruppe B	Warengruppe C
Selbstkosten	760 000,00 EUR	320 000,00 EUR	140 000,00 EUR	300 000,00 EUR
Verkaufserlöse netto	970 000,00 EUR	470 000,00 EUR	120 000,00 EUR	380 000,00 EUR
Betriebsergebnis	210 000,00 EUR	150 000,00 EUR	−20 000,00 EUR	80 000,00 EUR

Die Selbstkosten enthalten fixe Kosten in Höhe von 450 000,00 EUR; die variablen Selbstkosten betragen für Warengruppe A 150 000,00 EUR, für Warengruppe B 60 000,00 EUR und für Warengruppe C 100 000,00 EUR.

a) Welche Entscheidung bezüglich der Sortimentsgestaltung wird getroffen, wenn die gesamten Selbstkosten verrechnet werden und auf eine Aufspaltung der Selbstkosten in einen fixen und einen variablen Anteil verzichtet wird?

b) Wie verändert sich das Betriebsergebnis, wenn Warengruppe B nicht mehr im Sortiment geführt wird?

c) Welche Entscheidung bezüglich des Sortiments wird getroffen, wenn mit Deckungsbeiträgen gerechnet wird?

Lösung:

a) **Entscheidung auf Vollkostenbasis**

Warengruppe B wird nicht mehr im Sortiment geführt werden, da ihr Beitrag zum Betriebsergebnis negativ ist.

b) **Betriebsergebnis ohne Warengruppe B**

Verkaufserlöse Warengruppe A	470 000,00 EUR	
Verkaufserlöse Warengruppe C	380 000,00 EUR	
Verkaufserlöse insgesamt		850 000,00 EUR
variable Selbstkosten Warengruppe A	150 000,00 EUR	
variable Selbstkosten Warengruppe C	100 000,00 EUR	
− variable Selbstkosten insgesamt		250 000,00 EUR
− fixe Selbstkosten		450 000,00 EUR
= Betriebsergebnis		150 000,00 EUR

Wenn Warengruppe B nicht angeboten wird, verringert sich das Betriebsergebnis um 60 000,00 EUR, d. h., die Entscheidung auf Vollkostenbasis ist falsch.

c) **Entscheidung auf Teilkostenbasis**

	Warengruppe A	Warengruppe B	Warengruppe C	Insgesamt
Verkaufserlöse − variable Kosten	470 000,00 EUR 150 000,00 EUR	120 000,00 EUR 60 000,00 EUR	380 000,00 EUR 100 000,00 EUR	970 000,00 EUR 310 000,00 EUR
Deckungsbeitrag − fixe Kosten	320 000,00 EUR	60 000,00 EUR	280 000,00 EUR	660 000,00 EUR 450 000,00 EUR
= Betriebsergebnis				210 000,00 EUR

Die drei Warengruppen werden im Sortiment geführt, da sie jeweils einen positiven Deckungsbeitrag erzielen.

Beispiel 2:

Für einen Großhandelsbetrieb liegen für den Monat April folgende Zahlen vor:

	Warengruppe A	Warengruppe B	Warengruppe C
Verkaufserlöse netto	470 000,00 EUR	120 000,00 EUR	380 000,00 EUR
Deckungsbeitrag	320 000,00 EUR	60 000,00 EUR	280 000,00 EUR

Legen Sie in einer Rangordnung fest, welche Bedeutung die drei Warengruppen für den Großhandelsbetrieb haben!

Lösung:

	Warengruppe A	Warengruppe B	Warengruppe C
Verkaufserlöse	470 000,00 EUR	120 000,00 EUR	380 000,00 EUR
Deckungsbeitrag	320 000,00 EUR	60 000,00 EUR	280 000,00 EUR
Relativer Deckungsbeitrag	$\dfrac{320\,000 \cdot 100}{470\,000}$ $= 68,09\%$	$\dfrac{60\,000 \cdot 100}{120\,000}$ $= 50\%$	$\dfrac{280\,000 \cdot 100}{380\,000}$ $= 73,68\%$

Aufgrund der absoluten Deckungsbeiträge ergibt sich für die Warengruppen die Rangordnung A, C, B.

Aufgrund der relativen Deckungsbeiträge ergibt sich die Rangordnung C, A, B.

Merke:
- Die **Deckungsbeitragsrechnung** ist eine wichtige Entscheidungshilfe für die **Sortimentspolitik** eines Großhandelsbetriebes.
- Auf der Grundlage der Deckungsbeitragsrechnung wird entschieden, ob eine Warengruppe (bzw. eine Ware) im Sortiment geführt werden soll oder nicht. Eine Warengruppe wird nur dann angeboten, wenn ihr Deckungsbeitrag positiv ist (vgl. Beispiel 1). Würde auf der Grundlage der Vollkostenrechnung eine Warengruppe aus dem Sortiment herausgenommen werden, könnte dies falsch sein, denn abgebaut würden nur deren variable Kosten und nicht die fixen Kosten.
- Auf der Grundlage der Deckungsbeitragsrechnung kann auch festgelegt werden, welche Bedeutung jede Warengruppe im Sortiment besitzt (vgl. Beispiel 2). Ermittelt wird eine Rangordnung für die einzelnen Warengruppen anhand ihrer **relativen Deckungsbeiträge.** Mit Hilfe dieser Rangordnung wird z. B. festgelegt, für welche Warengruppen vorrangig Werbung betrieben wird.

$$\text{relativer Deckungsbeitrag} = \frac{\text{absoluter Deckungsbeitrag} \cdot 100}{\text{Verkaufserlöse}}$$

8.2.2 Preisuntergrenze

Beispiel:

Ein Großhandelsbetrieb bietet ein Elektrogerät zum Barverkaufspreis von 180,00 EUR netto an, dessen Selbstkostenpreis (als Ergebnis der Kalkulation) bei 130,00 EUR liegt. Der Wareneinstandspreis beträgt 80,00 EUR, die variablen Handlungskosten pro Stück (als Ergebnis der Deckungsbeitragsrechnung) betragen 12,00 EUR.

Ermitteln Sie

a) den Deckungsbeitrag pro Stück,

b) die kurzfristige Preisuntergrenze,

c) die langfristige Preisuntergrenze!

Lösung:

a) **Deckungsbeitrag pro Stück**

Deckungsbeitrag = 180 − (80 + 12) = 88,00 EUR/Stück

b) **Kurzfristige Preisuntergrenze**

Kurzfristige Preisuntergrenze = 80 + 12 = 92,00 EUR/Stück

c) **Langfristige Preisuntergrenze**

Langfristige Preisuntergrenze = 130,00 EUR/Stück

Merke:

● Die **Preisuntergrenze** einer Ware gibt an, wie hoch deren Nettoverkaufspreis mindestens sein muss, damit der Betrieb die Ware kurzfristig bzw. langfristig anbieten kann, ohne Nachteile zu erleiden.

● Bei der **absoluten (kurzfristigen) Preisuntergrenze** muss der Nettoverkaufspreis gerade noch die variablen Kosten je Stück decken; der Deckungsbeitrag je Stück ist null. Der Preis darf auf keinen Fall unter die kurzfristige Preisuntergrenze sinken, da dann noch nicht einmal die anfallenden variablen Kosten gedeckt werden. Auf die Deckung der fixen Kosten wird ganz verzichtet.

absolute Preisuntergrenze = Wareneinstandspreis + variable Handlungskosten pro Stück

● Bei der **langfristigen Preisuntergrenze** muss der Nettoverkaufspreis gerade noch die gesamten Kosten je Ware decken. In diesem Fall verzichtet das Unternehmen auf das Erzielen von Gewinn, es deckt aber alle anfallenden Kosten (fixe und variable Kosten).

langfristige Preisuntergrenze = Selbstkostenpreis

8.2.3 Gewinnschwelle

Beispiel:

Ein Großhandelsbetrieb bietet in einer Periode 12 000 Stück einer Ware an. In der Abrechnungsperiode betragen die fixen Kosten 360 000,00 EUR und die variablen Kosten 480 000,00 EUR. Der Verkaufspreis pro Stück beträgt 76,00 EUR.

Berechnen Sie die Menge, die das Unternehmen mindestens absetzen muss, damit es in die Gewinnzone gelangt!

Lösung:

Marktpreis	76,00 EUR
− variable Kosten/Stück	40,00 EUR
= Deckungsbeitrag/Stück	36,00 EUR

$$\text{Gewinnschwellenmenge} = \frac{360\,000}{36} = 10\,000 \text{ Stück}$$

Merke:

- Unter der **Gewinnschwelle** versteht man die Absatzmenge, ab der ein Unternehmen in die Gewinnzone kommt **(Gewinnschwellenmenge, kritische Menge, Break-even-point).**
- Der Perioden-Deckungsbeitrag für eine Ware muss gerade ausreichen, um die fixen Kosten der Periode zu decken; der Gewinn wäre in diesem Fall gleich null. Es gilt also:

> Perioden-Deckungsbeitrag = gesamte fixe Kosten

> Deckungsbeitrag pro Stück · verkaufte Menge = gesamte fixe Kosten

> $$\text{Gewinnschwellenmenge} = \frac{\text{gesamte fixe Kosten}}{\text{Deckungsbeitrag pro Stück}}$$

8.2.4 Zusatzaufträge

Beispiel:

Ein Großhandelsbetrieb bietet in einem Monat 12 000 Stück einer Ware an, die zu einem Nettoverkaufspreis pro Stück von 76,00 EUR verkauft werden. Die Kapazität des Unternehmens beträgt pro Monat 15 000 Einheiten. In der Abrechnungsperiode betragen die fixen Kosten 360 000,00 EUR und die variablen Kosten 480 000,00 EUR.

Entscheiden Sie, ob das Unternehmen einen Zusatzauftrag über 1 000 Stück zum Preis von 55,00 EUR annehmen soll!

Lösung:

	Gewinn ohne Zusatzauftrag		Gewinn mit Zusatzauftrag	
Verkaufserlöse − variable Kosten	12 000 · 76	912 000,00 EUR 480 000,00 EUR	12 000 · 76 + 1 000 · 55 13 000 · 40	967 000,00 EUR 520 000,00 EUR
= Deckungsbeitrag − fixe Kosten		432 000,00 EUR 360 000,00 EUR		447 000,00 EUR 360 000,00 EUR
= Gewinn		72 000,00 EUR		87 000,00 EUR

Der Zusatzauftrag ist trotz des niedrigeren Preises anzunehmen, da sich der Gewinn um 15 000,00 EUR erhöht. Dies ist darauf zurückzuführen, dass die fixen Kosten bereits durch die ursprünglichen Verkäufe gedeckt sind; durch den Zusatzauftrag wird ein Deckungsbeitrag pro Stück in Höhe von 15,00 EUR, d. h. ein Deckungsbeitrag pro Periode in Höhe von 15 000,00 EUR erwirtschaftet.

Merke:

● Bei der Entscheidung über die Annahme von **Zusatzaufträgen** geht es darum, ob bei noch ungenutzter Kapazität ein Auftrag angenommen werden soll, wenn der Stückpreis unter dem derzeitigen Angebotspreis liegt.

● Die Entscheidung über die Annahme von Zusatzaufträgen ist auf der Grundlage der Deckungsbeitragsrechnung zu treffen. Ein Zusatzauftrag ist anzunehmen, wenn der Verkaufspreis über den variablen Kosten pro Stück liegt; es liegt ein positiver Deckungsbeitrag pro Stück vor.

9 Controlling

9.1 Grundlagen des Controllings

Beispiel:

Für einen Großhandelsbetrieb sind folgende Handlungskosten für den Monat Juli aus dem KLR-Bereich bekannt:

Handlungskosten	Plankosten in EUR	Istkosten in EUR
Personalkosten	62 000,00	68 700,00
Miete	9 000,00	9 000,00
Steuern, Beiträge, Versicherungen	15 000,00	17 900,00
Energie	6 000,00	5 200,00
Werbe- und Reisekosten	8 000,00	12 100,00
Kosten der Warenabgabe	4 000,00	4 500,00
Betriebskosten, Instandhaltung	12 000,00	14 300,00
Allgemeine Verwaltung	14 000,00	12 600,00
kalkulatorische Kosten	48 000,00	48 000,00

Die Wareneinsätze betrugen im Abrechnungszeitraum:

Plankosten = 380 000,00 EUR; Istkosten = 395 000,00 EUR.

a) Berechnen Sie die Abweichungen der Istkosten von den Plankosten in EUR und in Prozent sowie den Handlungskostenzuschlagssatz auf Plan- und Istkostenbasis!

b) Geben Sie mögliche Gründe für die Kostenabweichungen an!

Lösung:

a) Kostenabweichungen

Handlungskosten	Plankosten in EUR	Istkosten in EUR	Abweichung in EUR	Abweichung in Prozent
Personalkosten	62 000,00	68 700,00	6 700,00	10,81
Miete	9 000,00	9 000,00	0,00	0,00
Steuern, Beiträge, Versicherungen	15 000,00	17 900,00	2 900,00	19,33
Energie	6 000,00	5 200,00	− 800,00	−13,33
Werbe- und Reisekosten	8 000,00	12 100,00	4 100,00	51,25
Kosten der Warenabgabe	4 000,00	4 500,00	500,00	12,50
Betriebskosten, Instandhaltung	12 000,00	14 300,00	2 300,00	19,17
Allgemeine Verwaltung	14 000,00	12 600,00	−1 400,00	−10,00
kalkulatorische Kosten	48 000,00	48 000,00	0,00	0,00
Summe	178 000,00	192 300,00		
Wareneinsatz	380 000,00	395 000,00		
Handlungskostenzuschlagssatz	46,84 %	48,68 %		

b) Gründe für die Kostenabweichungen

Gründe für die Kostenabweichungen können z.B. sein: Einstellung von Hilfskräften im Lager, unerwartete Steuernachzahlung, Energieeinsparung, unerwarteter Besuch einer Fachmesse, Preissteigerungen bei der Güterbeförderung, kostengünstiger Einkauf von Büromaterial.

Merke:

● Unter **Controlling** versteht man den ständigen Prozess der Informationsverarbeitung zur Überwachung und Steuerung bei der Realisation von Plänen. Controlling ist im Gegensatz zur (vergangenheitsorientierten) Kontrolle gegenwarts- und zukunftsorientiert. Controlling ist ein Instrument der Unternehmensführung, das folgende Funktionen übernimmt: Planung, Information, Analyse und Steuerung.

● **Controllinginstrumente** sind vor allem: Budgetierung, Soll-Ist-Vergleich, Kennzahlensysteme, Berichtswesen.

● Der wichtigste Anwendungsbereich des Controlling ist im Großhandelsbetrieb die Warenwirtschaft mit dem Beschaffungs-, Logistik- und Absatzcontrolling; weitere Bereiche sind Personal-, Finanz- und Kostencontrolling.

● Im Rahmen des **Kostencontrolling** unterscheidet man z.B. Plankosten und Istkosten, welche der Abweichungsanalyse dienen. Plankosten werden für eine zukünftige Abrechnungsperiode (Planungsperiode) im Voraus festgelegt. Istkosten sind die tatsächlich angefallenen Kosten.

9.2 Anwendung des Controllings

9.2.1 Budgetierung

Beispiel:

Ein Großhandelsbetrieb, welcher vier Warengruppen anbietet, hat für das 2. Quartal im Rahmen des Marketing-Budgets folgende Kosten und Absatzzahlen geplant:

	Warengruppe A	Warengruppe B	Warengruppe C	Warengruppe D
Marktforschung	0,00 EUR	0,00 EUR	20 000,00 EUR	15 000,00 EUR
Werbung	18 000,00 EUR	5 000,00 EUR	25 000,00 EUR	12 000,00 EUR
Salespromotion	3 000,00 EUR	8 000,00 EUR	14 000,00 EUR	6 000,00 EUR
Vertrieb	16 000,00 EUR	16 000,00 EUR	32 000,00 EUR	16 000,00 EUR
Absatz	1 200	900	1 900	3 600
Verkaufspreis	180,00 EUR	210,00 EUR	415,00 EUR	72,00 EUR

Ermitteln Sie für die Warengruppen und die Kostenstellen die Kostensummen sowie die Umsätze der Warengruppen!

Lösung:

	Budgetzahlen				
	Warengruppe A	Warengruppe B	Warengruppe C	Warengruppe D	Summe
Marktforschung	0,00 EUR	0,00 EUR	20 000,00 EUR	15 000,00 EUR	35 000,00 EUR
Werbung	18 000,00 EUR	5 000,00 EUR	25 000,00 EUR	12 000,00 EUR	60 000,00 EUR
Salespromotion	3 000,00 EUR	8 000,00 EUR	14 000,00 EUR	6 000,00 EUR	31 000,00 EUR
Vertrieb	16 000,00 EUR	16 000,00 EUR	32 000,00 EUR	16 000,00 EUR	80 000,00 EUR
Summe	37 000,00 EUR	29 000,00 EUR	91 000,00 EUR	49 000,00 EUR	206 000,00 EUR
Absatz	1 200	900	1 900	3 600	
Verkaufspreis	180,00 EUR	210,00 EUR	415,00 EUR	72,00 EUR	
Umsatz	216 000,00 EUR	189 000,00 EUR	788 500,00 EUR	259 200,00 EUR	1 452 700,00 EUR

Merke:

- Unter **Budgetierung** versteht man die Vorgabe von Planzahlen (Sollzahlen) für alle betrieblichen Teilbereiche; erfasst werden die Einnahmen (z.B. Verkaufserlöse) und die Ausgaben (z.B. Kosten) für einen bestimmten Zeitraum (z.B. Monat, Quartal, Jahr). Das Ergebnis der Budgetierung sind Einzelbudgets und das Gesamtbudget.
- **Einzelbudgets** sind z.B. Beschaffungs-, Logistik-, Personal-, Investitions-, Finanz-, Marketing-Budget. Die Einzelbudgets sind aufeinander abzustimmen und im **Gesamtbudget** zusammenzufassen.
- Die Budgetierung ist ein wichtiges Instrument des Controlling. Die einzelnen Budgets sollen sicherstellen, dass die betrieblichen Vorgaben eingehalten werden. Die Kontrolle der Budgets erfolgt mit Hilfe des Soll-Ist-Vergleichs.

9.2.2 Soll-Ist-Vergleich

Beispiel:

Ein Großhandelsbetrieb, welcher vier Warengruppen anbietet, hat für das 2. Quartal ein Marketing-Budget aufgestellt (siehe Beispiel, Seite 555). Nach Ablauf des Quartals werden folgende Istwerte ermittelt:

	Warengruppe A	Warengruppe B	Warengruppe C	Warengruppe D
Marktforschung	0,00 EUR	0,00 EUR	17 500,00 EUR	16 300,00 EUR
Werbung	21 200,00 EUR	5 000,00 EUR	22 900,00 EUR	13 000,00 EUR
Salespromotion	2 400,00 EUR	8 100,00 EUR	15 600,00 EUR	6 000,00 EUR
Vertrieb	18 900,00 EUR	15 700,00 EUR	35 600,00 EUR	14 300,00 EUR
Absatz	1 230	820	1 950	3 890
Verkaufspreis	182,00 EUR	210,00 EUR	403,00 EUR	72,00 EUR

a) Stellen Sie in einer Tabelle die Planwerte und die Istwerte gegenüber!

b) Ermitteln Sie in einer Tabelle die Abweichungen der Istwerte von den Planwerten, und zwar in EUR und in Prozent!

Lösung:

a) Gegenüberstellung der Plan- und Istwerte

	Warengruppe A		Warengruppe B		Warengruppe C		Warengruppe D	
	Plan	Ist	Plan	Ist	Plan	Ist	Plan	Ist
Marktforschung	0	0	0	0	20 000	17 500	15 000	16 300
Werbung	18 000	21 200	5 000	5 000	25 000	22 900	12 000	13 000
Salespromotion	3 000	2 400	8 000	8 100	14 000	15 600	6 000	6 000
Vertrieb	16 000	18 900	16 000	15 700	32 000	35 600	16 000	14 300
Summe	37 000	42 500	29 000	28 800	91 000	91 600	49 000	49 600
Absatz	1 200	1 230	900	820	1 900	1 950	3 600	3 890
Verkaufspreis	180	182	210	210	415	403	72	72
Umsatz	216 000	223 860	189 000	172 200	788 500	785 850	259 200	280 080

b) Soll-Ist-Vergleich

	Warengruppe A		Warengruppe B		Warengruppe C		Warengruppe D	
	Abweichung		Abweichung		Abweichung		Abweichung	
	in EUR	in %	in EUR	in %	in EUR	in %	in EUR	in %
Marktforschung	0	0,0	0	0,0	−2 500	−12,5	1 300	8,7
Werbung	3 200	17,8	0	0,0	−2 100	−8,4	1 000	8,3
Salespromotion	−600	−20,0	100	1,3	1 600	11,4	0	0,0
Vertrieb	2 900	18,1	−300	−1,9	3 600	11,3	−1 700	−10,6
Summe	5 500	14,9	−200	−0,7	600	0,7	600	1,2
Absatz	30	2,5	−80	−8,9	50	2,6	290	8,1
Verkaufspreis	2	1,1	0	0,0	−12	−2,9	0	0,0
Umsatz	7 860	3,6	−16 800	−8,9	−2 650	−0,3	20 880	8,1

Merke:

- Beim **Soll-Ist-Vergleich** werden die Sollzahlen (Planzahlen) des Budgets mit den tatsächlichen Zahlen (Istzahlen) verglichen. Mögliche Abweichungen werden ermittelt, und zwar absolut und in Prozent. Der Soll-Ist-Vergleich wird als **Budgetkontrolle** bezeichnet.

- Die Gründe für die aufgetretenen Abweichungen müssen im Rahmen der **Abweichungsanalyse** herausgefunden werden. Erkannte Fehlentwicklungen müssen korrigiert werden (z.B. wird ein zu geringer Absatz bei einer Warengruppe festgestellt, weil nicht genügend Werbung für diese Warengruppe betrieben wurde). Die Ergebnisse der Abweichungsanalyse werden i.d.R. beim Aufstellen der neuen Budgets berücksichtigt.

9.2.3 Kennzahlensysteme

Beispiel:

Von einem Großhandelsbetrieb sind folgende Zahlenwerte bekannt:

Monat	Umsatz	Zahl der Mitarbeiter	Geleistete Stunden	Personal- kosten	Handlungs- kosten
Januar	148 000,00 EUR	8	1 408	35 360,00 EUR	68 120,00 EUR
Februar	151 200,00 EUR	8	1 280	35 360,00 EUR	66 970,00 EUR
März	173 700,00 EUR	9	1 512	39 280,00 EUR	75 410,00 EUR

Berechnen Sie für jeden Monat

a) die Produktivitätskennzahlen Umsatz je Beschäftigter und Umsatz je Arbeitsstunde;

b) die Wirtschaftlichkeitskennzahlen bezogen auf die Personalkosten und die Handlungskosten!

Lösung:

Monat	a) Produktivität		b) Wirtschaftlichkeit bezogen auf	
	Umsatz je Beschäftigter	Umsatz je Arbeitsstunde	Personalkosten	Handlungskosten
Januar	18 500,00 EUR ①	105,11 EUR ②	4,19 ③	2,17 ④
Februar	18 900,00 EUR	118,13 EUR	4,28	2,26
März	19 300,00 EUR	114,88 EUR	4,42	2,30

Lösungsweg:

① Berechnung des Umsatzes je Beschäftigter (148 000,00 EUR : 8).

② Berechnung des Umsatzes je Arbeitsstunde (148 000,00 EUR : 1 408).

③ Berechnung der personalkostenbezogenen Wirtschaftlichkeit (148 000,00 EUR : 35 360,00 EUR).

④ Berechnung der handlungskostenbezogenen Wirtschaftlichkeit (148 000,00 EUR : 68 120,00 EUR).

Merke:

● In einem **Kennzahlensystem** werden mehrere Kennzahlen, die sich auf einen bestimmten betrieblichen Bereich beziehen, zusammengefasst. Kennzahlensysteme gibt es z.B. für die Kosten- und Leistungsrechnung, für den Jahresabschluss (siehe Seite 493ff.), die Lagerhaltung (siehe Seite 197ff.), die Beschaffung und den Absatz.

● Kennzahlensysteme sind ein Hilfsmittel des Controlling; sie dienen demzufolge der Kontrolle der betrieblichen Abläufe und sind Grundlage für betriebliche Entscheidungen.

● Zu den Kennzahlen vgl. ausführlich das Kapitel Statistik (Seite 415ff.).

● Wichtige Kennzahlen innerhalb des Kennzahlensystems zur Kosten- und Leistungsrechnung sind z.B. Produktivität und Wirtschaftlichkeit.

● Unter **Produktivität** versteht man das Verhältnis von Leistung (Umsatz, Absatz) zu Faktoreinsatz (Zahl der Mitarbeiter, geleistete Arbeitsstunden, eingesetztes Kapital, m^2 Geschäftsfläche).

$$\text{Produktivität} = \frac{\text{Leistung (in EUR, in Stück)}}{\text{Faktoreinsatz (z.B. Beschäftigtenzahl)}}$$

● Bei der **Arbeitsproduktivität** wird die Leistung auf den Produktionsfaktor Arbeit bezogen, bei der **Kapitalproduktivität** wird die Leistung auf den Kapitaleinsatz bezogen.

● Bei der **Wirtschaftlichkeit** wird die bewertete Leistung (Umsatz, Ertrag) zum bewerteten Faktoreinsatz (Personalkosten, Handlungskosten) in Beziehung gesetzt.

$$\text{Wirtschaftlichkeit} = \frac{\text{Leistung (in EUR)}}{\text{Aufwand (in EUR)}}$$

9.2.4 Berichtswesen

Beispiel:

Die Abteilung Controlling eines Großhandelsbetriebes hat für den Vertriebsbereich folgenden Soll-Ist-Vergleich erstellt, und zwar für den Monat August:

	Umsatz in EUR		Abweichung	
Reisende	Plan	Ist	in EUR	in %
Adams	80 000	80 000	0	0,0
Beier	100 000	90 000	−10 000	−10,0
Zorn	110 000	128 000	18 000	16,4

Erstellen Sie für den Leiter der Abteilung Vertrieb einen Bericht!

Lösung:

Bericht über den Einsatz der Reisenden	
Berichtsmonat: *August*	
Sachbearbeiter(in): *Müller*	
Erstellt am: *3. September*	
Reisende:	Beurteilung:
Adams	*Die Planvorgabe wurde zu 100 % erreicht.*
Beier	*Die Planvorgabe wurde um 10 % unterschritten.*
	Begründung: Das Unternehmen des Großkunden Lauer GmbH wurde im Zuge eines Insolvenzverfahrens aufgelöst.
	Folgerung: Die Planvorgabe ist im neuen Budget entsprechend nach unten zu korrigieren.
Zorn	*Die Planvorgabe wurde um 16,4 % überschritten.*
	Begründung: Die Reisende hat vier neue Kunden hinzugewonnen.
	Folgerung: Die Planvorgabe ist im neuen Budget entsprechend nach oben zu korrigieren.

Merke:

● **Berichte (Reports)** erläutern in knappen Worten die Ergebnisse der Soll-Ist-Vergleiche und der Abweichungsanalysen. Die Summe aller Berichte bezeichnet man als Berichtswesen.

● Das **Berichtswesen** ist ein wichtiges Instrument des Controlling. Den Entscheidungsträgern werden damit alle erforderlichen Informationen für die Kontrolle, Planung und Entscheidung zur Verfügung gestellt.

10 Aufgaben

Die Lösungen der Aufgaben sind im Anhang, Seite 611 ff., zu finden.

Aufgabengruppe 1

1 Eine Großhandlung bezog Waren im Bruttogewicht von 6150 kg; die Verpackung wog 150 kg. Beim Abschluss des Kaufvertrages waren folgende Vereinbarungen getroffen worden: Preis ab Fabrik 275,00 EUR für 100 kg netto mit $7\frac{1}{2}$ % Wiederverkäuferrabatt und 3 % Skonto. An Bezugskosten entstanden für Fracht 3,20 EUR für 100 kg und für Rollgeld 24,50 EUR für die ganze Sendung. Die allgemeinen Geschäftskosten werden mit 15 % und der Gewinn mit $12\frac{1}{2}$ % berechnet.

Zu welchem Verkaufspreis kann 1 kg angeboten werden?

2 Ein Unternehmen will ein Erzeugnis in sein Sortiment aufnehmen. Der Verkaufspreis brutto (MWSt 19%) ist aus Konkurrenzgründen mit 104,13 EUR vorgegeben.

Wie hoch ist der Einkaufspreis, der nicht überschritten werden darf, wenn der Betrieb mit 33$\frac{1}{3}$% Liefererrabatt, 2$\frac{1}{2}$% Liefererskonto, 6,00 EUR Bezugskosten, 25% Handlungsgemeinkosten, 12% Gewinn, 7% Vertreterprovision, 3% Kundenskonto und 20% Kundenrabatt rechnet?

3 Die Handelsspanne für eine Ware beträgt 46%. Sie umfasst 16$\frac{2}{3}$% Handlungsgemeinkosten, 2% Kundenskonto, 8% Vertreterprovision, 20% Kundenrabatt und den Gewinn.
   a) Wie hoch ist der Gewinnzuschlag in Prozent?
   b) Welchem Kalkulationszuschlag entspricht die Handelsspanne?

4 Gegeben ist folgende (verkürzte) GuV-Rechnung eines Großhandelsbetriebes:

S	GuV		H
3010 Wareneingang	730 000,00 EUR	8010 Warenverkauf	1 132 000,00 EUR
Kontenklasse 4	193 000,00 EUR		
0600 Eigenkapital	209 000,00 EUR		
	1 132 000,00 EUR		1 132 000,00 EUR

Mit welchem Handlungskostensatz wird der Betrieb in Zukunft kalkulieren?

5 Der Verkaufspreis eines Restpostens einer Ware wurde um 40% herabgesetzt und nunmehr mit 168,00 EUR festgesetzt.
   a) Welches war der Einstandspreis der Ware, wenn seinerzeit mit 33$\frac{1}{3}$% Zuschlag kalkuliert worden war?
   b) Wie viel % unter dem Einstandspreis lag demnach der Preis für den Restposten?

Aufgabengruppe 2

1 Die Buchhaltung eines Großhändlers wies am Jahresende folgende Zahlen aus:

Warenanfangsbestand	45 600,00 EUR	Warenendbestand	52 800,00 EUR
Wareneinkauf	685 300,00 EUR	Warenumsatz	834 200,00 EUR
Bezugskosten	26 400,00 EUR	Geschäftskosten	81 700,00 EUR

Wie hoch waren:
   a) der Warenausgang zu Einstandspreisen,
   b) der Warenrohgewinn,
   c) der Handlungskostenzuschlag,
   d) der Kalkulationszuschlag und die Handelsspanne,
   e) der Reingewinn und der Gewinnzuschlag?

2 Unsere Firma bezieht 225 Stück einer Ware zu je 1,80 EUR gegen bar mit 2% Skonto. Für Verpackung werden 2,80 EUR berechnet. Die Bezugskosten betragen 8,40 EUR, die Handlungskosten 14%.

Wie viel % Gewinnzuschlag dürfen wir berechnen, wenn die Konkurrenz die gleiche Ware zu 2,40 EUR je Stück verkauft und wir auch zu diesem Preis anbieten wollen?

3 Der Verkaufspreis einer Ware beträgt 139,50 EUR.

Wie hoch ist der Bezugspreis bei einem Kalkulationszuschlag von 55%?

4 Ein Großhändler, der mit Rücksicht auf die Konkurrenzpreise 100 kg einer Ware mit 220,00 EUR (ohne MWSt) verkaufen muss, möchte errechnen, wie viel er für 100 kg dieser Ware beim Einkauf aufwenden darf, wenn er mit 6% Bezugsspesen, 12$\frac{1}{2}$% Handlungskosten, 8$\frac{1}{3}$% Gewinn und 3% Kundenskonto kalkulieren muss.

560

5 In einem Großhandelsbetrieb betrugen:

Warenanfangsbestand	24 500,00 EUR
Warenzugang im abgelaufenen Geschäftsjahr	186 450,00 EUR
Warenendbestand	28 730,00 EUR

Berechnen Sie:

a) den Warenumsatz zu Einstandspreisen,
b) den durchschnittlichen Lagerbestand,
c) die Umsatzgeschwindigkeit,
d) die durchschnittliche Lagerdauer!

Aufgabengruppe 3

1 Ein Großhändler will einen Artikel zum Verkaufspreis von 80,00 EUR (ohne MWSt) anbieten.

Zu welchem Preis kann er den Artikel höchstens einkaufen, wenn er mit $33\frac{1}{3}$ % Rabatt vom Lieferer, 15 % Geschäftskosten, $12\frac{1}{2}$ % Gewinn und 20 % Kundenrabatt rechnet?

2 Ein Unternehmen kalkuliert mit einer Handelsspanne von 52 %, in der die Handlungskosten, 2 % Kundenskonto, 8 % Vertreterprovision, 20 % Kundenrabatt und 20 % Gewinn zusammengefasst sind.

a) Wie hoch ist der Handlungskostenzuschlag?
b) Welcher Kalkulationszuschlag entspricht der gegebenen Handelsspanne?

3 Der Selbstkostenpreis einer Ware beträgt 11 172,00 EUR, der Listenverkaufspreis brutto (19 % MWSt) beträgt 15 470,00 EUR.

Welchen Kundenrabatt gewährt das Unternehmen, wenn mit $8\frac{1}{3}$ % Gewinn und 2 % Skonto kalkuliert wird?

4 Wie hoch ist die Handelsspanne bei einem Kalkulationsfaktor von 1,5?

5 In einem Betrieb liegt der Wareneinsatz (zu Einstandspreisen) bei 482 000,00 EUR. Die Handlungsgemeinkosten betragen 187 000,00 EUR. Kalkuliert wird mit 15 % Gewinn, 2 % Kundenskonto und 25 % Kundenrabatt.

Wie hoch sind

a) der Handlungskostenzuschlag,
b) der Kalkulationszuschlag,
c) der Kalkulationsfaktor,
d) die Handelsspanne?

Aufgabengruppe 4

1 Beim Kauf einer Ware sind folgende Transportkosten angefallen: Hausfracht am Versandort (Anfuhr) 48,50 EUR, Fracht 185,00 EUR, Hausfracht am Empfangsort (Abfuhr) 34,00 EUR.

Wie viel EUR Bezugskosten hat der Käufer zu zahlen, wenn folgende Lieferungsbedingungen gelten:

a) unfrei,
b) gesetzliche Regelung,
c) frachtfrei,
d) frei Lager,
e) ab Werk?

2 Ein Großhandelsbetrieb erwartet einen Nettojahresumsatz in Höhe von 1 680 000,00 EUR. Er rechnet mit einem Kalkulationszuschlag von 40 % und einer Umschlagshäufigkeit von 4.

Wie hoch ist der durchschnittliche jährliche Kapitaleinsatz?

3 Ein Großhandelsbetrieb, der bisher seinen Kunden keinen Skontoabzug einräumte, will in Zukunft 2 % Skonto gewähren.
a) Zu welchem Preis muss er eine Ware anbieten, die er bisher für 931,00 EUR verkaufte?
b) Mit welchem Faktor muss er alle seine bisherigen Verkaufspreise multiplizieren, um zu den neuen Preisen zu kommen?

4 Ein Unternehmen rechnet mit einem Kalkulationsfaktor von 1,6.

Wie hoch ist der Bezugspreis eines Artikels, der für 73,60 EUR angeboten wird?

5 Einem inländischen Großhändler wird von einem schweizerischen Anbieter eine Ware frachtfrei für 3 600,00 CHF angeboten.

Zu welchem Preis je kg kann der Großhändler die Ware seinen Kunden anbieten, wenn das Bruttogewicht der Sendung 230 kg, die Tara 5 % und der Kurs 1,491 CHF/1 EUR betragen?

Aufgabengruppe 5

1 Ein Großhandelsbetrieb kalkuliert mit 3 % Kundenskonto, 18 % Kundenrabatt und 28 % Handlungskosten.

Wie hoch ist seine Gewinnspanne, wenn er eine Ware mit einem Bezugspreis von 890,00 EUR für 1 503,84 EUR anbietet?

2 Ein Großhändler kalkuliert mit einem Kalkulationsfaktor von 1,9.

Wie hoch ist der Einkaufspreis (netto) einer Ware, wenn der Verkaufspreis 547,20 EUR (netto) beträgt und die Bezugskosten mit 20 % angesetzt werden?

3 Ein Großhandelsbetrieb kalkuliert mit einem Kalkulationszuschlag von 75 %.

Welche Handelsspanne entspricht diesem Zuschlag?

4 Einem Betrieb liegen folgende Angebote vor:
Angebot I: Listeneinkaufspreis pro Einheit 17,80 EUR; 20 % Rabatt bei einer Mindestabnahmemenge von 500 Stück; Lieferungsbedingung: ab Werk.

Angebot II: Listeneinkaufspreis pro Einheit 17,30 EUR; 18 % Rabatt und 2 % Skonto; Lieferungsbedingung: unfrei.

Angebot III: Einkaufspreis pro Einheit 14,30 EUR; Lieferungsbedingung: frachtfrei.

Welches Angebot ist das günstigste, wenn für alle 3 Angebote folgende Transportkosten (für die gesamte Lieferung) zu berücksichtigen sind: Hausfracht (Anfuhr) 120,00 EUR, Bahnfracht 230,00 EUR, Hausfracht (Abfuhr) 80,00 EUR; 1 000 Einheiten der Ware werden benötigt.

5 Die Buchführung eines Großhandelsbetriebes liefert folgende Zahlen:

Wareneinsatz	900 000,00 EUR
Gemeinkosten der Kontenklasse 4	420 000,00 EUR
Einzelkosten der Kontenklasse 4	60 000,00 EUR
Warenverkauf	1 500 000,00 EUR

Berechnen Sie den Handlungskostenzuschlag!

Aufgabengruppe 6

1 Ein Großhandelsbetrieb, welcher drei Warengruppen anbietet, führt seine Kostenstellen-rechnung warengruppenorientiert durch. Folgende Gemeinkosten für den Monat Juli sind bekannt:

Gemeinkosten	Betrag in EUR	Verteilungsschlüssel
Personalkosten	120 000,00	1 : 4 : 5 : 2
Steuern und Versicherungen	18 000,00	4 : 3 : 7 : 4
Energie und Betriebsstoffe	9 000,00	1 : 2 : 3 : 3
Werbe- und Reisekosten	12 000,00	0 : 1 : 6 : 5
Instandhaltung	15 000,00	5 : 2 : 5 : 3
Allgemeine Verwaltung	24 000,00	1 : 4 : 5 : 2
kalkulatorische Kosten	60 000,00	2 : 5 : 9 : 4

Die Wareneinsätze betrugen im Abrechnungszeitraum:

Warengruppe	Wareneinsatz in EUR
Warengruppe A	148 000,00
Warengruppe B	195 000,00
Warengruppe C	104 000,00

Stellen Sie den BAB für die drei Hauptkostenstellen A, B und C auf! Die Kosten der Hilfs-kostenstelle sind nach dem Schlüssel 3 : 2 : 2 auf die drei Hauptkostenstellen zu verteilen!

Berechnen Sie die Handlungskostenzuschlagssätze für die drei Hauptkostenstellen!

2 Ein Großhandelsbetrieb bietet vier unterschiedliche Warengruppen an. Folgende Daten sind für das 2. Quartal bekannt:

	Warengruppe A	Warengruppe B	Warengruppe C	Warengruppe D
Verkaufserlöse netto	310 000,00 EUR	170 000,00 EUR	280 000,00 EUR	420 000,00 EUR
variable Kosten	250 000,00 EUR	90 000,00 EUR	210 000,00 EUR	310 000,00 EUR

Die gesamten fixen Kosten betragen 370 000,00 EUR.

Berechnen Sie den Deckungsbeitrag für jede Warengruppe und das Betriebsergebnis!

3 Für einen Großhandelsbetrieb liegen für den Monat September folgende Zahlen vor:

	Herrenbekleidung	Damenbekleidung	Kinderbekleidung
Verkaufserlöse netto	130 000,00 EUR	170 000,00 EUR	80 000,00 EUR
Deckungsbeitrag	65 000,00 EUR	95 000,00 EUR	48 000,00 EUR

Legen Sie für die Werbeabteilung die Rangordnung fest, in welcher für die Warengruppen Werbung betrieben werden soll!

4 Ein Großhandelsbetrieb bietet im Monat Dezember 4000 Einheiten einer Ware an. In der Abrechnungsperiode betragen die fixen Kosten 160 000,00 EUR und die variablen Kosten 280 000,00 EUR. Der Verkaufspreis pro Stück beträgt 190,00 EUR.

Berechnen Sie die Menge, die das Unternehmen mindestens absetzen muss, damit es in die Gewinnzone gelangt!

5 Ein Großhandelsbetrieb bietet einen Staubsauger zum Barverkaufspreis von 280,00 EUR netto an, dessen Selbstkostenpreis bei 210,00 EUR liegt. Der Wareneinstandspreis beträgt 170,00 EUR, die variablen Handlungskosten pro Stück betragen 24,00 EUR.

Ermitteln Sie
a) den Deckungsbeitrag pro Stück,
b) die kurzfristige Preisuntergrenze,
c) die langfristige Preisuntergrenze!

VII. Handlungsorientierte Aufgaben

Die Lösungen der Aufgaben sind im Anhang, Seite 616 ff., zu finden.

Aufgabe 1

Sie sind Auszubildender/Auszubildende in der Einkaufsabteilung des Großhandelsbetriebes di-tronic Elektro GmbH, Bahnhofstr. 17, 66424 Homburg, Telefon 06841 343536, Fax 06841 455055.

Situation:

Dem Betrieb liegen für das Schaltgehäuse S 1 der Firma Hager AG Angebote von zwei Lieferanten vor:

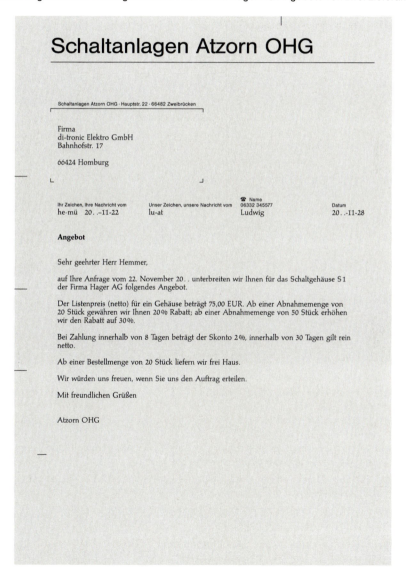

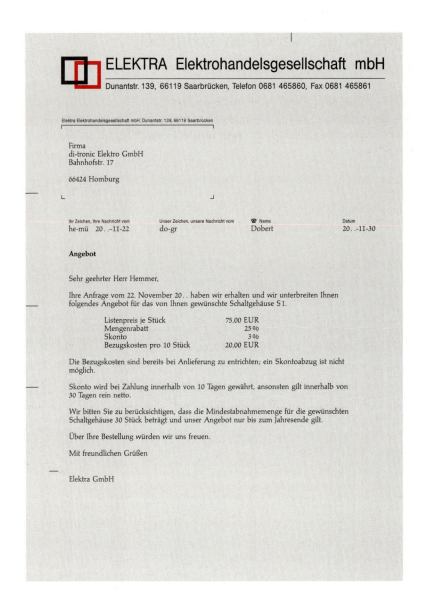

Aufgabenstellung:

a) Führen Sie einen Angebotsvergleich durch, wenn 40 Schaltgehäuse bestellt werden sollen und die Zahlung innerhalb der Skontofrist erfolgen soll!
b) Ermitteln Sie für das günstigere der beiden Angebote den Überweisungsbetrag, wenn Skonto ausgenutzt wird!
c) Erklären Sie die Bedeutung der Mehrwertsteuer beim Angebotsvergleich!
d) Unterscheiden Sie Rabatt und Skonto!
e) Welche Gründe sprechen für die Skontogewährung?
f) Welche Gründe sprechen für die Skontoausnutzung?

g) Berechnen Sie für das günstigere Angebot den Finanzierungsgewinn, wenn der Kreditzinssatz 12 % beträgt!
h) Nennen Sie wichtige Regelungen für die Übernahme der Beförderungskosten!
i) Was versteht man unter einer Mindestabnahmemenge?
j) Erklären Sie die Gültigkeitsdauer für beide Angebote!
k) Nennen Sie zusätzliche Kriterien, die beim Angebotsvergleich eine Rolle spielen!
l) Erläutern Sie den organisatorischen Ablauf von der Feststellung des Bedarfs bis zur Prüfung der Eingangsrechnung!

Aufgabe 2

Sie sind Auszubildender/Auszubildende im Großhandelsbetrieb di-tronic Elektro GmbH, Bahnhofstr. 17, 66424 Homburg, Telefon 06841 343536, Fax 06841 455055.

Situation:

Der Betrieb verkauft Schaltanlagen und hat 96 Beschäftigte. Der Organisationsplan (Organigramm) des Unternehmens hat folgendes Aussehen:

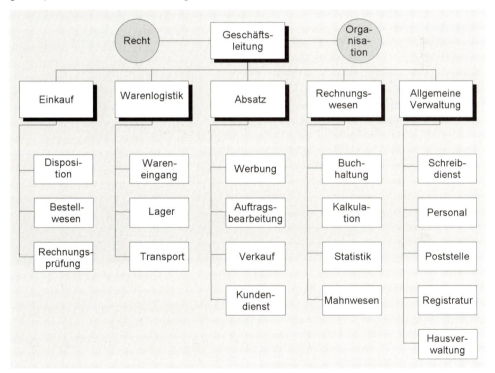

Aufgabenstellung:

a) Beschreiben Sie die Aufgaben eines Organisationsplans!
b) Welches Leitungssystem (Weisungssystem) liegt bei der di-tronic Elektro GmbH vor?
c) Beschreiben Sie das von der GmbH eingesetzte Leitungssystem und nennen Sie dessen Vor- und Nachteile!

d) Nennen Sie die Stabstellen sowie deren Aufgaben!
e) Nach welchem Gesichtspunkt erfolgte die Bildung der Abteilungen (Aufgabenanalyse)?
f) Der Leiter der Personalabteilung hat festgestellt, dass die Kontrolle der Arbeitszeit wegen fehlerhafter Bedienung der Stechuhr im Lager nicht möglich ist. Welchen Dienstweg muss er einhalten, um den Fehler abzustellen?
g) Ein Lieferant im Ausland liefert trotz zweifacher Mahnung eine dringend benötigte Ware nicht. An wen muss sich der Sachbearbeiter wenden, wenn er die Rechtslage nicht beurteilen kann?
h) Unterscheiden Sie Aufbau- und Ablauforganisation!
i) Erklären Sie den Instanzenaufbau einer Unternehmung!
j) Geben Sie einen Überblick über mögliche Organisationsformen für die Leitung und Führung in Betrieben!

Aufgabe 3

Sie sind Auszubildender/Auszubildende im Großhandelsbetrieb di-tronic Elektro GmbH, Bahnhofstr. 17, 66424 Homburg, Telefon 06841 343536, Fax 06841 455055.

Situation:

Der Betrieb plant, im laufenden Geschäftsjahr eine Lagerhalle zu bauen. Die Baukosten betragen laut Kostenvoranschlag 860 000,00 EUR; davon müssen 500 000,00 EUR fremdfinanziert werden. Der Geschäftsführer legt Ihnen folgenden (in Auszügen dargestellten) Kreditantrag vor:

Aufgabenstellung:

a) Wer haftet für den Kredit?

b) In welchem Umfang haftet der Geschäftsführer, der den Kreditantrag unterschreibt?

c) Welche Form der Kreditsicherung liegt vor?

d) Was bedeutet die Vereinbarung „Auszahlung 98%"?

e) Wie kann der Betrieb den fehlenden Kapitalbetrag finanzieren?

f) Welche Form der Tilgung liegt dem Kreditvertrag zugrunde? Erstellen Sie den Tilgungsplan für das erste Jahr!

g) Erklären Sie Grundschuld!

h) Welche öffentliche Register kann die Bank einsehen, um zusätzliche Informationen über das Unternehmen zu erhalten?

i) Nennen und erklären Sie den Realkredit!

j) Nennen und erklären Sie den Personalkredit!

Aufgabe 4

Sie sind Auszubildender/Auszubildende im Großhandelsbetrieb di-tronic Elektro GmbH, Bahnhofstr. 17, 66424 Homburg, Telefon 06841 343536, Fax 06841 455055.

Situation:

Im Rahmen der Jahresabschlussarbeiten liegen für den Schaltkasten S 2, Artikelnummer 2358 folgende Daten vor:

Zeitraum	Zugang in Stück	Abgang in Stück	Endbestand in Stück
1. Quartal	80	100	
2. Quartal	65	70	
3. Quartal	110	120	
4. Quartal	130	115	
Summe			

Der Anfangsbestand (zu Beginn des 1. Quartals) für den Schaltkasten S 2 betrug 50 Stück. Der Bezugspreis je Schaltkasten betrug 130,00 EUR. Das Unternehmen rechnet mit einem Jahreszinssatz von 14%.

Aufgabenstellung:

Beantworten Sie folgende Fragen bezüglich des Schaltkastens S 2!

a) Die fehlenden Daten der Lagerdatei sind zu ergänzen!

b) Berechnen Sie den durchschnittlichen Lagerbestand!

c) Wie hoch ist die Lagerumschlagshäufigkeit?

d) Wie hoch ist die durchschnittliche Lagerdauer?

e) Wie hoch ist der Lagerzinssatz?

f) Wie hoch sind die Lagerzinsen?

g) Welche Gründe sprechen für eine Erhöhung der Lagerumschlagshäufigkeit?

h) Wie kann die Umschlagshäufigkeit erhöht werden?

i) Welche Gründe sprechen für die Einführung des Just-in-time-Verfahrens?

j) Welche Bedeutung haben Mindest-, Melde- und Höchstbestand in der Lagerhaltung?

Aufgabe 5

Sie sind Auszubildender/Auszubildende im Großhandelsbetrieb di-tronic Elektro GmbH, Bahn-hofstr. 17, 66424 Homburg, Telefon 06841 343536, Fax 06841 455055.

Situation:

Die di-tronic Elektro GmbH lieferte am 2. April 20.. Schaltelemente an den Elektroeinzelhandels-betrieb Roth OHG, Mainzer Str. 99, 66121 Saarbrücken. Für den Rechnungsbetrag in Höhe von 15 600,00 EUR galt die Zahlungsbedingung „zahlbar innerhalb von 8 Tagen unter Abzug von 2 % Skonto, innerhalb von 30 Tagen rein netto". Da der Einzelhandelsbetrieb nicht fristgerecht zahlte, wurde er am 5. Mai und ein zweites Mal am 26. Mai gemahnt; als Zahlungstermin wurde der 10. Juni festgelegt. Am 12. Juni ist noch kein Zahlungseingang erfolgt.

Der Leiter der Abteilung Rechnungswesen legt Ihnen am 12. Juni 20.. einen Vordruck für den Mahnbescheid vor (siehe Seite 571).

Aufgabenstellung:

Der Leiter der Abteilung Rechnungswesen bittet sie, im Zusammenhang mit dem Mahnbescheid folgende Fragen zu beantworten:

a) Welches Gericht ist zuständig?

b) Nennen Sie den Antragsgegner!

c) Wer ist Antragsteller?

d) Beschreiben Sie den geltend gemachten Anspruch!

e) Wie hoch ist die Hauptforderung?

f) Wie setzen sich die Kosten des Verfahrens zusammen?

g) Nennen Sie das Gericht, welches für ein streitiges Verfahren zuständig ist!

h) Welche Bedeutung hat der Abschnitt „Antrag" auf dem Antragsformular?

Der Antrag wird gerichtet
an das

Entwurfsblatt
– Bitte abtrennen –

Amtsgericht
Plz, Ort

Geschäftsnummer des Gerichts

①

② **Antragsgegner/ges. Vertreter**

Plz   Ort

– Graue Felder bitte nicht beschriften! –

Mahnbescheid
← Datum des Mahnbescheides

③ **Antragsteller,** ges. Vertreter, Prozeßbevollmächtigter, Bankverbindung

④ **macht gegen Sie**

☐ als Gesamt-
schuldner

⑤ **folgenden Anspruch geltend** (genaue Bezeichnung, insbes. mit Zeitangabe):

Geschäftszeichen
des Antragstellers: ....

⑥ Hauptforderung
EUR

Zinsen, Bezeichnung der Nebenforderung

⑦ Nebenforderung
EUR

⑧ Kosten dieses
Verfahrens
(Summe ① bis ⑤) EUR

1 Gerichtskosten	2 Auslagen d. Antragst.	3 Gebühr d. Prozeßbev.	4 Auslagen d. Prozeßbev.	5 MwSt. d. Prozeßbev.
EUR	EUR	EUR	EUR	EUR

⑨ Gesamtbetrag
EUR

**zuzüglich der
laufenden Zinsen**

Der Antragsteller hat erklärt, daß der Anspruch von einer Gegenleistung

☐ nicht abhänge.   ☐ abhänge, diese aber erbracht sei.

Das Gericht hat nicht geprüft, ob dem Antragsteller der Anspruch zusteht.
**Es fordert Sie hiermit auf, innerhalb von z w e i   W o c h e n seit der Zustellung dieses Bescheids e n t w e d e r die vorstehend
bezeichneten Beträge,** soweit Sie den geltend gemachten Anspruch als begründet ansehen, zu begleichen o d e r dem Gericht
auf dem beigefügten Vordruck mitzuteilen, ob und in welchem Umfang Sie dem Anspruch widersprechen.

Wenn Sie die geforderten Beträge nicht begleichen und wenn Sie auch nicht Widerspruch erheben, kann der Antragsteller nach Ablauf der
Frist einen **Vollstreckungsbescheid** erwirken und aus diesem die Zwangsvollstreckung betreiben.
Der Antragsteller hat angegeben, ein streitiges Verfahren sei durchzuführen vor dem

⑩

An dieses Gericht, dem eine Prüfung seiner Zuständigkeit vorbehalten bleibt, wird die Sache im Falle Ihres Widerspruchs abgegeben.

Rechtspfleger

Anschrift des Antragsteller/Vertreters/Prozeßbevollmächtigten

Antrag
Ort, Datum

⑪

**Ich beantrage, aufgrund der vorstehen-
den Angaben einen Mahnbescheid zu
erlassen.**

⑫ Im Falle des Widerspruchs beantrage ich die
Durchführung des streitigen Verfahrens.

⑬ Ordnungsgemäße
Bevollmächtigung
versichere ich.

Antragsteller ist
nicht zum Vorsteuer-
abzug berechtigt.

⑭ Hier die Anzahl der ausgefüllten Vordrucke
angeben, falls sich der Antrag gegen
mehrere Antragsgegner richtet.

Plz   Ort

Unterschrift des Antragstellers/Vertreters/Prozeßbevollmächtigten

Verlag Dashöfer GmbH, Johnsallee 30, D-20148 Hamburg
Tel.: 040 - 41 33 21-0, Fax: 040 - 41 83 83
Urheberrecht: Nachdruck und Nachahmung und kopieren verboten
Bestellnr.: F - 278 Mahn- und Vollstreckungsbescheid/Euro
URL: http://www.dashoefer.de

Aufgabe 6

Sie sind Auszubildender/Auszubildende im Großhandelsbetrieb di-tronic Elektro GmbH, Bahn-hofstr. 17, 66424 Homburg, Telefon 06841 343536, Fax 06841 455055.

Situation:

Bei der Beschaffung der Waren gilt für die ABC-Analyse folgende Klassifikation:

Materialart	Wertanteil in %	Mengenanteil in %
A-Güter	etwa 80%	etwa 10%
B-Güter	etwa 15%	etwa 25%
C-Güter	etwa 5%	etwa 65%

Folgende Informationen für einen Abrechnungszeitraum liegen vor:

Artikel-Nummer	Liefermenge	Preis je Einheit
M 123	210	350,00 EUR
M 257	26	13 200,00 EUR
M 318	130	940,00 EUR
P 113	68	8 100,00 EUR
P 266	76	5 600,00 EUR
P 390	120	670,00 EUR
R 005	170	180,00 EUR
R 020	30	11 500,00 EUR
T 236	230	150,00 EUR
V 588	20	6 200,00 EUR
V 694	380	15,00 EUR
V 980	1 100	29,00 EUR
X 101	15	40,00 EUR
Y 333	55	9 800,00 EUR
Z 010	140	75,00 EUR

Aufgabenstellung:

a) Ermitteln Sie anhand der ABC-Analyse die Klassifikation der Waren!

b) Beurteilen Sie die Mengenanteile der A-, B- und C-Güter!

c) Welche Zielsetzung verfolgt die ABC-Analyse?

d) Die Einkäufer der A-Güter setzen auf dem Beschaffungsmarkt Preissenkungen in erheb-lichem Umfang durch; welche Auswirkungen hat dies auf die künftige Klassifizierung der Güter?

e) Was ist bei den Liefermengen und Preisen im Rahmen der ABC-Analyse zu beachten?

f) Welches Hilfsmittel ist besonders geeignet, um ABC-Analysen durchzuführen?

Aufgabe 7

Sie sind Auszubildender/Auszubildende im Großhandelsbetrieb di-tronic Elektro GmbH, Bahnhofstr. 17, 66424 Homburg, Telefon 06841 343536, Fax 06841 455055.

Situation:

Von der Bilanz zum 31. Dezember 20.. der Firma di-tronic Elektro GmbH sind folgende Daten bekannt:

Grundstücke und Gebäude	660 000,00 EUR
Fuhrpark	200 000,00 EUR
Betriebs- und Geschäftsausstattung	200 000,00 EUR
Waren	219 200,00 EUR

Des Weiteren sind folgende Daten bekannt:

Eigenkapital am 1. Januar	300 000,00 EUR
Eigenkapitalanteil	25 %
Umsatzrentabilität	6 %
Liquidität 1. Grades	20 %
Liquidität 2. Grades	80 %
Anteil des langfristigen Fremdkapitals am Fremdkapital	70 %
Verkaufserlöse	1 500 000,00 EUR

Aufgabenstellung:

Ermitteln Sie

a) den Gewinn,

b) das Eigenkapital,

c) das Gesamtkapital,

d) das kurz- und langfristige Fremdkapital,

e) die flüssigen Mittel,

f) die Forderungen,

g) die Bilanz!

Aufgabe 8

Sie sind Auszubildender/Auszubildende im Industriebetrieb Schaltanlagen Atzorn OHG, Hauptstr. 22, 66482 Zweibrücken, Telefon 06332 345577, Fax 06332 345578.

Situation:

Ihnen liegen für ein bestimmtes Produkt, welches Ihr Ausbildungsbetrieb anbietet, folgende Informationen vor:

Kostentabelle

Menge in Stück	Gesamtkosten in EUR
0	8 000
100	18 000
200	28 000
300	38 000
400	48 000
500	58 000

Angebots- und Nachfragetabelle

Preis je Stück in EUR	Nachfrage in Stück	Angebot in Stück
80	500	100
100	400	200
120	300	300
140	200	400
160	100	500

Umsatzfunktion

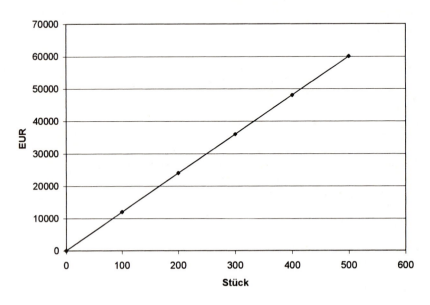

Aufgabenstellung:

a) Wie hoch sind aufgrund der Kostentabelle die Fixkosten insgesamt und die variablen Kosten je Stück?

b) Wie lautet die in der Kostentabelle zugrunde gelegte Gesamtkostenfunktion?

c) Stellen Sie aufgrund der Angebots- und Nachfragetabelle die entsprechenden Funktionen grafisch dar (Marktsituation)!

d) Lesen Sie aus der grafischen Darstellung der Angebots- und Nachfragefunktion den Gleichgewichtspreis (Marktpreis) ab!

e) Welcher Nachfrageüberhang ergibt sich für die vorgegebene Marktsituation bei einem Preis von 100,00 EUR?

f) Ermitteln Sie anhand der Umsatzfunktion den Preis, den das Unternehmen für das angebotene Gut zugrunde legt!

g) Stellen Sie die Kostenfunktion und die Umsatzfunktion des Unternehmens in einem Schaubild grafisch dar!

h) Ab welcher Absatzmenge erzielt das Unternehmen einen Gewinn (Break-even-point)?

Aufgabe 9

Sie sind Auszubildender/Auszubildende im Großhandelsbetrieb di-tronic Elektro GmbH, Bahnhofstr. 17, 66424 Homburg, Telefon 06841 343536, Fax 06841 455055.

Situation:

Der Leiter der Personalabteilung legt Ihnen die Stellenbeschreibung des Verkaufsleiters Ausland vor; die Stelle soll neu besetzt werden. Der Personalleiter bittet Sie, sich über die Bedeutung einer Stelle im Rahmen der Aufbauorganisation sowie über den Inhalt einer Stellenbeschreibung zu informieren.

Stellenbeschreibung

a) **Stellenbezeichnung**
   ● Verkaufsleiter(in) Ausland

b) **Stellenaufgaben**
   ● Einführung und Realisierung eines Marketing-Konzeptes
      ⇒ Verfahren für die Kundenbetreuung festlegen
      ⇒ Werbemaßnahmen festlegen
      ⇒ Planung von Verkaufsförderungsmaßnahmen
   ● Dokumentation
      ⇒ monatliche Feststellung der Umsatzentwicklung (Umsatzstatistik)
      ⇒ Marketing-Handbuch, Arbeitsanweisungen registrieren, verwalten und verteilen
      ⇒ Gesetze und Handelsbräuche verwalten und aktualisieren
   ● Verwaltung von Anfragen, Bestellungen und Kaufverträgen
      ⇒ Ablage (Registrierung)
      ⇒ Aufbewahrung
      ⇒ Vernichtung
   ● Überwachung der Verkaufsabwicklung
      ⇒ Auftragsbearbeitung
      ⇒ Versand
      ⇒ Absatzcontrolling

- Überwachung des Außendienstes
  - ⇒ Kontrolle der Verkaufsberichte
  - ⇒ Kontrolle der Spesenabrechnungen
- Schulung
  - ⇒ Durchführung von speziell auf das Ausland bezogene Marketing-Maßnahmen
  - ⇒ Überprüfung der Durchführung der notwendigen Schulung
- Berichtswesen
  - ⇒ regelmäßige Berichterstattung an den Leiter der Abteilung Marketing und an die Geschäftsführung
  - ⇒ Beratung des Leiters der Abteilung Marketing bei aktuellen Problemen
- Ansprechpartner für Mitarbeiter

c) **Stelleneingliederung**

Der Stelleninhaber (die Stelleninhaberin)

- ist dem Geschäftsführer unterstellt
- wird durch den Geschäftsführer vertreten
- hat Weisungsbefugnis gegenüber allen Mitarbeitern der Abteilung Verkauf Ausland

d) **Stellenanforderungen**

- Vorbildung: mittlerer Bildungsabschluss
- Ausbildung: Abschluss der Prüfung als Kaufmann/Kauffrau im Groß- und Außenhandel mit mindestens der Note „gut"
- Betriebserfahrung: mindestens fünf Jahre im Auslandsverkauf
- Persönlichkeitsmerkmale: Sprachkenntnisse in Französisch und Englisch, Verhandlungsgeschick, Kontaktfreudigkeit, Durchsetzungsvermögen, Teamfähigkeit, Gewissenhaftigkeit, Zuverlässigkeit

Aufgabenstellung:

a) Was versteht man unter einer Stelle?

b) Welche Art von Stelle liegt vor?

c) Was versteht man unter einer Stellenbeschreibung und welche Aufgaben hat sie?

d) Grenzen Sie die Stellenbeschreibung von der Arbeitsplatzbeschreibung ab!

e) Erklären Sie bezüglich der Stellenaufgaben die Begriffe Verkaufsförderung und Absatzcontrolling!

f) Unterscheiden Sie innerbetriebliche und externe Ausschreibung!

g) Nennen Sie die Vorteile einer innerbetrieblichen Stellenbesetzung!

h) Nennen Sie die Vorteile einer externen Stellenbesetzung!

i) Beschreiben Sie den Ablauf einer Personalauswahl!

j) Welche Bedeutung hat das Assessmentcenter bei der Personalauswahl?

k) Welche Rolle spielt der Betriebsrat bei der Personalbeschaffung?

Aufgabe 10

Sie sind Auszubildender/Auszubildende im Großhandelsbetrieb di-tronic Elektro GmbH, Bahnhofstr. 17, 66424 Homburg, Telefon 06841 343536, Fax 06841 455055. Das Unternehmen bietet u.a. den neu entwickelten Tele-Viewer 2000 an.

Situation:

Für den Verkauf des Tele-Viewers (Verkaufspreis netto 100,00 EUR pro Stück) ist der Einsatz eines Reisenden oder eines Vertreters möglich; es liegen folgende Zahlen vor:

Umsatz	Kosten in EUR	
	Reisender	Vertreter
0	1 800	0
10 000	2 200	900
20 000	2 600	1 800
30 000	3 000	2 700
40 000	3 400	3 600
50 000	3 800	4 500
60 000	4 200	5 400
70 000	4 600	6 300
80 000	5 000	7 200

Aufgabenstellung:

Der Leiter der Abteilung Vertrieb bittet Sie folgende Aufgaben zu bearbeiten:

a) Aufgrund der Tabelle ist zu entscheiden, ab welcher Absatzmenge der Einsatz eines Reisenden günstiger ist als der Einsatz eines Vertreters!

b) Die kritische Menge für die Entscheidung Reisender bzw. Vertreter ist zu berechnen!

c) Der Kostenvergleich zwischen Reisendem und Vertreter ist grafisch darzustellen!

d) Stellen Sie die Vorteile beim Einsatz eines Reisenden denen eines Vertreters gegenüber!

e) Nennen Sie weitere Formen des direkten und indirekten Absatzes und beschreiben Sie deren Vor- und Nachteile!

f) Welche Möglichkeiten hat der Großhandelsbetrieb, um das Produkt im Ausland zu verkaufen?

Lösungen Datenverarbeitung

Aufgabe 1, Seite 386

a) Struktur der Tabelle Lieferanten Farben

Lieferanten Farben : Tabelle

Feldname	Felddatentyp	Beschreibung
Nr	AutoWert	Automatische Vergabe der Lieferantennummer
Firma	Text	Firma des Lieferanten
Straße	Text	Straße mit Hausnummer
PLZ	Text	Fünfstellige Postleitzahl
Ort	Text	Firmensitz
Telefon	Text	Telefonnummer mit Vorwahl
Telefax	Text	Faxnummer
Ansprechpartner	Text	Name der Kontaktperson
Mindestsumme	Währung	Zu beachtender Mindestbestellwert
Stammlieferant	Ja/Nein	Ständiger Lieferant Ja/Nein

b) Struktur der Tabelle Produkte Farben

Produkte Farben : Tabelle

Feldname	Felddatentyp	Beschreibung
Nr	AutoWert	Lfd. Produktnummer
Bezeichnung	Text	Produktbezeichnung
BestellNr	Text	Bestellnummer des Lieferanten
LieferantenNr	Zahl	Nummer des Lieferanten aus der Lieferantentabelle
Einheit_Liter	Zahl	Verkaufseinheit
Mindestmenge_L	Zahl	Menge, die mindestens bestellt werden muss
EP je Einheit	Währung	Einkaufspreis je Einheit

c) Eingabeformular Lieferantendaten

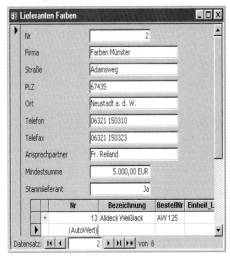

d) Eingabeformular Produktdaten

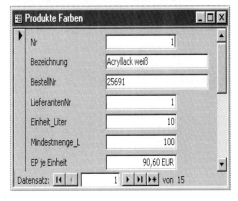

e) Lieferantentabelle

Nr	Firma	Straße	PLZ	Ort	Telefon
1	Lacke Gräser	Bayernstr. 9	66111	Saarbrücken	0681 123546
2	Farben Münster	Adamsweg	67435	Neustadt a. d. W.	06321 150310
3	Farben Gross	Achstr. 56	66119	Saarbrücken	0681 520591
4	Braun Lackfabrik	Maybachstr. 28	67269	Grünstadt	06359 80050
5	FALA Farben GmbH	Denisstr. 140	67663	Kaiserslautern	0631 255055
6	Farben Rung OHG	Auestr. 19	67346	Speyer	06232 633033

Telefax	Ansprechpartner	Mindestsumme	Stammlieferant
0681 123547	Fr. Hirsch	3.000,00 EUR	Nein
06321 150323	Fr. Reiland	5.000,00 EUR	Ja
0681 520600	H. Hessler	3.000,00 EUR	Ja
06359 800501	Fr. Greif	4.000,00 EUR	Nein
0631 255056	H. Mittag	8.000,00 EUR	Ja
06232 633034	H. Daum	6.000,00 EUR	Ja

f) Produkttabelle

Nr	Bezeichnung	BestellNr	LieferantenNr	Einheit_Liter	Mindestmenge	EP je Einheit
1	Acryllack weiß	25691	1	10	100	90,60 EUR
2	Acryllack rot	25692	1	10	100	90,60 EUR
3	Acryllack schwarz	25693	1	10	100	90,60 EUR
4	Grundierlack	2364	5	25	200	104,20 EUR
5	Alldeck Vorlack weiß	665 K	4	25	200	174,30 EUR
6	Alldeck Weißlack	667 L	4	5	50	42,90 EUR
7	Alldeck Weißlack	667 E	4	10	100	78,50 EUR
8	Alldeck Weißlack	667 J	4	25	200	164,10 EUR
9	Glemalux Klarlack	2391	5	25	25	118,70 EUR
10	Alldeck Weißlack	F 1458	3	10	50	71,20 EUR
11	Alldeck Weißlack	F 1459	3	25	50	159,90 EUR
12	Acryllack weiß	2399	5	10	10	98,70 EUR
13	Alldeck Weißlack	AW 125	2	5	100	41,90 EUR
14	Alldeck Weißlack	2 A 35	6	10	200	72,20 EUR
15	Alldeck Weißlack	25681	1	25	100	172,00 EUR

g) Verknüpfung von Lieferantentabelle und Produkttabelle

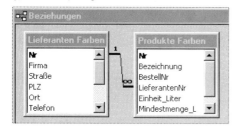

h) Lieferanten von Alldeck Weißlack als 25-Liter-Gebinde

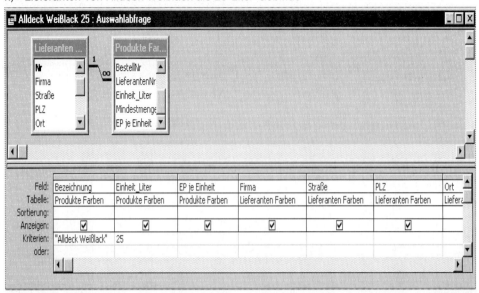

i) Bericht für Alldeck Weißlack als 25-Liter-Gebinde

Alldeck Weißlack 25

Bezeichnung	Einheit_Liter		EP je Einheit		Firma
Alldeck Weißlack		25		164,10 EUR	Braun Lackfabrik
Straße	PLZ		Ort		
Maybachstr. 28	67269		Grünstadt		

Bezeichnung	Einheit_Liter		EP je Einheit		Firma
Alldeck Weißlack		25		159,90 EUR	Farben Gross
Straße	PLZ		Ort		
Achstr. 56	66119		Saarbrücken		

Bezeichnung	Einheit_Liter		EP je Einheit		Firma
Alldeck Weißlack		25		172,00 EUR	Lacke Gräser
Straße	PLZ		Ort		
Bayernstr. 9	66111		Saarbrücken		

j) Lieferanten der Lacke weiß als 10-Liter-Gebinde

Feld:	Bezeichnung	Einheit_Liter	EP je Einheit	Firma	Straße	PLZ	Ort
Tabelle:	Produkte Farben	Produkte Farben	Produkte Farben	Lieferanten Farben	Lieferanten Farben	Lieferanten Farben	Liefera
Sortierung:							
Anzeigen:	✓	✓	✓	✓	✓	✓	
Kriterien:	"Alldeck Weißlack"	10					
oder:	"Acryllack weiß"						

Bezeichnung	Einheit_Liter	EP je Einheit	Firma	Straße	PLZ	Ort
Acryllack weiß	10	98,70 EUR	FALA Farben GmbH	Denisstr. 140	67663	Kaiserslautern
Acryllack weiß	10	90,60 EUR	Lacke Gräser	Bayernstr. 9	66111	Saarbrücken
Alldeck Weißlack	10	72,20 EUR	Farben Rung OHG	Auestr. 19	67346	Speyer
Alldeck Weißlack	10	71,20 EUR	Farben Gross	Achstr. 56	66119	Saarbrücken
Alldeck Weißlack	10	78,50 EUR	Braun Lackfabrik	Maybachstr. 28	67269	Grünstadt

k) Einkaufspreis je Liter

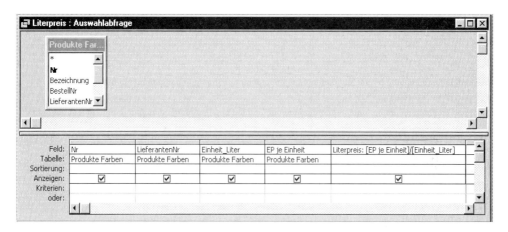

Aufgabe 2, Seite 388

a) b) c)

Tabelle

	A	B	C	D	E	F
1	Filiale	Januar	Februar	März	Summe	Anteil am Gesamtumsatz in %
2						
3	1	142 500,00 EUR	131 100,00 EUR	143 600,00 EUR	417 200,00 EUR	30,71%
4	2	64 300,00 EUR	67 900,00 EUR	74 200,00 EUR	206 400,00 EUR	15,19%
5	3	166 440,00 EUR	153 900,00 EUR	168 720,00 EUR	489 060,00 EUR	36,00%
6	4	72 300,00 EUR	83 700,00 EUR	89 900,00 EUR	245 900,00 EUR	18,10%
7	Summe	445 540,00 EUR	436 600,00 EUR	476 420,00 EUR	1 358 560,00 EUR	100,00%

Tabelle mit Formeln

	A	B	C	D	E	F
1	Filiale	Januar	Februar	März	Summe	Anteil am Gesamtumsatz in %
2						
3	1	142500	131100	143600	=B3+C3+D3	=E3/$E$7
4	2	64300	67900	74200	=B4+C4+D4	=E4/$E$7
5	3	166440	153900	168720	=B5+C5+D5	=E5/$E$7
6	4	72300	83700	89900	=B6+C6+D6	=E6/$E$7
7	Summe	=B3+B4+B5+B6	=C3+C4+C5+C6	=D3+D4+D5+D6	=SUMME(E3:E6)	=SUMME(F3:F6)

d) Säulendiagramm für Filialumsätze

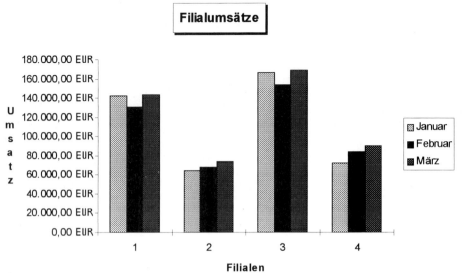

e) Kreisdiagramm für die Umsatzanteile der Filialen am Gesamtumsatz

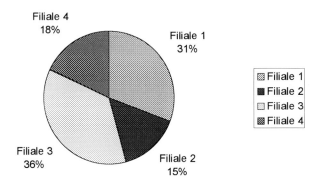

Umsatzanteile der Filialen

Aufgabe 3, Seite 389

a) b) c)

Tabelle

	A	B	C	D	E	F	G	H
1		\multicolumn{7}{c}{Mitarbeiter}
2	Quartal	Innendienst	%	Außendienst	%	Auszubildende	%	Gesamt
3	I	15	38,5%	20	51,3%	4	10,3%	39
4	II	16	38,1%	24	57,1%	2	4,8%	42
5	III	18	34,6%	29	55,8%	5	9,6%	52
6	IV	16	38,1%	21	50,0%	5	11,9%	42

Tabelle mit Formeln

	A	B	C	D	E	F	G	H
1		\multicolumn{7}{c}{Mitarbeiter}
2	Quartal	Innendienst	%	Außendienst	%	Auszubildende	%	Gesamt
3	I	15	=B3/H3	20	=D3/H3	4	=F3/H3	=B3+D3+F3
4	II	16	=B4/H4	24	=D4/H4	2	=F4/H4	=B4+D4+F4
5	III	18	=B5/H5	29	=D5/H5	5	=F5/H5	=B5+D5+F5
6	IV	16	=B6/H6	21	=D6/H6	5	=F6/H6	=B6+D6+F6

d) Liniendiagramm

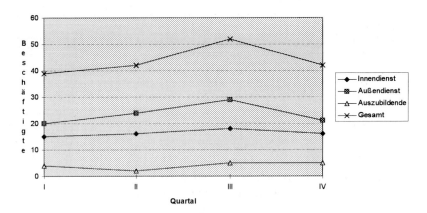

e) 3-D-Kreisdiagramm

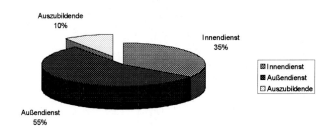

Aufgabe 4, Seite 389

a) b) c)

Tabelle

	A	B	C	D	E	F	G	H	I
1	Tank-	km-Stand	km-Stand	gefahrene	Liter	EUR-	EUR	Verbrauch je 100 km	
2	datum	alt	neu	km	getankt	Betrag	je Liter	einzeln	insgesamt
3	08.01.20..	26 500	27 320	820	52,8	59,14	1,120	6,44	6,44
4	23.01.20..	27 320	28 115	795	50,2	57,54	1,146	6,31	6,38
5	05.02.20..	28 115	29 125	1 010	73,5	86,06	1,171	7,28	6,72
6	19.02.20..	29 125	29 952	827	56,9	69,29	1,218	6,88	6,76
7	05.03.20..	29 952	30 499	547	45,6	56,43	1,238	8,34	6,98
8	15.03.20..	30 499	31 200	701	58,1	71,90	1,238	8,29	7,17
9	28.03.20..	31 200	31 748	548	46,4	57,42	1,238	8,47	7,31

Tabelle mit Formeln

	A	B	C	D	E	F	G	H	I
1	Tank-	km-Stand	km-Stand	gefahrene	Liter	EUR-	EUR	Verbrauch je 100 km	
2	datum	alt	neu	km	getankt	Betrag	je Liter	einzeln	insgesamt
3	08.01.20..	26500	27320	=C3-B3	52,8	59,14	=F3/E3	=E3*100/D3	=SUMME($E$3:E3)*100/SUMME($D$3:D3)
4	23.01.20..	=C3	28115	=C4-B4	50,2	57,54	=F4/E4	=E4*100/D4	=SUMME($E$3:E4)*100/SUMME($D$3:D4)
5	05.02.20..	=C4	29125	=C5-B5	73,5	86,06	=F5/E5	=E5*100/D5	=SUMME($E$3:E5)*100/SUMME($D$3:D5)
6	19.02.20..	=C5	29952	=C6-B6	56,9	69,29	=F6/E6	=E6*100/D6	=SUMME($E$3:E6)*100/SUMME($D$3:D6)
7	05.03.20..	=C6	30499	=C7-B7	45,6	56,43	=F7/E7	=E7*100/D7	=SUMME($E$3:E7)*100/SUMME($D$3:D7)
8	15.03.20..	=C7	31200	=C8-B8	58,1	71,90	=F8/E8	=E8*100/D8	=SUMME($E$3:E8)*100/SUMME($D$3:D8)
9	28.03.20..	=C8	31748	=C9-B9	46,4	57,42	=F9/E9	=E9*100/D9	=SUMME($E$3:E9)*100/SUMME($D$3:D9)

d) e) Liniendiagramm für Benzinverbrauch einzeln und insgesamt

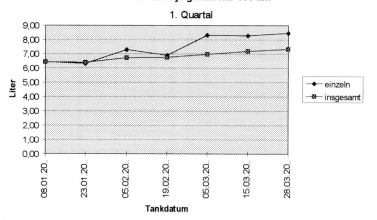

Aufgabe 5, Seite 390

a) b) c)
Tabelle

	A	B	C	D	E	F	G
1	**Fehltage im Monat Januar**						
2							
3		Stunden		Fehlstunden		Prämienregelung	
4		Soll	Ist	absolut	in %	absolut	in %
5	Abel	176	168	8	4,55%	kein Punkt	kein Punkt
6	Greiner	176	160	16	9,09%	kein Punkt	kein Punkt
7	Hoffmann	88	84	4	4,55%	1 Punkt	kein Punkt
8	Mayer	176	156	20	11,36%	kein Punkt	kein Punkt
9	Mungei	88	86	2	2,27%	1 Punkt	1 Punkt
10	Rieger	176	176	0	0,00%	1 Punkt	1 Punkt
11	Summe	880	830	50	5,68%		

Tabelle mit Formeln

	A	B	C	D	E
1	**Fehltage im Monat Januar**				
2					
3		Stunden		Fehltage	
4		Soll	Ist	absolut	in %
5	Abel	176	168	=B5-C5	=D5/B5
6	Greiner	176	160	=B6-C6	=D6/B6
7	Hoffmann	88	84	=B7-C7	=D7/B7
8	Mayer	176	156	=B8-C8	=D8/B8
9	Mungei	88	86	=B9-C9	=D9/B9
10	Rieger	176	176	=B10-C10	=D10/B10
11	Summe	=SUMME(B5:B10)	=SUMME(C5:C10)	=SUMME(D5:D10)	=D11/B11

	F	G
1		
2		
3	Prämienregelung	
4	absolut	in %
5	=WENN(D5<=4;"1 Punkt";"kein Punkt")	=WENN(E5<=2,3%;"1 Punkt";"kein Punkt")
6	=WENN(D6<=4;"1 Punkt";"kein Punkt")	=WENN(E6<=2,3%;"1 Punkt";"kein Punkt")
7	=WENN(D7<=4;"1 Punkt";"kein Punkt")	=WENN(E7<=2,3%;„1 Punkt";"kein Punkt")
8	=WENN(D8<=4;"1 Punkt";"kein Punkt")	=WENN(E8<=2,3%;"1 Punkt";"kein Punkt")
9	=WENN(D9<=4;"1 Punkt";"kein Punkt")	=WENN(E9<=2,3%;"1 Punkt";"kein Punkt")
10	=WENN(D10<=4;"1 Punkt";"kein Punkt")	=WENN(E10<=2,3%;"1 Punkt";"kein Punkt")
11		

d) e) Balkendiagramm

Vergleich der Soll- und Iststunden

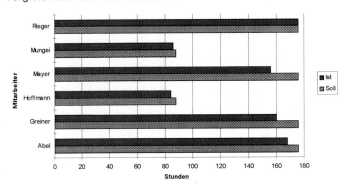

Aufgabe 6, Seite 390

Leuchtsysteme
Norbert Tech · Am Markt 5 · 66482 Zweibrücken

Leuchtsysteme Norbert Tech · Am Markt 5 · 66482 Zweibrücken

Firma
Karl Pieper
Alemannenstr. 16

67661 Kaiserslautern

Ihr Zeichen, Ihre Nachricht vom	Unser Zeichen, unsere Nachricht vom	Telefon, Name	Datum
—	la-te	06332 121670	20..-11-22

Lieferungsverzug

Sehr geehrter Herr Pieper,

am 20. Oktober 20.. bestellten wir bei Ihnen 10 Hängelampen, Marke Artemide, Typ Macumba, zum Stückpreis von 1 100,00 EUR. Obwohl eine Lieferzeit von vier Wochen vereinbart war, ist die Sendung bis heute nicht bei uns eingetroffen.

Wir setzen Ihnen eine

Nachfrist bis zum 2. Dezember 20..

Wenn die Lampen bis zu diesem Zeitpunkt nicht geliefert sind, behalten wir uns vor,

vom Vertrag zurückzutreten oder Schadensersatzansprüche

geltend zu machen.

Wir bitten Sie um Verständnis für unsere Forderung, da wir unseren Kunden die Lieferung der Lampen fest zugesagt haben. Wir hoffen, dass Sie den neuen Liefertermin einhalten können.

Mit freundlichen Grüßen

Norbert Tech

Aufgabe 7, Seite 391

Fertighaus Nolte GmbH

Fertighaus Nolte GmbH, Bahnhofplatz 43, 68161 Mannheim

Firma
Dr. Scheffler
Waldstr. 20

66386 St Ingbert

Ihr Zeichen, Ihre Nachricht vom	Unser Zeichen, unsere Nachricht vom	Telefon, Name	Datum
—	me-se	0621 652643	20..-09-10

Rechnungsausgleich und Bitte um Stundung

Sehr geehrter Herr Dr. Scheffler,

aufgrund von Umbauarbeiten und einer unerwarteten rückläufigen Umsatzentwicklung befinden wir uns vorübergehend in Liquiditätsschwierigkeiten. Zu unserem Bedauern können wir deshalb Ihre Rechnung Nummer 4721 vom 30. August 20.. über

23 400,00 EUR, fällig am 15. September 20..,

nur teilweise ausgleichen.

Sie erhalten heute einen Verrechnungsscheck über

10 000,00 EUR auf Stadtsparkasse Mannheim,

den Sie bitte mit der Gesamtschuld verrechnen wollen.

Für den Restbetrag
von 13 400,00 EUR

bitten wir um eine Zielverlängerung bis zum 15. Dezember 20.. Wir sind gerne bereit, einen Wechsel über diesen Betrag zu akzeptieren. Selbstverständlich werden wir die Verzugszinsen übernehmen, die sie in den Wechselbetrag einrechnen können.

Wir hoffen auf Ihr Verständnis und danken Ihnen im Voraus für Ihr Entgegenkommen.

Mit freundlichen Grüßen

Nolte GmbH

Anlage
1 Verrechnungsscheck

Aufgabe 8, Seite 391

Polstermöbel
Kuhn GmbH
Bahnhofstr. 131
66111 Saarbrücken

Saarbrücken, 20..-03-10

Polstermöbel Kuhn GmbH · Bahnhofstr. 131 · 66111 Saarbrücken

«Vorname» «Name»
«Straße»
«Plz» «Ort»

Wiedereröffnung nach umfangreichen Renovierungsarbeiten

«Anrede» «Name»,

unser Unternehmen war wegen umfangreicher Renovierungs- und Umbauarbeiten drei Monate geschlossen.

Anlässlich der Wiedereröffnung unseres Betriebes

am Donnerstag, dem 23. März 20..,

möchten wir Sie gerne zu einer kleinen Feier um 17:00 Uhr nachmittags einladen. Für Ihr leibliches Wohl wird gesorgt und sie werden die Möglichkeit haben, sich unsere neu gestalteten Räume mit besonders ausgewählten Möbelstücken anzuschauen.

Mit freundlichen Grüßen

Polstermöbel Kuhn
Richard Kuhn

Merke:

- Unter einem **Serienbrief** versteht man eine bestimmte Anzahl von Dokumenten (z.B. Briefe), wobei jedes Exemplar zwei Arten von Text enthält: einen Grundtext, welcher in jedem Schreiben gleich ist und variable Textelemente, die in jedem einzelnen Brief verschieden sind (z.B. Namen und Anschrift des Empfängers). Ein Serienbrief wird also nicht für jeden Empfänger aufgesetzt, sondern es werden einzelne Teile einfach ausgetauscht.

- Ein Serienbrief verbindet zwei Dateien miteinander, und zwar das Hauptdokument (Serientextdatei) und die Datenquelle (Steuerdatei).

- Das **Hauptdokument** enthält Text und Grafik, die in jedem Exemplar des Serienbriefs gleich sind (feste Daten). Es kann wie jedes andere Dokument erstellt, formatiert und unter einem beliebigen Namen abgespeichert werden. In das Hauptdokument werden selbstdefinierte Seriendruckfelder (z.B. Name, Vorname, Umsatz) eingefügt, welche die variablen Daten (z.B. Brauns, Eva, 100 000,00 EUR) aus der zugehörigen Datenquelle für jeden einzelnen Brief entnehmen, wenn das Hauptdokument mit der Datenquelle verbunden wird.

- Die **Datenquelle** wird wie ein gewöhnliches Dokument erstellt und unter einem beliebigen Namen gespeichert. Die Datenquelle enthält die (variablen) Informationen, die in das Hauptdokument eingefügt werden sollen. Jede Datenquelle besteht aus den beiden Bestandteilen Steuersatz und Datensätze.

Der **Steuersatz** muss der erste Absatz der Steuerdatei sein, er besteht aus den Feldnamen für jedes Seriendruckfeld (z. B. Name, Vorname, Umsatz), wobei die Feldnamen in den beiden Dateien gleich geschrieben werden müssen.

Die **Datensätze** enthalten die Informationen zu den einzelnen Feldnamen, die in jedem Exemplar des Serienbriefes erscheinen.

Lösungen Wirtschaftsrechnen und Statistik

Aufgabengruppe 1, Seite 417

1. a) A: 6 900,00 EUR + 24 000,00 EUR
       B: 9 480,00 EUR
       C: 4 320,00 EUR

   b) Kapitalverzinsung: 6 %

2. 1,0256   USD =   1,00 EUR
   20 400,00 USD = 19 890,80 EUR
   + 5 ‰   99,45 EUR
                       19 990,25 EUR

3. Kreditsumme   1 500,00 EUR   100 %
   − Zinsen 12 % / 120 Tage   60,00 EUR   4 %

                                     1 440,00 EUR   96 %
   − Bearbeitungsgebühr   30,00 EUR

   Auszahlung   1 410,00 EUR

   Zeitprozentsatz: $\dfrac{12 \cdot 120}{360}$ = 4 %

4. 80 000,00 EUR   100 %
   16 000,00 EUR   20 %

   64 000,00 EUR   80 %   100 %
   12 800,00 EUR   20 %

   51 200,00 EUR   100 %   80 %
   10 240,00 EUR   20 %

   40 960,00 EUR   80 %

5. $\dfrac{5 \cdot 25 \cdot 8 \cdot 1800}{20 \cdot 9 \cdot 1200}$ = 8,$\overline{3}$ 8,33 = 8 Tage + 3 Arbeitsstunden

Aufgabengruppe 2, Seite 418

1. a) Zinssatz: $\dfrac{2 \cdot 360}{20}$ = 36 %

   b) Kreditzinsen: $\dfrac{20\,580 \cdot 20 \cdot 8}{100 \cdot 360}$ = 91,47 EUR

       Skontoertrag   420,00 EUR
       − Zinsen   91,47 EUR
       Finanzierungsgewinn   328,53 EUR

2. $\dfrac{29,40 \;\cdot\; 100 \;\cdot\; 360}{2\,450 \;\cdot\; 72} = 6\%$

3.
$$
\begin{array}{rr}
 & 3\,500,00 \text{ EUR} \\
- & 1\,500,00 \text{ EUR} \\
\hline
2,5\% \quad - & 2\,000,00 \text{ EUR} \\
100\;\;\% \quad - & 80\,000,00 \text{ EUR}
\end{array}
$$

4.
Kapital	90 000,00 EUR	↑	100 %
+ Zinsen 12 % / 60 Tage	1 800,00 EUR		2 %
vermehrtes Kapital	91 800,00 EUR		102 %

5. a)
Rechnungsbetrag	9 379,59 EUR	↑	100 %
− Skonto	187,59 EUR		2 %
Überweisung	9 192,00 EUR		98 %

   b) 60 − 10 = 50 Tage

   c) $\dfrac{153,20 \;\cdot\; 100 \;\cdot\; 360}{9\,192 \;\cdot\; 50} = 12\%$

Aufgabengruppe 3, Seite 418 f.

1. 1,5147 CHF = 1,00 EUR
   4 000,00 CHF = 2 640,79 EUR

   1,00 EUR = 1,4130 CAD
   2 640,79 EUR = 3 731,44 CAD

2. $\dfrac{139,50 \;\cdot\; 100 \;\cdot\; 360}{4\,500 \;\cdot\; 9} = 124$ Tage; 2. Nov. (Rückzahlung)

3.
	Zinsen	Kapital
A	23 800,00 EUR	190 400,00 EUR
B	27 200,00 EUR	217 600,00 EUR
C	34 000,00 EUR	272 000,00 EUR
D	21 250,00 EUR	170 000,00 EUR
	106 250,00 EUR	850 000,00 EUR (≙ 12,5 % Verzinsung)

4.
$$
\begin{array}{rl}
 & 438\,000,00 \text{ EUR} \\
- & 284\,000,00 \text{ EUR} \\
\hline
 & 154\,000,00 \text{ EUR} \quad \text{Endkapital} \\
+ & 8\,345,00 \text{ EUR} \\
- & 15\,345,00 \text{ EUR} \quad \text{Gewinn} \\
\hline
 & 147\,000,00 \text{ EUR} \quad \text{Anfangskapital}
\end{array}
$$
$\dfrac{15\,345 \;\cdot\; 100}{147\,000} = 10,44\%$ Verzinsung

5. $\dfrac{151,25 \;\cdot\; 100 \;\cdot\; 360}{125 \;\cdot\; 6} = 7\,260,00 \text{ EUR}$

Aufgabengruppe 4, Seite 419

1. a) $\dfrac{1215 \cdot 100}{48\,600} = 2,5\%$

   b)
   $\begin{array}{r} 25\,815,00 \text{ EUR} \\ +\quad 645,38 \text{ EUR} \\ \hline 26\,460,38 \text{ EUR} \end{array}$

2.

	Bez.-Spesen	Bezugspreis/kg
1.S.	20,80 EUR	0,67 EUR
2.S.	52,00 EUR	1,31 EUR
	72,80 EUR	

3. Barwert 1. Wechsel: $\quad 5\,200,00 \text{ EUR} - \dfrac{5\,200 \cdot 7,5 \cdot 36}{100 \cdot 360} = 5\,161,00 \text{ EUR}$

   Barwert 2. Wechsel: $\quad 4\,600,00 \text{ EUR} - \dfrac{4\,600 \cdot 7,5 \cdot 56}{100 \cdot 360} = 4\,546,33 \text{ EUR}$

Summe der Barwerte	9\,707,33 EUR
Rechnungsbetrag	12\,400,00 EUR
Scheckbetrag	2\,692,67 EUR

4. a)

Skontoabzug	170,00 EUR
− Zinsen 10%/30 Tage	50,00 EUR
Finanzierungsgewinn	120,00 EUR

   b) 24%

5.

	Tage	#
60\,000,00 EUR	90	54\,000
40\,000,00 EUR	90	36\,000
20\,000,00 EUR	90	18\,000
		108\,000 : 40 = 2\,700,00 EUR

   15. Nov.: 22\,700,00 EUR

Aufgabengruppe 5, Seite 420

1.
   $\begin{array}{l} 54\,000,00 \text{ EUR} \quad \text{Einnahmen/Jahr} \\ -\;12\,000,00 \text{ EUR} \\ -\;\;\;9\,000,00 \text{ EUR} \\ -\;14\,400,00 \text{ EUR} \\ \hline 18\,600,00 \text{ EUR} \quad \text{Reinertrag;} \end{array}$
   $\qquad \dfrac{18\,600 \cdot 100}{300\,000} = 6,2\% \text{ Verzinsung}$

2. a) $\dfrac{9312 \cdot 100}{97} = 9\,600,00 \text{ EUR}$

   b) $\dfrac{3 \cdot 360}{20} = 54\%$

   c) $\dfrac{77,60 \cdot 100 \cdot 360}{9312 \cdot 20} = 15\%$

3. Kredit   25 000,00 EUR   100 %

   − Zinsen 8 % / 90 Tage   500,00 EUR   2 %

   − Bearbeitungsgebühr   250,00 EUR   1 %

   Auszahlung   24 250,00 EUR   97 %

4.

                              260 000,00 EUR   ursprüngl. Umsatz

  + $6\frac{1}{4}$ %   16 250,00 EUR

                              276 250,00 EUR

  − 10 %   27 625,00 EUR

                              248 625,00 EUR

  + $3\frac{1}{3}$ %   8 287,50 EUR

                              256 912,50 EUR

5. 120,000 kg   100 %   ursprüngl. Gewicht

     6,000 kg   5 %

  114,000 kg   95 %   100 %

    2,280 kg   2 %

  116,280 kg   102 %

Aufgabengruppe 6, Seite 420 f.

1.   400 000,00 EUR

   +   8 000,00 EUR

   +   12 000,00 EUR

    420 000,00 EUR : 10 Jahre = 42 000,00 EUR / Jahr

    294 000,00 EUR : 42 000,00 EUR / Jahr = 7 Jahre

2. 103 % − 1 266,90 Mrd. EUR

   100 % − 1 230,00 Mrd. EUR (reales Nationaleinkommen)

  1 200,00 Mrd. EUR − 100 %

    30,00 Mrd. EUR −   2,5 % (reales Wachstum)

3. 100 % −   4 000 Stück

    75 % −   3 000 Stück (eigener Inlandsabsatz)

     2 % −   3 000 Stück

   100 % − 150 000 Stück (Gesamtabsatz im Inland)

4. Lagerzinssatz = $\dfrac{12 \cdot 20}{360}$ = $\frac{2}{3}$ %

5. A: 120 · 16,30 − 8 % = 1 799,52 EUR : 120 Stück = 15,00 EUR / Stück

    B: 110 · 16,30   = 1 793,00 EUR : 120 Stück = 14,94 EUR / Stück

38 Groh/Schröer − ISBN 978-3-8120-0422-0

Aufgabengruppe 7, Seite 421

1. a) 219,00 EUR
   b) 219,00 EUR (entspricht unfrei)
   c) 34,00 EUR
   d) 0,00 EUR
   e) 267,50 EUR

2. Meldebestand $= 8 \cdot 240 + 20 \cdot 240 = 6\,720$ Stück

3. a) 10\,110,00 EUR
   b) 8\,630,00 EUR
   c) 8\,230,00 EUR
   d) 1\,730,00 EUR
   e) 1\,110,00 EUR
   f) 90,00 EUR
   g) 1\,110,00 EUR
   h) 830,00 EUR

4. 140 % — 1\,680\,000,00 EUR
   100 % — 1\,200\,000,00 EUR (Wareneinsatz)

   1\,200\,000,00 EUR : 4 = 300\,000,00 EUR (Kapitaleinsatz)

5. a) 97 % — 6\,305,00 EUR
   100 % — 6\,500,00 EUR (zukünftiger Preis)

   b) 6\,500 : 6\,305 = 1,03093 (Faktor)

Aufgabengruppe 8, S. 422

1. Lagerzinssatz $= \dfrac{12 \cdot 20}{360} = {}^{2}/_{3}\,\%$

2. Meldebestand $= 150 + (50 \cdot 10) = 650$ Einheiten

   $950 - 650 = 300$ Einheiten

   $300 : 50 = 6$ Tage (bis zur Bestellung)

3. a) Umschlagshäufigkeit $= \dfrac{360}{40} = 9$

   b) Jahreszinssatz $= 1,2 \cdot 9 = 10,8\,\%$

4. 480\,000,00 EUR : 6 = 80\,000,00 EUR (ursprünglicher Kapitaleinsatz)

   480\,000,00 EUR : 8 = 60\,000,00 EUR (neuer Kapitaleinsatz)

5. a) durchschnittlicher Lagerbestand $= \dfrac{85\,000 + 305\,000}{13} = 30\,000,00$ EUR

   b) Umschlagshäufigkeit $= \dfrac{150\,000}{30\,000} = 5$

c) durchschnittliche Lagerdauer $= \dfrac{360}{5} = 72$ Tage

d) Kapitalbindung $= \dfrac{150\,000}{5} = 30\,000,00$ EUR

Aufgabengruppe 9, Seite 422 f.

1. Zinsen 7,4 %/28 Mon.   1 726,67 EUR
   Gebühr   125,00 EUR

   Gesamtbelastung   1 851,67 EUR

   Effektiver Zinssatz $= \dfrac{1\,851,67 \;\cdot\; 100 \;\cdot\; 12}{10\,000 \;\cdot\; 28} = 7,94\,\%$

2. Kreditbetrag $= 1\,600,00$ EUR

   Zinsen/16 Monate   140,80 EUR
   Gebühr   14,40 EUR

   Gesamtbelastung   155,20 EUR

   Mittelwert der Schuld $= \dfrac{1\,600 \;+\; 100}{2} = 850,00$ EUR

   Effektiver Zinssatz $= \dfrac{155,20 \;\cdot\; 100 \;\cdot\; 12}{850 \;\cdot\; 16} = 13,69\,\%$

3. a) 182 220,00 EUR
   b) 26 615,00 EUR
   c) 6,8 x
   d) 53 Tage

4. Verkaufspreis 280,00 EUR

   a) Einkaufspreis 210,00 EUR
   b) 20 %

5. a) 704 500,00 EUR
   b) 129 700,00 EUR
   c) 11,6 % Handlungskostenzuschlag
   d) Kalkulationssatz 18,4 %
       Handelsspanne 15,5 %
   e) Reingewinn 48 000,00 EUR $= 6,11\,\%$

Aufgabengruppe 10, Seite 423 f.

1. Wareneinsatz $= 280\,000,00$ EUR $+ \,(100\,000,00$ EUR $- \,60\,000,00$ EUR$) = 320\,000,00$ EUR

   durchschnittlicher Lagerbestand $= \dfrac{100\,000 \;+\; 60\,000}{2} = 80\,000,00$ EUR

   Umschlagshäufigkeit $= \dfrac{320\,000}{80\,000} = 4$

   durchschnittliche Lagerdauer $= \dfrac{360}{4} = 90$ Tage

2. Einkommen   4 800,00 EUR
— Fixum   3 300,00 EUR

Provision   1 500,00 EUR

$$\text{Provisionssatz} = \frac{1\,500 \cdot 100}{75\,000} = 2\,\%$$

3. $$\text{Umschlagshäufigkeit} = \frac{360}{60} = 6$$

$$\text{durchschnittlicher Lagerbestand} = \frac{540\,000}{6} = 90\,000,00 \text{ EUR}$$

4. 1,0402 USD – 1,0000 Euro
1,0000 USD – 0,9614 Euro

5.   252 Stück (Lagerbestand)
—   60 Stück (eiserner Bestand)

    192 Stück (verfügbarer Bestand)

192 Stück : 12 Stück/Arbeitstag = 16 Arbeitstage (Vorratsdauer)

    16 Arbeitstage (Vorratsdauer)
—   8 Arbeitstage (Lieferdauer bei 10 Tagen)

     8 Arbeitstage (Frist für Bestellung)

Aufgabengruppe 11, Seite 424 ff.

1. a) Kreisdiagramm

   b) Kernenergieverbrauch = 48,8 Mio. t SKE

   c) Gesamter Energieverbrauch 488 Mio. t SKE

   d) Pro-Kopf-Verbrauch = 6,1 t SKE

2. a) Saldo des Außenhandels im 4. Jahr = 73,9 Mrd. EUR, d.h., die Ausfuhr an Waren überstieg die Einfuhr um 73,9 Mrd. EUR.

   b)

Jahr	1	2	3	4
Veränderung	—	−0,99 %	−12,02 %	−5,08 %

   c) Steigerung = 7,89 %

   d) Anteil = 20,64 %

3. a) Säulendiagramm

   b) Prozentualer Anteil in Deutschland = 80 %
      Prozentualer Anteil in Großbritannien = 33,3 %

   c) Die Arbeitskosten in Deutschland sind um 125 % höher.

   d) Die Lohnkosten in Deutschland sind um 66,7 % höher.
      Die Lohnnebenkosten sind in Deutschland um 300 % höher.

4. a) Liniendiagramm

b)

Jahr	Prozentuale Steigerung	
	Nominal	Real
2	3,38 %	1,51 %
3	5,33 %	3,74 %
4	− 3,44 %	3,61 %
5	19,81 %	5,68 %
6	16,12 %	11,72 %
7	7,53 %	2,08 %
8	2,61 %	− 1,27 %
9	3,96 %	0,82 %

c) Nominales Bruttoinlandsprodukt = 3388 Mrd. EUR

d) Reales Bruttoinlandsprodukt = 2398 Mrd. EUR

e) Ab dem 4. Jahr steigt das nominale Bruttoinlandsprodukt ständig an; das reale Bruttoinlandsprodukt verändert sich ab dem 6. Jahr kaum, d. h., ab diesem Jahr war eine relativ hohe Inflationsrate zu verzeichnen.

5. a) Balkendiagramm

b) Mineralölsteuer, Mehrwertsteuer, Lohn- und Einkommensteuer steigen an, die Tabaksteuer bleibt unverändert, Kraftfahrzeugsteuer und Körperschaftsteuer gehen leicht zurück.

c) Wichtigste Bundessteuer = Mineralölsteuer
Wichtigste Ländersteuer = Kraftfahrzeugsteuer
Wichtigste gemeinschaftliche Steuer = Lohn- und Einkommensteuer

Lösungen Buchführung

Aufgabengruppe 1, Seite 497 f.

1.	1610)			2 656,80	
		an	1510)		1 800,00
		an	8010)		720,00
		an	1800)		136,80
2.	1310)			2 704,80	
	8080)			46,39	
	1800)			8,31	
		an	1010)		2 760,00
3. a)	4210)			1 700,00	
		an	0720)		1 700,00
b)	0720)			1 700,00	
	2030)			400,00	
		an	1310)		2 100,00

4.	1950)		5 600,00	
		an 1310)		5 600,00
5.	0340)		48 000,00	
	1400)		9 120,00	
		an 1710)		57 120,00
6. a)	210,00 EUR			
b)	196,00 EUR			
7.	1710)		1 487,50	
		an 3070)		1 250,00
		an 1400)		237,50
8. a)	1310)		4 800,00	
		an 2600)		4 800,00
	2600)		3 200,00	
		an 0930)		3 200,00
b)	0930)		3 200,00	
		an 2600)		3 200,00
9.	4210)		14 800,00	
	1610)		24 300,00	
	4220)		2 760,00	
	0210)		7 000,00	
	1800)		11 900,00	
		an 1310)		60 760,00
10. a)	1020)		1 785,00	
		an 1010)		1 785,00
b)	2330)		1 050,00	
		an 0521)		1 050,00
c)	1310)		714,00	
		an 1020)		714,00
	1800)		171,00	
		an 1020)		171,00
	0521)		900,00	
		an 1020)		900,00
	0521)		150,00	
		an 2751)		150,00

Aufgabengruppe 2, Seite 498 f.

1.	1010)		60,00	
		an 2600)		60,00
2. a)	4260)		2 400,00	
		an 1310)		2 400,00
	0910)		1 600,00	
		an 4260)		1 600,00
b)	4260)		1 600,00	
		an 0910)		1 600,00
3.	1310)		500,00	
		an 2740)		420,17
		an 1800)		79,83

4.	2030)			682,00	
		an	1310)		682,00
5.	1010)			81,20	
		an	2460)		70,00
		an	1800)		11,20
6. a)	1010)			5 950,00	
		an	8010)		5 000,00
		an	1800)		950,00
b)	1530)			5 950,00	
		an	1010)		5 950,00
7.	8060)			3 600,00	
	1800)			576,00	
		an	1010)		4 176,00
8.	1310)			8 568,00	
		an	2700)		7 200,00
		an	1800)		1 368,00
	2700)			7 200,00	
	2040)			300,00	
		an	0310)		7 500,00
9. a)	1020)			9 520,00	
		an	1010)		9 520,00
b)	2330)			6 000,00	
		an	0521)		6 000,00
c)	1310)			1 904,00	
		an	1020)		1 904,00
	1800)			1 216,00	
		an	1020)		1 216,00
	0521)			6 000,00	
		an	1020)		6 000,00
	2030)			400,00	
		an	1020)		400,00
10.	0600)			5 500,00	
		an	1600)		5 500,00
	9300)			112 000,00	
		an	0600)		112 000,00
	0600)			526 500,00	
		an	9400)		526 500,00

Aufgabengruppe 3, Seite 499

1.	1310)			1 950,00	
		an	1010)		1 950,00
2.	1710)			3 272,50	
		an	1310)		3 174,33
		an	3080)		82,50
		an	1400)		15,67

3. a) 1010)   5 712,00
              an   8010)   4 800,00
              an   1800)   912,00

   b) 8050)   220,00
       1800)   41,80
              an   1010)   261,80

   c) 8060)   105,00
       1800)   19,95
              an   1010)   124,95

4.   1510)   4 950,00
              an   1530)   4 950,00

5.   4860   86,00
       1400)   13,76
              an   1710)   99,76

6. a) 230 000,00 EUR

   b) 160 000,00 EUR

7.   3010)   18 000,00
              an   1710)   18 000,00
       1400)   3 420,00
              an   1910)   3 420,00

8.   1510)   5 950,00
              an   2700)   5 000,00
              an   1800)   950,00
       2700)   5 000,00
              an   0340)   4 000,00
              an   2710)   1 000,00

9. a) 4220)   960,00
              an   1310)   960,00
       0910)   720,00
              an   4220)   720,00

   b) 4220)   720,00
              an   0910)   720,00

10.   1610)   737,80
              an   8710)   620,00
              an   1800)   117,80

Aufgabengruppe 4, Seite 499 f.

1.   2310)   850,00
       1800)   161,50
              an   1010)   1 011,50

2.   30 000,00 EUR

					Soll	Haben
3.		4050)			800,00	
			an	1510)		800,00
4.		2060)			50,00	
			an	1510)		50,00
5.	a)	1010)			452,20	
			an	8010)		380,00
			an	1800)		72,20
	b)	1150)			707,58	
			an	1310)		707,58
		4020)			1 720,00	
			an	1310)		696,79
			an	1150)		361,86
			an	1910)		209,15
			an	1010)		452,20
		4040)			345,72	
			an	1150)		345,72
6.		1130)			400,00	
			an	1310)		400,00
7.	a)	1140)			16 806,72	
		1400)			3 193,28	
			an	1310)		20 000,00
	b)	0340)			64 000,00	
		1400)			8 966,72	
			an	1140)		16 806,72
			an	1310)		24 000,00
			an	1710)		32 160,00
	c)	1710)			32 160,00	
			an	1310)		32 160,00
8.	a)	1010)			6 747,30	
			an	8010)		5 670,00
			an	1800)		1 077,30
	b)	4620)			224,00	
		1400)			42,56	
			an	1510)		266,56
	c)	4500)			283,50	
		1400)			53,87	
			an	1310)		337,37
9.	a)	2340)			4 800,00	
			an	0522)		4 800,00
	b)	0522)			2 100,00	
		1800)			399,00	
			an	1010)		2 499,00
10.		3010)			4 790,00	
			an	3020)		4 790,00
		9300)			167 990,00	
			an	3010)		167 990,00
		8010)			278 500,00	
			an	9300)		278 500,00
		9300)			30 910,00	
			an	0600)		30 910,00

Aufgabengruppe 5, Seite 500 f.

1.	1800)			18 240,00	
		an	1400)		18 240,00
	1800)			9 785,00	
		an	1310)		9 785,00
2. a)	3010)			62 300,00	
	1400)			11 837,00	
		an	1710)		74 137,00
b)	1710)			1 853,43	
		an	3050)		1 557,50
		an	1400)		295,93
c)	1710)			889,64	
		an	3060)		747,60
		an	1400)		142,04
3.	1150)			7 695,00	
		an	1310)		7 695,00
	4020)			23 700,00	
		an	1310)		15 524,00
		an	1150)		3 910,00
		an	1910)		4 266,00
	4040)			3 785,00	
		an	1150)		3 785,00
4.	4040)			711,00	
		an	1310)		711,00
5.	8050)			350,00	
	1800)			66,50	
		an	1010)		416,50
6.	1310)			1 428,00	
		an	8720)		1 200,00
		an	1800)		228,00
7.	1310)			9 758,00	
		an	2700)		8 200,00
		an	1800)		1 558,00
	2700)			8 200,00	
	2040)			800,00	
		an	0340)		9 000,00
8. a)	0330)			31 000,00	
	1400)			5 890,00	
		an	1710)		36 890,00
b)	1710)			36 890,00	
		an	1310)		36 152,20
		an	0330)		620,00
		an	1400)		117,80
9.	0370)			260,00	
	1400)			49,40	
		an	1510)		309,40
	4910)			260,00	
		an	0330)		260,00

10.	1800)			14 373,00	
		an	1400)		14 373,00
	1800)			10 898,00	
		an	9400)		10 898,00

Aufgabengruppe 6, Seite 501 f.

1.	a)	1130)			3 000,00	
			an	2420)		3 000,00
	b)	1310)			4 500,00	
			an	1130)		3 000,00
			an	2420)		1 500,00
2.		2060)			160,00	
			an	1510)		160,00
3.	a)	1010)			9 520,00	
			an	8010)		8 000,00
			an	1800)		1 520,00
	b)	1310)			4 664,80	
		8080)			80,00	
		1800)			15,20	
			an	1010)		4 760,00
	c)	1310)			4 791,73	
			an	1010)		4 760,00
			an	2600)		31,73
4.		0210)			338 200,00	
		1400)			950,00	
			an	1310)		339 150,00
5.	a)	1510)			635,00	
			an	2420)		635,00
	b)	4100)			2 900,00	
			an	1310)		2 900,00
6.		1710)			1 981,35	
			an	3050)		1 665,00
			an	1400)		316,35
7.		0310)			19 200,00	
		1400)			3 648,00	
			an	1710)		22 848,00
8.		2330)			2 160,00	
			an	0521)		2 160,00
		2340)			2 328,00	
			an	0522)		2 328,00
9.	a)	1130)			250,00	
			an	1510)		250,00
	b)	1150)			972,62	
			an	1310)		972,62
		4020)			2 490,00	
			an	1310)		794,06
			an	1150)		498,72
			an	1910)		597,22
			an	1130)		250,00
			an	2420)		350,00

c) 4040)   473,90
    an 1150)   473,90

10. 3900)   2 000,00
    an 3010)   2 000,00
    3010)   360,00
    an 3020)   360,00
    3060)   950,00
    an 3010)   950,00
    8010)   520,00
    an 8080)   520,00
    9300)   11 190,00
    an 3010)   11 190,00
    8010)   20 790,00
    an 9300)   20 790,00
    9300)   4 250,00
    an 0600)   4 250,00

Aufgabengruppe 7, Seite 502

1. 1800)   27 310,00
    an 1400)   27 310,00
    9400)   6 330,00
    an 1400)   6 330,00 (Vorsteuerüberhang)

2. 3010)   1 260,00
    1400)   239,40
    an 1710)   1 499,40
    3020)   63,00
    1400)   11,97
    an 1510)   74,97

3. 1710)   571,20
    an 3070)   480,00
    an 1400)   91,20

4. 2020)   6 500,00
    an 1310)   6 500,00

5. 1710)   2 740,00
    an 1310)   2 740,00

6. 1510)   70,00
    an 2460)   70,00

7. 4910)   22 300,00
    an 0330)   22 300,00

8. a) 2100)   1 600,00
    an 1940)   1 600,00
  b) 1130)   620,00
    an 2420)   620,00
  c) 0910)   600,00
    an 4260)   600,00
  d) 2600)   1 200,00
    an 0930)   1 200,00

9.	0330)			18 000,00	
	1400)			3 420,00	
		an	1710)		21 420,00
	1710)			2 975,00	
		an	2700)		2 500,00
		an	1800)		475,00
	2700)			2 500,00	
	2040)			1 500,00	
		an	0330)		4 000,00
	1710)			18 445,00	
		an	1310)		17 891,65
		an	0330)		465,00
		an	1400)		88,35
10.	1310)			18 699,66	
	8080)			486,00	
	1800)			92,34	
		an	1010)		19 278,00

Aufgabengruppe 8, Seite 503

1.		8050)			480,00	
		1800)			91,20	
			an	1010)		571,20
2.		0720)			8 000,00	
			an	1310)		6 940,00
			an	2760)		1 060,00
3.	a)	4500)			2 420,00	
		1400)			459,80	
			an	1940)		2 879,80
	b)	1940)			2 879,80	
			an	1310)		2 879,80
4.	a)	4500)			3 800,00	
			an	1940)		3 800,00
	b)	4500)			1 600,00	
		1400)			1 026,00	
		1940)			3 800,00	
			an	1310)		6 426,00

Im alten Jahr wird keine Vorsteuer gebucht, da noch keine Rechnung vorliegt.

5.		1610)			737,80	
			an	8710)		620,00
			an	1800)		117,80
6.	a)	4820)			760,00	
		1400)			144,40	
			an	1310)		904,40
	b)	1610)			180,88	
			an	4820)		152,00
			an	1400)		28,88

7.	1610)			11 900,00	
		an	2700)		10 000,00
		an	1800)		1 900,00
	2700)			10 000,00	
		an	0340)		9 000,00
		an	2710)		1 000,00
8.	3900)			45 000,00	
		an	3010)		45 000,00
9.	8060)			740,00	
	1800)			140,60	
		an	1010)		880,60
10.	0310)			16 000,00	
	1400)			3 040,00	
		an	1710)		19 040,00
	0310)			2 100,00	
	1400)			399,00	
		an	1510)		2 499,00
	1710)			19 040,00	
		an	1310)		19 040,00

Aufgabengruppe 9, Seite 504 f.

1.	a)	0370)			360,00	
		1400)			68,40	
			an	1310)		428,40
	b)	4910)			360,00	
			an	0370)		360,00
2.		2030)			7 800,00	
		1610)			5 400,00	
			an	1310)		13 200,00
3.		1310)			5 420,00	
			an	2430)		3 100,00
			an	2420)		1 600,00
			an	2600)		720,00
4.	a)	1310)			3 600,00	
			an	2420)		3 600,00
	b)	2420)			1 200,00	
			an	0930)		1 200,00
	c)	0930)			1 200,00	
			an	2420)		1 200,00
5.		0210)			9 200,00	
		4220)			1 280,00	
		1610)			3 870,00	
		1800)			5 430,00	
		2030)			3 400,00	
			an	1310)		23 180,00

6. Buchungen beim Lieferer

a) 1010) 3 332,00
    an 8010) 2 800,00
    an 1800) 532,00
b) 1530) 3 332,00
    an 1010) 3 332,00

Buchungen beim Kunden

a) 3010) 2 800,00
   1400) 532,00
    an 1710) 3 332,00
b) 1710) 3 332,00
    an 1760) 3 332,00

7. a) 1130) 2 400,00
    an 2600) 2 400,00
   b) 2420) 4 600,00
    an 0930) 4 600,00

8. a) 0340) 24 000,00
   1400) 4 560,00
    an 1710) 28 560,00
   b) 4910) 4 000,00
    an 0340) 4 000,00 (für 8 Monate)
   c) 1710) 8 330,00
    an 2700) 7 000,00
    an 1800) 1 330,00
   2700) 7 000,00
   2040) 1 000,00
    an 0340) 8 000,00
   1710) 20 230,00
    an 1310) 19 623,10
    an 0340) 510,00
    an 1400) 96,90

9. a) 8070) 520,00
   1800) 98,80
    an 1010) 618,80
   b) 1710) 2 142,00
    an 3050) 1 800,00
    an 1400) 342,00
   c) 1710) 5 712,00
    an 1310) 5 540,64
    an 3080) 144,00
    an 1400) 27,36
   d) 1310) 4 198,32
   8080) 72,00
   1800) 13,68
    an 1010) 4 284,00

10. a) 4910) 2 400,00
    an 0330) 2 400,00 (planmäßige Abschreibung)
   4910) 4 200,00
    an 0330) 4 200,00 (außerplanmäßige Abschreibung)
   b) 3 000,00 EUR

Aufgabengruppe 10, Seite 505

1. Unternehmer entnimmt Waren für Privatzwecke im Nettowert von 2 300,00 EUR.

2. Barzahlung der Fracht für gelieferte Waren, brutto 654,50 EUR.

3. Banküberweisung an Lieferer, Rechnungsbetrag brutto 4 046,00 EUR, unter Abzug von 2 % Skonto.

4. Kunde sendet beschädigte Ware im Nettowert von 820,00 EUR zurück.

5. Banküberweisung für Umsatzsteuer 8 500,00 EUR und für Grundsteuer 1 560,00 EUR.

6. Eine Schreibmaschine, Buchwert 700,00 EUR, wird für 952,00 EUR brutto verkauft.

7. Banküberweisung von 1 309,00 EUR auf eine bereits abgeschriebene Forderung.

8. Zeitliche Abgrenzung: Vertreterprovision für das alte Jahr ist am 31. Dezember noch nicht beglichen.

9. Zeitliche Abgrenzung: Für das nächste Jahr im Voraus gezahlte Kfz-Steuer wird am 31. Dezember abgegrenzt.

10. Überweisung von Prozesskosten in Höhe von 7 850,00 EUR; für den Prozess wurde im vergangenen Jahr eine Rückstellung in Höhe von 9 000,00 EUR gebildet.

Belege, Seite 506 ff.

1.	8050)			345,00	
	1800)			65,55	
		an	1010)		410,55
2.	2100)			238,13	
		an	1710)		238,13
3.	4280)			8 316,03	
	1400)			1 513,09	
		an	1710)		9 829,12
4.	0330)			9 800,00	
	1400)			1 862,00	
		an	1710)		11 662,00
5.	1610)			3 808,00	
		an	8710)		3 200,00
		an	1800)		608,00
6.	1310)			1 575,63	
	8080)			27,03	
	1800)			5,13	
		an	1010)		1 607,79 EUR
7.	1310)			7 800,00	
		an	1510)		7 800,00
8.	1010)			185,50	
		an	2600)		185,50
9.	1800)			3 800,00	
		an	1310)		3 800,00
10.	3010)			5 140,50	
	1400)			976,70	
		an	1710)		6 117,20

11.	3020)			35,00	
	1400)			6,65	
		an	1510)		41,65
12.	1710)			2 784,60	
		an	3070)		2 340,00
		an	1400)		444,60
13.	1920)			260,00	
		an	1310)		260,00
14.	1610)			1 440,00	
		an	1310)		1 440,00
15.	4230)			485,00	
		an	1310)		485,00
16.	2100)			380,30	
	4860)			59,60	
		an	1310)		432,10
		an	2600)		7,80
17.	1710)			11 270,00	
		an	1310)		11 044,60
		an	3080)		189,41
		an	1400)		35,99
18.	1310)			1 985,00	
		an	2430)		1 985,00
	1510)			1 500,00	
		an	1310)		1 500,00
	4820)			276,36	
	1400)			52,51	
		an	1310)		328,87
19.	4040)			2 800,00	
		an	1310)		2 800,00
20.	1510)			45,49	
		an	8010)		38,23
		an	1800)		7,26
21.	1010)			3 850,00	
		an	1310)		3 850,00
22.	4020)			2 300,00	
	4050)			24,00	
		an	1310)		1 703,11
		an	1910)		99,57
		an	1150)		497,32
		an	1950)		24,00
23.	1010)			28,60	
		an	8080)		24,03
		an	1800)		4,57
24.	1710)			523,60	
		an	3020)		440,00
		an	1400)		83,60

25.	4810)			279,41	
	1400)			53,09	
		an	1710)		332,50
26.	3020)			823,00	
	1400)			156,37	
		an	1710)		979,37
27.	1010)			1 678,30	
		an	8010)		1 410,34
		an	1800)		267,96
28.	1610)			203,80	
		an	4820)		171,26
		an	1400)		32,54
29.	4300)			79,83	
	1400)			15,17	
		an	1510)		95,00
30.	4400)			150,00	
	1400)			28,50	
		an	1700)		178,50
31.	1610)			500,00	
		an	1510)		500,00

32. Buchung, wenn für die Leasingrate des 4. Quartals **keine** gesonderte Rechnung des Leasinggebers vorliegt.

	4100)			3 781,51	
	1400)			718,49	
		an	1310)		4 500,00

Buchung, wenn für die Leasingrate des 4. Quartals **eine** gesonderte Rechnung des Leasinggebers vorliegt.

	4100)			3 781,51	
	1400)			718,49	
		an	1710)		4 500,00
	1710)			4 500,00	
		an	1310)		4 500,00

Lösungen Kosten- und Leistungsrechnung und Controlling

Aufgabengruppe 1, Seite 559 f.

1. 6 000 kg 16 500,00 EUR   Übertrag: 15 025,92 EUR
    − 7½%   1 237,50 EUR   + 15%   2 253,89 EUR
              15 262,50 EUR   17 279,81 EUR
    − 3%   457,88 EUR   + 12½% 2 159,98 EUR
              14 804,62 EUR   19 439,79 EUR
  + Fracht   196,80 EUR
                24,50 EUR
             15 025,92 EUR   1 kg = 3,24 EUR

2.
               60,00 EUR Einkaufspreis
  33⅓%   20,00 EUR
              40,00 EUR
  2½%   1,00 EUR
              39,00 EUR
               6,00 EUR
              45,00 EUR
  25%   11,25 EUR
              56,25 EUR
  12%   6,75 EUR
              63,00 EUR
  7%   4,90 EUR
  3%   2,10 EUR
              70,00 EUR
  20%   17,50 EUR
              87,50 EUR
  19%   16,63 EUR
          104,13 EUR Verkaufspreis

3. a)
              54,00 EUR
  16⅔%   9,00 EUR
              63,00 EUR
  14,29%   9,00 EUR
              72,00 EUR
  2% + 8%   8,00 EUR   46%
              80,00 EUR
  20%   20,00 EUR
          100,00 EUR

Gewinn: $\dfrac{100 \cdot 9}{63} = 14,29\%$

    b) KZ: $\dfrac{100 \cdot 46}{54} = 85,19\%$

4. HKZ $= \dfrac{193\,000 \cdot 100}{730\,000} = 26,44\%$

5. Verkaufspreis 280,00 EUR

    a) Einkaufspreis 210,00 EUR
    b) 20%

Aufgabengruppe 2, Seite 560

1. a) 704 500,00 EUR
    b) 129 700,00 EUR
    c) 11,6 % Handlungskostenzuschlag
    d) Kalkulationssatz   18,4 %
        Handelsspanne   15,5 %
    e) Reingewinn 48 000,00 EUR = 6,11 %

2. 225 Stück   405,00 EUR
    2 %   8,10 EUR
    ————————————————
                      396,90 EUR
    Bezugskosten   11,20 EUR
    ————————————————
                      408,10 EUR
    14 %   57,13 EUR
    ————————————————
                      465,23 EUR
    Gewinn = 16,1 %   74,77 EUR
    ————————————————
                      540,00 EUR

3. BP   90,00 EUR   100 %
    KZ   49,50 EUR   55 %
    ————————————————
    VP   139,50 EUR   155 %

4. 100 kg   220,00 EUR
    − 3 %   6,60 EUR
    ————————————————
                  213,40 EUR
    − 8 $\frac{1}{3}$ %   16,42 EUR
    ————————————————
                  196,98 EUR
    − 12 $\frac{1}{2}$ %   21,89 EUR
    ————————————————
                  175,09 EUR
    − 6 %   9,91 EUR
    ————————————————
                  165,18 EUR

5. a) 182 220,00 EUR
    b)   26 615,00 EUR
    c)   6,8 x
    d)   53 Tage

Aufgabengruppe 3, Seite 561

1. Verkaufspreis   80,00 EUR
    − 20 %   16,00 EUR
    ————————————————
                  64,00 EUR
    − 12 $\frac{1}{2}$ %   7,11 EUR
    ————————————————
                  56,89 EUR
    − 15 %   7,42 EUR
    ————————————————
                  49,47 EUR
    + 33 $\frac{1}{3}$ %   24,73 EUR
    ————————————————
                  74,20 EUR

2. a)

	48,00 EUR
5 %	12,00 EUR
	60,00 EUR
20 %	12,00 EUR
	72,00 EUR
2 % + 8 %	8,00 EUR
	80,00 EUR
20 %	20,00 EUR
	100,00 EUR

52 %

$$\text{HKZ: } \frac{12 \cdot 100}{48} = 25\%$$

b) $KZ = \dfrac{52 \cdot 100}{48} = 108\,\tfrac{1}{3}\%$

3.

	11 172,00 EUR
8 $\tfrac{1}{3}$ %	931,00 EUR
	12 103,00 EUR
2 %	247,00 EUR
	12 350,00 EUR
5 %	650,00 EUR
	13 000,00 EUR
19 %	2 470,00 EUR
	15 470,00 EUR

$$\text{Rabatt: } \frac{650 \cdot 100}{13\,000} = 5\%$$

4. $KZ = 50\%$

$HSp = \dfrac{50 \cdot 100}{150} = 33\,\tfrac{1}{3}\%$

5. a) $\dfrac{187\,000 \cdot 100}{482\,000} = 38{,}8\% \text{ HKZ}$

b)

	100,00 EUR
38,8 %	38,80 EUR
	138,80 EUR
15 %	20,82 EUR
	159,62 EUR
2 %	3,26 EUR
	162,88 EUR
25 %	54,29 EUR
	217,17 EUR

$KZ = 117{,}17\%$

c) $1 + \dfrac{117{,}17}{100} = 2{,}1717 \text{ KF}$

d) $\dfrac{117{,}17 \cdot 100}{217{,}17} = 53{,}95\% \text{ HSp}$

Aufgabengruppe 4, Seite 561 f.

1. a) 219,00 EUR
   b) 219,00 EUR (entspricht unfrei)
   c) 34,00 EUR
   d)   0,00 EUR
   e) 267,50 EUR

2. 140 % — 1 680 000,00 EUR
   100 % — 1 200 000,00 EUR (Wareneinsatz)

   1 200 000,00 EUR : 4 = 300 000,00 EUR (Kapitaleinsatz)

3. a) 98 % — 931,00 EUR
      100 % — 950,00 EUR (zukünftiger Preis)

   b) 950 : 931 = 1,020408 (Faktor)

4. Bezugspreis = 73,6 : 1,6 = 46,00 EUR

5. Preis je kg $= \dfrac{3600 \cdot 1}{1,491 \cdot 230 \cdot 0,95} = 11,05$ EUR

Aufgabengruppe 5, Seite 562

1.
	890,00 EUR
+ 28 %	249,20 EUR
	1 139,20 EUR
+ 5 %	56,96 EUR
	1 196,16 EUR
+ 3 %	36,99 EUR
	1 233,15 EUR
+ 18 %	270,96 EUR
	1 503,84 EUR

2.
	240,00 EUR	100 %
+	48,00 EUR	20 %
	288,00 EUR	120 %
+ Zuschlag		
	547,20 EUR : 1,9	

3. Handelsspanne $= \dfrac{100 \cdot 75}{100 + 75} = 42,86\,\%$ (Bezugspreis = 100,00 EUR)

4.

	I		II	III
	17,80 EUR		17,30 EUR	14,30 EUR
− 20 %	3,56 EUR	18 %	3,11 EUR	—
	14,24 EUR		14,19 EUR	14,30 EUR
—	—	2 %	0,28 EUR	—
	14,24 EUR		13,91 EUR	14,30 EUR
+	0,43 EUR		0,30 EUR	0,08 EUR
	14,67 EUR		14,22 EUR	14,38 EUR (Bezugspreis pro Einheit)

5. 900 000,00 EUR — 100 %
   420 000,00 EUR — 46 $^2/_3$ % (Handlungskostenzuschlag)

Aufgabengruppe 6, Seite 563f.

1.

Gemeinkosten	Beträge der KLR	Verteilungs-schlüssel	Hilfsk.-Stelle	Hauptkostenstellen		
				A	B	C
Personalkosten	120 000,00	1:4:5:2	10 000,00	40 000,00	50 000,00	20 000,00
Steuern und Versicherungen	18 000,00	4:3:7:4	4 000,00	3 000,00	7 000,00	4 000,00
Energie und Betriebsstoffe	9 000,00	1:2:3:3	1 000,00	2 000,00	3 000,00	3 000,00
Werbe- und Reisekosten	12 000,00	0:1:6:5	0,00	1 000,00	6 000,00	5 000,00
Instandhaltung	15 000,00	5:2:5:3	5 000,00	2 000,00	5 000,00	3 000,00
Allgemeine Verwaltung	24 000,00	1:4:5:2	2 000,00	8 000,00	10 000,00	4 000,00
kalkulatorische Kosten	60 000,00	2:5:9:4	6 000,00	15 000,00	27 000,00	12 000,00
Summe	258 000,00		28 000,00	71 000,00	108 000,00	51 000,00
Umlage Hilfskostenstelle				12 000,00	8 000,00	8 000,00
Summe				83 000,00	116 000,00	59 000,00
Zuschlagsgrundlage				148 000,00	195 000,00	104 000,00
Handlungskostenzuschlag				56,08 %	59,49 %	56,73 %

2.

	Warengruppe A	Warengruppe B	Warengruppe C	Warengruppe D	Insgesamt
Verkaufserlöse	310 000,00 EUR	170 000,00 EUR	280 000,00 EUR	420 000,00 EUR	1 180 000,00 EUR
− variable Kosten	250 000,00 EUR	90 000,00 EUR	210 000,00 EUR	310 000,00 EUR	860 000,00 EUR
Deckungsbeitrag	60 000,00 EUR	80 000,00 EUR	70 000,00 EUR	110 000,00 EUR	320 000,00 EUR
− fixe Kosten					370 000,00 EUR
= Verlust					50 000,00 EUR

3.

	Warengruppe A	Warengruppe B	Warengruppe C
Verkaufserlöse	130 000,00 EUR	170 000,00 EUR	80 000,00 EUR
Deckungsbeitrag	65 000,00 EUR	95 000,00 EUR	48 000,00 EUR
Relativer Deckungsbeitrag	$\dfrac{65\,000 \cdot 100}{130\,000}$ $= 50,00\%$	$\dfrac{95\,000 \cdot 100}{170\,000}$ $= 55,88\%$	$\dfrac{48\,000 \cdot 100}{80\,000}$ $= 60,00\%$

Für den Einsatz der Werbung ergibt sich die Rangordnung C, B, A.

4.

Marktpreis	190,00 EUR
− variable Kosten/Stück	70,00 EUR
= Deckungsbeitrag/Stück	120,00 EUR

$$\text{Gewinnschwellenmenge} = \frac{160\,000}{120} = 1333 \text{ Stück}$$

5.
a) Deckungsbeitrag pro Stück $= 280 - (170 + 24) = 86,00$ EUR/Stück

b) Kurzfristige Preisuntergrenze $= 170 + 24 = 194,00$ EUR/Stück

c) Langfristige Preisuntergrenze $= 210,00$ EUR/Stück

Lösungen handlungsorientierte Aufgaben

Aufgabe 1, Seite 565 ff.

a)

	Angebot Atzorn	Angebot Elektra
Listeneinkaufspreis (netto)	3 000,00 EUR	3 000,00 EUR
— Lieferrabatt	600,00 EUR	750,00 EUR
Zieleinkaufspreis	2 400,00 EUR	2 250,00 EUR
— Liefererskonto	48,00 EUR	67,50 EUR
Bareinkaufspreis	2 352,00 EUR	2 182,50 EUR
+ Bezugskosten	0,00 EUR	80,00 EUR
Bezugspreis für 40 Stück	2 352,00 EUR	2 262,50 EUR
Bezugspreis für 1 Stück	58,80 EUR	56,56 EUR

Zum Angebotsvergleich siehe auch Seite 233 und 541.

b) Berechnung des **Überweisungsbetrages** für den Anbieter Elektra GmbH

Rechnungsbetrag	2 250,00 EUR
+ 19 % Mehrwertsteuer	427,50 EUR
Rechnungsbetrag	2 677,50 EUR
— 3 % Skonto	80,33 EUR
Überweisungsbetrag	2 597,17 EUR

c) Beim Angebotsvergleich bleibt die **Mehrwertsteuer** außer Acht, da sie für den Betrieb einen durchlaufenden Posten darstellt.

d) Zur Unterscheidung von **Skonto** und **Rabatt** siehe Seite 246 f.

e) Gründe für die **Gewährung von Skonto** sind z. B.: schneller und sicherer Zahlungseingang, Sicherung der Liquidität, finanzielle Mittel für die eigene Skontoausnutzung stehen zur Verfügung.

f) Zur **Ausnutzung von Skonto** siehe Seite 407 f.

g) Berechnung des **Finanzierungsgewinns** für das Angebot Elektra GmbH:

Skonto	80,33 EUR
— Kreditkosten	17,31 EUR
Finanzierungsgewinn	63,02 EUR

h) Zu den **Beförderungskosten (Transportkosten)** siehe Seite 57 f.

i) Zur **Mindestabnahmemenge** siehe Seite 248.

j) Das Angebot der Firma Atzorn OHG enthält keine Zeitangabe über die Gültigkeitsdauer; es muss etwa innerhalb einer Woche angenommen werden (siehe Seite 55).

Firma Elektra GmbH ist laut Schreiben bis zum 31. Dezember 20.. an ihr Angebot gebunden.

k) Zu den Kriterien beim **Angebotsvergleich** siehe Seite 233.

l) Zum organisatorischen Ablauf von der Feststellung des Bedarfs bis zur Prüfung der Eingangsrechnung siehe Seite 184 f.

Aufgabe 2, Seite 567 f.

a) Der **Organisationsplan** stellt den organisatorischen Aufbau eines Betriebes dar (siehe auch Seite 171 ff.).

b) Die di-tronic Elektro GmbH setzt das **Stabliniensystem** ein.

c) Das Stabliniensystem ist eine Erweiterung des Liniensystems (siehe Seite 175).

d) **Stabstellen** sind Recht und Organisation. Aufgaben der Stabstelle Recht sind z. B. Beratung in Fragen des Vertragsrechts, Steuerrechts, Unternehmensrechts, Personalrechts. Aufgaben der Stelle Organisation sind z. B. Beratung in Fragen der Aufbau- und Ablauforganisation.

e) Das Unternehmen hat seine **Abteilungen** überwiegend nach dem Gesichtspunkt der **Verrichtung** (Funktion) gebildet.

f) Der Leiter der Personalabteilung kann den Mitarbeitern in der Abteilung Lager keine Anweisungen erteilen; der einzuhaltende **Dienstweg** ist: Allgemeine Verwaltung, Geschäftsleitung, Warenlogistik, Lager.

g) Der Mitarbeiter in der Abteilung Einkauf kann sich durch die **Stabstelle** Recht beraten lassen; er muss allerdings den Dienstweg Abteilungsleiter Material, Geschäftsleitung, Recht einhalten.

h) Zur Unterscheidung von **Aufbau- und Ablauforganisation** siehe auch Seite 171 ff. und 176 ff.

i) Zum **Instanzenaufbau** einer Unternehmung siehe Seite 171 f.

j) Zu den **Organisationsformen** für die Leitung und Führung von Betrieben siehe Seite 286 ff.

Aufgabe 3, Seite 568 f.

a) Zur **Haftung der GmbH** siehe Seite 113.

b) Aufgaben des Geschäftsführers sind die Geschäftsführung und die Vertretung (siehe Seite 114); Herr Frantzen haftet nicht für den Kredit.

c) Der Kredit ist ein **Realkredit** in Form der Grundschuld (siehe Seite 277 ff.).

d) Die Bank stellt der Firma 490 000,00 EUR zur Verfügung; zum **Disagio** siehe Seite 410.

e) Aufgrund des Disagio fehlen im Finanzierungsplan 10 000,00 EUR. Sinnvollerweise wird kein zusätzlicher Kreditvertrag abgeschlossen, sondern die beantragte Kreditsumme wird entsprechend erhöht.

f) Es liegt ein Tilgungsdarlehen mit **Annuitätentilgung** vor (siehe Seite 273).

Tilgungsplan für das erste Jahr (in EUR)

Monat	Schuld Monatsanfang	Zinsen	Tilgung	Annuität	Schuld Monatsende
Juni	500 000,00	2 708,33	2 291,67	5 000,00	497 708,33
Juli	497 708,33	2 695,92	2 304,08	5 000,00	495 404,25
August	495 404,25	2 683,44	2 316,56	5 000,00	493 087,69
September	493 087,69	2 670,89	2 329,11	5 000,00	490 758,58
Oktober	490 758,58	2 658,28	2 341,72	5 000,00	488 416,86
November	488 416,86	2 645,59	2 354,41	5 000,00	486 062,45
Dezember	486 062,45	2 632,84	2 367,16	5 000,00	483 695,29
Januar	483 695,29	2 620,02	2 379,98	5 000,00	481 315,31
Februar	481 315,31	2 607,12	2 392,88	5 000,00	478 922,43
März	478 922,43	2 594,16	2 405,84	5 000,00	476 516,59
April	476 516,59	2 581,13	2 418,87	5 000,00	474 097,73
Mai	474 097,73	2 568,03	2 431,97	5 000,00	471 665,75

g) Zur **Grundschuld** siehe Seite 279 f.

h) Die Bank kann das **Grundbuch** einsehen; das erforderliche berechtigte Interesse kann sie durch den unterschriebenen Kreditantrag nachweisen (siehe Seite 278). Die Bank kann aufgrund der Firmenöffentlichkeit auch jederzeit und ohne Formalität das **Handelsregister** einsehen (siehe Seite 107 f.).

i) Zum **Realkredit** siehe Seite 277 ff.

j) Zum **Personalkredit** siehe Seite 274 ff.

Aufgabe 4, Seite 569 f.

a)

Zeitraum	Zugang in Stück	Abgang in Stück	Endbestand in Stück
1. Quartal	80	100	**30**
2. Quartal	65	70	**25**
3. Quartal	110	120	**15**
4. Quartal	130	115	**30**
Summe	**385**	**405**	

b) **Durchschnittlicher Lagerbestand** $= \dfrac{50 + 30 + 25 + 15 + 30}{5} = 30$ Stück.

c) **Umschlagshäufigkeit** $= \dfrac{405}{30} = 13{,}5.$

d) **Durchschnittliche Lagerdauer** $= \dfrac{360}{13{,}5} = 26{,}66$ Tage.

e) **Lagerzinssatz** $= \dfrac{14{,}0}{13{,}5} = 1{,}04\%.$

f) **Lagerzinsen** $= \dfrac{30 \cdot 130 \cdot 1{,}04}{100} = 40{,}56$ EUR.

g) Zu den Gründen, die für eine Erhöhung der **Lagerumschlagshäufigkeit** sprechen, siehe Seite 201 f.

h) Die **Lagerumschlagshäufigkeit** für den Schaltkasten S 2 kann z.B. durch eine Absatzsteigerung (verstärkte Werbung) oder durch eine Verringerung des durchschnittlichen Lagerbestandes (Einführung des Just-in-time-Verfahrens) erhöht werden.

i) Der Betrieb wendet das **Just-in-time-Verfahren** nicht an, da Bestände am Lager vorhanden sind. Zu den Gründen, die für eine Einführung des Just-in-time-Verfahrens sprechen, siehe Seite 217 f.

j) Zum **Mindestbestand, Meldebestand** und **Höchstbestand** siehe Seite 198 f.

Aufgabe 5, Seite 570 f.

a) Der Antrag für den **Mahnbescheid** ist an das Amtsgericht in Homburg zu richten (siehe Seite 73).

b) **Antragsgegner** für den Mahnbescheid ist der Elektroeinzelhandelsbetrieb Roth OHG, Mainzer Str. 99, 66121 Saarbrücken.

c) **Antragsteller** des Mahnbescheides ist die di-tronic Elektro GmbH, Bahnhofstr. 17, 66424 Homburg.

d) **Anspruchsgrund** ist der Kauf von Erzeugnissen laut Rechnung vom 2. April 20 . .

e) Die **Hauptforderung** beträgt 15 776,80 EUR (15 600,00 EUR + 176,80 EUR Zinsen für 40 Tage bei einem Zinssatz von 10,2 %, d.h. Basiszinssatz + 8 %).

f) Zu den **Kosten des Verfahrens** zählen Gerichtskosten (abhängig vom Wert der Hauptforderung), Auslagen des Antragstellers (z.B. Kosten des Vordrucksatzes, Porto für die Einsendung an das Gericht), Gebühr, Auslagen sowie Mehrwertsteuer des Prozessbevollmächtigten (z.B. Rechtsanwalt).

g) Zuständig für ein **streitiges Verfahren** ist das Landgericht in Saarbrücken (siehe Seite 74).

h) Zum **Antrag** zählen Anschrift des Antragstellers, Ort und Datum sowie Unterschrift des Antragstellers (bzw. Vertreter, Prozessbevollmächtigter). Für den Fall des Widerspruchs durch die Firma Roth OHG kann die Durchführung des streitigen Verfahrens (durch Ankreuzen des entsprechenden Feldes) beantragt werden.

Aufgabe 6, Seite 572

a) Berechnung des Lieferwertes und des %-Anteils am gesamten Einkaufswert für jede Ware

Art.-Nr.	Menge	Preis/Einheit	Lieferwert	%-Anteil
M 123	210	350,00 EUR	73 500,00 EUR	2,70 %
M 257	26	13 200,00 EUR	343 200,00 EUR	12,63 %
M 318	130	940,00 EUR	122 200,00 EUR	4,50 %
P 113	68	8 100,00 EUR	550 800,00 EUR	20,27 %
P 266	76	5 600,00 EUR	425 600,00 EUR	15,66 %
P 390	120	670,00 EUR	80 400,00 EUR	2,96 %
R 005	170	180,00 EUR	30 600,00 EUR	1,13 %
R 020	30	11 500,00 EUR	345 000,00 EUR	12,70 %
T 236	230	150,00 EUR	34 500,00 EUR	1,27 %
V 588	20	6 200,00 EUR	124 000,00 EUR	4,56 %
V 694	380	15,00 EUR	5 700,00 EUR	0,21 %
V 980	1 100	29,00 EUR	31 900,00 EUR	1,17 %
X 101	15	40,00 EUR	600,00 EUR	0,02 %
Y 333	55	9 800,00 EUR	539 000,00 EUR	19,83 %
Z 010	140	75,00 EUR	10 500,00 EUR	0,39 %
Summe			2 717 500,00 EUR	100,00 %

Klassifikation der Waren

	Klassifikation nach dem Wert					Mengenanteile		
Art.-Nr.	Menge	Preis/ Einheit	Lieferwert	%-Anteil	%-Anteil kum.	Menge	%-Anteil	%-Anteil kum.
P 113	68	8 100,00 EUR	550 800,00 EUR	20,27	20,27	68	2,45	2,45
Y 333	55	9 800,00 EUR	539 000,00 EUR	19,83	40,10	55	1,99	4,44
P 266	76	5 600,00 EUR	425 600,00 EUR	15,66	55,76	76	2,74	7,18
R 020	30	11 500,00 EUR	345 000,00 EUR	12,70	68,46	30	1,08	8,27
M 257	26	13 200,00 EUR	343 200,00 EUR	12,63	81,09	26	0,94	9,21
V 588	20	6 200,00 EUR	124 000,00 EUR	4,56	85,65	20	0,72	9,93
M 318	130	940,00 EUR	122 200,00 EUR	4,50	90,15	130	4,69	14,62
P 390	120	670,00 EUR	80 400,00 EUR	2,96	93,11	120	4,33	18,95
M 123	210	350,00 EUR	73 500,00 EUR	2,70	95,81	210	7,58	26,53
T 236	230	150,00 EUR	34 500,00 EUR	1,27	97,08	230	8,30	34,84
V 980	1 100	29,00 EUR	31 900,00 EUR	1,17	98,26	1 100	39,71	74,55
R 005	170	180,00 EUR	30 600,00 EUR	1,13	99,38	170	6,14	80,69
Z 010	140	75,00 EUR	10 500,00 EUR	0,39	99,77	140	5,05	85,74
V 694	380	15,00 EUR	5 700,00 EUR	0,21	99,98	380	13,72	99,46
X 101	15	40,00 EUR	600,00 EUR	0,02	100,00	15	0,54	100,00
Summe			2 717 500,00 EUR	100,00		2 770	100,00	

A-Güter: P 113, Y 333, P 266, R 020, M 257
B-Güter: V 588, M 318, P 390, M 123, T 236
C-Güter: V 980, R 005, Z 010, V 694, X 101

b) Die sich ergebenden Mengenanteile für die B-Güter betragen 25,63 % und sie weichen damit um rund 5 % von der Vorgabe ab. Der Anteil der C-Güter ist im Vergleich zur Vorgabe um rund 5 % zu niedrig. Diese Abweichungen sind unbedeutend, da für die ABC-Analyse der wertmäßige Anteil der Güter im Vordergrund steht.

c) Den A-Gütern ist bei der Beschaffung besondere Aufmerksamkeit zu widmen, da sie einen hohen Wertanteil aufweisen. Der Einkauf der A-Güter wird besonders erfahrenen Mitarbeitern übertragen. Verbesserte Einkaufskonditionen und niedrigere Einkaufspreise wirken sich bei ihnen besonders vorteilhaft aus. Die Beschaffung der B-Güter und vor allem der C-Güter muss nicht so aufwendig gestaltet werden wie die Beschaffung der A-Güter.

d) Preissenkungen bei den A-Gütern bewirken eine Verminderung des prozentualen Wertanteils, d. h., es ist möglich, dass Güter aus der B-Gruppe zu A-Gütern werden.

e) Bei der Erstellung der ABC-Analyse können bei den Liefermengen entweder Vergangenheitswerte (z. B. der vorangegangenen Periode) oder Planwerte (Sollwerte) zugrunde gelegt werden. Bei den Einkaufspreisen für die Werkstoffe können entweder Durchschnittswerte (z. B. der abgelaufenen Periode) oder Verrechnungs- bzw. Planpreise berücksichtigt werden.

f) Zur Durchführung von ABC-Analysen ist der Einsatz von Tabellenkalkulationsprogrammen sinnvoll.

Aufgabe 7, Seite 573

a) Umsatzrentabilität $= \dfrac{\text{Gewinn} \cdot 100}{\text{Umsatz}}$

Gewinn $= \dfrac{\text{Umsatzrentabilität} \cdot \text{Umsatz}}{100}$

Gewinn $= \dfrac{6 \cdot 1\,500\,000}{100} = 90\,000,00$ EUR

b) Eigenkapital (Jahresende) $= 300\,000 + 90\,000 = 390\,000,00$ EUR

c) Eigenkapitalanteil $= \dfrac{\text{Eigenkapital} \cdot 100}{\text{Gesamtkapital}}$

Gesamtkapital $= \dfrac{\text{Eigenkapital} \cdot 100}{\text{Eigenkapitalanteil}}$

Gesamtkapital $= \dfrac{390\,000 \cdot 100}{25} = 1\,560\,000,00$ EUR

d) Fremdkapital $= 1\,560\,000 - 390\,000 = 1\,170\,000,00$ EUR
langfristiges Fremdkapital $= 1\,170\,000 \cdot 0,7 = 819\,000,00$ EUR
kurzfristiges Fremdkapital $= 1\,170\,000 \cdot 0,3 = 351\,000,00$ EUR

e) Liquidität 1. Grades $= \dfrac{\text{flüssige Mittel} \cdot 100}{\text{kurzfr. Verbindlichkeiten}}$

flüssige Mittel $= \dfrac{\text{Liquidität 1. Grades} \cdot \text{kurzfr. Verbindlichkeiten}}{100}$

flüssige Mittel $= \dfrac{20 \cdot 351\,000}{100} = 70\,200,00$ EUR

f) Liquidität 2. Grades $= \dfrac{(\text{flüssige Mittel} + \text{Forderungen}) \cdot 100}{\text{kurzfr. Verbindlichkeiten}}$

Forderungen $= \dfrac{\text{Liquidität 2. Grades} \cdot \text{kurzfr. Verbindlichkeiten}}{100} - \text{flüssige Mittel}$

Forderungen $= \dfrac{80 \cdot 351\,000}{100} - 70\,200 = 210\,600,00$ EUR

g) Bilanz zum Jahresende

Aktiva	Bilanz zum 31. Dezember 20..		Passiva
I. Anlagevermögen		I. Eigenkapital	390 000,00
1. Gebäude	660 000,00	II. Verbindlichkeiten	
2. Fuhrpark	200 000,00	1. langfr. Verbindlichkeiten	819 000,00
3. Betriebs- und Geschäftsausstattung	200 000,00	2. kurzfr. Verbindlichkeiten	351 000,00
II. Umlaufvermögen			
1. Waren	219 200,00		
2. Forderungen aus L u. L	210 600,00		
3. Kassenbestand und Guthaben bei Kreditinstituten	70 200,00		
	1 560 000,00		1 560 000,00

Aufgabe 8, Seite 573 ff.

a) Gesamte Fixkosten = 8 000,00 EUR (Kosten bei 0 Stück).
   Variable Kosten je Stück = 100,00 EUR ([18 000 − 8 000] : 100).

b) Gesamtkostenfunktion = 100 · x + 8 000 (x = Stückzahl).

c) Marktsituation

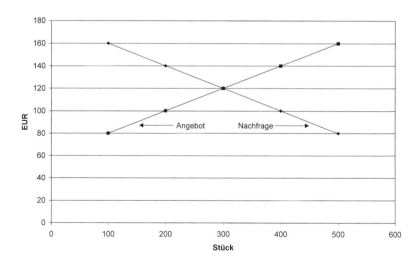

d) Der Gleichgewichtspreis liegt bei 300 Stück und beträgt 120,00 EUR.

e) Nachfrageüberhang = 200 Stück (Nachfrage 400 Stück − Angebot 200 Stück).

f) Verkaufspreis = 120,00 EUR je Stück (60 000,00 EUR : 500 Stück).

g) Gewinnsituation

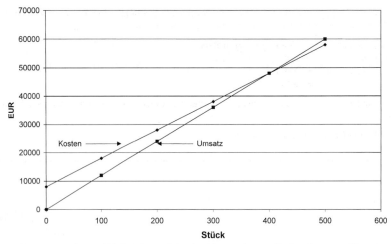

h) Ab einer Absatzmenge von 400 Stück erreicht das Unternehmen die Gewinnzone (Umsatz = Kosten).

Aufgabe 9, Seite 575f.

a) Zur Erläuterung der **Stelle** siehe Seite 172f.
b) Es liegt eine **Stabstelle** vor (siehe Seite 175).
c) Zur **Stellenbeschreibung** und deren Aufgaben siehe Seite 173.
d) Zur **Arbeitsplatzbeschreibung** siehe Seite 177.
e) Zu den Begriffen **Verkaufsförderung** und **Absatzcontrolling** siehe Seite 260f. und Seite 239.
f) Zur innerbetrieblichen und externen **Ausschreibung** siehe auch Seite 39.
g) Bei der **innerbetrieblichen** (internen) **Stellenbesetzung** wird die Stelle mit einem Mitarbeiter besetzt, der bereits dem Unternehmen angehört. Vorteile der internen Stellenbesetzung sind:
   ● Förderung der Motivation der eigenen Mitarbeiter durch Aufstiegsmöglichkeiten im Unternehmen,
   ● Verminderung der Fluktuation,
   ● verbesserte Personalauswahl (Stärken und Schwächen der Bewerber sind genau bekannt),
   ● Bewerber können die Anforderungen an die ausgeschriebene Stelle genau einschätzen,
   ● Bewerber sind mit den Betriebsabläufen vertraut,
   ● Zwang zur innerbetrieblichen Aus- und Weiterbildung und damit Sicherung eines aktuellen Informationsstandes.
h) Bei der **externen Stellenbesetzung** wird die Stelle durch Bewerber vom (externen) Arbeitsmarkt besetzt. Vorteile der externen Stellenbesetzung sind:
   ● Vermeidung von Betriebsblindheit,
   ● Nutzung von Spezialkenntnissen und besonderen Fähigkeiten der externen Bewerber,
   ● höhere Wettbewerbsanforderungen an die Mitarbeiter im eigenen Betrieb.
i) Die **Personalauswahl** vollzieht sich in folgenden Schritten:
   ● Stellenausschreibung,
   ● Beurteilung der Bewerbungsunterlagen und Treffen einer Vorauswahl,
   ● Beurteilung der Bewerber,
   ● Entscheidung über die Stellenbesetzung. (Siehe auch Seite 291.)
j) Zum **Assessmentcenter** siehe Seite 292.
k) Zu den Rechten des **Betriebsrats** siehe Seite 38ff.

Aufgabe 10, Seite 577

a) Aufgrund der Tabelle ist nur zu erkennen, dass der Einsatz des Reisenden günstiger wird als der Einsatz des Vertreters bei einer Absatzmenge, die zwischen 300 und 400 Stück liegt.

b) Kosten des Reisenden = Kosten des Vertreters
   $1800 + 4x = 9x$
   $5x = 1800$
   $x = 360$

Ab einer Absatzmenge von 360 Stück wird der Einsatz des Reisenden kostengünstiger als der des Vertreters.

c) Kostenvergleich Reisender und Vertreter

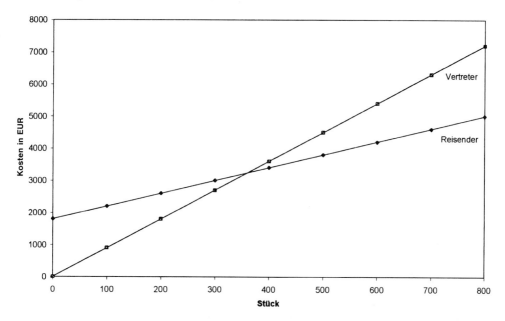

d) Zu den Vorteilen eines Reisenden und Vertreters siehe Seite 250 f.
e) Zu den Formen des direkten und indirekten Absatzes siehe Seite 250 ff.
f) Zu den Handelsmittlern im Außenhandel siehe Seite 300 f.

Sachwortregister

A

ab Bahnhof 57
ab Fabrik 57
ab hier 57
ab Lager 57
ab Werk 57
Abbuchungsauftrag 81
ABC-Analyse 228, 572, 619 f.
Abfrage 355
Abgabenordnung 429
Abgrenzungsrechnung 525 ff.
Abholgroßhandel 169
Ablage 335
Ablauforganisation 176 f., 385
Abmahnung 18
Absatz 223 ff., 236 f., 239
Absatzcontrolling 239
Absatzforschung 240
Absatzgroßhandel 168
Absatzlogistik 205
Absatzmarkt 238
Absatzmethode 254
Absatzorgan 250 ff.
Absatzorganisation 249
Absatzprognose 241
Abschlussbuchung 431
Abschreibung 467 ff.
Abschreibung nach Leistungseinheit 469
Abschwung 142
absoluter Bezug 358
Abstimmungskollegialität 286
Abteilung 173
Abweichungsanalyse 557
Abzahlungsdarlehen 273
Access 356 f.
Adressenverwaltung 363
AG 115
Agentur für Arbeit 69
Agio 487
Aktie 269
Aktiengesellschaft 115
Aktionär 115
Anfechtbarkeit 52
Anschaffungskosten, aktivierungspflichtige 467
Aktivkonto 438
Aktiv-Passivmehrung 438
Aktiv-Passivminderung 438
Aktivtausch 438
Akustikkoppler 341
Akzept 93
Akzeptkredit 276
Alleinwerbung 257
allgemeine Handlungsvollmacht 118
Allgemeine Geschäftsbedingung 53, 247 f.
Allgemeinverbindlichkeitserklärung 25
Altersteilzeit 289 f.
Amtsgericht 73
Anderskosten 328, 531
Anfechtbarkeit 52
Anfrage 56
Angebot 55, 57, 124

Angebotsmonopolist 127
Angebotsvergleich 233, 541 f., 565 ff.
Angestellter 18
Anhang 110, 492
Ankaufskurs 395
Anlagebuch 428
Anlagevermögen 433
Annahme 54
Annahmeverzug 66 f.
Annuitätendarlehen 273
Annuitätentilgung 617
Anpreisung 55
Anschaffungskosten 467
Anschaffungsnebenkosten 467
antizipativer Posten 476
Antrag auf Arbeitnehmerveranlagung 46
Anwendersoftware 350
Anzahlung an Lieferanten 450 f.
Anzahlung von Kunden 458
Arbeiter 18
Arbeitgeber 294
Arbeitgeberverband 23
Arbeitnehmer 294
Arbeitnehmersparzulage 461
Arbeitsablaufkarte 176
Arbeitsanweisung 176
Arbeitschutzvorschrift 26
Arbeitsdirektor 42
Arbeitsförderungsrecht 30
Arbeitsgericht 22, 70
Arbeitslosenquote 145
Arbeitslosenversicherung 33 ff.
Arbeitslosigkeit 145 f.
Arbeitsmappe 359
Arbeitspapiere 292 f.
Arbeitsplatzbeschreibung 177
Arbeitsproduktivität 558
Arbeitsrecht 21 ff.
Arbeitssicherheitsgesetz 31
Arbeitsspeicher 340
Arbeitsstättenverordnung 31
Arbeitsteilung 102 f.
Arbeitsvertrag 21 ff.
Arbeitsvertrag, befristeter 22
Arbeitszeitgesetz 30
Arbeitszeitkonto 288 f.
Arbeitszeitmodell 288 ff.
Arbeitszerlegung 102
arithmetisches Mittel 417
Artikelverwaltung 363
Artvollmacht 118
Assembler 350
Assessmentcenter 292
Audit 178
Aufbauorganisation 171 ff., 385
Aufbewahrungsfrist 430
Aufbewahrungspflicht 65, 405
Aufgabe 172
Aufgabenanalyse 172
Aufkaufgroßhandel 168
Aufschwung 143

625

40   Groh/Schröer – ISBN 978-3-8120-0422-0

Aufsichtsrat 114, 116 f.
Auftragsannahme 223
Auftragsbearbeitung 224, 236
Auftragsbestätigung 56
Aufwand 327
Aufwand, betriebsfremder 327
Aufwendung 528 f.
Ausbildender 19
Ausbildung 21
Ausfallbürgschaft 275
Ausfuhr 316 f.
Ausfuhrkredit-Gesellschaft 307
Ausfuhrkreditversicherung 308
Ausfuhrliste 318
Ausfuhrverbot 318
Ausfuhrverfahren 314 ff.
Ausgabe 327
Ausgabegerät 342
Ausgabeprozessor 340
Auslandsagent 300
Ausscheiden von Mitarbeitern 292
Ausschreibung 622
Außenfinanzierung 267
Außenhandel 157, 298 ff.
Außenhandelsgeschäft 303 f., 309 f.
Außenhandelsinstitution 303
Außenhandelspolitik 159 f.
Außenwirtschaft 156
Außenwirtschaftsgesetz 315
Außenwirtschaftsverordnung 314
außergewöhnliche Belastung 45
außerordentlicher Aufwand 327
außerplanmäßige Abschreibung 469
Aussprerrung 26
Ausstellung 255
Auszahlung 327
automatische Lagerung 192
Avalakzept 93
Avalkredit 276

B
BAB 533 ff.
BAföG 30 f.
Balkencode 345
Balkendiagramm 361, 414, 586
Bankbetrieb 104
Bankkarte 85
Barcode 345
bargeldlose Zahlung 80 ff.
Barkauf 61
Barkredit 272
Barscheck 87
Barwert 410
Barzahlung 79
Barzahlungsnachlass 247
Bedarf 98, 227
Bedarfsanalyse 227
Bedarfsforschung 240
Bedarfsmenge 228
Bedarfszeitpunkt 228
Bedarsermittlung 227
Bedürfnis 98

Begünstigungsprinzip 22
Beitragsbemessungsgrenze 33
Belegleser 342 f.
Benutzeroberfläche 351
Berichtswesen 558 f.
Berufsausbildungsverordnung 21
Berufsausbildungsvertrag 19 ff.
Berufsbildung 102
Berufsbildungsgesetz 19
Berufsgenossenschaft 69
Berufsspaltung 102
Berufsunfähigkeit 292
Berufung 70 f., 75
Beschaffung 236 f.
Beschaffungsbereich 226 ff.
Beschaffungskonzept 235 f.
Beschaffungslogistik 205, 211
Beschaffungsmarktforschung 231 f.
Beschaffungsplanung 227 ff.
Beschäftigungsgrad 329
beschränkte Geschäftsfähigkeit 49 f.
Besitz 51
Besitzwechsel 92
besonderer Wert 209
Bestandskonto 438
Bestellmenge 229
Bestellpunktverfahren 230
Bestellrhythmusverfahren 230
Bestellung 56, 233 f.
Bestimmungskauf 61
Beteiligungsfinanzierung 267
Betriebsabrechnungsbogen 533 ff.
Betriebsdatenerfassung 373
Betriebsergebnis 528
betriebsfremder Aufwand 327
Betriebsmittel 101
Betriebsmittelkredit 272
Betriebsorganisation 170
Betriebsrat 36 ff.
Betriebsstatistik 414
Betriebssteuer 473
Betriebsstoff 101
Betriebssystem 349, 351
Betriebsvereinbarung 22
Betriebsverfassungsgesetz 36 ff.
Betriebsversammlung 41
Bewegungsdaten 354
Bewertung 479 ff.
Bewertungsstetigkeit 480, 488
Beziehungszahl 416
Bezirks-Tarifvertrag 25
Bezugskalkulation 540 f.
Bezugskosten 448, 541
Bezugsquelle 303
Bezugsquellenermittlung 232 f.
Bilanz 433
Bilanzidentität 488
Bilanzierungsverbot 488
bilanzmäßige Abschreibung 469
Binärsystem 344
Bit 344
Blankoakzept 93
Blitzgiro 81
Bonus 247

626

Boom 142, 153
Börse 255
Break-even-point 552
Briefdienst 332
Briefhypothek 279
Briefkurs 395
Bruttoinlandprodukt 136
Bruttolohn 297
Bruttopreissystem 246
Bruttonationaleinkommen 136
Bruttowertschöpfung 136
Buchführung 428 ff.
Buchhypothek 279
Budgetierung 555
Bundesanzeigerpublizität 109
Bundesausbildungsförderungsgesetz 30 f.
Bundesausfuhramt 316
Bundesdatenschutzgesetz 383
Bundeselterngeldgesetz 29
Bundesverfassungsgericht 71
bürgerlicher Kauf 60
Bürgschaft 275
Bürgschaftskredit 275
Bus 343
Byte 344

C

Cash-and-carry-Großhandel 169
Cash-Karte 86
CD-ROM 348
CFR 311
chaotische Lagerung 192
Chartepartie 213
Charterung 212
Chipkarte 86, 348
CIF 311
CIF-Agent 300
CIM-Frachtbrief 323
CIP 312
Circa-Klausel 310
CMR-Frachtbrief 323
Code 344
Collico 211
Compiler 350
Computerfernnetz 378
Container 211
Controlling 553 ff.
Corporate-Identity 260
CPT 312

D

DAF 312
Damnum 410
Darlehen 273
Darlehensvertrag 68
Datei 337, 354
Daten 339, 354
Datenadministrator 375
Datenaustausch 374
Datenbank 354, 356 f., 380
Datenbankdatei 355 f.
Datenbankverwaltung 357

Datenbankverwaltungssystem 355
Datenerfassung 372
Datenfeld 355
Datenfernverarbeitung 373
Datengeheimnis 383
Datenkasse 186 f.
Datenredundanz 356
Datensatz 354 f.
Datenschutz 383 f.
Datensicherung 374 f.
Datenstation 377
Datenträgeraustausch 83
Datenübertragung 372 f.
Datenverarbeitung 339 ff., 381 ff.
Dauerauftrag
DDP 312
DDU 312
Debitoren 464 f.
Debitorenkontrolle 72
Deckungsbeitragsrechnung 547 ff.
Deckungsbetrag 548
Deficit-spending 152
Deflation 144 f.
degressive Abschreibung 468
Delkredereprovision 251
Depression (Tiefstand) 142
DEQ 312
DES 312
Desinvestition 264
Deutsche Bahn AG 210 ff.
Deutsche Post AG 332
Deutsche Telekom AG 338, 378
Devisen 395
DHL 209 f.
Diagramm 361 f., 411 ff.
Dialoggerät 342
Dienstprogramm 350
Dienstvertrag 67
Differenzkalkulation 544
DIN 178
direkte Steuer 164
direkter Absatz 250
Direktmarketing 261
Direktorialsystem 286
Direktorium 148
Disagio 410, 487
Diskette 347
Diskont 410
Diskontieren 410
Diskontierung 94
Diskontkredit 274 f.
Diskontsatz 410
Display 261
Disposition 170, 185
dispositive Tätigkeit 17
dispositiver Faktor 101
Distribution 167
Distributionspolitik 248 ff.
Diversifikation 243
Dokument 370
Dokumente gegen Akzept 313
Dokumente gegen Kasse 313
Dokumentenakkreditiv 314
Dokumenteninkasso 313

627

Dokumentvorlage 368
doppelte Buchführung 438
Drag & Drop 351
Draufgabe 247, 541
Dreingabe 247, 541
Dreisatz 393 f.
Drittländer 315
Drittlandswaren 316
duales Ausbildungssystem 21
Duales System 181 f.
Dubiose 482
dumping 246
durchschnittliche Lagerdauer 200
durchschnittlicher Lagerbestand 199
Durchschnittskosten 328 ff.
Durchschnittspreisverfahren 481
Durchschnittsrechnen 398 f.
Durchschnittswert 417
Durchschnittszahl 416
dynamische Rente 34

E
EAN 345
EAN-Strichcode 190
Echtzeitverarbeitung 373
Ecklohn 24
effektive Verzinsung bei Darlehen 408 f.
effektive Verzinsung bei Gewährung von Skonto
   407 f.
Effektivzins 409
eidesstattliche Versicherung 76
Eigenbeleg 430
eigener Wechsel 91
Eigenfinanzierung 268
Eigenhändig 209, 332
Eigenkapital 433
Eigenlager 192
Eigenlagerung 202
Eigentum 50
Eigentümergrundschuld 280
Eigentumsvorbehalt 60
Eigenverkehr 206
Eilüberweisung 81
Einbruchdiebstahl- und Raubversicherung 217
Einfuhr 316 f.
Einfuhrliste 317
Einfuhrumsatzsteuer 160, 446
Einführungswerbung 256
Einfuhrverbote 317
Einfuhrverfahren 314 ff., 317
Einfuhrzoll 159
Eingabegerät 342
Eingabeprozessor 340
Einheitspapier 326
Einheitswert 165
Einigungsstelle 37
Einkauf 363 f.
Einkaufsverband 282
Einkommen 45
Einkommensteuer 43 f.

Einkommensteuererklärung 47
Einkommensteuergesetz 429
Einlagefazilität 149
Einlagenfinanzierung 267
Einstellung 291
Einwegkommunikation 376
Einwurf-Einschreiben 332
Einzelakte 335
Einzelarbeitsvertrag 22
Einzelbewertung 480, 484
Einzelhandel 168
Einzelkosten 329, 532
Einzelpolice 217
Einzelprokura 119
Einzelumwerbung 257
Einzelunternehmung 111
Einzelwertberichtigung 483 f.
Einzelzession 276
Einzugsermächtigungsverfahren 81
Einzugsverfahren 81
eiserner Bestand 198
Electronic cash 83
Electronic Shopping 254
E-Mail 380
Emission 155
Endlosvordruck 337
Entgeltfortzahlungsgesetz 30
Entlohnung 295 f.
Entnahme von Waren 441 f.
Entsorgungslogistik 205, 211
Entstehungsrechnung 137
Entwicklungspolitik 155
EONIA 162
Erfolgskonto 439
Erfüllungsgeschäft 54
Erfüllungsort 58 f.
Erfüllungsstörung 54 f.
Ergebnistabelle 526 ff.
Erhaltungswerbung 256
Ersatzbedarf 290
Ersatzinvestition 264
Ertrag 529
Erweiterungsinvestition 264
Erwerbsminderung 292
erwerbswirtschaftliches Prinzip 97
ESZB 147
Etikett 189 f.
EU 160
EURIBOR 162
Europäische Union 160
Europäische Wirtschafts- und Währungsunion
   161
Europäische Zentralbank 147
Europäischer Binnenmarkt 161
Europäisches System der Zentralbanken 147
Eurozinsmethode 410
EWWU 161
Excel 359 f.
Existenzbedürfnis 98
Expansion 143
Expansionswerbung 256
Export 157, 299
Exportfactoring 308
Exporthandel 299

628

Express 332
Expressdienst 211
Expressprodukt 209
Extrahandel 315, 317
EXW 311
EZB 147
EZB-Rat 148

F
Factoring 271
Fälligkeitsdarlehen 273
Fantasiefirma 107
FAS 311
Fax 379
Fernabsatzvertrag 71, 132
FCA 311
Feuerversicherung 216
Fifo 194
Fifo-Methode 481
Filialprokura 119
Finanzamt 69
Finanzbuchhaltung 364 ff.
Finanzgericht 71
Finanzierung 264 ff., 495
Finanzierungsgrundsatz 266
Finanzinvestition 264
Finanzplan 266
Finanzpolitik 151 ff.
Finanzwechsel 92
Firma 106, 110 f.
Firmenausschließlichkeit 106
Firmenbeständigkeit 106
Firmengrundsatz 106 f.
Firmenklarheit 106
Firmenöffentlichkeit 106
Firmen-Tarifvertrag 24
Firmenwahrheit 106
Firmware 349
Fiskalpolitik 151 ff.
Fixkauf 62, 65
Fixkostendegression 329
Flächendiagramm 361
Flächen-Tarifvertrag 24
Floppy-Disk 347
FOB 311
Forfaitierung 307 f.
Formatkontrolle 375
Formkaufmann 106
Fracht 58
Frachtbasis 58
Frachtbrief 208, 212
frachtfrei 58
Frachtführer 207 f.
Frachtparität 58
Frachtvertrag 207 f., 214
Franchising 283
Frankogrenzen 248
frei Bahnhof 58
frei dort 58
frei Haus 58
frei Keller 58
frei Lager 58
frei Waggon 58

Freibetrag 46
freie Marktwirtschaft 121
Freisetzungsfinanzierung 268
Freizeichnungsklausel 55
Fremdbeleg 430
Fremdfinanzierung 267
Fremdkapital 267
Fremdlager 192
Fremdlagerung 202
Fremdverkehr 206
Friedenspflicht 26
fristlose Kündigung 27
Führungsstil 285 f.
Funktionsrabatt 246
Funktionssystem 174
Fusionskontrolle 130

G
Ganzzugsverkehr 210
Garantie 64, 226
Gattungskauf 61
Gattungsware 50
Gebrauchsmuster 219
Gehaltsabrechnung 296 f.
Geld 78
Geldkredit 272
Geldkurs 395
geldpolitisches Instrument 148
Geldwert 146
geldwerter Vorteil 462
Gemeinkosten 329, 532, 536
Gemeinschaftsgebiet 315
Gemeinschaftswaren 316
Gemeinschaftswerbung 257
gemeinwirtschaftliches Prinzip 97
Generalhandlungsvollmacht 118
Generalpolice 217
Generalversammlung 117
Generationsprinzip 375
Generationsvertrag 32
Genossenschaft 117
Gericht 70
geringwertige Wirtschaftsgüter 472 f.
Gesamtkosten 328
Gesamtprokura 119
Gesamtvollmacht 118
Geschäftsbrief 368 ff.
Geschäftsfähigkeit 49 f.
Geschäftsfähigkeit, beschränkte 49 f.
Geschäftsfreundebuch 428
Geschäftsführer 114
Geschäftsgrafik 361 f.
Geschäftsunfähigkeit 50
Geschmacksmuster 219
Gesellschaft mit beschränkter Haftung 113 f.
Gesellschaftsversammlung 114
Gesellschaftsvertrag 68, 114
Gesetz 48
- Altersteilzeit 289 f.
- Arbeitssicherheit 31
- Datenschutz 383 f.

629

- Förderung der Stabilität und des Wachstums 140
- gegen Wettbewerbsbeschränkungen 130 f.
- Haftung für fehlerhafte Produkte 133
- Markenschutz 219 f.
- Schutz der Umwelt 154, 180 f.
- unlauterer Wettbewerb 131
gesetzliche Rücklage 493
gesetzliche Sozialversicherung 32 ff.
Gewährleistung 64, 226
Gewerbeaufsichtsamt 69
Gewerbebetrieb 105
Gewerbesteuer 165
Gewerkschaft 23
Gewichtsspesen 400
Gewinnrücklage 493
Gewinnschwelle 551 f.
Gewinnverteilung 400 f.
Gewinnvortrag 491
gewogener Durchschnitt 399
Gewohnheitsrecht 48
gezeichnetes Kapital 481, 490
Gironetz 82
Gleichgewichtspreis 125
gleitende Arbeitszeit 288
Gliederungszahl 416
Globalisierung der Wirtschaft 157
Globalzession 276
GmbH 113
GoB 429 f.
goldene Bilanzregel 266
Größenklasse 109
Großhandel 168
Grundbuch 278, 428
Grunderwerbsteuer 166
Grundkosten 328
Grundpfandrecht 278
Grundsatz ordnungsgemäßer Bilanzierung 488 f.
Grundsatz ordnungsmäßiger Buchführung 429 f.
Grundschuld 279
Grundsteuer 165
Grundwert 401 f.
Grüner Punkt 182
Günstigkeitsprinzip 22
Güter 98
Güterkraftverkehr 212
Gütertransport 205 ff., 222
Gütezeichen 220
Gutgewicht 541

H
Haftung
– AG 115
- Annahmeverzug 67
- Deutsche Bahn AG 211
- Deutsche Post AG 209
- Einzelunternehmung 111
- fehlerhafte Produkte 133
- Frachtführer 208
- Genossenschaft 117
- GmbH 114 f.
- Hersteller 133
- KG 113

- Lieferungsverzug 66
- Luftfrachtverkehr 213
- OHG 111
- Seeschifffahrt 213
- Spediteur 214
halbbare Zahlung 79 f.
Handel 104
Handelsbetrieb 167 ff.
Handelsbilanz 480
Handelsfirma 106
Handelsfunktion 167
Handelsgesetzbuch 429
Handelsgewerbe 105
Handelskauf 60 f.
Handelskette 284
Handelsmakler 253 f., 300
Handelsmarke 243
Handelsmittler 300
Handelsrechnung 324
Handelsregister 107 f.
Handelsspanne 546 f.
Handelsvertreter 251 f.
Handelswechsel 92
Handkauf 62
Handlungsgehilfe 18
Handlungsgemeinkosten 532 f.
Handlungskosten 327, 532 f.
Handlungskostenzuschlagsatz 532 ff.
Handlungsvollmacht 117 ff.
Hängeregistratur 335
Hardware 349, 382
Hauptbuch 428
Hauptkostenstelle 535 f.
Hauptrefinanzierungsoperation 149
Hauptspeicher 340
Hauptversammlung 116
Hausfracht 58
Haushaltsplan 163
Haus-Tarifvertrag 24
Haustürgeschäft 132
HBCI 83
Hermes-Kreditversicherungs-AG 308
Herstellermarke 243
HGB 429
Hifo-Methode 481
Hilfskostenstelle 536
Hilfsstoff 101
Hochkonjunktur 142, 153
Höchstbestand 199
Höchstbetragshypothek 279
Höchstpreis 133
Höchstwertprinzip 487
Homebanking 83
Hypothek 278 f.

I
IHK 69
Image 260
Immission 155
Immobilie 50
Imparitätsprinzip 480
Import 157, 299

Importhandel 299
Incoterms 310 ff.
Indexzahl 416
indirekte Steuer 164
indirekter Absatz 251
Individualbedürfnis 98
Individualsoftware 350
Indossament 93 f.
Industrie- und Handelskammer 69
Industriebetrieb 104
Industrieobligation 269
Inflation 143 f.
Infrastrukturpolitik 153 f.
Inhaberaktie 269
Inhaberscheck 88
Inkassoindossament 94
Innenfinanzierung 268
innerbetrieblicher Vergleich 414
innergemeinschaftlicher Erwerb 445
Insolvenzverfahren 482
Instanz 173
InterCargo 210
Interface 341
internationale Spediteur-Übernahmebescheini-
   gung 324
internationaler Eisenbahnfrachtbrief 323
internationaler Frachtbrief 323
Internet 380
Intrahandel 315 f.
Inventar 432
Inventur 196, 433
Investierung 495
Investition 264 f.
Investitionskredit 272
Investitionsplan 265
ISDN 378 f.
ISO 178
Istkosten 554 ff.

J

Jahresabschluss 430, 488 ff.
Jahresüberschuss 491
Jahreszinssatz 407
JAZ-Disk 347
Jobsharing 289
Jointventure 130, 299 f.
Jugendarbeitsschutzgesetz 28
Jugend- und Auszubildendenvertretung 41
Juristische Person 49, 109
Just-in-time-Belieferung 217 f.

K

Kalkulation 540 ff.
Kalkulationsfaktor 546
Kalkulationszuschlag 546 f.
kalkulatorische Abschreibung 469, 531
kalkulatorische Kosten 530 f.
Kaltstart 353
Kanal 340, 343
Kannkaufmann 105

Kapitalbedarf 265
Kapitalbilanz 138 f.
Kapitalbildung 100
Kapitalgesellschaft 109
Kapitalproduktivität 558
Kapitalrücklage 493
Kapitalvergleich 433 f.
Kartei 337
Kartell 128
Kassationskollegialität 286
Kassenbericht 463
Kassenterminal 186 f.
Kauf auf Abruf 61
Kauf auf Probe 61
Käufermarkt 238
Kaufkraft 146
Kaufmann 105
Kaufvertrag 54, 60, 233 ff., 303 f., 309
Kaufvertragsrecht 304
Kaufvertragsstörung 54 f.
Kennzahl 415 ff., 494
Kennzahlen 557 f., 569 f.
Kernsortiment 242
Klage 74
Klarschriftbeleg 346
Klarschriftbelegleser 343
Kleingewerbetreibender 106
Kollegialsystem 286
Kollektivmarke 220
Kollektivwerbung 257
Kommanditgesellschaft 113
Kommanditist 113
Kommissionär 252 f., 301
Kommissionierung 194
Kommissionskauf 61
Kommissionslager 253
Kommunalverwaltung 69
Kommunikation 262, 376
Kommunikationsnetz 376 ff.
Kommunikationspolitik 256 ff.
Kompatibilität 343
Komplementär 113
Komplementärgüter 99
Konditionspolitik 247 f.
Konfiguration 343
Konjunkturausgleichsrücklage 152
Konjunkturpolitik 146 ff.
Konjunkturschwankung 141 ff.
Konjunkturzyklus 142
Konkurrenzforschung 240
Konnossement 213, 321
Konsignationslager 253
Konstitution 495
Konsulatsfaktura 325
Konsumtivkredit 272
Kontenplan 429
Kontenrahmen 428 f.
Kontoauszug 82
Kontokorrentbuch 428
Kontokorrentbuchhaltung 465
Kontokorrentkredit 273
Konvergenzkriterium 162
Konzern 129

631

Kooperation 281 ff.
Körperschaftsteuer 165
Körperschaftsteuergesetz 429
Kosten 327 ff., 529
Kosten- und Leistungsrechnung 525 ff.
Kostenartenrechnung 525, 531 f.
Kostencontrolling 554 ff.
Kostenstellenrechnung 525, 533 ff.
Kostenträgerrechnung 525
Kostenträgerstückrechnung 540 ff.
Krankenversicherung 32 ff.
Kreditanstalt für Wiederaufbau 307
Kreditfinanzierung 267
Kreditkarte 84, 271 ff.
Kreditkauf 61
Kreditkosten 408
Kreditleihe 276
Kreditoren 464 f.
Kreditrisiko 306 f.
Kreditsicherung 274
Kreditvertrag 271
Kreditwürdigkeit 274
Kreisdiagramm 361, 414, 583
kritische Menge 202 f., 552, 577
Kulanz 226
Kultusbedürfnis 98
Kundenbonus 456
Kundendienstpolitik 244 f.
Kundengespräch 261
Kundenreklamation 226
Kundenselektion 255
Kundenskonto 457
Kündigung 40
- Arbeitsverhältnis 20, 50
- Arbeitsvertrag 27
Kündigungsdarlehen 273
Kündigungsfrist 27
Kündigungsschutz 27 f.
Kündigungsschutzklage 27
Kurierdienst 211
Kursvergleichsrechnung 396 f.
Kurswert 269
Kurzakzept 93
Kurzindossament 94

L
Ladeschein 208, 212
Lagebericht 110, 492
Lagerarbeit 193
Lagerart 191 f.
Lagerbestandsführung 221
Lagerbuchführung 195, 428
Lagerempfangsschein 205
Lagergeschäft 254
Lagerhalter 203 f.
Lagerkennzahlen 197 ff.
Lagerkontrolle 195
Lagerkosten 196
Lagerlogistik 205
Lagernutzungsgrad 201
Lagerplatzverwaltung 221
Lagerrisiko 215
Lagerschein 204
Lagerumschlagshäufigkeit 199

Lagerung nach festen Plätzen 192
Lagerung nach freien Plätzen 192
Lagerversicherung 217
Lagervertrag 203
Lagerzinssatz 200
LAN 377 f.
Lastschriftverfahren 81
Leasing 270 f.
Lebenshaltungskostenindex 147
Leistungsbilanz 138, 302
leitender Angestellter 18
Leitungssystem 286
Leitungswasserversicherung 217
Leitwerk 430
Leseleistung 344
Lesestift 189
Lieferantenbonus 449
Lieferantenskonto 450
Liefererkredit 272
Lieferschein 225
Liefererscheinerstellung 221
Liefertermin 225, 234
Lieferung mangelhafter Ware 63 f.
Lieferungsbedingung 57 f., 248
Lieferungsverzug 65 f., 587
Lifo 194
Lifo-Methode 481
Limitrechnung 231
lineare Abschreibung 468
Liniendiagramm 361, 414, 584
Linienschifffahrt 212
Liniensystem 173 f.
Liquidität 266, 494 f.
Listenmenü 352
Lizenz 219
Logistik 205
Logistik-Boxen 211
Lohnabrechnung 297
Lohnformen 295 f.
Lohnfortzahlung 30
Lohnnebenkosten 297
Lohnpfändung 76
Lohnquote 147
Lohnsteuer 574
Lohnsteuerkarte 44
Lohn- und Gehalts-Tarifvertrag 24
lokales Computernetz 377 f.
Lombardkredit 277
Lower management 172
Luftfrachtbrief 213, 322 f.
Luftfrachtverkehr 213
Luxusbedürfnis 98

M
magisches Viereck 140
Magnetband 346
Magnetbandkassette 347
Magnetkarte 348
Magnetplatte 347
Magnetplattenspeicher 347
Magnetstreifenkarte 348
Mahnbescheid 73, 570 f.

Mahnverfahren 72
Mailbox 380
Makros 355
Management by Delegation 286
Management by Exception 286
Management by Insight 286
Management by Objectives 286
Mängel 63, 235
Mantel-Tarifvertrag 24
Mantelzession 276
Marke 219
Markenartikel 243
Markengesetz 219 f.
Markenschutz 219 f.
Marketing 238 ff.
Marketing-Instrument 239 f.
Marketing-Mix 262
Markierungsbeleg 345
Markierungsbelegleser 343
Markt 123
Marktanalyse 232, 241
Marktanteil 240
Marktbeobachtung 232, 241
Marktforschung 240 f.
Marktpreis 127
Marktprognose 241
Marktsegmentierung 239
Markttransparenz 123
Marktwert 269
Massenumwerbung 257
MDE 189
Mehrwegverpackung 225
Mehrwertsteuer 439 ff.
Meldebestand 198
Mengenrabatt 246
Menschenführung 287
Messe 255
Middle management 171
Mietvertrag 68
Mikrofiche 336
Mikrofilm 335 f.
Mikrofilmrolle 336
Mikrofilmstreifen 336
Mikroprozessor 340
Mindermengenzuschlag 248
Minderung 64
Mindestabnahmemenge 248
Mindestbestand 198
Mindestdiskont 410
Mindestpreis 133
Mindestreserve 150
Missbrauchsaufsicht 131
Mitbestimmung 36, 41 f.
Mittelwert 416
Mobiles Datenerfassungsgerät 189
Modalwert 417
Modem 341
Module 355
Monopol 123
Motivation 287
Multi-tasking 352
Mutterschutzgesetz 29

N
Nachbesserung 63
Nacherfüllung 63

Nachfrage 98, 124
Nachlass an Kunden 456
Nachlass von Lieferanten 449
Nachlieferung 63
Nachnahme 79, 209, 332
Namensaktie 269
Namenslagerschein 205
Namensscheck 88
nationale Zentralbank 151
Naturalrabatt 247, 541
natürliche Person 49
Nebenbuch 428
Nennbetragsaktie 269
Nennwert 410
Nettolohn 297
Nettopreissystem 246
Nettonationaleinkommen 136
Netzkonfiguration 377
Neubedarf 290
neutrale Aufwendung 529
neutraler Aufwand 327
neutraler Ertrag 529
Nichtigkeit 52
Niederstwertprinzip 480
nominales Volkseinkommen 136
nominales Wirtschaftswachstum 155
Nominallohn 296
Nominalzins 409
No-Name-Produkte 243
Notbeleg 430
Notifikation 95
Notverkauf 66

O
Offene Handelsgesellschaft 111 f.
offener Posten 366
Offenmarktgeschäft 149
Öffentlicher Haushalt 163
Öffentliches Recht 48
Offline-Kasse 187
Offline-System 372
OHG 111
Öko-Audit 180
Ökobilanz 180
Ökologie 178
Ökonomie 178
Ökonomisches Prinzip 97
Oligopol 123, 126, 245
OLV 86
Onlinebanking 82 f.
Online-Kasse 187
Online-Lastschriftverfahren 86
Online-System 372
optimale Beschaffungsmenge 229 f.
optimale Bestellmenge 229 f.
optimaler Lagerbestand 199
optische Speicherkarte 348
Orderlagerschein 205
Ordersatz 254
Orderscheck 88
Ordnungssystem 334
Ordungsdaten 354
Organigramm 171, 567 f.

633

Organisationsgrundsatz 170 ff.
Organisationshandbuch 177
Organisationskreislauf 170
Organisationsplan 567 f.
örtliche Zuständigkeit 74

P

Pachtvertrag 68
Paketdienst 213
Palette 211
paritätische Mitbestimmung 41
Paritätskurs 397
Passivierungspflicht 478
Passivierungswahlrecht 478
Passivkonto 438
Passivtausch 438
Patent 219
Pauschalwertberichtigung 485 f.
Pauschbetrag 46
Pendelregistratur 335
periodenfremder Aufwand 328
peripheres Gerät 342
Peripherie 339
permanente Inventur 196
Personalakte 293
Personalaufwand 459 ff.
Personalbedarfsplanung 290
Personalbeschaffung 291
Personalbeurteilung 287
Personalbogen 293
Personalentwicklung 290
Personalführung 285 ff.
Personal-Informationssystem 293
Personalkredit 274 ff.
Personalverwaltung 293 f.
Personalwesen 285 ff.
Personenfirma 107
Personengesellschaft 108
Personenkonto 428
Personensteuer 473
Personenversicherung 216
Pfändung 75
PIN/TAN-Verfahren
Pflegeversicherung 33 ff.
Plankosten 554 ff.
planmäßige Abschreibung 469
Planwirtschaft 121
Platzkauf 62
Plausibilitätskontrolle 375
Plug & Play 351
Point-of-Sale-System 84
Point-of-Sale-Terminal 186 f.
Polypol 123, 126
POS 84
Postausgang 333
Postbank Scheck 90
Postbearbeitung 332 ff.
Posteingang 333
Postpaket 209
Poststelle 332
Poststraße 333
Postverteilung 333

Postzustellungsauftrag 332
Prämienlohn 296
Preisangabenverordnung 131
Preisanpassungsstrategie 245
Preisbildung 124, 245, 247
Preisdifferenzierung 246
Preispolitik 245 ff.
Preisstellungssystem 246
Preisuntergrenze 551
Price-Look-Up 188
primärer Wirtschaftsbereich 103
Primärforschung 241
Primatkollegialität 286
Privatentnahme 442
privates Recht 48 f.
Privatkonto 441 f.
Probezeit 20, 27
Product-Placement 261
Produkthaftungsgesetz 133
Produktionsfaktor 99 ff.
Produktionsteilung 102
Produktionsverbindungsgroßhandel 168
Produktivität 557 f.
Produktivkredit 272
Prokura 119
Prolongation 96
Provision 458 f.
Prozentrechnen 401 ff.
Prozentrechnen auf Hundert 403
Prozentrechnen im Hundert 403
Prozentsatz 401 f.
Prozentsatz, bequemer 402
Prozentwert 401 f.
Prozessor 340
Publicrelations 260
Publizität 109
Pull-Down-Menü 352
Punktdiagramm 361

Q

Qualitätsgarantie 245
Qualitätsmanagement 177
Qualitätsmanagement-System 177 f.
Qualitäts-Management-System 615 ff.
Qualitätssicherung 177
Querlieferung 282
Quittung 79

R

Rack Jobber 284
Rahmen-Tarifvertrag 24
RAM 340
Randsortiment 242
Ratenkauf 62
Ratentilgung 341
Rationalisierungsinvestition 264
Rationalprinzip 97
reales Volkseinkommen 136
reales Wirtschaftswachstum 155
Realisationsprinzip 480
Realkredit 277 ff.
Reallohn 296

Rechendaten 354
Rechenwerk 339
Rechnung 225
Rechnungsabgrenzungsposten 477
Rechnungsprüfung 235
Rechnungswesen 430
Recht 50
Rechtsfähigkeit 49
Rechtsform 108
Rechtsgeschäft 51 ff.
Rechtsordnung 48
Recycling 179
Refinanzierungsgeschäft 149
Regelarbeit 288
Regelteilzeit 289
Registerpublizität 109
Registratur 334 ff.
Regress 89, 96
Reichweitenbestimmung 259
Reihenfolgezugriff 346
Reihenregress 96
Reinvermögen 433
Reisender 250, 252, 577, 623
Rektaindossament 94
Rektascheck 88
relativer Bezug 358
Rentabilität 267, 497
Rentabilitätsvergleichsrechnung 614
Rentenversicherung 32
Reports 559
Reservebestand 198
Revision 70 f., 75
Rezession 142, 153
Rimesse 92
Risiko 305 ff.
Risikoabrechnung 305 ff.
Rohgewinn 444
Rohstoff 101
Rollgeld 58
rollierende Arbeitszeit 288
ROM 340 f.
Rückgriff 89, 96
Rücklage 492 f.
Rückschein 209, 332
Rücksendung an Lieferanten 448
Rücksendung von Kunden 455
Rückstellung 478 f.
Rückwärtskalkulation 543

S
Sachbezüge 462
Sache 50
Sachfirma 107
Sachinvestition 264
Sachkonto 428
sachliche Abgrenzung 475
sachliche Zuständigkeit 74
Sachmangel 63
Sachversicherung 216 f.
Saisonale Schwankung 141
Salespromotion 260 f.
Sammelakte 335

Sammellagerung 205
Sammelüberweisung 81
Sammelwerbung 257
Satzung 48
Satzungsmäßige Rücklage 493
Säulendiagramm 361, 414, 582
Scanner 188 f., 343
Schadenersatz
– Lieferung mangelhafter Ware 63
– Lieferungsverzug 65
Scheck 86 ff.
Scheckverlust 90
Schichtenmodell 349
Schiedsklausel 304
Schlichtung 25
Schlüsselqualifikationen 17
Schnittstelle 341
Schuldverschreibung 269
Schulwechsel 92
Schutzinvestition 264
Schwerbehindertenrecht 31
sekundärer Wirtschaftsbereich 103
Sekundärforschung 241
Selbstbedienung 169
Selbstfinanzierung 268
Selbsthilfeverkauf 66
Selfscanning 188
Serienbrief 368, 589
Server 378
Serviceleistung 244
Sicherheitsbeauftragter 31
Sicherungshypothek 279
Sicherungsübereignung 277
Skonto 247
Sofortrabatt 449
Software 349, 382
Solawechsel 91
Soll-Ist-Vergleich 556 f.
Sonderausgabe 45
Sonderrabatt 246
Sondervollmacht 118
Sorten 395
Sortiment 242
Sortimentsbereinigung 244
Sortimentsbreite 242
Sortimentserweiterung 243
Sortimentsgestaltung 548 ff.
Sortimentsgroßhandel 168
Sortimentskontrolle 244
Sortimentskooperation 282
Sortimentspolitik 242 ff., 550
Sortimentstiefe 242
Sozialbedürfnis 98
Soziale Marktwirtschaft 122
Sozialgericht 36, 70
Sozialplan 22
Sozialrecht 32
Sozialversicherung 32
Sozialversicherungsausweis 292
Sozialversicherungsträger 33
Sparquote 147
Spediteur 214, 321
Speditionsvertrag 214
Speicher 342

635

Speicherkapazität 344
Speichermedien 345
Sperrung 383
Spezialgroßhandel 168
Spezialvollmacht 118
Speziesware 50
Spezifikationskauf 61
Spitzenrefinanzierungsfazilität 149
Sponsoring 261
Sprungregress 96
Stabilitätsgesetz 140
Stabilitätskriterium 162
Stabliniensystem 175
Staffelarbeit 288
Stagflation 144
Stammaktie 269
Stammdaten 354, 365 f.
Stammeinlage 114
Stammkapital 114
Stand-Alone-Kasse 187
Standard 255
StandardCargo 210
Standardsoftware 350
Ständige Fazilität 149
Standleitung 377
Standort 169
Standortfaktor 169
Standortverbund 282
Stapelverarbeitung 373
Statut 48
Statistik 411 ff.
Stelle 172 f.
Stellenbeschreibung 173, 575 f.
Stellenbesetzung 622
Steuer 163 ff., 473 f.
Steuer, aktivierungspflichtige 473
Steuerbilanz 480
Steuerklasse 44
Steuerprogramm 349
Steuerprogression 43
Steuerquote 163
Steuerwerk 430
Stichprobeninventur 196
Stichtagsinventur 196
Stiftung Warentest 72
stille Rücklage 268
Streamer 342, 347
Streckengeschäft 63, 254
Streik 26
Streugebiet 259
Streukreis 259
Streuweg 259
Streuzeit 259
Strichcode 345
Strukturelle Schwankung 141
Strukturpolitik 153 ff.
Stückaktie 269
Stückgut 211 f.
Stückkauf 61
Stückkosten 328
Substitutionsgüter 99
Subvention 169
Suggestivwerbung 257

Summarisches Zinsrechnen 405
Systemdienst 352
Systemsoftware 349

T
Tabelle 355, 358, 414
Tabellenkalkulation 358 ff.
Tabellenkalkulationsprogramm 619 f.
Tageslosung 463
Tantieme 115
Tara 541
Tarifautonomie 25
Tarifbindung 25
Tarifpartner 23
Tarifverhandlung 23
Tarifvertrag 23 f.
Teilakzept 93
Teilkostenrechnung 525, 548
Teilvollmacht 118
Teilzeitarbeit 289
Telebanking 83
Telefax 379
Telefon-Banking 83
Telex 379
Terminkauf 62
Terms-of-Payment 313
tertiärer Wirtschaftsbereich 103
Textbaustein 368
Textverarbeitung 367 ff.
Tilgungsdarlehen 273
Tilgungsplan 617
T-Online 379 f.
Tools 353
Topmanagement 171
Tourenplanung 206 f., 222
Trampschifffahrt 212
Transithandel 299
transitorischer Posten 477
Transportdokument 208, 321 ff.
Transportkosten 57
Transportmittel 209, 222
Transportpapier 222
Transportrisiko 215, 306
Transportverpackung 225
Transportversicherung 217
Treuerabatt 246
Trust 130
Typenkauf 61

U
Überbringerklausel 88
Übergabe-Einschreiben 332
Übersetzungsprogramm 349 f.
Übertragungsrate 344
Überversicherung 216
Überweisung 80 f.
Umlaufvermögen 433
Umsatzrentabilität 496 f.
Umsatzsteuer 166
Umsatzsteuergesetz 440
Umverpackung 224
Umweltschutz 178 ff.
Umweltschutzpolitik 154

uneinbringliche Forderung 482
Unfallversicherung 216, 33 ff.
unfrei 57
Unternehmenszusammenschluss 128
Unternehmerrentabilität 496 f.
Unternehmungsrentabilität 496 f.
unverbindliche Preisempfehlung 247
unvollkommener Markt 124
Urabstimmung 25
Urlaubsbescheinigung 293
Ursprungszeugnis 325

V
Verantwortung 287
Veräußerungsverbot 107
Verbands-Tarifvertrag 24
Verbraucherdarlehen 132
Verbraucherschutz 71 f.
Verbrauchsgüterkauf 64
Verbund-Kasse 187 f.
Vereinfachungsregel 469
Verhältniszahl 415 f.
Verjährung 77
Verkauf 249, 364
Verkaufsbüro 250
Verkaufsfiliale 250
Verkaufsförderung 260 f.
Verkaufskurs 395
Verkaufsniederlassung 250
Verkaufsverpackung 224
Verkehrshypothek 279
Verladeschein 213
Verlustvortrag 491
Vermögensbildungsgesetz 461
Vermögensversicherung 216
Vermögenswirksame Leistung 460 f.
Verordnung 48
Verpackung 224
Verpackungsverordnung 181, 224 f.
Verpfändung 277
Verpflichtungsgeschäft 54
Verrechnungsscheck 88
Verrechnungsverbot 488
Versand 206
Versandanzeige 309
Versendung 315
Versendungskauf 62
Versicherung 105, 215 ff.
Versicherung mit Selbstbehalt 216
Versicherungsdokument 324
Versicherungspolice 215
Versicherungsschein 215
Versicherungsvertrag 215
Verteilungsrechnen 399 ff.
Verteilungsrechnung 137
Vertrag 51 f.
Vertragsfreiheit 53
Vertragshändlersystem 283 f.
Vertreter 577, 623
Vertriebsbindungssystem 282 f.
Vertriebssystem 249
Verwaltungsgericht 70

Verwendungsrechnung 137
Verzugszinsen 67
Volkseinkommen 137
volkswirtschaftliche Gesamtrechnung 137
Vollakzept 93
Vollbeschäftigung 145
Vollindossament 94
vollkommener Markt 123
Vollkostenrechnung 525
Vollmacht 117
vollständiger Wettbewerb 124
Vollstreckungsbescheid 73
Vollversicherung 216
vorbereitende Abschlussbuchung 431
Vordruck 337
Vorstand 115, 117
Vorsteuerüberhang 440
Vorwärtskalkulation 542 f.
Vorzugsaktie 269

W
Wählleitung 377
Währung 157, 395
Währungsrechnen 394 f.
WAN 378
Wandelschuldverschreibung 270
Warenannahme 234
Warenauslagerung 195
Warenbörse 255
Wareneingang 234, 444
Wareneinlagerung 194
Wareneinsatz 200
Warenexport 453
Warenimport 445
Warenkredit 272
Warenlogistik 184 f.
Warenpflege 194
Warenrohgewinn 444
Warenverkauf 444, 452
Warenverkehrsbescheinigung 325
Warenvertriebskosten 454
Warenwechsel 92
Warenwirtschaft 182
Warenwirtschaftssystem 182 ff., 220 ff., 236 f.,
  262 f., 362 ff.
Warmstart 353
Wechsel 90 ff.
Wechsel an eigene Order 91
Wechselbuch 428
Wechseldiskontkredit 274 f.
Wechselklage 96
Wechselkurs 158, 395
Wechselkursrisiko 305 f.
Wechselprotest 95
Wechselrückgriff 96
Wechselstrenge 92
Weisungssystem 173
Werbeerfolgskontrolle 259 f.
Werbeetat 259
Werbeklarheit 258
Werbemittel 258 f.
Werbeplan 259
Werberendite 260

637

Werbeträger 259
Werbewahrheit 258
Werbewirksamkeit 258
Werbung 256 ff.
Werbungskosten 45
werkseigene Güterbeförderung 206
Werkstoff 101
Werk-Tarifvertrag 25
Werkverkehr 206
Werkvertrag 68
Wertbrief 332
Wertspesen 400
Wettbewerbspolitik 130 ff.
Wettbewerbspreis 125
Wiederverkäuferrabatt 246
Willenserklärung 51
wirtschaftliches Prinzip 97
Wirtschaftlichkeit 557 f.
Wirtschaftsausschuss 40
Wirtschaftsgebiet 315
Wirtschaftskreislauf 135
Wirtschaftspolitik 140
Wirtschaftsschwankung 141 ff.
Wirtschaftsverband 70
Wirtschaftswachstum 155 f.
Word 370 f.
WTO 160
WWS 220 ff., 236 f., 262 f., 362 ff.
WWU 161

Z
Zahllast 440
Zahlschein 80
Zahlungsbedingung 58, 248
Zahlungsbedingung 313
Zahlungsbilanz 138, 302
Zahlungsersatzmittel 78
Zahlungsmittel 78
Zahlungssystem 82
Zahlungsverkehr 78 ff.
Zahlungsverzug 67
zeitliche Abgrenzung 476 ff.
Zeitlohn 295
Zeitzinssatz 407

Zentraleinheit 339 f.
Zentralprozessor 340
Zentralspeicher 340
Zentralverwaltungswirtschaft 121
Zentralwert 417
Zertifizierung 178
Zession 275 f.
Zeugnis 20, 293
Zielgruppenbestimmung 258
Zielkauf 62
Zielkonflikt 140
Zinsmonat 404
Zinsrechnen 404 ff.
ZIP-Disk 347
Zoll 159
Zollanmeldung 319
Zollausfuhrverfahren 320
Zollbefund 319
Zollbehörde 319
Zollbeschau 319
Zollbescheid 319
Zolldeklarant 320
Zolldokument 324 ff.
Zollfaktura 325
Zollkodex 319
Zolllabfertigung 319 f.
Zolltara 160
Zollverfahren 319 f.
Zollwesen 319 ff.
Zugriffsart 344
Zugriffszeit 344
Zusatzkosten 328, 530
Zustellgroßhandel 169
Zwangshypothek 76
Zwangsversteigerung 76
Zwangsverwaltung 76
Zwangsvollstreckung 75
Zweckaufwand 328
Zweckkauf 65
Zweifelhafte Forderung 482
Zweiwegkommunikation 376
zwischenbetrieblicher Vergleich 414
Zwischenkredit 273
Zykluszeit 344

Bilanzgliederung nach § 266 HGB (Kapitalgesellschaften)

Aktivseite   Bilanz   Passivseite

A. Anlagevermögen:

  I. Immaterielle Vermögensgegenstände:

    1. Konzessionen, gewerbliche Schutzrechte und ähnliche Rechte und Werte sowie Lizenzen an solchen Rechten und Werten;

    2. Geschäfts- oder Firmenwert;

    3. geleistete Anzahlungen;

  II. Sachanlagen:

    1. Grundstücke, grundstücksgleiche Rechte und Bauten einschließlich der Bauten auf fremden Grundstücken;

    2. technische Anlagen und Maschinen;

    3. andere Anlagen, Betriebs- und Geschäftsausstattung;

    4. geleistete Anzahlungen und Anlagen im Bau;

  III. Finanzanlagen;

    1. Anteile an verbundenen Unternehmen;

    2. Ausleihungen an verbundenen Unternehmen;

    3. Beteiligungen;

    4. Ausleihungen an Unternehmen, mit denen ein Beteiligungsverhältnis besteht;

    5. Wertpapiere des Anlagevermögens;

    6. sonstige Ausleihungen.

B. Umlaufvermögen:

  I. Vorräte:

    1. Roh-, Hilfs- und Betriebsstoffe;

    2. unfertige Erzeugnisse, unfertige Leistungen;

    3. fertige Erzeugnisse und Waren;

    4. geleistete Anzahlungen;

  II. Forderungen und sonstige Vermögensgegenstände:

    1. Forderungen aus Lieferungen und Leistungen;

    2. Forderungen gegen verbundene Unternehmen;

    3. Forderungen gegen Unternehmen, mit denen ein Beteiligungsverhältnis besteht;

    4. sonstige Vermögensgegenstände;

  III. Wertpapiere:

    1. Anteile an verbundenen Unternehmen;

    2. eigene Anteile;

    3. sonstige Wertpapiere;

  IV. Schecks, Kassenbestand, Bundesbank- und Postbankguthaben, Guthaben bei Kreditinstituten.

C. Rechnungsabgrenzungsposten.

A. Eigenkapital:

  I. Gezeichnetes Kapital;

  II. Kapitalrücklage;

  III. Gewinnrücklagen:

    1. gesetzliche Rücklage;

    2. Rücklage für eigene Anteile;

    3. satzungsmäßige Rücklagen;

    4. andere Gewinnrücklagen;

  IV. Gewinnvortrag/Verlustvortrag;

  V. Jahresüberschuss/Jahresfehlbetrag.

B. Rückstellungen:

  1. Rückstellungen für Pensionen und ähnliche Verpflichtungen;

  2. Steuerrückstellungen;

  3. sonstige Rückstellungen.

C. Verbindlichkeiten:

  1. Anleihen, davon konvertibel;

  2. Verbindlichkeiten gegenüber Kreditinstituten;

  3. erhaltene Anzahlungen auf Bestellungen;

  4. Verbindlichkeiten aus Lieferungen und Leistungen;

  5. Verbindlichkeiten aus der Annahme gezogener Wechsel und der Ausstellung eigener Wechsel;

  6. Verbindlichkeiten gegenüber verbundenen Unternehmen;

  7. Verbindlichkeiten gegenüber Unternehmen, mit denen ein Beteiligungsverhältnis besteht;

  8. sonstige Verbindlichkeiten,

    davon aus Steuern,

    davon im Rahmen der sozialen Sicherheit.

D. Rechnungsabgrenzungsposten.

Gliederung der Gewinn- und Verlustrechnung nach § 275 HGB (Kapitalgesellschaften) Gesamtkostenverfahren

1. Umsatzerlöse
2. Erhöhung oder Verminderung des Bestands an fertigen und unfertigen Erzeugnissen
3. andere aktivierte Eigenleistungen
4. sonstige betriebliche Erträge
5. Materialaufwand:
    a) Aufwendungen für Roh-, Hilfs- und Betriebsstoffe und für bezogene Waren
    b) Aufwendungen für bezogene Leistungen
6. Personalaufwand
    a) Löhne und Gehälter
    b) soziale Abgaben und Aufwendungen für Altersversorgung und für Unterstützung,
    davon für Altersversorgung
7. Abschreibungen:
    a) auf immaterielle Vermögensgegenstände des Anlagevermögens und Sachanlagen sowie auf aktivierte Aufwendungen für die Ingangsetzung und Erweiterung des Geschäftsbetriebs
    b) auf Vermögensgegenstände des Umlaufvermögens, soweit diese die in der Kapitalgesellschaft üblichen Abschreibungen überschreiten
8. sonstige betriebliche Aufwendungen
9. Erträge aus Beteiligungen,
    davon aus verbundenen Unternehmen
10. Erträge aus anderen Wertpapieren und Ausleihungen des Finanzanlagevermögens,
    davon aus verbundenen Unternehmen
11. sonstige Zinsen und ähnliche Erträge,
    davon aus verbundenen Unternehmen
12. Abschreibungen auf Finanzanlagen und auf Wertpapiere des Umlaufvermögens
13. Zinsen und ähnliche Aufwendungen,
    davon an verbundene Unternehmen
14. Ergebnis der gewöhnlichen Geschäftstätigkeit
15. außerordentliche Erträge
16. außerordentliche Aufwendungen
17. außerordentliches Ergebnis
18. Steuern vom Einkommen und vom Ertrag
19. sonstige Steuern
20. Jahresüberschuss/Jahresfehlbetrag

Kontenrahmen

Kontenklasse 0	Kontenklasse 1
Anlage- und Kapitalkonten	Finanzkonten

02 Grundstücke
0210 Grundstücke
0230 Bauten auf eigenen Grundstücken

03 Anlagen, Maschinen, Betriebs- und Geschäftsausstattung
0310 Technische Anlagen und Maschinen
0330 Betriebs- und Geschäftsausstattung
0340 Fuhrpark
0360 Anlagen im Bau
0370 Geringwertige Wirtschaftsgüter

04 Finanzanlagen
0460 Sonstige Ausleihungen (Darlehen)

05 Wertberichtigungen
051 Wertberichtigungen bei Sachanlagen
052 Wertberichtigungen bei Forderungen
0521 Einzelwertberichtigungen bei Forderungen
0522 Pauschalwertberichtigungen bei Forderungen

06 Eigenkapital
0620 Kapitalrücklage
0630 Gewinnrücklagen

07 Sonderposten mit Rücklageanteil und Rückstellungen
0720 Rückstellungen

08 Verbindlichkeiten
0820 Verbindlichkeiten gegenüber Kreditinstituten

09 Rechnungsabgrenzungsposten
0910 Aktive Rechnungsabgrenzungsposten
0930 Passive Rechnungsabgrenzungsposten

10 Forderungen
1010 Forderungen aus Lieferungen und Leistungen
1020 Zweifelhafte Forderungen

11 Sonstige Vermögensgegenstände
1130 Sonstige Forderungen
1140 Geleistete Anzahlungen
1150 Im Voraus gezahlte Sozialversicherungsbeiträge

13 Banken
1310 Kreditinstitute (Bank)
1320 Postbank

14 Vorsteuer
1411 Vorsteuer für innergemeinschaftlichen Erwerb
1430 Einfuhrumsatzsteuer

15 Zahlungsmittel
1510 Kasse
1530 Wechselforderungen

16 Privatkonten
1610 Privatentnahmen
1620 Privateinlagen

17 Verbindlichkeiten
1710 Verbindlichkeiten aus Lieferungen und Leistungen
1750 Erhaltene Anzahlungen auf Bestellungen
1760 Wechselverbindlichkeiten

18 Umsatzsteuer
1811 Umsatzsteuer für innergemeinschaftlichen Erwerb

19 Sonstige Verbindlichkeiten
1910 Verbindlichkeiten aus Steuern
1920 Verbindlichkeiten im Rahmen der sozialen Sicherheit
1940 Sonstige Verbindlichkeiten
1950 Verbindlichkeiten aus Vermögensbildung

Kontenklasse 2	Kontenklasse 3
Abgrenzungskonten	**Wareneinkaufskonten, Warenbestandskonten**

20 Außerordentliche und sonstige Aufwendungen
  2010 Außerordentliche Aufwendungen
  2020 Betriebsfremde Aufwendungen
  2030 Periodenfremde Aufwendungen für
      frühere Jahre
  2040 Verluste aus dem Abgang von AV
  2050 Verluste aus dem Abgang von UV
      (außer Vorräte)
  2060 Sonstige Aufwendungen
  2070 Spenden

21 Zinsen und ähnliche Aufwendungen

22 Steuern vom Einkommen
  2210 Körperschaftsteuer
  2230 Kapitalertragsteuer
  2250 Steuernachzahlungen für frühere Jahre

23 Forderungsverluste
  2310 Übliche Abschreibungen
  2330 Zuführungen zu Einzelwertberichtigungen
  2340 Zuführungen zu Pauschalwertberichtigungen

24 Außerordentliche und sonstige Erträge
  2410 Außerordentliche Erträge
  2420 Betriebsfremde Erträge
  2430 Periodenfremde Erträge aus früheren Jahren
  2460 Sonstige Erträge

26 Sonstige Zinsen und ähnliche Erträge (Zinserträge)

27 Sonstige betriebliche Erträge
  2700 Erlöse aus Anlageabgängen
  2710 Erträge aus dem Abgang von AV
  2720 Erträge aus dem Abgang von UV
      (außer Vorräte)
  2740 Erträge aus abgeschriebenen Forderungen

30 Wareneinkaufskonten
  3010 Wareneingang
  3020 Warenbezugskosten
  3050 Rücksendungen an Lieferanten
  3060 Nachlässe von Lieferanten
  3070 Lieferantenboni
  3080 Lieferantenskonti

37 Innergemeinschaftlicher Erwerb
  3710 Wareneingang
  3720 Warenbezugskosten

38 Wareneinfuhr (Drittländer)
  3810 Wareneingang
  3820 Warenbezugskosten

39 Warenbestände

  275   Erträge aus der Auflösung von Wertberichtigungen zu Forderungen
  2751 Erträge aus der Auflösung von Einzelwertberichtigungen
  2752 Erträge aus der Auflösung von Pauschalwertberichtigungen
  2760 Erträge aus der Auflösung von Rückstellungen
  278   Entnahme von Leistungen
  2780 Entnahme mit USt
  2781 Entnahme ohne USt

Kontenklasse 4	Kontenklasse 8
Konten der Kostenarten	**Warenverkaufskonten (Umsatzerlöse)**

40 Personalkosten	**80 Warenverkaufskonten**
4010 Löhne	8010 Warenverkauf
4020 Gehälter	8050 Rücksendungen von Kunden
4040 Gesetzliche soziale Aufwendungen	8060 Nachlässe an Kunden
4050 Freiwillige soziale Aufwendungen	8070 Kundenboni
4060 Aufwendungen für Altersversorgung	8080 Kundenskonti

Kontenklasse 4 – Konten der Kostenarten

40 Personalkosten
- 4010 Löhne
- 4020 Gehälter
- 4040 Gesetzliche soziale Aufwendungen
- 4050 Freiwillige soziale Aufwendungen
- 4060 Aufwendungen für Altersversorgung

41 Mieten, Pachten, Leasing

42 Steuern, Beiträge, Versicherungen
- 4210 Gewerbesteuer
- 4220 Kfz-Steuer
- 4230 Grundsteuer
- 4240 Sonstige Betriebssteuern
- 4260 Versicherungen
- 4270 Beiträge
- 4280 Gebühren und sonstige Abgaben

43 Energie, Betriebsstoffe

44 Werbe- und Reisekosten

45 Provisionen

46 Kosten der Warenabgabe
- 4610 Verpackungsmaterial
- 4620 Ausgangsfrachten
- 4630 Gewährleistungen

47 Betriebskosten, Instandhaltung

48 Allgemeine Verwaltung
- 4810 Bürobedarf
- 4820 Porto, Telefon, Telefax
- 4830 Kosten der Datenverarbeitung
- 4840 Rechts- und Beratungskosten
- 4850 Personalbeschaffungskosten
- 4860 Kosten des Geldverkehrs

49 Abschreibungen
- 4910 Abschreibungen auf Sachanlagen

Kontenklasse 8 – Warenverkaufskonten (Umsatzerlöse)

80 Warenverkaufskonten
- 8010 Warenverkauf
- 8050 Rücksendungen von Kunden
- 8060 Nachlässe an Kunden
- 8070 Kundenboni
- 8080 Kundenskonti

87 Sonstige Erlöse aus Warenverkäufen
- 8710 Entnahme von Waren (mit USt)
- 8720 Provisionserträge

88 Außenhandelserlöse
- 8810 Erlöse aus innergemeinschaftlicher Lieferung
- 8820 Erlöse aus Warenausfuhr (Drittländer)

Kontenklasse 9

Abschlusskonten

91 Eröffnungsbilanzkonto

93 GuV-Konto

94 Schlussbilanzkonto

Quelle: Kontenplan Kaufmann im Groß- und Außenhandel, IHK Nürnberg 1993